GRÜNE REIHE

Materialien S II

Genetik

Schroedel

In dankbarer Erinnerung an Eckhard Lucius, der mehr als 20 Jahre erfolgreich Schulbücher geschrieben hat.

GRÜNE REIHE
Materialien S II

Genetik

Herausgegeben und bearbeitet von
Prof. Dr. Diethard Baron, Penzberg
Dr. Jürgen Braun, Neulingen
Andrea Erdmann, Bad Sachsa
Ulf Erdmann, Bad Sachsa
Dr. Sabine Hansen, Hamburg
PD Dr. Thomas Hansen, Gettorf
Rudolf Heinze, Aichwald
Anja Hörnemann, Dortmund
Dr. Eckhard R. Lucius, IPN Kiel †

Dieses Werk ist eine Neubearbeitung des Werkes Genetik,
Bestell-Nr. 978-3-507-10910-0

Druck A[2] / Jahr 2013
Alle Drucke der Serie A sind im Unterricht parallel verwendbar.

Redaktion: Marcel Tiffert
Illustrationen: Birgitt Biermann-Schickling, Eike Gall,
Arno Kolb, Karin Mall, Henk van der Vrande
Einbandgestaltung: Janssen Kahlert Design & Kommunikation GmbH
Layout: Checkplot Anker&Röhr, Berlin
Satz: Satzteam Bleifrei, Hildesheim
Druck und Bindung: westermann druck GmbH, Braunschweig

ISBN 978-3-507-**10170**-8

Inhalt

Was ist Genetik? 6

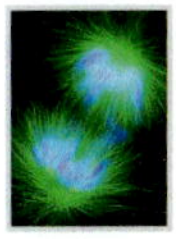

Chromosomen, Zellteilung und Entwicklung 8

1 Zahl und Bau der Chromosomen 8
2 Zellkern und Mitose 9
3 Bedeutung und Ablauf der Meiose 12
Aufgaben 14
Praktikum 15
4 Ungeschlechtliche Fortpflanzung 16
5 Geschlechtliche Fortpflanzung 17
6 Keimesentwicklung bei Tieren 18
Aufgaben 20

Klassische Genetik 22

1 Vererbung nach Regeln 22
1.1 Kreuzungen mit Erbsen 22
1.2 Die MENDELschen Regeln 24
1.3 Die Chromosomentheorie der Vererbung 25
Exkurs: Zwei Gesichter der klassischen Genetik 25
2 Extranukleäre Vererbung 26
Aufgaben 27
3 *Drosophila* und andere Beispiele 28
3.1 Taufliege *Drosophila* 28
Exkurs: Thomas Hunt MORGAN 28
3.2 Geschlechtsgebundene Vererbung 29
3.3 Genkopplung und Kopplungsbruch 30
3.4 Letale Gene 32
3.5 Polygene Vererbung 33
Aufgaben 34
4 Veränderung von Merkmalen 36
4.1 Modifikationen 36
4.2 Mutation und Selektion 38
5 Tier- und Pflanzenzüchtung 40
5.1 Züchtung des Kulturweizens 40
5.2 Züchtung bei Rind und Schwein 41
Aufgaben 42

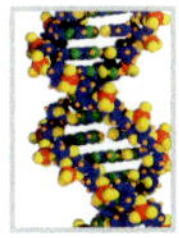

Molekulare Grundlagen der Genetik 44

1 DNA als Erbsubstanz 44
2 Bau der Nukleinsäuren 45
2.1 Bausteine der Nukleinsäuren 45
2.2 Raumstruktur der DNA 46
Exkurs: Zwei Gesichter der Molekularbiologie 46
Aufgaben 47
2.3 Verpackung der DNA 48
Exkurs: Schmelzen der DNA 48
3 Replikation der DNA 50
3.1 Das MESELSON-STAHL-Experiment 50
3.2 Molekularer Mechanismus der DNA-Replikation 51
3.3 DNA-Replikation bei Pro- und Eukaryoten 52
3.4 Künstliche Replikation der DNA 53
3.5 Real-Time PCR 54
3.6 DNA-Squenzierung 55
3.7 Fluoreszenzsequenzierung 56
Praktikum 57
Aufgaben 58
4 Vom Gen zum Genprodukt 60
4.1 Die Funktion von Genen 60
Exkurs: Bau von Proteinen 62
Exkurs: Enzyme 64
Praktikum 65
4.2 Gel–Elektrophorese 66
4.3 Proteinbiosynthese im Überblick 67
4.4 Transkription 68
4.5 Der genetische Code 69
4.6 Translation 70
Exkurs: Wobble-Theorie 71
4.7 Das genetische System der Eukaryoten 72
Aufgaben 75
4.8 Genmutationen 76
4.9 DNA-Reparatur 78
4.10 Altern 79
5 Genregulation 80
5.1 Das Operon-Modell 80
5.2 Positive Genregulation 82
5.3 Genregulation bei Eukaryoten 83

5.4 Entwicklungssteuerung durch Gene 86
Praktikum 88
Aufgaben 89
5.5 Epigenetik 90
5.6 RNA-Interferenz 92
Exkurs: Wandel des Genbegriffs 93
Aufgaben 94

Grundlagen und Anwendung der Biotechnik 96

1 Biotechnik – Von der Antike bis zur modernen Forschung 96
1.1 Anwendungsbereiche der Biotechnik 96
1.2 Nutzung der Leistung von Bakterien 97

2 Vorkommen und Bau der Bakterien 98
2.1 Stellung im System der Lebewesen 98
Exkurs: *Bacillus subtilis* und *Escherichia coli* 99
Exkurs: Sicherheitshinweise zum Umgang mit Mikroorganismen 99
Praktikum 100
2.2 Wirkung von Antibiotika und Resistenzerscheinungen 104
Praktikum 105
2.3 Genetische Rekombination bei Bakterien 106
Praktikum 107
Aufgaben 108
2.4 Bau und Vielfalt der Viren 109
2.5 Vermehrung von Viren 110
2.6 Genübertragung bei Viren 111
2.7 Transduktion bei Viren 112
Aufgaben 113

3 Molekularbiologie 114
3.1 PCR als Nachweismittel 114
Praktikum 115
3.2 Bioinformatik 116
3.3 Proteomik 118
4 Gentechnik 120
4.1 Grundoperationen der DNA-Rekombination 120
4.2 Restriktionsenzyme 121
4.3 Gentransfers und Selektion 122
4.4 Gensuche 124
4.5 Gentechnik in der Forschung 126
Praktikum 128
Aufgaben 129

5 Anwendungen der Biotechnik 130
5.1 Produktion von Arzneimitteln 130
5.2 Moderne Tierzucht ohne Gentechnik 132
5.3 Moderne Tierzucht mit Gentechnik 133
5.4 Moderne Techniken in der Pflanzenzucht 134
5.5 Nahrungsmittel und Gentechnik 136
Praktikum 137

6 Gentechnik in der Diskussion 138
6.1 Risiko und Risikowahrnehmung 138
6.2 Gentechnik und Ethik 139
Aufgaben 140

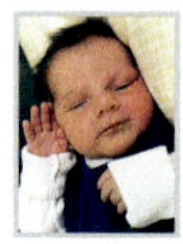

Humangenetik 142

1 Chromosomen und DNA des Menschen 142
1.1 Einteilung der Chromosomen 142
1.2 Die menschlichen Gonosomen 143
1.3 Nummerische Chromosomen-anomalien 144
Exkurs: Mein Leben mit Turner 146
Exkurs: Der Umgang mit Trisomie 21 – früher und heute 147
1.4 Strukturelle Chromosomen-anomalien 148

2 Vererbung von Bluteigenschaften 150

3 Erblich bedingte Krankheiten 152
3.1 Autosomal-dominante Erbgänge 152
3.2 Autosomal-rezessive Erbgänge 153
3.3 X-chromosomale Vererbung 154
3.4 Genchips 155
Aufgaben 156

4 Genetische Beratung 160
4.1 Entwicklung des Menschen 160
Exkurs: Medikamente und Drogen in der Schwangerschaft 161
4.2 Diagnostik und Risikoabschätzung 162
Exkurs: Gendiagnose – Bedeutung für die Betroffenen 164
Exkurs: Abtreibung – ja oder nein? 165
4.3 Gentherapie beim Menschen 166
4.4 Reproduktionstechnik beim Menschen 168

5 Stammzellenforschung 170
Aufgaben 171

Immunbiologie 174

1 Organisation und Aufgaben der Abwehrsysteme 174
2 Humorale Immunantwort – Bildung von Antikörpern 176
3 Die zelluläre Immunantwort 179
4 Monoklonale Antikörper 180
5 Organtransplantation 182
6 Impfungen 184
Praktikum 185
7 Allergien und Autoimmunkrankheiten 186
Exkurs: Diabetes – Immunologische Aspekte 187
8 AIDS – eine Immunschwächekrankheit 188
9 Krebs 190
Aufgaben 194

Basiskonzepte 196
Glossar 198
Register 204
Hinweise zum sicheren Experimentieren 208

Bildnachweis: Umschlag: Peter Arnold, Berlin (Alfred Pasieka); 6.1, 8.1, 9-21.Ikon: Agentur Focus, Hamburg (SPL/Dr. Torsten Wittmann); 6.2, 22.1, 23-43.Ikon: Okapia, Frankfurt (Horst Sollinger/imagebroker); 10.1A-E: Agentur Focus, Hamburg (Pr. G. Gimenez-Martin/SPL); 14.2A: fotolia.com, New York (Nadine Klaus); 14.2B: Panther Media, München (Frank Röde); 14.2C: Panther Media, München (Paolo Gallo Modena); 15.1: Genetisches Institut der Universität Hohenheim, Hohenheim (Dr. Wolfgang Staiber); 16.1-2: Ulf Erdmann, Bad Sachsa; 16.3: wikipedia.org (CrazyD/GNU-Lizenz); 18.1A-D: Blickwinkel, Witten (Hecker/Sauer); 18.1E: Agentur Focus, Hamburg (SPL/Pascal Goethgeluck); 19.1: Tierbildarchiv Angermayer, Holzkirchen; 20.2: Getty Images, München (Visuals Unlimited, Inc./Betty & Dr. Nathan Cohen); 21.1A-F: Volk und Wissen-Verlag, Berlin; 25.1: Deutsches Museum, München; 25.2: Leemage, Berlin (MP); 27.1A-C: Ulf Erdmann, Bad Sachsa; 27.2: Flora Press, Hamburg (GAP Photos); 28.1: Okapia, Frankfurt (Library of Congress/NAS); 32.1: fotolia.com, New York (eSchmidt); 32.2: CRV Deutschland - www.crv4all.de , Damme (Alger Meekma); 34.1: Okapia, Frankfurt (Bernd Brinkmann); 34.2: alimdi.net, Deisenhofen (John Eveson/FLPA); 34.3: Okapia, Frankfurt (Nigel Cattlin/Holt Studios); 35.1A-D: www.kornnattern.info - Dirk Fritz, Bad König; 37.2A-B: Picture-Alliance, Frankfurt (Photoshot); 37.3: Okapia, Frankfurt (Hans Reinhard); 38.1: bildagentur-online, Burgkunstadt (TIPS-Images); 38.2A: Okapia, Frankfurt (Nuridsany & Perennou); 38.2B: Okapia, Frankfurt (NAS/Michael Tweedie); 39.1A-B: Ulf Erdmann, Bad Sachsa; 39.2A: Shutterstock Images LCC, New York, NY 10004 (Artem Rebrov); 39.2B: fotolia.com, New York (Yoyo); 40.1: Kunz, Wolfgang, Berlin; 40.1A: Getty Images, München (David Q. Cavagnaro); 40.1B: Blickwinkel, Witten (H.-P. Oetelshofen); 41.1-2, 41.3A-C, 43.1A-D: Ulf Erdmann, Bad Sachsa; 45-95.Ikon: Agentur Focus, Hamburg (Richardson/SPL); 46.1: Agentur Focus, Hamburg (SPL/A. Barrington Brown); 49.1A: Prof. Hennig, Nijmegen; 49.1B: Lehninger, Spektrum der Wissenschaft; 49.1C: University of California, Irvine, California; 49.1D: Agentur Focus, Hamburg (eye of science); 49.1E: Lehninger, Spektrum der Wissenschaft; 54.1A: wikipedia.org (Mnolf/CC-Lizenz 3.0); 54.1B: Eppendorf, Hamburg; 61.1Ao: Okapia, Frankfurt (NAS/Omikron); 61.1Au: Okapia, Frankfurt (Mark D. Phillips/NAS); 63.3A: Visuals Unlimited, Hollis (Scott Camazine); 63.3B: wikipedia.org (Creative Commons-Lizenz 3.0); 63.3C: wikipedia.org; 66.1B: Dr. Jürgen Braun, Neulingen b. Pforzheim (Dr. Braun); 66.1C: Dr. Jürgen Braun, Neulingen b. Pforzheim; 67.1: wikipedia.org (gemeinfrei); 68.2A: aus: Bresch/Hausmann: Klassische und molekulare Genetik, Springer-Verlag; 72.1A: Pierre Chambon, Paris; 79.1a: beyond fotomedia GmbH, Unterföhring; 79.1b: vario images, Bonn (McPHOTO); 83.1: aus: Bolzer et al., (2005) Three-Dimensional Maps of All Chromosomes in Human Male Fibroblast Nuclei and Prometaphase Rosettes. PLoS Biol 3(5): e157 DOI: 10.1371/journal.pbio.0030157, part of Figure 1/CC-Lizenz 2.5; 83.2B: Macmillan Publishing, New York (Reprinted by permission from Macmillan Publishers Ltd.: Nature Revies Genetics (12), December 2007, 950-962 © 2012); 86.1: Agentur Focus, Hamburg (SPL/David Scharf); 87.1A-B: Sean B. Caroll/Universität von Wisconsin; 88.1: Ulf Erdmann, Bad Sachsa; 89.1A: Agentur Focus, Hamburg (eye of science/Meckes); 89.1B: Agentur Focus, Hamburg (eye of science/Meckes); 89.2A: Dr. Manfred Keil, Neckargemünd (eye of science/Meckes); 90.1A: Blickwinkel, Witten (F. Hecker); 90.1B: iStockphoto, Calgary (Eric Isselée); 90.1C: Wildlife, Hamburg (D. Harms); 92.1A: doc-stock, Frankfurt (Phototake); 94.1A: Antje Starke, Leipzig; 94.1B: Ernst Horak, Wien - Botanik im Bild (http://flora.nhm-wien.ac.at); 94.2A: Bildagentur Geduldig, Maulbronn; 94.2B: wikipedia.org (cc-Lizenz 3.0); 96.2: Huntington Potter/David Dressler; 102.1, 103.1: Institut für die Pädagogik der Naturwissenschaften (IPN), Kiel; 104.1: vario images, Bonn; 105.1-2: Institut für die Pädagogik der Naturwissenschaften (IPN), Kiel (Dr. E. Lucius); 106.2: Agentur Focus, Hamburg (SPL/Scharf); 109.1A: Agentur Focus, Hamburg (SPL); 110.1A: Agentur Focus, Hamburg (Meckes/eye of science); 110.1B: Agentur Focus, Hamburg (Meckes/eye of science); 111.1: G.S. Stent, MolecularBiology of Bacterial Viruses, W. H. Freemann Company; 113.1A: Agentur Focus, Hamburg (SPL); 113.1B: Agentur Focus, Hamburg (SPL); 115.1: Dr. Jürgen Braun, Neulingen b. Pforzheim; 116.1A: Agentur Focus, Hamburg (SPL); 118.1A: fotolia.com, New York (pholidito); 118.1B: iStockphoto, Calgary (stevephotos); 118.2: Agentur Focus, Hamburg (A: Agentur Focus, Hamburg (Fraser/SPL); B: Jun.-Prof. Dr. Barbara Sitek und Prof. Dr. Helmut E. Meyer, Medizinisches-Proteom-Center, Ruhr-Universität-Bochum); 126.1: Visuals Unlimited, Hollis (Science VU/Jackson); 127.2: The ALS Association, Washington; 128.1: Dr. Jürgen Braun, Neulingen b. Pforzheim; 132.1A: Juniors, Hamburg; 132.1B: Okapia, Frankfurt; 132.1C: mauritius images, Mittenwald (age Fotostock); 133.1A: Panther Media, München (Paul-François Gay); 133.1B: Panther Media, München (Gojaz Alkimson); 133.1C: Panther Media, München (Christian Müller); 133.1D: Panther Media, München (xalanx)); 134.1: Bayrische Landesanstalt für Landwirtschaft, Institut für Pflanzenbau und Pflanzenzüchtung, Freising; 134.2: Prof. Dr. F. Hoffmann, Universität Irvine, USA; 137.1: Dr. Jürgen Braun, Neulingen b. Pforzheim; 139.1: argus, Hamburg (Schwarzbach); 140.3: Rudolph Heinze, Aichwald; 143.1A: Okapia, Frankfurt (NAS/Biophoto Associates); 143.1B: Okapia, Frankfurt (NAS/Biophoto Associates); 144.2A: Visuals Unlimited, Hollis (ScienceVU); 147.1: Picture-Alliance, Frankfurt (dpa/Frank Leonhardt); 148.2A, 149.1: Agentur Focus, Hamburg (SPL); 157.2: Agentur Focus, Hamburg (SPL/Bill Sanderson); 158.2: Agentur Focus, Hamburg (Dept. of Clinical Cytogenetics, Addenbrookes Hospital/SPL); 162.1: Dr. Jürgen Braun, Neulingen b. Pforzheim; 164.1: Kostas Koufogiorgos, Stuttgart; 171.2: Kobal Collection, Berlin (New Line Cinema); 173.3: Agentur Focus, Hamburg (SPL/Dr. Gopal Murti); 179.2: Agentur Focus, Hamburg (SPL/Liepins); 182.2A-B: DSO - Deutsche Stiftung Organtransplantation, Frankfurt (Lindner & Steffen); 183.1: Agentur Focus, Hamburg (Antoine Rosset/SPL); 187.1: Panther Media, München (Goean Iliuta); 191.1A-B: doc-stock, Frankfurt (BSIP); 193.1: wikipedia.org (Nevit Dilmen/GNU-Lizenz für freie Dokumentation).
Es war uns nicht in allen Fällen möglich, die Inhaber der Rechte ausfindig zu machen und um Abdruckgenehmigung zu bitten.
Berechtigte Ansprüche werden selbstverständlich im Rahmen der üblichen Konditionen abgegolten.

Was ist Genetik?

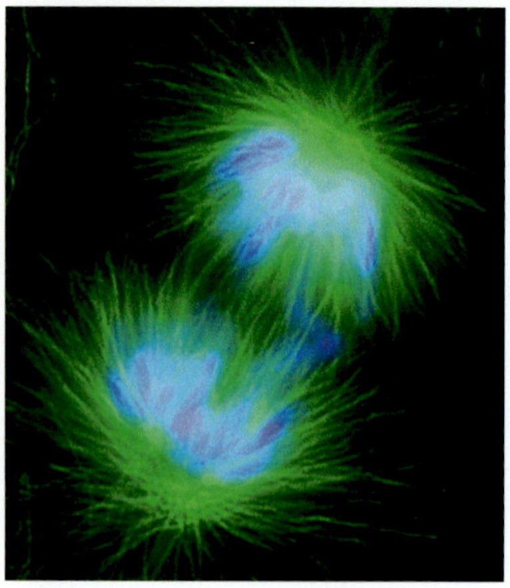

Späte Anaphase in der Mitose (LM-Aufnahme, fluoreszenzmarkiert)

Blüte einer Erbsenpflanze

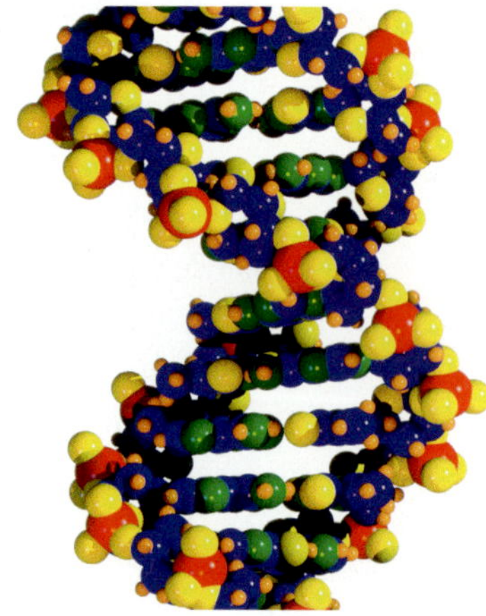

Modell einer DNA-Doppelhelix

Die meisten Lexika beschreiben die Genetik mit dem Begriff Vererbungslehre. Das ist auch nach wie vor noch richtig, doch inzwischen hat sich die Genetik zu einer vielschichtigen Hightech-Wissenschaft mit hohem wirtschaftlichem Potenzial entwickelt, die jedes Jahr Milliardenbeträge umsetzt.
Das Wort Genetik leitet sich von dem Griechischen *genesis* ab, was Erzeugung oder Ursprung bedeutet. Grundlegende Prinzipien der Vererbung sind schon seit Jahrtausenden bekannt: Auch den Menschen alter Kulturen war beispielsweise aufgefallen, dass Kinder ihren Eltern und Geschwistern oft sehr ähnlich sind. Aber die genauen biologischen Vorgänge der Vererbung blieben im Dunkeln.

Licht kam in die Angelegenheit durch verbesserte Lichtmikroskope und neue Färbemethoden. Dadurch wurde es im 19. Jahrhundert erstmals möglich, Zellteilungen zu beobachten. Dabei wurden im Kern Strukturen entdeckt, die sich anfärben ließen und deshalb Chromosomen (gr. *chrōma,* Farbe; *sōma,* Körper) genannt wurden. Die genaue Beobachtung der Chromosomen führte zur Beschreibung der Kernteilungsvorgänge bei Mitose und Meiose. Die zellbiologischen Grundlagen der Vererbung waren gefunden. Gleichzeitig wurde die zelluläre Entwicklung der Lebewesen immer besser verstanden.

Schon seit Jahrtausenden hatten sich Menschen bei der Züchtung von Tier- und Pflanzenarten intuitiv der Genetik bedient: Sie kreuzten Lebewesen mit für sie günstigen Merkmalen in der Erwartung, dass diese Merkmale auf die Nachkommen übergingen und zu bleibenden Eigenschaften wurden.

Aber erst MENDEL deckte Mitte des 19. Jahrhunderts die nach ihm benannten **Regeln der Vererbung** auf, die die Weitergabe von Merkmalen beschreiben. Damit wurde MENDEL zum Begründer der klassischen Genetik, der Lehre von der Vererbung von Merkmalen. Anfang des zwanzigsten Jahrhunderts gelang es dann durch SUTTON und BOVERY, die Erkenntnisse MENDELS mit den Beobachtungen bei den Kernteilungen der Meiose in der Chromosomentheorie der Vererbung zusammenzuführen.

Biochemische Analysen von Chromosomen ergaben, dass diese aus Desoxyribonucleinsäure, DNS – oder in der englischen Abkürzung DNA – und Proteinen bestehen. AVERY gelang 1944 der Nachweis, dass die DNA der Träger der genetischen Information ist. Die Aufklärung der räumlichen Struktur der DNA durch WATSON und CRICK leitete 1953 eine neue Ära der Genetik ein, die Molekulargenetik. Schnell erkannten Molekularbiologen den Zusammenhang von Struktur und Funktionsweise der DNA. Die Struktur erklärt, wie DNA im Zellzyklus kopiert und an Tochterzellen weitergegeben wird, ohne dass sie dabei wesentlich verändert wird. Ferner lieferte die Struktur Hinweise, wie ein DNA-Molekül über den genetischen Code Baupläne für Proteine codiert.

Die Molekulargenetik und die Genomik erforschen die Struktur von Genomen, die molekularen Mechanismen der Genregulation, die Reparatur der DNA sowie deren Transkription und Translation in der Proteinbiosynthese. Genaue Kenntnisse dieser Vorgänge haben inzwischen zur Etablierung der Epigenetik geführt, die die Regulation von Merkmalen außerhalb

Bioreaktor zur Kultivierung gentechnisch veränderter Bakterien

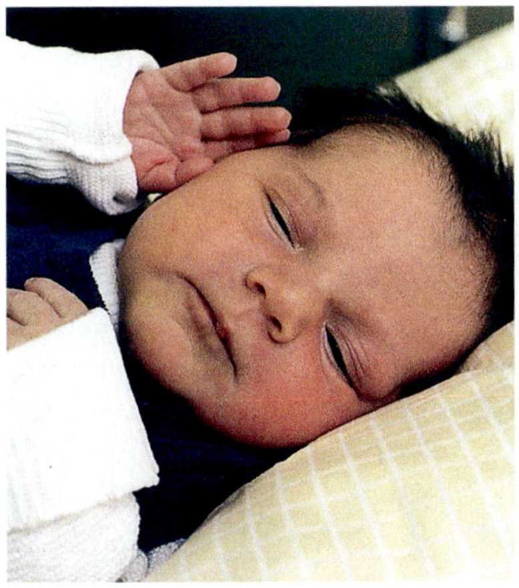

Menschlicher Säugling

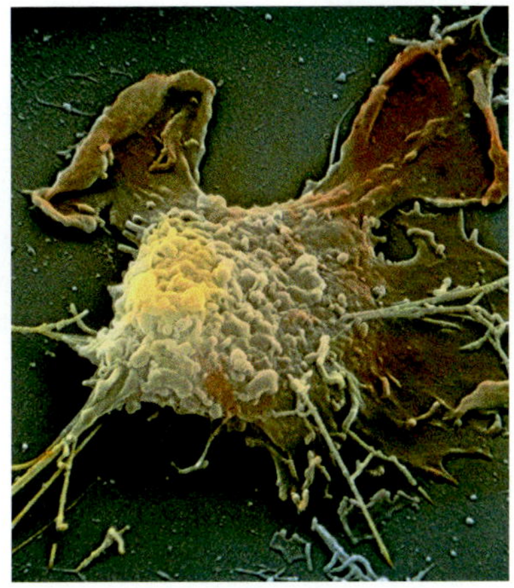

Makrophage des Immunsystems (REM-Aufnahme, koloriert)

der eigentlichen DNA-Sequenz erklärt. Auch die Untersuchung des komplexen Wechselspiels der Proteine in einem Lebewesen wurde als Proteomik zu einer eigenständigen Wissenschaftsdisziplin weiterentwickelt.

Menschen stellen schon seit Jahrtausenden Lebensmittel wie Brot, Käse oder Wein her. Mikroorganismen spielen in der Biotechnik die entscheidende Rolle, indem sie Reaktionen katalysieren und die gewünschten Produkte entstehen lassen. Deren Spektrum reicht inzwischen von Lebensmitteln über chemische Grundstoffe bis zu Heilmitteln. Heute werden definierte Stämme von Mikroorganismen oder deren Enzyme verwendet, um die gewünschten Reaktionen unter kontrollierten Bedingungen ablaufen zu lassen.

COHEN und BOYER gelang 1973 die erste im Reagenzglas durchgeführte Neukombination von Genen. Damit wurde das Zeitalter der Gentechnik eingeläutet. So war es unter anderem möglich, die biotechnisch genutzten Organismen gezielt zu verändern, was die Palette der Erzeugnisse deutlich ausweitete. Dazu gehören heute mehr als 100 therapeutisch genutzte Proteine wie Insulin oder Interferon. Weitere Einsatzgebiete der Gentechnik sind unter anderem die Identifizierung von Personen über den genetischen Fingerabdruck, die genetische Analyse von Verwandtschaftsverhältnissen und Stammbäumen in der Systematik sowie die Veränderung von Nutzpflanzen und -tieren. Letztere kann auch durch Anwendung der MENDELschen Regeln auf klassischem Wege erfolgen. Durch Anwendung gentechnischer Methoden kann dies jedoch schneller und direkter erreicht werden.

Die **Humangenetik** ist ein Teilgebiet der Genetik und beschäftigt sich speziell mit dem Erbgut des Menschen. Dabei werden beispielsweise Chromosomen und Chromosomensätze untersucht, um Besonderheiten zu finden und bestimmten Krankheiten zuzuordnen. Auch die molekulare Analyse von DNA erfolgt, um beispielsweise Mutationen zu erkennen und daraus resultierende Krankheiten zu definieren. Eine wichtige Konsequenz daraus ist die genetische Beratung, die vor- und nachgeburtliche Diagnostik genetisch bedingter Krankheiten sowie die Präimplantationsdiagnostik. Auch in der modernen Reproduktionsmedizin können gentechnische Methoden zum Einsatz kommen. Einige dieser Einsatzmöglichkeiten werden gesellschaftlich sehr kontrovers diskutiert oder sind gar verboten.

Das Immunsystem schützt die Wirbeltiere vor Fremdstoffen wie Viren, Bakterien, Pilzen, Parasiten, Fremdproteinen oder Staubpartikeln, die von außen in den Körper gelangen. Das Immunsystem bekämpft aber auch kranke oder entartete körpereigene Zellen wie Virus-infizierte Zellen, Krebszellen oder abgestorbene Zellen. Zentrale Vorgänge der **Immunbiologie** werden durch genetische Prozesse gesteuert. Aktuelle Forschungsgebiete betreffen Impfungen, Allergien, Transplantationen, Autoimmunkrankheiten und Infektionskrankheiten wie AIDS.

1 Erstellen Sie einen Zahlenstrahl mit wichtigen Ereignissen aus der Genetik.

2 Erläutern Sie Quervernetzungen zwischen einzelnen Ereignissen dieses Zahlenstrahls.

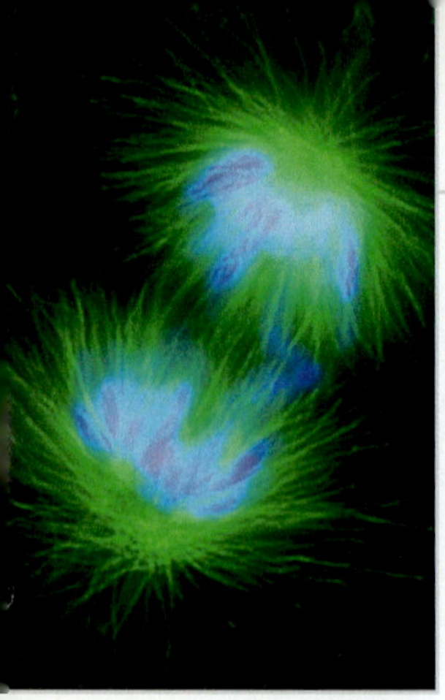

Chromosomen, Zellteilung und Entwicklung

„Zellen entstehen nur aus Zellen“: Diese Erkenntnis wurde im 19. Jahrhundert aus der Arbeit mit weiterentwickelten Lichtmikroskopen und neuen Färbetechniken gewonnen. So konnte Anfang des 19. Jahrhunderts erstmals eine Zellteilung lichtmikroskopisch beobachtet werden. Dabei wurden im Zellkern Strukturen entdeckt, die sich intensiv anfärben ließen. Sie wurden später als Chromosomen bezeichnet. Die Verfolgung ihres Aussehens im Verlauf von Zellteilungen führte zu der Erweiterung des obigen Lehrsatzes in *„Kerne entstehen nur aus Kernen“* und zu der Beschreibung der Kernteilungsvorgänge bei Mitose und Meiose. Die Schwerpunkte der heutigen zellbiologischen Forschung liegen auf der Zellteilung, der Differenzierung von Zellen und dem programmierten Zelltod.

1 Zahl und Bau der Chromosomen

Mit der ständigen Weiterentwicklung der Lichtmikroskopie konnten im 19. Jahrhundert immer neue Details in tierischen und pflanzlichen Zellen sichtbar gemacht werden. So wurden während der Teilung von Zellen in den Zellkernen der Organismen anfärbbare Strukturen beobachtet. Diese nannte der deutsche Anatom WALDEYER **Chromosomen** (gr. *chrōma,* Farbe; gr. *sōma,* Körper).
Zum Zeitpunkt ihres Sichtbarwerdens bestehen die Chromosomen aus zwei eng aneinander liegenden Hälften, den **Chromatiden.** Diese sind am **Centromer** (gr. *kéntron,* Mittelpunkt; gr. *méros,* Teil) miteinander verbunden (Abb. 8.1 A). Das Centromer teilt jede Chromatide in zwei meistens unterschiedlich lange Arme, wodurch dieses Chromosomenstadium sein typisch X-ähnliches Aussehen erhält.
Heute ist eine genaue Analyse der Chromosomen eines Organismus möglich. Dazu werden die Chromosomen einer Körperzelle präpariert und lichtmikroskopisch dargestellt. Anschließend werden sie nach Größe, Form und Lage des Centromers sortiert. So erhält man eine Chromosomenkarte, ein **Karyogramm** (gr. *karyon,* Kern; gr. *gramma,* Schriftstück).

Die Zahl der Chromosomen ist für eine Art charakteristisch, so hat die Taufliege beispielsweise 8, der Adlerfarn 104, und der Mensch 46 Chromosomen. Das Karyogramm des Menschen (Abb. 8.1 B) zeigt, dass je zwei Chromosomen ähnlich sind, sie sind homolog zueinander. Eine Ausnahme bilden zwei Chromosomen des Karyogramms: Sie bestimmen das Geschlecht des Organismus und können unterschiedlich aussehen. Daher werden sie als Geschlechtschromosomen oder **Gonosomen** bezeichnet. In dem abgebildeten Karyogramm eines Mannes gibt es ein größeres

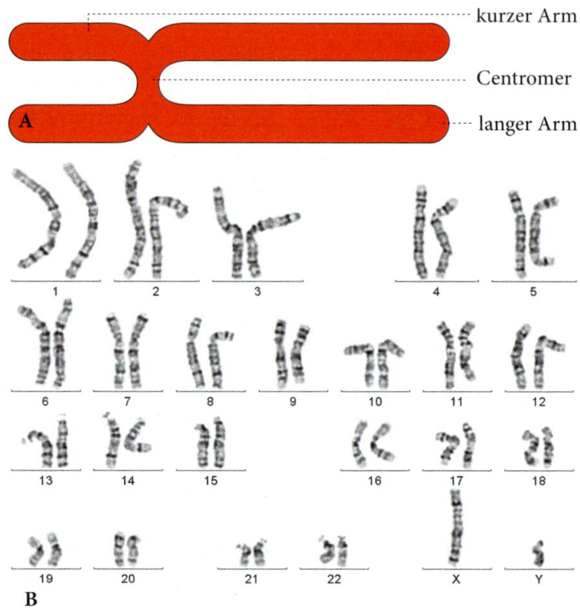

8.1 Chromosomen. A Aufbau; **B** Karyogramm

X-Chromosom und ein kleineres Y-Chromosom. Das Karyogramm einer Frau zeigt dagegen zwei gleich aussehende X-Chromosomen. Die Chromosomen der anderen 22 Paare sind die **Autosomen.**
Dieser Zustand des doppelten Chromosomensatzes wird als **diploid** bezeichnet. Seine Chromosomenzahl wird mit 2n angegeben. Die Geschlechtszellen tragen hingegen einen einfachen Chromosomensatz, sie sind **haploid.** Die Chromosomenzahl beträgt n.

1 Beschreiben Sie das Karyogramm in Abbildung 8.1 B.

2 Stellen Sie einen Zusammenhang her zwischen der Chromosomenzahl und der systematischen Einordnung der Organismen.

2 Zellkern und Mitose

Anfang des 18. Jahrhunderts zeichnete der Naturforscher Antoni VAN LEEUWENHOEK Präparate von Zellen, die er mit einem Lichtmikroskop betrachtete. Dabei erkannte er in beinahe allen Zellen ein Organell, das im 19. Jahrhundert den Namen **Nukleus** erhielt, der Zellkern.

Heute dient das Vorhandensein des Zellkerns als systematisches Kriterium für die Einordnung der Organismen in die Gruppe der **Eukaryoten** (gr. *eu,* richtig, gr. *karyon,* Nuss, Kern). Organismen, deren Zellen keinen Zellkern enthalten, gehören zu den **Prokaryoten** (gr. *pro,* vor).

Der Zellkern liegt im Cytoplasma einer Zelle. Er ist meist kugelig und hat je nach Zelltyp einen Durchmesser von 4 bis 25 Mikrometer ($1\ \mu m = 10^{-6}\ m$) (Abb. 9.1). Die ihn umgebende Doppelmembran, die Kernmembran ①, geht in das Endoplasmatische Retikulum (ER) über ②. Die Kernmembran enthält für den Stoffaustausch mit dem Cytoplasma mehrere Tausend Kernporen ③ mit einem Durchmesser von etwa 10 Nanometer ($1\ nm = 10^{-9}\ m$). Im plasmatischen Inneren des Zellkerns, dem Karyoplasma, liegt das fädige **Chromatin** (gr. *chroma,* Farbe) ④. Es wird erst nach Anfärbung lichtmikroskopisch sichtbar und besteht aus Erbmaterial und Proteinen. Die Chromatinfäden liegen in einzelnen, unterschiedlich langen Stücken vor. Im Nukleolus ⑤, dem Kernkörperchen, werden Bestandteile der Ribosomen gebildet.

Voraussetzung für die Entwicklung und das Wachstum von vielzelligen Organismen ist eine Vermehrung der Zellen. Diese erfordert sowohl die Verdopplung des Zellkerns als auch die des Cytoplasmas mit seinen Organellen. Nur so ist es möglich, dass bei einer Zellteilung aus einer Mutterzelle zwei Tochterzellen entstehen, die sowohl in ihrer genetischen Ausstattung als auch in ihrer Ausstattung mit Zellorganellen untereinander identisch sind.

Die Zellvermehrung erfolgt in einem fortwährenden Kreislauf, dem **Zellzyklus** (Abb. 9.2). In ihm wechseln sich die **Interphase** (lat. *inter,* zwischen) und die Teilungsphase solange miteinander ab, bis eine Zelldifferenzierung zu Dauergewebe beginnt.

In der Interphase werden die Zellbestandteile verdoppelt und die Zellteilung präzise vorbereitet. Sie wird in drei Abschnitte gegliedert. Direkt auf die Zellteilung folgt die **G_1-Phase** (engl. *gap,* Lücke), in der Proteine und Organellen synthetisiert werden und die Zelle auf die Größe der Mutterzelle heranwächst. Ob eine Zelle in die folgende **S-Phase,** die Synthese-Phase, eintritt, wird durch Faktoren wie Zellgröße, verfügbarer Energievorrat und Teilungssignale der Umgebung bestimmt. Sind die Bedingungen erfüllt, wird in der S-Phase das Chromatin verdoppelt. In der folgenden **G_2-Phase** werden die Vorbereitungen für die nächste Zellteilung getroffen.

In der anschließenden Teilungsphase wird zunächst in der **Mitose** das Chromatin des Zellkerns auf zwei neue Kerne aufgeteilt. In der darauf folgenden **Cytokinese** werden diese beiden Zellkerne und das Cytoplasma mit allen anderen Organellen gleichmäßig auf die zwei neu entstehenden Tochterzellen verteilt.

In jedem komplexen Organismus gibt es differenzierte Zellen. Sie treten aus der G_1-Phase in die **G_0-Phase** ein, bleiben lebensfähig und betreiben Stoffwechsel, teilen sich aber nicht. Einige Zellen verbleiben so, während andere stimuliert werden können, wieder in die G_1-Phase zurückzukehren und sich zu teilen.

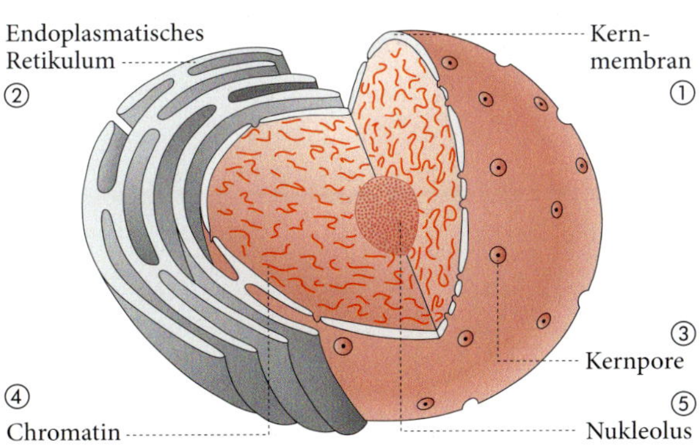

9.1 Schema des Nukleus

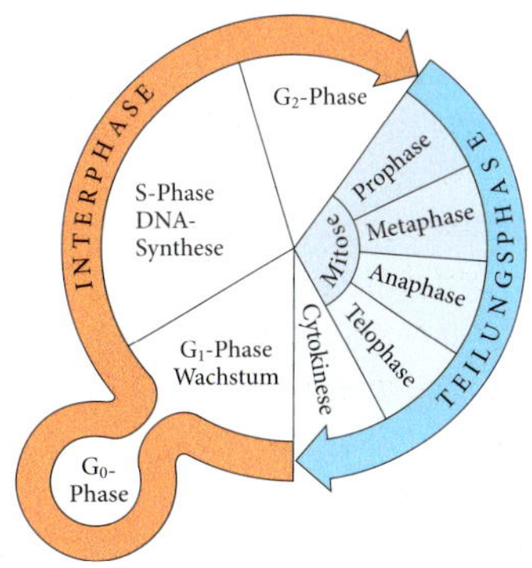

9.2 Zellzyklus beim Menschen

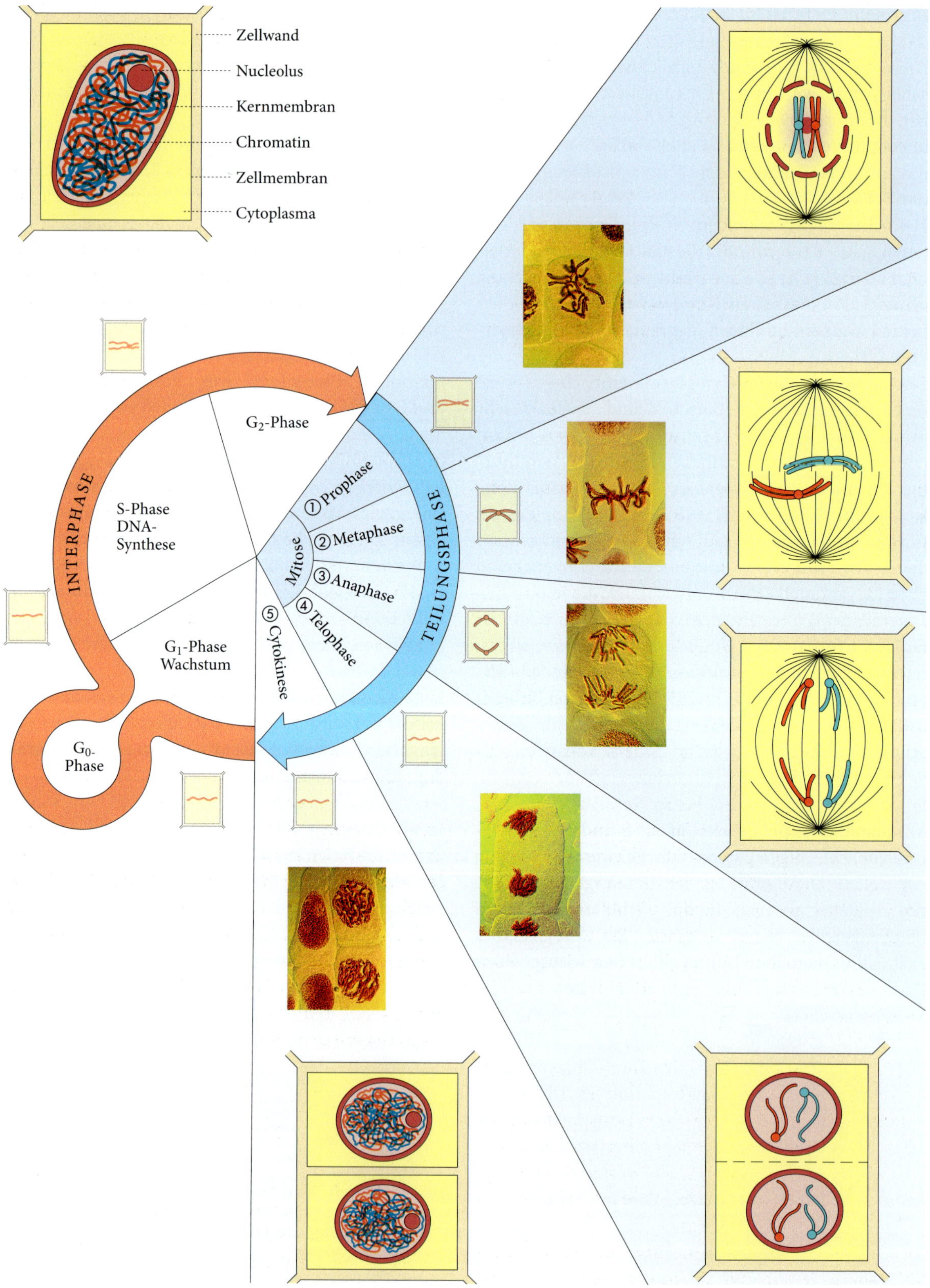

10.1 Zellzyklus

Nachdem die DNA in der S-Phase verdoppelt wurde, erfolgt in der **Mitose** die Teilung des Zellkerns (Abb. 10.1). Die Mitose ist ein Prozess, der zur besseren Übersicht in vier Phasen unterteilt wird, zwischen denen es fließende Übergänge gibt. Sie heißen: Prophase, Metaphase, Anaphase und Telophase.

In der **Prophase** ① beginnen sich die als Knäuel vorliegenden Chromatinfäden zu spiralisieren und zu falten. Dadurch verkürzen sich die Fäden und werden im Lichtmikroskop als einzelne Chromosomen erkennbar. Bei diesem als **Kondensation** bezeichneten Prozess werden die Chromosomen in ihre Transportform gebracht. Sie bestehen nach der Verdoppelung der DNA in der S-Phase aus zwei identischen Teilen, den Schwesterchromatiden. Diese sind am Centromer miteinander verbunden und werden als **Zwei-Chromatiden-Chromosomen** bezeichnet.
Im Cytoplasma beginnt parallel dazu der Zusammenbau von Spindelfasern. Das sind Mikrotubuli, die aus vielen, röhrenförmig angeordneten Proteinen zusammengesetzt sind. In tierischen Zellen startet dieser Vorgang an den beiden Centrosomen, die jeweils aus zwei Centriolen bestehen. Während die Centrosomen zu den entgegengesetzten Zellpolen wandern, wachsen aus ihnen die Spindelfasern heraus. Alle Spindelfasern zusammen bilden den Spindelapparat. Pflanzliche Zellen haben keine Centrosomen, bei ihnen erfolgt die Bildung der Spindelfasern von den Zellpolen aus.
Jede Schwesterchromatide hat im Bereich des Centromers eine Anheftungsstelle für die Spindelfasern, das **Kinetochor.** Die Kinetochore der Schwesterchromatiden weisen in entgegengesetzte Richtungen. Im Übergang der Prophase zur Metaphase heften sich einige Spindelfasern an die Kinetochore. Sie werden daher auch als Kinetochor-Mikrotubuli bezeichnet. Zum Ende der Prophase lösen sich die Nucleoli und die Kernmembran auf.

In der **Metaphase** ② sind die Zwei-Chromatiden-Chromosomen durch Kondensation maximal verkürzt und liegen endgültig in ihrer Transportform vor. Das größte Chromosom des Menschen wird beispielsweise fast um den Faktor 10 000 verkürzt: von acht Zentimeter Länge in der Interphase auf zehn Mikrometer Länge in der Metaphase.
Jedes Schwesterchromatid ist über die Kinetochor-Mikrotubuli jeweils mit einem der beiden Zellpole verbunden. Da die Kinetochor-Mikrotubuli alle gleich lang sind, ergibt sich eine Anordnung der Metaphasechromosomen in der Äquatorialebene der Zelle. Diese Anordnung der Chromosomen wird **Äquatorialplatte** genannt.

In der **Anaphase** ③ werden die Schwesterchromatiden der einzelnen Chromosomen am Centromer voneinander getrennt. Als **Ein-Chromatid-Chromosomen** wandern sie mit dem Centromer voran zu den entgegengesetzten Zellpolen. Diese Bewegung erfolgt wahrscheinlich zum einen durch eine aktive Bewegung der Chromosomen entlang der Mikrotubuli und zum anderen durch die vom Zellpol ausgehende Verkürzung der Kinetochor-Mikrotubuli. Am Ende der Anaphase befindet sich an beiden Zellpolen ein vollständiger Satz von Ein-Chromatid-Chromosomen.

In der **Telophase** ④ werden die Chromosomen entspiralisiert und der Spindelapparat wird abgebaut. Um jeden Zellpol und damit um jeden Chromosomensatz bildet sich unter Mitwirkung des Endoplasmatischen Retikulums eine neue Kernmembran. Die Nucleoli setzen sich neu zusammen. Zwei neue Zellkerne mit identischer genetischer Information sind entstanden. Die Mitose ist abgeschlossen.

In der anschließenden **Cytokinese** ⑤ wird das Cytoplasma aufgeteilt und zwei unabhängige Tochterzellen entstehen. Tierzellen teilen sich durch eine ringförmige Einschnürung in der Zellmitte von außen nach innen. Bei Pflanzenzellen erfolgt die Teilung von innen nach außen: In der Äquatorialebene wird durch das Verschmelzen von GOLGI-Vesikeln eine Zellplatte gebildet. Aus ihrem Material entstehen neue Zellwände. Die Membranen der Vesikel verschmelzen ober- und unterhalb der neuen Zellwände mit der dort vorhandenen Zellmembran und vervollständigen so die Zellmembranen der Tochterzellen. Die Tochterzellen gehen sofort in die G_1-Phase der Interphase über und beginnen mit dem Wachstum.

1 „Ich **p**acke **m**eine **a**lte **T**asche.“
Stellen Sie einen Zusammenhang her zwischen diesem Satz und dem Zellzyklus.

2 Stellen Sie eine begründete Hypothese auf für die Verwendung der Metaphasechromosomen als diagnostisches Mittel.

3 Erläutern Sie die Bedeutung der Ein- und Zwei-Chromatid-Chromosomen für die Mitose.

3 Bedeutung und Ablauf der Meiose

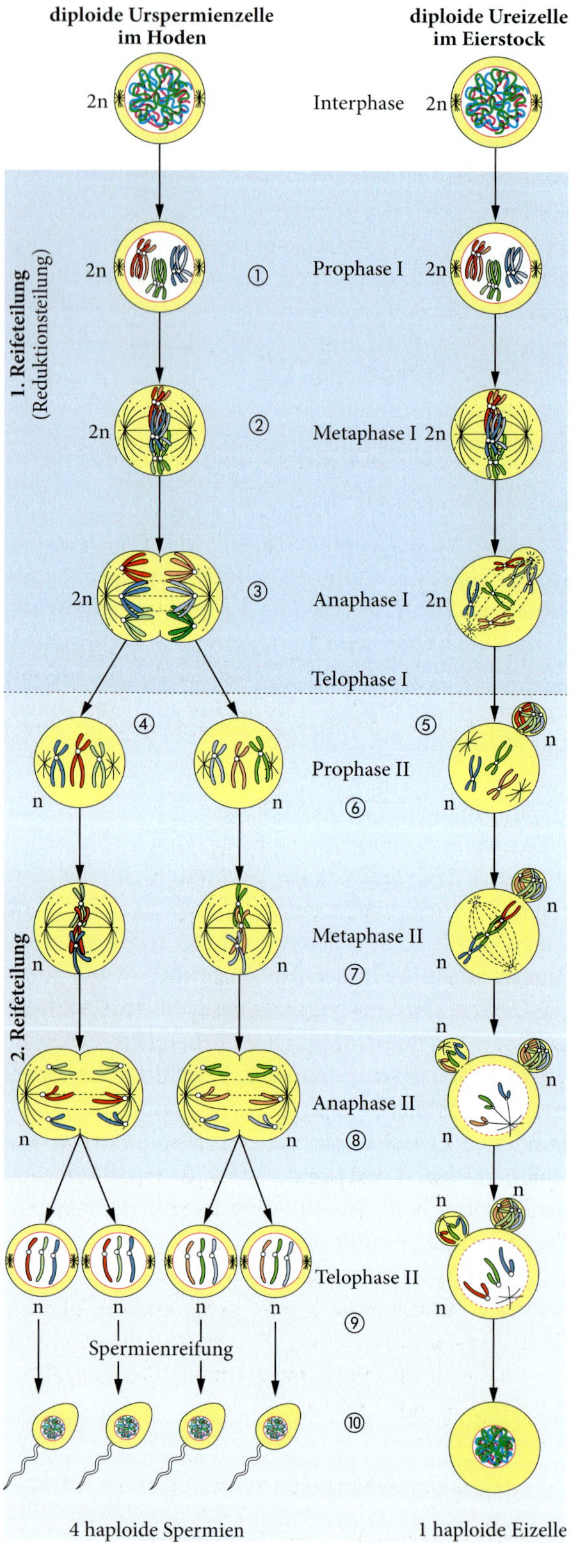

12.1 Meiose von Tierzellen

Die Entwicklung des Menschen beginnt mit der Verschmelzung der Kerne einer haploiden Ei- und einer haploiden Spermienzelle zu einer befruchteten, diploiden Eizelle. Sie enthält in ihrem Kern 46 Chromosomen, wie das Karyogramm des Menschen zeigt (→ S 8).

Damit sich bei der geschlechtlichen Fortpflanzung die Anzahl der Chromosomen nicht von Generation zu Generation verdoppelt, wird die Chromosomenzahl bei der Bildung der Keimzellen auf die Hälfte reduziert. Dazu werden die homologen Chromosomenpaare so auf die Keimzellen verteilt, dass jede Keimzelle einen einfachen, vollständigen Chromosomensatz enthält. Um das zu erreichen, durchlaufen die Urkeimzellen eine besondere Form der Kernteilung, die **Meiose** (Abb. 12.1).

Ebenso wie bei der Mitose wird auch bei der Meiose das Erbmaterial in der vorangehenden S-Phase der Interphase verdoppelt. Daher liegen in der Urkeimzelle zu Beginn alle Chromosomen des diploiden Satzes als Zwei-Chromatiden-Chromosomen vor.

Die Meiose ist ein kontinuierlicher Prozess, der in die **1. und 2. Reifeteilung** unterteilt wird.

Die 1. Reifeteilung beginnt mit der **Prophase I,** die im Gegensatz zur Prophase der Mitose verlängert ist und bei der Eizellenbildung beim Menschen bis zu einigen Jahrzehnten dauern kann. Zu Beginn der Prophase beginnen die Zwei-Chromatiden-Chromosomen zu kondensieren und werden lichtmikroskopisch sichtbar.

Im Verlauf der Prophase I paaren sich die homologen Zwei-Chromatiden-Chromosomen. Ihre vier Chromatiden liegen eng aneinander und sind im Lichtmikroskop als Tetrade (gr. *tetra,* vier) zu erkennen ①. Erfolgt diese Tetradenbildung nicht vollständig, wird die Meiose abgebrochen. Gegen Ende der Prophase werden die Kernmembran und der Nukleolus aufgelöst und die Bildung des Spindelapparats beginnt. Im Verlauf der **Metaphase I** ordnen sich die Tetraden der homologen Zwei-Chromatiden-Chromosomen in der Äquatorialebene an ②. Von den Zellpolen ausgehende Spindelfasern binden an den Kinetochoren.

Während der **Anaphase I** werden die homologen Zwei-Chromatiden-Chromosomen durch Verkürzung der Spindelfasern voneinander getrennt und zu den entgegengesetzten Zellpolen gezogen ③. Am

Ende der Anaphase befindet sich an jedem Zellpol ein vollständiger, haploider Chromosomensatz aus 23 Zwei-Chromatiden-Chromosomen. Die 1. Reifeteilung wird daher als Reduktionsteilung bezeichnet. Welche der ursprünglich vom Vater und von der Mutter stammenden homologen Chromosomen dabei an welchen Zellpol gezogen werden, erfolgt zufällig. Diese Neukombination der Chromosomen betrifft den ganzen Chromosomensatz und wird als **interchromosomale Rekombination** (lat. *inter,* zwischen; lat. *recombinare,* wieder verknüpfen) bezeichnet. Die Anzahl der möglichen Verteilungen der homologen Chromosomen auf die haploiden Zellen ist abhängig von der Anzahl der homologen Chromosomenpaare. Liegen zum Beispiel drei Paare vor, ergeben sich $2^3 = 8$ Kombinationsmöglichkeiten (Abb. 13.1). Menschliche Zellkerne enthalten 23 Chromosomenpaare, daraus resultieren entsprechend $2^{23} = 8{,}4$ Millionen mögliche, genetisch unterschiedliche Keimzellen.

In der **Telophase I** werden zunächst die Kerne und anschließend die Zellen geteilt. Bei der Spermienentwicklung entstehen dabei zwei gleich große, haploide Zellen ④. Bei der Eizellenbildung hingegen erhält eine der beiden Zellen das gesamte Zellplasma. Die Teilung ist ungleichmäßig. Es entstehen ebenfalls zwei haploide Zellen: eine große und eine kleine Zelle, das Polkörperchen ⑤.

Die 2. Reifeteilung folgt ohne zwischengeschaltete S-Phase auf die 1. Reifeteilung. Mit Ausnahme des Polkörperchens werden die in der 1. Reifeteilung entstandenen Zellen erneut geteilt.

In der **Prophase II** wird der Spindelapparat neu gebildet ⑥. In seiner Äquatorialebene ordnen sich in der **Metaphase II** die Zwei-Chromatiden-Chromosomen an ⑦. Die beiden Chromatiden jedes Chromosoms werden in der **Anaphase II** voneinander getrennt und als Ein-Chromatid-Chromosomen zu den Zellpolen transportiert ⑧. In der **Telophase II** werden um die haploiden Sätze der Ein-Chromatid-Chromosomen neue Kernmembranen gebildet ⑨. In der anschließenden Cytokinese werden die Zellen geteilt ⑩. Dabei verläuft die Zellteilung bei der Eizellbildung wieder ungleichmäßig.

Somit sind aus einer diploiden Urkeimzelle haploide Keimzellen mit jeweils einem Ein-Chromatid-Chromosom der 23 Tetraden entstanden: beim Mann vier gleich große Spermienzellen und bei der Frau eine Eizelle. Die beiden Polkörperchen sterben ab.

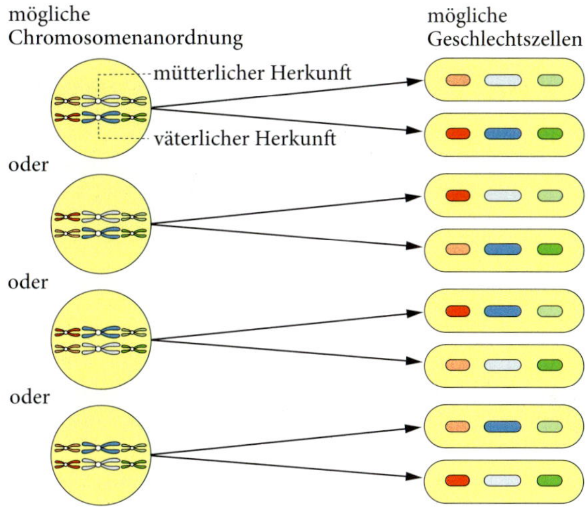

13.1 Interchromosomale Rekombination bei 2n = 6

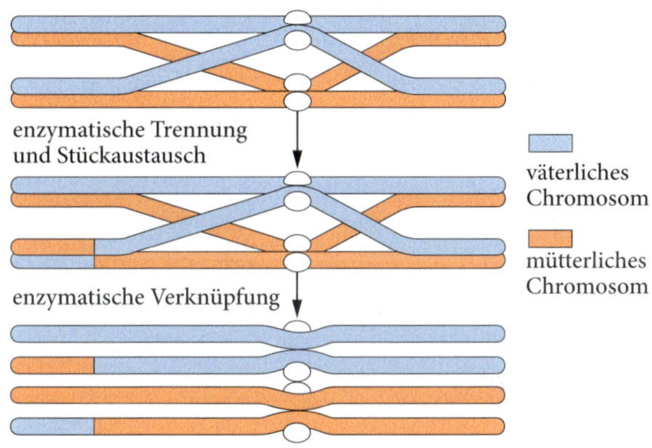

13.2 Intrachromosomale Rekombination durch crossing-over

Zusätzlich zu der Neukombination von Erbmaterial bei der interchromosomalen Rekombination können bei der Tetradenbildung in der Prophase I zwischen den Chromatiden der homologen Chromosomen Stücke ausgetauscht werden. Dieser molekulare Vorgang wird **crossing-over** genannt (engl. Überkreuzung). Lichtmikroskopisch sind dabei Überkreuzungen sichtbar, die als Chiasmata (gr. *chiasma,* Kreuz) bezeichnet werden (Abb. 13.2).

Ein crossing-over zwischen den Nicht-Schwester-Chromatiden der homologen Chromosomen führt zu einer Neukombination der Chromatidenstücke und wird daher als **intrachromosomale Rekombination** (lat. *intra,* innerhalb) bezeichnet.

1 Vergleichen Sie Meiose und Mitose tabellarisch.

2 Erläutern Sie die Bedeutung der Meiose für die geschlechtliche Fortpflanzung.

Aufgaben

1 Der Generationenvertrag

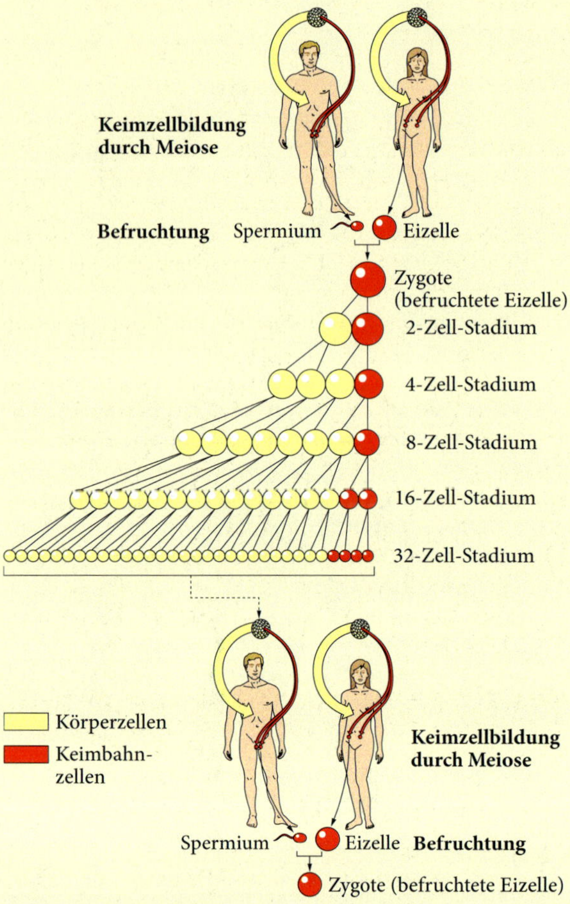

14.1 Prinzip der Keimbahn des Menschen

Bei der geschlechtlichen Fortpflanzung entsteht eine befruchtete Eizelle, die Zygote, aus der Verschmelzung von Ei- und Spermienzelle (Abb. 14.1). In der anschließenden Individualentwicklung bildet sich durch mitotische Zellteilungen ein geschlechtsreifer Organismus, der seinerseits Keimzellen produziert. Bereits in einem frühen Entwicklungsstadium entsteht eine Urkeimzelle, die die Vorläuferzelle aller Ei- beziehungsweise Spermienzellen des erwachsenen Organismus ist. Die ununterbrochene Abfolge der Zellen von der Zygote über eine Urkeimzelle zu den Keimzellen des neu entstandenen Organismus wird Keimbahn genannt. Im Gegensatz zu den sterblichen Körperzellen sind die Zellen der Keimbahn potenziell unsterblich, weil sie von Generation zu Generation weitergegeben wird.

a) Beschreiben Sie anhand der Abbildung 14.1 die Keimbahn des Menschen.
b) Erläutern Sie die Bedeutung von Mitose und Meiose für die Keimbahn.
c) Vergleichen Sie die Zellen der Keimbahn mit eukaryotischen Einzellern.

2 Wenn Pferd und Esel sich paaren

Menschen schätzen Maultiere schon seit der Antike, da sie aufgrund ihrer Ausdauer und Unempfindlichkeit als Zug- und Tragtiere, aber auch als Reittiere eingesetzt werden können. Für ihre Züchtung muss eine Pferdestute von einem Eselhengst gedeckt werden (Abb. 14.2). Maultiere sind unfruchtbar. Dieses Phänomen wird Bastardsterilität genannt und ist ein Hinweis darauf, dass Pferde *(Equus ferus)* und Esel *(Equus asinus)* zwei verschiedene Arten der Gattung Equus sind. Die diploiden Körperzellen des Pferdes besitzen 64 und die des Esels 62 Chromosomen. Homologe Abschnitte finden sich auch auf unterschiedlichen Chromosomen: Unter anderem sind Teile des Chromosoms 2 des Pferdes homolog zu dem Chromosom 3 des Esels. Außerdem sind Teile des Chromosoms 5 des Esels homolog zu Abschnitten auf den Chromosomen 2 und 19 des Pferdes (Abb. 14.3).

14.2 Kreuzung. A Pferdestute; B Eselhengst; C Maultier

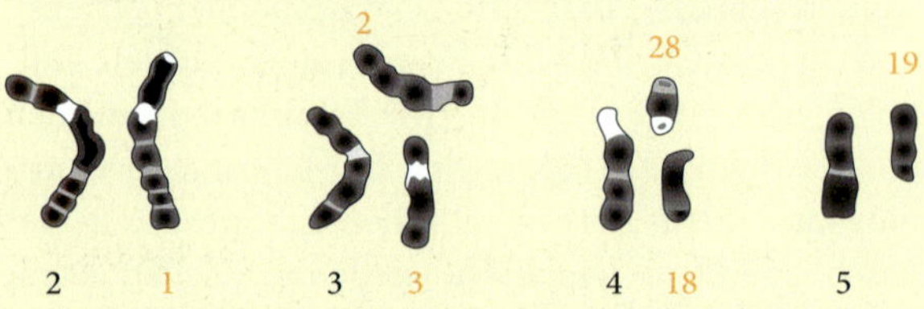

14.3 Chromosomen mit homologen Abschnitten von Eselhengst (schwarze Zahlen) und Pferdestute (rote Zahlen)

a) Stellen Sie die Keimzellbildung der Eltern eines Maultieres dar.
b) Erstellen Sie eine begründete Hypothese für die Ursache der Bastardsterilität der Maultiere.

1 Präparation von Riesenchromosomen

In Speicheldrüsenzellen von Fliegen und Mücken gibt es Riesenchromosomen, die bis zu 300 µm lang und 25 µm dick sind. Sie entstehen durch vielfache Verdopplung der Chromatiden ohne anschließende Trennung. Daher bestehen sie aus Hunderten bis Tausenden von gebündelten Chromatiden. In unregelmäßigen Abständen sind Verdickungen zu erkennen, in denen die Chromatiden stärker verschraubt vorliegen. Dies führt zu einer charakteristischen Querbänderung, die nach Anfärbung lichtmikroskopisch sichtbar ist. An manchen Stellen erscheinen die Riesenchromosomen aufgebläht. Diese Stellen nennt man Puffs. Hier wird die genetische Information abgelesen.

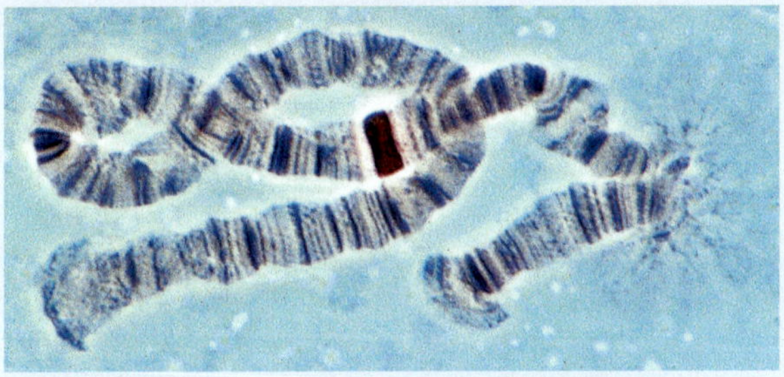

15.1 Gefärbte Riesenchromosomen von *Drosophila melanogaster,* (LM-Aufnahme, Vergrößerung 400-fach)

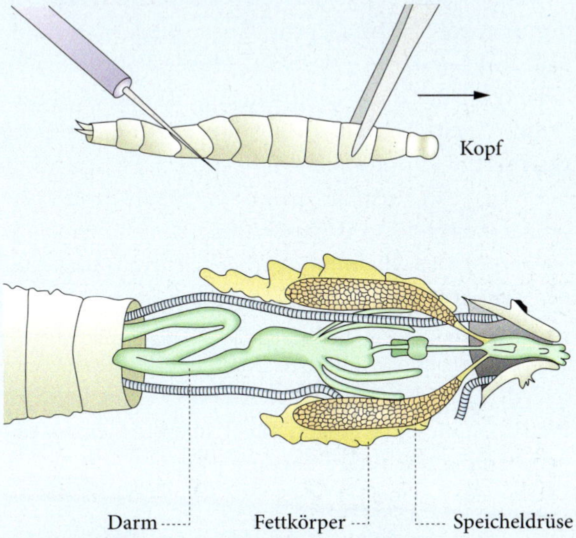

15.2 Präparation von Speicheldrüsen aus einer Larve

Material: Getötete Larven von Zuckmücken *(Chironomiden)* oder Mehlkäfern („Mehlwürmer", *Tenebrio molitor),* Karminessigsäure (C), Wasser, Gasbrenner, Deckgläser, Streifen aus Filterpapier, Lupe, Mikroskop, Objektträger, Pinzette, Präpariernadeln, Reagenzglashalter, schwarzes Papier

Durchführung:
1. Legen Sie eine getötete Larve in einen Tropfen Wasser auf einen Objektträger.
2. Legen Sie den Objektträger auf schwarzes Papier und betrachten Sie das Präparat mit einer Lupe.
3. Fixieren Sie mit der Präpariernadel den Körper der Larve und trennen Sie mit einer Pinzette den Kopf vom Körper ab (siehe Abb. 15.2).
4. Suchen Sie die als Bläschen sichtbaren Speicheldrüsen in dem Präparat. Sofern sie nicht schon ausgetreten sind, streichen Sie sie aus den vorderen Brustsegmenten mit der Präpariernadel aus.
5. Überführen Sie die Speicheldrüsen auf einen sauberen Objektträger in einen Tropfen Karminessigsäure.
6. Bewegen Sie den Objektträger mithilfe eines Reagenzglashalters vorsichtig in der nicht leuchtenden Flamme des Gasbrenners bis die Karminessigsäure eingetrocknet ist.
7. Legen Sie auf das eingetrocknete Präparat ein Deckglas und darauf einen Streifen Filterpapier.
8. Erstellen Sie durch gleichmäßigen Daumendruck vorsichtig ein Quetschpräparat.
9. Mikroskopieren Sie das Präparat zunächst bei kleiner anschließend bei starker Vergrößerung.

Aufgabe: Zeichnen Sie ein Riesenchromosom bei schwacher und die Bänderung bei starker Vergrößerung.

2 Untersuchung von Mitosestadien

Material: Küchenzwiebel, Fixiergemisch (C, Ethanol; Eisessig 6:1), Karminessigsäure (C), Gasbrenner, Deckgläser, Erlenmeyerkolben, Mikroskop, Objektträger, einseitig abgeklebte Rasierklingen

Durchführung:
1. Setzen Sie die Küchenzwiebel zum Wurzeltreiben so auf einen wassergefüllten Erlenmeyerkolben, dass die Wurzelscheibe das Wasser gerade nicht berührt.
2. Nach zwei bis drei Tagen erscheinen erste Wurzeln. Schneiden Sie etwa 3 mm lange Wurzelspitzen ab und legen Sie diese für zwei Stunden in das Fixiergemisch.
3. Fertigen Sie mit der Rasierklinge dünne Längs- und Querschnitte an.
4. Stellen Sie Quetschpräparate nach der in Versuch 1 beschriebenen Methode her.

Aufgaben:
a) Betrachten Sie das Präparat im Mikroskop und fertigen Sie beschriftete Skizzen von verschiedenen Mitosestadien an.
b) Vergleichen Sie Ihr Präparat mit verfügbaren Dauerpräparaten.

4 Ungeschlechtliche Fortpflanzung

Bei einem Strandspaziergang an der Ostseeküste fallen einem interessierten Beobachter Pflanzen mit besonderen Vermehrungsstrategien auf.
Das gelbblühende Gänsefingerkraut *Potentilla* bildet in den höher gelegenen Strandbereichen rot gefärbte, oberirdische **Ausläufer** (Abb. 16.1). Diese senken sich in einiger Entfernung von der Mutterpflanze in den Boden und entwickeln Wurzeln. An diesen Stellen entstehen Tochterpflanzen, die genetisch identisch mit der Mutterpflanze sind.

16.1 Ausläufer von Gänsefingerkraut *Potentilla*

16.2 Brutzwiebeln beim Schlangenlauch *Allium*

16.3 Brutknospen beim Brutblatt *Bryophyllum*

Der Schlangenlauch *Allium* wächst in den angrenzenden Dünen (Abb. 16.2). In den kugelförmigen Blütenständen dieses Zwiebelgewächses bilden sich **Brutzwiebeln,** die manchmal bereits auf dem Blütenstand austreiben und eine kleine Pflanze mit eigenem Blütenstand ausbilden. Auch diese Brutzwiebeln sind genetisch identisch mit der Mutterpflanze.

Ein ähnliches Phänomen ist beim Brutblatt *Bryophyllum*, einer Zimmerpflanze tropischen Ursprungs, zu beobachten (Abb. 16.3). An deren Blatträndern entstehen kleine bewurzelte Pflänzchen, **Brutknospen,** die nach dem Abfallen sofort im Boden anwachsen. Auch diese Pflänzchen sind genetisch identisch mit der Mutterpflanze. Solche erbgleichen Individuen werden als **Klone** (gr. *klon,* Zweig, Schößling) bezeichnet.

Ausläufer, Brutzwiebeln und Brutknospen dienen der Ausbreitung und Vermehrung der Pflanzen. Sie sind durch Mitose von Zellen und ohne Verschmelzung von Geschlechtszellen entstanden. Diese Form der Vermehrung heißt deshalb **ungeschlechtliche** oder **vegetative Fortpflanzung** (lat. *vegetare,* wachsen). Die Fortpflanzung ist eines der wesentlichen Kennzeichen aller Lebewesen und stellt ein **Basiskonzept** in der Biologie dar. Im Gegensatz zur unbelebten Natur sind Lebewesen zur selbstständigen Fortpflanzung befähigt. Über diese Fortpflanzung ist der Weiterbestand einer Art von Generation zu Generation gesichert.
Die vegetative Fortpflanzung ist bei Pflanzen weit verbreitet. Beispiele im Tierreich sind seltener. Beim Süßwasserpolypen *Hydra* können durch Knospung kleine Tochterpolypen entstehen. Bei staatenbildenden Insekten wie Bienen entwickeln sich Arbeiterinnen aus unbefruchteten Eiern. Manche Renneidechsen in Nordamerika pflanzen sich ohne Männchen fort. Weibchen dieser Art legen unbefruchtete Eier, aus denen sich die Nachkommen entwickeln.

1 Beschreiben Sie die cytologischen Grundlagen der Fortpflanzung knapp mit eigenen Worten.

2 Erläutern Sie, warum vegetative Ausläufer, Brutzwiebeln und Brutknospen genetisch identische Klone sind.

3 Stellen Sie begründete Hypothesen zu den Vor- und Nachteilen der vegetativen Vermehrung auf.

5 Geschlechtliche Fortpflanzung

Während viele Pflanzen sich vegetativ vermehren, pflanzen sich die meisten Tiere über Geschlechtszellen fort. Dies nennt man **geschlechtliche** oder **generative Fortpflanzung** (lat. *generare,* erzeugen).

Die Geschlechtszellen entstehen während der Meiose, in welcher der diploide Chromosomensatz auf einen haploiden reduziert wird. Dabei werden die Gene bei der Meiose im Gegensatz zur Mitose rekombiniert.
Die männlichen Geschlechtszellen oder **Spermienzellen** (gr. *sperma,* Same) sind dank einer Geißel beweglich und können so die Eizelle aktiv erreichen. Die Spermienzellen haben einen gemeinsamen Grundbauplan mit Kopf, Hals, Mittelstück und Schwanz. Bei den Säugetieren findet die Spermienreifung oder **Spermatogenese** in den Samenkanälchen der Hoden statt. Aus Urkeimzellen entstehen durch mitotische Teilungen **Spermatogonien,** aus denen wiederum durch Mitosen Spermatocyten 1. Ordnung entstehen. Durch Meiose werden diese über Spermatocyten 2. Ordnung zu Spermienzellen (Abb. 17.1 A).

Bei den unbeweglichen **Eizellen** gibt es erhebliche Unterschiede in der Menge und der Verteilung des Dotters. Dieser besteht aus Fetten, Proteinen und Kohlenhydraten und ist die Nährstoffgrundlage für den sich entwickelnden Embryo. Reptilien und Vögel legen ihre besonders dotterreichen Eier in der Regel ab. Die Eier sind dann von einer schützenden Schale umgeben. Fast alle Säugetiere bilden schalenlose, dotterarme Eier. Diese bleiben im Körper des Weibchens, wo auch die Keimesentwicklung stattfindet.
Beim Menschen vermehren sich die weiblichen Urkeimzellen bereits im Embryo mitotisch zu **Oogonien.** Bei der Geburt liegen von diesen in jedem Eierstock bis zu einer Million als **Oocyten** 1. Ordnung vor. Diese verharren in der Prophase der 1. Reifeteilung. Ab der Pubertät reifen die Eizellen. Sie werden von einer Zellschicht umgeben und entwickeln sich zum **GRAAFschen** oder **Tertiärfollikel** weiter. Erst während des Eisprungs wird die 1. Reifeteilung zur haploiden Oocyte 2. Ordnung beendet. Die 2. Reifeteilung folgt nach dem Kontakt der Eizelle mit einer Spermienzelle (Abb 17.1 B).

1 Vergleichen Sie Spermiogenese und Oogenese nach den beiden Abbildungen 17.1 A und 17.1 B.

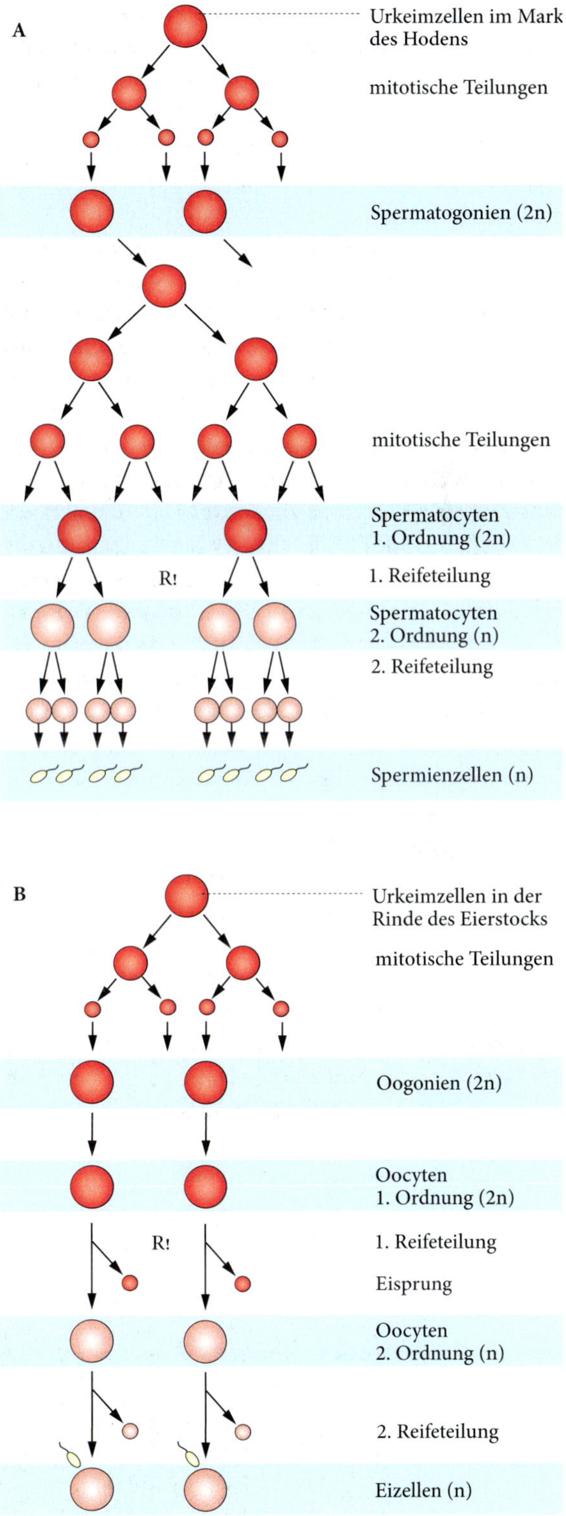

17.1 Entwicklung von Geschlechtszellen beim Menschen.
A Spermienzellen; **B** Eizellen

6 Keimesentwicklung bei Tieren

Mit der Verschmelzung der Kerne von Eizelle und Spermium beginnt die Entwicklung eines jeden geschlechtlich entstandenen Lebewesens. Sie ist genetisch gesteuert und wird von einer eigenen Teildisziplin erforscht, der **Entwicklungsbiologie.**

Bei Seeigeln geben die Elterntiere Eizellen und Spermien ins Wasser ab. Die Befruchtung und anschließende Entwicklung laufen außerhalb des Körpers ab. Es liegt eine **äußere Befruchtung** vor, was mikroskopische Beobachtungen leicht ermöglicht (Abb. 18.1).

Die Eizellen des Seeigels enthalten nur wenig Dotter. Sie sind deshalb nur 0,1 mm groß. Bei den Eizellen kann man den dunkler pigmentierten animalen Pol vom gegenüberliegenden, helleren vegetativen Pol unterscheiden. Die Eizelle teilt sich nach der Befruchtung durch **Furchungen** in Zellen, die **Blastomeren** (gr. *blastos,* Keim; gr. *meros,* Teil) genannt werden. Nach den Furchungsteilungen findet kein Zellwachstum statt. Deshalb können diese Teilungen innerhalb weniger Stunden aufeinander folgen.

Bei den Seeigeleiern sind diese Furchungen total, sie betreffen also das gesamte Ei. Die ersten beiden Furchungen finden zwischen den Polen der Eizelle statt, die dritte verläuft äquatorial und führt zu acht gleich großen Blastomeren, je vier animalen und vegetativen. Bei weiteren Teilungen entstehen dann ungleich große Blastomeren.

Das folgende 64-Zell-Stadium ähnelt im Aussehen einer Maulbeere. Es heißt deshalb auch **Morula** (lat. Maulbeere). Man erkennt je zwei animale und vegetative Zellkränze sowie die Mikromeren am vegetativen Pol. Diese Zellschichten bilden später die Keimblätter, aus denen die Anlagen von Organen entstehen. Aus den animalen Zellkränzen entsteht das Ektoderm (gr. *ekto,* außen; gr. *derma,* Haut), aus den vegetativen das Entoderm (gr. *entos,* drinnen).

Es folgt das Stadium der **Blastula** (lat. Keimchen), eine bewimperte, einschichtige Hohlkugel, deren Hohlraum Blastocoel (gr. *koilos,* hohl) heißt.
Das Stadium der **Gastrula** (lat. Becherchen) beginnt mit einer Zelleneinstülpung vom vegetativen Pol, die den Urdarm bildet. Von diesem sondern sich Zellen ab, die mit Abkömmlingen der Mikromeren das dritte Keimblatt bilden, das Mesoderm (gr. *mesos,* mitten). Durch Einstülpung der seitlichen Mundbucht entsteht die Pluteuslarve. Der Urmund wird dadurch zum After. Die Pluteuslarve lebt planktisch und entwickelt sich nach etwa fünf Wochen in einen Seeigel.

Durch Experimente konnte gezeigt werden, dass die Blastomeren des 4-Zell-Stadiums nach Vereinzelung jeweils noch eine vollständige Pluteuslarve bilden können. Sie sind also noch nicht auf bestimmte Körperteile des Seeigels festgelegt. Erst Blastomere späterer Teilungsstadien verlieren diese Fähigkeit, ein komplettes Ganzes zu bilden.

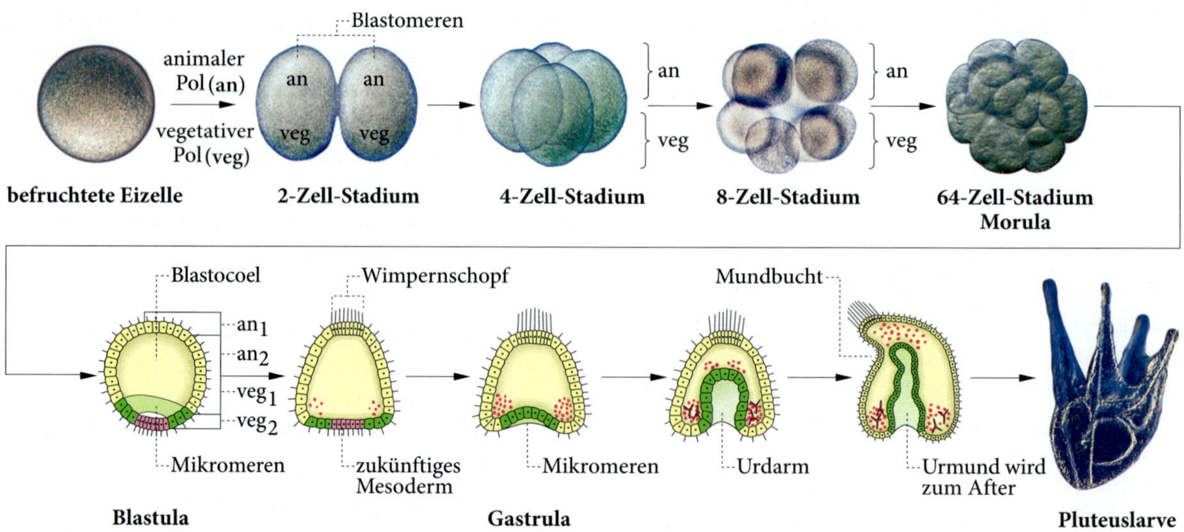

18.1 Entwicklung des Seeigelkeims

Die Eier von Amphibien enthalten deutlich mehr Dotter als die von Seeigeln und sind deshalb mit ein bis zwei Millimetern Durchmesser auch größer. Auch bei den Amphibieneiern können animaler und vegetativer Pol unterschieden werden. Manchmal weisen die Eier eine besonders pigmentierte Struktur zwischen den beiden Zellpolen auf, den **Grauen Halbmond.** Die Furchungen erfolgen ebenfalls total, wegen des Dotterreichtums aber teilweise inäqual in kleinere Mikromeren am animalen Pol und größere Makromeren am vegetativen Pol. Bis zur Blastula verlaufen die Teilungen ähnlich wie beim Seeigel (Abb. 19.1).

Danach folgt ebenfalls die Gastrulation. Makromeren und Zellen des Grauen Halbmonds wandern in das Blastocoel ein und bilden den Urdarm. Dieser verdrängt das Blastocoel. Die Gastrula besteht aus den drei Keimblättern Ektoderm, Mesoderm und Entoderm.

Aus dem Ektoderm bilden sich Haut und Nervensystem mit Sinneszellen. Aus dem Mesoderm entwickeln sich Skelett, Bindegewebe, Muskulatur, Blut- und Lymphgefäße sowie Herz und Milz. Aus dem Entoderm entstehen das Verdauungssystem mit Bauchspeicheldrüse und Leber sowie Lungen, Schilddrüse und Thymus.

Der kugelige Keim streckt sich nun in die Länge zur **Neurula** (gr. *neuron,* Nerv). In diesem Stadium schnürt sich aus der Neuralplatte das **Neuralrohr** nach innen ab. Das verbleibende Ektoderm schließt sich dann über dem Neuralrohr wieder. Aus diesem gehen durch weitere Differenzierungen alle Hirnteile und das Rückenmark hervor. Während der Neurulation wird vom Mesoderm die Chorda dorsalis (lat. Rückensaite) unterhalb des Neuralrohrs abgegliedert. Die Chorda übernimmt während der weiteren Entwicklung die Aufgabe eines Stützorgans. Später wird sie wieder zurückgebildet und findet sich nur noch in den Zwischenwirbelscheiben des Rückgrates. Die Wirbelknochen werden aus mesodermalem Material gebildet.

Das Vorhandensein der Chorda ist das namengebende gemeinsame Merkmal einer Gruppe von Tieren, zu denen neben den Wirbeltieren noch die Manteltiere (Tunikaten) wie zum Beispiel Seescheiden und die Schädellosen (Acranier) wie zum Beispiel das Lanzettfischchen gehören.

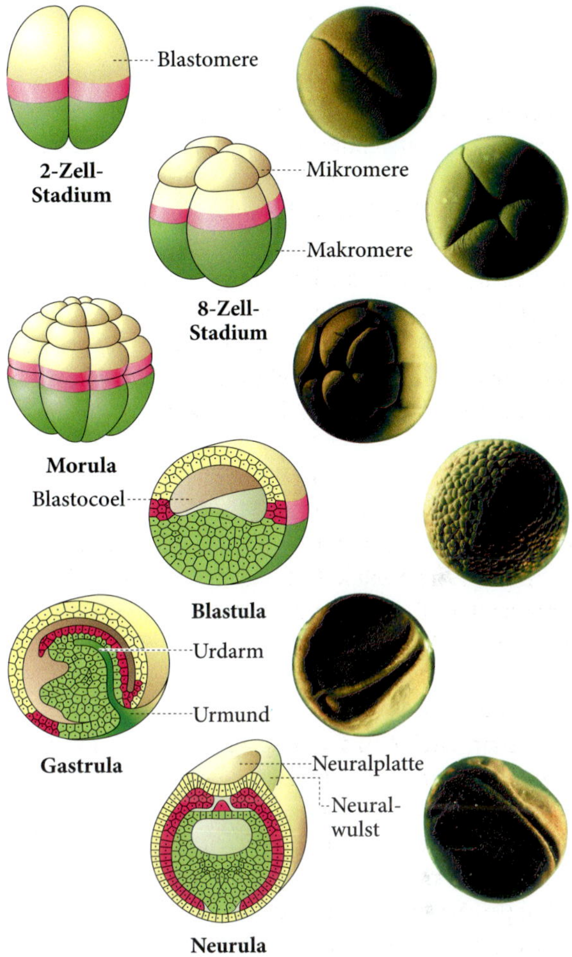

19.1 Keimesentwicklung beim Grasfrosch *Rana*

Auch mit Molcheiern wurden weiterführende Experimente durchgeführt: Blastomeren unterschiedlicher Entwicklungsstadien wurden durch Abschnürung voneinander getrennt. Die Molchkeime entwickeln sich nur dann normal weiter, wenn die Trennung der Blastomeren von Pol zu Pol erfolgt und auch der Graue Halbmond gleichmäßig auf die beiden Teilkeime aufgeteilt wird. Unvollständige Schnürungen führen zu Doppelbildungen, wie sie ähnlich bei siamesischen Zwillingen auftreten.

1 Vergleichen Sie die Entwicklungsstadien Morula, Blastula, Gastrula und Neurula mit allen wesentlichen Merkmalen.

2 Vergleichen Sie die Keimesentwicklung von Seeigel und Grasfrosch tabellarisch.

3 Erstellen Sie Hypothesen zur Regulationsfähigkeit der Seeigel- und Molchkeime aus genetischer Sicht.

Aufgaben

1 Alter Hut – Auf den Schirm kommt es an

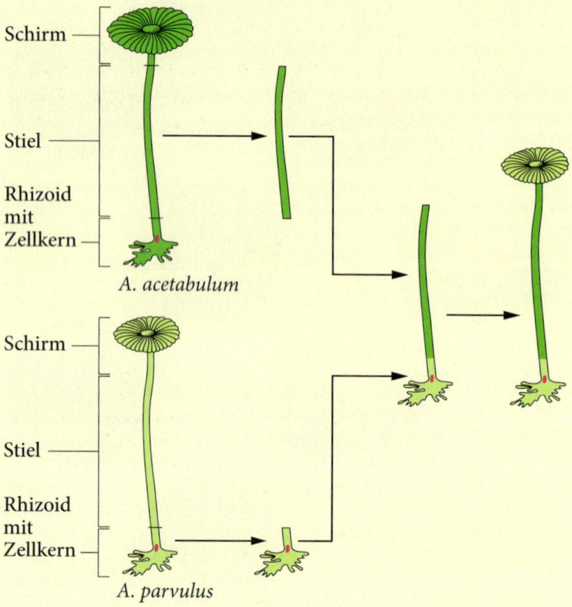

20.1 Transplantationsexperimente mit der Schirmalge ***Acetabularia***

An den Küsten des Mittelmeeres wachsen auf felsiger Unterlage manchmal Algen der Gattung *Acetabularia.* Diese sind in Fußstück oder Rhizoid, Stiel und Schirm gegliedert (Abb. 20.1). Das besondere an den bis zu zehn Zentimeter hohen Schirmalgen ist, dass sie aus nur einer einzigen Zelle bestehen. Sie sind somit die größten einzelligen Lebewesen mit nur einem Zellkern. Dieser befindet sich im Fußstück. Im Mittelmeer kommen zwei deutlich unterscheidbare Arten vor: die dunkelgrüne *Acetabularia acetabulum* und die hellgrüne *Acetabularia parvulus.*

Die Riesenzellen können abgetrennte Zellteile regenerieren, solange der verbleibende Zellteil noch den Zellkern enthält. In den dreißiger Jahren des letzten Jahrhunderts experimentierte der deutsche Botaniker Joachim HÄMMERLING (1901 bis 1980) mit diesen Algen und konnte grundlegende Fragen klären.

a) Beschreiben Sie das in Abbildung 20.1 dargestellte Transplantationsexperiment von HÄMMERLING in Durchführung und Ergebnis.
b) Stellen Sie begründete Hypothesen darüber an, welcher Fragestellung HÄMMERLING mit seinen Experimenten nachging.
c) Erläutern Sie, welche allgemeinen Schlussfolgerungen aus dem Experiment gezogen werden können.
d) Erklären Sie, warum *Acetabularia* für HÄMMERLINGS Experimente besonders geeignet ist.
e) Entwerfen Sie ein Experiment, das die allgemeinen Schlussfolgerungen HÄMMERLINGS überprüft.

2 Frösche aus dem Darm

20.2 Krallenfrosch ***Xenopus***

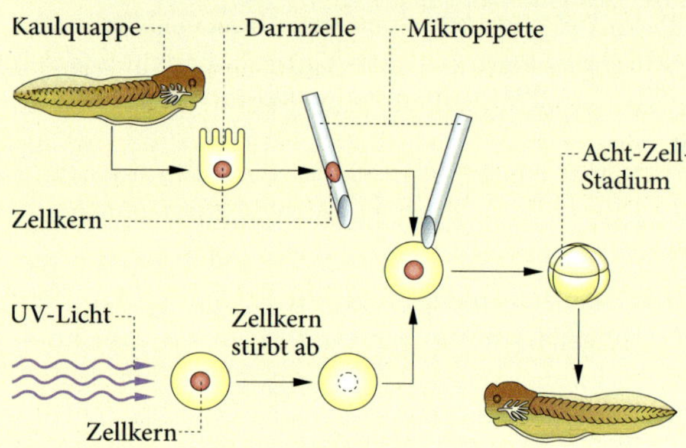

20.3 Transplantationsexperimente mit ***Xenopus***

Der britische Entwicklungsbiologe John GURDON (geboren 1933) veröffentlichte 1958, dass es ihm erfolgreich gelungen sei, einen Frosch durch Transplantation eines Zellkerns zu klonen. GURDON verwendete für seine Experimente Krallenfrösche der Gattung *Xenopus* (Abb. 20.2). Diese sind für diese Experimente besonders geeignet, weil ihre Eizellen relativ groß und auch nach Eingriffen wie Transplantationen relativ resistent gegen Infektionen sind.

Krallenfrösche kommen südlich der Sahara mit einem Verbreitungsschwerpunkt in Südafrika vor. Krallenfrösche werden seit Jahrzehnten in Nordamerika und Europa als Labor- und Heimtiere gehalten. Mittlerweile sind in diesen Breiten Krallenfrösche durch Unachtsamkeit des Menschen ins Freiland entwichen und konnten sich fest etablieren.

a) Beschreiben Sie das in Abbildung 20.3 dargestellte Experiment von GURDON in Durchführung und Ergebnis.
b) Stellen Sie begründete Vermutungen darüber an, welcher Fragestellung GURDON nachging und erläutern Sie, welche Schlussfolgerungen gezogen werden können.
c) Vergleichen Sie GURDONS Experiment mit dem von HÄMMERLING.
d) Erklären Sie, inwiefern GURDONS Experiment weitreichendere Schlussfolgerungen zulässt als das von HÄMMERLING.

3 Tanz der Chromosomen

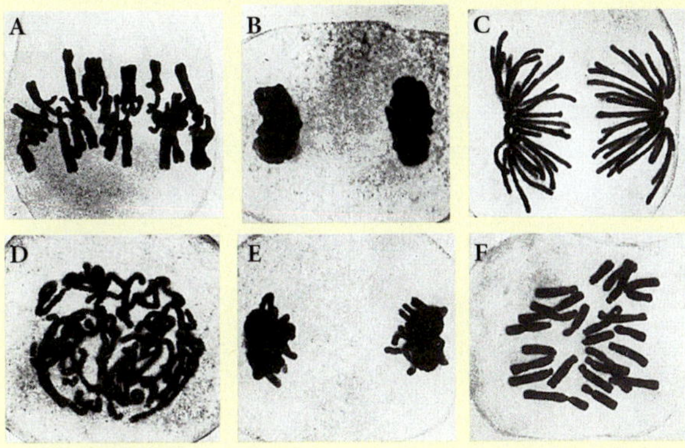

21.1 Lichtmikroskopische Aufnahmen von Zellen

Der Vorgang in Abbildung 21.1 ist in Zellen zu beobachten.

a) Benennen Sie den Vorgang, den die Fotos darstellen.
b) Benennen Sie die durch die Fotos jeweils dargestellten Teilphasen. Begründen Sie Ihre Entscheidung jeweils.
c) Ordnen Sie die Fotos in chronologischer Reihenfolge.

4 Eher Andreas als Andrea?

Jahr	Jungen	Mädchen	gesamt
1950	578 191	538 510	1 116 701
1960	648 928	612 686	1 261 614
1970	537 922	509 815	1 047 737
1980	444 148	424 641	868 789
1990	465 379	440 296	905 675
2000	393 323	373 676	766 999
2005	351 757	334 038	685 795
2006	345 816	326 908	672 724
2007	351 839	333 023	684 862
2008	349 862	332 652	682 514
2009	341 249	323 877	665 126

21.2 Zahl der lebend geborenen Jungen und Mädchen in Deutschland (vor 1990 Zahlen der Bundesstatistik und der DDR kombiniert)

Die Zahlen des Statistischen Bundesamtes zeigen, dass in jedem Jahr mehr Jungen als Mädchen geboren werden (Abb. 21.2). Es ist bekannt, dass 50 Prozent der Spermien ein Y-Chromosom tragen und 50 Prozent ein X-Chromosom. Deshalb sollte man eigentlich ein Geschlechterverhältnis von 1 : 1 erwarten. Zum Zeitpunkt der Befruchtung ist dieses primäre Geschlechterverhältnis auch gegeben. Tatsächlich kommen dann jedoch mehr Jungen als Mädchen auf die Welt. Dieses Phänomen ist nicht typisch deutsch, sondern gilt für die gesamte Welt. Berücksichtigt man auch Früh- und Fehlgeburten, verschiebt sich das sekundäre Geschlechterverhältnis noch mehr: auf 100 zu 135.

a) Berechnen Sie das Geschlechterverhältnis für jedes Geburtsjahr der Tabelle. Setzen Sie die Zahl der Mädchen dabei jeweils auf 100.
b) Stellen Sie begründete Hypothesen auf, warum es zu diesem Unterschied zwischen primärem und sekundärem Geschlechterverhältnis kommt. Recherchieren Sie dazu auch in Literatur und im Internet.

5 Auf die Schnürung kommt es an

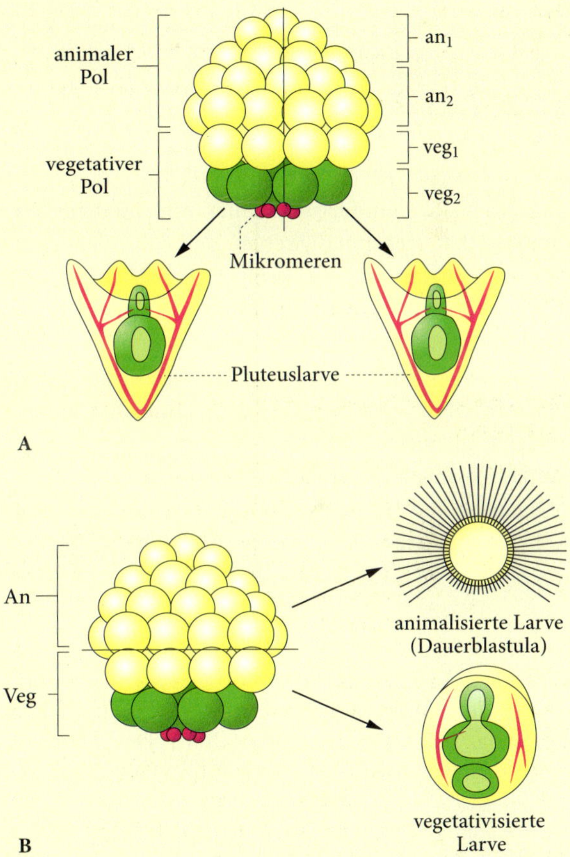

21.3 Experimente an Seeigelkeimen nach Hans DRIESCH

Der deutsche Entwicklungsbiologe Hans DRIESCH (1867 bis 1941) begann in den 1890er Jahren mit seinen bahnbrechenden Untersuchungen an Seeigelkeimen (Abb. 21.3).

a) Beschreiben Sie die beiden Experimente.
b) Stellen Sie begründete Vermutungen darüber an, welcher Fragestellung DRIESCH nachging.
c) Erläutern Sie, welche allgemeinen Schlussfolgerungen aus den Experimenten gezogen werden können.
d) Zeigen Sie, dass DRIESCHS Experimente in der Tradition der *Acetabularia*-Experimente von HÄMMERLING stehen.
e) Erläutern Sie, inwiefern die Annahme eines gegenläufigen Gradienten zweier Gestalt bildender Substanzen die Versuchsergebnisse erklären kann.

Klassische Genetik

Schon seit Jahrtausenden hatten sich Menschen bei der Züchtung von Tieren und Pflanzen unbewusst der Genetik bedient: Sie kreuzten Lebewesen mit für sie günstigen Merkmalen in der Erwartung, dass diese Merkmale auf die Nachkommen übergingen und zu bleibenden Eigenschaften wurden.
Aber erst Johann Gregor MENDEL war es Mitte des 19. Jahrhunderts gelungen, die Regelmäßigkeiten aufzudecken, die die Vererbung von Merkmalen bestimmen. Damit wurde MENDEL zum Begründer der Genetik, der Lehre der Vererbung von Merkmalen. In Abgrenzung zu der moderneren, molekularen Genetik wird die MENDEL-Genetik auch als klassische Genetik bezeichnet.

1 Vererbung nach Regeln

1.1 Kreuzungen mit Erbsen

Ab dem 18. Jahrhundert versuchten verschiedene Wissenschaftler, Regelmäßigkeiten bei der Weitergabe von Merkmalen aufzudecken. Doch war ihnen kein Erfolg vergönnt. Erst der Mönch Johann Gregor MENDEL brachte Licht in das Dunkel, denn er vermied drei entscheidende Fehler seiner Vorgänger: Erstens kreuzte er nur verschiedene Rassen einer Art miteinander und überschritt bei seinen Experimenten die Artgrenze nicht. Zweitens beschränkte er sich bei den Erbgängen auf wenige zu beobachtende Merkmale. Und drittens arbeitete er mit jeweils **reinrassigen** beziehungsweise **reinerbigen** Elternpflanzen.

Letzteres erwies sich als entscheidend, denn solche Elternpflanzen geben ein bestimmtes Merkmal immer nur in einer Ausprägung weiter, dass zum Beispiel die Farbe der Samenschale immer gelb ist. Deshalb überprüfte MENDEL zuerst verschiedene Erbsenrassen über mehrere Generationen darauf, dass sie tatsächlich reinerbig waren.

In einem ersten Experiment untersuchte MENDEL dann den Erbgang der Farbe der Samenschale. Für das **Gen,** das diese Farbe bestimmt, gibt es zwei verschiedene Zustandsformen, die **Allele** genannt werden. Diese beiden Allele legen entweder eine gelbe oder eine grüne Samenfarbe fest. MENDEL entfernte zuerst die Staubgefäße der Blüten der gelbsamigen Pflanzen. Dann bestäubte er mit einem Pinsel die Narben dieser Blüten mit Pollen von grünsamigen Erbsen. Anschließend schützte er die Blüten vor Fremdbestäubung durch kleine Stoffsäckchen.

Die Ausgangspflanzen einer solchen Kreuzung werden **Eltern**- oder **Parentalgeneration** genannt, abgekürzt „P“. Die **1. Tochter**- oder **Filialgeneration,** „F_1“, bestand nur aus gelbsamigen Pflanzen (Abb. 22.1).

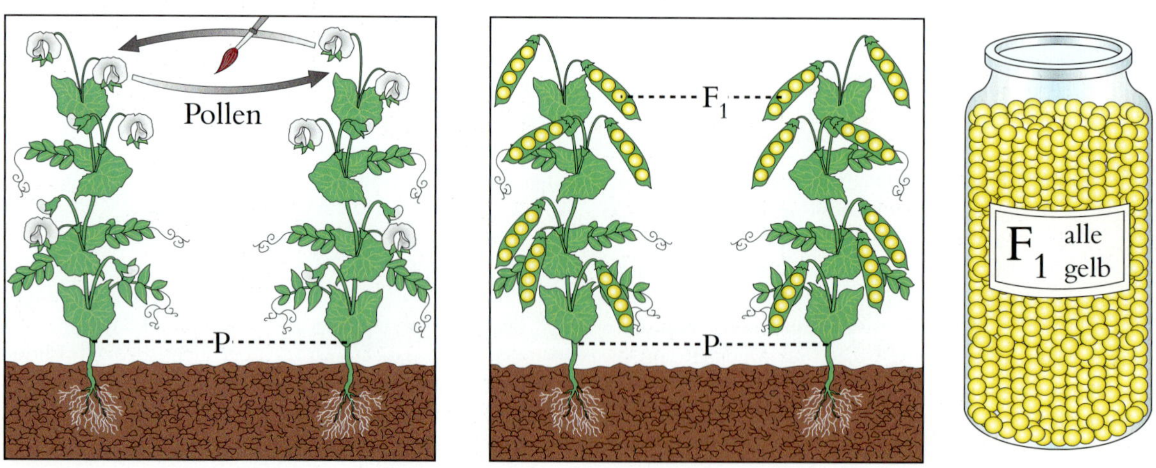

22.1 Kreuzung gelb- und grünsamiger Erbsen

Mendel überprüfte anschließend, ob die Erbinformation für die grüne Samenschale ganz verschwunden war und kreuzte die F_1 untereinander weiter. In der sich nun entwickelnden **2. Filialgeneration F_2** entstanden wieder gelbe und grüne Erbsensamen. Mendel schlussfolgerte, dass das Allel für die grüne Samenfarbe in der F_1 auch noch vorhanden sein musste, aber von dem Allel für gelbe Erbsen in der Ausprägung überlagert wurde. Er nannte das Allel für gelbe Erbsen deshalb **dominant** (lat. *dominare,* beherrschen) über das für grüne und kürzte es mit einem großen „G" ab. Das Allel für die grüne Erbsenfarbe nannte er entsprechend **rezessiv** (lat. *recedere,* sich zurückziehen) gegenüber dem Allel für gelbe und kürzte es mit einem kleinen „g" ab. In den Zygoten, aus denen die F_1 entstanden war, mussten jeweils zwei verschiedene Allele für das Merkmal Samenfarbe vorgelegen haben. Dieser Zustand wird **heterozygot** (gr. *heteros,* verschieden) genannt, reinerbige Lebewesen mit zwei gleichen Allelen sind entsprechend **homozygot** (gr. *homos,* gleich).

Aus dem obigen Versuchsergebnis schloss Mendel weiterhin, dass der Erscheinungstyp eines Lebewesens, der **Phänotyp,** nicht dem Vererbungs- oder **Genotyp** entsprechen muss. Mendels Genialität lag darin, dass er die Samen der F_2 zahlenmäßig auswertete. Bei diesem **monohybriden** Erbgang (gr. *monos,* einzig; *hybrida,* Mischling) mit nur einem betrachteten Merkmal entstanden 6022 gelbe sowie 2001 grüne Erbsensamen. Das entspricht einem ganzzahligen Verhältnis von etwa 3 : 1 (Abb. 23.1 A).
Mendel kreuzte in einem **dihybriden** (gr. *di-,* zwei) Ansatz Erbsenrassen, die sich in zwei Merkmalen unterschieden, nämlich Pflanzen mit gelb-runden und Pflanzen mit grün-runzeligen Samen. In der F_1 erhielt er nur gelb-runde Samen. In der F_2 gab es auch neue Merkmalskombinationen: 315 gelb-runde, 108 grün-runde, 101 gelb-runzelige und 32 grün-runzelige Erbsen (Abb. 23.1 B).

Mendel war von der allgemeinen Gültigkeit seiner Ergebnisse überzeugt. Die Versuche blieben jedoch trotz Veröffentlichung zuerst unbeachtet. Erst um 1900 wurden die Ergebnisse wieder aufgegriffen. Tschermak, Correns und de Vries veröffentlichten eigene Kreuzungsergebnisse und bezogen sich auf Mendels Schlussfolgerungen. Correns war es auch, der die Ergebnisse des Mönchs in prägnante Sätze fasste und sie „Mendelsche Regeln" nannte.

1 Erläutern Sie mögliche Auswirkungen auf die Kreuzungsergebnisse, wenn man die drei Fehler von Mendels Vorläufern nicht vermeidet.

2 Berechnen Sie für die Ergebnisse aus Mendels dihybriden Erbgang das ganzzahlige Verhältnis.

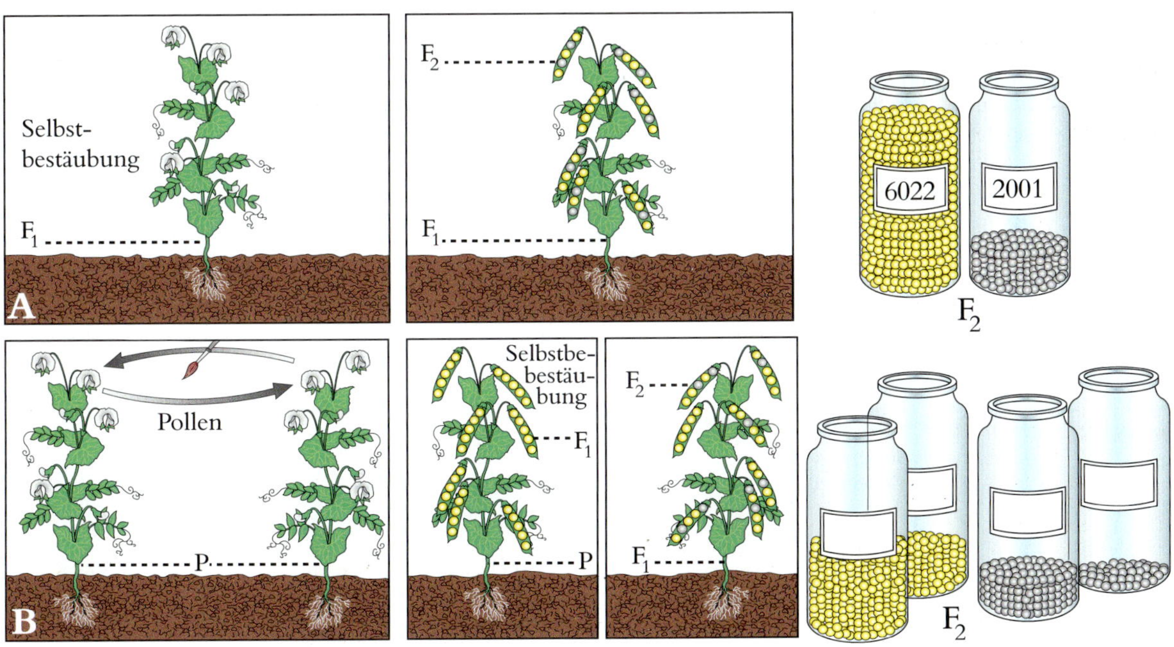

23.1 Aufspaltung bei A monohybriden und B dihybriden Erbgängen

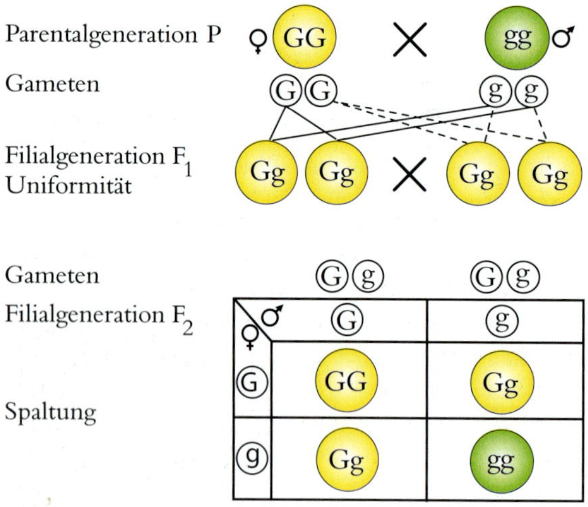

24.1 Kombinationsquadrat eines monohybriden Erbganges

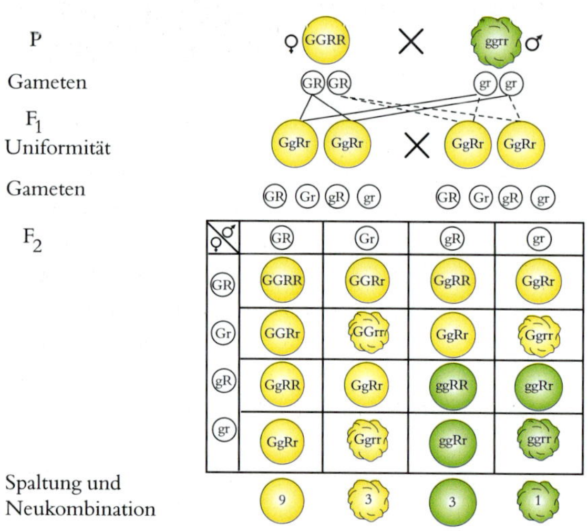

24.2 Kombinationsquadrat eines dihybriden Erbganges

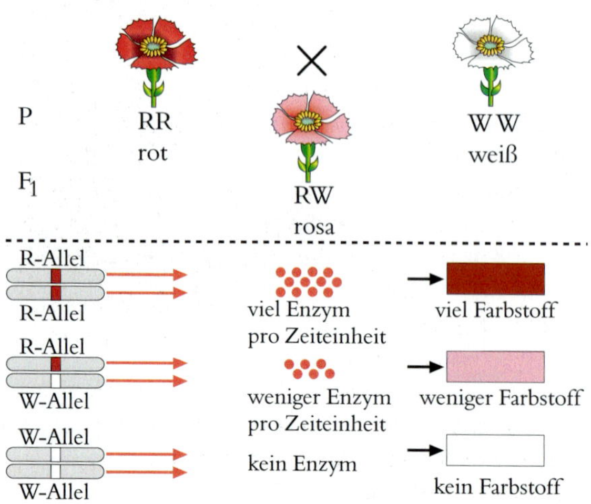

24.3 Erbgang mit unvollständiger Dominanz

1.2 Die MENDELschen Regeln

Die **1. MENDELsche Regel** heißt auch **Uniformitätsregel** (lat. *uniformis*, eine Gestalt): Kreuzt man zwei Individuen einer Art, die sich in einem Merkmal unterscheiden, für das sie reinerbig sind, sind ihre Nachkommen in der F_1 in diesem Merkmal untereinander uniform. Kreuzt man die Individuen der F_1 untereinander, erhält man die **2. MENDELsche Regel,** die **Spaltungsregel:** Die Merkmale spalten sich in der F_2 in bestimmten Zahlenverhältnissen auf, beim dominant-rezessiven Erbgang im Phänotyp im Verhältnis 3:1 und im Genotyp im Verhältnis 1:2:1 (Abb. 24.1).

Ein dihybrider Erbgang führt zur **3. MENDELschen Regel,** der **Rekombinantenregel** (lat. *recombinare*, wieder verknüpfen): Kreuzt man Individuen derselben Art, die sich in zwei Merkmalen unterscheiden, für die sie reinerbig sind, so sind ihre Nachkommen in der F_1 in Bezug auf diese Merkmale untereinander uniform. In der F_2 treten neben den Merkmalskombinationen der Eltern auch neue auf. Die F_2 spaltet sich im Phänotyp bei einem dominant-rezessiven, dihybriden Erbgang im Verhältnis 9:3:3:1 auf (Abb. 24.2).

CORRENS entdeckte Erbgänge mit **unvollständiger Dominanz** wie zum Beispiel die Vererbung der Blütenfarbe bei Nelken. Die rote Blütenfarbe wird durch ein Allel „R" verursacht, das ein Enzym zur Produktion roten Farbstoffs bildet. Das Allel für die weiße Blütenfarbe „W" codiert für ein funktionsunfähiges Enzym, sodass die Blüte weiß bleibt. Bei Mischerbigkeit kommt das Allel „R" nur einmal vor, deshalb wird eine geringere Menge des Enzyms und somit weniger Farbstoff gebildet. Der Phänotyp dieser Blüte ist rosa, daher nennt man diese Form der Merkmalsausbildung **intermediär** (lat. *intermedius*, dazwischen) (Abb. 24.3). Bei unvollständiger Dominanz kann der Phänotyp der Heterozygoten aber auch mehr dem einen oder anderen Elterntyp zuneigen.

Die MENDELschen Regeln beschreiben einen wichtigen Aspekt des biologischen **Basiskonzepts Reproduktion:** Die elterlichen Erbanlagen werden zwar in der Meiose zufällig auf die Geschlechtszellen verteilt, in den Nachkommen treten sie aber in statistisch vorhersagbaren Wahrscheinlichkeiten auf.

1 Formulieren Sie die Spaltungsregel für einen Erbgang mit unvollständiger Dominanz.

2 Stellen Sie eine begründete Vermutung an, welche Folge sich aus der Gültigkeit der MENDELschen Regeln für die Häufigkeit von Allelen bei gemeinsam lebenden Individuen ergibt.

1.3 Die Chromosomentheorie der Vererbung

Die cytologischen Grundlagen der Vererbung waren MENDEL nicht bekannt. Erst die vollständige Aufklärung der Chromosomenvorgänge während der Meiose bestätigte seine rein theoretischen Überlegungen:

- 1875 beobachtet HERTWIG bei der Befruchtung von Seeigeleiern die Verschmelzung der Zellkerne der beiden Geschlechtszellen.
- 1882 entdeckt FLEMMING an Salamanderlarven während der Mitose die Längsteilung der Chromosomen in zwei Chromatiden.
- 1883 ROUX und WEISMANN vermuten erstmals in den Chromosomen die Träger der Erbanlagen.
- 1884 beschreibt VAN BENEDEN die Spermatogenese beim Spulwurm und erkennt, dass Spermien nur einen haploiden Chromosomensatz besitzen. In den Zygoten liegen die Chromosomen hingegen diploid vor, wobei je ein Satz väterlicher und mütterlicher Herkunft ist.
- 1890 HERTWIG beschreibt abschließend die Vorgänge der Meiose.

SUTTON und BOVERI führten die Erkenntnisse der beiden Teildisziplinen 1904 in der **Chromosomentheorie der Vererbung** zusammen: Das Verhalten der Chromosomen erklärt MENDELS Vererbungsregeln.

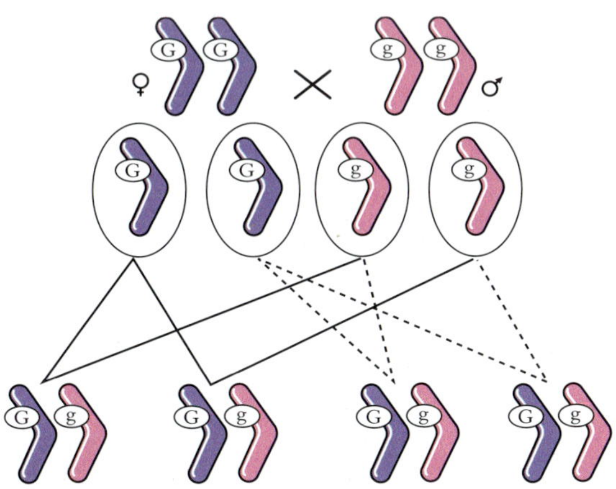

25.1 Dominant-rezessiver Erbgang aus cytologischer Sicht

1 Stellen Sie den Ergebnissen der Kreuzungsexperimente die Ergebnisse der Cytologie gegenüber. Nehmen Sie dabei Stellung zur Weitergabe der Erbanlagen, wie die Erbanlagen in Körper- und Geschlechtszellen vorliegen und wie die Verteilung der Erbanlagen auf die Gameten erfolgt.

2 Entwerfen Sie zu Abb. 25.1 das entsprechende Kreuzungsschema nach MENDEL.

Exkurs

Zwei Gesichter der klassischen Genetik

Johann MENDEL wurde 1822 im mährischen Heinzendorf (heute in Tschechien) geboren. Aus wirtschaftlicher Not trat er 1843 dem Augustinerstift in Brünn bei. Er erhielt den zusätzlichen Namen Gregor. Schnell zeigte sich, dass er für die Seelsorge ungeeignet war. Deshalb durfte er sich Lehre und Forschung widmen.

Er nahm 1851 in Wien für zwei Jahre ein naturwissenschaftliches Studium auf, dessen Abschlussprüfung er jedoch nicht bestand. Zurückgekehrt nach Brünn nahm er 1854 eine Stelle als Hilfslehrer für Naturgeschichte und Physik an. Parallel begann er mit seinen Kreuzungsexperimenten an Saaterbsen. Die von ihm entdeckten Regelmäßigkeiten bei der Vererbung veröffentlichte er 1866. Zu seiner Enttäuschung wusste die damalige Fachwelt mit seinen mathematischen Untersuchungen nichts anzufangen. Daraufhin gab MENDEL seine Kreuzungsversuche ganz auf und widmete sich anderen Aufgaben, wie zum Beispiel der Bienenzucht. MENDEL war unter seinen Mitbrüdern sehr beliebt und wurde 1868 zum Abt des Klosters gewählt. Er starb 1884 in Brünn.

Johann Gregor MENDEL (1822–1884)

Carl CORRENS wurde 1864 in München geboren. 1885 begann er in München ein Studium der Botanik, Chemie und Physik, das er mit einer Promotion abschloss. 1894 begann er in Tübingen mit Pflanzenkreuzungen, unter anderem mit der Wunderblume, und war 1900 neben Hugo DE VRIES und Erich TSCHERMAK einer der drei Wiederentdecker der Vererbungsregeln, für die er den Namen MENDELsche Regeln einführte. Damit wollte CORRENS verdeutlichen, dass es sich bei MENDELS Vorhersagen nicht um Gesetze handelt, weil es Ausnahmen von den Regeln gibt. Zwei dieser Ausnahmen entdeckte CORRENS selbst mit der Kopplung von Genen und der extra-chromosomalen Vererbung. CORRENS starb 1933 in Berlin.

Carl CORRENS (1864–1933)

2 Extranukleäre Vererbung

Ein Phänomen, das bei vielen Pflanzen vorkommt, sind weiß-grün gescheckte Laubblätter: Der Fachmann spricht von einer Panaschierung (fr. *panacher,* bunt machen). An den weißen Stellen enthalten die Zellen nur Plastiden ohne den grünen Blattfarbstoff Chlorophyll (gr. *chloros,* grün), sogenannte Leukoplasten (gr. *leukos,* weiß). Ob die Plastiden Chlorophyll einlagern können oder nicht, wird durch plastideneigene Gene bestimmt.
Bei der japanischen Wunderblume *Mirabilis jalapa* gibt es blühende Zweige mit rein grünen, panaschierten oder sogar ganz weißen Blättern (Abb. 26.2). Die weißen Blätter und Blattteile enthalten in ihren Zellen nur Leukoplasten. Carl CORRENS untersuchte 1909 die Vererbung dieses Phänomens. Dazu bestäubte er die Blüten auf weißen, grünen oder panaschierten Zweigen mit Pollen von Blüten entsprechender Zweige. Zu CORRENS' Überraschung erfüllten sich die MENDELschen Regeln nicht. Offensichtlich bestimmt die weibliche Samenanlage die Blattfärbung der Nachkommen unabhängig davon, mit welcher Sorte von Pollen sie befruchtet wurde (Abb. 26.1). Der Vererbungstyp wird also nur von einem Elternteil bestimmt, er heißt deshalb **uniparental.**
Diese Form der Vererbung liegt im unterschiedlichen Aufbau der Geschlechtszellen begründet. Während die Eizellen relativ groß sind und viel Cytoplasma und Plastiden beinhalten, sind die Spermienzellen relativ klein und enthalten kaum Cytoplasma und keine Plastiden (→ S. 12) Plastiden gelangen also nur über die Eizelle in die Zygote und damit in die Nachkommen. Weil dieser Vererbungstyp unabhängig vom Kern erfolgt, heißt er auch **extranukleäre Vererbung.** Die Erbanlagen für die panaschierten Blätter liegen zwar nicht in den Chromosomen des Zellkerns, aber die Plastiden verfügen über eigene Erbsubstanz. Deshalb kann der ebenfalls gebräuchliche Name extrachromosomale Vererbung irreführend sein.

Phänotyp Pollen	Phänotyp Samenanlage	Phänotyp Nachkommen
weiß	weiß	weiß
grün	weiß	weiß
panaschiert	weiß	weiß
weiß	grün	grün
grün	grün	grün
panaschiert	grün	grün
weiß	panaschiert	panaschiert, grün, weiß
grün	panaschiert	panaschiert, grün, weiß
panaschiert	panaschiert	panaschiert, grün, weiß

26.1 Kreuzungsergebnisse bei der Wunderblume *Mirabilis*

1 Stellen Sie begründete Hypothesen darüber auf, warum Pflanzen mit panaschierten Blättern in freier Natur selten sind.

2 Erläutern Sie die Kreuzungsergebnisse aus der Tabelle 26.1.

3 Erstellen Sie eine entsprechende Tabelle einer Kreuzung von Wunderblumen mit roten und weißen Blüten. Vergleichen Sie die Ergebnisse der beiden Kreuzungen.

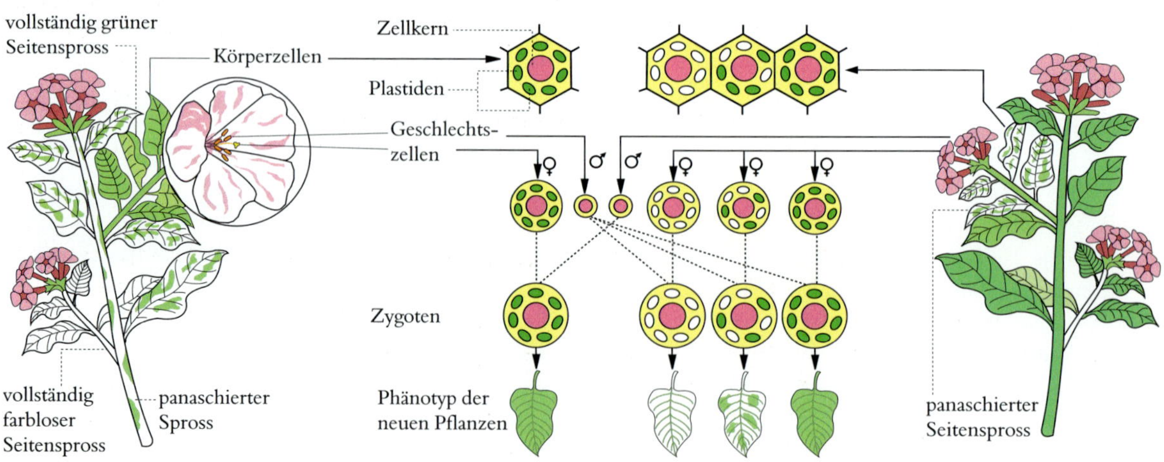

26.2 Beispiel einer extranukleären Vererbung bei der Wunderblume

1 Wenn ein Bulle falsch springt

27.1 Rinderrassen. A Telemarkrind; **B** Belted Galloway; **C** Bastard-Kalb

Der Haustierpark in Warder, Schleswig-Holstein, hat sich die Zurschaustellung und Erhaltung seltener Haustierrassen zur Aufgabe gemacht. Unter anderem werden dort zwei Rinderrassen gezeigt, das braune norwegische Telemarkrind (A) und das schwarzweiße Belted Galloway (B) aus Schottland (Abb. 27.1). Im Sommer 1998 wurden die beiden Rassen kurzfristig gemeinsam auf einer Weide gehalten und es kam zu einer unerwünschten Paarung: Ein Belted Galloway Rind wurde vom Telemark-Bullen gedeckt. Das Bastard-Kalb (C) konnte nicht weiter für die Zucht verwendet werden, war aber aus genetischer Sicht durchaus interessant.

a) Beschreiben Sie die Phänotypen der beiden Elterntiere und des Bastards.
b) Entwickeln Sie ein Kreuzungsschema für die vorliegende Kreuzung und begründen Sie, welche der MENDELschen Regeln zur Anwendung kommt.
c) Erläutern Sie, wie aus Belted Galloway und Telemarkrind ein Tier gezüchtet werden kann, das bei einheitlich brauner Grundfarbe einen weißen Gürtel in der Körpermitte aufweist.
d) Begründen Sie, welche der MENDELschen Regeln zur Anwendung kommt.

2 Grünes Blatt und weiße Flecken

27.2 Weißrand-Pelargonie *Pelargonium*

Phänotyp Pollen	Phänotyp Samenanlage	Phänotyp Nachkommen
panaschiert	grün	138: grün 17: panaschiert 4: weiß
grün	panaschiert	46: grün 19: panaschiert 0: weiß

27.3 Pelargonien-Kreuzung

Pelargonien sind Pflanzen aus der Familie der Storchschnabelgewächse und wurden um 1600 aus Südafrika nach Europa gebracht. Durch Kreuzungen verschiedener Pelargonien-Arten entstanden daraus die bekannten Garten-Geranien. Bei der Art *Pelargonium zonale* gibt es Pflanzen mit rein grünen Blättern sowie solche mit weißgeränderten und solche mit gelbgeränderten Blättern, sogenannte Weißrand- und Gelbrand-Pelargonien (Abb. 27.2). Dabei handelt es sich ebenfalls um eine Form der Panaschierung.
Der deutsche Botaniker Erwin BAUR fand 1910 bei diesen beiden panaschierten Pelargonien eine Variante des Vererbungsmusters der Wunderblume *Mirabilis jalapa*.

a) Rechnen Sie die Tabellenwerte in Abb. 27.3 der Pelargonien-Kreuzung in Prozentwerte um.
b) Vergleichen Sie die Ergebnisse der Pelargonien-Kreuzungen mit denen der Wunderblume mit roten und weißen Blüten. Stellen Sie zu den Unterschieden begründete Hypothesen auf.

3 *Drosophila* und andere Beispiele

3.1 Taufliege *Drosophila*

Taufliegen wurden erstmals um 1900 an der Harvard-Universität in den USA zur Aufklärung genetischer Fragestellungen eingesetzt. Ab 1906 verwendete Thomas Hunt MORGAN sie für MENDELsche Kreuzungsexperimente. Gegenüber anderen Tieren wie Mäusen bieten die Fliegen einige Vorteile:

- Eine kurze Generationsdauer, die je nach Temperatur zwischen 10 (bei 25 °C) und 14 Tagen (bei 18 °C) liegt (Abb. 28.1).
- Bis zu 300 Nachkommen pro Fliegenpärchen, was eine statistische Auswertung ermöglicht.
- Die Haltung der Fliegen ist einfach, platzsparend und kostengünstig.
- Die Geschlechtszellen von *Drosophila* enthalten nur vier Chromosomen, die sich leicht voneinander unterscheiden lassen.

Taufliegen sind Insekten und gehören innerhalb der Ordnung der Zweiflügler zu den echten Fliegen. Während ihrer Entwicklung durchlaufen sie mehrere Larven- und ein Puppenstadium. *Drosophila melanogaster* ist um zwei Millimeter groß und ernährt sich von Obstsäften. MORGAN züchtete die Fliegen in Milchflaschen aus Glas, die er mit Wattestopfen verschloss. Als Futter verwendete er reife Bananen. Heute nimmt man stattdessen Fertignährböden. Die Geschlechter werden an der Form des Hinterleibes unterschieden.

Exkurs

Thomas Hunt MORGAN

Thomas Hunt MORGAN (1866–1945)

Thomas Hunt MORGAN studierte zuerst Zoologie und wechselte dann zur Genetik. MORGAN wollte die Gültigkeit der MENDELschen Vererbungsregeln auch für Tiere nachweisen. Nach ersten Experimenten mit Mäusen wandte er sich 1906 der Taufliege *Drosophila melanogaster* zu.

MORGAN wies bei *Drosophila* 1910 die erste Mutation bei Tieren nach. Außerdem entdeckte er bei den Fliegen um 1910 die geschlechtsgebundene Vererbung und veröffentlichte 1915 Überlegungen zur linearen Anordnung der Gene auf den Chromosomen. Dafür erhielt MORGAN 1933 den Nobelpreis für Medizin.

Viele der Mitarbeiter aus MORGANS „Fly Room" gelangten selbst zu Weltruhm und wurden ebenfalls mit Nobelpreisen geehrt, darunter Hermann Joseph MULLER (1946), George BEADLE (1958) und Edward LEWIS (1995).

1 Fassen Sie die Vorteile des Versuchstieres *Drosophila* für Kreuzungsversuche im Vergleich zu Mäusen tabellarisch zusammen.

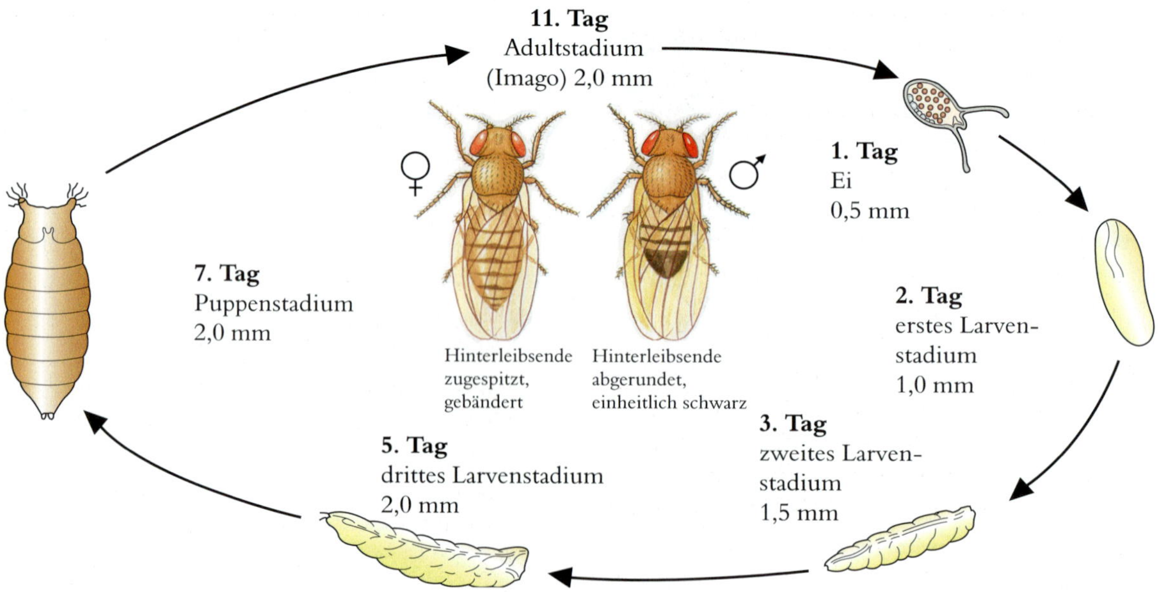

28.1 Entwicklungszyklus der Taufliege *Drosophila melanogaster*

3.2 Geschlechtsgebundene Vererbung

Seitdem MORGAN im Jahr 1906 begann, im großen Stil *Drosophila*-Fliegen zu vermehren, wartete er auf das Auftauchen einer spontanen Merkmalsveränderung, einer **Mutation.** 1910 war es endlich so weit: Unter den vielen Wildtypfliegen mit rotbraunen Augen fand MORGAN ein Männchen mit weißen Augen. Das verursachende Allel benannte MORGAN mit „w". Das zugehörige Wildtyp-Allel wird mit „+" abgekürzt. Kreuzungen des veränderten Männchens mit Wildtyp-Weibchen zeigten in der F_1 die erwartete Uniformität: Alle Nachkommen hatten Wildtyp-Augen (Abb. 29.1). Die Weiterkreuzung zur F_2 erbrachte auch das erwartete Verhältnis von 3 : 1, jedoch waren die 25 Prozent weißäugigen Fliegen alle männlich. MORGAN schloss daraus, dass die Augenfarbe zusammen mit geschlechtsbestimmenden Genen vererbt wird.

Durch weitere Kreuzungen erhielt MORGAN auch weißäugige Weibchen und setzte eine reziproke Kreuzung an, das heißt ein weißäugiges Weibchen mit einem Wildtyp-Männchen. Die F_1 spaltete im untypischen Verhältnis 1 : 1 auf, wobei alle Männchen weißäugig und alle Weibchen rotäugig waren (Abb. 29.2). Die F_2 dieser Kreuzung spaltete ebenfalls im Verhältnis 1 : 1 auf, die Geschlechter waren diesmal jedoch gleichmäßig verteilt. Das Allel, das die weiße Augenfarbe verursacht, vermutete MORGAN auf dem X-Chromosom.

Im Experiment zeigte sich, dass das entsprechende Y-Chromosom keine Allele für die Augenfarbe enthielt. Es wurde entsprechend durch das Zeichen „↗" symbolisiert. Die *Drosophila*-Männchen, die durch die Chromosomen XY gekennzeichnet sind, verhalten sich in Bezug auf die Vererbung des Allels zur Augenfarbe wie heterozygote Individuen. Weil sie nur ein einziges Allel zur Augenfarbe besitzen und dieses den Phänotyp bestimmt, nennt man diesen Zustand **hemizygot.** Diese Form der Vererbung wird **X-chromosomale Vererbung** oder auch **X-Chromosomen-gebundene Vererbung** genannt.

Durch die Kenntnis der X-chromosomalen Erbgänge ist gleichzeitig die Vererbung des Geschlechts nach den MENDELschen Regeln geklärt: Das eine Geschlecht wird durch die Chromosomenkombination XX bestimmt und das andere durch XY. Bei jeder Kreuzung entstehen nach dem Spaltungsverhältnis der Rückkreuzung mit derselben Wahrscheinlichkeit von 50 Prozent wieder XX- und XY-Individuen.

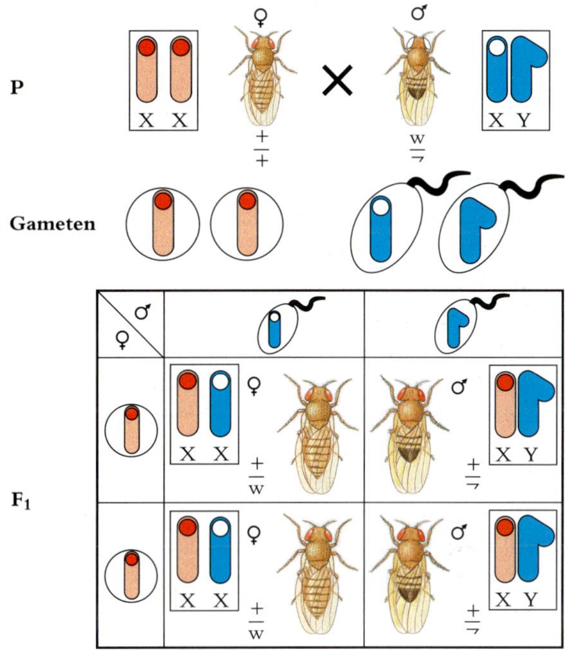

29.1 Kreuzung rotäugiges Weibchen mit weißäugigem Männchen bei *Drosophila melanogaster*

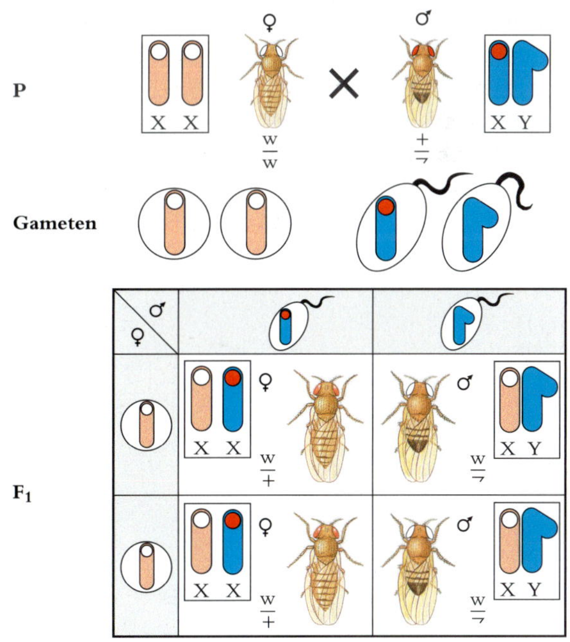

29.2 Reziproker Kreuzungsansatz weißäugiges Weibchen mit rotäugigem Männchen bei *Drosophila melanogaster*

1 Führen Sie die Kreuzung aus Abb. 29.1 weiter zur F_2, wenden Sie die MENDELschen Regeln an.

2 Zeigen Sie, welcher Kreuzungsansatz zu weißäugigen *Drosophila*-Weibchen führen kann.

3.3 Genkopplung und Kopplungsbruch

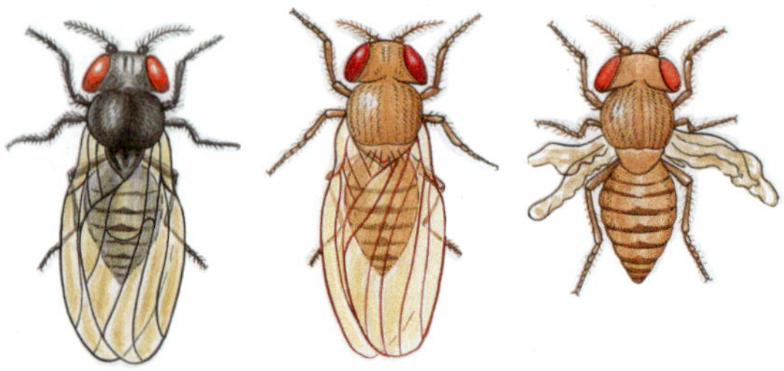

30.1 ***Drosophila*-Mutanten.** **A** black; **B** cinnabar; **C** vestigial

MORGAN wies in verschiedenen Experimenten mit *Drosophila* nach, dass monohybride und dihybride Erbgänge entsprechend den MENDELschen Regeln verliefen. Erbgänge mit Dreifachmutanten führten MORGAN dann zu neuen Erkenntnissen.

In einem solchen trihybriden Ansatz wurde ein Weibchen der Dreifachmutante black-cinnabar-vestigial (schwarzer Körper „b", zinnoberrote Augen „cn", Stummelflügel „vg") (Abb. 30.1) mit einem Wildtypmännchen mit braunem Körper, braunroten Augen und normal ausgebildeten Flügeln gekreuzt. Die F_1 bestätigte die MENDELsche Uniformitätsregel und entsprach in allen Merkmalen dem Wildtyp (Abb. 30.2). Demnach waren die drei mutierten Allele „b", „cn" und „vg", die in der F_1 heterozygot vorlagen, rezessiv gegenüber den zugehörigen Wildtyp-Allelen.

Als MORGAN die F_1 weiter kreuzte, zeigten die meisten Nachkommen in der F_2 dieselbe Phänotypenkombination wie die Eltern. Die erwartete Vielfalt an Phänotypen trat jedoch nicht auf. Zur Aufklärung dieses Phänomens kreuzte MORGAN heterozygote Fliegen der F_1 mit Individuen der Dreifachmutante zurück. War das Männchen ein heterozygoter Wildtyp (F_1) und das Weibchen die homozygote Dreifachmutante „b cn vg" (P), dann traten in der F_1 der Rückkreuzung (R_1) zu etwa gleichen Teilen Fliegen des Wildtyps sowie Dreifachmutanten auf (Abb. 30.3). Offenbar bilden die heterozygoten Männchen der F_1 nur zwei Sorten von Gameten aus.

Daraus schloss MORGAN, dass die Allele, die die schwarze Körperfarbe, die zinnoberroten Augen und die Stummelflügel ausbilden, nicht frei kombinierbar sind. Sie können nur *gemeinsam*, das heißt **gekoppelt,** weitergegeben werden. Das gleiche gilt für die entsprechenden Wildtypallele. Solche Kopplungen waren MORGAN von den X-Chromosomen-gebundenen Erbgängen bereits bekannt: Bei diesen wird das Allel, das die weiße Augenfarbe verursacht, zusammen mit dem geschlechtsbestimmenden Allel vererbt. Die gekoppelten Gene liegen demnach gemeinsam auf einem Chromosom und alle Gene eines Chromosoms bilden eine **Kopplungsgruppe.** Für diese gilt die freie Kombinierbarkeit entsprechend der MENDELschen Rekombinantenregel nicht. Solche Kopplungsgruppen werden in einem Kreuzungsschema durch einen durchgezogenen Bruchstrich symbolisiert.

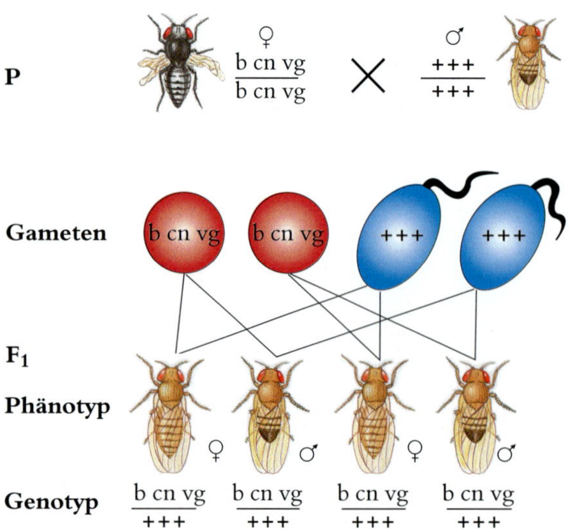

30.2 Trihybrider Erbgang bei *Drosophila*

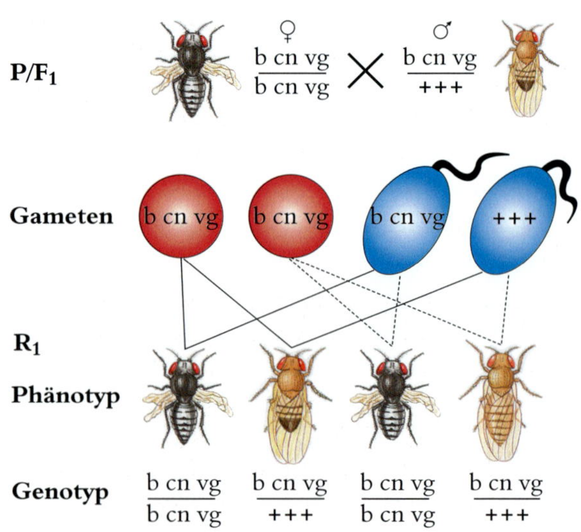

30.3 Rückkreuzung bei trihybridem, gekoppeltem Erbgang

Morgan wiederholte die Rückkreuzung reziprok, kreuzte also ein heterozygotes Wildtyp-Weibchen mit einem homozygoten Männchen der Dreifachmutante. Von den insgesamt 1036 Individuen der R_1 entsprachen 522 phänotypisch dem Wildtyp und 361 der Dreifachmutante (Abb. 31.1). Bei 883 Individuen blieben die Kopplungsgruppen also wie erwartet bestehen, die restlichen 153 Individuen überraschten. Sie verteilen sich auf weitere sechs Phänotypen: Dabei entsprechen zwei Phänotypen einander immer spiegelbildlich wie zum Beispiel „b + +" und „+ cn vg". Diese Neukombinationen konnten nur durch den Bruch der Kopplungsgruppe „b cn vg" entstanden sein.

Der belgische Biologe Janssens hatte 1909 bei Salamandern die Überkreuzung von Chromatiden homologer Chromosomenpaare beobachtet. Janssens nannte das Phänomen nach dem griechischen Buchstaben „X" (chi) **Chiasma** und vermutete, dass dabei Chromatidenstücke ausgetauscht wurden. Morgan nahm diese Idee auf und definierte 1912 den Austausch innerhalb eines homologen Chromosomenpaares als **crossing-over** (engl. Überkreuzung) (Abb. 31.2). Während der Metaphase I der Meiose paaren sich homologe Zwei-Chromatiden-Chromosomen ①. Dabei können benachbarte Chromatiden an derselben Stelle enzymatisch getrennt ② und anschließend über Kreuz wieder miteinander verbunden werden ③. Wenn die Chromosomen auseinander weichen, kann dies als Chiasma beobachtet werden ④ und es entstehen zwei Chromosomen mit ausgetauschten Stücken ⑤. Je weiter zwei Allele auf einem Chromosom voneinander entfernt sind, desto größer ist die Wahrscheinlichkeit, dass sie durch einen Kopplungsbruch getrennt werden. Über die Häufigkeit solcher Kopplungsbrüche wird die Reihenfolge der Gene auf einem Chromosom in einer **Genkarte** bestimmt. Das crossing-over tritt bei *Drosophila* nur bei Weibchen auf.

1 Bestimmen Sie den Genotyp der Individuen der F_2 aus der Tabelle 31.1.

2 Erläutern Sie, warum der gekoppelte, trihybride Erbgang sowohl der Mendelschen Uniformitäts- als auch der Rekombinantenregel gehorcht.

3 Formulieren Sie die reziproke Rückkreuzung zu dem in Abbildung 30.3 gezeigten Erbgang.

4 Fertigen Sie das in Abbildung 31.3 dargestellte Chromosomen-Modell aus geeigneten Materialien an.

5 Erklären Sie die Bedeutung der Streifenabschnitte.

Phänotypen	Anzahl	
+ + +	522	gekoppelt:
b cn vg	361	883
+ + vg	25	
+ cn +	15	
b + +	32	nicht gekoppelt:
+ cn vg	42	153
b + vg	8	
b cn +	31	

31.1 Kopplungsbruch bei Rückkreuzung eines trihybriden, gekoppelten Erbganges

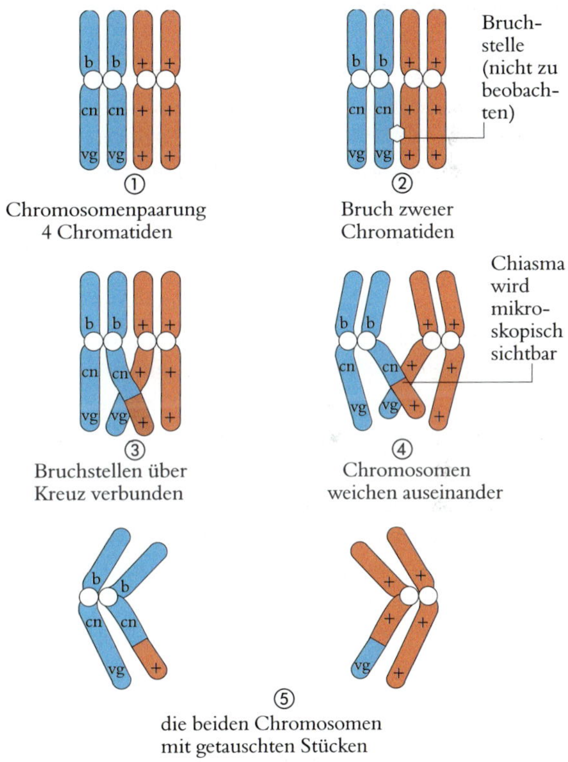

31.2 Modellvorstellung zum crossing-over

31.3 Chromosomen-Modell zum crossing-over

3.4 Letale Gene

Auf der englischen Insel Man in der Irischen See leben besondere Haustiere, die schwanzlosen Manx-Katzen (Abb. 32.1). Einer Legende zufolge schwamm eine solche schwanzlose Katze 1588 von einer sinkenden Galeone der spanischen Armada an das Ufer der Insel. Andere Quellen sprechen von ominösen Handelsschiffen aus dem fernen Osten.

Heute weiß man, dass die Schwanzlosigkeit der Manx-Katzen auf eine Genmutation zurückzuführen ist. Das verursachende Allel wird dominant vererbt und konnte sich in der Abgeschiedenheit der Insel offensichtlich unter den Katzen verbreiten.

Die Schwanzlosigkeit ist für die Manx-Katzen oft mit Knochendeformationen oder einem verkürzten Darm verbunden. Die Manx-Katzen sind für das mutierte Allel „M" immer heterozygot, ihr Genotyp lautet also „Mm". Verpaaren sich zwei Manx-Katzen, sterben die homozygoten „MM"-Nachkommen bereits kurz vor oder nach der Geburt. Liegt das Manx-Allel homozygot vor, führt dies für das Lebewesen zum Tod, das Manx-Allel ist ein **dominanter Letalfaktor.**

Letalfaktoren sind in der Natur gar nicht so selten. Die Rinderzucht liefert Beispiele für deren praktische Bedeutung: Im Jahre 1902 wurde ein preisgekrönter Bulle der Rasse Schwarzbunte Holstein-Friesian als Zuchtstier von Deutschland nach Schweden verkauft (Abb. 32.2). „Prinz Adolph" sorgte dort erfolgreich für Nachkommen. 1930 gab es in ganz Nordeuropa bereits 2000 von ihm abstammende Zuchtstiere. Gleichzeitig stieg die Zahl haarlos geborener Kälber stark an. Diese konnten ihre Körpertemperatur nicht regulieren und starben deshalb bereits kurz nach der Geburt.

Es stellte sich heraus, dass die haarlosen Kälber für ein bestimmtes Allel, das offensichtlich auf „Prinz Adolph" zurückging, homozygot waren. Liegt das Allel nur heterozygot vor, ist das Tier normal behaart und lebensfähig. Hier lag demnach ein **rezessiver Letalfaktor** vor.

Ein weiteres Mal wurde die deutsche Rinderzucht 1988 bei den Schwarzbunten in den USA mit dem Problem eines Letalfaktors konfrontiert. DUMPS ist eine Abkürzung für den Defekt eines Enzyms. Homozygote Individuen sterben wegen dieses Defektes bis zum 40. Trächtigkeitstag ab. Ausgerechnet der überragende Spitzenbulle „Happy-Herd Beautician", dessen Sperma weltweit zur künstlichen Besamung eingesetzt wurde und der so mehrere zehntausend Nachkommen „zeugte", wurde als heterozygoter Träger dieses rezessiven Letalfaktors identifiziert.

Heterozygote Rinder zeigen nur die halbe Aktivität des betroffenen Enzyms in verschiedenen Zellen. Dieses lässt sich biochemisch nachweisen. So können heterozygote Anlagenträger sofort identifiziert werden. Seit 1994 gibt es einen Gentest zur Erkennung von DUMPS, der noch sichererer ist als die biochemischen Tests.

1 Stellen Sie begründete Hypothesen darüber auf, welche Bedeutung die Inzucht für die Verbreitung des Manx-Allels auf der Insel Man hatte.

2 Formulieren Sie das Kreuzungsschema für die Paarung zweier Manx-Katzen.

3 Vergleichen Sie die beiden oben geschilderten Krankheitsfälle in der Zucht der Schwarzbunten Rinder. Erklären Sie, warum der Fall von „Happy Herd Beautician" ein ganz anderes Ausmaß erreichte als der von „Prinz Adolph".

32.1 Manx-Katze

32.2 Schwarzbunter Holstein-Friesian Bulle

3.5 Polygene Vererbung

Forscher wie MENDEL oder MORGAN hatten verschiedentlich versucht, den Erbgang der Fellfarbe bei Mäusen zu entschlüsseln, waren daran aber gescheitert. MORGAN kreuzte schwarze mit weißen Mäusen: In der F_1 entstanden neben den Phänotypen der Eltern auch graubraune und rötlich-gelbe Mäuse. Diese Ergebnisse ließen sich nicht mit den MENDELschen Regeln in Einklang bringen. Deshalb wandte er sich bekanntlich anderen Versuchstieren zu.

Die Fellfarbe wird bei Mäusen durch das Farbmuster der Deckhaare hervorgerufen. Diese haben ein besonderes Ringelmuster, das nach einem südamerikanischen Nager **Aguti**muster heißt (Abb. 33.2). Die Spitze des Haares ist schwarz, es folgt eine gelblich-rötliche Querbinde, an die wieder ein schwarzer Ring anschließt. Dieses Muster wiederholt sich. Die Ausbildung des Agutimusters wird durch das dominante Wildallel „A“ verursacht. Fehlt dieses reinerbig („aa“), sind alle Haare einfarbig schwarz, rötlich-gelb oder farblos-weiß. Schwarz sind die Haare dann, wenn das dominante Wildtyp-Allel „B“ vorhanden ist. Sollte dieses Allel jedoch homozygot durch das rezessive Allel „b“ ersetzt sein, sind die Haare in der Regel einfarbig rötlich-gelb. Schwarze und rötlich-gelbe Pigmente gehen aus farblosen Vorstufen hervor. Diese entstehen ihrerseits durch Einwirkung des dominanten Allels „C“. Fehlt auch dieses, dann wird gar kein Farbpigment gebildet, das Tier hat dann ein weißes Fell.

Das Allel „A“ liegt in einer weiteren Mutante „A^y“ vor, die die Ausbildung der dunklen Haarabschnitte des Agutimusters unterdrückt. Das Haar ist dann komplett gelblich gefärbt – nicht zu verwechseln mit dem Rötlichgelb, das durch die Allelen-Kombination „bb“ hervorgerufen wird. Kreuzt man nun zwei heterozygote „A^yA“ miteinander, erhält man statistisch zwei Drittel gelblich gefärbt Mäuse und ein Drittel Wildtyp-Mäuse des Genotyps „AA“. Reinerbig gelb gefärbte Mäuse des Typs „A^yA^y“ treten nicht auf und sind nur als abgestorbene Föten nachweisbar. Das Allel „A^y“ ist offenbar ein dominanter Letalfaktor.

Neuere Untersuchungen ergaben, dass zwei weitere Gene an der Ausbildung der Fellfarbe der Mäuse beteiligt sind. Das dominante Allel „D“ führt zur vollen Ausbildung der Fellfarbe, während die Allelen-Kombination „dd“ zur Aufhellung führt. Das dominante Allel „S“ führt zu einfarbigen, die Allelen-Kombination „ss“ zu gescheckten Mäusen.

33.1 Verschiedene Fellfarben von Mäusen

AA oder Aa BB oder Bb CC oder Cc	Ringelmuster Schwarzes Pigment Überführung nichtfarbiger Vorstufen in die Pigmente	
aa BB oder Bb CC oder Cc	A fehlt Keine Ringelung, Haar einfarbig schwarz	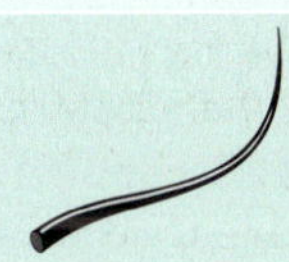
aa bb CC oder Cc	A und B fehlen Keine Ringelung, kein schwarzes Pigment, Haar rötlich-gelb	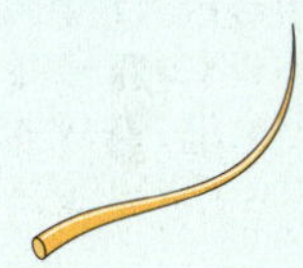
aa, aA oder AA bb, bB oder BB cc	C fehlt Keine Ringelung, kein Pigment, Haar farblos, Albino	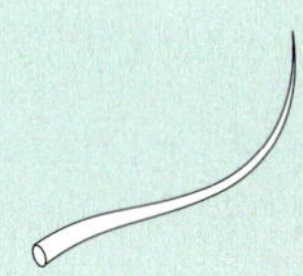

33.2 Polygene Merkmalsausbildung der Fellfarbe von Mäusen

Wird ein phänotypisches Merkmal wie die Fellfarbe von Säugetieren durch mehr als ein Gen bestimmt, liegt **Polygenie** vor. Die meisten phänotypischen Merkmale werden polygen und nicht monogen vererbt.

1 Bestimmen Sie den möglichen Genotyp der Individuen aus Abbildung 33.1.

2 Erläutern Sie, inwieweit MORGANS Kreuzungsergebnisse mit Mäusen scheinbar den MENDELschen Regeln widersprachen.

3 Erstellen Sie für diese Kreuzung ein Schema unter Berücksichtigung der Angaben aus 33.2.

Aufgaben

1 Auf den Hund gekommen

34.1 Labradors in drei Farbschlägen

Der Labrador ist eine in Deutschland beliebte Hunderasse (Abb. 34.1). Er wird sowohl als gutmütiger Familienhund als auch als Apportierhund bei der Jagd gehalten. Er stammt ursprünglich aus Neufundland, Kanada.
Die gezielte Züchtung des Labradors begann in den 80er Jahren des 19. Jahrhunderts in England und Schottland. Die ersten Labradors hatten durchgängig ein schwarzes Fell. Um 1899 soll in einem Wurf erstmals ein gelb gefärbter Welpe gewesen sein. Dieser Farbschlag war anfangs unerwünscht und die gelben Tiere wurden für die Zucht nicht weiter verwendet. Heute erfreuen sie sich jedoch großer Beliebtheit und werden neben schokoladenbraunen und schwarzen Tieren als offizieller Farbschlag gezüchtet.
Die Fell-Farbe der Labradors wird durch zwei Gene bestimmt. Das erste Gen verursacht mit dem Allel „B" ein schwarzes und mit dem Allel „b" ein schokoladenbraunes Fell. Dabei ist schwarz dominant über braun. Das zweite Gen ermöglicht mit seinem Allel „E" die Einlagerung von Farbpigmenten in die Haare und das Allel „e" verhindert eine Einlagerung. Dabei ist die Fähigkeit zur Einlagerung dominant über die Nichteinlagerung.

a) Formulieren Sie mögliche Genotypen für die drei abgebildeten Labrador-Farbschläge.
b) Stellen Sie eine begründete Vermutung an zum ersten Auftauchen der Allele für einen gelb gefärbten Labrador im Jahre 1899.
c) Erstellen Sie ein Kreuzungsschema, das das erste Auftauchen eines gelben Labradors erklärt.
d) Erstellen Sie ein weiteres Kreuzungsschema, das das erste Auftauchen eines schokoladenbraunen Labradors erklärt.
e) Gegeben sind zwei Labradors als Eltern, die in Bezug auf die Gene B und E jeweils heterozygot sind. Führen Sie eine Kreuzung mit diesen Individuen über die F_1 bis zur F_2 durch und erklären Sie die Ergebnisse mithilfe der MENDELschen Regeln.

2 Auf die Hörner genommen

34.2 Hereford-Rind

34.3 Polled Hereford-Rind

Hereford-Rinder stammen ursprünglich aus Herefordshire im Westen Englands, wo sie bereits seit dem 17. Jahrhundert gezüchtet wurden (Abb. 34.2). Zu Beginn des 19. Jahrhunderts wurden die Herefords nach Nord- und Südamerika exportiert und entwickelten sich zur weltweit am häufigsten gehaltenen Fleischrindrasse.
1955 tauchte in Großbritannien erstmals eine hornlose Form auf, die als Polled Hereford (engl. *polled*, hornlos) bezeichnet wird (Abb. 34.3). Aus naheliegenden Gründen weckten diese Rinder das Interesse der Landwirte. Glücklicherweise führten Kreuzungen von gehörnten Hereford-Rindern mit Polled Hereford in der F_1 immer zu hornlosen Rindern. Dieses Phänomen beschleunigte die Verbreitung der Polled Hereford.

a) Erstellen Sie für die Kreuzung von reinrassigen Polled Hereford mit normalen Hereford Rindern ein Schema bis zur F_2. Bringen Sie die entsprechenden MENDELschen Regeln zur Anwendung.
b) Erläutern Sie, warum in Herden von Polled Hereford immer wieder gehörnte Tiere auftauchen.

3 Schlangenhaut

35.1 Farbvarianten von Kornnattern

Kornnattern sind ungiftige Schlangen, die an der Ostküste Nordamerikas von New York bis Florida verbreitet sind. Sie erreichen eine Körperlänge von 120 bis 180 cm. Die Schlangen ernähren sich dämmerungs- und nachtaktiv von kleinen Säugetieren, Amphibien, Reptilien und Vögeln.

In ihrem Verbreitungsgebiet ist die Art in ihrem Aussehen variabel (Abb. 35.1). Die Grundfarbe variiert von einem hellen Grau bis zu einem intensiven Orange-Braun. Auf dem Rücken der Schlange heben sich um die vierzig rechteckige Flecken mehr oder weniger kontrastreich ab.

Das Muster der Wildtyp-Färbung in Abbildung 35.1 A wird vor allem durch ein schwarzes und ein oranges Pigment bestimmt. Das Allel „o^+“ ermöglicht die Herstellung des orangen Pigments. Wenn dieses Allel homozygot fehlt (Allel „o“), unterbleibt die Ausbildung dieses Pigments und die Schlange ist schwarz gefärbt (Abb. 35.1 B). Ein weiteres Allel „b^+“ ermöglicht die Herstellung des schwarzen Pigments. Wenn dieses Allel homozygot fehlt (Allel „b“), unterbleibt die Ausbildung dieses Pigments und die Schlange ist orange gefärbt (Abb. 35.1 C). Fehlen beide Allele, die zur Pigmentbildung führen, entstehen Albinos (Abb. 35.1 D).

a) Ermitteln Sie die Genotypen der vier abgebildeten Farbvarianten der Kornnatter.
b) Erstellen Sie ein Kreuzungsschema über die F_1 bis zu F_2 für die Verpaarung einer homozygoten Wildtyp-Natter mit einer Albino-Natter. Wenden Sie die MENDELschen Regeln an.
c) Wiederholen Sie die Kreuzung aus b) für die Verpaarung einer homozygoten schwarzen Natter mit einer homozygoten orangen Natter.
d) Vergleichen Sie die F_2 der beiden Kreuzungen und erklären Sie das Ergebnis.

4 Auf dem Rücken der Pferde

35.2 Farbschläge von Pferden

Pferde gibt es in einer Vielzahl von verschiedenen Farbschlägen. Ihre Fellfarbe wird durch dieselben Allelenpaare kontrolliert, die auch die Fellfarbe von Mäusen bestimmen. In der Abbildung 35.2 werden zwei braune Grundtypen durch jeweils ein Allelenpaar variiert, ein „Fuchs“ und ein „Brauner“.

a) Vergleichen Sie die verschiedenen Pferdetypen phänotypisch miteinander.
b) Stellen Sie eine begründete Hypothese auf, welche Allele in obigem Beispiel variiert werden.
c) Erläutern Sie in diesem Zusammenhang den Begriff „unvollständige Dominanz“.

5 Das Glückskleeblatt

35.3 Blattmuster des Wiesenklees

Der Wiesenklee ist eine häufige Pflanze in Deutschland. In der Wildtypform (Allel „V^+“) sind die Blätter ungemustert (Abb. 35.3). Verschiedene Allele des Wildtyps (beispielsweise die Allele „V^l“, „V^h“ oder „V^f“) führen in unterschiedlichen Kombinationen zu einer außerordentliche Vielfalt an weißen Blattmusterungen.

a) Beschreiben Sie die abgebildeten Blattmuster vergleichend.
b) Ordnen Sie die Allele in einer Reihe aufsteigender Dominanz.

4 Veränderung von Merkmalen

4.1 Modifikationen

Der französische Botaniker Gaston BONNIER (1853–1922) entdeckte, dass Löwenzahnpflanzen – je nachdem wo sie wachsen – unterschiedlich aussehen. Im Gebirge reicht die kräftige Pfahlwurzel tief in den Boden, die Blätter sind relativ klein und die Blütenstände sitzen auf kürzeren Stängeln. Im Tal hingegen war die Pfahlwurzel deutlich kürzer, die Blätter und Stängel hingegen länger. BONNIER wollte nun klären, ob das unterschiedliche Aussehen genetisch bedingt war oder durch Umwelteinflüsse hervorgerufen wurde.
Zu diesem Zweck teilte er eine Flachlandform in zwei Hälften und pflanzte sie in den beiden Gebieten in den Boden (Abb. 36.1). Die beiden Hälften entwickelten sich ihrer Umgebung gemäß jeweils zu den entsprechenden Formen. Damit war der Beweis erbracht, dass die Umwelt Einfluss auf die Ausgestaltung des Phänotyps nimmt. Mögliche Umweltfaktoren können dabei zum Beispiel die Lichteinstrahlung, Feuchtigkeit, Temperatur oder Bodengüte sein. Die durch Umweltbeeinflussung unterschiedlich aussehenden Phänotypen wurden als **Modifikation** (lat. *modificatio*, Abmessung) bezeichnet.

Der dänische Botaniker Wilhelm JOHANNSEN (1857–1927) überprüfte experimentell, ob die modifikatorischen Einflüsse der Umwelt vererbt werden (Abb. 36.2). Im Handel besorgte er sich Gartenbohnen der Varietät Princess. Aus der größten und kleinsten Bohne seines Vorrats zog er jeweils eine Bohnenpflanze. Diese produzierte durch Selbstbestäubung erneut Bohnensamen. JOHANNSEN wählte von diesen wiederum die jeweils größte und kleinste Bohne aus und zog erneut jeweils eine Bohnenpflanze aus den Sämlingen. Auch diese Pflanzen produzierten wieder Bohnen und diese wertete JOHANNSEN nun nach der jeweiligen Größe aus. Das Ergebnis war für ihn überraschend: Die Bohnen aller vier Pflanzen unterschieden sich in ihrer Größenverteilung nicht, obwohl sie aus sehr unterschiedlich großen Bohnensamen hervorgegangen waren. Aus der Erkenntnis heraus, dass das äußere Erscheinungsbild nicht immer Rückschlüsse auf die vererbten Merkmale zulässt, führte JOHANNSEN die Begriffe Phänotyp und Genotyp in die klassische Genetik ein.
Damit war experimentell belegt, dass nicht eine bestimmte Samengröße vererbt wird, sondern eine **Reaktionsnorm.** Diese grenzt den Bereich ein, in dem die individuelle Größe der Samen unter bestimmten Umwelteinflüssen ausgebildet wird. Die individuelle Größe, die einzelne Bohnensamen unter bestimmten Umwelteinflüssen erreichen, ist die jeweilige Modifikation der Reaktionsnorm.
Umweltfaktoren können den Phänotyp eines Lebewesens also modifizieren, aber diese Veränderungen werden nicht vererbt. Elternindividuen geben an ihre Nachkommen immer die gesamte Reaktionsnorm weiter. Weitergehende Untersuchungen zeigten, dass viele Unterschiede in den Phänotypen modifikatorische Ursachen haben.

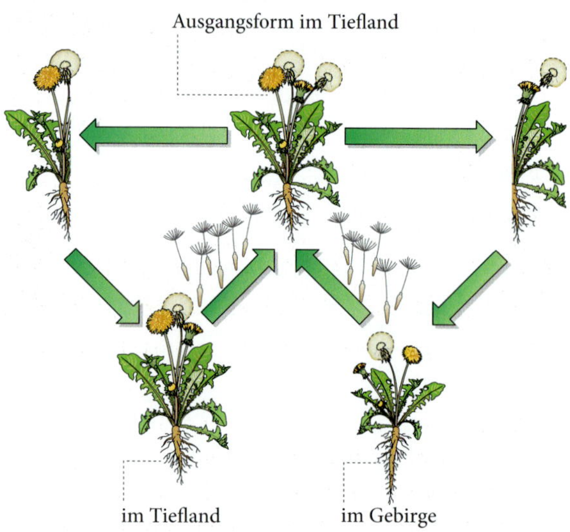

36.1 Modifikationen beim Löwenzahn *Taraxacum*

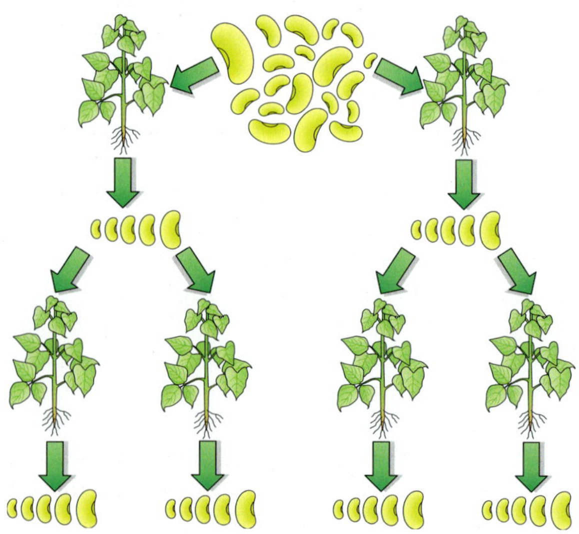
36.2 Aussaatversuche mit Bohnen

Modifikationen, die wie die Samengröße der Bohnen in vielen Zwischenformen entstehen können, werden fließend genannt. Solche **fließenden Modifikationen** gibt es nicht nur bei Pflanzen, sondern auch bei Tieren. Ein Beispiel dafür ist die Mutante Lobe mit stark verkleinerten Augen bei der Taufliege *Drosophila melanogaster* (Abb. 37.1). Dieses Allel ist dominant gegenüber dem Wildallel. Im heterozygoten Zustand bestimmt es eine Reaktionsnorm, die von ganz fehlenden Augen über eine unterschiedlich verringerte Anzahl von Facetten bis hin zur Augenform des Wildtyps mit etwa 700 bis 800 Facetten reichen kann. Bis heute sind etwa 800 verschiedene Formen innerhalb der Lobe-Reaktionsnorm bekannt. Nur etwa 70 Prozent aller heterozygoten Lobe Fliegen zeigen das Merkmal tatsächlich auch im Phänotyp, der Rest hat nahezu Wildtypaugen.

Neben fließenden gibt es auch **umschlagende Modifikationen.** Im Pflanzenreich ist die Blütenfarbe der chinesischen Primel ein anschauliches Beispiel dafür (Abb. 37.2). Diese in China heimische Pflanze kann sowohl weiß als auch rot blühend sein. Abhängig ist dies von der Temperatur, bei der sie kultiviert wird: Um 25 Grad Celsius blüht sie rot und um 35 Grad weiß. In welcher Farbe die Primel blüht, ist von der Wirksamkeit eines Enzyms abhängig. Ist es zu warm, verliert das Enzym seine Funktionsfähigkeit und der rote Farbstoff entsteht nicht.

Auch für die umschlagenden Modifikationen gibt es anschauliche Beispiele im Tierreich. Bei der Vererbung der Fellfarbe bei Säugetieren stieß man bei dem Gen „C“, das die Vorstufen zu den schwarzen, rötlichen und gelben Pigmenten entstehen lässt, auf das rezessive Himalaya-Allel c^h. Dessen Allelprodukt ist hitzelabil. Homozygot führt das Allel bei Katzen zur Siamfärbung: Die Extremitäten und Ohren zeigen ein dunkleres Fell als der wärmere Rumpf. Werden andere Hautpartien gekühlt, dunkelt auch dort das Fell nach einiger Zeit nach. Dasselbe Allel tritt bei Russen-Kaninchen und Himalaya Mäusen auf. Bei einer hellen Grundfarbe des Fells zeigen sie ebenfalls dunkle Abzeichen an den kälteren Ohren, Schnauzen, Läufen und Schwänzen (Abb. 37.3).

Siam-Katzen sollen von englischen Seefahrern aus dem Himalaya-Gebiet in die Heimat mitgebracht worden sein. Deshalb wurde das entsprechende Allel auch Himalaya-Allel c^h genannt.

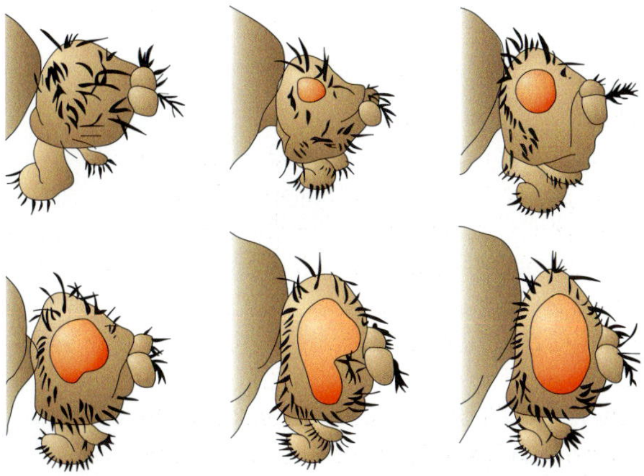

37.1 **Fließende Modifikation des Lobe-Auges bei *Drosophila***

37.2 **Umschlagende Modifikation bei der Chinesischen Primel**

37.3 **Umschlagende Modifikation beim Russenkaninchen**

1 Beschreiben und erläutern Sie das Löwenzahn-Experiment von BONNIER nach Abb. 36.1.

2 Suchen Sie weitere Beispiele für fließende und umschlagende Modifikationen aus dem Tier- und Pflanzenreich.

4.2 Mutation und Selektion

38.1 Albino Eichhörnchen

38.2 Birkenspanner. **A** auf Rinde mit hellen Flechten; **B** auf dunkler Rinde ohne Flechten

Manchmal treten in einer Gruppe von gleichartigen Lebewesen Individuen auf, deren Phänotyp außerhalb der jeweiligen Reaktionsnorm liegt und die diese Andersartigkeit auch an ihre Nachkommen vererben. Der Holländer Hugo De Fries fand solche Varianten bei Experimenten mit der Nachtkerze und nannte sie **Mutationen** (lat. *mutatio,* Veränderung).

Das abgebildete weiße Eichhörnchen ist auch eine solche Mutation (Abb. 38.1). Bei ihm liegt ein rezessives Allel reinerbig vor: Dadurch können Pigmente für Haut oder Fell nicht gebildet werden. Im Gegensatz zu anderen Tieren haben solche **Albinos** (lat. *albus,* weiß) rote Augen, weil ihnen auch das Pigment in der Iris fehlt, sodass die gut durchbluteten Gefäße der Netzhaut durch die Iris hindurch scheinen. Albinos sind auch von vielen weiteren Tieren wie Mäusen, Kaninchen, Gorillas und sogar dem Menschen bekannt. Die Ursache ist eine **Genmutation,** da nur ein Gen von der Mutation betroffen ist. Sie entsteht durch die Veränderung der genetischen Information eines entsprechenden Wildallels für die Pigmentierung.

Treten solche Veränderungen nur in den Körperzellen auf, nennt man sie **somatische Mutationen** (gr. *sōmatikos,* den Körper betreffend). Sie wirken zwar auf dieses Individuum, werden aber nicht an seine Nachkommen vererbt. Nur Mutationen in Zellen der Keimbahn werden als **generative Mutationen** (lat. *generatio,* Zeugung) tatsächlich weiter vererbt (→ S. 14).

Eine andere Genmutation ist von einem Nachtfalter aus England bekannt, dem Birkenspanner. Dieser Falter ruht tagsüber auf Birkenstämmen oder anderen Baumarten, auf denen helle Flechten wachsen (Abb. 38.2 A). In den Populationen dieses Falters treten immer wieder dunkle Mutanten mit dem dominanten „carbonaria“-Allel auf, das für die Einlagerung des dunklen Farbstoffs Melanin verantwortlich ist. Bis zum 19. Jahrhundert waren solche Schwärzlinge selten: Sie wurden auf der hellen Baumrinde tagsüber von räuberischen Vögeln viel schneller entdeckt als die hellen Tiere mit dem „typica“ genannten Wildallel. Entsprechend selten waren diese Carbonaria-Falter und wurden meist gefressen, bevor sie sich vermehren konnten. Mit fortschreitender Industrialisierung verschlechterte sich die Luftqualität immer mehr, sodass viele Flechten abstarben. Dadurch wurde die dunkle Rinde der Bäume sichtbar und die hellen Birkenspanner darauf waren wegen der deutlicheren Kontrastierung für Beutegreifer einfacher zu finden. Gleichzeitig verbesserte sich die Tarnung der carbonaria-Form (Abb. 38.2 B). Die zuvor nachteilige Mutation erwies sich nun als vorteilhaft. Entsprechend gab es in der nächsten Generation mehr dunkle als helle Individuen. Das Verschwinden weniger angepasster Individuen wird als natürliche **Selektion** (lat. *selectio,* Auslese) bezeichnet. Durch verstärkten Umweltschutz nimmt die Luftverschmutzung seit den 1960er Jahren immer weiter ab, sodass die Flechten zurückkehren. Damit steigt die Zahl der hellen typica-Formen wieder und der **Industriemelanismus** der Birkenspanner geht zurück.

Eine natürliche Genmutation im Pflanzenreich kann bei Miniaturnarzissen beobachtet werden. Fast alle Miniaturnarzissen haben einfache, ungefüllte Blüten wie die abgebildete „February Gold", eine Gartenhybride von *Narcissus cyclamineus* aus Portugal (Abb. 39.1 A). Seit vielen Jahrhunderten ist den Gartenfreunden mit „Rip van Winkle" eine gefüllte Mutante von *Narcissus pumilus* bekannt (Abb. 39.1 B).

39.1 Miniaturnarzissen. A February Gold; **B** Rip van Winkle

Bei einer **Chromosomenmutation** werden einzelne Chromosomenstrukturen verändert, zum Beispiel durch Wegfall oder Verdoppelung von Abschnitten.

Eine dritte Gruppe von Mutationen betrifft die Anzahl einzelner Chromosomen oder ganzer Chromosomensätze, die **Genommutation.** Besonders im Pflanzenreich findet sich das Phänomen der Vervielfachung der Chromosomensätze, der **Polyploidisierung,** relativ häufig. Dies führt in der Regel zu stärkeren und gesünderen Pflanzen mit größeren Früchten (Abb. 39.2). Entsprechend häufig findet sich dieses Phänomen bei Kulturpflanzen des Menschen. Es gibt triploide Zitronen (3n), tetraploide Himbeeren und Weintrauben (4n), hexaploiden Weizen (6n) und octaploide Erdbeeren (8n). Untersuchungen der Anzahl der Chromosomensätze europäischer Pflanzen zeigten, dass der Anteil polyploider Arten vom warmen Süden zum Norden und auch generell vom Flachland zum Gebirge hin zunimmt. Man nimmt an, dass polyploide Arten eine breitere Reaktionsnorm haben und dadurch anpassungs- und widerstandsfähiger sind.

39.2 Erdbeeren. A Walderdbeere; **B** Gartenerdbeere

Neben der Vervielfachung der eigenen Chromosomensätze, der **Autopolyploidie** (gr. *autos,* selbst), spielt in der Evolution der Pflanzen auch die **Allopolyploidie** (gr. *allos,* anders) eine entscheidende Rolle: Dabei verschmelzen Keimzellen verschiedener Arten miteinander. Der Saatweizen *Triticum aestivum* ist ein Beispiel für eine auf natürliche Weise entstandene, alloploide Pflanze.

1 Beschreiben und vergleichen Sie die drei genannten Mutationstypen.

2 Begründen Sie, warum polyploide Pflanzen Vorteile in unwirtlicheren Lebensräumen haben.

5 Tier- und Pflanzenzüchtung

5.1 Züchtung des Kulturweizens

40.1 Steppenlandschaft in Anatolien. **A** Einkorn; **B** Emmer

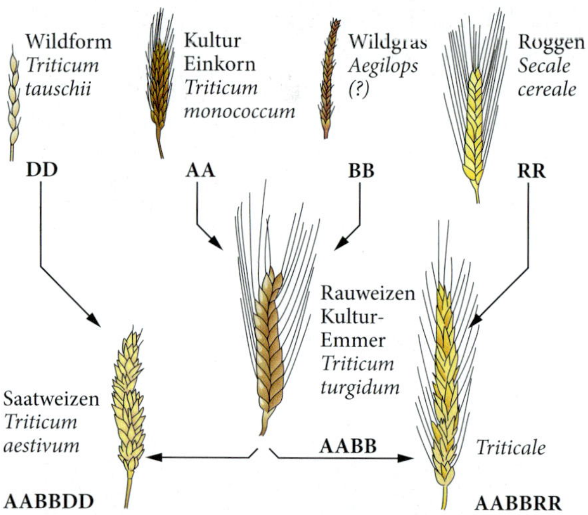

40.2 Züchtung von Kulturweizen und Triticale

Saatweizen ist heute für die Ernährung der Menschheit neben Reis die wichtigste Kulturpflanze. Er wird weltweit auf etwa 230 Millionen Hektar Land angebaut. Das entspricht rund der siebenfachen Größe Deutschlands.

Am Beginn der **Weizenzüchtung** steht das Einkorn. Wild- und Kulturform kommen noch heute gemeinsam auf dem Balkan und in Kleinasien vor (Abb. 40.1). Die ersten Einkornfunde aus Siedlungen stammen aus Kleinasien und sind etwa 12 000 Jahre alt. Schon damals wurden Formen des Wildeinkorns, die weder brüchige Ähren noch Samenruhe zeigten, zum Kultureinkorn selektiert. Wie alle Weizengräser besitzt dieses eine Chromosomengrundzahl von 2n = 14, sein Genom wird mit „AA" symbolisiert (Abb. 40.2). Das Kultureinkorn bastardisierte wahrscheinlich mit einer *Aegilops*-Art, deren Genom mit „BB" bezeichnet wird, zum Rauweizen oder Emmer mit dem Genom „AB". Diese Arthybride ist normalerweise steril, da während der Meiose eine Paarung der nicht homologen Chromosomensätze A und B nicht möglich ist. Durch zufällige Meiosefehler kam es zur Polyploidisierung: Verdoppelte Chromosomen wurden nicht getrennt, sodass tetraploide Individuen mit dem Genom „AABB" entstanden. Diese können Meiosen nun erfolgreich durchlaufen. Durch Auslesezüchtung entstanden Kulturformen des Emmer ohne brüchige Ähren und ohne lange Keimruhe.
Im letzten Schritt zum hexaploiden Saatweizen kam es zur erneuten Bastardisierung mit anschließendem Meiosefehler zwischen Kulturemmer und *Triticum tauschii,* das heute noch in Mittelasien verbreitet ist. Dadurch erhielt der Saatweizen wahrscheinlich die breitere Klimatoleranz. Außerdem ist Weizen nun backfähig, sein Teig wird durch Eiweiße, die Kleber, elastisch und dehnbar. Ursprünglich besaß der Weizen Ähren mit festem Spelzenschluss, deshalb heißt diese Form Spelz- oder Dinkelweizen. Durch weitere Spontanmutationen entstand daraus der moderne, nackte Saatweizen ohne lange Grannen. Konsequenter Einsatz der MENDELschen Regeln ließ vom Ende des 19. Jahrhunderts an in Kombinationszüchtung neue, ertragreiche Sorten entstehen. In Kanada wurden zum Beispiel in der Sorte „Marquis" die hohen Erträge von „Red Five" und die kürzere Wachstumsphase von „Kalkutta" kombiniert. So konnte die potenzielle Anbaufläche im frostreichen Kanada um 25 Prozent ausgeweitet werden.

In den letzten 30 Jahren hat der Mensch mit ***Triticale*** ein neues Getreide geschaffen. Roggen mit dem Genom „RR" und Rauweizen mit „AABB" wurden zusammengebracht. Durch den Einsatz des Zellgiftes Colchicin wurde der Aufbau der Teilungsspindel in der Meiose gestört. So konnte aus Weizen *(Triticum)* und Roggen *(Secale)* das hexaploide *Triticale* entstehen. Dieses vereint den Ertragreichtum des Weizens einerseits mit der Anspruchslosigkeit und Pilzresistenz des Roggens andererseits. Bisher wird es nur als Schweinefutter eingesetzt, weil es durch eine andere Kleberstruktur nicht auf übliche Weise backfähig ist.

1 Vergleichen Sie Auslese- und Kombinationszüchtung miteinander.

5.2 Züchtung bei Rind und Schwein

Prähistorische Höhlen-Malereien in Frankreich und Spanien geben einen beeindruckenden Einblick in die Tierwelt der Steinzeit. Darunter befindet sich auch die Stammform der modernen Rinder, der Ur oder Auerochse. Er ist inzwischen ausgestorben, das letzte Tier wurde 1627 in Polen erlegt. In England haben in der Umgebung alter Ritterburgen jedoch Tiere überlebt, die dem Auerochsen molekulargenetisch sehr nahe stehen und mit keiner der modernen Rinderrassen näher verwandt sind. Diese Parkrinder sollen wegen ihrer weißen Körperfarbe für die keltischen Druiden besonders wertvolle und schützenswerte Opfertiere gewesen sein (Abb. 41.1).

2010 lebten auf der Erde etwa 1,4 Milliarden Rinder. Sie sind vielerorts das wichtigste Nutztier und liefern 30 Prozent der Weltfleisch- und knapp 90 Prozent der Weltmilchproduktion. Durch Züchtungen sind Hunderte von Rinderrassen entstanden, die an regionale Gegebenheiten besonders gut angepasst waren. Viele Rinderrassen werden heute zum reinen Milch- oder Fleischrind umgezüchtet. Dabei sind einige lokale Rassen mit speziellen Angepasstheiten bereits ganz auf der Strecke geblieben. Auch die Holstein-Friesians drohen genetisch zu verarmen, da durch die künstliche Besamung nur wenige Bullenlinien zum Einsatz kommen (Abb. 41.2) (→ S. 32).

In der Schweinemast werden keine reinrassigen Tiere mehr gemästet. Vielmehr werden häufig Piétrain Eber mit Sauen der Deutschen Landrasse gekreuzt. *Piétrains* zeichnen sich als typische Fleischrasse durch guten Muskelansatz mit geringem Fettanteil aus (Abb. 41.3 A). Die Muttersauen gehören der Deutschen Landrasse an. Diese Tiere erreichen nicht den gleichen Fleischanteil wie die Piétrains, sind dafür aber bessere Futterverwerter (Abb. 41.3 B).

Bei solch einer Hybridkreuzung zweier Rassen ist das Risiko von Totgeburten geringer als bei einer reinrassigen Kreuzung der Elternrassen. Außerdem sind die Ferkel sehr vital und gesund und benötigen keine prophylaktischen Antibiotikagaben während der Mast (Abb. 41.3 C). Sie erreichen ihr Mastendgewicht schneller und benötigen weniger Futtermittel als die Elternrassen, um Körpermasse aufzubauen. Man bezeichnet dieses Phänomen als **Heterosis-Effekt** oder Luxurierung der Bastarde. Der Effekt verliert sich schnell bei Nachfolgegenerationen, deshalb müssen die Elterntiere immer wieder neu gekreuzt werden.

41.1 Englisches Parkrind

41.2 Leistungsschau Holstein-Friesian Rinder

41.3 Heterosis Kreuzung. A Piétrain Eber; **B** Sau der Deutschen Landrasse; **C** Bastard-Ferkel

1 Erläutern Sie die große Bedeutung lokaler Landrassen aus dem Blickwinkel der Biodiversität.

Aufgaben

1 Schafgarbe in der Sierra Nevada

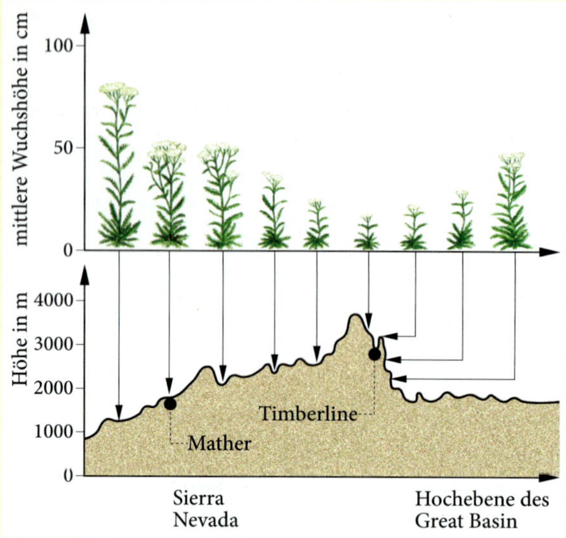

42.1 Größenvergleich der Schafgarbe

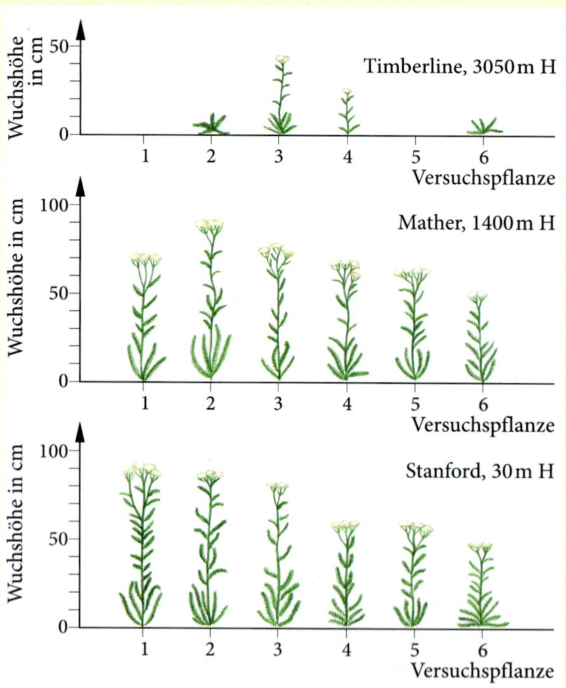

42.2 Wuchshöhe der Schafgarbe an verschiedenen Standorten

In den 1930er und 1940er Jahren untersuchten CLAUSEN, KECK und HIESEY von der University of California in Berkeley die Verbreitung der Schafgarbe *Achillea lanulosa*. Diese ausdauernde Art ist im Westen der Vereinigten Staaten weit verbreitet. Legt man einen Schnitt durch das Sierra Nevada Gebirge, fällt auf, dass sich die Pflanzen der einzelnen Standorte beispielsweise in der Wuchshöhe, Anzahl und Ausprägung der Blätter, Zahl der Blütenstände und Anzahl der Einzelblüten deutlich voneinander unterscheiden (Abb. 42.1).

Steigt man, von der Hochebene des Great Basin kommend, die Sierra Nevada hinauf, nehmen die jährlichen Niederschläge ab und die durchschnittliche Wintertemperatur sinkt unter den Nullpunkt. Zur Pazifikküste hin steigt die Temperatur wieder und auch die Niederschläge nehmen zu. CLAUSEN, KECK und HIESEY nahmen sechs Pflanzen aus einer Population um die Stadt Mather. Diese sechs Pflanzen teilten sie an der Wurzel, sodass sie zu jedem Individuum mehrere genetisch identische Klone erhielten. Klone jeder der sechs Ausgangspflanzen ließen sie nun in drei Versuchsgärten zeitgleich heranwachsen. Ein Garten lag in der Stanford University selbst auf 30 m Höhe am Pazifik, ein anderer Garten lag in Mather auf 1400 m Höhe und der dritte lag in Timberline in 3050 m Höhe. Abbildung 42.2 zeigt die Pflanzen, wie sie sich aus den Klonen in den entsprechenden Versuchsgärten entwickelten.

a) Erläutern Sie den Phänotyp der Schafgarbe als Angepasstheit an ihren jeweiligen Standort und die dort herrschenden Umweltbedingungen.
b) Beschreiben Sie die Ergebnisse der Kultivierungsversuche der drei kalifornischen Wissenschaftler und werten Sie diese aus.
c) Vergleichen Sie die Ergebnisse der kalifornischen Kultivierungsversuche mit den Ergebnissen BONNIERS. Ziehen Sie entsprechende Schlussfolgerungen.

2 Lieber rosa als gelb

Grapefruits sind Zitrusfrüchte, die auf immergrünen, fünf bis sechs Meter hohen Bäumen wachsen. Sie sind wahrscheinlich als natürliche Hybride gegen 1750 auf Jamaika entstanden. Eine der beiden Elternarten war wohl die Orange *Citrus sinensis* und die andere die indonesische Pomelo *Citrus maxima*. Um 1820 gelangte die Frucht nach Florida und wurde dort professionell angebaut. Anfangs wurde sie nicht von der Pomelo unterschieden, erst ab 1830 wurde sie botanisch auf den Namen *Citrus x paradisii* getauft, wobei das „x" den Ursprung als Hybride kennzeichnet. Die Chromosomenzahl fast aller Citrusfrüchte beträgt $n = 9$, beziehungsweise $2n = 18$.

Die Frucht hat relativ bitteres Fruchtfleisch und ihr blieb anfangs der Durchbruch am Früchtemarkt versagt. Der kam 1929, als der Besitzer der MCALLEN Grapefruit Farm bei einem Rundgang über seine Plantage den Reifegrad der Grapefruits kontrollierte. Dabei fiel ihm ein Zweig eines Baumes auf, dessen Früchte anders aussahen. Beim Aufschneiden einer Frucht dieses Astes fand er statt des üblichen gelben rosafarbenes Fruchtfleischs vor. Er prüfte sofort andere Früchte dieses Baumes, stellte aber nur an besagtem Zweig die rosafleischigen Früchte fest. Das Interesse

McAllens war geweckt, weil die Früchte süßer als die bitter schmeckenden gelbfleischigen Grapefruits waren. Teile des Astes wurden deshalb auf andere Unterlagen gepfropft und wuchsen zu Bäumen heran, die nur rosafleischige Früchte trugen. Das war die Geburtsstunde der Sorte *Ruby Red,* die heute noch im Handel ist.

a) Erläutern Sie die Prozesse, die der Entstehung der Grapefruit zugrunde liegen. Verwenden Sie die biologische Fachsprache.
b) Informieren Sie sich über das Pfropfen.
c) Erläutern Sie, unter Verwendung des Fachvokabulars, das Auftreten der rosafleischigen Form.

3 Napoleons Hut im Wasser

43.1 Schalen von *Cypraea stolida*

Porzellanschnecken sind Bewohner tropischer Meere. Ihre glänzende Oberfläche hat sie zu begehrten Sammlerstücken werden lassen. Die Art *Cypraea stolida* besiedelt den Indopazifischen Raum. Vor der Südwestküste Neukaledoniens, einer Insel etwa 1500 km östlich von Australien, zeigt diese Art genauso wie etwa 40 andere *Cypraea*-Arten erstaunliche Gestaltveränderungen. Mit zunehmendem Alter schwärzen die Schnecken ihr Gehäuse und lagern außerdem an den Enden der Schale zusätzliches Kalkmaterial ab, sodass die Enden spektakulär aufgebogen sind (Abb. 43.1). *Cypraea stolida* wird in diesem Stadium scherzhaft „Napoleonshut“ genannt. Als Ursache für diese Veränderung sind verschiedene Theorien im Umlauf. Es wird entweder der sehr hohe Nickelgehalt im Wasser verantwortlich gemacht, verursacht durch die Nickelmine der Hauptstadt Nouméa, oder bisher noch nicht entdeckte Krankheitserreger oder Parasiten sollen die Auslöser sein. Aber es werden auch genetische Ursachen diskutiert.
Eine solche Schale ist eine große Rarität und wird von Sammlern entsprechend mit über 500 € bezahlt. Findige Händler haben deshalb der Natur auf die Sprünge geholfen und Napoleonshüte produziert, indem sie normal geformte Schalen von *Cypraea stolida* aus anderen Regionen Neukaledoniens in die entsprechenden Küstenbereiche mit veränderten Schnecken brachten. Dort haben die eingebrachten Schnecken nach einiger Zeit tatsächlich die erhoffte Form entwickelt.

a) Erläutern Sie, inwiefern die findigen Schneckenhändler zur Lösung des Problems beigetragen haben, wodurch die Veränderungen vieler Porzellanschnecken in den Gewässern Neukaledoniens hervorgerufen werden. Verwenden Sie die biologische Fachsprache.
b) Begründen Sie, ob die von den Händlern zusätzlich „produzierten“ Napoleonshüte als Fälschungen bezeichnet werden können.

4 Salz lässt sie erröten

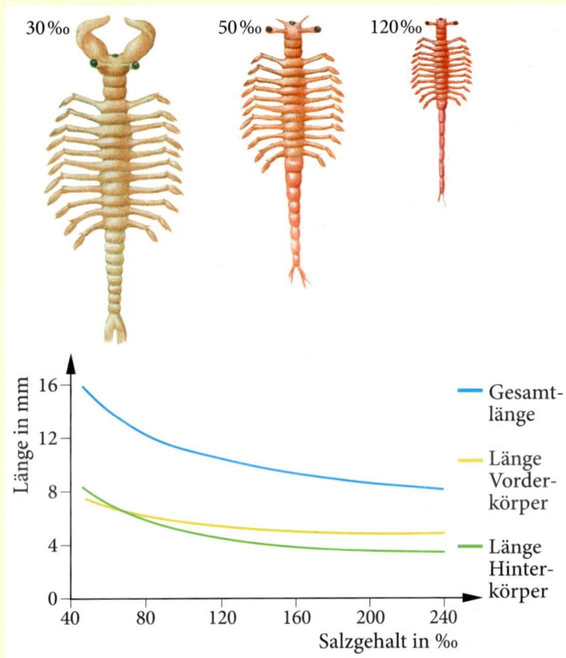

43.2 Salinenkrebse in unterschiedlichen Salzkonzentrationen

In Zoohandlungen werden Urzeit- oder Salinenkrebschen und deren „Eier“ häufig als Zierfischfutter verkauft. Es handelt sich dabei um Krebstiere der Gattung *Artemia,* die weltweit in salzigen Gewässern verbreitet sind. Die Krebschen ernähren sich filtrierend von Phytoplankton. Bei den „Eiern“ handelt es sich tatsächlich um mehrzellige Dauerstadien, die Cysten. Das eigentliche Fischfutter sind die Nauplien, Krebslarven, die aus den Cysten schlüpfen. Die Tiere ändern ihr Aussehen und ihre Körperfarbe nach dem Salzgehalt des Wassers. Ab 32 Promille Salzgehalt ist das umgebende Medium hypertonisch und *Artemia* scheidet Salz aktiv über die Kiemen aus. Der Sauerstofftransport im Blut erfolgt bei *Artemia* über Hämoglobin.

a) Beschreiben Sie aus den Abbildungen den Zusammenhang von Körpergröße, Körperfärbung und Salzgehalt.
b) Stellen Sie begründete Vermutungen auf über die in Aufgabe a) beschriebenen Zusammenhänge. Berücksichtigen Sie dabei, dass die O_2-Bindefähigkeit des Wassers mit zunehmendem Salzgehalt abnimmt.

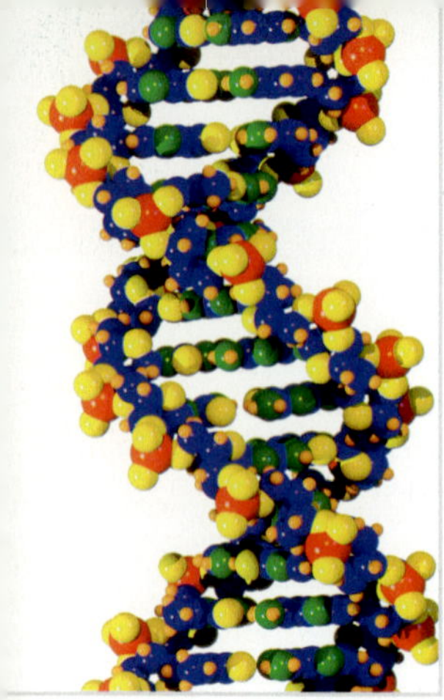

Molekulare Grundlagen der Genetik

In den 1920er-Jahren erkannten Genetiker, dass sich die von MENDEL postulierten „Erbfaktoren", die genetische Information, im Zellkern auf den Chromosomen befindet. Biochemische Analysen ergaben, dass Chromosomen aus Desoxyribonukleinsäure (DNS) oder englisch abgekürzt DNA und Proteinen bestehen.
Mit der Aufklärung der räumlichen Struktur der Desoxyribonukleinsäure begann eine neue Ära der Genetik, die Molekularbiologie. Schnell stellten die Molekularbiologen fest, wie eng die Struktur der DNA mit dem Mechanismus ihrer Verdopplung zusammenhängt. Ferner lieferte sie die ersten Hinweise, wie ein DNA-Molekül Baupläne für Proteine kodiert.

1 DNA als Erbsubstanz

Zu Beginn der 1940er-Jahre wurden sowohl Proteine als auch Nukleinsäuren als Träger der Erbinformation diskutiert. Favorisiert wurden die Proteine, da sie aufgrund der 20 Aminosäuren eine größere Variationsbreite versprachen. Im Jahr 1944 gelang es dem Bakteriologen Oswald AVERY und seinen Mitarbeitern den stofflichen Träger der Erbinformation zu identifizieren. Er experimentierte mit Bakterien, bei denen ein Stamm Kapseln bildet. Ein zweiter Stamm hat die Fähigkeit zur Kapselbildung als Folge einer Mutation verloren. AVERY homogenisierte kapselbildende Bakterien und behandelte das Homogenat mit einem nukleinsäureabbauenden Enzym, einer Nuklease, beziehungsweise einem proteinabbauenden Enzym, einer Protease. Diese so behandelten Homogenate übertrug er in Kulturen von kapsellosen Bakterien (Abb. 44.1). Das mit Nuklease behandelte Homogenat löste beim kapsellosen Stamm die Kapselbildung nicht aus. Wenn im Homogenat noch Nukleinsäuren vorhanden waren, wurde die Kapselbildung ausgelöst. Dabei traten kapselbildende Bakterien wesentlich häufiger auf als durch Rückmutation zu erwarten war. Die nun kapselbildenden Bakterien gaben die veränderte Eigenschaft an die nachfolgenden Bakteriengenerationen weiter, sie waren transformiert worden. **Transformation** (lat. *transformare,* umgestalten) ist daher vererbbar.

Die DNA enthält also die Information für die Kapselbildung und ist für die Transformation verantwortlich. AVERY hatte damit bewiesen, dass die Information für die Ausbildung bestimmter Merkmale in der DNA von Bakterien enthalten ist und in dieser Form auf andere Zellen übertragen werden kann.
Man begegnete dieser Entdeckung jedoch mit erheblicher Skepsis. Niemand konnte sich damals vorstellen, wie die DNA genetische Information verschlüsseln sollte.

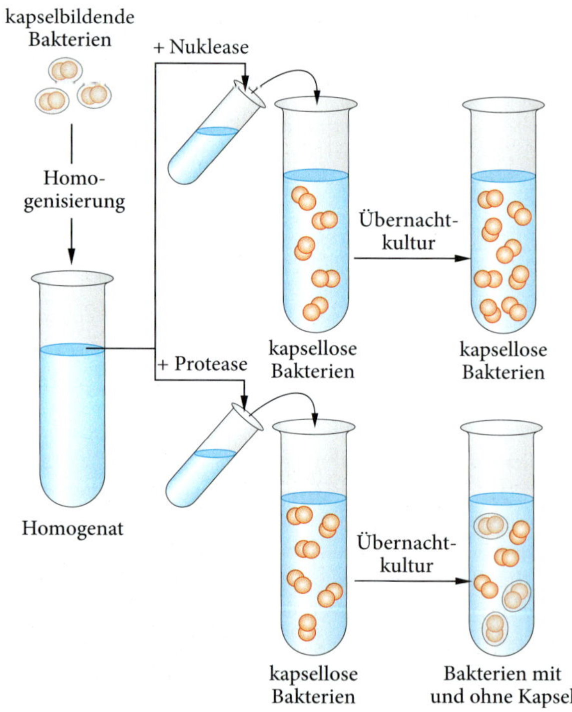

44.1 Transformationsversuche von AVERY 1944

Nachfolgende Versuche mit radioaktiv markierter DNA zeigten schließlich, dass die bei der Transformation übertragene Fremd-DNA in die DNA des Empfängerorganismus eingebaut wird und bestätigten damit die Versuche von AVERY.

1 Beschreiben und erläutern Sie die Experimente, die es AVERY erlaubten, DNA als Träger der Erbinformation zu bestimmen.

2 Bau der Nukleinsäuren

2.1 Bausteine der Nukleinsäuren

Nachdem die DNA (engl. ***d**eoxyribo**n**ucleic **a**cid)* als Träger der Erbinformation identifiziert war, kam es zu einem Wettrennen zwischen zahlreichen Forscherteams, um die exakte dreidimensionale Struktur aufzuklären. Hierfür lieferte auch die damals bereits bekannte chemische Zusammensetzung der DNA wichtige Hinweise.
Isolierte DNA ist eine fadenförmige, makromolekulare Verbindung. Einen Hinweis darauf, wie deren Bausteine zu einem Makromolekül verbunden sind, bringt die Zerlegung der DNA durch das Enzym DNase. Man erhält Spaltprodukte, die jeweils aus einer **Phosphatgruppe,** einer **Desoxyribose** und einer der möglichen vier **Basen** bestehen. Eine solche Einheit nennt man **Nukleotid.** DNA besteht demnach aus Vertretern von drei verschiedenen chemischen Verbindungsklassen: dem Salz der Phosphorsäure, der Phosphatgruppe, einem Zucker und vier verschiedenen stickstoffhaltigen Basen.
Der Zucker der DNA ist die Desoxyribose, worauf auch der Name Desoxyribonukleinsäure hinweist. Desoxyribose enthält 5 C-Atome, ist also eine Pentose. Anders als bei der Ribose ist bei ihr die OH-Gruppe am 2'-C-Atom durch ein H-Atom ersetzt (lat. *desoxy,* ohne Sauerstoff).

DNA enthält vier verschiedene Basen. Dabei sind zwei vom Pyrimidin abgeleitet, einem Sechsring mit zwei Stickstoffatomen. Sie heißen Cytosin (C) und Thymin (T). Die beiden anderen Basen sind Guanin (G) und Adenin (A). Sie leiten sich vom Doppelringsystem Purin ab, das vier Stickstoffatome enthält. Jedes Stickstoffatom der Basen besitzt noch ein freies Valenzelektronenpaar, mit dem ein Proton aufgenommen werden kann. In Nukleinsäuremolekülen überwiegt jedoch die Säurestärke der Phosphatgruppen die Stärke der Basen. Nukleinsäuren wirken daher als Säuren. DNA ist also ein aus vier verschiedenen Nukleotid-Arten bestehendes Makromolekül, ein Polynukleotid.

Mit der **Ribonukleinsäure (RNS),** oder englisch RNA, tritt in der Zelle noch eine zweite, weit kleinere Art von Nukleinsäuren auf. Sie unterscheidet sich in zwei Bausteinen von der DNA. Der Zucker der RNA ist die Ribose. Außerdem ersetzt in der RNA die Pyrimidinbase Uracil die Pyrimidinbase Thymin der DNA.

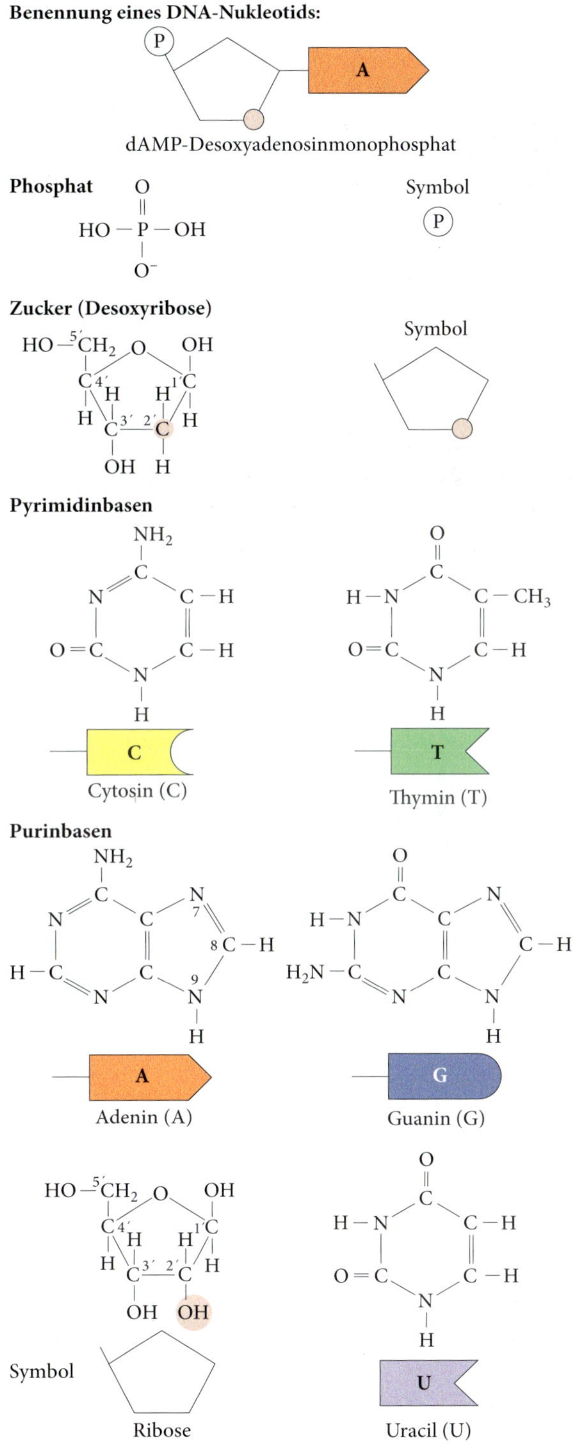

45.1 **Bausteine von DNA und RNA**

1 Vergleichen Sie die chemische Zusammensetzung von DNA und RNA.

Exkurs

Zwei Gesichter der Molekularbiologie

46.1 James Watson (links) und Francis Crick (rechts)

Als der englische Physiker Francis Crick und der amerikanische Zoologe James Watson in Cambridge im Herbst 1951 zusammentrafen, hatten sie unterschiedliche Lebenswege hinter sich: Watson wurde 1928 in Chicago geboren. Er studierte Biologie und wollte ursprünglich Vogelforscher werden. Während seiner Doktorarbeit, in der er sich mit einem besonderen Virentyp, den Phagen beschäftigte, begeisterte er sich für die Genetik. 1950 ging er nach Abschluss seiner Doktorarbeit nach Europa, um die Grundlagen der Phagenvermehrung zu studieren. Crick, geboren 1916, hatte sich als Physiker nach dem Krieg der Biologie zugewendet und arbeitete seit 1949 in Cambridge an einer Doktorarbeit über die Struktur von Proteinen.

Watson lernte von Crick Kristallographie und Crick ließ sich davon überzeugen, dass die Struktur der DNA ein lohnenswertes Studienobjekt war.

Angespornt wurden sie durch die Konkurrenz im benachbarten London. Maurice Wilkins und Rosalind Franklin führten dort umfangreiche Röntgenstrukturanalysen der DNA durch. Damit lässt sich, ähnlich wie bei einem Röntgenbild, die Position der Atome in einem Kristallgitter darstellen.

Zusammen mit Wilkins erhielten Watson und Crick für ihre Jahrhundertentdeckung 1962 den Nobelpreis. Rosalind Franklin, die ihn ebenso verdient hätte, war bereits 1958 im Alter von nur 37 Jahren einem Krebsleiden erlegen.

2.2 Raumstruktur der DNA

Im Rennen um die Aufklärung der DNA-Raumstruktur gingen die beiden Wissenschaftler James Watson und Francis Crick 1953 mit ihrem **Doppelhelix-Modell** als erste durchs Ziel (Abb. 47.1). Ihr Modell stand mit allen damals bekannten Eigenschaften der DNA, wie etwa den Ergebnissen der Röntgenstrukturanalyse von Rosalind Franklin, in Einklang:

In der DNA wechseln sich Zucker und Phosphatreste regelmäßig ab. Beide Bausteine bilden das Grundgerüst der Nukleinsäuren. Dabei sind die Zucker jeweils über das dritte und das fünfte Kohlenstoff (C)-Atom durch Phosphatreste über eine Phosphodiesterbindung miteinander verbunden. Eine solche Zucker-Phosphat-Kette weist zwei verschiedenartige Enden auf: Am 3'-Ende trägt das dritte C-Atom der Pentose keine Phosphatgruppe. Beim 5'-Ende dagegen sitzt am fünften C-Atom des Zuckers eine Phosphatgruppe.

Ein DNA-Molekül liegt als **Doppelstrang** vor. Die beiden Einzelstränge bestehen jeweils aus Zucker-Phosphat-Bändern mit den daran gebundenen Basen, die nach innen ausgerichtet sind. Über diese Basen sind die beiden DNA-Stränge durch **Wasserstoffbrücken** miteinander verbunden. Dabei sind die beiden Stränge schraubig um eine gedachte gemeinsame Achse gewunden. Die Raumstruktur der DNA gleicht also einer Wendeltreppe, deren Geländer links und rechts die Zucker-Phosphat-Ketten stellen und deren Stufen von den Basen gebildet werden. Man spricht hier auch von der DNA-Doppelhelix. Die Helix windet sich einmal alle 3,4 nm. Der Abstand der Basen beträgt 0,34 nm. Somit passen in eine Windung zehn Basenpaare. In ihrer äußeren Form ist die Doppelhelix durch zwei Vertiefungen gekennzeichnet: die kleine und die große Furche. An diese Furchen binden Proteinmoleküle, die **Histone.**

Das besondere Merkmal des Watson-Crick-Modells ist, dass im sich im Inneren der Doppelhelix sich die Basen aus räumlichen Gründen nicht beliebig paaren können. Nur die **Basenpaarungen** Guanin mit Cytosin und Adenin mit Thymin lassen eine stabile Doppelhelix zu. Dabei werden beim G/C-Paar drei und beim A/T-Paar zwei Wasserstoffbrückenbindungen ausgebildet. Durch diese Festlegung der Paarungen erklärt sich das 1:1-Verhältnis von Purin- zu Pyrimidinbasen, das der Biochemiker Chargaff 1951 bereits gefunden hatte. Weiterhin ergibt sich, dass die beiden DNA-Stränge der Doppelhelix nicht identisch sind. Vielmehr bestimmt die Basensequenz des einen Stranges zwangsläufig die Basenabfolge des anderen:

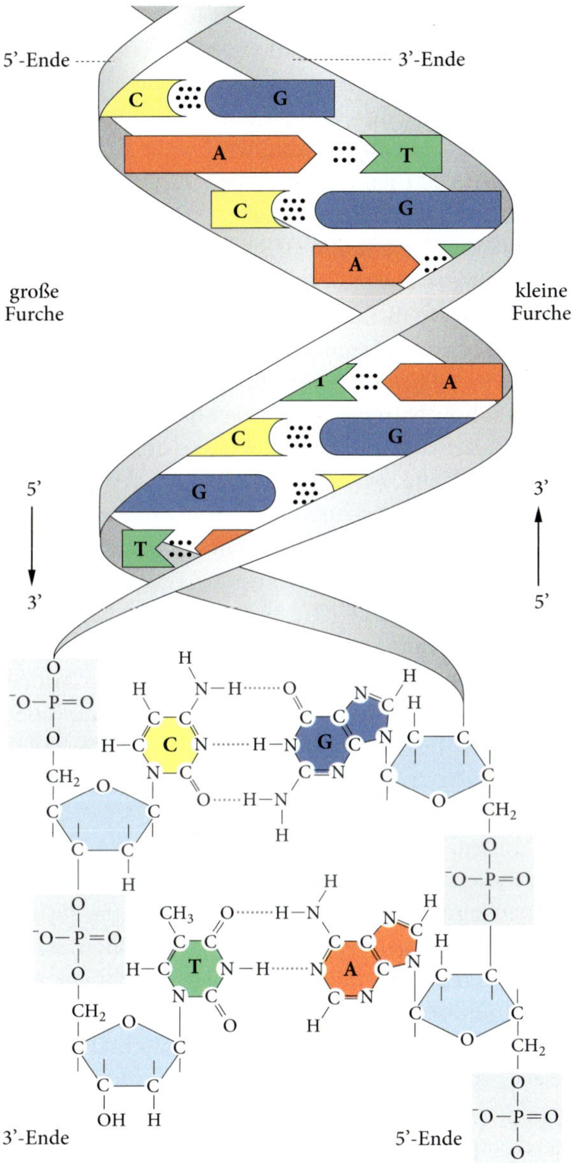

47.1 **Chemischer Aufbau der DNA**

Die beiden Stränge sind zueinander **komplementär.** Außerdem sind sie hinsichtlich der Bindungsrichtung gegenläufig (antiparallel): In dem einen Strang verläuft die Bindung zwischen der Desoxyribose und der Phosphatgruppe vom 3'- zum 5'-Ende, im komplementären Strang vom 5'- zum 3'-Ende.

1 Der Adeningehalt eines DNA-Moleküls beträgt 19 Prozent. Berechnen Sie die prozentualen Anteile der restlichen Basen.

2 Schreiben Sie den komplementären DNA-Strang zu: 3'-ATT GCC TAA GCA CCG-5'

Aufgaben

Transformationsversuch

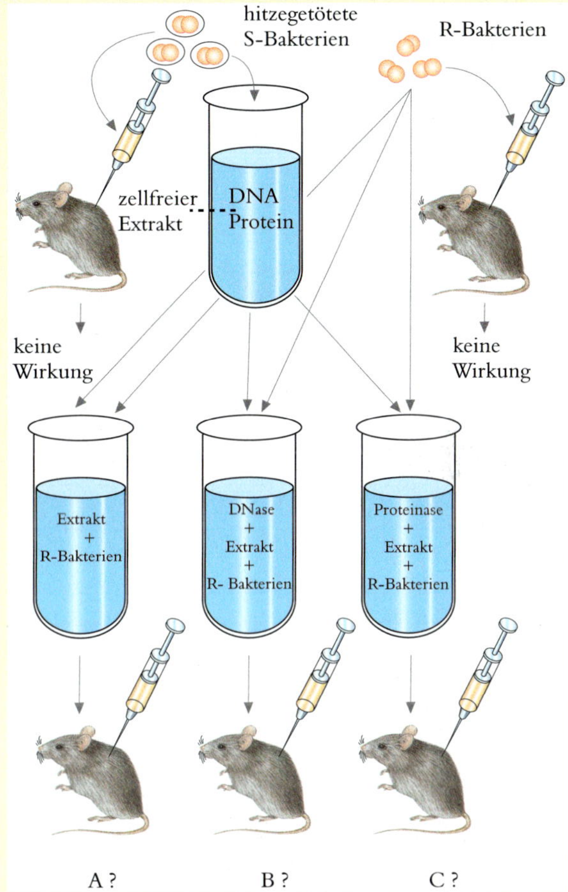

47.2 **Transformationsexperiment von Griffith**

Lungenentzündungen werden häufig durch Pneumokokken verursacht. Dies sind kapselbildende Bakterien der Gattung *Streptococcus.* Die Bakterien kommen immer paarweise vor und werden daher der Gruppe der Diplokokken zugeordnet. In einem Experiment wurden zwei Formen von Pneumokokken in unterschiedlicher Weise behandelt (Abb. 47.2). Die kapselbildende Form der Pneumokokken (S-Bakterien) verursacht in Mäusen eine schwere Lungenentzündung. Eine weitere Form der Pneumokokken (R-Bakterien) hat die Fähigkeit zur Kapselbildung verloren. Sie ist für Mäuse harmlos.

a) Beschreiben Sie die Abbildung. Gehen Sie dabei auf die Bedeutung der verwendeten Enzyme DNase und Protease ein.
b) Vergleichen Sie dieses Experiment mit dem Experiment, das Avery geholfen hat, den Träger der Erbinformation zu identifizieren.
c) Begründen Sie, welche der Mäuse A–C an Lungenentzündung erkranken werden.

Exkurs

Schmelzen der DNA

DNA nimmt in-vivo eine hoch geordnete Doppelhelix-Struktur ein. Erhitzt man DNA in-vitro über 70 °C, brechen immer mehr H-Brücken auf und die Doppelhelix entwindet sich. Die DNA liegt schließlich in zwei getrennten Einzelsträngen vor. Dieser Vorgang wird „Schmelzen“ oder **Denaturieren** der DNA genannt.

Der Übergang von doppelsträngiger zu einzelsträngiger DNA kann über die Messung des Anstiegs der UV-Absorption bei 260 nm festgestellt werden. Jede DNA hat eine entsprechend ihrer Zusammensetzung charakteristische Denaturierungstemperatur. Die Temperatur, bei der 50 % der Basenpaare aufgebrochen sind, wird als Schmelzpunkt T_{50} definiert. Menschliche DNA schmilzt bei einer Temperatur von 88,2 °C.

Bei langsamem Abkühlen bildet geschmolzene DNA wieder Brücken zur Doppelhelix-Struktur aus. Dieser Vorgang heißt **Renaturierung.**

Der Denaturierungs- und Renaturierungsprozess von DNA lässt sich für Abstammungsnachweise verwenden. Mischt man geschmolzene DNA aus zwei verschiedenen Organismenarten, so zeigt sich beim Abkühlen, dass auch DNA-Einzelstränge verschiedener Herkunft zu Doppelhelix-Strukturen zusammentreten können. Die Analyse der Schmelztemperatur dieser Hybrid-DNA (lat. *hybrida,* Mischling) gibt einen Hinweis auf die Verwandtschaft der beiden Organismen.

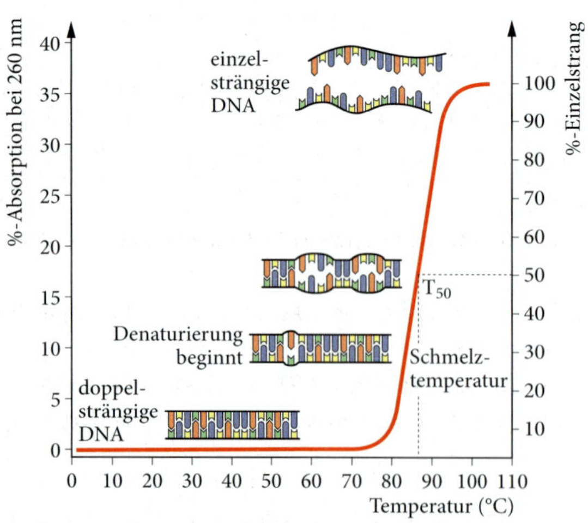

48.1 Schmelzkurve menschlicher DNA

1 Beschreiben Sie den Zusammenhang zwischen der Zusammensetzung von DNA und ihrem Schmelzpunkt.

2.3 Verpackung der DNA

Die Erbsubstanz DNA und Proteine bilden zusammen die zentralen Bestandteile der eukaryotischen Chromosomen. Der Komplex aus DNA und Protein wird als **Chromatin** bezeichnet. Dieser Komplex ist jedoch hoch dynamisch und zeigt während des Zellzyklus deutliche Veränderungen.

In der Interphase sind die Chromosomen entknäuelt und liegen als langes, dünnes und fädiges Chromatin vor. Vor der Synthesephase des Zellzyklus besteht jedes Chromosom aus einer einzigen, durchgehenden DNA-Doppelhelix mit einem Durchmesser von 2 nm ($1\ nm = 10^{-9}\ m$), danach aus zwei identischen DNA-Molekülen, den beiden Schwesterchromatiden. Im ausgestreckten Zustand hätten die DNA-Doppelstränge der 46 menschlichen Zwei-Chromatiden-Chromosomen eine Länge von insgesamt etwa zwei Metern. Das größte menschliche Chromosom wäre gut acht Zentimeter lang und ist damit tausende Male länger als der Durchmesser des Zellkerns, der wenige Mikrometer ($1\ \mu m = 10^{-6}\ m$) beträgt. Während der Mitose hat dieses Chromosom in der Metaphase nur noch eine Länge von etwa 10 Mikrometer. Der DNA-Faden muss demnach so verpackt sein, dass seine Länge fast um den Faktor 10 000 verkürzt wird.

Für die erste Ebene dieses hoch geordneten DNA-Verpackungsprozesses sind basische Proteine zuständig, die **Histone**. Sie enthalten einen hohen Anteil positiv geladener Aminosäuren. Deren Ladungen tragen zur festen Bindung der Histone an das negativ geladene Zucker-Phosphat-Rückgrat der DNA bei. Jeweils acht Histonmoleküle wirken zusammen – wie ein Lockenwickler – um die sich der DNA-Doppelstrang mit 146 Nukleotidpaaren, in zwei nicht ganz vollständigen Umdrehungen windet (Abb. 49.1 B). Auf diese Weise entsteht ein **Nukleosom,** die Grundeinheit der DNA-Verpackung. Es spielt eine entscheidende Rolle für die Regulierung der Struktur und der Funktion der Chromosomen.

Von einem Nukleosom erstreckt sich der DNA-Faden auf einer Länge von 50 Nukleotidpaaren weiter zum nächsten. Nukleosomen sind im elektronenmikroskopischen Bild wie Perlen an einer Schnur erkennbar. Jede menschliche Zelle enthält etwa 30 Millionen Nukleosomen. Gegenüber der histonfreien DNA-Doppelhelix ist die Perlschnur-DNA durch die Aufwickelung um den Faktor 7 verkürzt. Der Durchmesser der einfachen „Nukleosomen-Perlschnur“ beträgt 10 nm.

Wie elektronenmikroskopische Aufnahmen des Chromatins während der Interphase zeigen, liegt das meiste Chromatin in einer noch kompakteren Form vor: Auf der zweiten Verpackungsebene hat sich die Perlschnur aus Nukleosomen weiter verdichtet. Zwei bis drei Nukleosomen liegen dicht nebeneinander und bilden die 30-nm-Chromatinfaser (Abb. 49.1 C). Durch diese Packung ergibt sich im Vergleich zur histonfreien DNA-Doppelhelix eine um den Faktor 14 kürzere Struktur.

Bereits auf dieser zweiten Verpackungsebene herrscht über die genaue Struktur der 30-nm-Chromatinfaser unter Wissenschaftlern Uneinigkeit. Wie immer sie auch genau beschaffen sein mag, zum vollständig verpackten, im Lichtmikroskop sichtbaren Metaphase-Chromosom ist es noch ein weiter Weg. Details der weiteren Faltungen und Spiralisierungen während der Prophase bis hin zum 1400 nm dicken Metaphase-Chromosom sind bisher noch weitgehend unbekannt.

1 Beschreiben Sie den Verpackungszustand der DNA während der Interphase des Zellzyklus.

2 Begründen Sie, weshalb die Chromosomen in der Metaphase der Mitose im Lichtmikroskop sichtbar werden.

3 Erstellen Sie eine Hypothese, inwieweit die Metaphase-Chromosomen zu diagnostischen Zwecken dienen können.

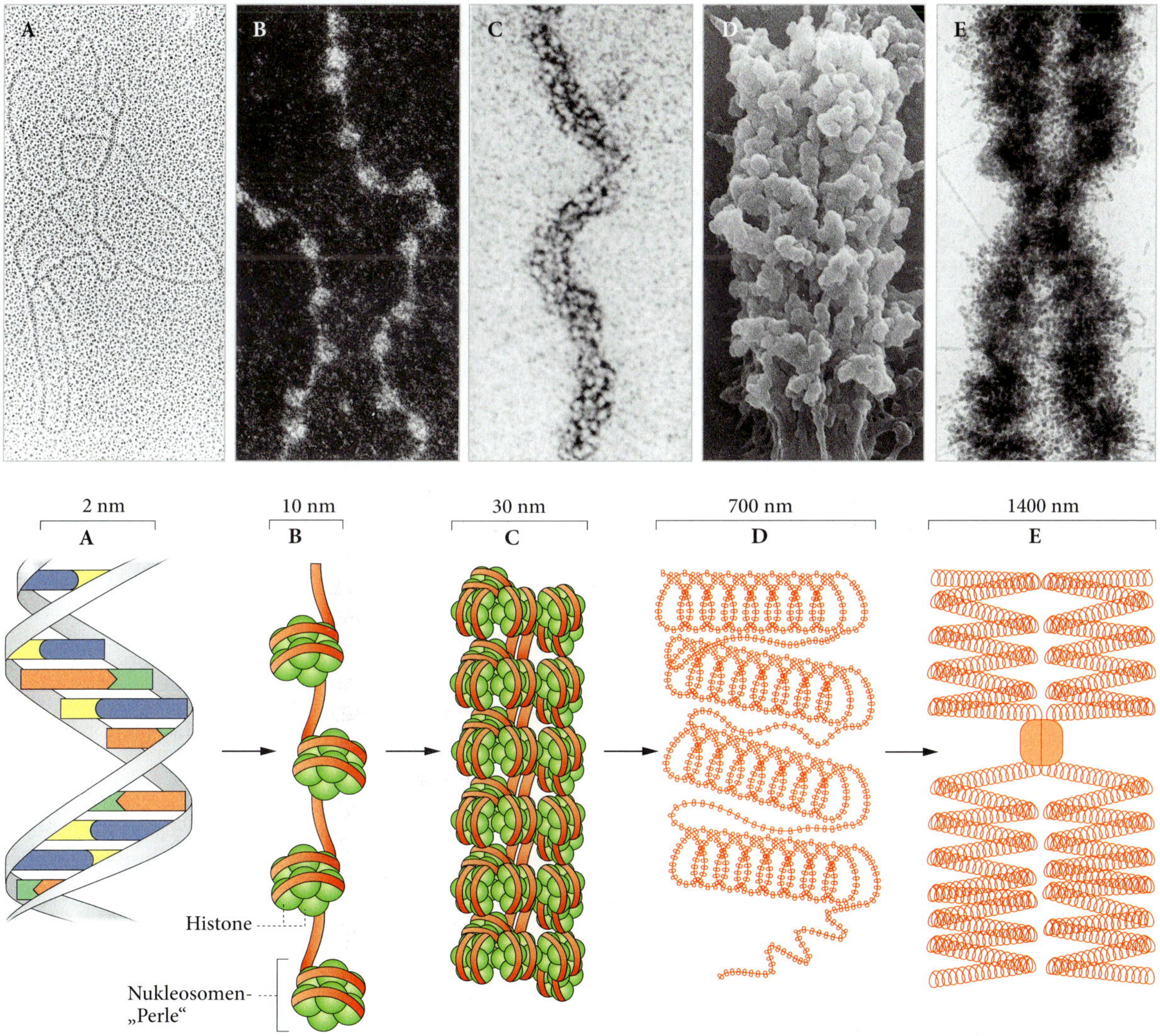

49.1 Packungszustände der DNA (EM-Bild und Modell). **A** histonfreie DNA; **B** Perlschnurstruktur der Nukleosomen; **C** 30-nm-Chromatinfaser; **D** kondensiertes Ein-Chromatid-Chromosom; **E** Metaphase-Chromosom

3 Replikation der DNA

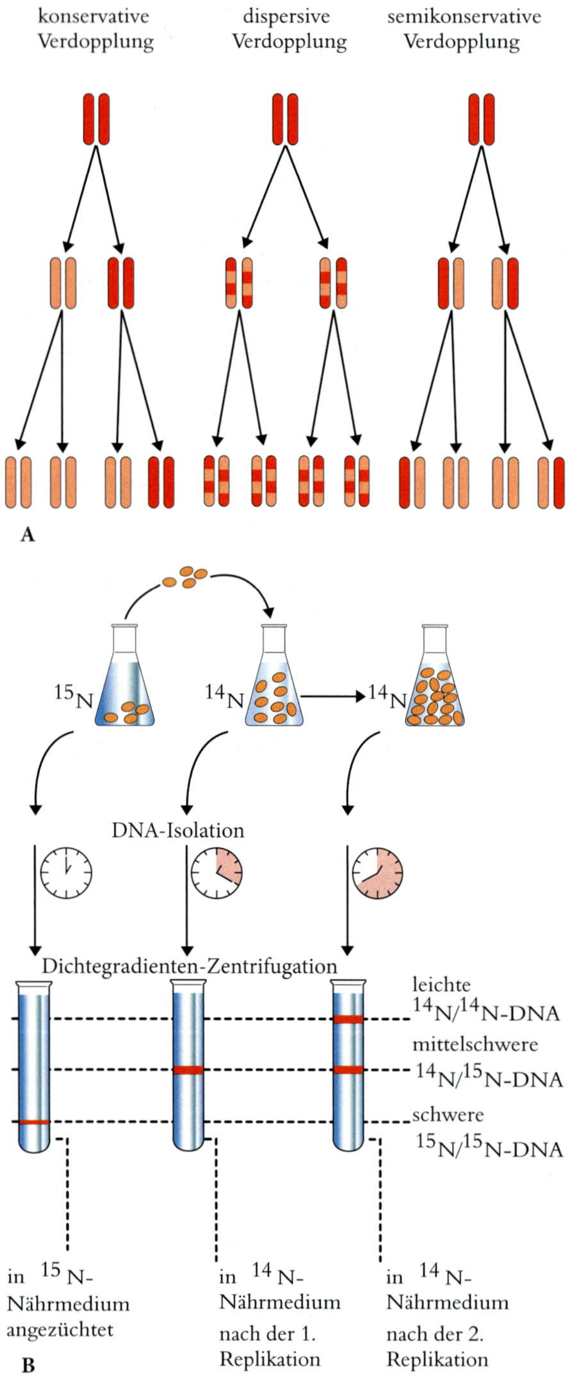

50.1 Replikation. **A** Mögliche Mechanismen; **B** Ergebnisse des MESELSON-STAHL-Experiments

1 Begründen Sie anhand der Versuchsergebnisse von MESELSON und STAHL den semikonservativen Mechanismus der Replikation.

3.1 Das MESELSON-STAHL-Experiment

Bei der Zellteilung entstehen zwei genetisch identische Tochterzellen. Voraussetzung dafür ist die Verdopplung der DNA in der Mutterzelle. Vor einer Zellteilung müssen daher die Ein-Chromatid-Chromosomen, die jeweils aus einer DNA-Doppelhelix bestehen, identisch verdoppelt werden. Den Prozess der DNA-Verdopplung bezeichnet man als **Replikation.**

Theoretisch sind drei verschiedene Mechanismen für die Replikation denkbar (Abb. 50.1): Erstens könnte die DNA wie die Seiten eines Buches vervielfältigt werden. Dabei blieben die elterlichen Chromosomen im Kern einer Tochterzelle als Vorlage erhalten und es entstünde eine komplett neue DNA-Doppelhelix, die auf die Tochterzelle übergeht. Diese Art der Verdopplung bezeichnet man als **konservativ.** Zweitens wäre auch eine **dispersive** Verdopplung denkbar, bei der Original und Kopie stückweise aus alt und neu zusammengesetzt werden. Drittens könnte jeder DNA-Einzelstrang als Matrize für die Neusynthese eines komplementären Stranges fungieren. Dieser Mechanismus wäre **semikonservativ.** Die Tochter-DNA bestünde demnach aus einem elterlichen und einem neuen DNA-Strang. Schon WATSON und CRICK sahen, dass ihr Doppelhelix-Modell diesen Replikationsmechanismus nahelegt.

Das entscheidende Experiment zum Nachweis der semikonservativen Replikation wurde 1958 von Matthew MESELSON und Franklin STAHL durchgeführt (Abb. 50.2). Sie kultivierten Bakterien in einem Medium, das als einzige Stickstoffquelle Ammoniumchlorid mit dem schweren ^{15}N-Isotop enthielt. Dieser Stickstoff wird von den Bakterien in ihre DNA eingebaut. Diese Methode heißt **Isotopen-Markierung.** Die Wissenschaftler übertrugen die Bakterien dann in ein Medium mit dem leichteren Isotop ^{14}N. Dadurch sollte jede in den Bakterien neu synthetisierte DNA leichter sein als die „alte" ^{15}N-DNA.

Zum Nachweis wurden die unterschiedlich schweren DNA-Moleküle durch Dichtegradienten-Zentrifugation getrennt. Je schwerer eine DNA ist, desto tiefer findet man sie dabei als Bande im Zentrifugenröhrchen. Nach der 1. Replikation erhielten sie nur mittelschwere DNA. Nach der 2. Replikation war die Hälfte der DNA leicht, die andere Hälfte war mittelschwer. Das erhaltene Bandenmuster sprach somit tatsächlich für die semikonservative Replikation.

3.2 Molekularer Mechanismus der DNA-Replikation

Prokaryoten, wie etwa das Bakterium *Escherichia coli,* besitzen nur ein einziges, ringförmiges Chromosom, an dem sich die Vorgänge der Replikation leicht verfolgen lassen (Abb. 51.1). An einem Startpunkt mit einer bestimmten DNA-Sequenz, dem **Replikationsursprung** oder **Origin** (engl. Ursprung), lagert sich das Enzym Helicase an ①. Es löst dort reißverschlussartig die Wasserstoffbrücken zwischen den beiden DNA-Strängen und öffnet diese damit blasenförmig. An jedem Ende dieser **Replikationsblase** befindet sich eine Y-förmige Region, die **Replikationsgabel** ②, von der aus die Replikation in beide Richtungen voranschreitet.

An den Einzelsträngen einer Replikationsgabel wird jeweils durch eine **RNA-Polymerase,** die **Primase** ③, die Synthese eines kurzen komplementären RNA-Stückes katalysiert. Dieses stellt das Startmolekül, den **RNA-Primer** (engl. Zünder), dar, der von der DNA-Polymerase benötigt wird ④. Die Primase hingegen benötigt keinen Primer. An diese RNA-Primer heftet die DNA-Polymerase komplementäre DNA-Nukleotide an und synthetisiert damit die Tochterstränge. Dabei müssen die Nukleotide in Form energiereicher Nukleosid-Triphosphate vorliegen ⑤. Das Enzym kann die Nukleotide nur an das 3'-Ende des Primers anheften. Während sich die Replikationsgabel weiter öffnet, kann die DNA-Polymerase lediglich im 3'→5'-Elternstrang der Wanderungsrichtung der Replikationsgabel folgen. Dabei wächst der Tochterstrang kontinuierlich „vorwärts". Er wird **Leitstrang** genannt. Für dessen Synthese genügt ein Primer.

Die gleichzeitige Replikation des antiparallelen 5'→3'-Elternstranges wirft ein Problem auf: Der RNA-Primer wird von der DNA-Polymerase auch hier nur am 3'-Ende verlängert. Dies bedeutet, dass die DNA-Polymerase den Tochterstrang nur entgegengesetzt zur Wanderungsrichtung der Replikationsgabel „rückwärts" synthetisieren kann. Die DNA-Neusynthese bricht dabei nach etwa 1000 Nukleotiden ab. Sie beginnt in der fortschreitenden Gabel an einem weiteren zuvor synthetisierten Primer von Neuem, verläuft also diskontinuierlich. Die dabei gebildeten kurzen DNA-Fragmente heißen nach ihrem Entdecker OKAZAKI-Fragmente.

Mit dem Wachstum der OKAZAKI-Fragmente beginnt der Abbau der RNA-Primer. Ein weiteres Enzym entfernt die RNA-Nukleotide und ersetzt sie durch DNA-Nukleotide. Anschließend werden die benachbarten OKAZAKI-Fragmente durch das Enzym DNA-Ligase kovalent miteinander zum Tochterstrang verbunden, der **Folgestrang** genannt wird ⑥.

1 Vergleichen Sie die den Mechanismus der DNA-Replikation im Leit- und Folgestrang.

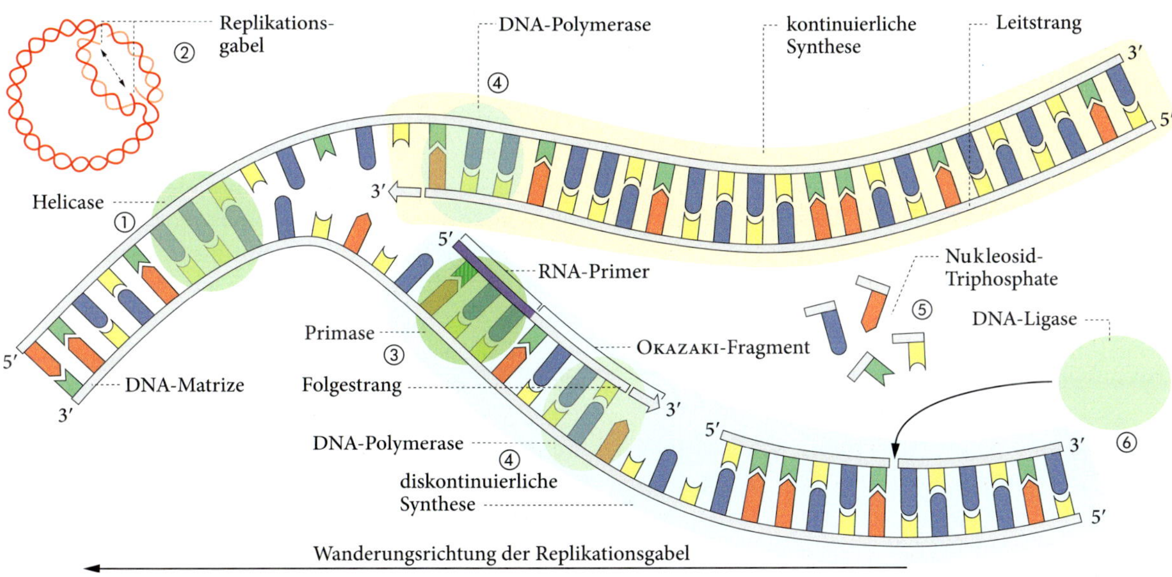

51.1 Mechanismus der DNA-Replikation

3.3 DNA-Replikation bei Pro- und Eukaryoten

Um den zeitlichen Ablauf der semikonservativen Replikation in der S-Phase des Zellzyklus bei Prokaryoten aufzuklären, wurden *E. coli*-Zellen in einem Nährmedium kultiviert, das radioaktiv markierte Thymin-Nukleosid-Triphosphate enthielt. Diese dienen als Bausteine bei der Replikation für die neu zu synthetisierende DNA. Die nun radioaktive DNA wurde aus den Bakterien isoliert, flächig ausgebreitet und mit einem strahlungsempfindlichen Film mehrere Tage im Dunkeln bedeckt. In dieser Zeit belichtet die ausgesandte radioaktive Strahlung der eingebauten, markierten Thymin-Nukleotide den Film, ganz ähnlich einem Film im Fotoapparat. Nach dessen Entwicklung tritt überall dort Schwarzfärbung auf, wo radioaktives Thymin in die DNA eingebaut wurde. Je später die Replikation durch die DNA-Isolation abgebrochen wird, desto mehr hat sich das Chromosom blasenförmig geöffnet. Betrachtet man dies im Elektronenmikroskop, erkennt man ein Abbild des DNA-Moleküls, ein **Autoradiogramm** (Abb. 52.1 A).

Autoradiografische Untersuchungen zeigen, dass das *E. coli*-Chromosom aus einem einzelnen Ring mit einem Umfang von 1,7 Millimeter besteht. Die Interpretation von Autoradiogrammen aus unterschiedlichen Stadien der bakteriellen Replikation macht deutlich, dass diese immer an derselben Stelle, dem Origin ① beginnt. Da die Replikationsblase ② zwei gleichzeitig aktive Replikationsgabeln besitzt, läuft die DNA-Neusynthese in beide Richtungen um den Eltern-DNA-Ring herum. Bei zirkulären DNA-Molekülen treffen sich die beiden Replikationsgabeln auf der dem Startpunkt gegenüberliegenden Seite des Ringes wieder und die Replikation ist beendet ③.
Autoradiogramme von sich verdoppelnder Eukaryoten-DNA zeigen zahlreiche Replikationsblasen unterschiedlicher Größe auf einem linearen DNA-Faden (Abb. 52.1 B). Die DNA-Neusynthese läuft also an vielen Stellen gleichzeitig ab. Die unterschiedliche Größe der Replikationsblasen kann damit erklärt werden, dass die DNA-Replikation an den verschiedenen Origins zu unterschiedlichen Zeiten in der S-Phase beginnt. Vereinigen sich die benachbarten, aufeinander zulaufenden Replikationsgabeln, ist die Replikation beendet.

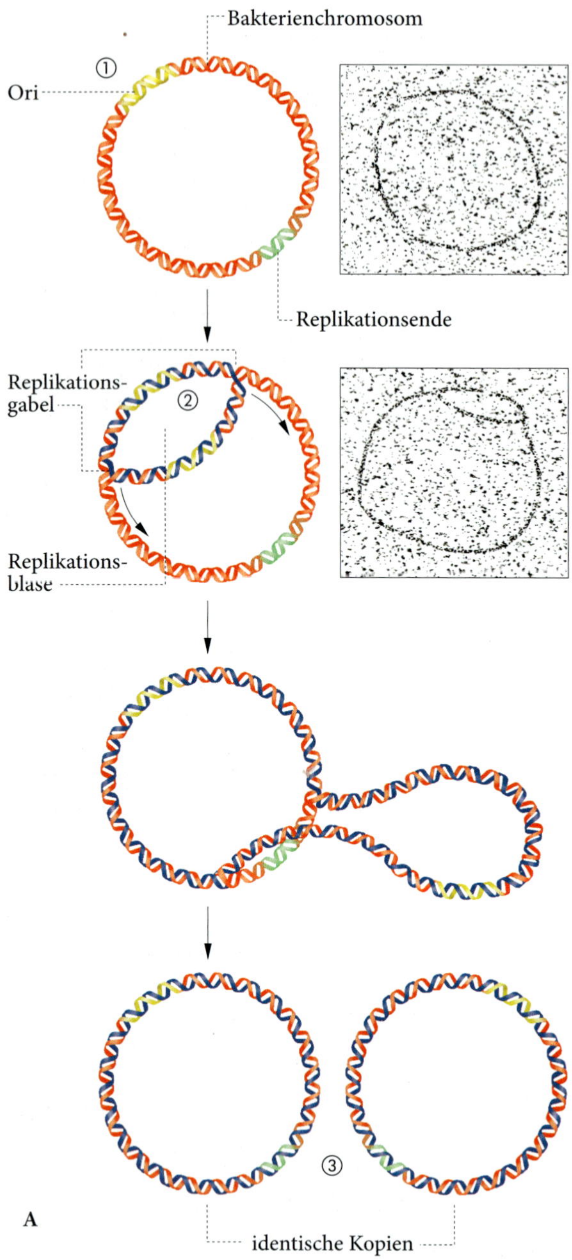

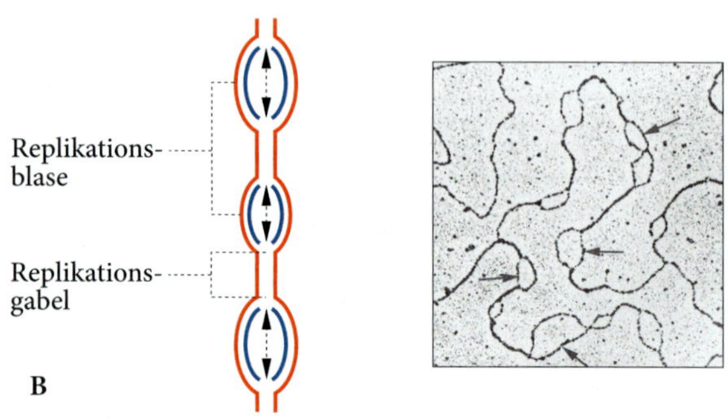

52.1 DNA-Replikation: Autoradiogramm und Schema.
A *Escherichia coli;* **B** Eukaryoten

1 Vergleichen Sie die DNA-Replikation bei Pro- und Eukaryoten.

3.4 Künstliche Replikation der DNA

Mit der **P**olymerase-**C**hain-**R**eaction, **PCR** (engl., Polymerase-Ketten-Reaktion) lässt sich in kürzester Zeit ein gewünschter Abschnitt einer DNA, die Ziel-DNA, millionenfach in-vitro vervielfältigen. Die gezielte Vermehrung von DNA-Abschnitten heißt **Amplifikation.**

Die molekularen Abläufe der PCR ähneln der in einer Zelle ablaufenden Replikation. So werden DNA, Primer, Desoxynukleosid-Triphosphate, eine DNA-Polymerase und eine Pufferlösung in ein PCR-Reaktionsgefäß gegeben. Die beiden Primer sind so konstruiert, dass sie jeweils an eine ganz bestimmte Sequenz der DNA-Einzelstränge komplementär passen. Sie rahmen so den zu vervielfältigenden Ziel-DNA-Abschnitt ein. Die PCR verläuft bei hohen Temperaturen, weshalb die hitzestabile ***Taq*-Polymerase** verwendet werden muss. Diese wurde ursprünglich aus dem in heißen Quellen lebenden Bakterium *Thermus* ***aquaticus*** gewonnen. Das Reaktionsgemisch wird in einem Heiz-Kühlgerät, dem **Thermocycler,** nacheinander drei Temperaturen ausgesetzt (Abb. 53.1):

1. Denaturierung (etwa 94 °C): Durch Hitze werden die Wasserstoffbrücken des DNA-Doppelstrangs getrennt und die DNA so in Einzelstränge aufgetrennt.

2. Hybridisierung (etwa 60 °C): Zwei DNA-Primer binden komplementär an je einen der beiden DNA-Einzelstränge.

3. Polymerisierung (72 °C): Die *Taq*-Polymerase synthetisiert ausgehend von den beiden Primern jeweils einen neuen Strang in Richtung von 5' nach 3'.

Die Abfolge dieser drei Schritte wird als PCR-Zyklus bezeichnet, der in der Regel 20 bis 30 mal wiederholt wird, bis nachweisbare DNA-Mengen vorhanden sind. Im ersten Zyklus werden zu lange komplementäre Stränge synthetisiert, weil es bei der Synthese von den Primern ausgehend in Richtung 5' nach 3' kein Stopp-Signal am Ende des zu vervielfältigenden DNA-Abschnitts gibt ①. Im zweiten Zyklus dienen diese zu langen Stränge dann selbst auch als Synthese-Vorlage ②. Die dazu neusynthetisierten komplementären Stränge sind an der einen Seite durch den entgegen gesetzten Primer und an der anderen Seite durch das Ende der Vorlage begrenzt ③. Sie besitzen die Länge des zu vervielfältigenden DNA-Abschnitts ④. Im dritten Zyklus werden diese Stränge komplementär zum gewünschten DNA-Doppelstrang ergänzt. Ab jetzt kommt es in jedem weiteren Zyklus zu einer Verdopplung der gewünschten DNA-Abschnitte, weil diese immer selbst als Kopiervorlagen dienen ⑤.

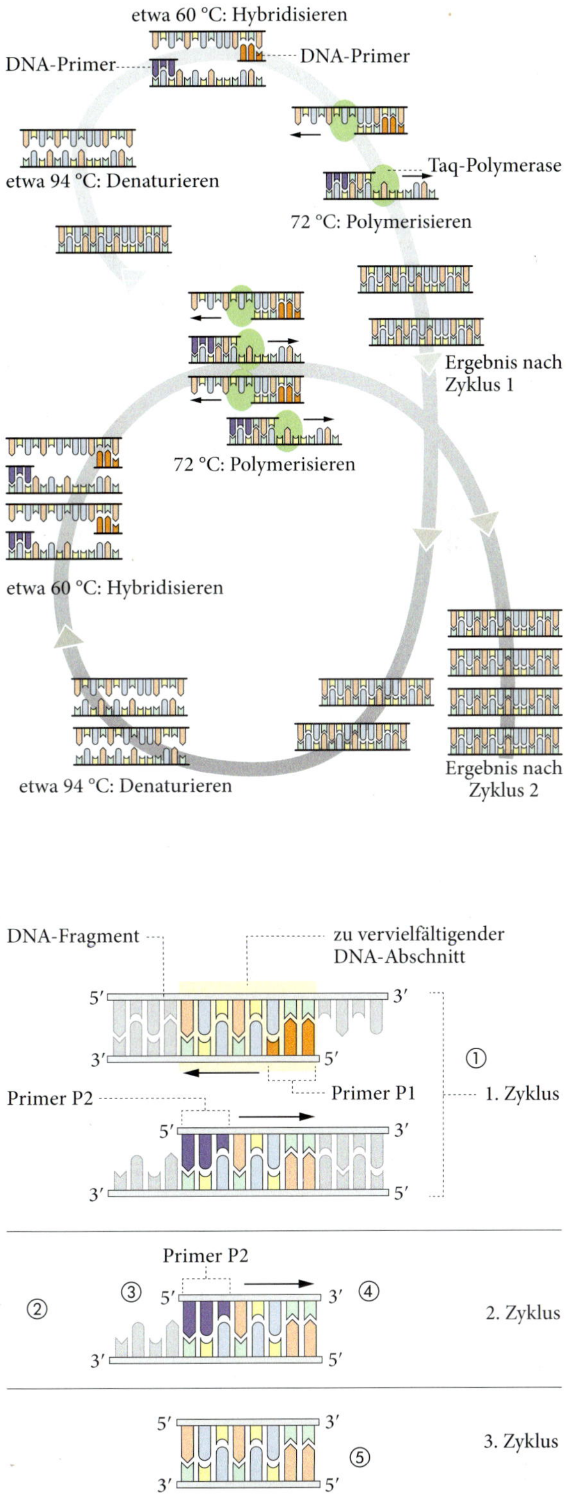

53.1 Polymerase-Ketten-Reaktion

1 Erläutern Sie, warum durch die beiden Primer Anfang und Ende der Ziel-DNA festgelegt werden.

3.5 Real-Time PCR

Aufgrund der vielen Einsatzmöglichkeiten ist die PCR in modernen Laboren heutzutage unverzichtbar. In der Humangenetik findet beispielsweise bei Schwangerschaften mit einem erhöhten Trisomie 21 Risiko auf Wunsch der Schwangeren eine Analyse der fetalen Chromosomen statt. Allerdings müssen die Frauen mindestens eine Woche auf dieses Ergebnis warten. Frauen, die schneller Klarheit wünschen, können zusätzlich eine Diagnostik mittels einer Weiterentwicklung der PCR vornehmen lassen.

Neben der zu untersuchenden fetalen DNA benötigt man wie bei einer herkömmlichen PCR Desoxynukleosid-Triphosphate, *Taq*-Polymerase, einen Puffer und zwei spezifische Primer, mit denen man einen kleinen Abschnitt des Chromosoms 21 vervielfältigen kann. Zusätzlich enthalten die Ansätze einen Farbstoff wie beispielsweise SYBR Green. Dieser lagert sich nur in doppelsträngige DNA-Moleküle ein und fluoresziert dann. Für diese Art der PCR sind spezielle Thermocycler nötig, die zusätzlich die Fluoreszenz in den Ansätzen während der PCR aufzeichnen können (Abb. 54.1). Auch in einem solchen Thermocycler durchlaufen die Proben die für eine PCR typischen Zyklen mit Denaturierung, Hybridisierung und Polymerisierung. Von besonderer Bedeutung ist, dass die Einlagerung des Fluoreszenzfarbstoffes mit der DNA-Neusynthese während der PCR einhergeht. Daher ist die Fluoreszenzintensität proportional zu der Menge der gebildeten DNA in Form von PCR-Produkten. Dies ermöglicht das direkte Verfolgen der PCR am Bildschirm und macht eine Analyse mittels Agarosegel überflüssig. Daher nennt man diese PCR auch **Real-Time PCR** (engl. *real-time,* Echtzeit).

Der am Bildschirm sichtbare Kurvenverlauf der Fluoreszenzintensität in Abhängigkeit von der Anzahl der Zyklen (Abb. 54.1 B) ist charakteristisch für eine Real-Time PCR. Am Anfang steigt das Fluoreszenz-Signal und damit die Anzahl der gebildeten PCR-Produkte exponentiell an und flacht mit zunehmendem Verbrauch der Nukleosid-Triphosphate immer weiter ab. Neben der Anzahl der Zyklen ist die Anzahl der gebildeten PCR-Produkte von der im Reaktionsansatz vorhandenen DNA-Menge abhängig. Je mehr DNA eingesetzt wurde, desto eher kommt es zu einem Anstieg der Signalintensität. Daher wird die Real-Time PCR auch zu quantitativen Analysen genutzt. Bei gleicher Menge an fetaler DNA kommt es beim Vorliegen einer Trisomie 21 zu einem schnelleren Anstieg der Signalintensität (Abb. 54.1 B). Durch einen Vergleich des jeweiligen Kurvenverlaufs mit Referenzkurven kann so eine Trisomie 21 erkannt werden. Da für eine Real-Time PCR nur wenige Stunden benötigt werden, erhalten die Schwangeren schneller Klarheit.

1 Beschreiben Sie den Kurvenverlauf der Fluoreszenzintensität einer Real-Time PCR.

2 Werten Sie die Kurvenverläufe der Real-Time PCR in Abbildung 54.1 B aus.

3 Vergleichen Sie die herkömmliche PCR mit der Real-Time PCR.

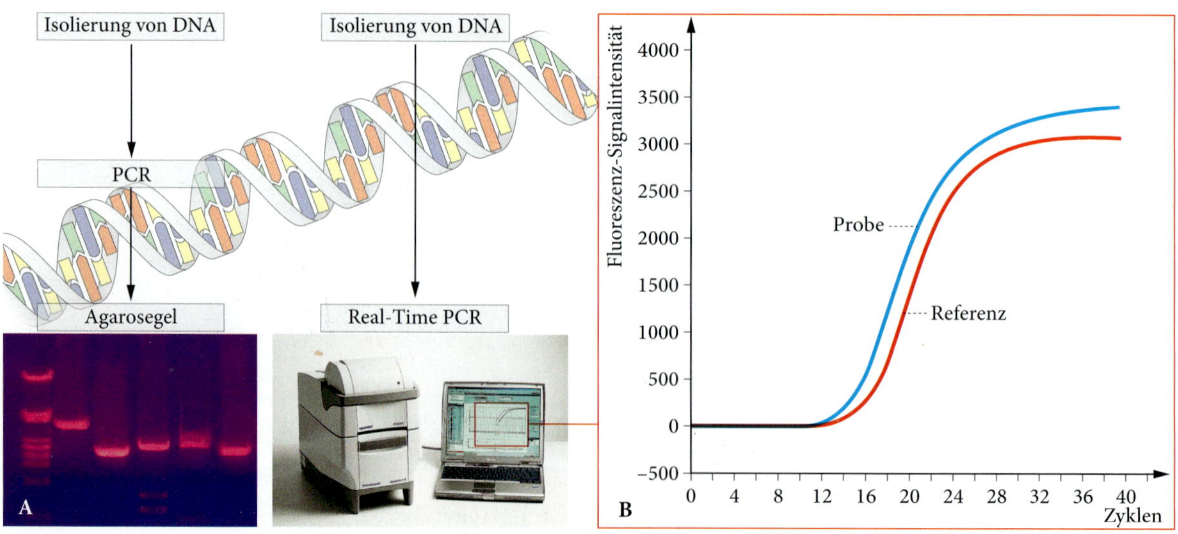

54.1 Real-Time PCR. A Vergleich zu normaler PCR; **B** Ergebnis

3.6 DNA-Sequenzierung

Die Basenabfolge einer DNA kann mit verschiedenen Sequenzierungsmethoden bestimmt werden.

Die **Kettenabbruchmethode** des Nobelpreisträgers Frederic SANGER basiert auf einer Neusynthese von DNA und verläuft in den gleichen Phasen wie eine PCR (Abb. 55.1): Denaturierung ①, Hybridisierung ② und Polymerisierung ③. Ein Reaktionsansatz enthält immer alle vier Desoxynukleosid-Triphosphate, die *Taq*-Polymerase sowie den zu sequenzierenden, denaturierten DNA-Einzelstrang Abschnitt, (→ S. 53). Abweichend zur PCR ist nur ein Primer nötig, der außerdem radioaktiv markiert ist ②. Zusätzlich enthält jeder Reaktionsansatz in geringer Menge jeweils ein **Abbruch-Nukleosid-Triphosphat (ddNTP)** ④. Einem solchen Didesoxynukleosid-Triphosphat fehlt auch am dritten Kohlenstoffatom der Desoxyribose die Hydroxylgruppe. Diese wird aber bei der Synthese des Komplementärstrangs zur Anheftung des folgenden Nukleotids gebraucht. In dem Reaktionsansatz, der als Abbruch-Nukleosid-Triphosphat das ddATP enthält, kommt es also immer zu einem Abbruch der Kettenverlängerung, wenn das Abbruch-Nukleosid mit der Base Adenin zufällig statt des normalen Adenin-Nukleotids eingebaut wird. So entsteht eine Fragment-Familie von Komplementärsträngen aller möglichen Längen, die immer mit Adenin enden. Da parallel vier Reaktionsansätze ablaufen, erhält man vier Fragment-Familien.

Diese werden jeweils denaturiert ⑤ und danach parallel durch Gel-Elektrophorese in einem Polyacrylamid-Gel der Größe nach getrennt (→ S. 66). Dabei wandern die negativ geladenen DNA-Fragmente im elektrischen Feld zum Pluspol. Die neusynthetisierten DNA-Fragmente gleicher Länge sammeln sich im Gel in Form von Banden, wobei die kleineren Fragmente schneller und somit weiter durch das Gel wandern.

Die Fragmente werden nun durch Autoradiographie sichtbar gemacht ⑥. Dazu wird ein Röntgenfilm auf das Gel gelegt. Da alle Fragmente den radioaktiven Primer enthalten, entstehen an den entsprechenden Stellen Schwärzungen auf dem Film.

Nun kann die komplementäre Basensequenz zum sequenzierten DNA-Einzelstrang auf dem Röntgenfilm in Richtung 5' nach 3' abgelesen werden. Dazu liest man die Banden im Gel nach zunehmender Länge des neusynthetisierten Stranges ab. Begonnen wird mit dem kürzesten Fragment, welches im elektrischen Feld am weitesten gewandert ist.

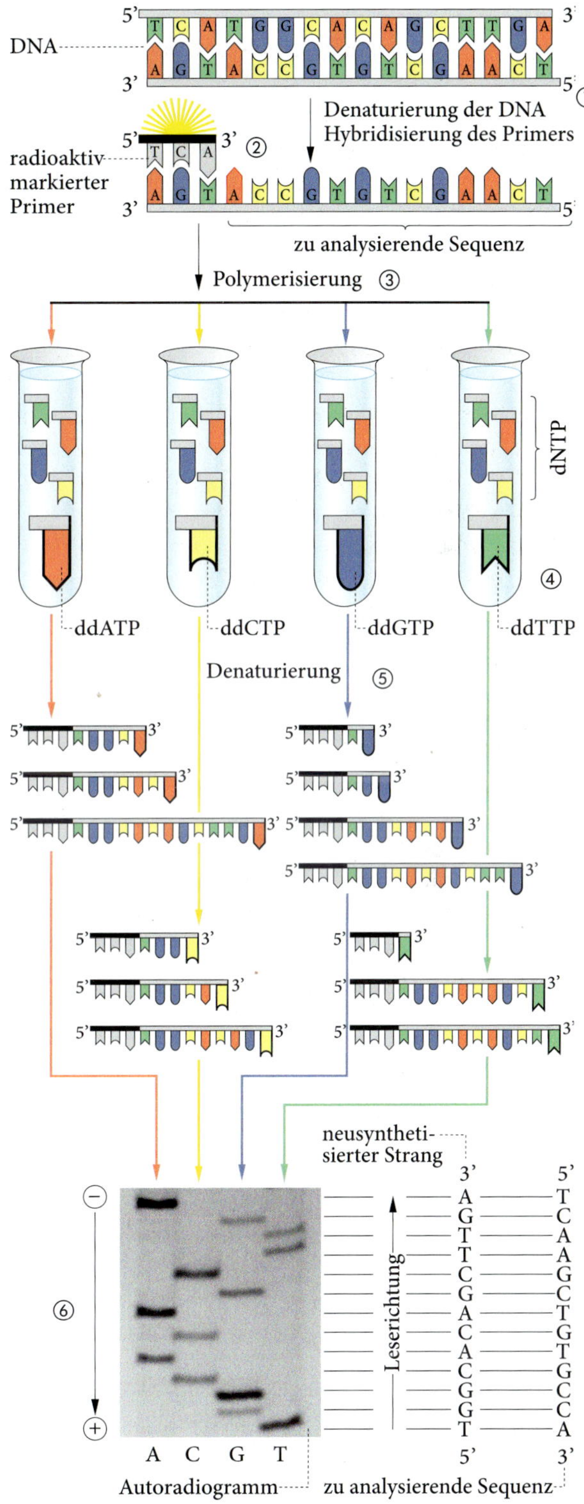

55.1 **Kettenabbruchmethode**

1 Vergleichen Sie tabellarisch die Kettenabbruchmethode mit der PCR und der Replikation.

3.7 Fluoreszenzsequenzierung

Angesichts der geplanten Sequenzierung von ganzen Genomen versuchten Molekulargenetiker, die Kettenabbruchmethode zu automatisieren. Eine bedeutende Weiterentwicklung stellt dabei die **Fluoreszenzsequenzierung** dar. Auch dieses Verfahren beruht auf der Neusynthese von DNA, indem die Phasen Denaturierung, Hybridisierung und Polymerisierung zyklisch wiederholt werden. Der Reaktionsansatz enthält wie bei der SANGER-Methode die vier Desoxynukleosid-Triphosphate, *Taq*-Polymerase, einen zu sequenzierenden DNA-Abschnitt sowie nur einen zu dessen Beginn komplementären Primer, der jedoch nicht radioaktiv markiert ist ① (Abb. 56.1).

Innovativ gegenüber dem bisherigen Verfahren ist die Verwendung von vier jeweils andersfarbig fluoreszenzmarkierten Abbruch-Didesoxynukleosid-Triphosphaten ②. Damit erhält jedes bei der Sequenzierung entstehende Komplementär-Fragment am Ende eine von vier Fluoreszenzmarkierungen, je nachdem welches der vier Abbruch-Nukleoside eingebaut wurde ③. Die Fluoreszenzfarbstoffe können unterschieden werden. Daher ist statt vier nur noch ein Ansatz nötig.
Auch bei der Fluoreszenzsequenzierung werden die Fragmente zunächst denaturiert und mittels Gel-Elektrophorese der Größe nach getrennt. Das kleinste Fragment erreicht zuerst den Detektor am Ende des Gels. Aus der detektierten Farbabfolge der Fragmente kann nun die Basenabfolge abgeleitet werden, die zu dem zu analysierenden Strang komplementär ist ④.

Allerdings können auch mithilfe der Fluoreszenzsequenzierung wie bei der SANGER-Methode nicht mehr als 500–700 Nukleotide pro Ansatz sequenziert werden. Die Basenabfolge kann bei Fragmenten mit mehr Nukleotiden nicht mehr sicher bestimmt werden, da mit zunehmender Länge auch die statistische Wahrscheinlichkeit sinkt, dass solche überhaupt gebildet werden. Außerdem können derartig große Fragmente nicht mehr sicher der Größe nach getrennt werden.
Moderne Sequenzierroboter können am Tag mehrere tausend Sequenzieransätze parallel trennen und analysieren, sodass ein humanes Genom in wenigen Tagen sequenziert werden kann.

1 Erläutern Sie die Vorteile der Fluoreszenzsequenzierung gegenüber der SANGER-Methode.

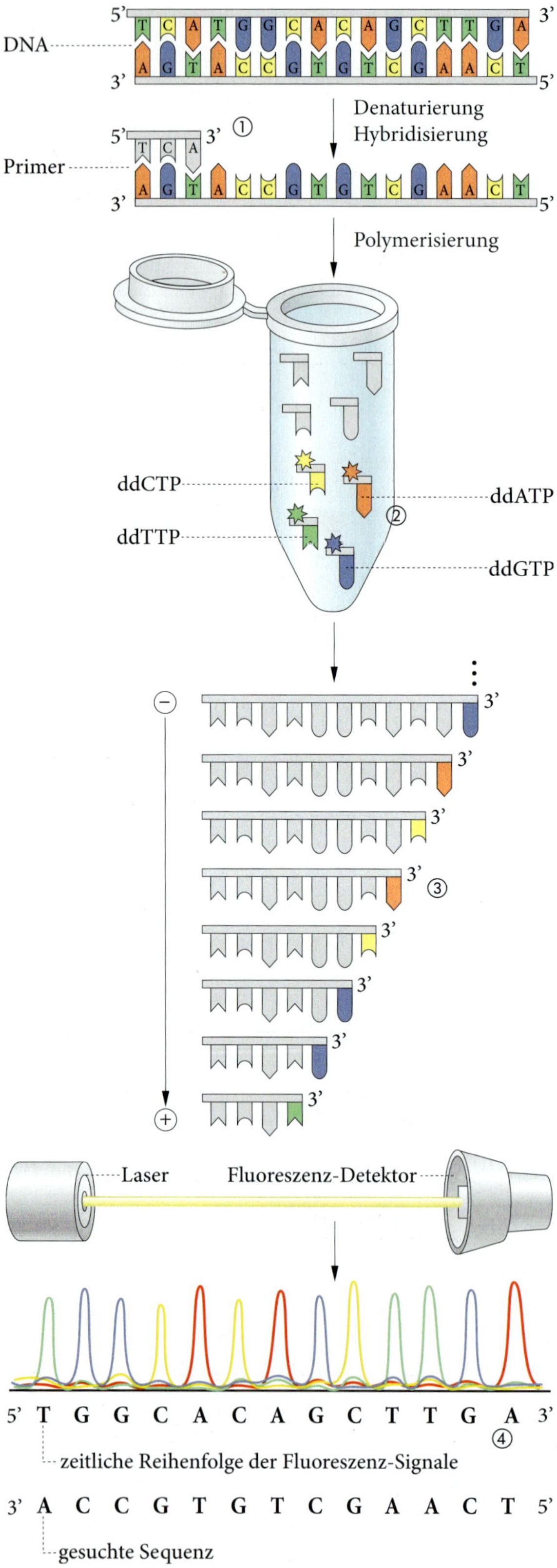

56.1 Fluoreszenzsequenzierung

Isolierung von DNA und Nachweis von DNA-Bausteinen

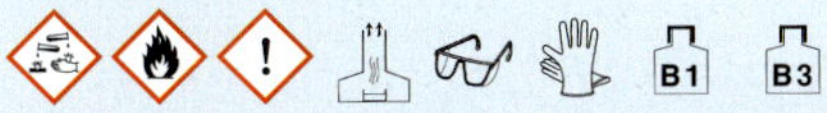

Die DNA-Isolierung aus der Küchenzwiebel verdeutlicht das generelle Prinzip der DNA-Gewinnung aus Geweben.

Material: Küchenzwiebel (30 g), Messer, Schneidebrett, Trichter, Kaffeefilter, Wasserbad, Mörser mit Pistill, Schutzbrille, Becherglas, Natriumchlorid, Ethanol (auf −20 °C gekühlt), Spülmittel, Waschmittel, Aqua dest., Schwefelsäure (konz.), Salpetersäure (konz.), gesättigte Ammoniummolybdat-Lösung, DISCHE-Reagenz

Durchführung:
1. 3 g Natriumchlorid und 10 ml Spülmittel werden in ein Becherglas gegeben, mit Aqua dest. auf 100 ml aufgefüllt und das Salz unter Rühren gelöst.
2. 30 g Küchenzwiebel werden in kleine Würfel zerschnitten und in die spülmittelhaltige Salzlösung gegeben.
3. Das Becherglas wird für 15 Minuten in ein 60 °C warmes Wasserbad gestellt.
4. Nach Abkühlen des Gemisches auf 20 °C werden die Zwiebelstücke in einem Mörser fein zerrieben und durch einen Kaffeefilter abfiltriert.
5. Zum Filtrat werden unter Umrühren 0,6 g Waschmittel gegeben, das Proteasen enthält.
6. Das Gemisch wird vorsichtig mit 100 ml eisgekühltem Ethanol überschichtet. DNA ist in Ethanol unlöslich und fällt daher an der Phasengrenze in Form weißer Fäden aus, die mit einem Glasstab aufgewickelt werden können.

Hydrolyse der DNA:

7. Der Niederschlag wird abfiltriert, mit 5 ml konzentrierter Schwefelsäure versetzt und für 15 Minuten in ein siedendes Wasserbad gestellt.

Phosphat-Nachweis:

8. Zu 1 ml des abgekühlten DNA-Hydrolysats wird solange konzentrierte Salpetersäure gegeben, bis ein auftretender Niederschlag sich wieder auflöst.
9. Das Gemisch wird erhitzt und dann 5 Tropfen Ammoniummolybdat-Lösung zugegeben.
   Positiver Nachweis: Nach Abkühlung bildet sich ein gelber, kristalliner Niederschlag.

Desoxyribose-Nachweis:

10. 1 ml des abgekühlten DNA-Hydrolats wird mit 2 ml DISCHE-Reagenz versetzt und für 5 Minuten ins siedende Wasserbad gestellt.
    Positiver Nachweis: Blaufärbung.

Aufgaben:

a) Erläutern Sie die Bedeutung des Spülmittels auf biologische Membranen.

b) Erläutern Sie die Löslichkeit von DNA in den verwendeten Lösungsmitteln.

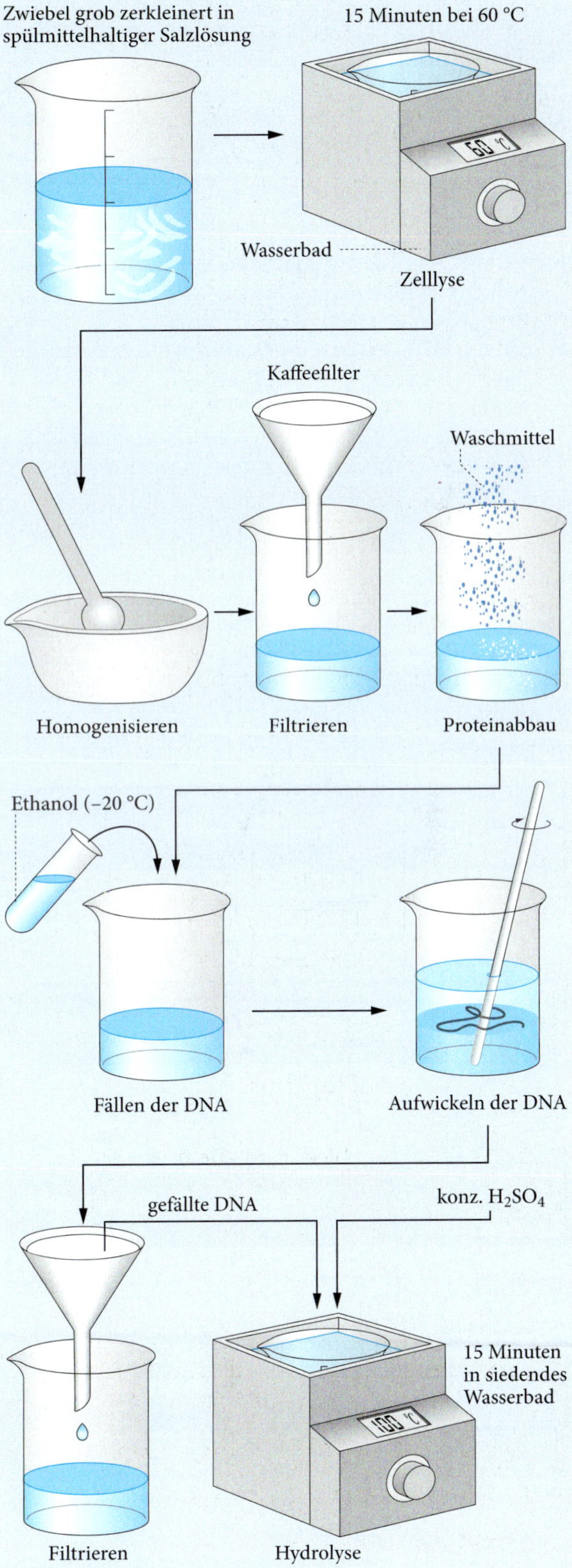

57.1 DNA-Isolierung aus Zwiebeln

Aufgaben

1 Basenpaarungsregeln

Der Prozentanteil der Basen eines DNA-Moleküls wird analysiert.

a) Begründen Sie, welches Ergebnis mit den Basenpaarungsregeln vereinbar wäre:
T = C,
A + C = G + T,
A + T = G + T.

b) Für den Menschen wurde ein Adeninanteil von 28 Prozent ermittelt. Berechnen Sie den Prozentanteil der anderen Basen im menschlichen Genom.

c) Für das HIV-Genom wurde die prozentuale Basenhäufigkeit ermittelt:
A: 32,6; U: 24,8; G: 16,4; C 26,2.
Leiten Sie aus den Daten ab, welches Erbmaterial das HI-Virus enthält und begründen Sie Ihre Aussage.

2 Meselson-Stahl-Experiment

Einen *E. coli*-Stamm hält man abwechselnd in einem ^{14}N-Medium beziehungsweise in ^{15}N-Medium. Nach jeder Zellteilung wird die DNA der Bakterien mithilfe der Dichtegradienten-Zentrifugation untersucht. Es ergibt sich folgendes Ergebnis:

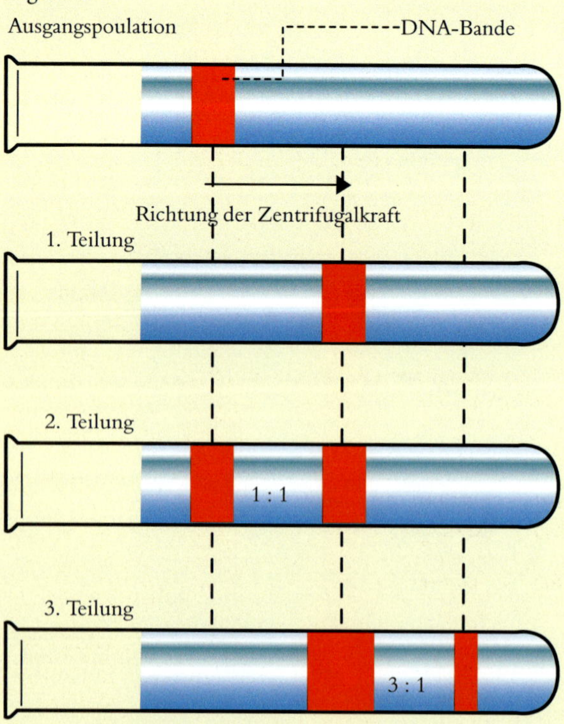

a) Leiten Sie ab, in welchem Kulturmedium die Bakterien vor jeder Zellteilung gehalten wurden. Begründen Sie dies mittels einer geeigneten Skizze.

b) Erläutern Sie, welche Schlussfolgerung Meselson und Stahl aus derartigen Experimenten ziehen konnten.

3 Beeinflussung der Replikation

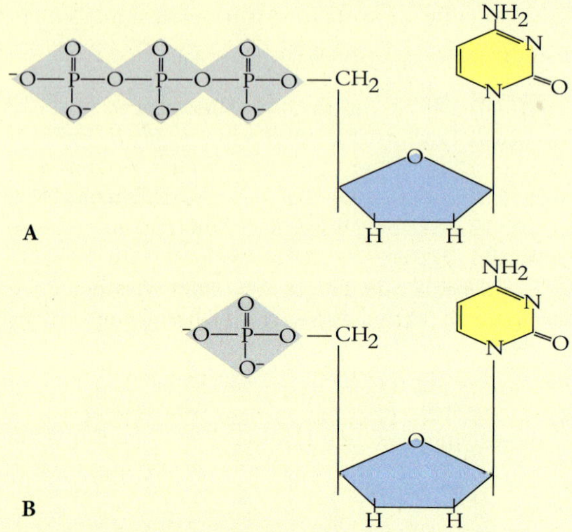

58.1 Strukturformel. A Didesoxycytosintriphosphat; **B** Didesoxycytosinmonophosphat

Der Einfluss der gezeigten Verbindungen auf die Replikation soll experimentell getestet werden. Dazu wird einer sich gerade in der Replikationsphase befindenden Zellkultur jeweils eine der folgenden Verbindungen angeboten.
Erläutern Sie den Einfluss auf die Replikation, wenn jeweils ein großer Überschuss von Verbindung A oder B gegenüber dem natürlich verfügbaren DNA-Baustein vorliegt.

4 Verwandtschaftsbeziehungen

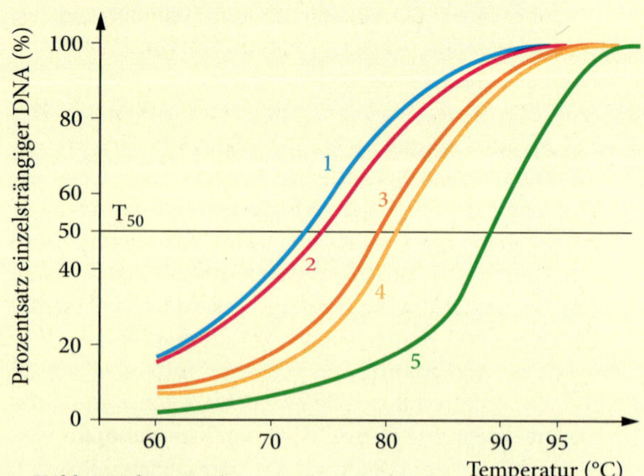

1 Kolibri/Nektarvogel
2 Mauersegler/Schwalbe
3 Mauersegler/Kolibri
4 Schwalbe/Nektarvogel
5 Schwalbe/Schwalbe

58.2 Schmelzkurven der Hybrid-DNA von vier Vogelarten

Formulieren Sie auf der Grundlage der dargestellten Ergebnisse Vermutungen zu den Verwandtschaftsbeziehungen zwischen den vier Vogelarten.

5 HPV-Nachweis

Humane Papillomviren (HPV) befallen Zellen im Genitalbereich. Von den etwa 200 verschiedenen HPVs gelten die Varianten HPV6 und 11 als Mitverursacher für gutartige Genitalwarzen, HPV16 und 18 als Mitverursacher von Gebärmutterhalskrebs.
Zur Diagnose einer HPV-Infektion wird das Virus-Genom durch PCR nachgewiesen. Der dabei amplifizierte DNA-Abschnitt liegt im Bereich des L1-Gens, das für ein Hüllprotein des Virus codiert.

a) Beschreiben Sie die Phasen A–C eines typischen PCR-Zyklus und begründen Sie die jeweiligen Temperaturen (Abb. 59.1).
b) Entscheiden Sie, für jedes der Primerpaare 1–4, ob sie für eine PCR geeignet beziehungsweise nicht geeignet sind und begründen Sie dies.

1 5'-CTTGCTGAA-3'
5'-GCCTAGTGGCATTATGCC-3'

2 5'-GGCATAATGCCACTAGGC-3'
5'-GCCTAGTGGCATTATGCC-3'

3 5'-AGCTAACTGGACGTTAGCT-3'
5'-GCCTAGTGGCATTATGCC-3'

4 5'-CATTGGGCTCAAGCGGC-3'
5'-GCCTAGTGGCATTATGCC-3'

c) In Abbildung 59.2 ist der Nichtmatrizenstrang des L1-Gens ausschnittweise dargestellt. Die Pfeile markieren die Position und Länge von vier Primern P1–P4, die für die PCR verwendet werden können. Geben Sie die Sequenzen der verwendeten Primer P1-P4 in 5'→3'-Orientierung an.
d) Leiten Sie ab, welche beiden Primer aus Abbildung 59.2 bei der Analyse der Probe A in Abbildung 59.3 als Primerpaar verwendet wurden.
e) Obwohl das PCR-Ergebnis bei Verwendung des gleichen Primerpaares unter identischen PCR-Bedingungen bei Patientin A und C in Abbildung 59.3 gleich war, ergab eine zusätzliche Analyse, dass sie mit verschiedenen HPV-Typen infiziert waren. Leiten Sie zwei Aussagen über die jeweiligen L1-Abschnitte der beiden HPV-Typen ab.
f) Benennen Sie eine prinzipielle Vorgehensweise, wie ausgehend von den PCR-Produkten, der genaue HPV-Typ ermittelt werden konnte.

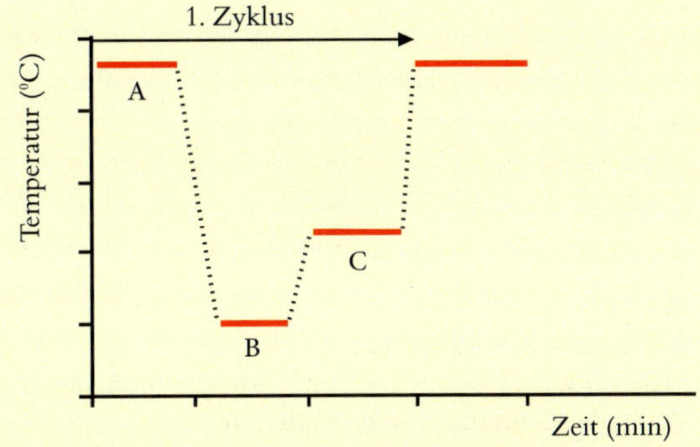

59.1 Temperatur-Zeit-Diagramm eines PCR-Zyklus

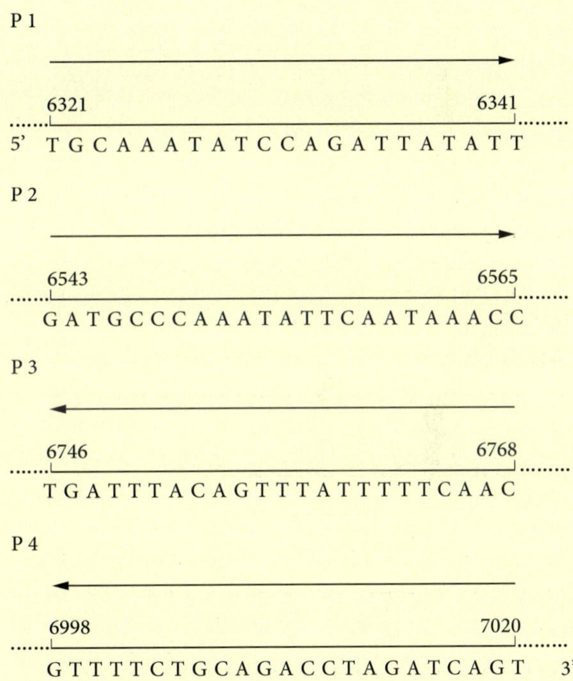

59.2 Ausschnittsweise Darstellung der L1-Sequenz von HPV16

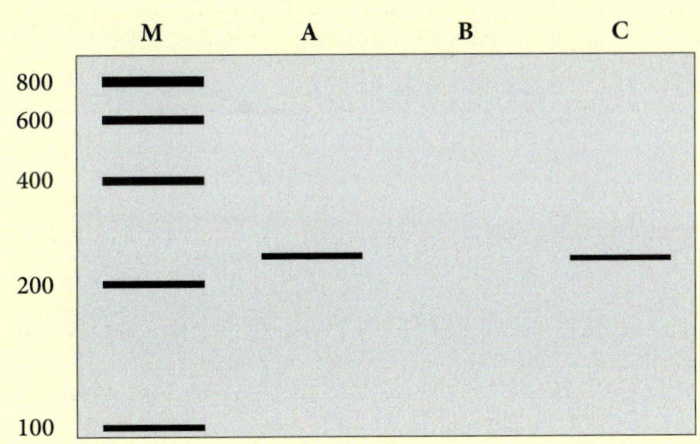

59.3 Ergebnisse der PCR-Analysen von drei Patienten

4 Vom Gen zum Genprodukt

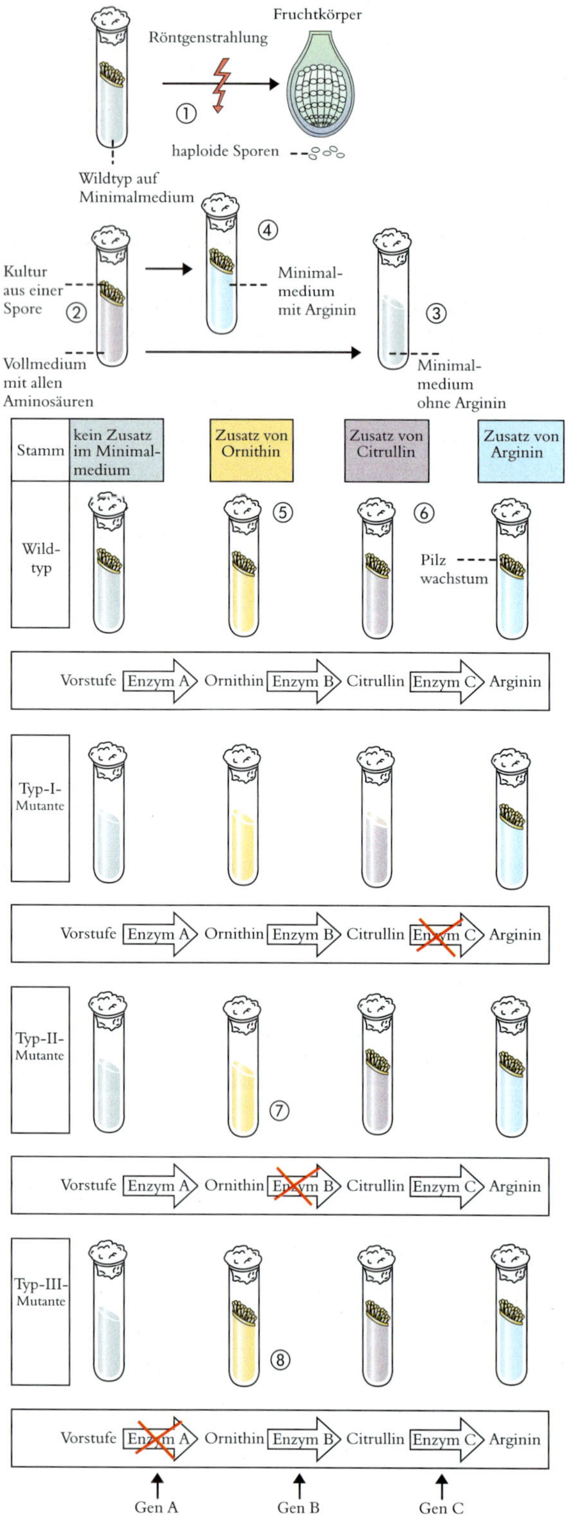

60.1 Experiment zur Ein-Gen-ein-Enzym-Hypothese

4.1 Die Funktion von Genen

Bereits 1909 formulierte der britische Arzt GARROD eine Hypothese: Gene bestimmen den Phänotyp, indem sie Enzyme codieren, die bestimmte chemische Prozesse in der Zelle ablaufen lassen. Erblich bedingte Stoffwechselkrankheiten kämen demnach dadurch zustande, dass die Betroffenen bestimmte Enzyme nicht herstellen konnten. GARROD war seiner Zeit weit voraus, erst 1940 wurde der Zusammenhang zwischen der Erbinformation einer Zelle und deren Enzymausstattung von Georg BEADLE und Edward TATUM aufgeklärt. Sie experimentierten am roten Schimmelpilz *Neurospora crassa* (Abb. 60.1). Dieser Pilz bildet haploide Sporen, die zu Pilzfäden heranreifen. Durch Bestrahlung mit Röntgenstrahlen erzeugten die Forscher Zufallsmutationen beim Wildtyp von *Neurospora* ①. Beim Experimentieren hat das haploide Pilzgeflecht den Vorteil, dass die erzeugten Mutationen voll zur Merkmalsausprägung kommen.

Unter den Mutanten waren auch solche, die die Aminosäure Arginin nicht mehr synthetisieren konnten. Solche Mutanten werden als **Mangelmutanten** bezeichnet. Sie wurden wie folgt isoliert: Einzelne strahlenbehandelte Sporen wurden auf ein Vollmedium gebracht, das zusätzlich zu einem Minimalmedium Saccharose, Salze und alle Aminosäuren einschließlich Arginin enthielt ②. Wuchs dann eine Pilzkultur heran, wurde sie nachfolgend auf zwei Ansätze verteilt. Der eine enthielt nur das Minimalmedium ③, dem zweiten war zusätzlich Arginin zugesetzt ④. Wuchs der Pilz nur auf dem Minimalmedium mit Arginin-Zusatz, so hatte man eine Arginin-Mangelmutante von *Neurospora* isoliert.

BEADLE und TATUM vermuteten, dass bei den Mangelmutanten ein Enzymdefekt im Syntheseweg des Arginins vorlag. Mithilfe dieser Enzyme erzeugten die Pilze normalerweise die Nährstoffe selbst, die sie nun aus der Umgebung aufnehmen mussten. Um herauszufinden, welche spezifische Enzymreaktion ausgefallen war, wurde das Wachstum der Mutanten auf weiteren Nährmedien getestet. Man setzte den Minimalmedien nicht Arginin, sondern die Vorstufen der Arginin-Synthese Citrullin ⑤ oder Ornithin ⑥ zu.
BEADLE und TATUM erhielten aus den Experimenten drei verschiedene Mutanten. Zum Beispiel wachsen Typ-II-Mutanten weder auf Minimalmedium noch auf Minimalmedium mit Ornithin ⑦. Gaben die For-

scher entweder Citrullin oder Arginin in das Nährmedium, konnten diese Mutanten wachsen. Sie schlossen daraus, dass der Typ-II-Mutante dasjenige Enzym fehlte, welches Ornithin in Citrullin umwandelt.
War der Argininmangel bei einer anderen Mutante (Typ III) durch Ornithin auszugleichen, dann war auch immer Citrullin wirksam ⑧. Die Ergebnisse zeigen, dass der Stoffwechselweg des Pilzes aus drei abschließenden enzymatischen Schritten besteht, um aus einer Vorstufe Arginin herzustellen. Daraus folgerten Beadle und Tatum, dass die verschiedenartigen Mutanten auf Defekte an verschiedenen Genen zurückzuführen sind. Jedes Gen codiert die Synthese eines bestimmten Enzyms. Damit hatten sie die **Ein-Gen-ein-Enzym-Hypothese** formuliert. Biochemische Untersuchungen bestätigten ihre Hypothese: Jeder Mutante fehlte im gesamten Stoffwechselweg eine einzige Enzymaktivität.

Diese Hypothese musste jedoch erweitert werden. Menschliches Hämoglobin A besteht aus vier Polypeptidketten, zwei α- und zwei β-Globinketten (Abb. 61.1). Alle vier Polypeptidketten beinhalten eine Sauerstoff bindende Häm-Gruppe ①. Die α- und β-Ketten unterscheiden sich in der Aminosäuresequenz. Sie werden durch zwei verschiedene Gene codiert.
Eine erblich bedingte Blutkrankheit des Menschen ist die Sichelzellanämie. Sie hat ihren Namen nach der Sichelform der Erythrocyten, die im Blut homozygot Kranker auftreten (Abb. 61.1 A). Die Zellform ist auf das Sichelzell-Hämoglobin S zurückzuführen. Dieses kristallisiert bei Sauerstoffmangel aus, etwa bei körperlicher Anstrengung, indem es eine stäbchenförmige Struktur annimmt. Dadurch nehmen die Erythrocyten die Sichelform an. Weil diese Zellen sehr zart sind und im Blutstrom häufiger zerbrechen, leiden die Patienten an Blutarmut (Anämie). Verstopfen die gewinkelten Zellen winzige Blutgefäße, kann dies zum frühen Tod führen.
Ursache für die Bildung von Hämoglobin S ist ein einziger Nukleotidaustausch A durch T an Position 17 im β-Globin-Gen ②. Als Folge wird eine β-Kette gebildet, die sich von der normalen β-Kette nur in einem Austausch von Glutaminsäure (Glu) gegen Valin (Val) an Position sechs der insgesamt 146 Aminosäuren unterscheidet ③. Man hat daher die Ein-Gen-ein-Enzym-Hypothese zur **Ein-Gen-ein-Polypeptid-Hypothese** erweitert. Danach enthält ein Gen die genetische Information für die Synthese eines Polypeptids.

1 Formulieren Sie die Versuchsergebnisse für die *Neurospora*-Mutanten-Typen I und III.

2 Erläutern Sie am Beispiel der Sichelzellanämie, warum die Ein-Gen-ein-Enzym-Hypothese verfeinert werden musste.

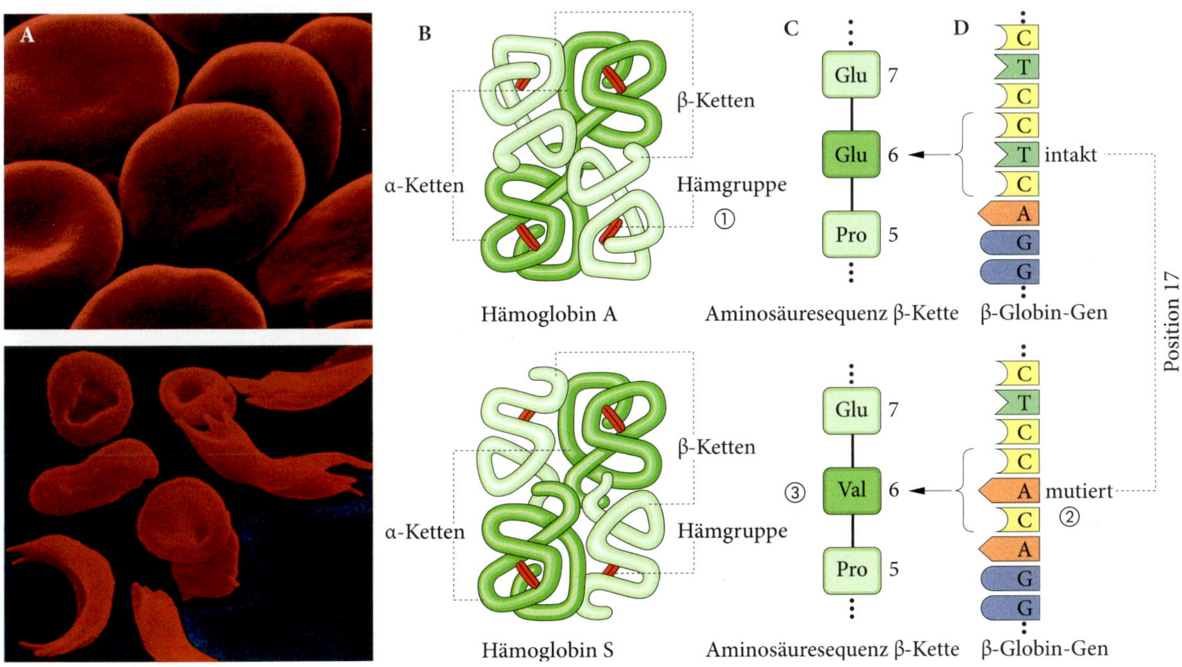

61.1 Ursache der Sichelzellanämie. **A** Phänotyp; **B** Hämoglobintyp; **C** Aminosäuresequenz; **D** Nukleotidsequenz

Exkurs

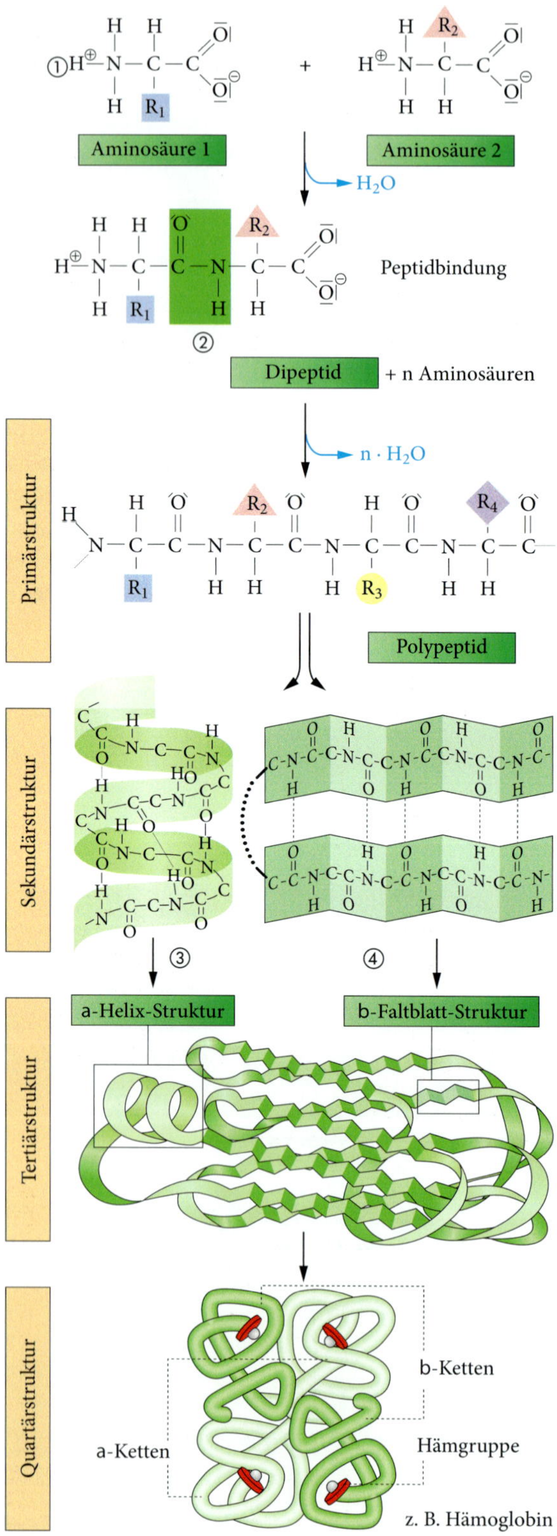

62.1 Aufbau von Proteinen

Bau von Proteinen

Proteine sind an allen zellulären Prozessen beteiligt. Unabhängig von der Funktion folgen alle Proteine dem gleichen Grundbauplan. Sie bestehen aus kovalent miteinander verbundenen Aminosäuren (Abb. 62.1). Charakteristisch für die Struktur der natürlichen Aminosäuren sind jeweils eine Aminogruppe, eine Carboxylgruppe und ein Rest am C_α-Atom. Dabei unterscheiden sich die 20 Aminosäuren, die in der Regel in Proteinen vorkommen, in der Struktur des jeweiligen Restes. In wässriger Lösung reagieren die Aminogruppe basisch und die Carboxylgruppe sauer. Daher hängt die Ladung einer Aminosäure von dem pH-Wert ab (Abb. 63.1). Unter physiologischen Bedingungen sind Aminosäuren Zwitterionen, ist die Aminogruppe positiv und die Carboxylgruppe negativ geladen ①. Reagiert die negativ geladene Carboxylatgruppe mit der positiv geladenen Ammoniumgruppe einer weiteren Aminosäure so entsteht unter Wasserabspaltung eine kovalente Bindung ②. Chemisch gesehen handelt es sich dabei um eine Kondensationsreaktion. Die dabei gebildete kovalente Bindung zwischen dem Kohlenstoffatom der einen Aminosäure und dem Stickstoffatom der folgenden Aminosäure heißt **Peptidbindung.** Auf diese Weise können mehrere Aminosäuren miteinander verknüpft werden. So entstehen lange und unverzweigte Ketten, die Peptide. Entsprechend der Anzahl der miteinander verknüpften Aminosäuren sind es Di-, Tri-, Tetra- bis Polypeptiden. Verschiedene Polypeptide unterscheiden sich in Anzahl und Abfolge und damit in der Sequenz der Aminosäuren. Die Aminosäuresequenz eines Polypeptides wird als dessen **Primärstruktur** bezeichnet.

Jede Polypeptidkette nimmt eine bestimmte räumliche Struktur ein, die Faltung heißt. Eine gefaltete Polypeptidkette in ihrer biologisch aktiven Form wird als **Protein** bezeichnet. Die Faltung eines Proteins kann spontan erfolgen. Vielfach sind auch Faltungshelferproteine, die Chaperone, bei der Ausbildung der korrekten Raumstruktur beteiligt.

Bei der Faltung eines Proteins bilden Teile der Polypeptidkette **Sekundärstrukturen.** Diese werden durch Wasserstoffbrückenbindungen zwischen den polaren Gruppen der Peptidbindungen (–CO und –NH) stabilisiert. Die am häufigsten auftretenden Sekundärstrukturen sind die α-Helix- ③ und die β-Faltblatt-Struktur ④. Während eine α-Helix nur Wasserstoffbrückenbindungen von aufeinanderfolgenden Aminosäuren umfasst, bilden sich β-Faltblatt-Strukturen zwischen zwei oder mehreren begrenzten Abschnitten aus.

Exkurs

Die räumliche Anordnung der Sekundärstrukturelemente einer Polypeptidkette zueinander stellt eine weitere übergeordnete Strukturebene dar, die als **Tertiärstruktur** bezeichnet wird. Diese Struktur wird im Wesentlichen durch eine Vielzahl von Wechselwirkungen zwischen den Aminosäureresten stabilisiert (Abb. 63.2). So kann zwischen zwei Cysteinresten eine kovalente Disulfidbrücke (–S–S–) oder zwischen basischen und sauren Resten eine Ionenbindungen entstehen. Darüber hinaus tragen Wasserstoffbrückenbindungen zwischen polaren Resten und VAN-DER-WAALS-Wechselwirkungen zwischen unpolaren Resten zur Stabilität bei. Bei höheren Temperaturen bleiben nur die kovalenten Bindungen erhalten, wodurch die Proteine ihre Struktur verlieren, sie denaturieren. Myoglobin besteht aus einer einzigen, Hämoglobin jedoch aus vier Polypeptidketten. Im Hämoglobin nehmen diese Untereinheiten aufgrund von Wechselwirkungen eine bestimmte Gesamtstruktur ein. Besteht ein Protein aus mehreren Untereinheiten, so liegt eine **Quartärstruktur** vor.

Die Information für die dreidimensionale Struktur ist in der Sequenz der Aminosäuren enthalten. Dabei steht die Struktur eines Proteins jeweils in enger Beziehung zu dessen Funktion. So bildet das Bindegewebsprotein Kollagen lange zugfeste Fasern und das Transmembranprotein Porin einen Tunnel, durch den ein Stoffaustausch erfolgen kann (Abb. 63.3). Hämgruppen im Hämoglobin und Myoglobin ermöglichen eine effektive Sauerstoffbindung für den Sauerstofftransport. Andere Proteine wie die Hexokinase ermöglichen anhand ihrer Struktur eine Katalyse von Stoffwechselvorgängen.

1 Berechnen Sie, wie viele verschiedene Polypeptidketten aus jeweils 20 Aminosäuren bestehen könnten.

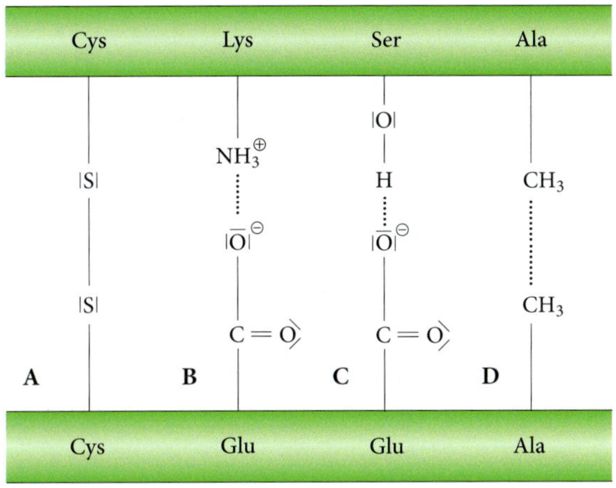

63.2 Wechselwirkungen durch Aminosäurereste. A Disulfidbrücke; **B** ionische Bindung; **C** Wasserstoffbrückenbindung; **D** VAN-DER-WAALS-Wechselwirkungen

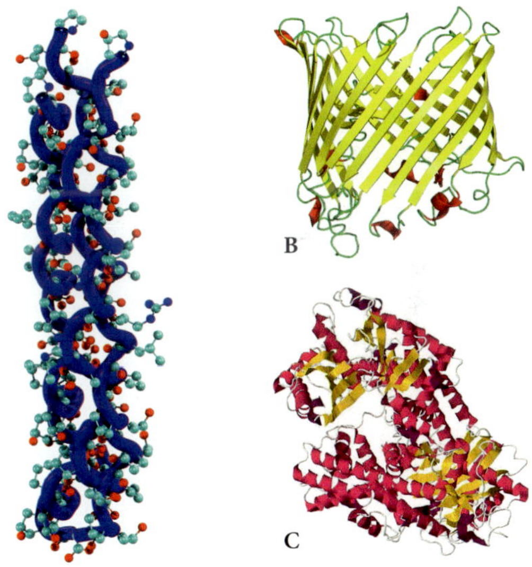

63.3 Proteinstrukturmodelle.
A Kollagen; **B** Porin; **C** Hexokinase

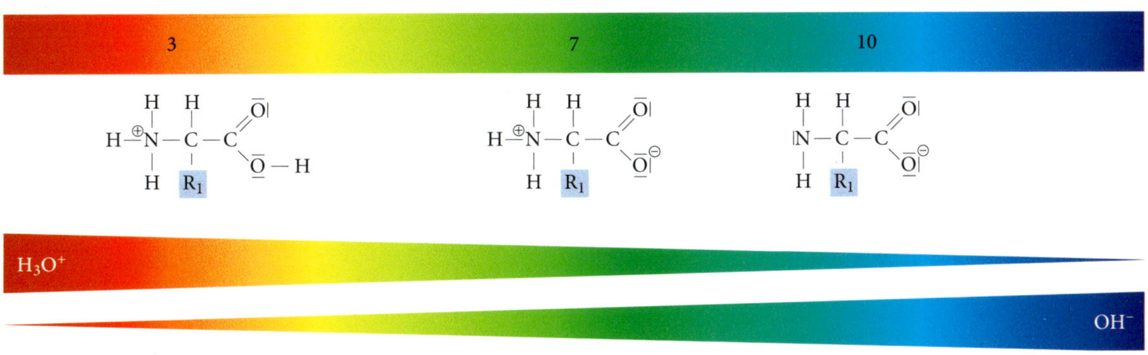

63.1 Abhängigkeit der Ladung einer Aminosäure vom pH-Wert

Exkurs

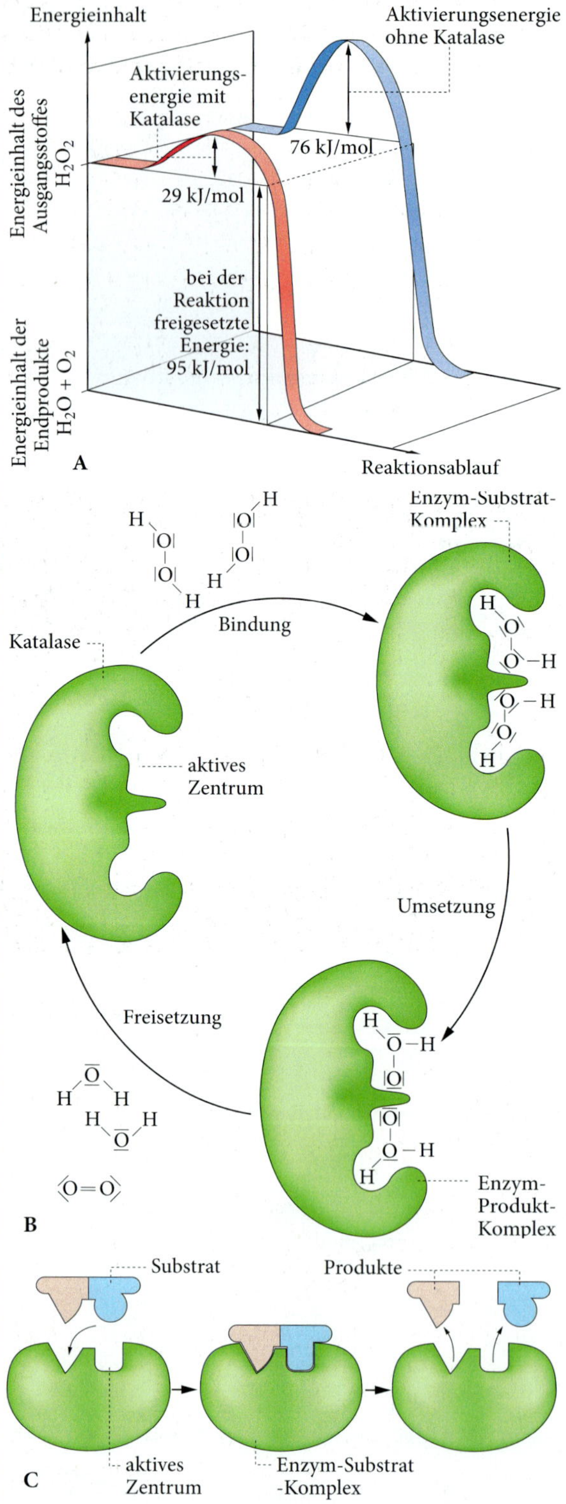

64.1 Enzymkatalyse (schematisch). A Katalysatorwirkung; **B** Teilschritte der Katalasereaktion; **C** Induced-Fit-Modell

Enzyme

Im Stoffwechsel von Zellen fällt Wasserstoffperoxid (H_2O_2) als giftiges Nebenprodukt an. Dieses wird schnell in den Zellen abgebaut, indem es zu Wasser und Sauerstoff umgewandelt wird. Dazu muss, wie bei allen biochemischen Reaktionen, zunächst eine Energiebarriere überwunden werden, die **Aktivierungsenergie** (Abb. 64.1 A). Das Protein Katalase vermag diese zu senken und wirkt so als Katalysator. Derartige Biokatalysatoren nennt man **Enzyme.**

Sie senken die Aktivierungsenergie und beschleunigen damit biochemische Reaktionen, gehen jedoch, wie für Katalysatoren typisch, aus der Reaktion unverändert hervor. Die von Enzymen umgesetzten Stoffe heißen **Substrate,** die entstehenden Stoffe **Produkte.** Nahezu alle abbauenden und aufbauenden Stoffwechselreaktionen in der Zelle laufen mithilfe von Enzymen ab. Sie ermöglichen biochemische Reaktionen bei physiologischen Temperaturen, und pH-Werten. Enzyme sind **milieuspezifisch,** sie wirken nur unter bestimmten Umweltbedingungen. Enzyme wirken jeweils nur auf ein bestimmtes oder wenige strukturell ähnliche Substrate, was als **substratspezifisch** bezeichnet wird. Außerdem können Enzyme nur eine bestimmte Reaktion ihres Substrates katalysieren. Sie sind **wirkungsspezifisch.** So setzt Katalase als Substrat nur H_2O_2 um, es entsteht immer Wasser und Sauerstoff.
Die besonderen katalytischen Eigenschaften von Enzymen lassen sich mithilfe von Modellen anhand von Wechselwirkungen zwischen Enzym und Substrat veranschaulichen (Abb. 64.1 B). Der katalytisch aktive Teil des Enzyms, das aktive Zentrum, legt durch seine Struktur und Ladungsverteilung die Spezifität eines Enzyms für bestimmte Substrate fest. In jedes aktive Zentrum passt nur ein entsprechend gebautes Substratmolekül, so wie ein Schlüssel zu dem dazugehörigen Schloss. Man spricht daher auch vom **Schlüssel-Schloss-Prinzip.**
Eine Erweiterung dieses Modells stellt das sogenannte **Induced-Fit-Modell** dar (Abb. 64.1 C). Es berücksichtigt zusätzlich, dass es aufgrund der Wechselwirkungen zwischen Substrat und Enzym zu gegenseitigen Verformungen kommt. Beide Modelle gliedern eine Enzymreaktion in folgende Teilschritte:
1. Bildung eines Enzym-Substrat-Komplexes
2. Umsetzung zum Enzym-Produkt-Komplex
3. Freisetzung der Produkte

1 Fassen Sie die Eigenschaften der Enzyme zusammen.

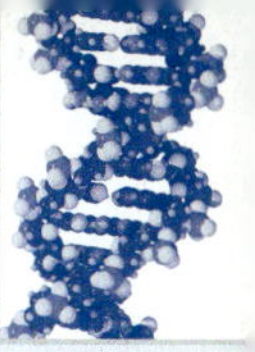

Wirkungsweise von Enzymen

1 Versuche mit Katalase

Zur Charakterisierung von Enzymen bestimmt man deren Umsatz ihres Substrates. Dabei ist die Enzymaktivität als Substratumsatz pro Minute und Milligramm Enzym definiert. Für jedes Enzym sind zwei Werte charakteristisch: Die maximale Reaktionsgeschwindigkeit, mit der es sein Substrat umsetzt, V_{max}, sowie die Substratkonzentration, bei der die halbmaximale Reaktionsgeschwindigkeit erreicht wird, was als K_m-Wert bezeichnet wird. Für Analysen von Enzymen sind genaue Messgeräte nötig. Aber auch mithilfe einfacher Messverfahren ist es möglich, einige Enzyme, darunter die Katalase, zu untersuchen und deren Eigenschaften näherungsweise zu beschreiben. Katalaseaktivität findet man zum Beispiel in Leber, Kartoffeln oder Bäckerhefe. Beträufelt man beispielsweise eine durchgeschnittene oder eine zerstampfte Kartoffel mit Wasserstoffperoxid, so entsteht aufgrund der Bildung des Produktes, des Gases Sauerstoff, ein Schaum (Abb. 65.1 A). Dabei ist das Volumen des entstandenen Sauerstoffs proportional zur Enzymaktivität. Füllt man zerstampfte Kartoffeln in ein Reagenzglas und leitet das Gas in ein mit Wasser gefüllten Messzylinder, so ist es möglich anhand des Volumens an gebildetem Sauerstoff ein indirektes Maß für die Enzymaktivität zu erhalten (Abb. 65.1 C). Den Beobachtungszeitraum wählt man so, dass die Gasbildung während dieser Zeit möglichst konstant ist (Abb. 65.1 B).

Halbquantitative Bestimmung der Abhängigkeit der Katalaseaktivität von der Substratkonzentration
Material: Kartoffeln, Mörser mit Pistill, Spatel, Reagenzgläser, 30%ige Wasserstoffperoxidlösung, Messzylinder

Durchführung:
1. Zwei bis sechs Kartoffeln werden mithilfe eines Pistills im Mörser zu einem annähernd homogenen Brei verarbeitet.
2. Anschließend werden jeweils 2 ml dieses Kartoffelbreis in sieben Reagenzgläser gegeben.
3. Durch Verdünnen mit destilliertem Wasser werden jeweils 4 ml folgender Wasserstoffperoxidlösungen hergestellt: 12 %, 6 %, 3 %, 1,5 %, 0,8 %, 0,4 %. Als Nullwert dient ein Reagenzglas mit destilliertem Wasser.
4. Der Messzylinder wird vollständig mit Wasser gefüllt.
5. Die verdünnte Wasserstoffperoxidlösung wird zu dem Kartoffelbrei gegeben und sofort mit einem durchbohrten Stopfen verschlossen. Über ein Glasrohr ist das Reagenzglas mit dem Messzylinder verbunden.
6. Alle 30 Sekunden wird das Volumen des gebildeten Sauerstoffs durch das verdrängte Wassers im Messzylinder gemessen.

Aufgaben:
a) Fertigen Sie ein Versuchsprotokoll an. Stellen Sie dabei auch die als Schaumbildung gemessene Enzymaktivität in Abhängigkeit von der Substratkonzentration dar und bestimmen Sie die Werte V_{max} und K_m.
b) Stellen Sie Hypothesen auf, von welchen Faktoren die Aktivität der Katalase noch abhängig sein könnte.
c) Planen Sie entsprechende Versuche, um Ihre Hypothesen zu überprüfen.
d) Führen Sie die Versuche durch, notieren Sie die Ergebnisse. Stellen Sie die Ergebnisse graphisch dar und werten Sie diese aus.

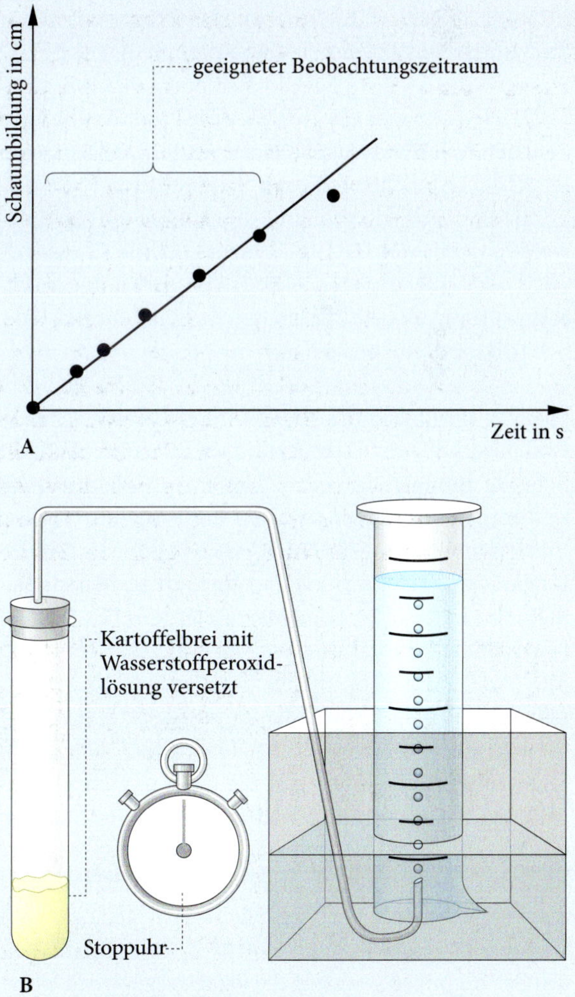

65.1 Gasbildung anhand von Katalaseaktivität.
A Wahl des Beobachtungszeitraumes; **B** Aufbau zum Messen der Enzymaktivität

4.2 Gel-Elektrophorese

Um die Proteine eines Lebewesens zu charakterisieren, müssen diese zunächst in reiner Form isoliert werden. Als Trennverfahren für Gemische geladener Teilchen, wie etwa von Proteinen oder Nukleinsäuren, dient die **Elektrophorese.** Die Stofftrennung beruht auf der unterschiedlich schnellen Wanderung der geladenen Teilchen in einem gelartigen Trägermaterial. Dieses befindet sich zwischen den Elektroden eines Gleichspannungsfeldes.
Nukleinsäuren sind aufgrund der Phosphatgruppen negativ geladen. Sie wandern deshalb in der **Gel-Elektrophorese** zur Anode, dem Pluspol. Bei Proteinen hängt die Ladung von den Aminosäuren ab, die an ihrem Bau beteiligten.
Bei der Gel-Elektrophorese wird ein zu trennendes Proteingemisch in die Taschen des Trägermaterials, das zumeist aus Polyacrylamid besteht, eingefüllt.

Das Gel wirkt wie ein Sieb, das die Wanderung der Teilchen im elektrischen Gleichspannungsfeld behindert: Kleine Teilchen bewegen sich schneller durch die Poren des Gels als größere, die stärker aufgehalten werden (Abb. 66.1 A). Dies ermöglicht eine Trennung nach der Molekülmasse. Gele lassen sich je nach der Konzentration des Trägermaterials mit unterschiedlicher Porenweite herstellen.

Gleich große Proteinmoleküle können im elektrischen Feld unterschiedlich schnell und sogar in unterschiedliche Richtungen wandern. Um ihre Molekülmasse bestimmen zu können, werden die Proteine vor der Elektrophorese mit Natriumdodecylsulfat, kurz SDS (engl. *sodium dodecyl sulfate*) und Hitze behandelt. SDS ist ein negativ geladenes Detergens. Es bindet mit großer Affinität an Proteine im Verhältnis von etwa einem SDS-Molekül pro zwei Aminosäureresten. SDS und Hitze zerstören die physiologische Proteinfaltung: Die Proteine werden denaturiert. Die zahlreichen negativen Ladungen, die mit der Vielzahl der gebundenen SDS-Moleküle einhergehen, überdecken die Eigenladung der Proteine. Das Ladungs/Masse-Verhältnis aller Proteine in einem Gemisch wird dadurch gleich. Sie sind damit alle negativ geladen und wandern im elektrischen Feld zur Anode. Unter diesen Bedingungen wandern die Proteine auch mit einer Geschwindigkeit, die ihrer Molekülmasse entspricht. Proteinmoleküle mit gleicher Molekülmasse konzentrieren sich dabei etwa in einer SDS-**P**oly**a**crylamid-**G**el-**E**lektrophorese, kurz **SDS-PAGE,** zu Banden.

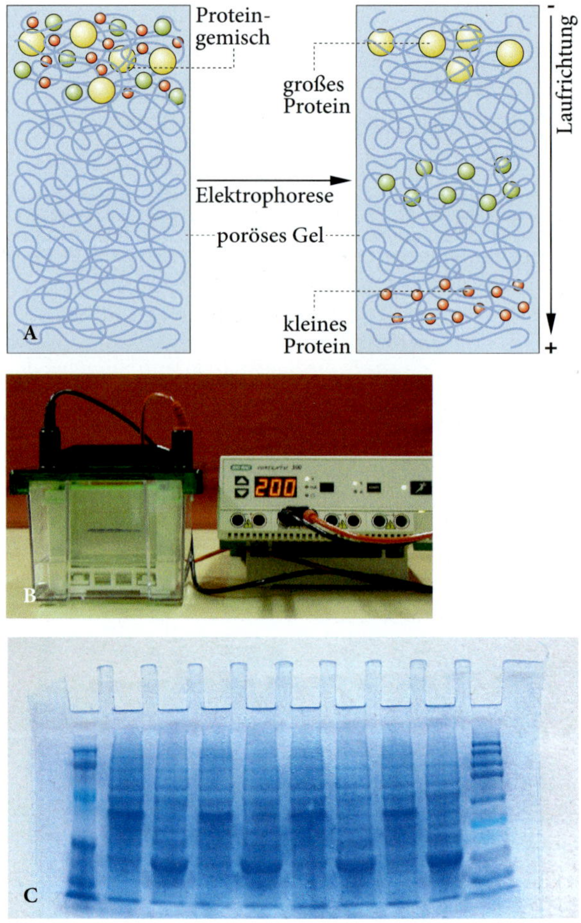

66.1 SDS-PAGE. A Trennprinzip; **B** Gelkammer; **C** gefärbtes Gel mit Proteinstandard

Proteine sind im Gel nicht sichtbar. Ein ebenfalls negativ geladener Farbstoff, der zum Proteingemisch gegeben wird, zeigt das Fortschreiten der Elektrophorese an (Abb. 66. 1 B). Dieser besitzt eine geringe Molekülmasse und erreicht daher als erstes das Gelende. Dann wird die Elektrophorese beendet.

Die Sichtbarmachung der Proteinbanden kann zum Beispiel mit Coomassie erfolgen, einem Farbstoff, der die Proteine als blaue Banden im Gel anfärbt (Abb. 66.1 C). Dann wird ihre Laufstrecke gemessen. Durch den Vergleich mit der Laufstrecke von Proteinen eines Längenstandards mit bekannten Molekülmassen, kann so die Molekülmasse der unbekannten Proteine mithilfe einer Eichkurve bestimmt werden.

1 Leiten Sie ab, welche weiteren Aussagen neben der Bestimmung der Masse eines Proteins die Gel-Elektrophorese eines Proteingemisches ermöglicht.

4.3 Proteinbiosynthese im Überblick

Die Ein-Gen-ein-Polypeptid-Hypothese sagt aus, dass die Funktion eines Gens darin besteht, die Produktion eines Polypeptids zu codieren. Polypeptide beziehungsweise deren biologisch aktive Formen, die Proteine, bestimmen die Struktur und Funktion von Zellen und damit deren Merkmale. So besitzen die mehr als 200 menschlichen Zelltypen zwar die gleiche Erbinformation, sie unterscheiden sich jedoch darin, welche Gene aktiv sind und damit in ihrem Proteinmuster.

Da die DNA bei Eukaryoten den Zellkern nicht verlässt, wird die genetische Information über Botenmoleküle zu den Ribosomen transportiert, den Orten der Proteinsynthese. Die Funktion des Boten (engl. *messenger)* übernimmt eine andere Art von Nukleinsäure, die messenger Ribonukleinsäure (mRNA). Die mRNA dient an den Ribosomen als Arbeitsanleitung für die Proteinbiosynthese. Es handelt sich um kurze, einzelsträngige RNA-Kopien eines Gens. RNA-Nukleotide enthalten als Zuckerkomponente die Ribose und anstelle der Base Thymin, die ähnlich gebaute, sich ebenfalls mit Adenin paarende Base Uracil.
Die Umsetzung der genetischen Information in Proteine wird als **Genexpression** (lat. *exprimere,* ausdrücken) bezeichnet. Sie gliedert sich in zwei Teilschritte:

1. Das Umschreiben von DNA in RNA wird **Transkription** (lat. *transcribere,* umschreiben) genannt.
2. An den Ribosomen wird die Basensequenz der mRNA-Nukleotide in eine Aminosäuresequenz eines Polypeptids übersetzt. Dieser Übersetzungsvorgang heißt **Translation** (lat. *translatio,* Übersetzung).

Der Fluss genetischer Information aller lebenden Zellen geht demnach von der DNA über die mRNA zum Polypeptid. Nach dessen Umgestaltung in seine aktive Form, in das Protein, katalysiert es etwa als Enzym einen Stoffwechselvorgang und bewirkt damit die Ausprägung eines Merkmals (Abb. 67.1). Dieses Prinzip ist so fundamental, dass es 1958 von dem Mitentdecker der DNA-Doppelhelix CRICK als **zentrales Dogma der Molekularbiologie** bezeichnet wurde.
Heute weiß man, dass es in bestimmten Viren, deren Erbinformation aus RNA besteht, Ausnahmen gibt. Solche RNA-Viren besitzen das Enzym **Reverse Transkriptase,** mit dessen Hilfe sie ihre RNA in der infizierten Zelle in DNA zurückschreiben. Mit dieser DNA produziert die Zelle schließlich RNA, die sowohl als Erbinformation für das Virus selbst, als auch für die Erzeugung viraler Proteine dient. Die Synthese von DNA aus RNA wird als reverse Transkription und die RNA-Viren werden entsprechend als **Retroviren** (lat. *retro,* rückwärts) bezeichnet.

In aufgebrochenen Zellen kann unter geeigneten Versuchsbedingungen die Synthese von Proteinen invitro ablaufen. Solche Zellhomogenate werden auch als zellfreie Systeme bezeichnet. In Experimenten mit solchen Systemen konnte gezeigt werden, dass die Proteinbiosynthese sowohl jede mRNA als Bauanleitung, als auch jede eukaryotische Ribosomenfraktion akzeptiert. Eine Gewebe- oder Artspezifität des Proteinbiosyntheseapparates besteht also nicht.

1 Skizzieren Sie den Weg vom Gen zum Merkmal der Retroviren.

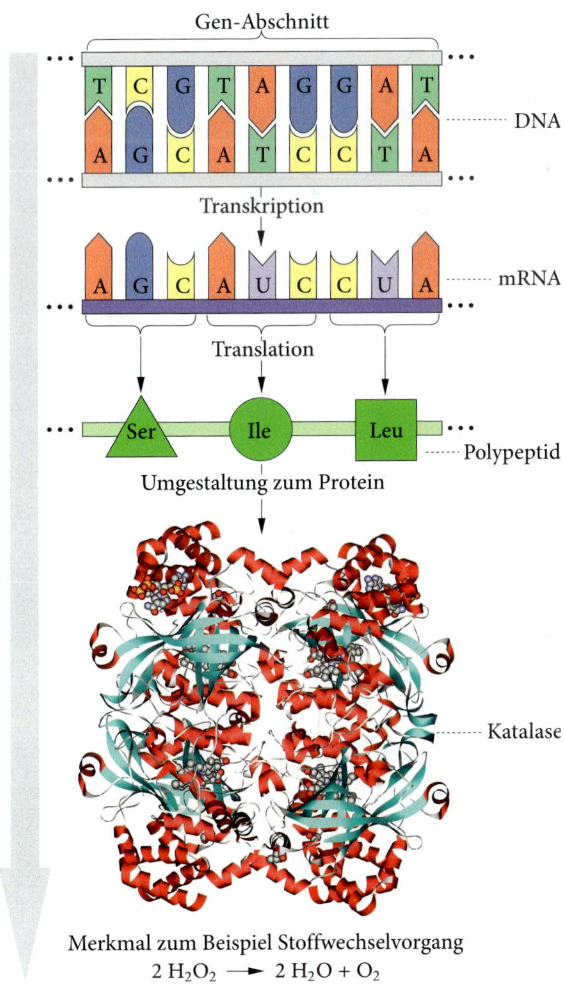

67.1 Proteinbiosynthese im Überblick

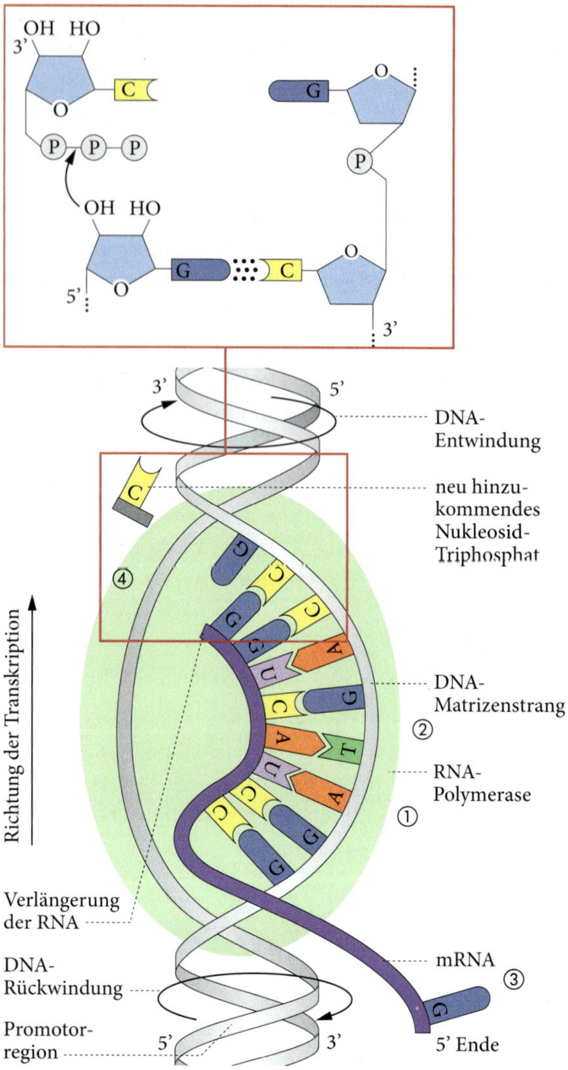

68.1 Transkription (Schema)

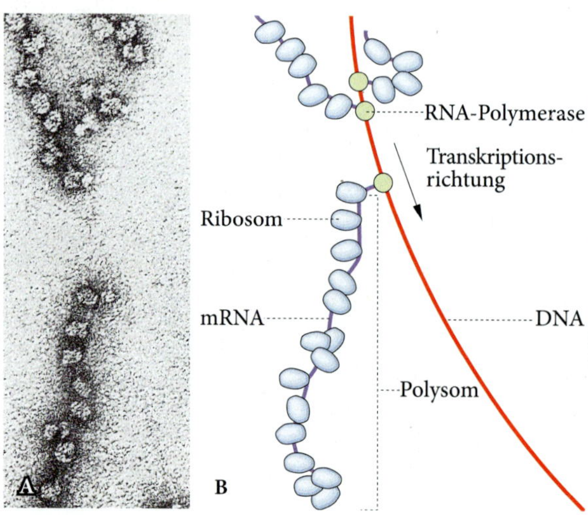

68.2 Transkription bei E. coli. A EM-Bild; **B** Schema

4.4 Transkription

Der erste Schritt vom Gen zum Merkmal, die **Transkription,** führt zur Bildung einer einzelsträngigen mRNA-Kopie des entsprechenden Gens, katalysiert durch die **RNA-Polymerase** ① (Abb. 68.1). Die RNA-Polymerase benötigt keinen Primer, sie erkennt eine spezifische Basensequenz eines Gens als Bindestelle, den **Promotor.** Er reguliert die Transkription des folgenden Gens und vermittelt der RNA-Polymerase, wo die Transkription beginnt und welcher DNA-Strang abgelesen werden soll.

Nach der Bindung der RNA-Polymerase an den Promotor wird die DNA ab einem Startsignal, einer bestimmten DNA-Sequenz, durch das Enzym blasenartig geöffnet. Bei *E. coli* lässt das Enzym etwa 17 Basenpaare geöffnet, wobei es die DNA vor sich entwindet und diese sich dahinter wieder zur Doppelhelix zurück windet.

Die Information eines Gens ist lediglich in einem der beiden DNA-Stränge enthalten. Dieser Strang wird **Matrizenstrang** ② oder **codogener Strang** genannt. Komplementär zum Matrizenstrang wird von der RNA-Polymerase aus Nukleosid-Triphosphaten ein mRNA-Einzelstrang ③ synthetisiert. Die Information des Matrizenstranges wird in 3'→5'-Richtung abgelesen. Die mRNA-Synthese verläuft komplementär in 5'→3'-Richtung. Die Nukleosid-Triphosphate werden unter Abspaltung von zwei Phosphatresten an das 3'-Ende der wachsenden mRNA-Kette angehängt ④. Wird die Transkription mit einem Stoppsignal beendet, schließt sich der abgelesene DNA-Bereich wieder und der mRNA-Strang wird frei.

EM-Aufnahmen während der mRNA-Synthese von *E. coli* werden so interpretiert, dass gleichzeitig mehrere RNA-Polymerasen hintereinander an einem Gen transkribieren. Da Bakterien keine Kernmembran besitzen, lagern sich an diese frisch transkribierten mRNA-Moleküle sofort mehrere Ribosomen hintereinander an und bilden ein **Polysom** (Abb. 68.2).

Durch Transkription entsteht auch **transfer-RNA** (tRNA), die aktivierte Aminosäuren für die Proteinbiosynthese bereitstellt und **ribosomale RNA** (rRNA), die ein Bestandteil der Ribosomen ist. Wie die Polypeptide werden diese RNAs von spezifischen Genen codiert.

1 Vergleichen Sie die DNA- und RNA-Polymerase.

2 Erläutern Sie die Festlegung des Matrizenstrangs.

4.5 Der genetische Code

Die mRNA enthält die Bauanweisung für ein Polypeptid. Den 20 verschiedenen Aminosäuren stehen aber nur vier verschiedene mRNA-Nukleotide gegenüber. Würde jeweils eine Aminosäure durch eines der vier Nukleotide bestimmt werden, wären dadurch nur vier verschiedene Aminosäuren zu codieren. Selbst ein Zweibuchstaben-Code mit 16 (4^2) möglichen Kombinationen reicht nicht aus.

Tatsächlich ist die Bauanleitung eines Polypeptids auf der mRNA durch eine Serie von drei hintereinander liegenden Nukleotiden verschlüsselt. Ein solches mRNA-Triplett wird **Codon** genannt. Wenn drei aufeinanderfolgende Nukleotide eine Aminosäure codieren, gibt es 64 (4^3) Codeworte – mehr als genug für die Codierung aller 20 Aminosäuren.

1961 brachte ein Experiment von NIRENBERG und MATHAEI den Durchbruch bei der Entschlüsselung des Codes von der „Sprache der Nukleotide" in die „Sprache der Aminosäuren". NIRENBERG und MATHAEI stellten eine synthetische mRNA aus Nukleotiden der Base Uracil her.

Damit untersuchten sie die Proteinbiosynthese in einem zellfreien System von *E. coli*. Die gebildete Polypeptidkette bestand nur aus der Aminosäure Phenylalanin (Phe), viele Male aneinandergereiht. Die Bedeutung des Codons UUU war damit gefunden, es ist das Codewort für Phenylalanin. Weitere Versuche mit künstlich hergestellter mRNA bekannter Sequenz führten schließlich zur vollständigen Entschlüsselung des **genetischen Codes** (Abb. 69.1), der folgende Eigenschaften hat:

1. Er ist ein **Triplett-Code** und wird als RNA-Sequenz stets in 5'$\rightarrow$3'-Richtung angegeben.
2. Er ist nahezu **universell.** Er gilt für fast alle Lebewesen.
3. Er ist **eindeutig.** Jedes Triplett und damit jedes Codon codiert nur eine Aminosäure.
4. Er ist **degeneriert.** Fast alle Aminosäuren werden durch mehrere Tripletts codiert.
5. Er ist **kommafrei.** Die Codons schließen lückenlos aneinander.
6. Er ist **nicht überlappend.** Eine Base ist immer nur Bestandteil eines Codons.

Von den 64 Codeworten verschlüsseln 61 Codons die 20 Aminosäuren. Die drei Codons UAA, UAG und UGA sind Stoppsignale für das Beenden der Proteinbiosynthese.

1 Übersetzen Sie folgende mRNA in eine Aminosäuresequenz:
5'-AUG GCA UGG CAG GCC UUA GAA-3'

	U			C			A			G			
	UUU	Phe	F	UCU	Ser	S	UAU	Tyr	Y	UGU	Cys	C	U
U	UUC	Phe	F	UCC	Ser	S	UAC	Tyr	Y	UGC	Cys	C	C
	UUA	Leu	L	UCA	Ser	S	UAA	Stopp	*	UGA	Stopp	*	A
	UUG	Leu	L	UCG	Ser	S	UAG	Stopp	*	UGG	Trp	W	G
	CUU	Leu	L	CCU	Pro	P	CAU	His	H	CGU	Arg	R	U
C	CUC	Leu	L	CCC	Pro	P	CAC	His	H	CGC	Arg	R	C
	CUA	Leu	L	CCA	Pro	P	CAA	Gln	Q	CGA	Arg	R	A
	CUG	Leu	L	CCG	Pro	P	CAG	Gln	Q	CGG	Arg	R	G
	AUU	Ile	I	ACU	Thr	T	AAU	Asn	N	AGU	Ser	S	U
A	AUC	Ile	I	ACC	Thr	T	AAC	Asn	N	AGC	Ser	S	C
	AUA	Ile	I	ACA	Thr	T	AAA	Lys	K	AGA	Arg	R	A
	AUG	Start	M	ACG	Thr	T	AAG	Lys	K	AGG	Arg	R	G
	GUU	Val	V	GCU	Ala	A	GAU	Asp	D	GGU	Gly	G	U
G	GUC	Val	V	GCC	Ala	A	GAC	Asp	D	GGC	Gly	G	C
	GUA	Val	V	GCA	Ala	A	GAA	Glu	E	GGA	Gly	G	A
	GUG	Val	V	GCG	Ala	A	GAG	Glu	E	GGG	Gly	G	G

69.1 Der genetische Code

Exkurs

Wie universell ist der genetische Code?

Zahlreiche Untersuchungen an verschiedenen Organismen zeigen, dass der genetische Code nahezu universell ist. Im Labor können Gene auch nach Übertragung von einer Art auf eine andere korrekt in ein Protein übersetzt werden. Als wichtige Anwendung, die auf dieser Universalität beruht, hat sich die Gentechnik etabliert. Zu den wenigen bekannten Abweichungen gehören etwa einzelne Codons des mitochondrialen Codes bei Wirbeltieren, Hefen und Pflanzen.

Codon	universeller Code	mitochondrialer Code
UGA	Stopp	Trp
AGA	Arg	Stopp
AUA	Ile	Met

69.2 Unterschiede zwischen universellem und mitochondrialen Code beim Menschen

Trotz dieser Variationen des genetischen Codes steht die evolutionäre Bedeutung seines fast universellen Charakters außer Frage.

1 Erläutern Sie die evolutionäre Bedeutung des universellen Charakters des genetischen Codes.

4.6 Translation

Im zweiten Schritt vom Gen zum Merkmal, der **Translation,** entsteht das charakteristische Proteinmuster, mit dem eine Zelle ausgestattet ist, um ihre Funktion erfüllen zu können. Die Übersetzung der mRNA-Nukleotidsequenz in die Aminosäuresequenz eines Polypeptids erfolgt nach den Regeln des genetischen Codes. Sie findet an den Ribosomen statt.

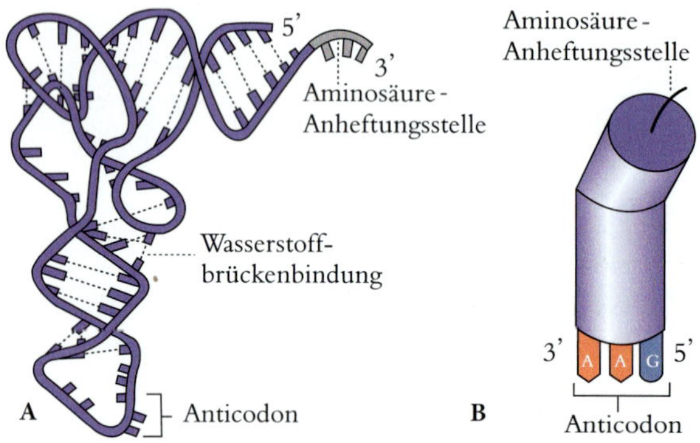

70.1 Struktur der tRNA. **A** Tertiärstruktur; **B** Schema

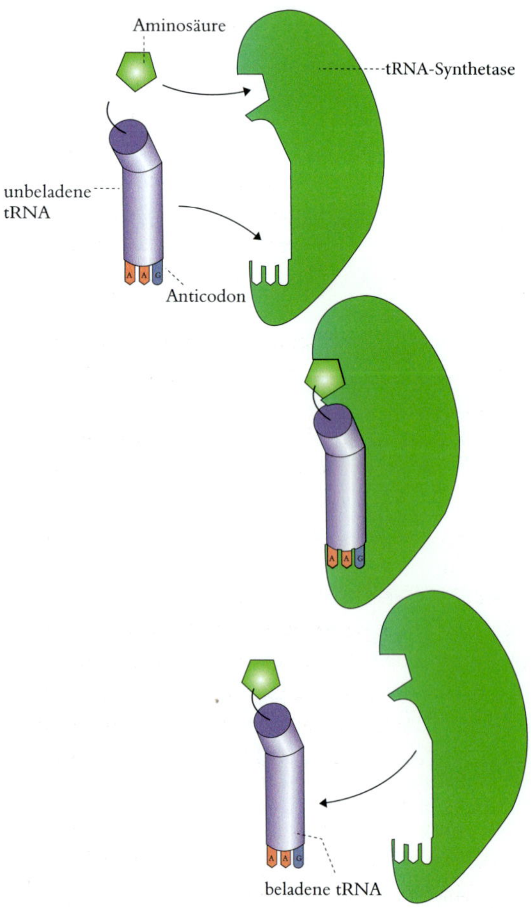

70.2 Beladung der tRNA mit der passenden Aminosäure

Versuche in zellfreien Systemen zeigten, dass für die Translation die Anwesenheit von tRNA-Molekülen erforderlich ist. Diese bestehen nur aus etwa 80 Nukleotiden. Durch Basenpaarungen entstehen Schleifen, die dem Molekül in der Sekundärstruktur ein kleeblattartiges Aussehen geben. Weitere Windungen und Faltungen lassen eine dreidimensionale Tertiärstruktur von L-förmiger Gestalt entstehen (Abb. 70.1). Die tRNA ist für den Transport der Aminosäuren zu den Ribosomen zuständig. Zwei Molekülabschnitte sind für diese Funktion besonders wichtig: Zum einen die **Aminosäure-Anheftungsstelle** am 3'-Ende. Sie hat bei allen tRNA-Molekülen die Basenfolge CCA.

Zum anderen besitzt jede tRNA ein spezifisches Basentriplett, das **Anticodon.** Mit diesem bindet die tRNA an ein komplementäres Codon der mRNA.
Da immer in 5'⟶3'-Richtung gelesen wird, ist die erste Base eines Codons mit der dritten Base des Anticodons gepaart und dieses ist damit antiparallel.
Die Beladung der tRNA mit der zum Anticodon gehörenden Aminosäure wird enzymatisch, entsprechend den 20 natürlich vorkommenden Aminosäuren, durch 20 verschiedene **tRNA-Synthetasen** geleistet (Abb. 70.2). Das aktive Zentrum dieser Enzyme weist zwei spezifische Bindungsstellen auf. In eine passt die Aminosäure, die an ihrem Rest erkannt wird. An die andere lagert sich die tRNA mit ihrem spezifischen Anticodon an. Diese Enzyme sind damit die eigentlichen „Dolmetscher" der Nukleinsäuresprache in die Proteinsprache.

Pro- und eukaryotische Ribosomen bestehen aus einer großen und einer kleinen Untereinheit. Sie sind zu etwa zwei Dritteln aus Proteinen und zu einem Drittel aus ribosomaler RNA (rRNA) aufgebaut. Neben einer Bindungsstelle für die mRNA hat jedes Ribosom drei Bindungsstellen für tRNAs: Am Ribosomeneingang, der **A-Stelle,** bindet die komplementäre tRNA, welche die neu anzuknüpfende Aminosäure anliefert. Die **P-Stelle** bindet die tRNA mit der wachsenden Polypeptidkette. Die entladenen tRNAs verlassen das Ribosom über die **E-Stelle.**
Die Translation lässt sich in drei Schritte gliedern:
1. Start der Translation. Eine mRNA bindet mit einer bestimmten Sequenz, ihrer Ribosomenerkennungsstelle, an eine kleine Untereinheit. Die kleine Untereinheit wandert dann in Richtung 3'-Ende der mRNA, bis sie auf ein Startcodon trifft. Sobald eine mit Methionin beladene tRNA (Anticodon UAC) mit dem Start-

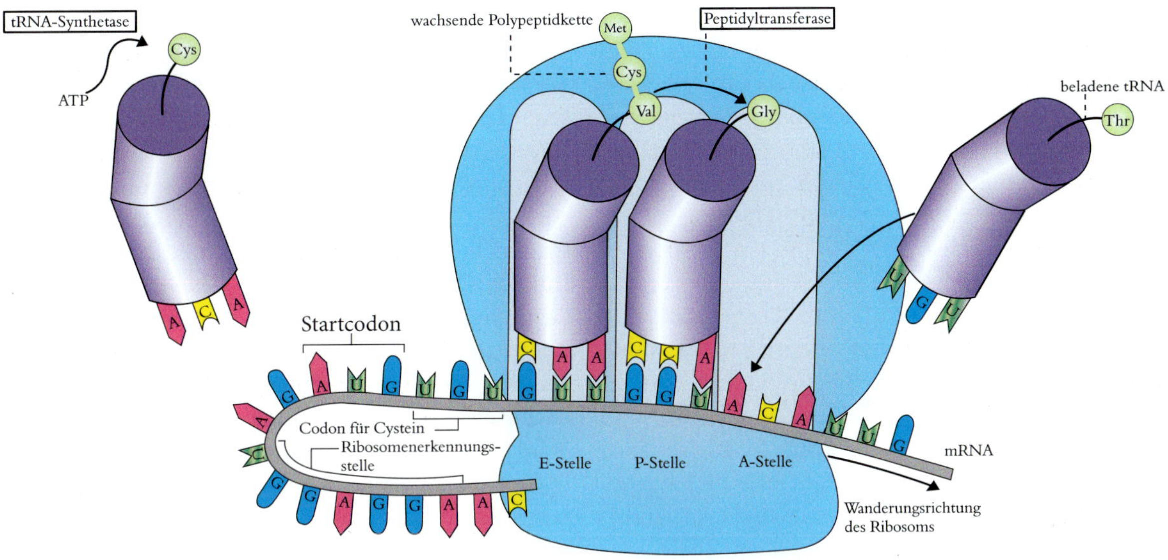

71.1 Translation

codon AUG eine Basenpaarung eingeht, lagert sich die große Untereinheit an. Dabei entstehen die drei tRNA-Bindungsstellen, das Ribosom ist funktionsbereit (Abb. 71.1).

2. Kettenverlängerung. Sind die E- und P-Bindungsstellen mit beladenen tRNAs besetzt, stehen deren Aminosäuren in unmittelbaren Kontakt zueinander. Es erfolgt die Bildung der Peptidbindung, katalysiert durch die Peptidyltransferase in der P-Stelle.

Das Ribosom wandert dann auf der mRNA drei Nukleotide weiter. Dadurch gelangt die mit einem Tripeptid verknüpfte tRNA von der A- zur P-Stelle. Zugleich wird die entladene Start-tRNA aus der P-Stelle in die E-Stelle verlagert. Sie verlässt dort das Ribosom und kann nun neu beladen werden. Die A-Stelle wird frei. Sie steht für diejenige tRNA zur Verfügung, welche das dort jetzt vorliegende Codon erkennt und die nächste Aminosäure anliefert. Die geschilderten Vorgänge wiederholen sich. Das Ribosom bewegt sich auf der mRNA in 3'-Richtung weiter und übersetzt dabei Codon für Codon in eine Aminosäuresequenz.

3. Kettenabbruch. Sobald ein Stoppcodon (UAA, UAG oder UGA) an die A-Stelle gelangt, kommt es zum Abbruch der Translation. Es gibt keine tRNA mit passendem Anticodon. Das Ribosom zerfällt deshalb in seine beiden Untereinheiten und gibt das fertige Polypeptid frei.

1 Erläutern Sie die Bedeutung des Schlüssel-Schloss-Prinzips bei der Translation.

Exkurs

Wobble-Theorie

Für die Verschlüsselung der meisten Aminosäuren existieren mehrere Codons. So bestimmen zum Beispiel die vier Codons GUU, GUC, GUA und GUG die Aminosäure Valin (Abb. 69.1). Dabei fällt auf, dass in Codons, die dieselbe Aminosäure spezifizieren, die ersten beiden Nukleotide gleich sind, das dritte Nukleotid hingegen variabel ist. CRICK fand dieses Muster der Degeneration im gesamten genetischen Code und stellte daraufhin im Jahr 1966 die Wobble-Theorie (engl. *wobble*, wackeln) auf.

Nach dieser Theorie erfolgt die Paarung von Codon und Anticodon in den ersten beiden Nukleotiden des Codons streng nach den Regeln der Basenpaarung. An der dritten Base des Codons hingegen kann auch eine Paarung mit nichtkomplementären Basen des Anticodons erfolgen. Dies ist möglich, weil die räumliche Struktur des Anticodons dessen erster Base eine gewisse Flexibilität verleiht.

Die Bedeutung der „Wobble-Base" kann in einem Kompromiss zwischen Schnelligkeit und Sicherheit bei der Proteinbiosynthese liegen: Würde die dritte Base ebenfalls komplementär gebunden, wird zwar eine größtmögliche Sicherheit bei der Translation erreicht, aber die zusätzliche Basenpaarung der tRNA im Ribosom benötigt auch Zeit.

1 Erklären Sie, was CRICK zur Formulierung der Wobble-Theorie veranlasste.

4.7 Das genetische System der Eukaryoten

„Was für *E. coli* stimmt, stimmt auch für den Elefanten.“ Diese Aussage des französischen Nobelpreisträgers François Jacob verdeutlicht, dass die genetischen Systeme der Pro- und Eukaryoten sehr ähnlich sind. Dennoch gibt es wichtige Unterschiede.

Bei Prokaryoten ist die DNA ringförmig und histonfrei. Da sie keine Kernmembran besitzen, kann die Translation der mRNA bereits beginnen, noch während die Transkription fortschreitet. Neusynthetisierte Proteine können deshalb bereits eine halbe Minute nach Beginn der Transkription nachgewiesen werden. Bei Eukaryoten ist die fadenförmige DNA um Histone gewickelt. Die Kernmembran trennt die Translation von der Transkription räumlich und damit auch zeitlich ab. Anders als bei Prokaryoten besteht ihre mRNA in den meisten Fällen aus weniger Nukleotiden als der entsprechende DNA-Abschnitt. Die DNA enthält nämlich Sequenzen, die für die Codierung des Genproduktes nicht erforderlich sind.

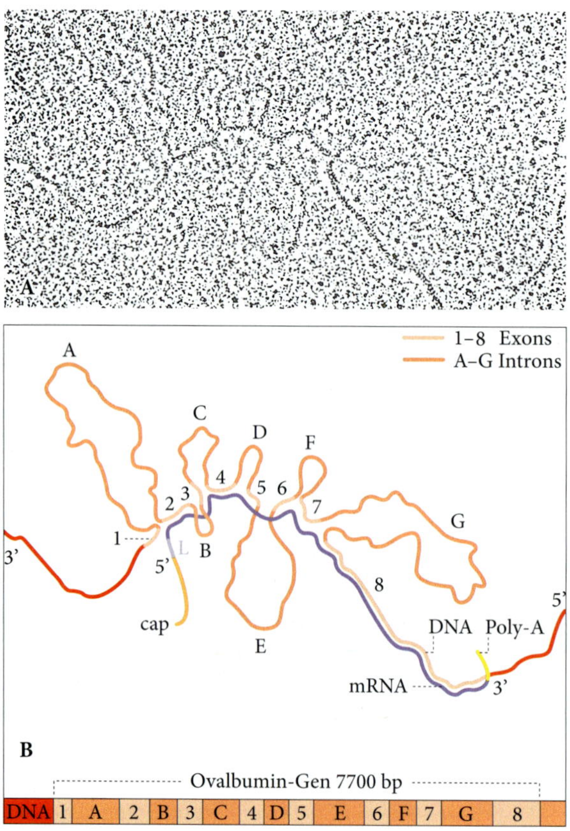

72.1 DNA-mRNA-Hybridisierung beim Ovalbumin-Gen.
A EM-Bild; **B** Schema

Im Jahr 1977 konnten Richard Roberts und Phillip Sharp zeigen, dass eukaryotische Gene nicht aus einer einzigen durchgehend codierenden Nukleotidsequenz bestehen. Sie sind „gestückelt“. Die genetische Information eines solchen **Mosaikgens** ist auf der DNA von Sequenzen unterbrochen, die für die Codierung des Genprodukts nicht erforderlich sind. Derartige nichtcodierende Segmente der DNA werden **Introns** (lat. *intra,* innerhalb) genannt, codierende dagegen **Exons** (lat. *exprimere,* ausdrücken).

Mit der Elektronenmikroskopie kann man direkt nachweisen, dass Eukaryoten-Gene gestückelt sind. Wird eine mRNA mit denaturierter einzelsträngiger DNA, die das entsprechende Gen enthält, zusammengebracht, entsteht ein DNA-RNA-Hybridmolekül. In diesem haben sich komplementäre DNA- und RNA-Sequenzen zusammengelagert. Im Elektronenmikroskop zeigt ein solches Hybridmolekül an einigen Stellen schleifenartige Ausstülpungen. In diesen Schleifen treten einzelsträngige DNA-Bereiche aus dem doppelsträngigen Hybridmolekül heraus. Die Schleifen entstehen, weil für bestimmte DNA-Sequenzen keine komplementären mRNA-Sequenzen vorhanden sind. Das sind die Introns eines Mosaikgens. Die Schleifen lassen die Lage und Größe der Introns erkennen.
Das Gen für Ovalbumin, ein Protein des Eiklars, enthält acht Exons und sieben Introns. Das DNA-RNA-Hybridmolekül zeigt dementsprechend sieben Schleifen (Abb. 72.1). Das erste der acht Exons enthält die Leadersequenz (L). Sie hilft bei der Anheftung der mRNA ans Ribosom.

Pro- und Eukaryoten unterscheiden sich auch in ihrer Proteinbiosynthese. Sowohl Introns als auch Exons eines Mosaikgens werden bei Eukaryoten in eine vorläufige, prä-mRNA transkribiert. Sie verlässt aber nicht den Zellkern, sondern wird noch im Zellkern spezifisch enzymatisch verändert (Abb. 73.1).

- Die Introns werden aus der prä-mRNA unter Ausbildung von „Lasso-Strukturen“ herausgeschnitten. Die jeweils zu beiden Seiten gelegenen Exons werden zu einer zusammenhängenden mRNA verknüpft. Dieser Vorgang wird **Spleißen** (engl. *splicing,* Zusammenfügen) genannt ①. Er erfolgt durch die katalytische Wirkung von **Spleißosomen,** die aus bestimmten RNA-Molekülen und Proteinen bestehen.

- Am 5'-Ende der prä-mRNA wird ein besonderes Nukleotid, ein methyliertes Guanin, als „Kappe“ aufgesetzt. Diese **cap-Struktur** (engl. *cap*, Mütze) am 5'-Ende ②, schützt die mRNA vor enzymatischem Abbau und erleichtert das Anheften an die Ribosomen.
- An das 3'-Ende wird eine Sequenz von bis zu 250 Adenin-Nukleotiden angefügt. Dieser **Poly-A-Schwanz** ③ erleichtert den Export der mRNA ins Cytoplasma und schützt das 3'-Ende vor enzymatischem Abbau.

Die Veränderungen im Zellkern, die von der prä-mRNA zur reifen mRNA führen, werden als **mRNA-Reifung** oder **mRNA-Prozessierung** zusammengefasst. Erst durch die Prozessierung entsteht aus der prä-mRNA eine übersetzbare mRNA. Aus manchen prä-mRNAs können auch verschiedene Abschnitte als Introns herausgeschnitten und dann bausteinartig in unterschiedlicher Weise zusammengesetzt werden. Dies wird als **alternatives Spleißen** bezeichnet. So können aus der gleichen prä-mRNA verschiedene mRNA-Moleküle zusammengestellt werden. Ein transkribierter DNA-Abschnitt kann also für mehrere unterschiedliche Proteine codieren. Dies ermöglicht erst die Vielfalt an Proteinen, die um ein Vielfaches die Anzahl der Gene übersteigt.

Die reife mRNA verlässt schließlich den Zellkern durch die Kernporen und wird an den Ribosomen im Cytoplasma in ein Polypeptid translatiert. Die reife mRNA enthält noch nichtcodierende Bereiche: Die 5'-cap-Struktur und die sich anschließende Leader-Sequenz sowie der Poly-A-Schwanz werden nicht in Aminosäuren übersetzt.

Eukaryotische, reife mRNA-Moleküle haben durch die cap-Struktur und den Poly-A-Schwanz eine wesentlich größere Lebensdauer als prokaryotische. Bei Prokaryoten beträgt diese nur wenige Minuten, was für Bakterien angesichts ihrer kurzen Generationszeit biologisch jedoch nicht nachteilig ist.

Auch die pro- und eukaryotischen Ribosomen unterscheiden sich. Beide sind aus einer großen und kleinen Untereinheit zusammengesetzt, die jeweils aus Proteinen und ribosomaler RNA (rRNA) aufgebaut sind. Prokaryotische 70S-Ribosomen sind etwas kleiner und bestehen aus einer 50S- und einer 30S-Untereinheit. Eukaryotische 80S-Ribosomen hingegen bestehen aus einer 60S- und 40S-Untereinheit.

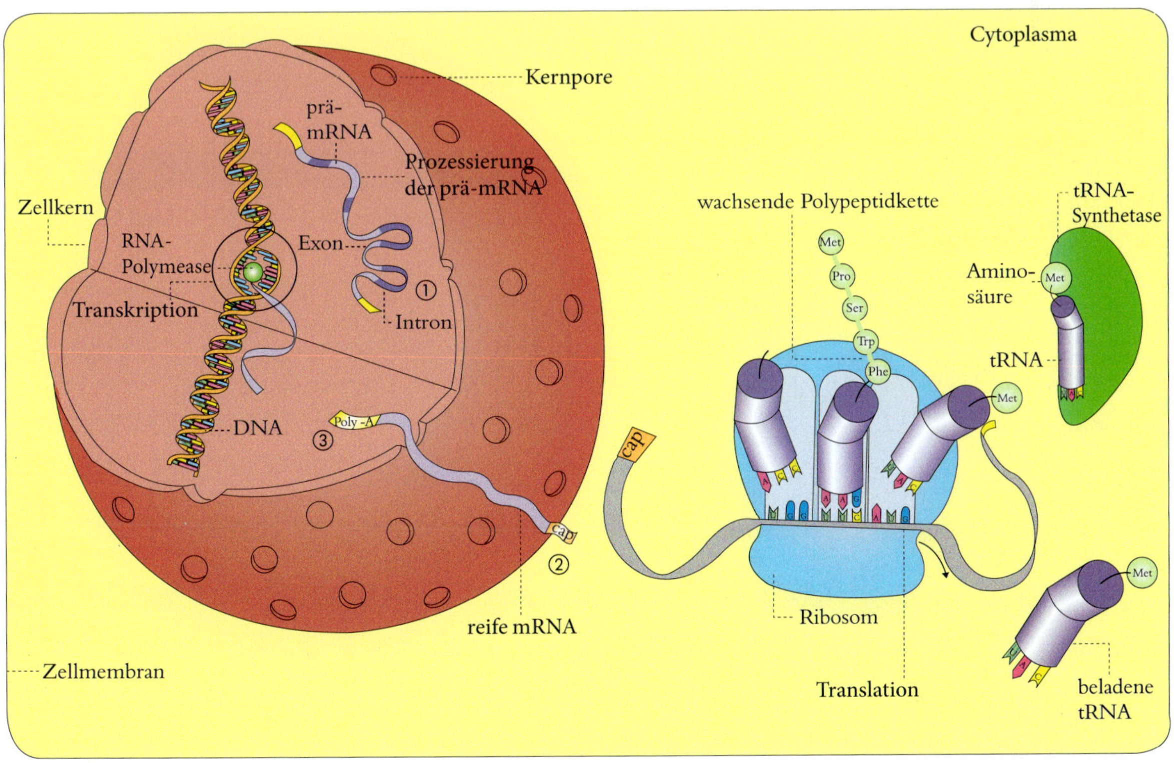

73.1 Genexpression bei Eukaryoten

Nach der Translation werden Polypeptide bei Eukaryoten häufig noch verändert. Erst dann können sie ihre räumliche Struktur einnehmen und spezielle Aufgaben in der Zelle erfüllen. Dieser Vorgang wird **posttranslationale Modifikation** genannt. Beispiele sind die Abspaltung von Aminosäuren oder die Anheftung von Zuckern oder Phosphatgruppen an bestimmte Aminosäuren. Das Protein Insulin beispielsweise wird zunächst als ein durchgehendes Polypeptid synthetisiert. Dessen Mittelteil, bestehend aus 35 Aminosäuren, ermöglicht den Eintritt in den Golgi-Apparat. Dort wird er dann enzymatisch entfernt. Das resultierende aktive Hormon besteht aus zwei Polypeptidketten, die durch zwei Disulfidbrücken zusammengehalten werden.

1 Vergleichen Sie die Proteinbiosynthese der Pro- und Eukaryoten.

2 Erläutern Sie die Bedeutung des alternativen Spleißens und der posttranslationalen Modifikation bei Eukaryoten.

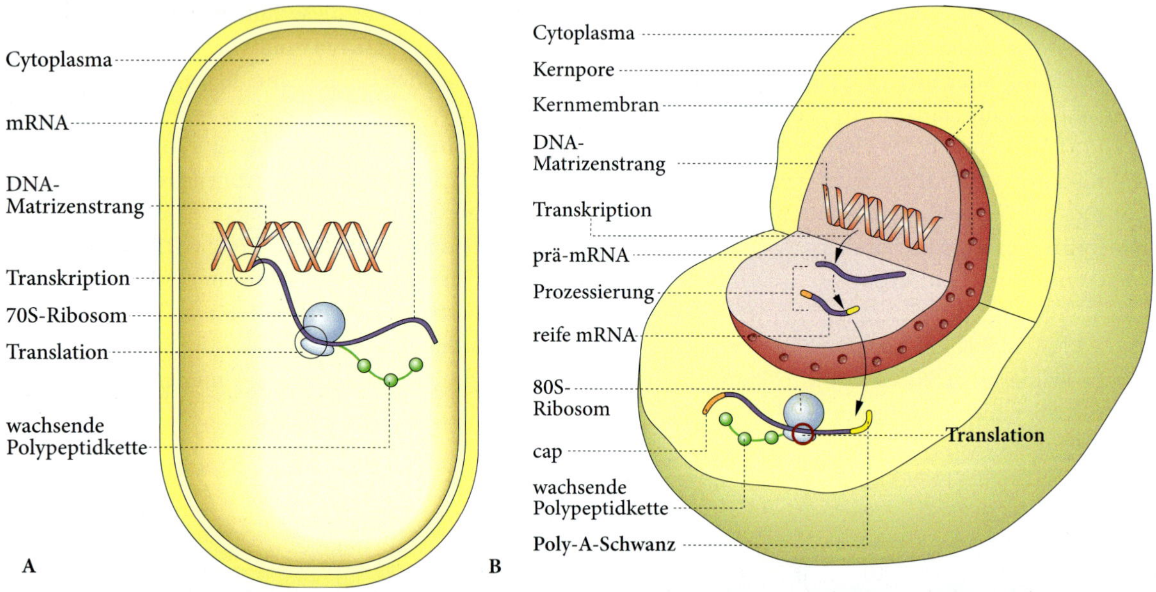

A B

	Prokaryoten	Eukaryoten
DNA-Aufbau	Die DNA ist ringförmig und enthält keine Histone.	Die fadenförmige DNA ist um Histone gewickelt.
Räumliche Organisation (Kompartimentierung)	Die Transkription und Translation finden im Cytoplasma statt.	Die Transkription findet im Kern statt, die Translation im Cytoplasma.
Zeitliche Organisation	Die Translation beginnt, bevor die Transkription beendet ist.	Die Translation beginnt nach Abschluss der Transkription.
Genaufbau	Gene enthalten fast nur codierende Sequenzen.	Mosaikgene enthalten Exons und Introns.
Reifung der mRNA	Die mRNA wird ohne Modifizierung translatiert.	Die prä-mRNA wird durch Spleißen, Capping und Anheften des Poly-A-Schwanzes prozessiert.
Ribosomenaufbau	Die 70S-Ribosomen bestehen aus 50S- und 30S-Untereinheiten.	Die 80S-Ribosomen bestehen aus 60S- und 40S-Untereinheiten.
Posttranslationale Modifikation	Eine Modifikation der Polypeptide findet nicht statt.	Polypeptide werden häufig nach der Translation noch modifiziert.

C

74.1 Genexpression im Vergleich. **A** Prokaryoten; **B** Eukaryoten; **C** Auflistung der Unterschiede

1 Mosaikgene

Menschliche DNA besteht wie jede Eukaryoten-DNA aus Exons und Introns. In Abbildung 75.1 ist die Struktur der β-Kette des Hämoglobin-Gens dargestellt.

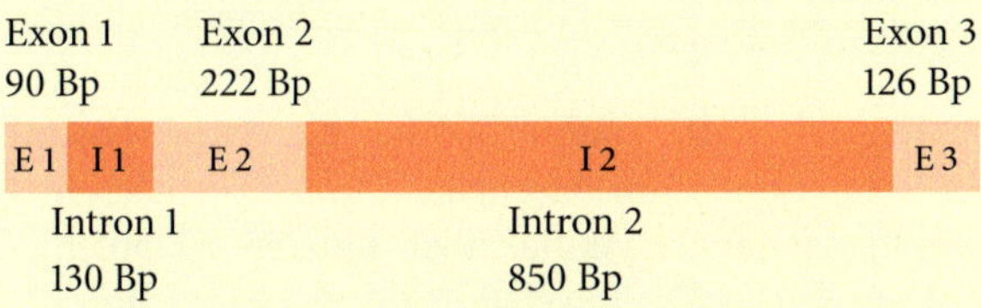

75.1 Struktur der β-Kette des Hämoglobin-Gens

a) Beschreiben Sie den Verlauf der prä-mRNA-Prozessierung anhand einer beschrifteten Skizze.
b) Berechnen Sie, aus wie vielen Aminosäuren die β-Kette des Hämoglobins besteht.
c) Beschreiben Sie zwei weitere Vorgänge, die bei Eukaryoten neben der Prozessierung, zum Erhalt eines funktionstüchtigen Proteins erforderlich sind.

2 Genexpression

Zu Beginn der Translation eines Gens erreichen nacheinander vier tRNA-Moleküle mit folgenden Anticodons die A-Stelle eines Ribosoms:

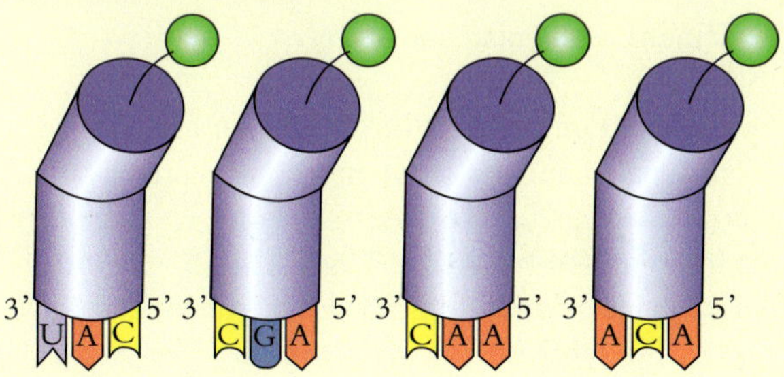

75.2 tRNA-Moleküle

a) Nennen Sie die Basensequenz der mRNA beziehungsweise des DNA-Matrizenstrangs des exprimierten Gens.
b) Nennen Sie die Aminosäuresequenz am Anfang des gebildeten Enzyms. Nehmen Sie die Tabelle des genetischen Codes (Abb. 69.1) zu Hilfe.

3 Entschlüsselung des genetischen Codes

Der genetische Code wurde mit Experimenten entschlüsselt, bei denen Polynukleotide mit sich wiederholenden Sequenzen als mRNAs in zellfreien Systemen zur Proteinbiosynthese eingesetzt wurden. Dabei konnten die Ribosomen die Translation an Nukleotiden der mRNA beginnen, ohne dass ein Startcodon nötig gewesen wäre.

A) AAAAAAAAA......
B) AUAUAUAUA......
C) AUCAUCAUC......

a) Nennen Sie die zu erwartenden Polypeptide, wenn die genannten Polynukleotide A bis C als Matrize in einem solchen zellfreien System eingesetzt würden.

4 Gel-Elektrophorese

Die Bluterkrankheit (Hämophilie) des Menschen äußert sich in einer gestörten Blutgerinnung und dadurch verstärkten Neigung zu Blutungen. Hämophilie B-Patienten werden mit dem Blutgerinnungsfaktor IX behandelt. Von diesem Protein ist folgende Aminosäuren-Teilsequenz bekannt:
Amino-Ende--G R L V V Y M--Carboxyl-Ende

a) Nennen Sie für die Teilsequenz des Faktor IX-Proteins mithilfe von Abbildung 69.1 zwei mögliche Gensequenzen.
b) Faktor IX wurde zur Ermittlung der Molekülmasse mit verschiedenen Markerproteinen bekannter Molekülmasse mittels Gel-Elektrophorese verglichen (Abb. 75.3). Erstellen Sie über die Markerproteine im Elektropherogramm eine Eichkurve, indem Sie den Zehnerlogarithmus der Molekülmasse der Proteine auf der y-Achse gegen ihre Wanderungsstrecke im Gel darstellen und ermitteln Sie anhand Ihrer Eichkurve die Molekülmasse des Faktor IX-Proteins.

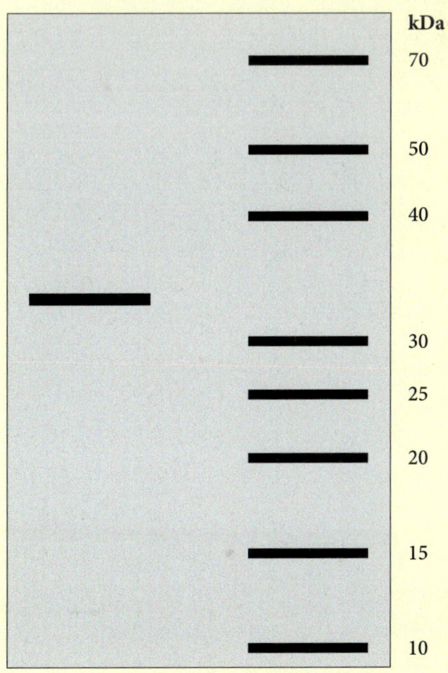

75.3 Ergebnis der Elektrophorese

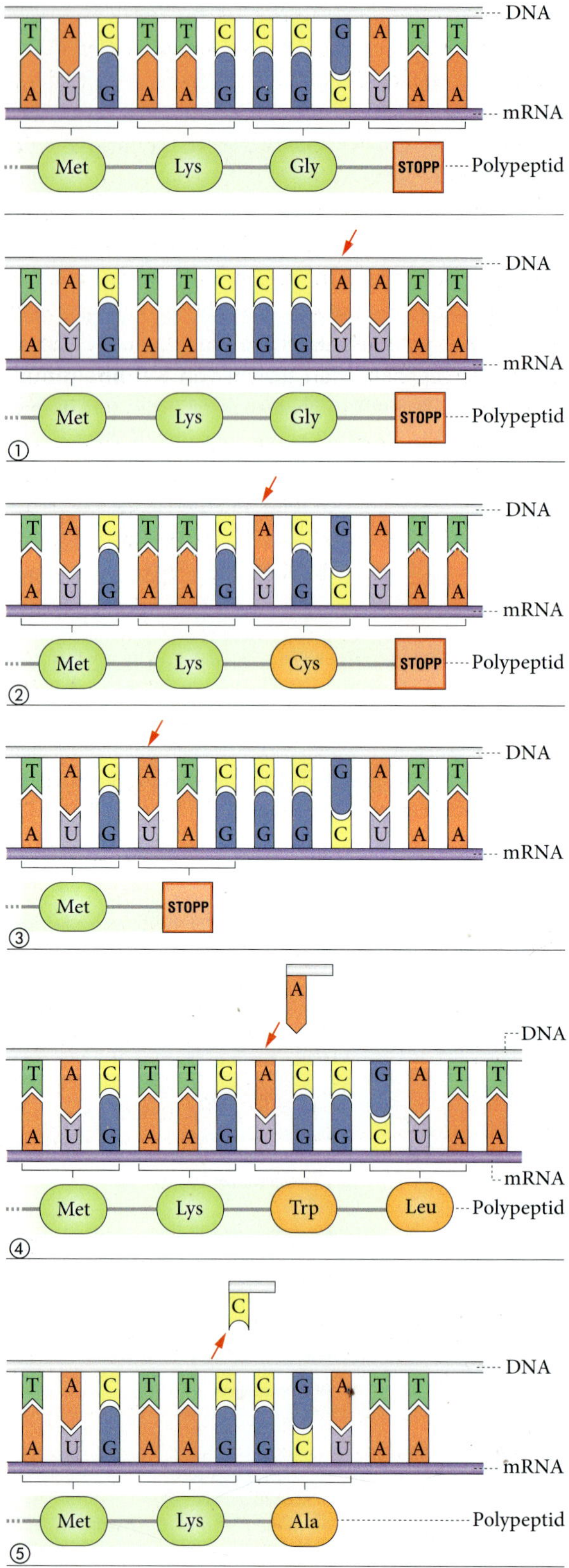

76.1 Typen und Konsequenzen von Genmutationen

4.8 Genmutationen

Beim Kopieren der DNA während der Replikation können – wenn auch selten – Fehler auftreten. Solche Veränderungen der genetischen Information einer Zelle können vererbt werden. Sie werden **Mutationen** genannt. Da sie ohne äußere Einflüsse stattfinden, werden sie als **Spontanmutationen** bezeichnet. Derartige Kopierfehler finden etwa an jedem milliardsten Basenpaar statt. Damit beträgt die Mutationsrate 10^{-9} Mutationen pro Basenpaar. Dies entspricht einer Kopiergenauigkeit vergleichbar mit einem Tippfehler auf etwa 50 000 Seiten. Die DNA des Menschen besteht aus rund drei Milliarden Basenpaaren, das heißt von Generation zu Generation ist mit drei Mutationen zu rechnen.

Betrifft die Veränderung ein einzelnes Gen, handelt es sich um eine **Genmutation.** Sie ist mikroskopisch nicht nachweisbar, da sich die Chromosomengestalt nicht verändert. Sie ist jedoch durch die Analyse der Basensequenz nachweisbar.
Ist dabei nur ein Basenpaar verändert, spricht man speziell von einer **Punktmutation.** Sie kann durch **Substitution** (lat. *substituere,* ersetzen) einzelner Basen gegen andere oder durch **Insertion** (engl. *insert,* hinzufügen) oder **Deletion** (lat. *delere,* entfernen) einzelner Basen entstehen.

Die Auswirkung einer Punktmutation auf das Genprodukt, also auf das Polypeptid und damit letztlich auf das Merkmal, hängt jedoch von verschiedenen Faktoren ab (Abb. 76.1). Erfolgt sie in einem Intron, hat sie keine Auswirkungen auf das exprimierte Polypeptid. Sie wird deshalb als **stumme** oder **neutrale Mutation** bezeichnet. Stumme Mutationen können auch in Exons auftreten. Dabei verändert sich zwar das DNA-Triplett und damit auch das Codon, dieses wird jedoch aufgrund der Redundanz des genetischen Codes in dieselbe Aminosäure übersetzt ①.

Erfolgt der Austausch einer Base an erster oder zweiter Stelle eines codierenden Tripletts, wird bis auf wenige Ausnahmen, eine falsche Aminosäure eingebaut ②, eine **Missense-Mutation** (engl. *missense,* Fehlsinn) liegt vor. Der Austausch einer einzigen Aminosäure, etwa im aktiven Zentrum eines Enzyms, kann dessen Aktivität verringern. Die Sichelzellanämie ist ein Beispiel für eine Missense-Mutation, die sich nachhaltig auf den Phänotyp auswirkt. Wenn die neue Aminosäure hingegen ähnliche

Eigenschaften hat wie die ersetzte, können solche Mutationen auch ohne große Folgen für das Merkmal bleiben.
Wird durch eine Punktmutation ein Triplett, das für eine Aminosäure codiert, in ein Stoppsignal umgewandelt, entsteht eine **Nonsense-Mutation** (engl. *nonsense,* Unsinn). Die Translation endet verfrüht ③. Das gebildete Polypeptid ist meist funktionslos.
Genmutationen können auch durch Insertion ④ oder Deletion ⑤ von Basenpaaren in einem Gen entstehen. Dabei verschiebt sich das Leseraster, wenn die Zahl der eingefügten oder deletierten Basenpaare kein Vielfaches von drei ist. Da der genetische Code kommafrei ist, ändert sich von der Stelle der Mutation an das Leseraster aller nachfolgenden Tripletts. Solche **Rastermutationen** führen mit großer Wahrscheinlichkeit zu einem Protein mit veränderter Aktivität.

Durch äußere Einwirkungen kann die Mutationsrate erheblich steigen. Dazu zählen etwa chemische Substanzen und Strahlen, sogenannte **Mutagene.** Als verantwortungsbewusste Menschen können Mutagene gemieden werden. So ist die krebserregende Wirkung von energiereicher Strahlung oder auch chemischer Substanzen etwa im Zigarettenrauch bekannt. Ionisierende Röntgenstrahlung verursacht Strangbrüche der DNA, während energiereiche ultraviolette Strahlung der Sonne (280 bis 320 nm) den Zusammenschluss zweier benachbarter Thymin-Basen zu einem Thymin-Dimer auslösen kann (Abb. 77.1). Beides sind Beispiele für **physikalische Mutagene.**
Eine wichtige Gruppe **chemischer Mutagene** sind die **Basenanaloga.** Sie sind den Basen der DNA so ähnlich, dass sie bei der Replikation anstelle dieser eingebaut werden. Ein Beispiel ist 5-Bromuracil, das bis auf eine Methyl-Gruppe dem Thymin entspricht (Abb. 77.2). Die mutagene Wirkung beruht darauf, dass 5-Bromuracil durch Umlagerung von der Keto- in die Enolform übergehen kann. Während sich die Ketoform, wie Thymin auch, mit Adenin paart, ist zur Enolform Guanin komplementär.
Eine andere Gruppe chemischer Mutagene schiebt sich anstelle eines Nukleotids in die DNA ein und bewirkt bei der Replikation eine Rastermutation. Sie werden **interkalierende Substanzen** genannt. Ein solches Mutagen ist das Ethidiumbromid, womit im Labor DNA in Elektrophoresegelen sichtbar gemacht wird.

Sind vom Sonnenbaden etwa Hautzellen von Mutationen betroffen, spricht man von **somatischen Mutationen.** Wie alle Mutationen erfolgen diese zufällig und werden an die Tochterzellen weitergegeben. Sie haben also Auswirkungen auf den Organismus, in dem sie stattfinden, werden aber nicht an die Nachkommen vererbt. So können sich unter anderem normale Körperzellen in Krebszellen umwandeln.
Ereignet sich eine Genmutation etwa durch Rauchen in einer Keimzelle, die zur Befruchtung gelangt, wird sie an die Zygote und damit an die folgende Generation weitergegeben. Man spricht von **Keimbahnmutationen.** Auf den Organismus, in dem sie stattfinden, haben diese in der Regel keine direkte Auswirkungen. Falls sie jedoch zu einem erkennbaren Defekt beim Phänotyp der Folgegeneration führen, spricht man von einer **Erbkrankheit.** Die Sichelzellanämie oder die Mukoviszidose sind Beispiele hierfür.

1 Diskutieren Sie die möglichen Folgen einer Insertion in Abhängigkeit davon, an welcher Stelle sie in einem Gen bei Eukaryoten stattfindet.

Schaden		Ursache
Einzel- oder Doppelstrangbruch		Röntgenstrahlung
Dimerbildung (Pyrimidine TiC)		UV-Strahlung
Einbau falscher Basen		Basenanaloga wie Bromuracil (BU)
Dehnung der DNA		Interkalierende Substanzen wie Ethidiumbromid

77.1 **Wirkungen von Mutagenen auf die DNA**

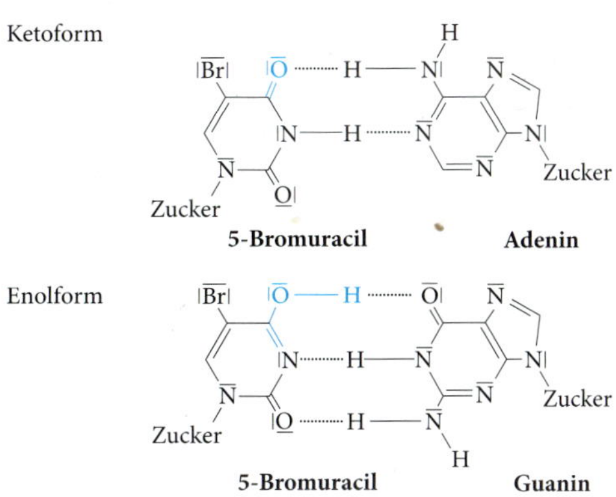

77.2 **Bromuracil als Basenanalogon**

4.9 DNA-Reparatur

In den letzten Jahren wurde ein globaler Anstieg der Hautkrebsrate festgestellt. In Gebieten mit hoher UV-Strahlung, wie zum Beispiel in Australien, ist dieser Anstieg besonders auffallend. Man erklärt dieses Phänomen mit dem teilweisen Abbau der UV-B absorbierenden Ozonschicht in der Stratosphäre 15 bis 30 Kilometer über dem Erdboden. Dadurch nimmt die energiereiche Strahlung mit den Wellenlängen von 280 bis 320 Nanometer, die UV-B-Dosis, die die Erdoberfläche erreicht, stark zu. Als Folge davon treten vermehrt kovalent verbundene Dimere zwischen benachbarten Thymin-Basen eines DNA-Stranges auf. Sie führen zu einer Verformung der DNA. Die DNA-Polymerase kann das Dimer nicht passieren, was letztlich zum Abbruch der Replikation führt. Eine Mutation ist entstanden (S. → 77).
Im Genom einer Säugerzelle ereignen sich täglich viele Tausende von DNA-Schäden, ausgelöst durch unterschiedlichste Faktoren.

Ohne DNA-Reparaturmechanismen würde die Anhäufung dieser Schäden und deren Folgen Leben unmöglich machen. Sofern nur ein Strang im DNA-Molekül betroffen ist und der andere als unveränderte Matrize erhalten ist, sind drei Typen von enzymatischen Reparatursystemen zu unterscheiden:
Die **Fotoreaktivierung** erfolgt durch DNA-Fotolyasen, Enzyme, die durch sichtbares Licht aktiviert werden und etwa Thymindimere wieder trennen.
Durch **Postreplikations-Reparatur** werden Fehlpaarungen korrigiert, die während der DNA-Replikation entstanden sind. Das falsche Nukleotid befindet sich im Tochterstrang. Die beteiligten Enzyme können nicht nur die Fehlpaarung erkennen und reparieren, sie sind auch in der Lage, zwischen dem elterlichen DNA-Strang und dem neusynthetisierten Tochterstrang anhand ihres Modifizierungsmusters, etwa durch Methylgruppen, zu unterscheiden.
Bei der **Excisionsreparatur** (lat. *excisere*, herausschneiden) erkennt eine Endonuklease eine Schadstelle ①, wie etwa ein Thymindimers, an der räumlichen Verformung der DNA (Abb. 78.1). Sie schneidet den betroffenen DNA-Strang vor und hinter dem Dimer ein, dies wird Incision genannt, und entfernt die schadhafte Stelle durch eine Excision. Die entstandene Lücke füllt eine DNA-Polymerase durch komplementäre Basenpaarung auf ②. Dabei dient der intakte komplementäre Strang als Kopiervorlage. Hier ist von entscheidendem Vorteil, dass die genetische Information in beiden Strängen der Doppelhelix gespeichert ist. So kann die in einem Strang verlorene Information durch die Sequenz des intakten anderen Stranges wieder hergestellt werden. Abschließend wird das neusynthetisierte DNA-Stück durch die DNA-Ligase mit dem reparierten DNA-Strang verknüpft ③.
Die Bedeutung dieses Reparatursystems wird besonders deutlich an der Hautkrankheit *Xeroderma pigmentosum*. Patienten mit dieser Krankheit sind extrem empfindlich gegenüber Sonnenlicht. Bei ihnen ist die Endonuklease defekt, sodass Thymindimere nicht repariert werden. Da bei der Vielzahl der entstehenden Mutationen auch Mutationen in wachstumsregulierenden Genen stattfinden, entwickelt sich bei den Betroffenen Hautkrebs.

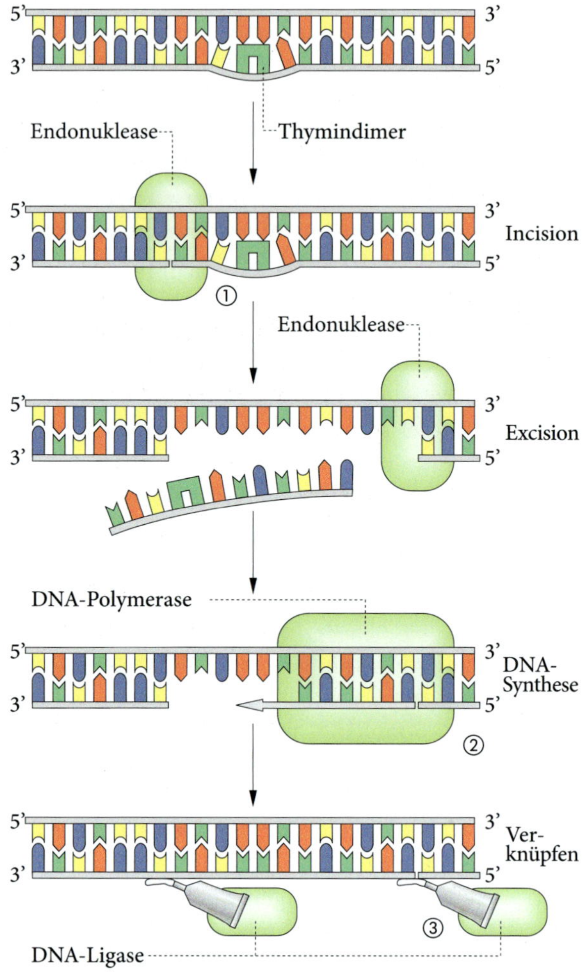

78.1 **Prinzip der DNA-Excisionsreparatur**

1 Erläutern Sie die Bedeutung von DNA-Reparatursystemen.

4.10 Altern

Im menschlichen Körper werden laufend Zellen abgebaut und durch neue ersetzt. Täglich werden beispielsweise allein 200 Milliarden Erythrocyten neu gebildet. Offensichtlich erfolgt diese Regeneration aber nicht vollständig, denn jeder Mensch verspürt mit zunehmendem Lebensalter eine Abnahme des körperlichen und geistigen Leistungsvermögens. Der Vorgang des **Alterns,** der diese Veränderungen bewirkt, ist bis heute nicht vollständig geklärt. Sicher scheint, dass es trotz der vielfältigen Versprechungen der milliardenschweren Anti-Aging-Industrie keine Mittel gibt, die diesen Prozess aufhalten oder gar umkehren könnten (Abb. 79.1). Derzeit werden vielschichtige Ursachen für das Altern diskutiert.

79.1 Wunschtraum ewige Jugend

Die Zellatmung ist ein lebensnotwendiger Prozess in unserem Körper und trägt nach der **Radikal-Theorie** gleichzeitig zu seiner Zerstörung bei: In den Mitochondrien wird molekularer Sauerstoff umgesetzt und dabei entstehen kurzlebige, freie Radikale. Das sind Molekülfragmente, die sehr reaktiv sind und mit benachbarten Molekülen reagieren. Dadurch werden Membranlipide, Enzyme und auch DNA geschädigt. Mitochondriale DNA (mtDNA) ist dabei besonders gefährdet, weil sie nicht durch Histone geschützt ist und in Mitochondrien enzymatische Reparaturmechanismen weitgehend fehlen. Die Anhäufung von Fehlern in der mtDNA sowie die Schädigungen von Membranen und Enzymen führt letztlich zum Ausfall von Mitochondrien und damit zu ATP-Mangel, der die Zellen altern lässt.
Beim Fadenwurm *Caenorhabditis* wurden Mutanten entdeckt, die zehn bis 20 statt der üblichen sechs Wochen leben können. Als Ursache fand man mutierte Gene, deren Genprodukte einen erhöhten Schutz vor Radikalen bieten. Dieses Ergebnis stützt die Radikal-Theorie. Andererseits hat man bei den mit bis zu 30 Jahren recht langlebigen Nacktmullen vergleichsweise hohe Raten an Schäden durch Radikale festgestellt, was gegen die Radikal-Theorie spricht.

Es muss aber auch eine genetische Fixierung des Alters geben. So variiert die artspezifische Lebensspanne von Säugetieren zwischen zwei Jahren für Spitzmäuse und bis zu 130 Jahren bei Grönlandwalen. In diesem Zusammenhang rückten die Telomere ins Blickfeld der Forscher, die einsträngigen Endstücke der Chromosomen (Abb. 79.2). In den **Telomeren** liegen sich vielfach wiederholende Basen-Sequenzen, beim Menschen beispielsweise TTAGGG. Diese sind die Erkennungssequenz für eine vollständige Replikation eines DNA-Moleküls vor einer Mitose. Die jeweils äußerste Telomersequenz wird dabei nicht mit repliziert, sodass das Telomer mit jeder Teilung um eine TTAGGG Einheit kürzer wird. Wenn alle Einheiten verbraucht sind, kann sich die Zelle nicht mehr teilen. So teilen sich fetale menschliche Bindegewebszellen in Kultur noch etwa 60mal, aber nur noch 30mal, wenn sie von einem 80jährigen stammen. In bestimmten Zellen, zum Beispiel denen der Keimbahn, kann das Enzym Telomerase neue Sequenzen anheften und so die Teilungsfähigkeit erhalten.
Als Beleg für die Telomer-Hypothese wird gewertet, dass das Klon-Schaf Dolly bereits nach sechs Jahren an typischen Alterserscheinungen wie Arthritis litt, obwohl Schafe eine Lebenserwartung von bis zu 20 Jahren haben. Dolly war nämlich aus einer Körperzelle eines fünfjährigen Spenderschafes geklont worden.

1 Erläutern Sie die Bedeutung des Klonschafs Dolly für die Telomer-Theorie als Ursache des Alterns.

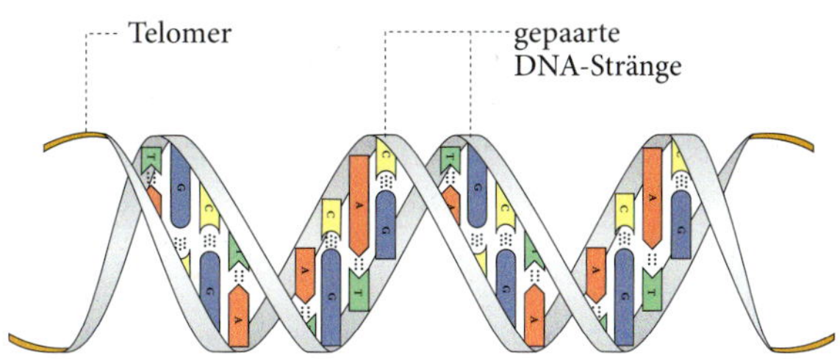

79.2 Chromosom mit Telomeren

5 Genregulation

5.1 Das Operon Modell

Das Darmbakterium *Escherichia coli* ist auf organische Substanzen wie zum Beispiel Glucose oder Lactose als Lebensgrundlage angewiesen. Letztere ist ein Doppelzucker und besteht aus je einem Molekül Glucose und Galactose. Bietet man einer Bakterienkultur von *E. coli* beide Zucker nacheinander an, gibt es beim Wechsel von Glucose zu Galactose eine deutliche Wachstumsverzögerung (Abb. 80.1).

Der Franzose Jacques Monod untersuchte dieses Phänomen genauer und stellte fest, dass die Enzyme für den Glucoseabbau von Beginn an in der Bakterienzelle vorhanden waren, die für den Lactoseabbau jedoch erst nach Zugabe der Lactose hergestellt wurden. Offensichtlich wird die Herstellung dieser Enzyme in der Bakterienzelle durch das abzubauende Substrat selbst herbeigeführt. Dieser Vorgang heißt **Induktion** (lat. *inducere*, herbeiführen).

Beim Lactoseabbau wirken bei *E. coli* drei Enzyme zusammen, die hintereinander auf dem ringförmigen Chromosom kodiert sind:

- Das *lac-Y-Gen* codiert für das Enzym Lactose-Permease, das Lactose durch die Bakterienmembran in die Zelle transporiert;
- Das *lac-Z-Gen* codiert β-Galactosidase, die Lactose in Glucose und Galactose spaltet;
- Das *lac-A-Gen* codiert β-Galactosid-Transacetylase; dieses Enzym ist für den direkten Lactoseabbau wohl nicht notwendig, scheint aber für Entgiftungsreaktionen von *E. coli* wichtig zu sein.

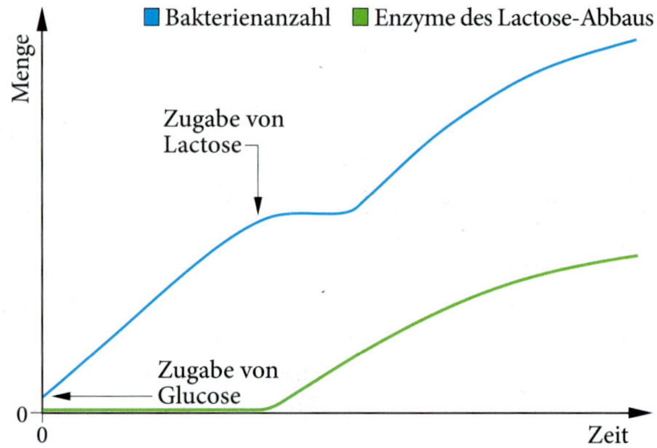

80.1 Wachstum einer *Escherichia coli* Kultur

Die *lac*-Gene werden gemeinsam in eine durchgängige mRNA transkribiert. Diese Transkriptionseinheit wird von *E. coli* in die drei Enzym-Polypeptide translatiert (Abb. 80.2 B). Die *lac*-Gene werden allgemein als **Strukturgene** bezeichnet, weil sie für ein Polypeptid codieren.

Für die Aufklärung des Induktionsmechanismus für den Lactoseabbau erhielt Monod 1961 zusammen mit François Jacob den Nobelpreis. Der Regulationsmechanismus beginnt mit einem Regulatorgen, das transkribiert wird ①. Das Translationsprodukt dieses Regulatorgens ist ein **Repressorprotein** (lat. *reprimere*, unterdrücken), das in seiner aktiven Form entsteht ②. Räumlich entfernt von diesem Regulatorgen befinden sich die drei aufeinander folgenden Gene für die Lactose abbauenden Enzyme. Ihnen vorgeschaltet ist ein spezifischer Promotor ③, die Anlagerungsstelle für die RNA-Polymerase (→ S. 66).

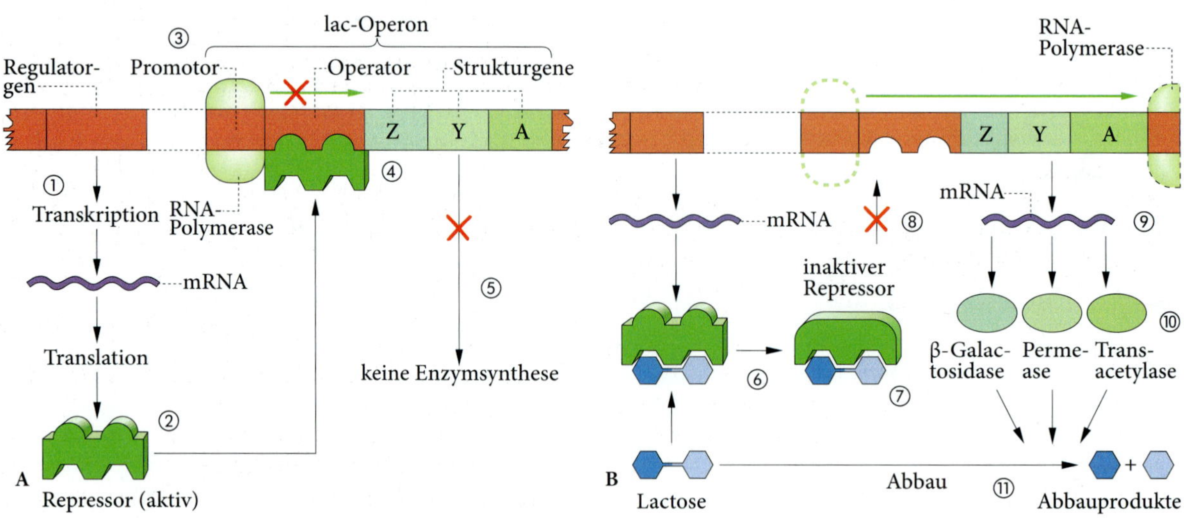

80.2 Lactose Operon bei *Escherichia coli*. A blockiert; **B** induziert

Zwischen dem Promotor und den *lac-Genen* liegt ein weiterer DNA-Abschnitt, der **Operator** (lat. *operare,* handeln). Im aktiven Zustand kann sich das Repressorprotein an diese Operatorregion anlagern ④ und verhindert, dass die RNA-Polymerase die *lac*-Gene transkribiert ⑤. Bei aktivem Repressorprotein werden die Lactose abbauenden Enzyme also nicht hergestellt.

Befindet sich jedoch Lactose in der Zelle, verbindet diese sich mit dem Repressorprotein ⑥. Dieses erfährt dadurch eine Veränderung seiner Raumstruktur und wird so inaktiviert ⑦. Nun kann der Repressor nicht mehr an den Operator binden ⑧. Die RNA-Polymerase transkribiert die *lac*-Strukturgene ⑨. Die entsprechenden Enzyme werden translatiert ⑩ und die Lactose wird abgebaut ⑪. Durch die Verknappung von Lactose spaltet diese vom Repressorprotein wieder ab und die Expression der *lac-Gene* wird durch den aktiven Repressor wieder verhindert. So wird sichergestellt, dass nur dann Lactose abbauende Enzyme in der Bakterienzelle exprimiert werden, wenn auch tatsächlich Lactose vorhanden ist. Die Kontrollregion der Lactose abbauenden Enzyme besteht also aus den DNA-Abschnitten Promotor und Operator. Zusammen mit den Strukturgenen wird diese Einheit als **Operon** bezeichnet, und weil es sich um Lactose abbauende Enzyme handelt, speziell als *lac*-Operon. Weil das *lac*-Operon durch das Enzym-Substrat Lactose induziert wird, heißt es allgemein auch **Substratinduktion.** Genauso ist jedoch auch eine Steuerung über Produkte möglich.

Tryptophan ist eine lebenswichtige Aminosäure. Bakterien können dieses selbst herstellen, wenn die Aminosäure sich nicht im umgebenden Medium befindet. Für die Tryptophansynthese benötigt das Bakterium fünf verschiedene Enzyme, die durch die *trp*-Strukturgene E, D, C, B und A codiert werden. Die Typtophansynthese wird ebenfalls durch ein Repressorprotein induziert. Dieses Mal wird der Repressor jedoch in einem inaktiven Zustand exprimiert ⑫. Er kann sich entsprechend nicht an den Operator anlagern ⑬, sodass die RNA-Polymerase die *trp*-Strukturgene transkribiert ⑭. Die entstehenden Enzyme synthetisieren Tryptophan aus entsprechenden Vorstufen ⑮.

Herrscht in der Zelle ein Tryptophan-Überangebot, verbindet sich ein Tryptophan-Molekül mit dem inaktiven Repressor ⑯. Dieser erfährt dadurch eine Veränderung seiner Raumstruktur und wird dadurch aktiviert ⑰. Nun kann er an die entsprechende Operator-Region der *trp*-Strukturgene binden ⑱ und verhindert so deren Expression ⑲. Dadurch werden die Tryptophan synthetisierenden Enzyme nicht gebildet, wenn ausreichend Tryptophan in den Zellen vorhanden ist. Das *trp*-Operon wird durch das Endprodukt der Enzymsynthese gehemmt, deshalb spricht man von **Endproduktrepression.**

1 Vergleichen Sie Substratinduktion und Endproduktrepression.

2 Erklären Sie, warum es sich bei der Endproduktrepression um negative Rückkopplung handelt.

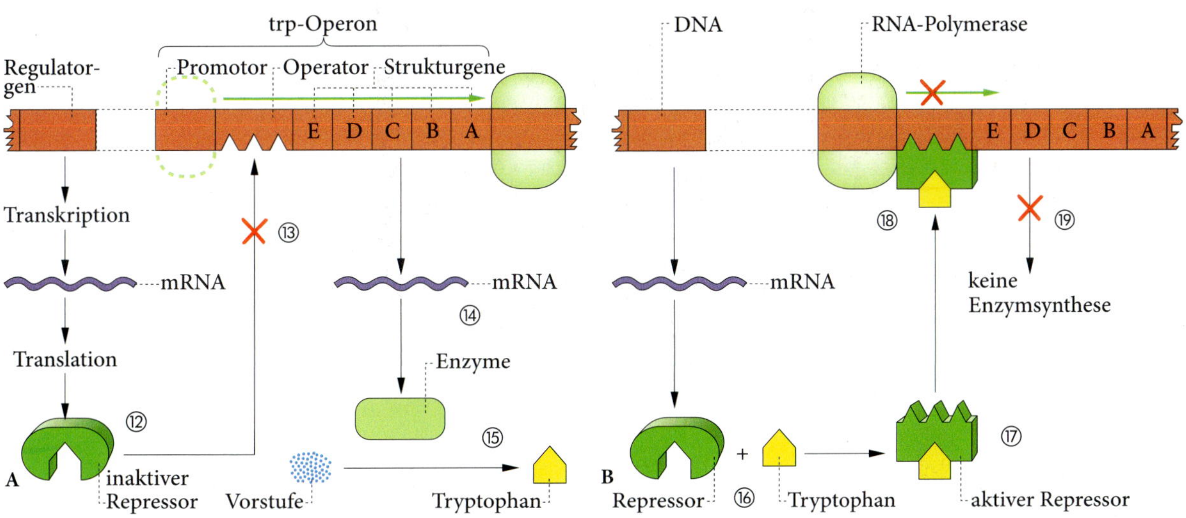

81.1 Tryptophan Operon bei ***Escherichia coli.*** **A** induziert; **B** blockiert

5.2 Positive Genregulation

Die Hemmung der Expression der *lac*-Gene (→ S. 80) funktioniert nicht vollständig. Auch ohne Lactose finden sich in Zellen von *E. coli* wenige Moleküle des Enzyms β-Galactosidase. Deren Anzahl steigt nach der Induktion des *lac*-Operons innerhalb von acht Minuten auf etwa 5000 an.

Die Genregulation erfolgt beim Operonmodell primär über die Verhinderung der Transkription der Strukturgene durch ein aktives Repressorprotein. Wird dieses durch das Substrat inaktiviert, werden die nachfolgenden Strukturgene exprimiert. Das ist deshalb eine **negative Genregulation.** Molekularbiologen hegten schnell den Verdacht, dass die enorme Steigerung der β-Galactosidase-Produktion nicht nur auf die aufgehobene Repression zurückzuführen ist. Vermutet wurde ein zusätzlicher positiver Effekt, der die Transkriptionsrate der *lac*-Strukturgene nach Aufhebung der Hemmung zusätzlich stimuliert, eine **positive Genregulation.**

Bietet man einer Bakterienkolonie von *E. coli* Glucose und Lactose gleichzeitig als Substrat an, finden sich in den Bakterien solange keine Lactose abbauenden Enzyme, bis alle Glucose verbraucht ist. Erst dann entstehen, nach einer mehrminütigen Pause, die entsprechenden Enzyme des Lactoseabbaus und die Bakterienkultur wächst weiter. Die Bakterien verhalten sich praktisch genauso, als ob man Glucose und Lactose nacheinander gibt (Abb. 80.1).

Offensichtlich hat die Glucose Auswirkungen auf die Regulation des *lac*-Operons, weshalb vom Glucose-Effekt gesprochen wird. Bei Anwesenheit von Glucose ist die Konzentration an cyclischem Adenosinmonophosphat, cAMP, in den Zellen deutlich geringer als bei Abwesenheit. Bei aktivem *lac*-Operon jedoch ist die Konzentration an cAMP deutlich höher. Experimentell kann der Glucose-Effekt durch die Gabe von cAMP aufgehoben werden. Dann werden Lactose abbauende Enzyme auch bei Anwesenheit von Glucose exprimiert. Es gibt also einen Zusammenhang zwischen den Konzentrationen von Glucose, cAMP und dem *lac*-Operon (Abb. 82.1).

Glucose ① hemmt das Enzym Adenylatcyclase ②, das im aktiven Zustand ③ das Adenosintriphosphat ④ in cAMP ⑤ umwandelt. Dieses wirkt in Zellen für viele Vorgänge als Botenstoff. Unter anderem bindet es an ein Catabolit-Aktivator-Protein, CAP ⑥, das dadurch seine Raumstruktur ändert ⑦. Das so aktivierte Protein bindet im Bereich des Promotors des *lac*-Operons an die DNA ⑧. Dadurch wird die Affinität der RNA-Polymerase ⑨ an den Promotor deutlich erhöht und die Strukturgene des *lac*-Operons werden viel häufiger exprimiert ⑩.

1 Beschreiben Sie Gemeinsamkeiten der negativen und positiven Genregulation des *lac*-Operons.

2 Erläutern Sie, warum es sich bei dem cAMP-Mechanismus um positive Genregulation handelt.

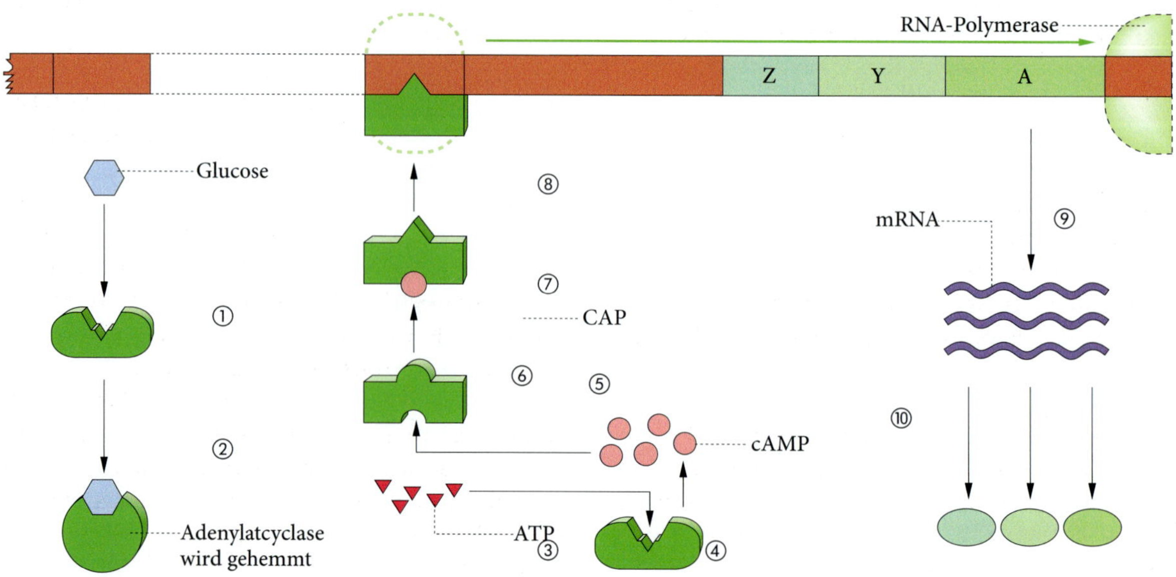

82.1 Positive Genregulation am *lac*-Operon

5.3 Genregulation bei Eukaryoten

Während das genetische Material bei Bakterien zum größten Teil auf einem ringförmigen Chromosom lokalisiert ist, gibt es bei Eukaryoten ein oder mehrere, nicht ringförmige Chromosomen. Entsprechend komplexer gestaltet sich die Regulation der Genaktivität, insbesondere wenn die Gene auf verschiedene Chromosomen verteilt sind.

Während der Metaphase der Mitose sind die Chromosomen stark verdichtet und nehmen dann ihre typische X-förmige Gestalt an. In diesem Zustand liegen sie in der Transportform vor. Sie können zwar in der Mitose zu Zellpolen bewegt werden, die genetischen Informationen können jedoch in diesem hoch kondensierten Zustand nicht abgelesen werden. In der Interphase lockert sich diese Struktur stark auf. Selbst mit den stärksten Mikroskopen kann man die einzelnen Chromosomen dann kaum mehr unterscheiden. Die Chromsomen bilden ein scheinbar ungeordnetes Knäuel, so wie gekochte Spaghetti in einer Schüssel. Diese Form wird in der Cytogenetik auch als Arbeitsform bezeichnet, weil die genetischen Informationen verfügbar sind und abgelesen werden können.

Neue Färbemethoden mit Fluoreszenz-Farbstoffen ermöglichen eine Markierung der kondensierten Chromosomen, die auch noch in der Interphase Bestand hat. Dieses **chromosome painting** (engl., Anmalen von Chromosomen) widerlegte die Spaghetti-Hypothese (Abb. 83.1). Die Chromosomen nehmen auch im Arbeitszustand während der Interphase meist klar abgegrenzte Bereiche im Zellkern ein (Abb. 83.2), die auch als **Chromosomen-Territorien** bezeichnet werden.

Erstaunlicherweise besetzen die Chromosomen aber nicht immer dieselbe Position im Zellkern. So wurden bei bestimmten Weißen Blutzellen, Zellen des Immunsystems, Bewegungen von Chromosomen beobachtet: Bei Kontakt mit körperfremden Zellen wandern die Bereiche der Chromosomen Richtung Kernmitte, die Proteine der Immunantwort des Körpers codieren. Molekularbiologen schließen daraus, dass die Chromosomen-Territorien im Zellkern nicht zufällig verteilt sind. Der Aufenthaltsort eines Chromosoms im Zellkern beeinflusst offensichtlich mit, ob ein Gen aus- oder eingeschaltet ist. Gene, die am Rand des Zellkerns liegen, sind oft inaktiv.

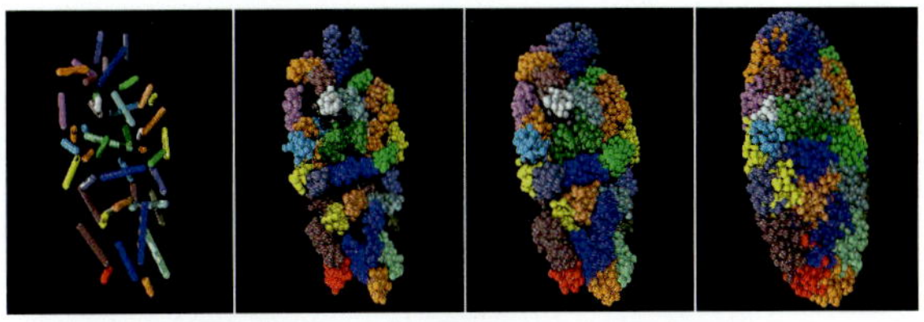

83.1 3D-Modell zunehmender Entspiralisierung von Chromosomen

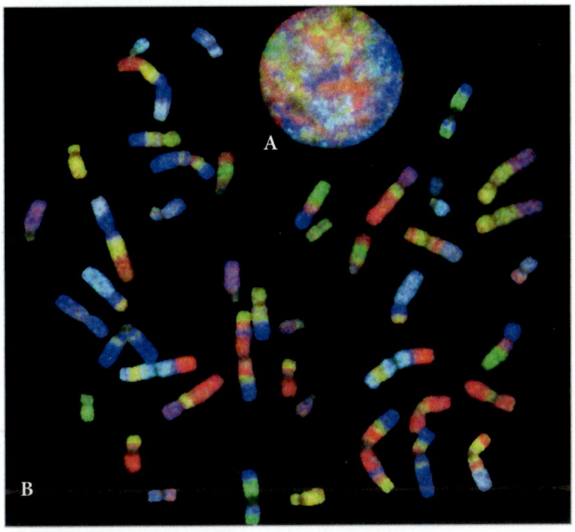

83.2 Chromosomen Painting. A Interphasekern; **B** Metaphase-Chromosomen

Diese Schlussfolgerung deckt sich wieder mit einer Beobachtung der Cytogenetik aus den 1930er Jahren. Am Rand der Zellkerne findet sich oft besonders dicht gepacktes Chromosomenmaterial, das damals als Heterochromatin bezeichnet wurde.

Auch weiterführende Experimente auf molekularbiologischer Ebene bestätigen die Hypothese der Gen-Stilllegung in Randbereichen des Kerns: Wurden aktive Gene von ihrem üblichen Aufenthaltsort im Zentrum des Zellkerns entfernt und an den Rand des Zellkerns verfrachtet, reduzierte sich die Aktivität dieser Gene beträchtlich. Offensichtlich herrschen im Randbereich des Zellkerns Bedingungen, die das Stummschalten von Genen beeinflussen.
Andererseits gibt es in der Mitte des Zellkerns regelrechte Zentren der Gen-Expression, die als Transkriptionsfabriken bezeichnet werden. Hier sind Enzyme und andere Zellkomponenten lokal angereichert, die zur Aktivierung und Transkription von Genen benötigt werden.

Aber nicht nur auf cytogenetischer Ebene ist inzwischen Vieles zur Regulation der Gene bei Eukaryoten bekannt, auch auf molekulargenetischer Ebene nimmt das Wissen zu.

Während Prokaryoten nur über eine RNA-Polymerase verfügen, gibt es bei Eukaryoten drei verschiedene. Die RNA-Polymerasen I und III transkribieren RNA-Moleküle, die direkt verwendet werden, zum Beispiel als tRNAs oder als rRNAs für die Ribosomen. Die RNA-Polymerase II hingegen ist nur für die Transkription der Protein codierenden Gene zuständig. Im Gegensatz zu prokaryotischen RNA-Polymerasen kann die eukaryotische RNA Polymerase II eine Transkription nicht selbstständig starten.
Vielmehr wird die Anlagerung der RNA-Polymerase II an die Initiator-Region, den Teil des Promotors, an dem die Transkription des Gens beginnt, durch verschiedene Proteine vermittelt (Abb. 84.1).

Etwa 25 Basenpaare stromaufwärts von der Initiator-Region liegt die **TATA-Box,** eine DNA-Region des Promotors, die besonders viel Thymin und Adenin enthält. Diese TATA-Box ist typisch für viele eukaryotische Promotoren. Die TATA-Box wird von mehreren Proteinen erkannt, die nach dem Schlüssel-Schloss-Prinzip an den Promotor binden. Verändert sich die Sequenz der TATA-Box durch eine Mutation, verändert sich die Bindungsaffinität der Proteine und somit auch die Transkriptionsrate des nachfolgenden DNA-Abschnittes.
Die an die TATA-Box bindenden Proteine werden Transkriptionsfaktoren (TF) genannt. Weil sie die Promotoren der meisten Protein codierenden DNA-Abschnitte erkennen, heißen sie **allgemeine Transkriptionsfaktoren.** Erst wenn diese TF alle angelagert sind, kann bei Eukaryoten die Transkription der DNA starten.

Typisch für eukaryotische Gene sind weitere DNA-Sequenzen, die die Transkription regulieren (Abb. 84.2). Diese befinden sich nicht in direkter Nähe der zugehörigen codierenden Sequenzen, sondern können tausende Basenpaare entfernt davon liegen. Trotzdem werden die Regionen nur dann wirksam, wenn sie sich räumlich nahe bei den DNA-Sequenzen befinden, die sie regulieren. Dies gelingt durch Schleifenbildung der DNA ①. Auch diese regulatorischen DNA-Sequenzen fungieren nur als Bindungsstellen für weitere TF. Sie sind in der Regel typisch für bestimmte Gene und werden deshalb als **spezifische Transkriptionsfaktoren** bezeichnet ②.

Manche dieser DNA-Regionen wirken sich auf die Transkription verstärkend aus, sie werden dann als **Enhancer** (engl. Verstärker) bezeichnet ③. Andere wirken hingegen als **Silencer** (engl. Dämpfer). Beiden ist gemeinsam, dass ihre spezifisch bindenden TF nicht direkt mit dem zugehörigen, codierenden DNA-Abschnitt wechselwirken. Dies geschieht über den Mediator, einen Proteinkomplex, an den jeweils auch mehrere Enhancer oder Silencer gleichzeitig andocken können ④. Das Zusammenspiel der am Mediator-Komplex gebundenen Enhancer und Silencer reguliert die Transkriptionsrate eines Gens.

Der Mediator besteht aus den bis zu 20 allgemeinen Transkriptionsfaktoren. Er steht einerseits in Kontakt mit der RNA Polymerase II und wird andererseits durch weitere TF beeinflusst ⑤. Diese binden an DNA-Abschnitte, die direkt stromaufwärts vor der TATA-Box liegen. Eine zusätzliche Regulierungsmöglichkeit bieten Isolator-Regionen der DNA ⑥. Diese werden spezifisch von einem Protein erkannt, das sich daran anlagert. Dadurch wird das stromaufwärts gelegene Gen vor Enhancer-Mediator-RNA-Polymerase-Komplexen geschützt.

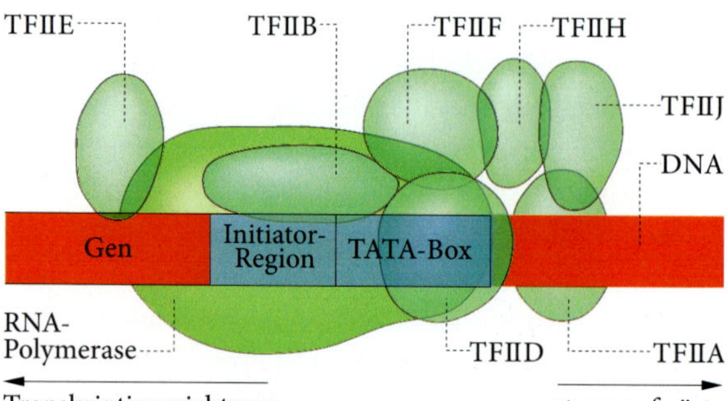

84.1 Eukaryotische Transkription

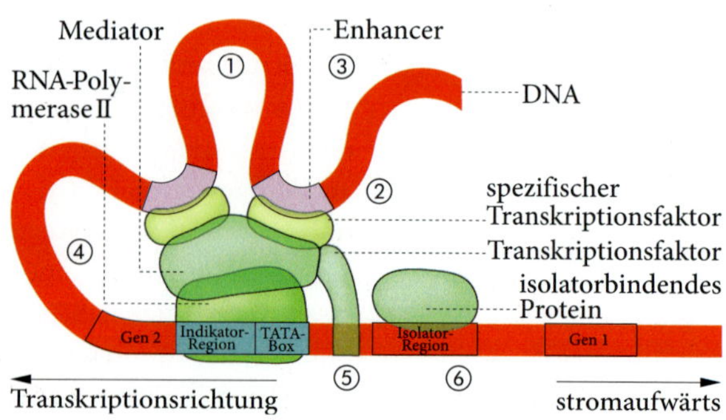

84.2 Enhancer-Mediator-RNA-Polymerase-Komplex

Die Isolator-Regionen können ihrerseits reguliert werden, indem bestimmten Basen enzymatisch Methylgruppen angeheftet werden. Durch diese Methylierung kann das isolatorbindende Protein nicht mehr an die Isolator-Region binden. So stehen dann auch diese Gene für das Andocken von Mediator-RNA-Polymerase-Komplexen offen.

Nun bleibt noch zu klären, wie die Regulation der Genaktivität von außen angestoßen werden kann. Beispielhaft wird hierzu die Wirkung von **Hormonen** auf ihre Zielzellen erläutert (Abb. 85.1). Hormone sind Botenstoffe, die über das Blut verteilt und dann von ihren Zielzellen gebunden werden. Viele Hormone sind hydrophil und können deshalb die lipophile Zellmembran nicht durchdringen. Diese Hormone wirken über spezielle Rezeptoren an den Außenseiten ihrer Zielzellen.
Einige Hormone sind jedoch selbst lipophil wie zum Beispiel die Steroidhormone Östradiol und Testosteron ①. Diese bestimmen als Geschlechtshormone die Ausprägung des männlichen und weiblichen Phänotyps entscheidend mit. Die lipophilen Steroidhormone bleiben mithilfe spezieller Transport-Proteine ② im hydrophilen Blut gelöst. Im Gegensatz zu hydrophilen Hormonen können Lipophile durch die Zellmembran diffundieren. Das Cytoplasma auf der anderen Membranseite ist jedoch wieder hydrophil, sodass die Hormone in der Zelle erneut auf Transport-Proteine angewiesen sind ③.

Diese intrazellulären Transportproteine erfüllen zwei Funktionen und besitzen deshalb auch zwei Bindungsstellen: Einerseits fungieren sie als Steroidrezeptor, andererseits aber auch als Transkriptionsfaktor an der DNA.

Solange der Steroidrezeptor kein Hormon gebunden hat, ist er mit einem Inhibitor-Protein verbunden ④. Dieses verhindert, dass der Steroidrezeptor als Transkriptionsfaktor wirkt und sich an bestimmte DNA-Regionen bindet. Erst durch die Anlagerung des Steroidhormons verändert der Rezeptor seine Raumstruktur und das Inhibitor-Protein trennt sich ab ⑤. Der aktivierte Steroidrezeptor-Komplex diffundiert in den Zellkern ⑥. Dort kann er sich an eine Enhancer-Region anlagern ⑦ und aktiviert diese als spezifischer Transkriptionsfaktor ⑧. Daraufhin kommt es zur DNA-Schleifenbildung ⑨ und die Enhancer-Region tritt in Kontakt mit einem bereits vorhandenen Mediator-RNA-Polymerase-Komplex ⑩. Dadurch erhöht sich die Transkriptionsrate des Gens ⑪.

1 Beschreiben Sie die Unterschiede zwischen allgemeinen und spezifischen Transkriptionsfaktoren.

2 Beschreiben Sie die Bedeutung allgemeiner und spezifischer Transkriptionsfaktoren.

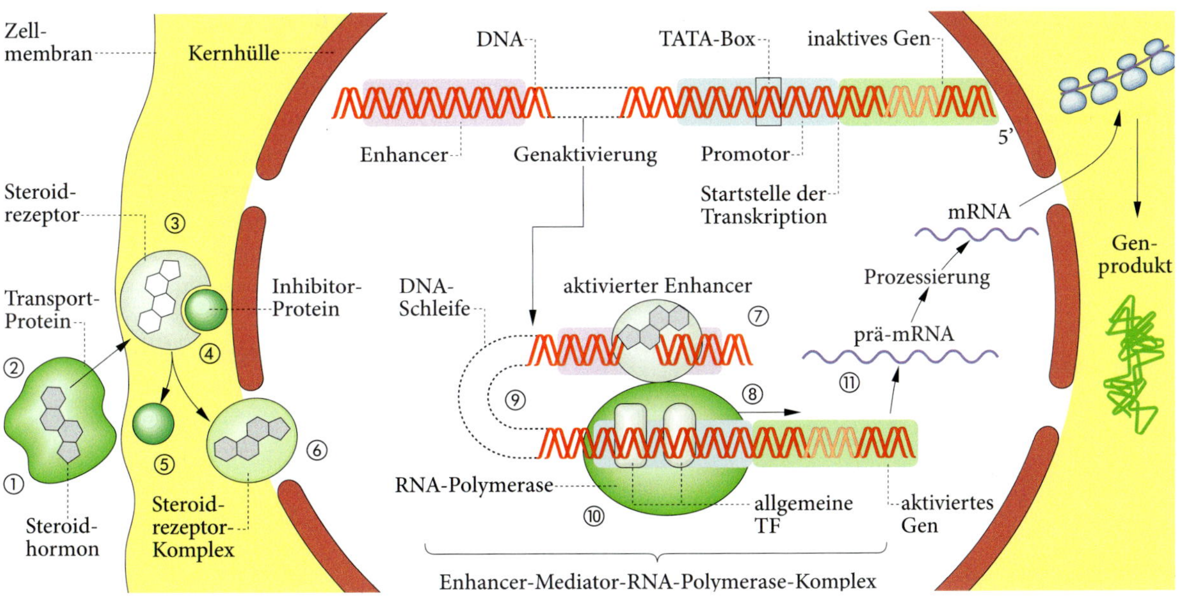

85.1 Modell der Genaktivierung durch Steroidhormone

86.1 *Drosophila* Mutante *Bithorax*

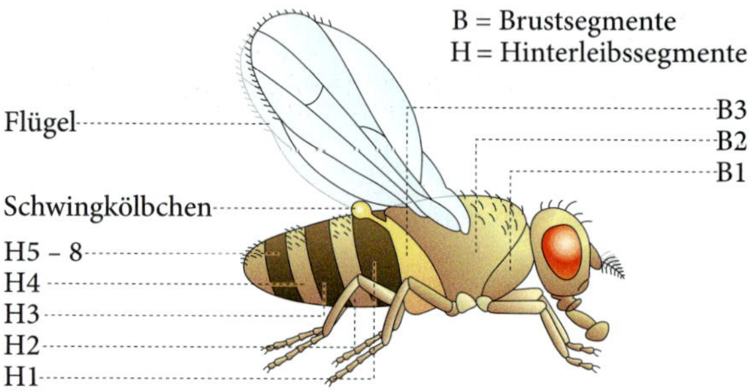

86.2 Segmentierung bei *Drosophila*

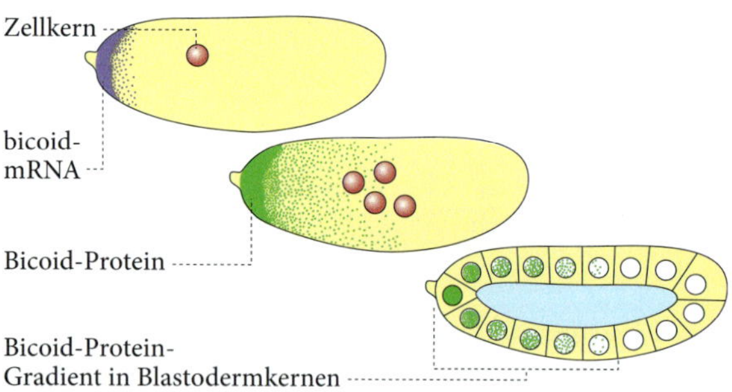

86.3 Bicoid Gradient

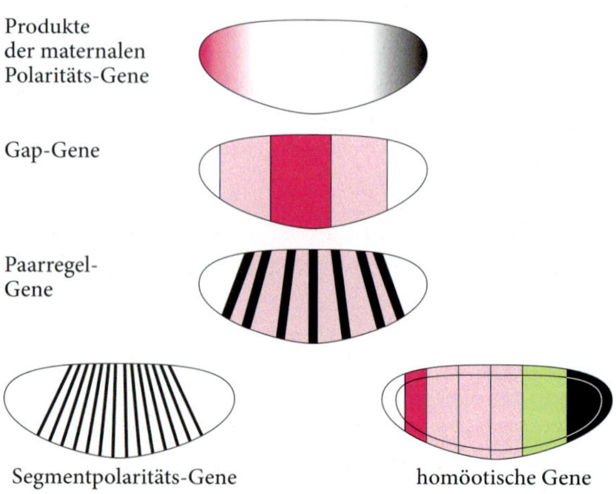

86.4 Expression entwicklungssteuernder Gene

5.4 Entwicklungssteuerung durch Gene

Im Jahr 1915 fand Calvin Bridges, ein Mitarbeiter Morgans aus dem legendären Fly-Room, eine ungewöhnliche, vierflügelige Taufliege (Abb. 86.1). Er nannte dieses *Drosophila* Mutante *bithorax* (lat. *bi*, zwei; gr. *thorax*, Brust). Dabei ist das dritte Brustsegment B3 umgewandelt, das normalerweise die Schwingkölbchen trägt. Es ist nun genauso aufgebaut wie das zweite Brustsegment B2, das die normalen Flügel trägt (Abb. 86.2). *Bithorax* hat also zweimal das Segment B2 und kein mal B3.

Weitergehende Untersuchungen zeigten, dass die Entwicklung von *Drosophila* genetisch gesteuert wird. Von den rund 20 000 *Drosophila*-Genen sind etwa 100 an der Steuerung von Entwicklungsprozessen beteiligt. Die deutsche Entwicklungsbiologin Christiane Nüsslein-Volhard erzeugte zusammen mit dem Amerikaner Eric Wieschaus besondere *Drosophila*-Mutanten, indem sie einzelne dieser Gene ausschalteten. Aus dem veränderten Phänotyp konnten sie auf die eventuell gestörte Funktion des jeweiligen **Entwicklungskontrollgens** schließen. Diese Gene kontrollieren die Entwicklung eines *Drosophila*-Embryos in einer hierarchischen, dreistufigen Kaskade:

- Bereits im noch unbefruchteten Ei werden Vorder- und Hinterpol bestimmt;
- dann wird die Gliederung des Embryos in Segmente festgelegt und
- dann werden die unterschiedliche Morphologie und die Funktionsmöglichkeiten der Segmente bestimmt.

Die Entwicklungskontrollgene lassen sich in **maternale** und **zygotische Gene** einteilen. Letztere stehen unter der direkten Kontrolle der maternalen Gene. Zum Beispiel wird das maternale Polaritätsgen *bicoid* bereits in Zellen des Eierstocks transkribiert. Die *bicoid*-mRNA wird in den Vorderpol des Eies eingelagert und nach der Eiablage in das Protein Bicoid translatiert. Dessen Konzentration nimmt vom Vorder- zum Hinterpol ab (Abb. 86.3). Das Protein Bicoid kontrolliert seinerseits nachgeschaltete zygotische Entwicklungskontrollgene. Ist das *bicoid*-Gen mutiert, entsteht ein Embryo ohne Kopf- und Brustsegmente.
Zygotische **Gap-Gene** (engl. *gap*, Lücke) unterteilen den noch ungegliederte Embryo entlang der Körperlängsachse grob in breite Zonen. Mutieren diese Gene, fallen in der Larve breite Bereiche aus, beispielsweise bei einer Mutante Kopf- und Brust- sowie zwei weitere Segmente.

Die Produkte der Gap-Gene wiederum aktivieren **Paarregel-Gene:** Durch sie wird der Insektenembryo zellulär gegliedert und die Zellen werden bestimmten Körperabschnitten zugeordnet. Mutieren diese Gene, fällt jedes zweite Segment aus, daher rührt der Name Paarregel-Gen. Die anschließend aktivierten **Segmentpolaritäts-Gene** legen die endgültigen Segmentgrenzen der Larve sowie die Ausrichtung der Segmente entlang der Körperlängsachse fest (Abb. 87.1). Mutationen dieser Gene führen zu Embryonen mit veränderten Polen.

Nachdem die Aktivität der **Segmentierungs-Gene** den *Drosophila*-Embryo in regelmäßige Segmente unterteilte, werden diese von **homöotischen** Genen (gr. *homoio*, gleichartig) in Kopf-, Thorax- oder Hinterleibssegmente differenziert. Mutieren solche Gene, entstehen Körperabschnitte, die bereits vorhandenen ähneln, weil Teile wie Antennen, Flügel, Beine oder Augen gebildet werden, die nicht zu den Segmenten passen wie zum Beispiel die *Bithorax*-Mutante (Abb. 86.1). Die meisten dieser homöotischen Gene gehören entweder zum Antenna-Pedia-Komplex, der die Bildung der Körperteile am Kopf und den vorderen Brustsegmenten steuert, oder zum Bithorax-Komplex. Dieser bestimmt die Körperanhängsel des hinteren Brustsegmentes und der Hinterleibssegmente. Edward LEWIS forschte seit 1978 intensiv zum Bithorax-Komplex und konnte das Zustandekommen der Mutante erklären.

Der Schweizer Walter GEHRING entdeckte 1984, dass in den homöotischen Genen von *Drosophila* eine bestimmte DNA-Sequenz von 180 Basenpaaren immer wiederkehrt und nannte diese identischen DNA-Abschnitte **Homöobox.**
Die Homöobox wird in ein 60 Aminosäuren langes Protein translatiert, die **Homöodomäne,** die als Transkriptionsfaktor wiederum andere Gene kontrolliert. Bisher hat man bei allen untersuchten Organismen Homöobox-Gene gefunden. Bei Wirbeltieren werden die Homöobox-Gene als **Hox-Gene,** bei Gliedertieren wie Insekten als **Hom-Gene** bezeichnet. Diese Gene sind gruppenweise in **Clustern** verteilt. Bei *Drosophila* liegen die Cluster auf einem Chromosom (Abb. 87.2), bei Wirbeltieren wie Mensch und Maus sind sie auf vier Chromosomen. Trotzdem können die Cluster von Maus und Insekt homologisiert werden. Die Reihenfolge der Gene eines Clusters bestimmt die zeitliche Abfolge der Expression und gleichzeitig den

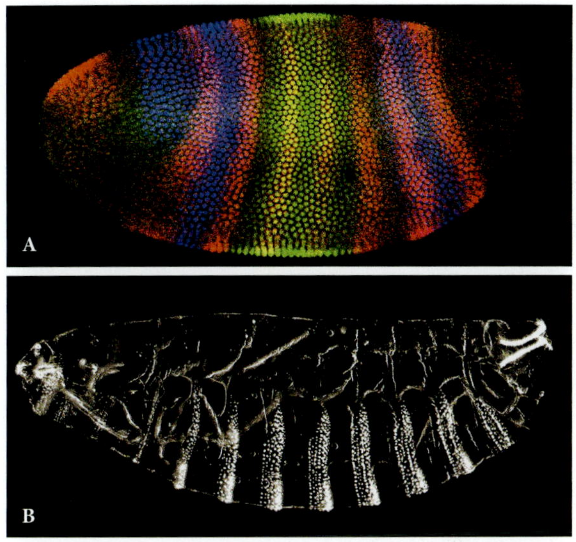

87.1 Expression von Segmentierungsgenen. A Fluoreszenzmarkierung; **B** Strukturierung der Larve

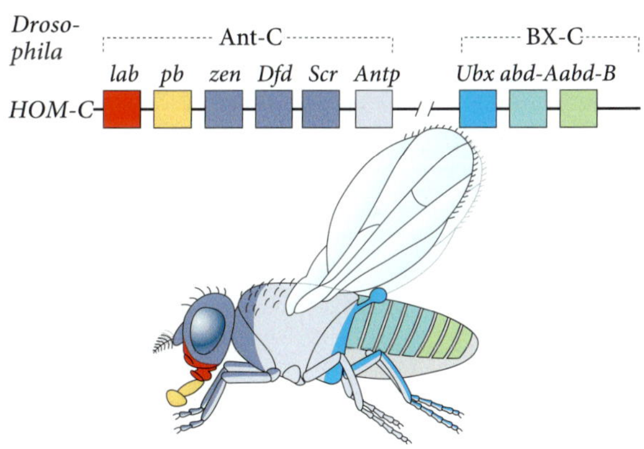

87.2 Hom-Gene bei ***Drosophila***

Wirkort der Genprodukte. Die homoiotischen Gene sind anscheinend ein universelles Steuerelement, denn es gibt beispielsweise Froschproteine, die beim *Drosophila*-Embryo die gleiche Wirkung bei der Differenzierung in Bauch und Rücken haben wie beim Frosch.

LEWIS, NÜSSLEIN-VOLHARD und WIESCHAUS wurden für ihre Forschungsergebnisse 1995 mit dem Nobelpreis geehrt.

1 Übertragen Sie die hierarchische Kaskade der Entwicklungskontrollgene in ein Fließschema.

2 Erläutern Sie das Zustandekommen der *Bithorax*-Mutante.

Praktikum

Wachstumsregulierung beim Rübsen

88.1 *Wisconsin Fast* **in Torfquelltöpfen**

Rübsen *(Brassica rapa)* ist eine der Elternarten des Rapses, gehört zur Familie der Kreuzblütler und ist eng verwandt mit verschiedenen Kohl- und Senfarten. An der Universität Wisconsin, USA, wurde für Forschungs- und Unterrichtszwecke eine besonders schnell wachsende Form des Rübsen gezüchtet („*Wisconsin Fast*"). Diese ist inzwischen auch in Deutschland in verschiedenen Sorten im Lehrmittelhandel erhältlich. „*Wisconsin Fast*" benötigt von der Aussaat der Samen bis zur Produktion eigener Samen nur 35 Tage. Dazu müssen die Pflanzen unter Dauerlicht und bei 21 bis 27 °C herangezogen werden.

Die im Versuch eingesetzte Gibberellinsäure gehört zu einer Gruppe von Pflanzenwuchsstoffen, die 1926 von KUROSAWA in Japan entdeckt wurde. Er beobachtete an Reispflanzen manchmal ein abnormes Streckungswachstum und identifizierte mit *Gibberella fujikuroi* einen Pilz als Auslöser dafür. Die aus dem Pilz isolierten wirksamen Substanzen werden **Gibberelline** genannt. Heute sind aus Pflanzen über 100 verschiedene Gibberelline bekannt, die als **Pflanzenhormone** vor allem das Streckungswachstum beeinflussen.

Material: Schreibtischlampe mit 60-Watt-Birne (keine Pflanzenlampe), Zimmertreibhaus mit 30 cm hoher durchsichtiger Kunststoffabdeckung, PASTEUR-Pipette, 6 Torfquelltöpfe, 4 Stützstäbe, Wollfaden, Thermometer, markierte Zahnstocher, Pinzette, 4 Rübsensamen Rosettentyp (*Wisconsin Fast*), 2 Rübsensamen Wildtyp (*Wisconsin Fast*), Gibberellinsäure (Fertiglösung des Lehrmittelhandels), lauwarmes Wasser

Durchführung:

1. Die Quelltöpfe werden in die Wanne des Treibhauses gelegt und gerade eben mit lauwarmem Wasser bedeckt.
2. Nach etwa zehn Minuten ist der Quellvorgang abgeschlossen, jeweils ein Samenkorn wird mit einer feuchten Pinzettenspitze aufgenommen, in die Vertiefung des Quelltopfes vorsichtig abgestreift und mit Torf bedeckt.
3. Die Quelltöpfe werden jeweils mit einem Zahnstocher spezifisch markiert. Die Treibhauswanne wird mit einem Thermometer bestückt und dann mit der Kunststoffabdeckung verschlossen.
4. Der Boden der Treibhauswanne soll im weiteren Versuchsverlauf immer mit Wasser bedeckt sein, eventuell muss mit lauwarmem Wasser nachgegossen werden.
5. Die Lampe wird knapp so über der Abdeckung positioniert, dass diese durch die Wärmeentwicklung nicht beschädigt und die Maximaltemperatur von 27 °C im Gewächshaus nicht überschritten wird.
6. Die Pflanzen werden über das gesamte Experiment hinweg dauerbeleuchtet. Der optimale Temperaturbereich von 21 bis 27 °C sollte eingehalten werden.
7. Die heranwachsenden Pflänzchen des Wildtyps haben zarte Stängel, sie müssen daher mit Wollfäden locker an den Stützstäben aufgebunden werden.
8. 10 bis 14 Tage nach der Aussaat werden zwei der vier Rosettenpflanzen gesondert markiert.
9. Auf deren Vegetationszone (das ist die Knospe in der Mitte der wachsenden Pflanze) wird mit der PASTEUR-Pipette ein Tropfen Gibberellinsäure aufgetropft.
10. Das Treibhaus wird verschlossen und die Pflanzen werden für weitere 14 Tage bei den genannten Bedingungen kultiviert.

Aufgaben:

a) Erläutern Sie die Anzuchtbedingungen für die schnell wachsende Form des Rübsen.

b) Protokollieren Sie die Keimung und das Längenwachstum der Pflanzen. Vergleichen Sie Ihre Pflanzen mit den abgebildeten.

c) Vergleichen Sie die Pflanzen des Rosettentyps und die des Wildtyps.

d) Vergleichen Sie die unbehandelten Rosetten-Pflanzen mit den mit Gibberellinsäure behandelten Pflanzen und den Wildtyp-Pflanzen. Stellen Sie begründete Hypothesen über die Wirkung der Gibberellinsäure auf.

e) Die Rosettenform des Rübsen ist durch eine Mutation entstanden. Erklären Sie, um welche Mutation es sich handeln muss.

f) Interpretieren Sie das Ergebnis dieses Experiments auf der molekulargenetischen Ebene der Ein-Gen-Ein-Polypeptid-Hypothese.

1 Fuß am Kopf

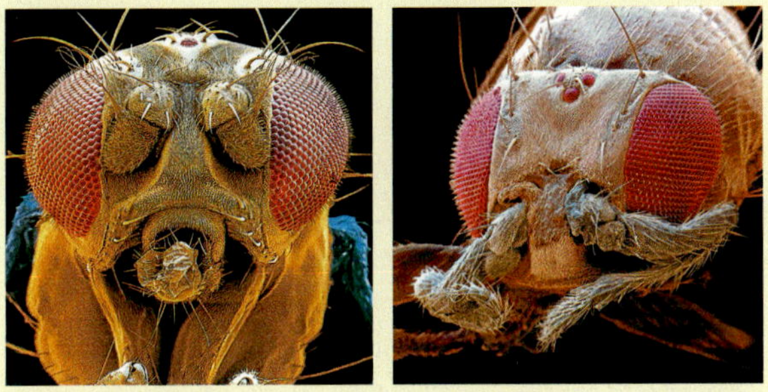

89.1 ***Drosophila*** **Kopf. A** Normalentwicklung; **B** Antennipedia

Die Abbildung zeigt eine Mutante der Taufliege *Drosophila* (B) im Vergleich zur Normalentwicklung (A).

a) Beschreiben Sie die abgebildete Mutation.

b) Bei dieser Mutation ist es zu einer Störung in der genetischen Entwicklungssteuerung gekommen. Erläutern Sie, welcher Stufe der Entwicklungssteuerung das Gen zuzurechnen ist, das zu dieser Veränderung im führt.

2 Puff und Puppe

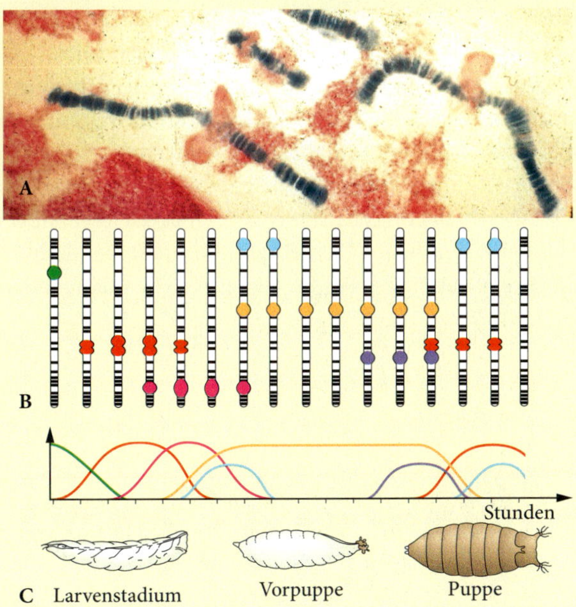

89.2 Riesenchromosomen bei Zuckmücken. A mikroskopische Aufnahme; B Puffbildung; C Proteinbildung

In Zellkernen der Speicheldrüsen von Zuckmücken gibt es Riesenchromosomen. An einigen Stellen, die Puffs genannt werden, sind die Riesenchromosomen aufgelockert (A). Während der Entwicklung verändert sich das Muster der Puffs (B) auf einem Chromosom, was sich auch in unterschiedlichen Konzentrationen mit den Puffs korrelierter Proteine zeigt (C).

a) Beschreiben und erläutern Sie die Vorgänge, die in den Puffs ablaufen.

b) Erklären Sie, inwiefern die obige Abbildung ein Beleg für die differenzielle Genaktivität ist.

3 Antileader und Attenuator

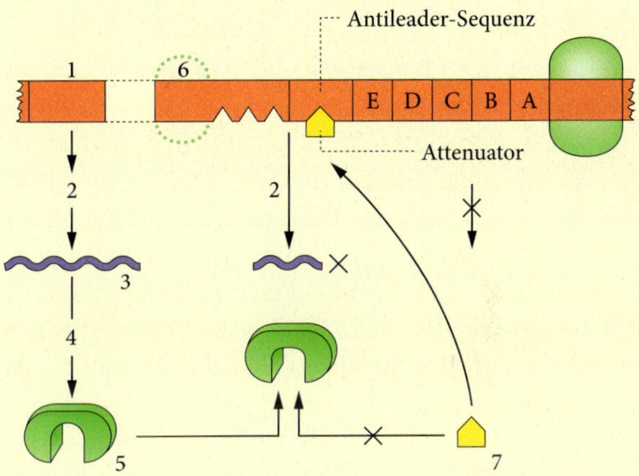

89.3 Tryptophan Operon mit zusätzlichen Hemmmechanismen

Der amerikanische Genetiker Charles YANOFSKY konnte 1981 zeigen, dass die Reprimierung des Tryptophan-Operons nicht nur über einen tryptophan-aktivierten Repressor erfolgt. Zwischen dem Operatorgen und dem ersten Strukturgen des Tryptophan-Operons gibt es im Operon eine spezielle DNA-Sequenz, den sogenannten Antileader. Dieser besteht aus 161 Nukleotidpaaren.

Der Antileader wird wie die Strukturgene transkribiert und liefert den Leader der mRNA. An diesem werden die Ribosomen während der Translation entlang geführt. Ribosomen erkennen den Anfang einer mRNA anhand dieser Leader-Sequenz.

In der Antileader-Sequenz des Operons gibt es eine Nukleotidsequenz, die als Attenuator (engl., Abschwächer) bezeichnet wird. Sollte Tryptophan im Cytoplasma vorhanden sein, aktiviert dieses nicht nur den Repressor, sondern es bewirkt auch, dass die Transkription des Leaders an dieser Stelle abbricht. Somit haben die Attenuatorbereiche Ähnlichkeit mit den Terminatoren der mRNA.

YANOFSKY entdeckte diesen Mechanismus, als er Mutanten von *Escherichia coli* fand, die einen veränderten inaktiven Repressor bildeten, der durch Tryptophan nicht mehr aktiviert werden konnte. Trotzdem unterblieb bei diesen Mutanten bei Anwesenheit von Tryptophan die Exprimierung von Tryptophan synthetisierenden Enzymen.

a) Beschreiben Sie Abbildung 89.3. Benennen sie dabei die Ziffern 1 bis 7.

b) Erläutern Sie, warum die mutierten *Escherichia coli* Bakterien bei Anwesenheit von Tryptophan trotzdem keine Strukturgene des Operons exprimierten.

5.5 Epigenetik

Die Königin und die Arbeiterinnen eines Bienenstocks scheinen nicht viele Gemeinsamkeiten zu haben. Die kleineren Arbeiterinnen sammeln Nahrung, halten den Stock sauber, pflegen und füttern die Brut, werden maximal ein halbes Jahr alt und vermehren sich nicht. Die größere Königin hingegen beteiligt sich nicht an den Arbeiten im Stock, sondern legt nur Eier. Sie wird bis zu fünf Jahre alt und sorgt durch die Absonderung von Pheromonen für den Zusammenhalt des Bienenstocks.

Trotz dieser phänotypischen Unterschiede haben Arbeiterinnen und Königin denselben Genotyp. Allein das Futter während des Larvenstadiums entscheidet über die Entwicklung des Phänotyps (Abb. 90.1). Werden die älteren Larven mit Pollen und Honig gefüttert, entstehen Arbeiterinnen. Erfolgt die Fütterung mit dem fett- und eiweißreichen Gelée Royale, das in den Kopfdrüsen der Ammenbienen produziert wird, reifen die Larven zu Königinnen heran. Das Gelée Royale hat somit einen direkten Einfluss auf die Entwicklung des Individuums.

Im Verlauf der Entwicklung werden Gene chronologisch an- und abgeschaltet (→ S. 86). Das heißt, zu verschiedenen Zeiten wird immer nur ein bestimmter Teil der genetischen Information einer Zelle abgelesen, während andere Bereiche des Genoms stillgelegt sind. Die Beobachtungen bei der Bienenentwicklung legen eine zusätzliche Beeinflussung dieser genetisch festgelegten Genregulation durch die Ernährung nahe.

Daher wurde die Wirkung von Gelée Royale auf weibliche Bienenlarven experimentell untersucht. Es zeigte sich, dass sich die Larven auch dann zu Königinnen entwickeln, wenn sie nicht mit Gelée Royale gefüttert werden, aber in den Larven ein Enzym gehemmt wird, die DNA-Methyltransferase.

Weiterhin zeigte die Überprüfung der Methylierungsmuster von Arbeiterinnen und Königinnen, dass bei Arbeiterinnen vergleichsweise viele Gene methyliert sind. Diese Ergebnisse werden dahingehend gedeutet, dass die Fütterung mit Gelée Royale zu einer Hemmung der DNA-Methyltransferase (Abb. 90.2) und damit zu einer Veränderung des Methylierungsmusters im Genom der Larven führt. Diese Methylierungen der DNA entscheiden offenbar über die weitere Entwicklung der Larven.

Die Methylierung der DNA betrifft in der Regel die Base Cytosin, die durch das Anhängen einer Methylgruppe am fünften Kohlenstoffatom zu 5-Methylcytosin modifiziert wird. Dies erfolgt enzymatisch durch DNA-Methyltransferasen. Durch die Methylierung wird die Raumstruktur der DNA verändert. Dadurch wird die RNA-Polymerase blockiert und die Transkription verhindert. Die betroffenen Gene sind abgeschaltet ①.

Der Methylierungszustand der DNA kann mitotisch in die nächste Zellgeneration und über die Keimzellen auch in die nächste Individuengeneration weitergegeben werden. Die Methylierungsmuster werden dann bei der Replikation enzymatisch übernommen.

Der Methylierungsszustand der DNA ist reversibel, das heißt durch eine Demethylase können die Methylgruppen entfernt und die Gene wieder angeschaltet werden ②.

90.1 Futter beeinflusst die Phänotypbildung

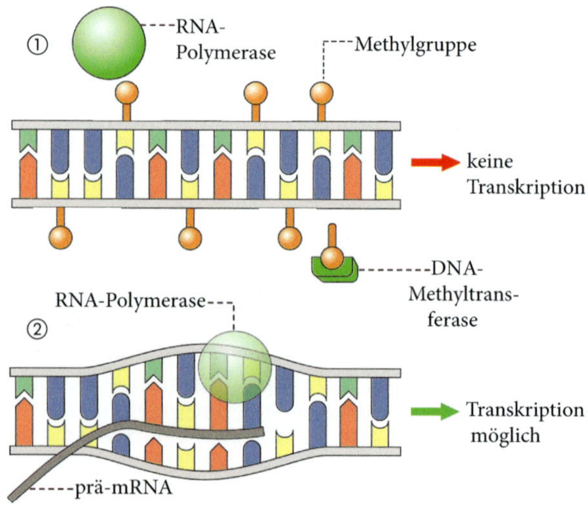

90.2 Gen-Inaktivierung durch Methylierung

Das Teilgebiet der Genetik, das sich mit erblichen Veränderungen in der Genomregulation beschäftigt, die nicht auf eine Änderung der DNA-Sequenz zurückzuführen sind, ist die **Epigenetik** (gr. *epi*, darüber). Diese Veränderungen können, wie das Beispiel der Honigbiene zeigt, auch durch Umwelteinflüsse hervorgerufen werden.
Die Methylierung der DNA ist ein zentraler Mechanismus der epigenetischen Modifikation bei Eukaryoten, der auch beim Menschen nachgewiesen wurde. So zeigten Vergleiche von Genomen unterschiedlich alter, eineiiger Zwillingspaare, dass die Unterschiede der Methylierungsmuster mit zunehmendem Alter größer werden. Weiterhin sind sie umso größer, je unterschiedlicher die Lebensbedingungen der Zwillinge sind. Nikotin- und Alkoholkonsum, Nahrungsmenge aber auch Traumata können sich auf die Methylierungsmuster und damit teilweise auch auf die nachfolgenden Generationen auswirken.

Ein weiterer epigenetischer Mechanismus ist die Modifikation der Histone und daraus resultierend der Kondensationsgrad des Chromatins. Histone sind positiv geladene Proteine, die die DNA im Zellkern der Eukaryoten verpacken (→ S. 48). Acht Histone bilden einen Proteinkomplex, das Nukleosom, um das der DNA-Faden mit jeweils zwei Windungen gewickelt ist. Der Komprimierungsgrad dieser Verpackung ist unterschiedlich. Ist der DNA-Faden eng um das Nukleosom gewickelt, wird der Zustand als Heterochromatin bezeichnet. Die Gene sind dann nicht lesbar, weil die RNA-Polymerase durch die enge Wicklung nicht an die DNA herankommt. Im dekondensierten Zustand ist die DNA locker gewickelt. Dieser Zustand wird Euchromatin genannt. Hier sind die Gene aktiv und können transkribiert werden (Abb. 91.1).
Bei der Histonmodifikation werden enzymatisch funktionelle Gruppen an bestimmte Aminosäuren der Histone angefügt. Das sind unter anderem Acetylgruppen, die von der Histonacetyl-Transferase an die Histone angelagert und von der Histon-Deacetylase abgespalten werden können. Alle Modifikationen verändern die Wechselwirkungen der Histone untereinander und mit der DNA. So führt eine Acetylierung der Histone zu einer lockeren Wicklung, während eine Deacetylierung eine enge Wicklung des DNA-Fadens um die Nukleosomen bedingt.

Epigenetische Modifikationen können auch bei der Entstehung von Krebs eine Rolle spielen. Werden Gene epigenetisch ausgeschaltet, können sie dadurch ihre Kontrollfunktion verlieren. Die Folge kann ein ungehemmtes Wachstum von Körperzellen sein. Es ist bekannt, dass sich die Methylierungsmuster in Krebszellen von denen normaler Körperzellen deutlich unterscheiden. Daher wird in der Krebsforschung versucht, die epigenetischen Modifikationen gezielt mit Hemmstoffen der DNA-Methyltransferasen zu beeinflussen. Erste Medikamente sind bereits auf dem Markt.

1 Beschreiben Sie die epigenetischen Modifikationen.

2 Beschreiben Sie die Weitergabe von Methylierungsmustern an Tochterzellen.

3 Entwickeln Sie eine Hypothese für die Wirkung von epigenetisch modifizierenden Medikamenten.

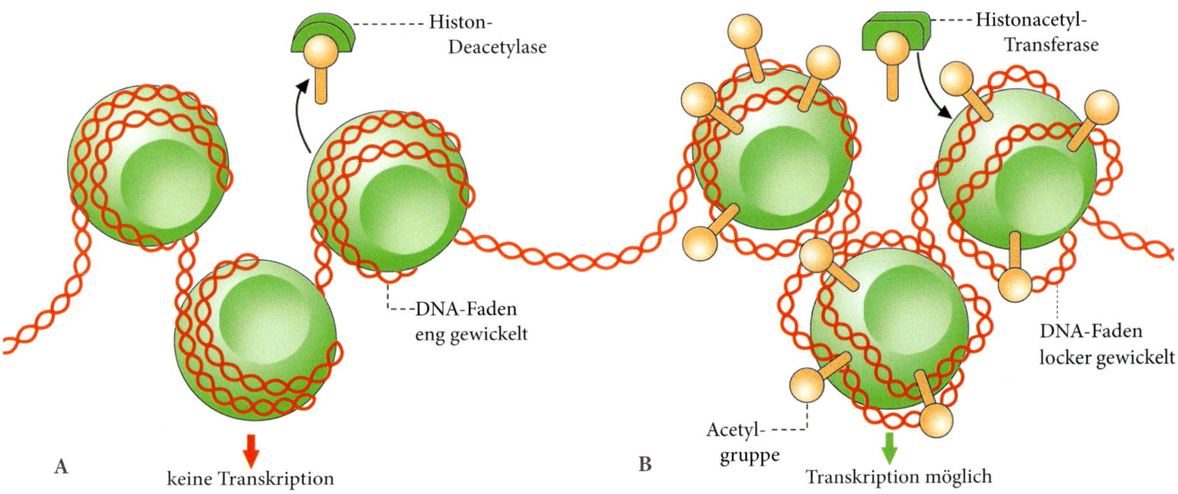

91.1 Histonmodifikation und Kondensationsgrad des Chromatins. A Heterochromatin; **B** Euchromatin

5.6 RNA-Interferenz

Forscher suchten immer wieder nach Möglichkeiten, die Aktivität bestimmter Gene zu beeinflussen. Ab 1980 verfolgten einige Forscher einen vielversprechenden Ansatz. Sie injizierten synthetische RNA, die zu einem Abschnitt der mRNA eines ausgewählten Genes komplementär und als antisense-RNA (engl. *antisense,* Gegensinn) bezeichnet wird, gezielt in Zellen. Durch die komplementären Basenpaarungen zwischen antisense-RNA und mRNA wurde versucht, die Translation des ausgewählten Genes zu vermindern oder gar ganz abzuschalten. Allerdings gelang dies nicht immer. Erstaunlicherweise konnte die Translation durch RNA, die identisch zu einem Abschnitt der mRNA war und daher als sense-RNA (engl. *sense,* Sinn) bezeichnet wird, teilweise in ähnlicher Weise beeinflusst werden.

Für die Auswirkungen von RNA-Molekülen auf die Genexpression prägte der amerikanische Biochemiker Craig MELLO den Begriff **RNA-Interferenz** (lat. *interferre,* überlagern). Zusammen mit seinem Kollegen Andrew FIRE ging er 1998 diesem Phänomen bei dem Fadenwurm *Caenorhabditis elegans* (Abb. 92.1 A) weiter nach. Dieser Organismus stellt einen Modellorganismus für die Untersuchung von Entwicklungsprozessen dar. Neben antisense- und sense-RNA für einige Gene setzten die beiden Wissenschaftler als Kontrolle auch doppelsträngige RNA mit komplementären Sequenzabschnitten ein. Die verschiedenen RNA-Moleküle injizierten sie in Zellen von *C. elegans* mit überraschenden Ergebnissen: Durch sense-RNA und antisense-RNA wurde die Genaktivität jeweils kaum beeinflusst werden. Dagegen führte die Injektion von doppelsträngiger RNA zur Inaktivierung der Gene. Dazu waren jeweils nur wenige Moleküle nötig. Durch ihre Ergebnisse öffneten die beiden Biochemiker eine neue Tür zu weiteren Forschungsarbeiten und erhielten 2006 den Nobelpreis für Medizin.

In den Folgejahren konnte eine Reihe Forscher zeigen, dass Gene durch synthetische RNA mit 20–29 Nukleotidpaaren besonders effektiv ausgeschaltet werden können. Diese RNA muss jedoch zu einem Teilabschnitt der entsprechenden mRNA komplementär sein. Eine derartige synthetische RNA bezeichnet man daher als small interfering, kurz **siRNA.**

Bei der Erforschung der Wirkmechanismen der siRNA entdeckte man eine neue Art von RNA-Molekülen, die mikro-RNA, kurz **miRNA** (Abb. 92.1 B). Diese wird ebenfalls im Zellkern gebildet und durch die DNA codiert. Im Gegensatz zur mRNA besteht die miRNA aus zwei zueinander komplementären Strängen und ist mit 20–29 Basenpaaren wesentlich kleiner. Inzwischen sind für den Menschen mehrere hundert miRNAs unterschiedlicher Sequenz bekannt. Die Sequenz einer der beiden miRNA-Stränge ist exakt komplementär zu einer Teilsequenz einer bestimmten mRNA des gleichen Genoms. Diese Komplementarität ist für die Funktion der miRNA wichtig. Nach dem Transport einer miRNA aus dem Zellkern in das Cytosol ① wird diese sofort von einem Proteinkomplex, dem **RISC**-Proteinkomplex (engl. *RNA induced silencing complex*) gebunden ②. Der RISC-Komplex

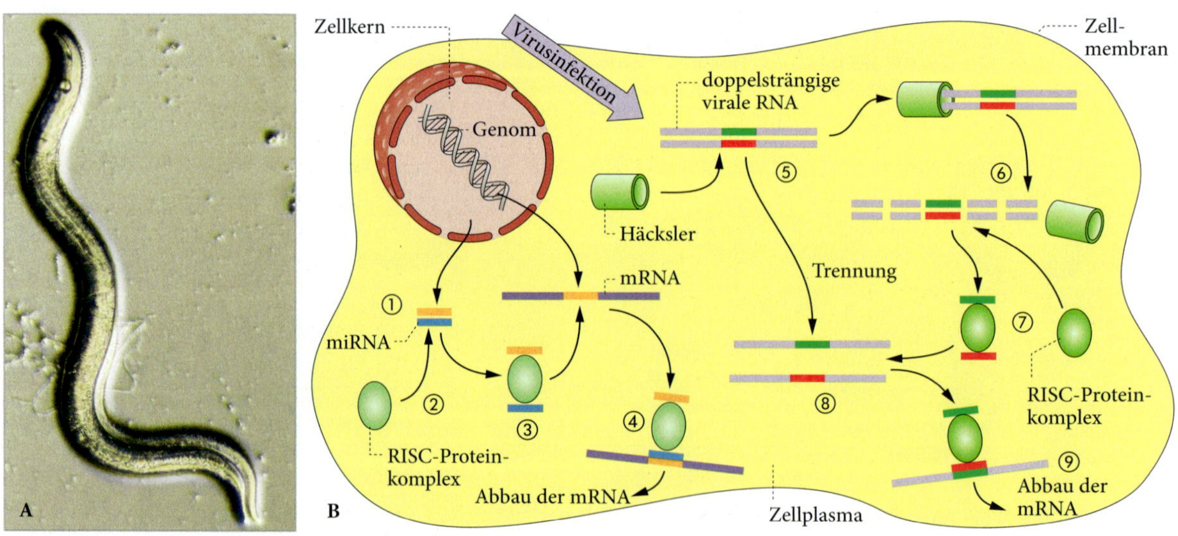

92.1 RNA-Interferenz. A *Caenorhabditis elegans;* **B** molekularer Mechanismus

bindet doppelsträngige RNA-Moleküle mit weniger als 30 Basenpaaren, wie etwa miRNA. Danach trennt er die miRNA in ihre Einzelstränge und präsentiert die beiden RNA-Stränge an verschiedenen Stellen seiner Oberfläche ③. Einer dieser beiden RNA-Stränge an der Oberfläche des Komplexes bindet schließlich an den komplementären Bereich der entsprechenden mRNA ④. Durch diese Bindung wird eine Translation der mRNA sofort unterbunden. Anschließend wird die mRNA durch den RISC-Komplex abgebaut. Damit wird die Translation bestimmter Proteine gezielt gehemmt.
Da man derartige miRNA bisher bei allen dahingehend untersuchten Tieren und Pflanzen fand, handelt es sich bei der RNA-Interferenz um einen wichtigen Mechanismus der Genregulation bei Eukaryonten und zwar auf der Ebene der Translation. Bei der Injektion von siRNA macht man sich diesen Mechanismus zu Nutze, da die siRNA von dem RISC-Komplex gebunden wird. Die Folge ist eine Inaktivierung der entsprechenden mRNA. Auf diese Weise können Gene gezielt ausgeschaltet werden. Damit stellt die RNA-Interferenz heute eines der wichtigsten Verfahren in der Forschung zur Analyse von Genfunktionen und Regulationsmechanismen dar. Darüber hinaus wird siRNA bei bestimmten Krankheiten in der Therapie eingesetzt, an einer Reihe weiterer Anwendungen wird derzeit intensiv geforscht.

Darüber hinaus entdeckten Forscher noch einen weiteren wichtigen Mechanismus in eukaryontischen Zellen, an dem der RISC-Komplex beteiligt ist. Einige Viren nutzen doppelsträngige RNA als Erbinformation. Tritt nach einer Infektion mit derartigen Viren doppelsträngige RNA in den Zellen auf, so wird diese von einem Proteinkomplex gebunden, den man Häcksler nennt ⑤ (Abb. 92.1 B). Dieser Proteinkomplex spaltet die virale RNA in kleinere Abschnitte ⑥, die von dem RISC-Komplex gebunden werden ⑦. Auf diese Weise kann jene mRNA in der Zelle, die aufgrund der viralen Erbinformation gebildet wurde ⑧, erkannt und abgebaut werden ⑨. Damit stellt die Kombination aus Häcksler und RISC einen unspezifischen Abwehrmechanismus gegen doppelsträngige RNA-Viren dar.

1 Skizzieren Sie die RNA-Interferenz durch siRNA.

2 Recherchieren Sie, bei welchen Krankheiten die RNA-Interferenz als Therapie erforscht wird.

Exkurs

Wandel des Genbegriffs

Johann Gregor MENDEL erkennt Regelmäßigkeiten bei der Vererbung von Merkmalen, die er auf Erbfaktoren zurückführt.

Der Pflanzenzüchter Willhelm JOHANNSEN führt den Begriff „Gen" ein. Er versteht dies aber als Rechnungseinheit in statistischen Untersuchungen in Populationen.

Thomas Hunt MORGAN und Alfred STURTEVANT zeigen, dass Gene auf den Chromosomen angeordnet sind. Fortan wird ein Teilstück eines Chromosoms als Gen definiert, das eine sichtbare Eigenschaft des Phänotyps festlegt.

George BEADLE und Edward TATUM formulieren aufgrund ihrer Forschungen die Ein-Gen-ein-Enzym-Hypothese. Demnach codiert ein Gen für ein Enzym. Nachdem in den Folgejahren auch Proteine entdeckt wurden, die keine Enzyme sind bzw. die aus mehreren Untereinheiten bestehen, wurde diese zur Ein-Gen-ein-Polypeptid-Hypothese modifiziert.

Aufgrund des Operon-Modells von Jacques MONOD und Francois JACOB wird der Genbegriff auf regulatorische Abschnitte ausgedehnt, die nicht exprimiert werden.

Entdeckungen von Exons und Introns, Genen für rRNA, tRNA und regulatorischer RNA führen zu weiteren Veränderungen des Genbegriffs. Als Gen wird eine Kombination von DNA-Abschnitten definiert, die zusammen die Information für ein spezifisches Genprodukt, ein Polypeptid oder ein RNA-Molekül codieren.

Aufgrund weiterer Erkenntnisse ist der Genbegriff unter Wissenschaftlern umstritten.

1 Beschreiben Sie, wie sich die einzelnen Gendefinitionen jeweils von der nächst jüngeren Definition unterscheiden.

Aufgaben

1 Was schon LINNÉ und DARWIN zur Verzweiflung brachte

94.1 Leinkraut ***Linaria.*** **A** normale Blüte; **B** pelorische Blüte

1742 findet der schwedische Student Magnus SJÖBERG in seinem Geburtsort auf einer Insel des Roslagen Archipels in der Ostsee eine Pflanze mit besonders geformten Blüten (Abb. 94.1 B). Die Pflanze wird dem berühmten Systematiker Carl von LINNÉ vorgelegt und dieser glaubt zuerst an eine mutwillige Täuschung. Denn trotz ihrer Ähnlichkeit zum Leinkraut (Abb. 94.1 A) erkennt er die Einzigartigkeit der Pflanze. Die Blüte war nicht wie üblich dorsiventral symmetrisch, sondern radiärsymmetrisch ausgebildet.
SJÖBERG bekommt den Auftrag, weitere Pflanzen zu beschaffen. Carl von LINNÉ, überzeugter Anhänger der Konstanz der Arten, musste gar Ungeheuerliches feststellen: „... Peloria (gr. Monster) ist ein Hybrid, also das Resultat der Befruchtung einer normalen *Linaria vulgaris* [Leinkraut] Pflanze durch eine unbekannte zweite Art ...“ Allerdings gelang es LINNÉ zeitlebens nicht, diese unbekannte zweite Art zu bestimmen.

94.2 Löwenmäulchen ***Antirrhinum.***
A normale Blüte; **B** pelorische Blüte

Auch Charles DARWIN untersuchte das Geheimnis pelorischer Blüten, allerdings war sein Untersuchungsobjekt das Löwenmäulchen *Antirrhinum vulgaris* (Abb. 94.2). Er fand heraus, dass Pflanzen mit pelorischen Blüten bei Selbstbestäubung wiederum nur Pflanzen mit pelorischen Blüten hervorbringen. Kreuzte er Pflanzen mit pelorischen und Pflanzen mit normalen Blüten, entstanden nur Pflanzen mit normalen Blüten.

Anschließend überließ DARWIN das Feld mit den Löwenmaul-Hybriden sich selbst und staunte nicht schlecht: Im nächsten Jahr hatten von 127 Pflanzen 37 wieder pelorische Blüten. 90 : 37 – DARWIN konnte mit diesem Zahlenverhältnis nichts anfangen ...
Im Erbgut von *Antirrhinum* wurde 1996 das Gen „*cycloidea*“ entdeckt, das für die Blütensymmetrie verantwortlich ist. *Cycloidea* ist offensichtlich der Schalter, der aus einer radiärsymmetrischen Blütenanlage eine dorsiventral symmetrische Blüte macht. Besonders hohe Aktivitäten dieses Gens konnten auf der dorsalen oder Rückenseite der Blüten nachgewiesen werden, während es auf der ventralen oder Bauchseite stumm blieb.
Der britische Genetiker Enrico COEN machte sich mit einer Arbeitsgruppe auf, das entsprechende Gen beim Leinkraut zu suchen und LINNÉs Rätsel endlich zu lösen. Sie wurden mit dem Gen „*lcyc*“ fündig, das „*cycloidea*“ entspricht.
COEN und Mitarbeiter isolierten DNA aus normalblütigen und pelorischen Pflanzen, suchten und fanden das entsprechende Gen, vervielfältigten und sequenzierten es und fanden als Unterschied: NICHTS.
Die DNA-Sequenz der beiden unterschiedlichen Pflanzen ist absolut identisch. Daraus kann nur eine Schlussfolgerung gezogen werden: Es handelt sich weder um eine neue Art noch um eine Mutation. Und trotzdem wird die Fähigkeit zur Bildung pelorischer Blüten – nach festgelegten Regeln – über viele Generationen weitergegeben.
Weiterführende Experimente zeigten dann, dass es trotz gleicher Basensequenz doch einen Unterschied zwischen den beiden DNA-Abschnitten gab: Bei den pelorischen Pflanzen gab es innerhalb der codierenden Sequenz von *Cycloidea* einige methylierte Basen.

a) Begründen Sie, warum DARWIN die Ergebnisse seiner Kreuzungen pelorischer mit normalblütigen Löwenmäulchen nicht interpretieren konnte.
b) Wenden Sie die MENDELschen Regeln auf DARWINS Kreuzungsversuche an.
c) Stellen Sie aus den Kreuzungsergebnissen eine begründete Hypothese zur Ursache der pelorischen Blütenbildung auf.
d) Erläutern Sie, inwiefern das Genprodukt von *Cycloidea* als Transkriptionsfaktor die Blütenausbildung beeinflussen kann.
e) Beschreiben Sie die Methoden knapp, mit denen COEN und Mitarbeiter die DNA normalblütiger und pelorischer Pflanzen vervielfältigten und sequenzierten.
f) Interpretieren Sie den Befund, dass es innerhalb der codierenden Sequenz von *Cycloidea* einige methylierte Basen gibt und schließen Sie auf den Typ der vorliegenden Genregulation.
g) Beschreiben Sie weitere Möglichkeiten dieses Typs der Genregulation.
h) Erläutern Sie, wie die Methylierung des *Cycloidea* Gens zur Ausbildung pelorischer Blüten führt.

2 Leck Deine Ratten!

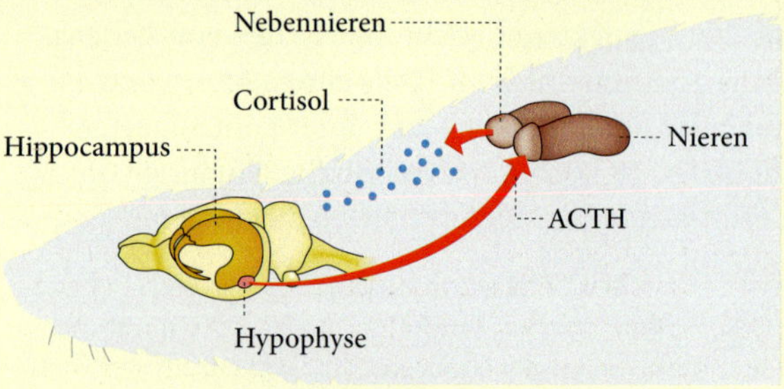

95.1 Stress-Reaktion einer Ratte

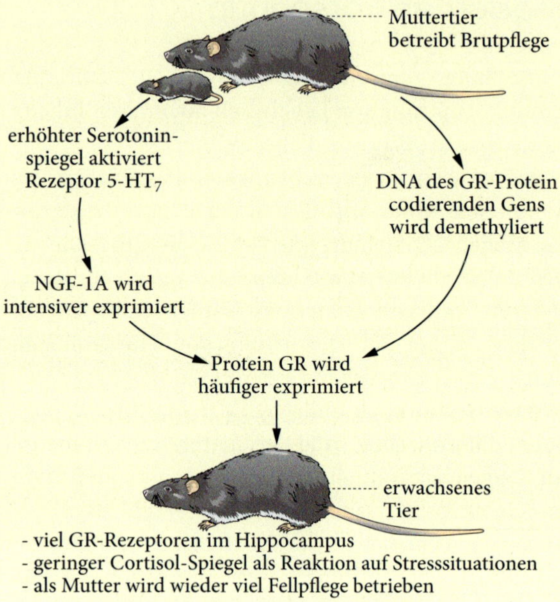

95.2 Auswirkung intensiver Pflege bei Ratten

Während einer Stress-Situation gibt die Hypophyse vermehrt das Hormon ACTH ins Blut ab. In den Nebennieren wird dadurch das Hormon Cortisol ausgeschüttet. Dieses Cortisol ist wichtig für die Freisetzung gespeicherter Energie für Flucht oder Kampf. Über den Blutkreislauf wird das Cortisol im ganzen Körper verteilt und erreicht so auch den Hippocampus, eine Region des Gehirns (Abb 95.1). Der Hippocampus kann die Stressreaktion des Körpers zurückfahren. Dies ist wichtig, denn ein Übermaß an Cortisol dämpft das Immunsystem und führt beispielsweis bei Ratten zu Herzerkrankungen. Wie effektiv der Hippocampus das kann, hängt offensichtlich davon ab, wie gut die Ratten als Babys versorgt wurden.

Manche Rattenmütter verbringen viel Zeit damit, ihre Jungen zu lecken und zu versorgen. Andere hingegen scheinen ihre Jungen regelrecht zu ignorieren. Von ihren Müttern gut versorgte Jungtiere wachsen in der Regel zu ruhigen, gelassenen Tieren heran, die Stresssituationen schnell verarbeiten und zum Normalzustand zurückkehren. Jungtiere, um die sich wenig gekümmert wurde, wachsen hingegen zu ängstlichen Erwachsenen heran, die auf Stress-Situationen sehr intensiv reagieren und nur schwer zum Normalzustand zurückkehren. Die anhaltend hohen Cortisol-Konzentrationen führen zu den entsprechenden Krankheiten.

Durch entsprechende Experimente konnte nachgewiesen werden, dass der Unterschied zwischen einer ruhigen und einer ängstlichen Ratte nicht genetisch fixiert ist. Das Brutpflegeverhalten der Rattenmütter während der ersten Lebenswoche des Jungtieres beeinflusst dieses offenbar für sein ganzes Leben.

Inzwischen ist auch die Wirkkette bekannt, die letztlich das Verhalten der Tiere als Erwachsene beeinflusst. Kurz nach der Geburt wird die DNA des für das Protein Glucocorticoid Rezeptor (GR) codierende Gens in den Hirnzellen der Rattenbabys methyliert. Während der ersten Lebenswochen führt die Brutpflege der Rattenmutter zur Freisetzung von Serotonin, das letztlich dazu führt, dass die DNA des entsprechenden Gens demethyliert und es somit aktiviert wird. Durch die intensive Brutpflege der Mutter steigt die Konzentration des Botenstoffes Serotonin in den Gehirnen der Jungtiere. Die erhöhte Serotonin-Konzentration aktiviert den Rezeptor 5-HT_7, der auf den Oberflächen von Zellen des Hippocampus sitzt. Der Rezeptor aktiviert seinerseits eine Signalkette, sodass der Nerven-Wachstums-Faktor (engl., *nerve growth factor)* NGF-1A intensiver exprimiert wird. Das wiederum führt dazu, dass das Protein GR ebenfalls häufiger exprimiert wird. Der GR-Rezeptor bindet das Cortisol und stoppt somit die Ausschüttung der Stresshormone.

Entsprechende Experimente belegen diesen Reaktionszusammenhang: Demethylierende Substanzen machen ängstliche Ratten zu ruhigeren Tieren, die Stress deutlich besser abbauen können. Andererseits wurden ruhige, gelassene Tiere zu deutlich ängstlicheren Ratten, wenn ihnen mit Methionin eine Methylquelle verabreicht wurde.

a) Fassen Sie die Stressreaktion der Ratten in einem Flussschema zusammen.
b) Erläutern Sie die Bedeutung des GR-Rezeptors in diesem Zusammenhang.
c) Entwerfen Sie eine entsprechende Versuchsreihe, mit der Sie belegen können, dass der Unterschied zwischen einer ruhigen und ängstlichen Ratte nicht genetisch fixiert ist.
d) Beurteilen Sie die dargestellte Regulation des GR-Gens.
e) Erläutern Sie, inwieweit die Experimente mit methylierenden Substanzen beziehungsweise Methionin ihre Einschätzung zur Genregulation bestätigen oder ihr widersprechen.
f) Erläutern Sie, basierend auf den Kenntnissen der Genregulation, die Bedeutung von NGF1-A für die Expression des GR-Gens.
g) Diskutieren Sie mögliche Auswirkungen dieser Erkenntnis für die menschliche Gesellschaft.

Grundlagen und Anwendung der Biotechnik

Brot, Käse, Sauerkraut oder Wein stellen die Menschen schon seit Jahrtausenden her. Mikroorganismen spielen eine entscheidende Rolle bei der Umwandlung und Veredelung dieser Nahrungsmittel, indem sie entsprechende Reaktionen katalysieren und die gewünschten Produkte entstehen lassen. Deren Spektrum reicht inzwischen von Lebensmitteln über chemische Grundstoffe bis zu Heilmitteln. Heute verwenden Menschen definierte Stämme der Mikroorganismen oder deren Enzyme, um unter kontrollierten Bedingungen gewünschte Reaktionen ablaufen zu lassen. Die technische Nutzung von Lebewesen oder deren Inhaltsstoffe ist als Biotechnik definiert. Die Gentechnik hat sich als Teilgebiet daraus entwickelt.

1 Biotechnik – Von der Antike bis zur modernen Forschung

1.1 Anwendungsbereiche der Biotechnik

„Klonschaf Dolly", „Humanes Genomprojekt", „Verbrauchende Embryonenforschung", „Flavr-Savr-Tomate", „Maiszünsler-Bekämpfung": Solche und andere Schlagworte zu den Anwendungen der Biologie sind häufig in den Medien präsent. Forschung dieser Art wird in der Öffentlichkeit kontrovers diskutiert.

Dabei wenden Menschen seit alters her biologische Verfahren an, etwa bei der Herstellung von Käse oder Brot. Erst durch die Weiterentwicklung des Mikroskops und durch Experimente von Louis PASTEUR und Robert KOCH vor 150 Jahren rückte die Beteiligung von Mikroorganismen aber ins Blickfeld.

Im modernen industriellen Herstellungsprozess bleibt nichts mehr dem Zufall überlassen. Die Produktionsansätze werden mit definierten Stämmen von Mikroorganismen beimpft – Bakterien, Hefe- oder Schimmelpilze – oder es werden deren Inhaltsstoffe eingesetzt, zum Beispiel isolierte Enzyme.

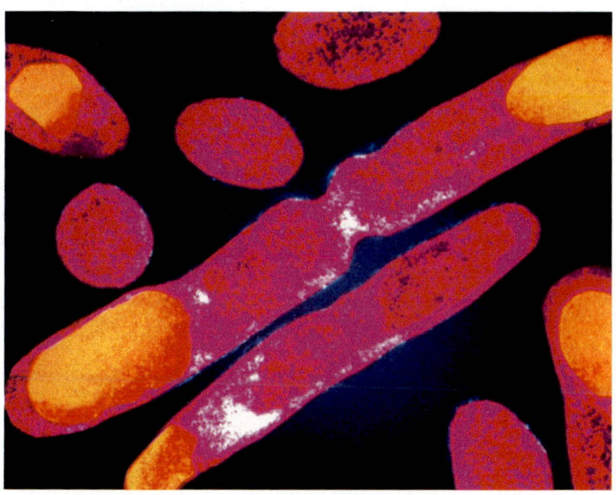

96.1 ***E.-coli*-Zellen produzieren Humaninsulin (hellblau)**

Herstellung, Umwandlung oder Abbau bestimmter Produkte mithilfe von Lebewesen oder deren Inhaltsstoffe wird als **Biotechnik** bezeichnet.

Dabei werden längst nicht mehr nur natürlich vorkommende Mikroorganismen eingesetzt. Bei der industriellen Herstellung medizinischer Produkte haben sich heute Verfahren zur gentechnischen Veränderung von Bakterienstämmen etabliert, beispielsweise bei der Herstellung von Humaninsulin durch *Escherichia coli* K-12.

Die **Gentechnik,** als Teilgebiet der Biotechnik, beinhaltet die Isolierung von DNA, deren Rekombination im Reagenzglas und die Übertragung auf einen anderen Organismus. Dabei muss die eingeschleuste DNA in den gentechnisch veränderten, den **transgenen** Lebewesen, auch exprimiert werden. So können Produkte wie Humaninsulin in Mikroorganismen hergestellt werden, die dazu von Natur aus gar nicht befähigt wären. Diese Verfahren der Arzneimittelproduktion oder Medizin werden als **rote Gentechnik** bezeichnet. Sie wird in Deutschland weitgehend akzeptiert.

In der Landwirtschaft wird inzwischen transgener, herbizidresistenter Raps sowie insektenresistener Mais angebaut. Diese Verfahren zählen zur **grünen Gentechnik.** Produkte aus der Lebensmittelindustrie, wie das gentechnisch hergestellte Labferment, fallen unter die **weiße Gentechnik.** Grüne und weiße Gentechnik werden in unserer Gesellschaft häufig abgelehnt.

1 Erläutern Sie die Begriffe Biotechnik und Gentechnik.

2 Stellen Sie jeweils Pro- und Contra-Argumente für die rote, weiße und grüne Gentechnik dar.

1.2 Nutzung der Leistung von Bakterien

Viele Menschen nehmen sich in der Freizeit vor, nur ein paar Kartoffelchips zu essen und stellen nach nur einer halben Stunde überrascht fest, dass die Tüte fast leer ist. Derartige Snacks sind meist mit Glutamat behandelt, dem Salz der Glutaminsäure. Glutamat, das auf der Packung oft nur als Würze bezeichnet wird, ist ein Geschmacksverstärker, der das sogenannte Verlangen nach Mehr auslöst. Es steht im Verdacht, bei übermäßigem Genuss Fettleibigkeit und Stoffwechselstörungen zu verursachen.
Glutamat wird mithilfe von *Corynebactericum glutamicum* gewonnen. Dessen Weltjahresproduktion beträgt 1,5 Mio. Tonnen. Biotechnik umfasst also längst nicht mehr nur die Produktion von Wurst, Käse, Bier oder Wein.

Die Herstellung vieler Enzyme ist ein bedeutender Wirtschaftszweig. Wenn zum Beispiel in Großbäckereien Hefe verwendet wird, findet α-Amylase ihren Einsatz, die biotechnisch mithilfe des Schimmelpilzes *Aspergillus oryzae* gewonnen wird. Da Hefe keine Stärke, aber Glucose abbauen kann, spaltet zugesetzte Amylase Stärke in Glucose.
Menschen mit einer Unverträglichkeit für Lactose haben Bedarf an milchzuckerfreien Milchprodukten. Mithilfe von Lactase, die durch die Hefe *Kluyveromyces fragilis* produziert wird, wird für diese Patienten störender Milchzucker durch Abbau in Glucose und Galaktose entfernt.

Bei der Produktion von Amylase oder Lactase ist entscheidend, ob das Enzym intra- oder extrazellulär anfällt. Lactase fällt grundsätzlich nur in den einzelnen Zellen an – die Zellen müssen zur Gewinnung des Enzyms zerstört werden und die Ausbeute ist gering. Werden Enzyme wie Amylase als extrazelluläres Produkt massenhaft ausgeschieden, ist die Ausbeute viel größer. Biotechnisch hergestellte Lactase ist damit etwa tausendmal teurer als Amylase.
Verfahren zur enzymatischen oder mikrobiellen Umwandlung von Stoffen werden **Biotransformation** genannt. Biotransformationen werden in **Fermentern** (lat. *fermentare,* vergären) durchgeführt. Das sind sterile, tankähnliche Behälter, die wenige bis tausende Liter Flüssigkeit enthalten können. Dort werden alle Bedingungen wie pH-Wert, Nährstoff- oder Sauerstoffgehalt zum Wachstum der Kulturen gesteuert.
Das optimale Wachstum einer Fermentation lässt sich anhand einer Wachstumskurve verfolgen. Die Zunahme der Zellzahl wird grafisch dargestellt, indem die Bakterienzahl in Abhängigkeit von der Zeit logarithmisch aufgetragen wird: Für 1000 Bakterien ergibt sich demnach der Wert 3 ($\lg 1000 = \lg 10^3 = 3$).

Nach der Zugabe der Bakterien in das Nährmedium aktivieren diese in der **Anlaufphase** ihren Stoffwechsel, ohne dass sie sich teilen. Danach setzen Zellteilungen ein, und die Kultur geht in **exponenzielles Wachstum** über. Die Zahl der Bakterien verdoppelt sich ungefähr alle 20 Minuten. Ihre Teilungsrate ist konstant, logarithmisch dargestellt durch einen geradlinigen Anstieg der Kurve.
In dieser Phase werden primäre Stoffwechselprodukte gebildet, wie zum Beispiel die extrazelluläre α-Amylase durch *Bacillus subtilis.* Will man viel Enzym gewinnen, muss die Kultur, wie Biotechniker sagen, „gefüttert" werden, sodass die Bedingungen konstant bleiben. Andernfalls geht die Kultur in die **stationäre Phase** über, in der die Zellzahl konstant bleibt. Dies ist unter anderem auf die Verknappung der Nährstoffe zurückzuführen.
In dieser Phase der Verknappung beginnen die Mikroorganismen zu „hungern" und scheiden sekundäre Stoffwechselprodukte aus, zum Beispiel Antibiotika. In diesem Fall versucht man, die Hungerphase möglichst lange konstant zu halten. Nach einiger Zeit kann jede Kultur in die **Absterbephase** übergehen.

1 Stellen Sie Hypothesen auf, warum manche Enzyme nur intrazellulär anfallen, andere extrazellulär.

2 Berechnen Sie, wie lange es bei einer Generationszeit von 20 min dauern würde, bis bei unbegrenztem Nährstoffvorrat aus einer einzelnen, sich exponenziell teilenden Zelle das Gewicht der Erde erreicht würde.

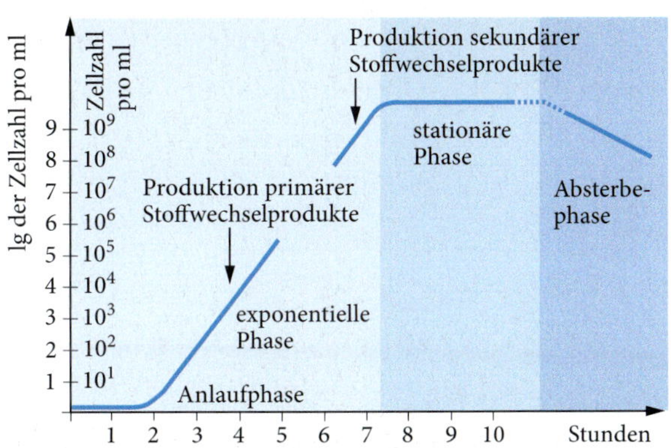

97.1 Wachstumskurve einer Bakterienkultur

2 Vorkommen und Bau der Bakterien

2.1 Stellung im System der Lebewesen

Alle Lebewesen werden systematisch in eine von drei Domänen eingeordnet. Eine Domäne umfasst die große Gruppe aller **Bakterien** (gr. *bakterion,* Stäbchen). Eine zweite Domäne wird von den **Archäen** (gr. *archaios,* ursprünglich) gebildet, deren Lebensbedingungen an die Verhältnisse der jungen Erde erinnern. Beide Domänen beinhalten zusammen die meisten Arten unseres Planeten. Sie werden zu den **Prokaryoten** (lat. *pro,* vor; gr. *karyon,* Kern) zusammengefasst, weil ihre Zellen keinen membranumhüllten Zellkern besitzen. Die **Eukaryoten** mit Zellkern (gr. *eu,* echt) bilden schließlich die dritte Domäne. Zu ihr gehören ein- und mehrzellige Pilze, Pflanzen und Tiere.

Im Vergleich zu eukaryotischen Zellen ist eine Bakterienzelle kleiner und einfacher aufgebaut. Sie ist meist 1 bis 5 Mikrometer ($1\ \mu m = 10^{-6}\ m$) groß und besitzt neben der Zellmembran eine Zellwand. Diese enthält Murein, das Eukaryoten nicht haben. Murein besteht aus langen Kohlenhydratketten, die durch kurze Peptidketten netzartig miteinander verknüpft sind. Viele Bakterienarten besitzen Geißeln für die Fortbewegung. Das frei im Cytoplasma liegende Bakterienchromosom besteht aus einem histonfreien, zirkulären DNA-Doppelstrang. Zudem enhält die Zelle kleine ringförmige Zusatzchromosomen, die **Plasmide.**

Weil einzelne Zellen meist für das bloße Auge nicht sichtbar sind, werden Bakterien, Archäen sowie eukaryotische Einzeller wie Hefepilze auch als **Mikroorganismen** bezeichnet. Deren grundlegende Bedeutung für das Leben wird wegen ihrer geringen Größe oft unterschätzt. Dabei leben zum Beispiel in einer Handvoll Erde mehr Bakterien, als es Menschen auf unserem Planeten gibt. Würden alle Bakterien sterben, kämen die Stoffkreisläufe zum Erliegen. Damit entfiele auch die Basis aller anderen Lebensformen.

Von Archäen gehen die ältesten Lebensspuren aus. Erste Formen existierten auf der Erde unter extremen Bedingungen schon vor mehr als 3,5 Milliarden Jahren. Sie besiedeln auch heute noch scheinbar lebensfeindliche Räume wie Salzseen, heiße schwefelhaltige Quellen in der Tiefsee oder Tiefengestein in der Antarktis. Häufig nutzen sie für den Aufbau ihrer Biomasse lediglich anorganische Verbindungen, beispielsweise Carbonate, zur Herstellung organischer Verbindungen. Sie sind chemoautotroph (gr. *autos,* selbst; *trophein,* ernähren). Solche Archäen „fressen" also im wahrsten Sinne des Wortes Steine.

Ein Mensch besteht aus etwa 100 Billionen oder 10^{14} Zellen. Das sind zehnmal weniger als sich Mikroorganismen am oder im Körper befinden. Ihre Existenz ist für die Gesunderhaltung des Menschen unabdingbar.

Meist werden jedoch Bakterien nicht als Helfer im menschlichen Körper wahrgenommen, sondern als Krankheitserreger. Man schätzt, dass über vier Millionen Bakterienarten auf unserem Planeten existieren. Tausende von ihnen sind für den Menschen ausgesprochen nützlich, nur einige hundert sind Krankheitserreger. Die von ihnen ausgehende Gefahr lässt sich aber durch Einhaltung von Hygienevorschriften oder Schutzimpfungen auf ein Minimum reduzieren.

1 Skizzieren Sie schematisch die Einordnung der Mikroorganismen in das System der Lebewesen.

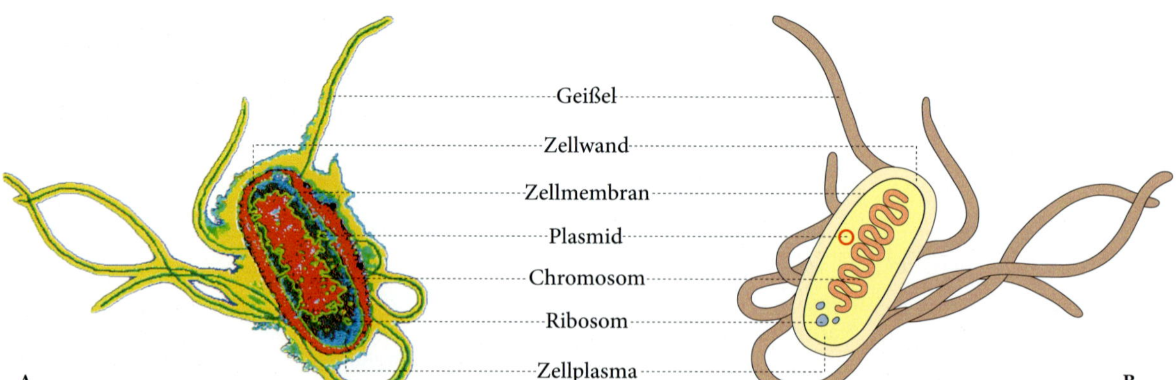

98.1 Bakterienzelle ***Escherichia coli.*** **A** elektronenmikromikroskopische Aufnahme (gefärbt); **B** Schema

Exkurs

Bacillus subtilis und *Escherichia coli* im Vergleich

Bacillus subtilis findet man in der freien Natur, wo es etwa am Abbau von Falllaub beteiligt ist. *Escherichia coli* ist als Darmbakterium bekannt, das aber auch in verschmutzten Gewässern vorkommt. Abgesehen davon, dass *B. subtilis* etwa dreimal so lang ist wie *E. coli,* lassen sich beide Stäbchenbakterien auf den ersten Blick kaum unterscheiden. Behandelt man aber beide Arten mit einem nach dem dänischen Mediziner Hans Christian GRAM benannten Farbgemisch, so färbt sich *B. subtilis* dunkelviolett. Ein solches Färbeverhalten wird als GRAM-positiv bezeichnet. Diese Art besitzt eine Zellwand mit 15 Nanometer (1nm = 10^{-9} m)dicker Mureinschicht. *E. coli* hingegen hat eine relativ dünne Zellwand und eine zweite, äußere Membran; der dunkle Farbstoff lässt sich deshalb mit Ethanol auswaschen. Durch eine zusätzliche Färbung erscheinen die *Coli*-Zellen rosa. Ein solches Färbeverhalten wird als GRAM-negativ bezeichnet.

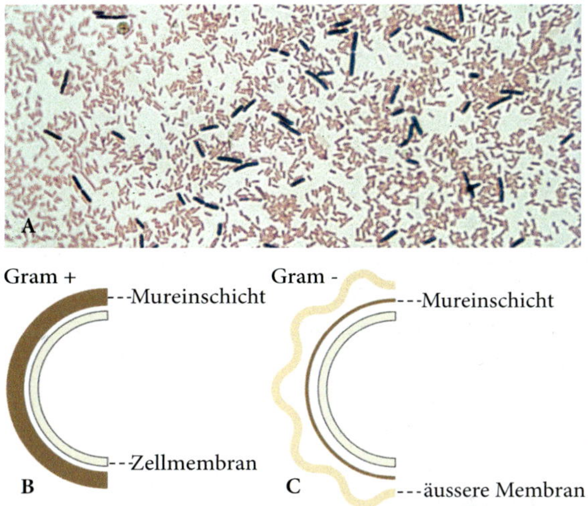

99.1 GRAM-Färbung. A mikroskopische Aufnahme (*B. subtilis:* violett-schwarz; *E. coli:* rosa); **B** Zellwandaufbau von B. subtilis; **C** Zellwandaufbau von *E. coli.*

Bacillus subtilis

Das Bakterium ist als strikter Aerobier auf Sauerstoff angewiesen. Es baut als Kompostierer viele Kohlehydrate ab, unter anderem auch Stärke. Bei diesem Prozess entsteht Amylase, die sich auch biotechnisch gewinnen lässt. Der Stärkeabbau findet unter starker Wärmeabgabe statt. Daher kann es in der Natur sogar zur Selbstentzündung von Heu kommen. Unter anderem deshalb wird *B. subtilis* manchmal als Heubazillus bezeichnet. Bei Hitzestress oder Wassermangel stoppen die Zellen ihre Stoffwechselprozesse und werden unter Abgabe von Cytoplasma zu Sporen. Diese können als Dauerstadien ungünstige Lebensbedingungen jahrelang aushalten.

Escherichia coli

Das Bakterium braucht als Gärer keinen Sauerstoff und ist daher fakultativ anaerob. Seine kurze Generationszeit von etwa 20 min, die Möglichkeit, auf Minimalmedien zu wachsen, und die leichte Manipulierbarkeit dieses Mikroorganismus machten *E. coli* zum wichtigsten Objekt der Molekularbiologen. Ein besonderer Stamm dieses Darmbakteriums ist K-12. Er ist im Gegensatz zu wild lebenden E. *coli*-Bakterien harmlos, weil aus diesem Stamm alle krankmachenden Gene entfernt wurden. Abkömmlinge von *E. coli* K-12 werden heute in der Gentechnik eingesetzt, unter anderem auch zur Produktion von Humaninsulin.

Exkurs

Sicherheitshinweise zum Umgang mit Mikroorganismen

- Bakterienstämme werden nur von autorisierten Instituten bezogen. Nur diese Reinkulturen darf man auch an der Schule überimpfen.
- Unbekannte Kulturen müssen noch vor der Bebrütung mit Klebeband versiegelt und dürfen keinesfalls offen überimpft oder berührt werden.
- Frische Nährmedien werden zur Abtötung möglicher Sporen im Schnellkochtopf bei 121 °C in feuchter Hitze mit Überdruck sterilisiert. Trockene Glasgeräte werden bei 160 °C im Trockenschrank sterilisiert. Arbeitsflächen werden mit 70%igem Ethanol sterilisiert. Handdesinfektionsmittel enthalten zur Hautpflege und Rückfettung Glycerin.
- Alte Kulturen werden im Bratenbeutel gesammelt, im Schnellkochtopf bei 121 °C abgetötet und entsorgt.

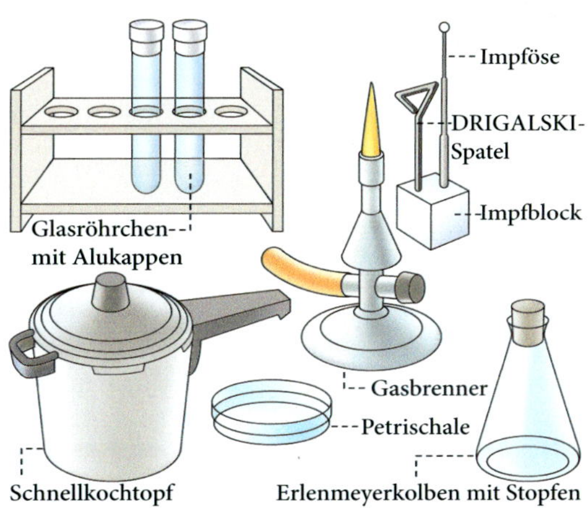

99.2 Mikrobiologische Arbeitsgeräte

Praktikum

Mikrobiologisches Arbeiten

Bakterien eignen sich aus mehreren Gründen für Versuche zur Biotechnik und Genetik:

- Sie lassen sich leicht und preiswert anzüchten.
- Sie vermehren sich rasch und erzeugen eine hohe Zahl von Nachkommen.
- Das Genom ist haploid, das heißt vom Phänotyp, zum Beispiel den Stoffwechselleistungen, lässt sich direkt auf den Genotyp rückschließen.

Mikrobiologisches Arbeiten setzt die Anwendung steriler Techniken voraus, die auch in der Schule ohne großen Aufwand eingehalten werden können. Besondere Arbeitsgeräte sind Trockenschrank (bis 200 °C), Brutschrank (bis 50 °C), Dampfdrucktopf (mind. 121 °C) und Impfgerätschaften, die im Folgenden eingesetzt werden.

1 Sterilisieren von Oberflächen

Material: Messzylinder, Schraubflasche, Ethanol 96 %, entmineralsiertes Wasser

Durchführung:

1. Eine etwa 70 %ige Ethanollösung wird hergestellt, indem 70 ml Ethanol und 30 ml Aqua dest. in einer Schraubflasche vermischt werden.
2. Damit werden zum Beispiel Tischoberflächen nach Versuchsende desinfiziert. Die Lösung ist nicht zur Handdesinfektion geeignet.

2 Sterilisieren von Glasgeräten

Material: Trockenschrank oder Backofen bis 200 °C, Erlenmeyerkolben, Reagenzgläser mit Verschluss (Alufolie oder Zellstoffstopfen), Petrischalen aus Glas (kein Kunststoff!), Glaspipetten, Glas-Schraubflaschen

Durchführung:

1. Alle Glasgeräte werden sauber ausgespült und die Öffnungen der Erlenmeyerkolben und Reagenzgläser mit Alufolie oder Zellstoffstopfen verschlossen.
2. Die Geräte werden 30 Minuten bei 180 °C oder drei Stunden bei 140 °C im Trockenschrank oder Backofen sterilisiert. Glas-Schraubflaschen dürfen nur verwendet werden, wenn der Kunststoff des Flaschenverschlusses hitzestabil ist. Geeignete Verschlüsse von Laborflaschen besitzen eine Prägung mit Temperaturangabe.
3. Glaspipetten werden vor der Sterilisation im Trockenschrank in Pipettendosen aus Alublech gesteckt oder in Hülsen aus Alufolie gewickelt. Die Böden von Glaspetrischalen werden mit deren Glasdeckeln verschlossen.

Hinweis: Einwegpetrischalen aus Kunststoff sind von vornherein steril, sofern sie noch in Folie verpackt sind. Um den Aufwand zu minimieren, wird empfohlen, diese zu verwenden. Unverpackte oder offenstehende Einwegpetrischalen darf man nicht durch Hitze sterilisieren, da sie schmelzen.

3 Herstellung von Nährmedien

Für die Anzucht von Bakterien wird oft ein Flüssigmedium benötigt, das als Vorkultur dient. Diese wird auch als Übernachtkultur bezeichnet, weil sie häufig abends angesetzt wird. Anschließend wird bakterienhaltiges Material aus dieser Flüssigkultur auf Nährböden übertragen, um ein Experiment zu starten oder eine Dauerkultur anzulegen, von der man lange Zeit Bakterien entnehmen kann. Nährböden enthalten als gelförmigen Grundstoff hauptsächlich Agar. Dieser Stoff ist ein Polysaccharid, das aus Braunalgen gewonnen wird und von den meisten Mikroorganismen nicht abgebaut werden kann. Die Herstellung von Flüssig- oder Festmedien erfolgt nach dem gleichen Prinzip.

Material: Dampfdrucktopf, Erlenmeyerkolben (250 ml), Grobwaage, Spatel, sterile Petrischalen, Reagenzgläser, Schutzbrille, Topflappen, Alufolie, Gasbrenner, Nährbouillon oder Nähragar

Durchführung:

1. 1 g Nährbouillon oder 2,5 g Nähragar werden eingewogen und in einem Erlenmeyerkolben mit 100 ml destilliertem Wasser versetzt, je nachdem, ob Flüssig- oder Agarkulturen hergestellt werden sollen. Diese Mengen sind ausreichend, um 10 Übernachtkulturen à 10 ml oder vier Nährbodenplatten herzustellen.
2. Jeder Ansatz wird mit Alufolie verschlossen und 20 Minuten im Dampfdrucktopf bei 121 °C gekocht. Bei Herausnahme der Kolben aus dem Topf besteht die Gefahr eines plötzlichen Siedeverzugs.
3. Der auf etwa 50 °C abgekühlte Nähragar (Handrückentest) wird auf vier Petrischalen verteilt, die zum Gießen nur einen Spalt geöffnet werden, und anschließend bis zum Erstarren ruhig stehen müssen.

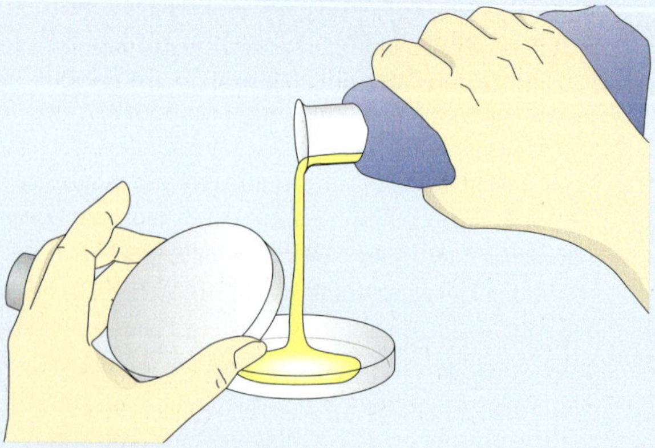

4. Zur Herstellung von Nährbouillon-Gläschen Sterile Nährbouillon wird auf zehn verschlossene, sterilisierte Reagenzgläser verteilt. Dabei werden die Ränder der Gefäßöffnungen vor dem Gießen abgeflammt, indem sie kurz in die nicht leuchtende Flamme des Gasbrenners gehalten werden.

Aufgaben:
a) Stellen Sie begründete Überlegungen an, warum zur Tischdesinfektion nicht reines, sondern 70 %iges Ethanol verwendet wird.
b) Erklären Sie, warum es nicht ausreicht, Nährmedien lediglich bei 100 °C abzukochen.
c) Nennen Sie zwei unterschiedliche Arten der Entsorgung von Mikroorganismen.

4 Gebrauch von Impfgerätschaften beim Ansetzen von Übernachtkulturen

Impfösen oder Impfnadeln werden durch Ausglühen sterilisiert. Der triangelförmige DRIGALSKI-Spatel aus Glas wird in Alkohol getaucht. Dieser wird anschließend zur Sterilisation des Spatels angezündet. Impfgerätschaften werden in einen geeigneten Ständer gesteckt, damit sie nicht auf dem Arbeitsplatz herumliegen.

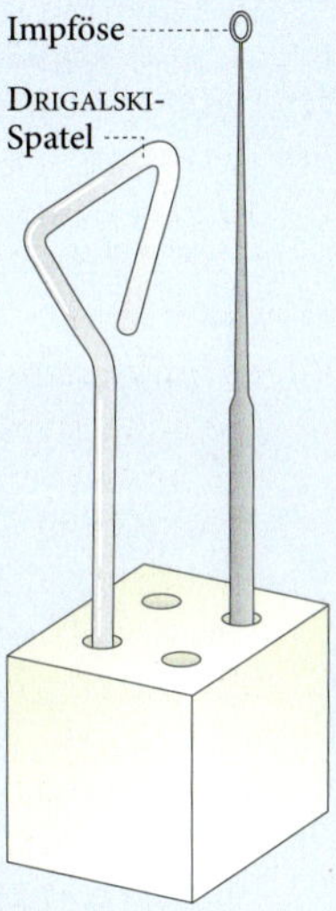

Material: Bakterienkulturen, Kühlschrank, Impföse, Gasbrenner, Nährbouillon-Gläschen, Nährbodenplatten, Brutschrank (37 °C)

Durchführung:
1. Glas-Ampullen werden entsprechend der beiliegenden Gebrauchsanweisung geöffnet.
2. Ihr Inhalt wird in Nährbouillon übergeführt. Dieser Ansatz wird als Übernachtkultur bei 37 °C im Brutschrank inkubiert, das heißt bebrütet.
3. Bakterien von Plattenkulturen werden ebenfalls in eine Übernachtkultur überführt. Dazu wird die Impföse in der nicht leuchtenden Flamme des Gasbrenners ausgeglüht, die Plattenkultur geöffnet, die heiße Öse wird durch Auftupfen am sterilen Rand des Nährbodens abgekühlt.
4. Eine Bakterienkolonie wird auf dem Nährboden oberflächlich gestreift. Die Petrischale wird wieder verschlossen, das Nährbouillon-Glas geöffnet, abgeflammt, die Impföse eingetaucht und kurz umgerührt.
5. Dieser Ansatz wird als Übernachtkultur bei 37 °C im Brutschrank inkubiert. Die Öse wird ausgeglüht.
6. Die Übernachtkulturen werden am nächsten Tag auf sterile Nährbodenplatten übergeimpft.

5 Reinkultur von *Escherichia coli* K-12

Material: Übernachtkultur von *E. coli* K-12, 1 Reagenzglas mit Nährbouillon, 1 Petrischale mit Nähragar, Impföse, Gasbrenner, Brutschrank (37 °C)

Durchführung:
1. Die Impföse wird im Gasbrenner ausgeglüht und in die Übernachtkultur getaucht.
2. Drei parallele Striche werden am Rand einer Nähragarplatte aufgetragen (A).
3. Die Impföse wird erneut ausgeglüht und am sterilen Rand der Agarplatte abgekühlt (B).
4. Die Öse wird, ohne sie erneut in die Übernachtkultur zu tauchen, drei Mal im rechten Winkel durch die ersten drei Striche geführt. Dabei wird beim ersten Mal nur ein Strich, beim zweiten Mal zwei Striche und beim dritten Mal alle drei Striche durchkreuzt (C).
5. Das Ende dieser drei Striche wird mit sterilisierter und abgekühlter Öse erneut dreimal durchkreuzt, und zwar in gleicher Weise wie vorher (D).
6. Die sterile Öse durch den letzten Strich im Zickzack über die Plattenmitte geführt (E).
7. Die Platte wird zwei Tage bei 37 °C bebrütet.

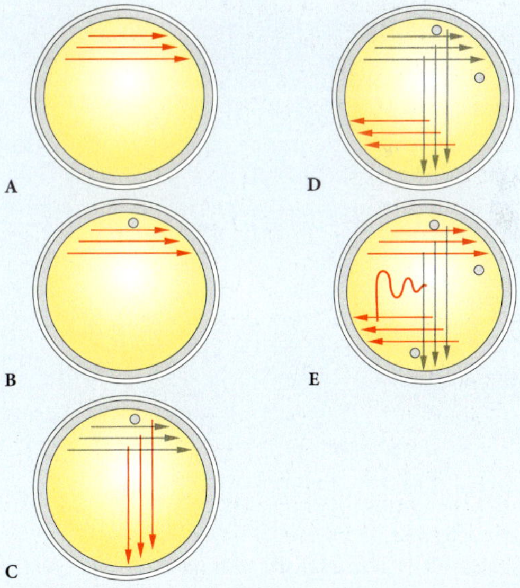

Aufgaben:
a) Beschreiben Sie das Ergebnis nach zwei Tagen, wenn die Platten bebrütet sind.
b) Begründen Sie das wiederholte Durchkreuzen der Impfstriche.
c) Einzelne kreisförmige, bakterienhaltige Gebilde auf dem Nährboden werden als Kolonie bezeichnet. Erläutern Sie, wie solche Einzelkolonien entstehen.

Praktikum

6 Gebrauch des DRIGALSKI-Spatels bei der Keimzahlbestimmung von Milch

Bei diesem Versuch wird die Keimzahl, also die Anzahl lebender Mikroorganismen in Roh- und Vollmilch verglichen.

Material: 12 sterile Reagenzgläser, 12 sterile Petrischalen, Chinablau-Lactose-Agar (200 ml), 2 sterile Pipetten (10 ml), 14 sterile Pipetten (1 ml), Pipettierhilfen, DRIGALSKI-Spatel, Becherglas (250 ml), Uhrglas, Ethanol 96 % (15 ml), steriles Leitungswasser (100 ml), Rohmilch (50 ml) vom Bauern oder aus dem Reformhaus, Vollmilch (50 ml), Klebeband, Brutschrank (37 °C)

Durchführung:

1. Chinablau-Lactose-Agar wird nach Angaben des Herstellers angesetzt, im Dampfdrucktopf aufgekocht und in die zwölf Petrischalen gegossen.
2. In sechs sterile Reagenzgläser werden mit einer sterilen Pipette jeweils 9 ml steriles Leitungswasser vorgelegt.
3. In Glas 1 wird anschließend 1 ml Rohmilch mit der Pipette hinzugegeben und vermischt.
4. Mit einer neuen Pipette wird 1 ml verdünnte Suspension aus Glas 1 entnommen, in Glas 2 gegeben und vermischt.
5. Der Vorgang wird wiederholt, indem 1 ml von Glas 2 mit einer neuen Pipette in Glas 3 übertragen wird.
6. Die Übertragung wird so lange jeweils mit neuen Pipetten wiederholt, bis sich in Glas 6 10 ml Suspension befinden.
7. Anschließend werden jeweils 0,1 ml Flüssigkeit aus jedem Glas auf einen Nährboden getropft und mit sterilem DRIGALSKI-Spatel sofort verteilt. Beginnt man bei der Übertragung mit der niedrigsten Konzentration, also Glas 6, muss man die Pipetten nun nicht mehr wechseln.

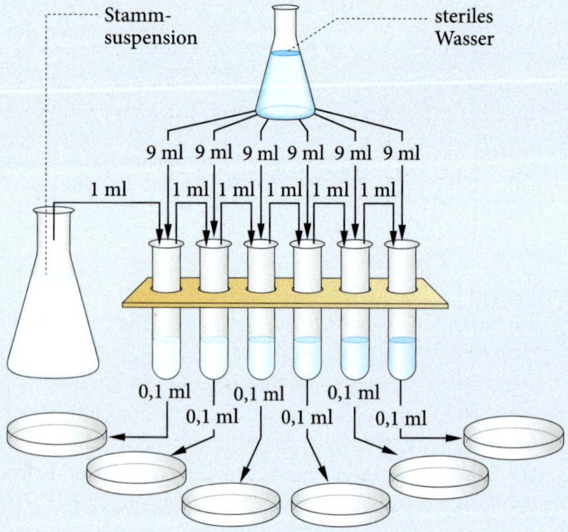

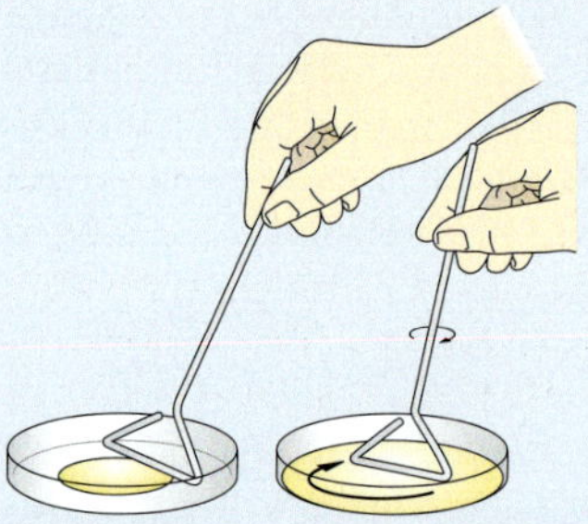

8. Der DRIGALSKI-Spatel wird mit seinem Dreieck in Ethanol eingetaucht und kurz in die nicht leuchtende Flamme des Gasbrenners gehalten. Es wird beobachtet, wie der Alkohol abflammt. Sollte sich versehentlich einmal der Alkohol im Becherglas entzünden, ist Ruhe zu bewahren und zum Beispiel mit dem Uhrglas die Flamme im Becherglas zu ersticken.
9. Der abgeflammte, noch warme Spatel wird zum Abkühlen zuerst auf den Rand der Agaroberfläche der halb geöffneten Petrischale gedrückt, anschließend wird der aufgetragene Tropfen in kreisenden Bewegungen gleichförmig auf der Oberfläche des Agars ausplattiert.
10. Der Glasspatel wird erneut abgeflammt und zurückgestellt.
11. Der gleiche Vorgang wird mit der Vollmilch, sechs neuen Reagenzgläsern und sechs neuen Platten wiederholt.
12. Die Rohmilch-/Vollmilch-Platten werden entsprechend der 1:10-Verdünnungsstufen auf der Rückseite beschriftet (10^{-1}, 10^{-2} … 10^{-6}), mit Klebeband verschlossen und zwei Tage bei 37 °C bebrütet.
13. Nach der Auswertung werden die Platten im im Dampfdrucktopf autoklaviert.

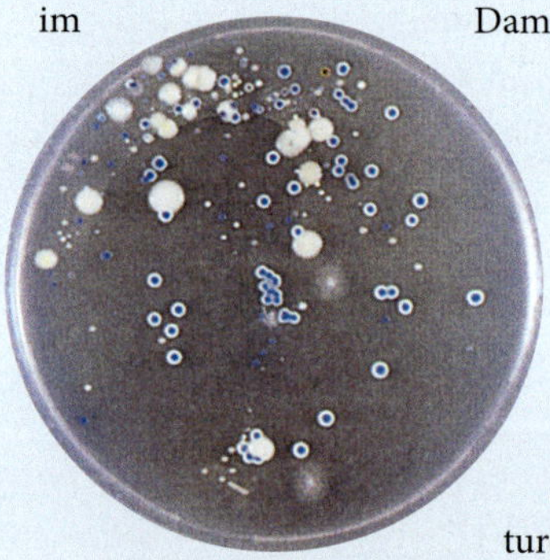

Auswertung: Die Platten, auf denen sich etwa 20 bis 200 Kolonien befinden, werden zur Auswertung herangezogen. Milchsäurebakterien bilden blaue Kolonien, da die entstehende Galakturonsäure mit Chinablau reagiert. Die blauen und weißen Kolonien werden ausgezählt. Die Keimzahl der Milch (Keime/ml) wird errechnet unter Berücksichtigung der Verdünnungsstufe und der Auftragsmenge (0,1 ml), beispielsweise für die Platte „10^{-2} Rohmilch“ bei 54 blauen und 13 weißen Kolonien: $54 \cdot 10 \cdot 10^2 = 54\,000$ Keime/ml (Milchsäurebakterien),
$13 \cdot 10 \cdot 10^2 = 13\,000$ Keime/ml (andere Bakterien),
Gesamtkeimzahl = 67 000 Keime/ml.

Aufgaben:

a) Bestimmen Sie die Keimzahlen.
b) Erläutern Sie das Mengenverhältnis blauer und weißer Kolonien in Roh- und Vollmilch.
c) Begründen Sie, weshalb man aus Rohmilch nach nur zwei Tagen in der Wärme Dickmilch erhält.

Bacillus subtilis contra *Escherichia coli*

Durch vergleichende Beobachtungen an *Bacillus subtilis* und *Escherichia coli* können sowohl Eigenschaften als auch Leistungen zweier typischer Vertreter exemplarisch beobachtet werden. So unterscheidet sich *B. subtilis* als typisches Bodenbakterium in seinem Sauerstoffbedarf, Zellwandaufbau oder Verhalten beim Stärkeabbau vom Darmbakterium *E. coli*.

1 Sauerstoffbedarf

Material: Übernachtkulturen oder Platten von *B. subtilis* und *E. coli*, Stichagarröhrchen, Impfnadel, Gasbrenner, Brutschrank

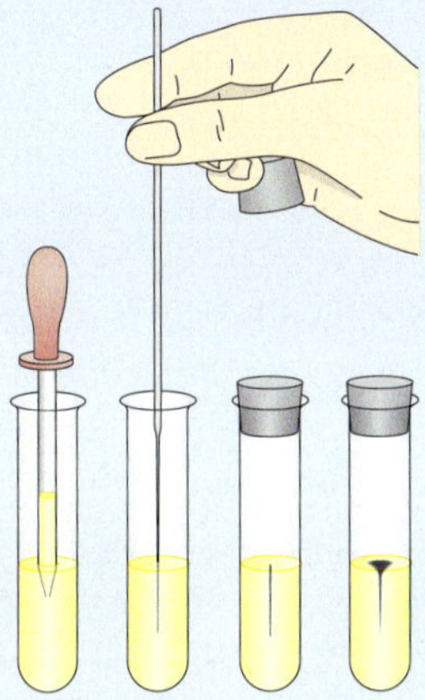

Durchführung:
1. Aus Übernachtkulturen oder von Nährbodenplatten beider Bakterienstämme wird nacheinander mittels ausgeglühter Impfnadel bakterienhaltiges Material durch tiefes Hineinstechen in je ein Stichagarröhrchen übertragen.
2. Nach zwei bis drei Tagen Bebrütung bei 37 °C werden die Stichkanäle untersucht und ausgewertet. Eine Trübung im oder auf dem Agar (Nr. 3 und 4) zeigt Zellwachstum an.

Aufgaben:
a) Geben Sie an, welches Wachstumsverhalten *B. subtilis*, welches *E. coli* zeigt.
b) Begründen Sie das Wachstumsverhalten der Bakterien anhand ihrer Steckbriefe auf Seite 99.

2 Gram-Schnelltest

Material: Platten mit *B. subtilis* und *E. coli*, Objektträger, Impföse, Zahnstocher, 2 %ige Kalilauge

Durchführung:
1. Von Nährbodenplatten beider Bakterienstämme wird mittels Zahnstocher bakterienhaltiges Material auf je einen Objektträger übertragen und in einem Tropfen Kalilauge verrührt.
2. Anschließend wird versucht, mit dem Zahnstocher einen Faden aus der Kalilauge-Kultur-Suspension hochzuziehen.

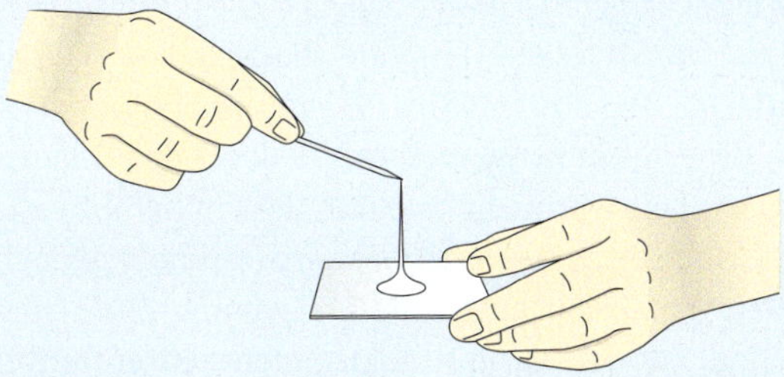

Aufgaben:
a) Untersuchen Sie, aus welcher der beiden Kulturen sich ein Faden hochziehen lässt.
b) Erläutern Sie, welchen Vorgang die Kalilauge-Lösung in den Bakterienzellen auslöst.
c) Bilden Sie eine Hypothese, woraus der Faden besteht.
d) Begründen Sie, warum man dieses Verfahren auch als Schnelltest anstelle der Gram-Färbung einsetzt.

3 Abbau von Stärke

Material: Nähragarplatten mit einem 2 %igen Stärkezusatz, Übernachtkulturen oder Nährbodenplatten von *B. subtilis* und *E. coli*, Impföse, Gasbrenner, Lugolsche (Jodkaliumjodid-)Lösung, Brutschrank

Durchführung:

1. Wie vorstehend beschrieben werden Nährbodenplatten hergestellt, allerdings wird vor dem Kochen im Dampfdrucktopf 2 % Stärke zugesetzt.
2. Die Platten werden gegossen. Nach Abkühlen und Erstarren des Agars stehen die Platten zum Animpfen bereit.
3. Aus Übernachtkulturen oder von Nährbodenplatten beider Bakterienstämme wird mittels vorher ausgeglühter Impföse auf je einen Nährboden ein Kreuz, ein Punkt oder ein Smily aufgetragen.
4. Zwei Tage werden die Platten bei 37 °C in den Brutschrank gestellt. Anschließend werden die Platten betrachtet, geöffnet und mit Lugolscher Lösung übergossen.

Aufgaben:
a) Notieren Sie die Veränderungen des Nährbodens um die verschiedenen Kolonien.
b) Geben Sie an, welcher Nachweis geführt wurde.
c) Erklären Sie das Färbeverhalten der Nährböden von *B. subtilis* und *E. coli*.
d) Stellen Sie molekulare Zusammenhänge zwischen Zellwandbau, Substrat und Ort der Verwertung dar.

2.2 Wirkung von Antibiotika und Resistenzerscheinungen

Schon im Mittelalter empfahl die Mystikerin Hildegard von BINGEN (1098–1179), auf entzündete Wunden Erde aus dem Wurzelbereich von Erlen aufzutragen. Damals war nicht bekannt, dass in Symbiose mit der Erlenwurzel Bakterien leben: Streptomyceten, die andere Bakterien durch die Freisetzung eines spezifischen Stoffwechselprodukts, dem Streptomycin, töten. Diese Prokaryoten bilden zusammenhängende Zellfäden, die wie ein Mycel aussehen (Abb. 104.2). Man hielt sie deswegen noch bis in die 1960er Jahre für Pilze. Alexander FLEMING entdeckte 1928 eine ähnliche Bakterien tötende Substanz von einem Brotschimmel, der auf einem Nährboden mit Bakterien wuchs. Um die Pilzkolonie war jedes Bakterienwachstum gehemmt. Er nannte diesen Stoff Penicillin nach dem Pinselschimmel *Penicillium notatum*. Viele Jahre später wurden immer weitere Bakterien tötende Substanzen bekannt, die man unter dem Begriff **Antibiotika** (gr. *anti*, gegen, gr. *bios*, Leben) zusammenfasst.

Antibiotika werden inzwischen bei Mensch und Tier zur Bekämpfung bakterieller Infektionskrankheiten eingesetzt. Penicillin wirkt, indem es die Quervernetzung des Mureins in der Zellwand von Bakterien verhindert. Da Murein nur bei Prokaryoten auftritt, hat Penicillin für Patienten meist keine Nebenwirkung. Nur manchmal kommt es zu Überempfindlichkeits-Reaktionen, die allergische Symptome auslösen. Die meisten Antibiotika aber wirken auf die genetische Ausstattung von Prokaryoten und hemmen dort die

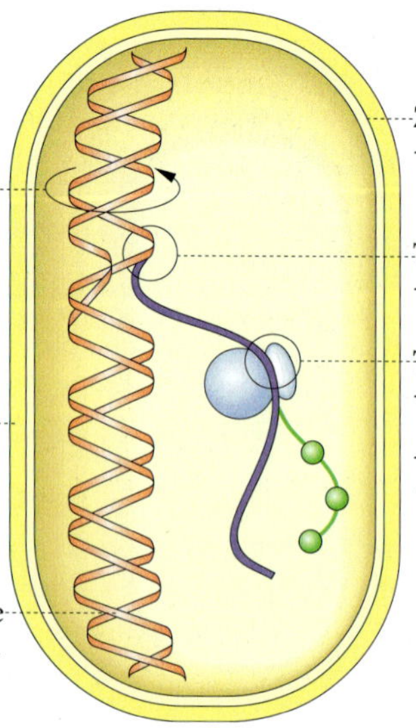

104.1 Wirkorte verschiedener Antibiotika in Bakterienzellen

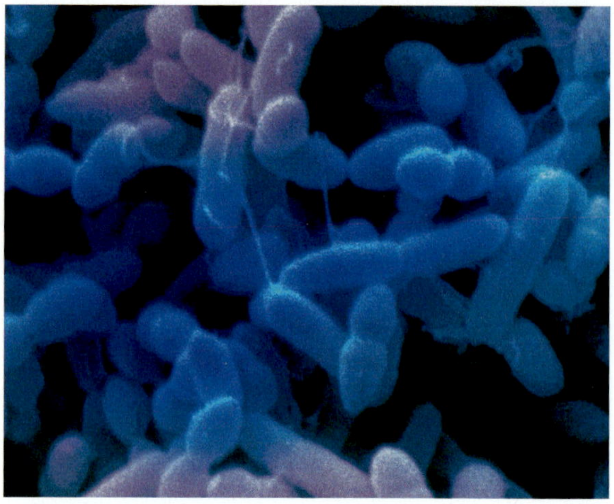

104.2 *Streptomyces griseus* (EM-Aufnahme)

Translation. Streptomycin zum Beispiel führt am 70S Ribosom zu Ablesefehlern an der mRNA. Chloramphenicol hemmt das Enzym Peptidyltransferase (Abb. 104.1).

Der zunehmende Einsatz von Penicillin führte schon in den 1950er Jahren zu einem Auftreten Penicillin resistenter Stämme (lat. *resistere*, widerstehen). Solche Bakterien bilden unter anderem das Enzym Penicillinase, das Penicillin spaltet und unwirksam macht.

Die genetische Information für die Produktion dieses Enzyms ist außerhalb des Bakterienchromosoms auf einem Zusatzchromosom codiert. Man nennt solche Plasmide **Resistenzfaktoren** (R-Faktoren). Sie können verschiedene Gene gegen diverse Antibiotika tragen, sodass Bakterien dann Mehrfachresistenzen aufweisen. Mehrfachresistenzen stellen die Medizin vor erhebliche Probleme. Man versucht daher, die Entstehung solcher Stämme durch Einschränken von Antibiotikagaben zu vermeiden. Seit Anfang 2006 ist auch der Einsatz von Antibiotika in der Tiermast verboten, der zu einer besseren Aufnahme der Nahrung führte. Wird eine Infektion mit einem mehrfach resistenten Stamm befürchtet, verwendet man Kombinationspräparate aus mehreren Antibiotika. Für neue und effektivere Wirkstoffe setzt man heute zum Teil auch gentechnisch veränderte Stämme ein.

1 Erklären Sie, warum Penicillin für Patienten in der Regel keine Nebenwirkungen hat.

2 Diskutieren Sie anhand der Nebenwirkungen des Chloramphenicol die Hypothese, dass Mitochondrien aus in ursprünglichen Zellen eingewanderten aeroben Bakterien hervorgegangen sind.

1 Bakterien auf einer Münze

Material: 2 Petrischalen mit Standardnährböden, Übernachtkultur von *Bacillus mycoides* (DSM 2048), Pipette, DRIGALSKI-Spatel, Becherglas (250 ml), Uhrglas, Ethanol (95 %), Parafilm oder Klebeband, 2 gebrauchte Münzen, Brutschrank (37 °C), Trockenschrank (180 °C)

Durchführung:
1. Eine Übernachtkultur von *Bacillus mycoides* wird angesetzt.
2. Auf je eine Nährbodenschale werden mit einer Pipette drei Tropfen der Übernachtkultur aufgetropft und mit dem sterilisierten DRIGALSKI-Spatel ausplattiert.
3. Eine der Münzen wird im Trockenschrank bei 180 °C sterilisiert und auf einen Nährboden gelegt.
4. Auf die Mitte des zweiten Nährbodens wird anschließend eine gebrauchte Münze gelegt.
5. Die Platten werden mit Parafilm oder Klebeband versiegelt und vier Tage bei 37 °C bebrütet.

Aufgaben:
a) Beschreiben Sie die Ergebnisse des Bakterienwachstums um die Münzen.
b) Treffen Sie Aussagen hinsichtlich einer möglichen Schwermetallresistenz für *Bacillus mycoides* und die unbekannten Bakterien der Münze.
c) Erläutern Sie anhand dieses Modells die Problematik des Einsatzes von Desinfektionsmitteln in Kliniken.

2 Plättchentest zur Verwendung eines geeigneten Antibiotikums

Material: Petrischale mit Standardnährboden, Übernachtkultur von *Bacillus mycoides* (DSM 2048), Pipette, DRIGALSKI-Spatel, Becherglas (250 ml), Uhrglas, Ethanol (95 %), Antibiotikatestring, Brutschrank (37 °C), Trockenschrank (180 °C)

Durchführung:
1. Eine Übernachtkultur von *Bacillus mycoides* wird angesetzt.
2. Auf eine Nährbodenschale werden mit einer Pipette drei Tropfen der Übernachtkultur aufgetropft und mit dem sterilisierten DRIGALSKI-Spatel ausplattiert.
3. Auf die Mitte des Nährbodens wird anschließend ein Antibiotikatestring gelegt.
4. Die Platte wird vier Tage bei 37 °C bebrütet.

Aufgabe: Erklären Sie die unterschiedlichen Hemmhöfe von *Bacillus mycoides* um die Antibiotikaplättchen.

3 Strichtest zum Auffinden Antibiotika-sensitiver und -resistenter Stämme

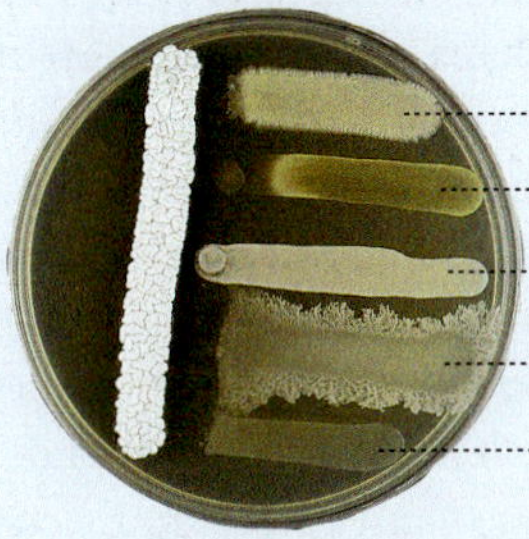

Material: Standardnähragar, Glucose, Übernachtkulturen von *Bacillus mycoides* (DSM 2048), *Echerichia coli K-12* (DSM 498), *Micrococcus luteus* (DSM 20030), *Pseudomonas fluorescens* (DSM 50090), *Streptomyces griseus* (DSM 40236), *Saccharomyces cerevisiae* (DSM 70449), Erlenmeyerkolben, Waage, Petrischalen, Impföse, Gasbrenner, Brutschrank (37 °C)

Durchführung:
1. Eine Übernachtkultur von *Streptomyces griseus* wird angesetzt.
2. 100 ml Standardnähragar mit 5 g Glucosezusatz werden hergestellt.
3. Vier Nährbodenplatten werden gegossen.
4. Nach dem Erstarren der Platten wird an einem Rand des Nährbodens mit der ausgeglühten Impföse ein Strich der über Nacht angesetzten Streptomyces-Kultur aufgetragen. Nach dreitägiger Bebrütung bei 37 °C ist die Kultur als strichförmige Kolonie angewachsen.
5. Es werden die anderen fünf Bakterienstämme als Übernachtkultur angesetzt.
6. Nach dem Anwachsen werden diese fünf Testorganismen senkrecht zum Streptomyces-Strich mit der ausgeglühten Impföse ausgestrichen, und zwar ohne den sichtbaren Kolonierand zu berühren. Am besten bewegt man dazu die Öse auf der Agaroberfläche in Richtung Strich, und stoppt kurz vor dem Kolonierand.

Aufgaben:
a) Erklären Sie das unterschiedliche Wachstum der Teststämme in der Nähe von Streptomyces.
b) Erläutern Sie die Bedeutung für den Menschen.

2.3 Genetische Rekombination bei Bakterien

Schon kurz nach der ersten klinischen Anwendung des Penicillins im Jahre 1942 traten bei einigen Bakterienstämmen Resistenzen auf, die sich schlagartig ausbreiteten. Diese Ausbreitungsrate konnte durch Mutationsereignisse alleine nicht erklärt werden. Dies war erstaunlich, da Prokaryoten sich nur durch Zellteilung vermehren, bei der die Erbinformation nicht verändert wird.

Der Frage, wie es dazu kam, gingen 1946 Joshua LEDERBERG und Edward TATUM nach. Sie arbeiteten mit zwei Mangelmutanten von *E. coli* (Abb. 106.1). Stamm A konnte die Aminosäuren Phenylalanin und Cystein, Stamm B die Aminosäuren Threonin und Leucin nicht synthetisieren. Beide Doppelmutanten wuchsen nur auf Nährböden mit entsprechendem Aminosäurezusatz. Mischte man beide Stämme und plattierte sie auf Minimalnährboden aus, wuchsen einige Kolonien heran. Bakterien aus solchen Kolonien verhielten sich wie der Wildtyp. Sie konnten die vier Aminosäuren synthetisieren. Diese „Wildtypen" traten mit einer Häufigkeit von $1:10^6$ auf. Dieser vergleichsweise hohe Wert widersprach der Annahme, dass einzelne Bakterien die volle Synthesefähigkeit durch eine doppelte Rückmutation wiedererlangt hatten. Die Wahrscheinlichkeit für ein derartiges Ereignis ist hundert Millionen Mal kleiner und liegt bei $1:10^{14}$. Zusätzlich prüften die beiden Wissenschaftler, ob eine Mangelmutante genau die Substanzen in das Nährmedium abgibt, die der andere Stamm zum Wachstum braucht. Dafür verwendeten sie ein U-förmiges Rohr, dessen Schenkel in der Mitte durch einen bakteriendichten Filter getrennt waren. In den einen Schenkel füllten sie eine Bakterienkultur der Mutante A, in den anderen Schenkel eine Kultur der Mutante B. Die Kulturflüssigkeit wurde anschließend zwischen beiden Schenkeln durch den Filter hin- und hergepresst, sodass eventuell gebildete Aminosäuren in beide Schenkel gelangen konnten. Nach einigen Stunden plattierten die Forscher Bakterien aus beiden Schenkeln auf Minimalnährböden aus. Es wuchsen keine Kolonien heran.

LEDERBERG und TATUM schlossen aus diesen Ergebnissen, dass die Zellen beider Stämme durch einen direkten Zellkontakt genetisches Material ausgetauscht hatten. Elektronenmikroskopische Aufnahmen bestätigten solche Kontakte zwischen Bakterienzellen (Abb. 106.2). Diese Form des Austausches genetischen Materials heißt **Konjugation** (lat. *conjugare*, verbinden). Es handelt sich um einen einseitig gerichteten, horizontalen Gentransfer, bei dem eine Bakterienzelle als Spender und die andere als Empfänger fungiert.

Spenderzellen besitzen meist ein spezielles Plasmid, auf dem der Fertilitätsfaktor (F-Faktor) liegt. Nur Bakterien mit diesem Faktor, die F^+-Zellen, können bei der Konjugation als Spenderzelle Gene übertragen. Die Empfängerzellen sind F^--Zellen und besitzen keinen F-Faktor. Dieser trägt die genetische Information für die Ausbildung von fädigen Fortsätzen, den F-Pili. Diese dienen zur Kontaktaufnahme und Verankerung. Außerhalb des Pilus wird eine Plasmabrücke gebildet, durch die ein DNA-Einzelstrang des F-Plasmids auf die Empfängerzelle übertragen wird. In Spender- und Empfängerzellen werden beide Stränge zu vollständigen Plasmiden ergänzt, sodass zwei F^+-Zellen entstehen. In einer Kultur mit F^+- und F^--Zelltypen würden durch Konjugation nach einiger Zeit theoretisch nur noch Spenderzellen vorliegen.

1 Erstellen Sie eine Hypothese, warum im Verlauf der Evolution nicht alle Bakterien durch Konjugation zu F^+-Zellen geworden sind.

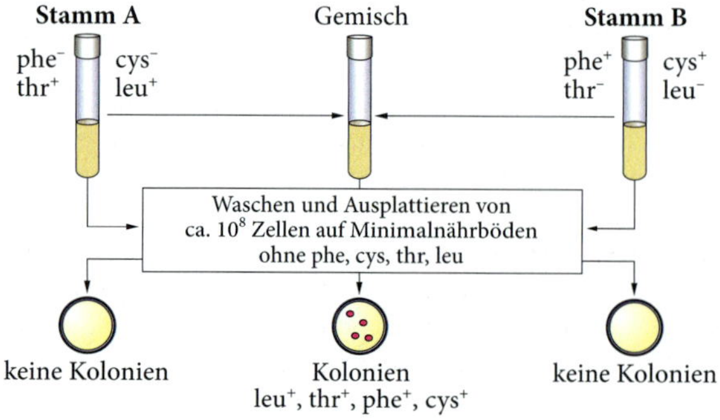

106.1 Konjugationversuch von TATUM und LEDERBERG

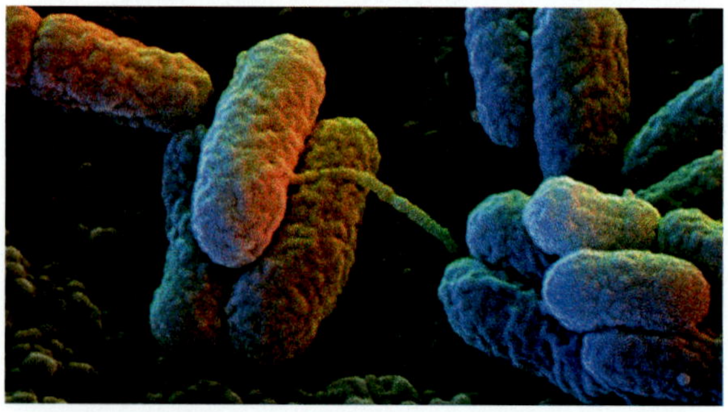

106.2 Plasmabrücke zwischen F^+- und F^--Zelle

Konjugationsversuch

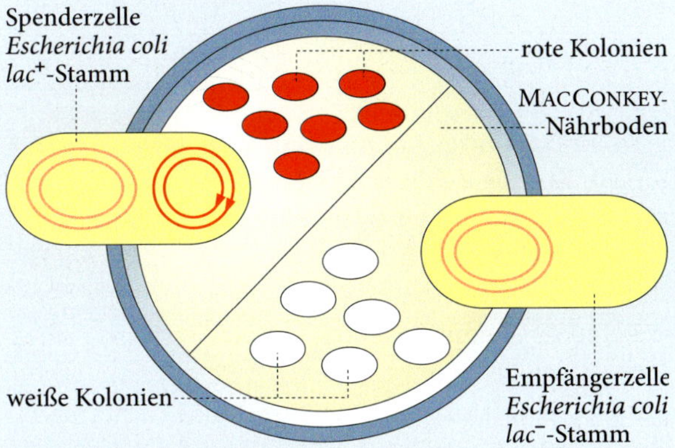

107.1 Spender- und Empfängerstamm

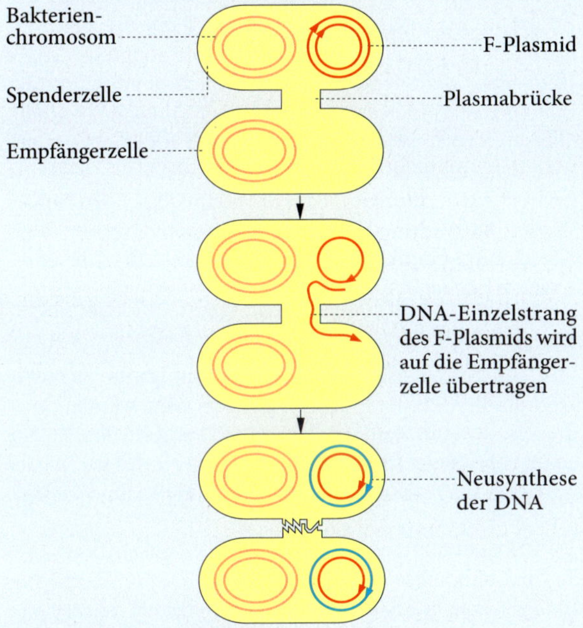

107.2 Bakterielle Konjugation

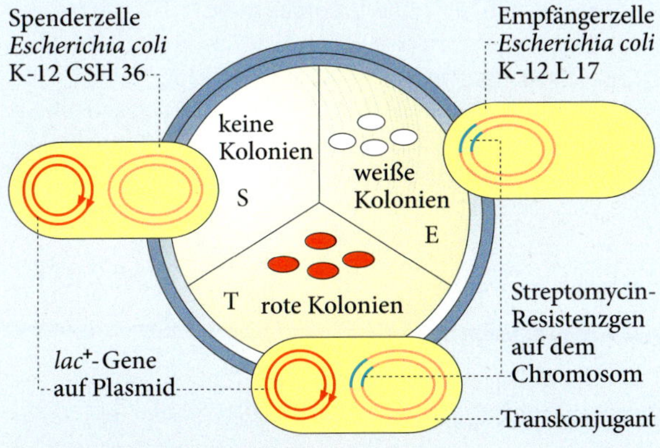

107.3 Ergebnis des Konjugationsversuches

Durch die Konjugation wird ein F-Plasmid, das zusätzlich das *lac*-Operon enthält, von einer Spender- auf eine Empfängerzelle übertragen. Dies befähigt die Zellen zum Lactoseabbau. Durch Mischen beider Zellstämme wird das F-*lac*-Plasmid übertragen. Der Spenderstamm (*lac*⁺) wächst auf einem speziellen MacConkey-Nährboden zu roten Kolonien heran, da der Nährboden neben Lactose noch einen Indikator enthält, der den Lactoseabbau anzeigt. Der Empfängerstamm (*lac*⁻) wächst weißlich, da Lactose nicht abgebaut wird (Abb. 107.1).

Würden beide Stämme miteinander vermischt werden, würden die Spendereigenschaften durch Konjugation auf alle Empfängerzellen übertragen werden (Abb. 107.2). Die weißen Kolonien wären nach einiger Zeit nicht mehr nachweisbar. Damit wäre aber ein Gentransfer nicht schlüssig bewiesen. Es könnte sein, dass der Empfängerstamm wegen der Unfähigkeit, Lactose zu verwerten, abgestorben ist. Um Empfängerzellen, die das F-*lac*-Plasmid erhalten haben und dann Transkonjuganten heißen, von den Spenderzellen zu unterscheiden, wird ein genetischer Trick angewendet: Der Empfängerstamm wird mit einem chromosomalen Resistenzgen gegen das Antibiotikum Streptomycin markiert. Dem MacConkey-Nährboden wird noch Streptomycin hinzugefügt, sodass auf diesem Nährboden nur noch Empfängerzellen und Transkonjuganten wachsen können.

Material: 3 Erlenmeyerkoben (50 ml), 50 ml Nährbouillon, 50 ml MacConkey-Agar, Streptomycinlösung (2 mg/ml), Übernachtkulturen vom Spenderstamm *E. coli* K-12 CSH 36 und Empfängerstamm *E. coli* K-12 L17, Brutschrank, Impföse, Gasbrenner, Waage, Dampfdrucktopf, Petrischalen

Durchführung:

1. 50 ml MacConkey-Nährboden werden autoklaviert und nach dem Abkühlen auf 50 °C (Handrückentest) mit 0,5 ml Streptomycinlösung versetzt.
2. Anschließend wird eine Petrischale gegossen.
3. Je 10 ml Nährbouillon werden in drei Erlenmeyerkolben gegeben und autoklaviert.
4. Ein Ansatz wird mittels Impföse mit dem Spenderstamm beimpft, der zweite nach vollständigem Ausglühen der Öse mit dem Empfängerstamm.
5. Beide Ansätze werden über Nacht bei 37 °C bebrütet.
6. Der dritte Ansatz wird mit 0,8 ml der Übernachtkultur des Spenders und mit 0,2 ml der Übernachtkultur des Empfängers versetzt und eine Stunde bebrütet.
7. Eine MacConkey-Platte wird auf der Unterseite an drei Punkten mit „S“ (Spender), „E“ (Empfänger) und „T“ (Transkonjugant) beschriftet (Abb. 107.3).
8. Die drei Ansätze werden mit einer ausgeglühten Impföse an den entsprechend beschrifteten Stellen aufgetragen.
9. Die beimpfte Petrischale wird über Nacht bei 37 °C bebrütet und am Folgetag ausgewertet (Abb. 107.3).

Aufgabe: Beschreiben und deuten Sie das Ergebnis.

Aufgaben

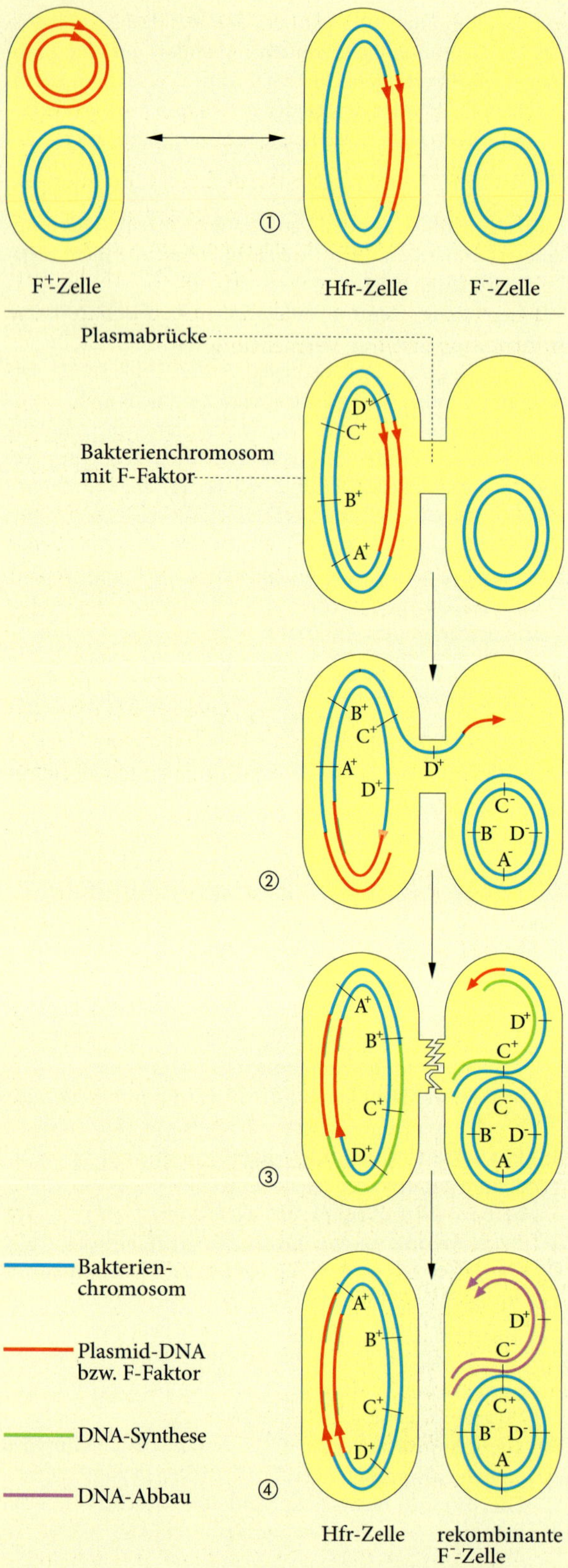

108.1 Transfer chromosomaler Gene durch Konjugation

Konjugation mal anders

LEDERBERG und TATUM zeigten, dass bei einer speziellen Form der Konjugation auch chromosomale Gene übertragen werden können. Dies geschieht besonders häufig bei Bakterien einer bestimmten F^+-Kultur. Bei ihnen ist der F-Faktor in das Bakterienchromosom eingebaut ①. Man spricht hier von **Hfr-Zellen** (engl. ***High** frequency of **r**ecombination*). Bei Kontakt mit einer F^--Zelle öffnet sich in der Hfr-Zelle ein DNA-Strang des ringförmigen, doppelsträngigen Bakterienchromosoms. Dieses Aufbrechen geschieht immer in der Mitte des eingebauten F-Faktors. Durch die Plasmabrücke hindurch geht ein Teil des geöffneten DNA-Einzelstranges in Form eines DNA-Einzelstranges in die Empfängerzelle über ②.

Sowohl das übertragene DNA-Stück als auch das zurückgebliebene Bakterienchromosom werden schon während des Konjugationsvorgangs jeweils zu DNA-Doppelsträngen ergänzt ③. In der F^--Zelle liegt dann ein doppelsträngiges DNA-Stück der Spenderzelle vor, das einem Abschnitt des Empfängerchromosoms homolog ist. Kommt es zu einem Stückaustausch zwischen Spender- und Empfänger-DNA, so findet genetische Rekombination statt ④: Die F^--Zelle hat Gene der Hfr-Zelle eingebaut. Überschüssige DNA-Stücke werden nach einiger Zeit wieder abgebaut. Da bei dieser Konjugation nur ein Teil des F-Faktors der Hfr-Zelle übertragen wird, bleibt die Empfängerzelle F^-.

Die Plasmabrücke zwischen Hfr- und F^--Zelle wird meist während der Übertragung unterbrochen. Da die Spender-DNA im Bereich des F-Faktors geöffnet wird, werden chromosomale Gene häufiger übertragen, wenn sie dem Faktor benachbart sind. In Hfr-Zellen kann der F-Faktor wieder aus dem Chromosom ausscheren und zum Plasmid werden.

a) Erklären Sie den Unterschied zwischen einer F^+-, F^-- und Hfr-Zelle.
b) Erläutern Sie die Funktion des F-Pilus und der Plasmabrücke bei der bakteriellen Konjugation.
c) Erstellen Sie ein Flussdiagramm für den Transfer chromosomaler Gene durch Konjugation.
d) Erklären Sie, warum bei dieser speziellen Form der Konjugation eine F^--Zelle eine F^--Zelle bleibt.
e) Diskutieren Sie mögliche Vorteile, die sich aus dieser speziellen Form der Konjugation für die Entwicklung und das Überleben von Bakterien ergeben.

2.4 Bau und Vielfalt der Viren

1883 erforschte Adolf MAYER eine ansteckende Krankheit bei Tabakpflanzen, durch die ihre Blätter helle Flecken bekommen. Er dachte bei dieser Tabakmosaikkrankheit zunächst an einen Befall durch Bakterien. 1897 versuchte Martinus BEIJERINCK, die vermuteten Erreger zu isolieren. Dazu wurde der Gewebesaft einer erkrankten Pflanze durch einen bakteriendichten Filter gepresst. Der Rückstand wurde auf Nährböden überimpft. Darin wurden aber keine infektiösen Bakterien nachgewiesen. Der Saft hingegen war weiterhin ansteckend. Der Erreger musste also kleiner als Bakterien sein. Er nannte ihn **Virus** (lat. *virus,* Gift).
1935 isolierte Wendell STANLEY das Tabakmosaikvirus. Es ist ein 300 nm langes Stäbchen, das aus nur zwei chemischen Verbindungen besteht: einer schraubenförmigen, einsträngigen RNA und Proteinen. Die RNA besteht aus rund 6400 Nukleotiden.

Heute kennt man eine Vielzahl von Viren, die fast alle Lebewesen infizieren können. Viele Menschen hatten schon einmal virale Infekte wie Schnupfen, Windpocken oder Röteln. Diese Erkrankungen lassen sich im Gegensatz zu bakteriellen Infektionen nicht mit Antibiotika behandeln.

Alle Viren zeigen einen gemeinsamen Aufbau: Sie enthalten entweder RNA oder DNA als genetisches Material und eine Hülle aus Proteinen, das **Capsid**.

Dieses ist bei kugeligen Viren oft ein geometrischer Körper aus 20 gleichseitigen Dreiecken. Bei komplexer gebauten Viren, besonders denen, die Tiere oder Menschen infizieren, wird das Capsid von Glycoproteinen umgeben. Viren sind zwischen 10 und 100 nm groß und damit etwa zwanzig- bis hundertmal kleiner als Bakterien. Wäre eine eukaryotische Zelle etwa so groß wie diese Buchseite, ließe sich die Größe einer Bakterienzelle mit diesem Wort vergleichen. Ein Virus wäre so groß wie der Punkt am Ende dieses Satzes.

Je nach Nukleinsäuretyp unterscheidet man DNA- und RNA-Viren. Es gibt auch solche mit einzelsträngiger oder doppelsträngiger DNA oder einzelsträngiger oder doppelsträngiger RNA, die je nach Virus für drei bis etwa 20 verschiedene Proteine codieren. Zu den RNA-Viren, die tier- und menschspezifisch sind, gehören die **Retroviren** (lat. *retro,* zurück). Zu ihnen zählt auch HIV-1, der Erreger von AIDS. Der Name Retrovirus deutet an, dass deren RNA in DNA zurückübersetzt wird. Dazu besitzen sie ein besonderes Enzym, die reverse Transkriptase.

Sind Viren Lebewesen? Diese Frage kann mit einen klaren „nein“ beantwortet werden. Viren können sich nicht selbstständig vermehren und verfügen über keinen eigenen Stoffwechsel, um sich die für Lebensfunktionen notwendige Energie herstellen zu können. Sie besitzen niemals zugleich DNA und RNA. Sie enthalten jedoch in ihrer Nukleinsäure die genetische Information zu ihrer Vermehrung.

Zur Verwirklichung dieser Information müssen sie in eine Zelle eindringen und deren Synthesefähigkeiten nutzen. Viren sind also infektiöse Partikel aus Nukleinsäure und Proteinhülle, die zur Vermehrung den Stoffwechsel einer Wirtszelle benötigen. Dabei zeigen Viren eine enge Wirtsspezifität, meist können sie nur eine Wirtszelle befallen.

Viren, die Bakterien infizieren, werden Bakteriophagen oder kurz Phagen (gr. *phagein,* fressen) genannt. Gut untersucht sind die Phagen des Typs T und des Typs Lambda (λ), die beide nur *E. coli* befallen (Abb. 109.1).

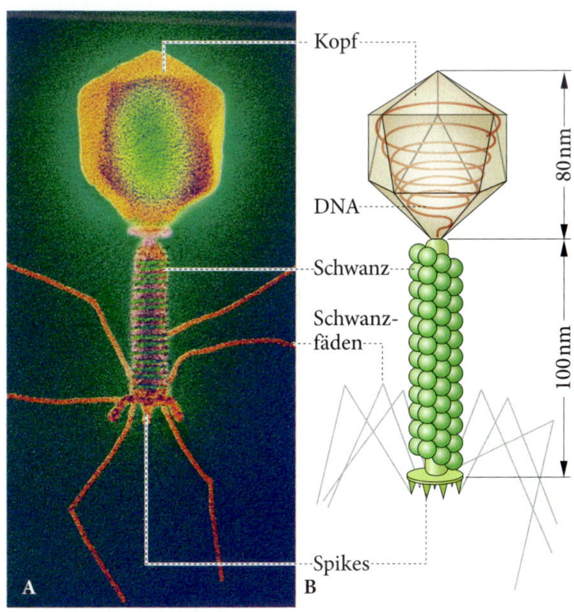

109.1 T-Phage. A EM-Bild; **B** Schema

1 Begründen Sie, warum Viren nicht mit Antibiotika behandelt werden können.

2.5 Vermehrung von Viren

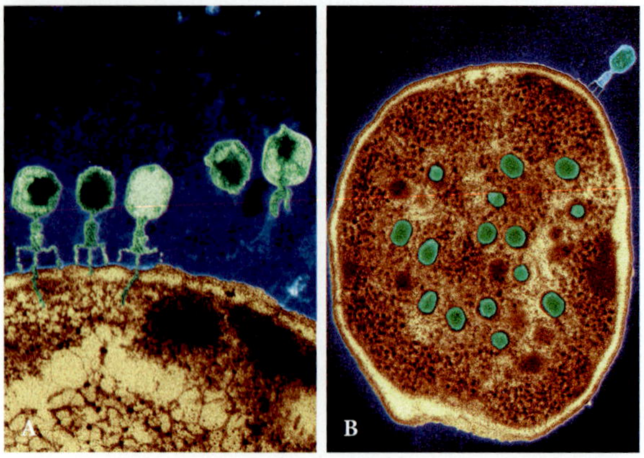

110.1 Vermehrung von T-Phagen. **A** Adsorption und Injektion; **B** Infizierte *E. coli*-Zelle gefüllt mit Phagenköpfen

Elektronenmikroskopische Beobachtungen zeigen manchmal Zellen des Bakteriums *Escherichia coli,* die aufplatzen und bis zu 200 kleinere Partikel entlassen. Diese Zellen wurden Opfer eines Angriffs durch spezielle Viren, den T-Phagen. Die Infektion einer *E. coli*-Zelle und die folgende Phagenvermehrung werden in mehrere Phasen unterteilt (Abb. 110.2):
Bei der **Adsorption** (lat. *adsorbere,* anheften) eines Phagen binden die Enden der Schwanzfäden an spezifische Oberflächenstrukturen von *E. coli* ①. Mehrere Phagen können gleichzeitig an eine Zelle binden (Abb. 110.1 A). Nach dem Andocken des T-Phagen folgt die **Injektion** der Phagen-DNA in die Wirtszelle ②. Auf der Bakterienoberfläche bleibt die leere Phagenhülle zurück ③.
Während der folgenden **Latenzphase** (lat. *latens,* verborgen) von etwa 25 Minuten sind im Bakterium keine Phagen nachweisbar. Dennoch haben die etwa 50 Gene der injizierten Phagen-DNA bereits die Kontrolle über das Bakterium erlangt. In der **Produktionsphase** werden die Phagengene in festgelegter Reihenfolge aktiviert und entsprechende Genprodukte gebildet. Alle Virusbausteine wie Hüllproteine, Phagen-DNA oder Schwanzfäden werden im Zellinnern getrennt aufgebaut ④. Gleichzeitig wird das Bakterienchromosom zerlegt.
Die Einzelteile treten in der **Reifungsphase** spontan zusammen ⑤. Dabei wird die Phagen-DNA, wenn sie in das Capsid eingelagert wird, einem Wollknäuel ähnlich aufgewickelt. Als letztes werden die Schwanzfäden angeheftet. Die **Freisetzung** der fertigen Viren erfolgt durch die Wirkung des Enzyms Lysozym, zu dessen Bildung die Bakterien umprogrammiert wurden. Lysozym löst die bakterielle Zellwand auf und etwa 200 infektiöse Phagen werden frei ⑥.
Der Befall von *E. coli* mit einem T-Phagen führt immer zu dieser Auflösung des Bakteriums. T-Phagen besitzen demnach einen **lytischen** Vermehrungszyklus (gr. *lysein,* lösen). Diese Phagen sind virulent. Der Phage Lambda (λ) hingegen ist temperent: Seine DNA wird komplett in das Bakterienchromosom der Wirtszelle eingebaut, ein Prophage ist entstanden ⑦. Bei jeder Zellteilung werden die Phagen-Gene zusammen mit denen des Bakteriums verdoppelt und an die Tochterzellen weitergegeben ⑧. Dieser verborgene Vermehrungszyklus wird als **lysogen** bezeichnet. Er kann in einen lytischen Zyklus einmünden.

1 Vergleichen Sie lytischen und lysogenen Vermehrungszyklus.

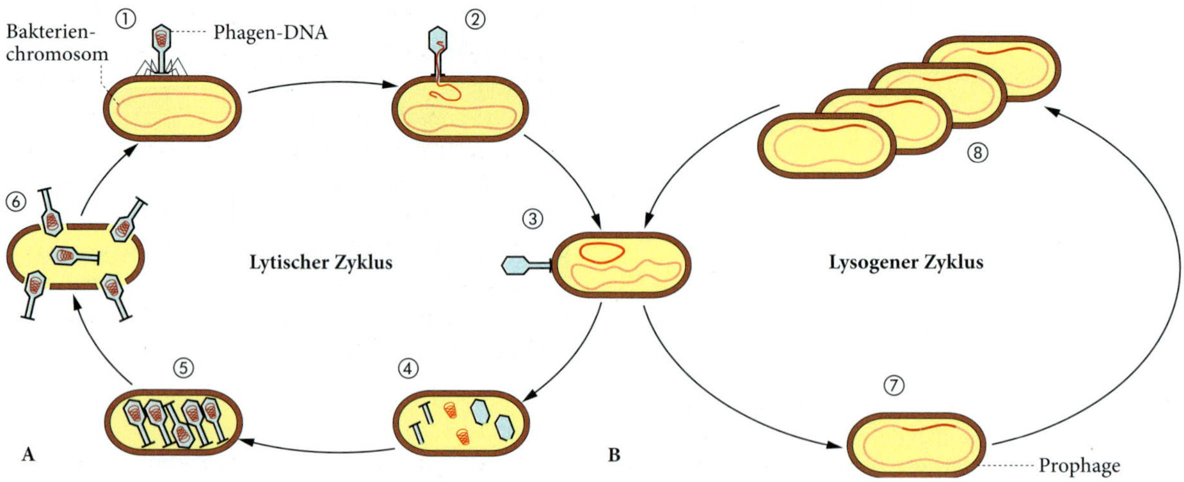

110.2 Vermehrungszyklus des Phagen λ. A lytischer Zyklus; **B** lysogener Zyklus

2.6 Genübertragung bei Viren

Viren sind immer dort verbreitet, wo auch ihr Wirt vorkommt. So findet man T-Phagen beispielsweise im Teichwasser, da dort viele Bakterien sind. Man kann sie isolieren, indem man beispielsweise bakterienhaltiges Teichwasser durch einen Filter presst, dessen Poren nur 200 Nanometer groß sind. Durch diese Poren passen Bakterien nicht hindurch, wohl aber die im Wasser enthaltenen Phagen. Mit diesen Phagen werden Nährbodenplatten beimpft, auf denen ein Bakterienrasen wächst.

Es gibt Mutanten des T2-Phagen, die nach dem Befall eines Bakterienrasens unterschiedlich große und durchsichtige Löcher auf der Nährbodenoberfläche hinterlassen (Abb. 111.1). Diese sind ein Abbild einer bakteriellen Phageninfektion. Die Löcher entstehen, wenn sich Phagen nach dem Befall einer Zelle in den benachbarten Zellen einer wachsenden Bakterienkultur ausbreiten und die Wirtszellen platzen lassen. Man spricht daher von **Plaques** (fr. *plaque,* Platte) oder **Lyselöchern.** Größe und Aussehen der Plaques hängen mit den viralen Genen zusammen. Sie steuern die Geschwindigkeit der Phagenvermehrung im Inneren der Wirtszelle und beeinflussen die Ausbreitung von Neuinfektionen.

Experimentell wurden zwei Mutanten eines T2-Phagenstammes untersucht. Einer der Stämme trägt die Gene h^- und r^+ ① (engl. ***huge,*** groß; ***real,*** echt). Dieser erzeugt kleine, klare Plaques im Bakterienrasen. Eine andere Mutante hat die Gene h^+ und r^- ②, die große, trübe Lyselöcher verursachen. Setzt man eine hoch konzentrierte Mischung beider Phagenstämme einer *E. coli*-Kultur zu, so treten in Einzelfällen Doppelinfektionen von Bakterienzellen mit beiden Phagen-Mutanten auf.

Nach dem Ausplattieren beobachtet man neben den beiden „Elterntypen" von Plaques zwei neue Formen. Es treten kleine, trübe und große, klare Lyselöcher auf (Abb. 111.1). Bei der Vermehrung der Phagenstämme ist es anscheinend zu einem Stückaustausch zwischen ihren DNA-Molekülen gekommen, sodass neue Phagenstämme mit den Genkombinationen h^+und r^+ ③ sowie h^- und r^- ④ entstanden sind (Abb. 111.2). Viren zeigen also ähnliche Phänomene der genetischen Rekombination wie lebende Zellen. Diese Vorgänge sind aber immer an Infektionen lebender Zellen gekoppelt, da Viren keinen eigenen Stoffwechsel besitzen.

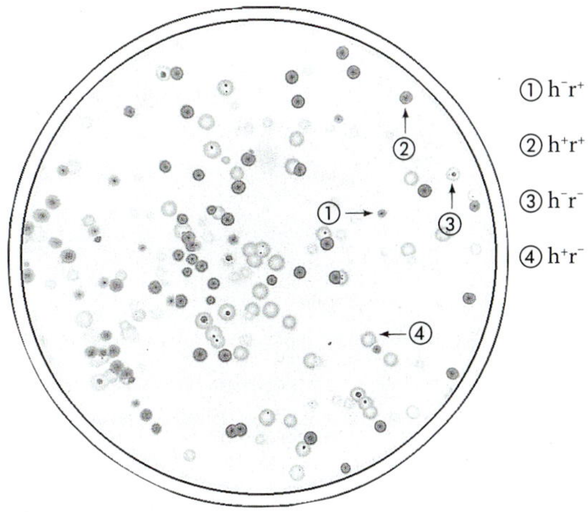

111.1 Plaque-Typen bei T-Phagen

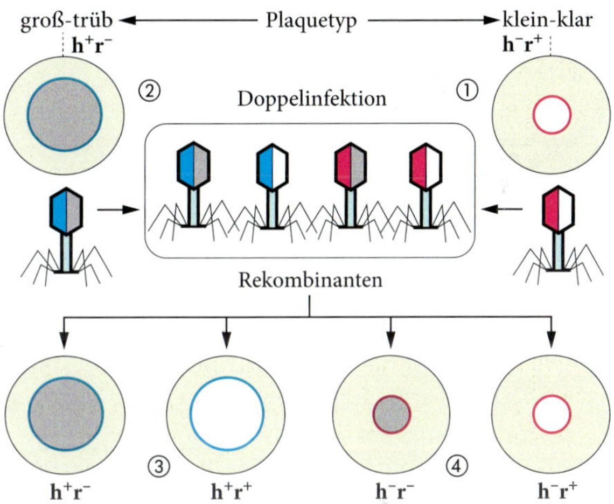

111.2 Rekombination bei T-Phagen (Schema)

Große Aufmerksamkeit erlangt die Rekombination bei Viren jährlich bei den Warnungen vor neuen Grippeviren. Für die Klassifizierung von Grippeviren werden zwei Oberflächenstrukturen genutzt: Hämagglutinin (H) und Neuraminidasen (N). Ersteres ermöglicht das Andocken der Viren an Wirtszellen, zweiteres löst diese Bindung wieder. Die verschiedenen Varianten dieser Oberflächenstrukturen bestimmen in ihrer Kombination den Virentyp. Die Spanische Grippe von 1918 gehörte zum Typ H1N1. An ihr starben weit über 20 Millionen Menschen. Neue H1N1-Subtypen entstehen durch Rekombination humanpathogener Viren mit solchen, die üblicherweise nur Schweine befallen.

1 Erläutern Sie, warum Rekombination bei Viren nur bei gleichzeitiger Infektion eines Wirtes mit zwei verschiedenen Viren auftritt.

2.7 Transduktion bei Viren

Bei einer doppelten Infektion mit Viren findet genetische Rekombination durch Austausch der unterschiedlichen Phagen-DNA statt. Befindet sich nur ein Virustyp in der Zelle, kann manchmal aber dennoch Rekombination auftreten.

Vom Bakterium *Escherichia coli* gibt es verschiedene Mutanten, unter anderem eine, die die Aminosäure Leucin synthetisieren kann. Man bezeichnet diesen Stamm auch als L^+-Stamm. Eine Zelle eines solchen Stammes wird durch einen virulenten Phagen infiziert (Abb. 112.1) ①. Bei der folgenden Vermehrung im Zellinneren ② kann in Einzelfällen anstelle der Phagen-DNA zufällig ein Stück des zerlegten Bakterienchromosoms in eine Phagenhülle verpackt werden ③.

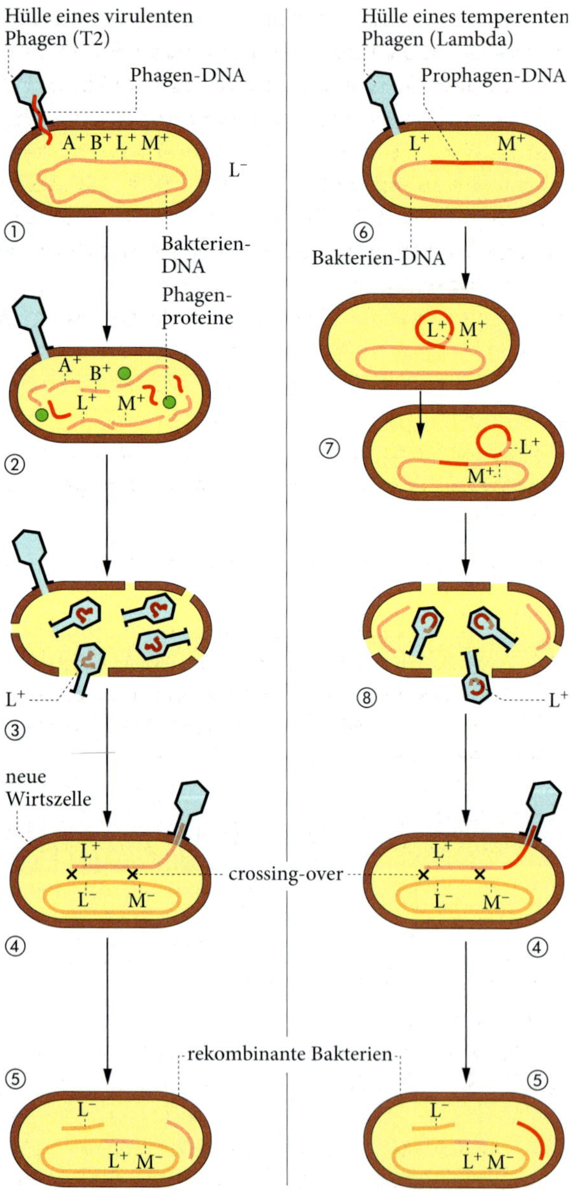

112.1 **Transduktion.** **A** allgemeine; **B** spezielle

Ein solcher Phage ist defekt, weil ihm ein Teil seines eigenen genetischen Materials fehlt. Nachdem er aus dem lysierten Bakterium freigesetzt wurde, lagert er sich trotzdem an weitere Bakterienzellen an. Dies können zum Beispiel Zellen eines L^--Stammes sein, die überlichweise kein Leucin produzieren können. Das Stück DNA mit dem bakteriellen L^+-Gen wird von dem defekten Phagen in die Zelle injiziert ④.

Nach der Infektion mit diesem Phagen treten inmitten der L^--Bakterienkolonien auch L^+-Kolonien auf. Diese erkennt man, wenn auf einem Leucin-Mangelnährboden Kolonien entstehen, nachdem das ursprüngliche Koloniemuster mit einem Stempel übertragen wurde. Die Zahl der gewachsenen L^+-Kolonien ist so hoch, dass deren Entstehung nicht durch Rückmutation zu begründen ist. Vielmehr müssen die L^--Bakterien das durch die Phagen übertragene L^+-Gen durch eine Art crossing-over in ihr Genom eingebaut haben ⑤. Die Übertragung von beliebigen Wirtsgenen mithilfe von virulenten Phagen nach dem Zufallsprinzip heißt **allgemeine Transduktion** (Abb. 112.1).

Die DNA eines temperenten Phagen dagegen wird grundsätzlich am gleichen Ort des *E. coli*-Chromosoms, zum Beispiel zwischen die benachbarten Gene L^+ und M^+ eingebaut, wo sie zunächst verborgen mitvermehrt wird ⑥. Beim Ausscheren des Prophagen in den lytischen Zyklus kann ein Stück benachbarter Bakterien-DNA mitgenommen werden ⑦. In den Phagenkopf wird dann ein zusammengesetztes DNA-Stück aufgenommen, das neben den Phagengenen das Bakteriengen L^+ oder M^+ enthalten kann ⑧. Infiziert dieser Phage eine L^--Wirtszelle, kann durch crossing-over ④ wiederum eine L^+-Zelle entstehen ⑤.

Bei dieser Form der Genübertragung mithilfe von temperenten Phagen können demnach nur solche Gene transferiert werden, die nahe der Integrationsstelle des Prophagen im Bakterienchromosom liegen. Man bezeichnet sie als **spezielle Transduktion** (Abb. 112.1 B).

1 Vergleichen Sie allgemeine und spezielle Transduktion.

Virale Aufklärungsmission

T-Phagen sind in Kopf, Schwanz und Endplatte gegliedert. Das Capsid des Kopfteils hat eine Vieleckstruktur mit einem Durchmesser von etwa 50 nm (Nanometer, 10^{-9} m). Es enthält einen DNA-Doppelstrang von 56 µm Länge mit rund 200 000 Basenpaaren (bp). Der Schwanzteil ist 100 nm lang und besteht aus einem hohlen Stift, der von einer kontraktilen Hülle umgeben ist. Kopf und Schwanz sind über einen „Kragen" miteinander verbunden. Der Schwanz schließt mit einer Endplatte ab, die sechs kurze Spikes und sechs lange Fäden trägt.

Der Phage λ sieht dem T-Phagen sehr ähnlich. Der DNA-Doppelstrang umfasst etwa 48 000 bp. Im Gegensatz zu den T-Phagen vermehrt der Phage λ sich aber nach dem Befall einer Bakterienzelle nicht immer sofort, sodass die Infektion zunächst verborgen bleibt und bei Zellteilungen versteckt weitergegeben werden kann.

Untersuchungen von Bakteriophageninfektionen waren für die Aufklärung molekularbiologischer Vorgänge wegweisend. Obwohl AVERY im Jahre 1944 mit den Transformationsversuchen die DNA als genetische Substanz identifiziert hatte, suchte man weitere experimentelle Bestätigungen. Ein entscheidender Versuch wurde 1952 von Alfred HERSHEY und Martha CHASE mit T-Phagen durchgeführt. Wird eine *E. coli*-Zelle von einem T-Phagen infiziert, so löst sich die Bakterienzelle nach etwa 30 Minuten auf. Dabei werden etwa 200 neue Phagen freigesetzt.

HERSHEY und CHASE gingen der Frage nach, welche Phagen-Komponente bei der Infektion in die Zelle gelangt. Sie ließen eine Bakterienkultur in einem Medium mit radioaktiv markiertem Phosphor (^{32}P) wachsen, das in die Bakterien eingebaut wurde. In einem Parallelversuch wurden die Bakterien mit radioaktivem Schwefel (^{35}S) markiert. In beiden Bakterienkulturen ließ man T-Phagen sich vermehren. Das Experiment beruhte darauf, dass die virale DNA keinen Schwefel und die Hüllproteine keinen Phosphor enthalten. Daher enthielt die eine Phagenkultur nach der Vermehrung radioaktiv markierte Phagen-DNA und die andere nach der Vermehrung radioaktiv markierte Phagenhüllen. Mit diesen beiden Phagenkulturen wurde dann jeweils eine frische, nicht markierte Bakterienkultur infiziert. Die Phagen hefteten sich an die Bakterienzellwände. Kurz vor der Lyse der Bakterien wurden die außen noch vorhandenen Phagenreste vom Bakterium mithilfe eines Mixers getrennt und abzentrifugiert.

a) Beschreiben Sie das von HERSHEY und CHASE durchgeführte Experiment mit eigenen Worten.
b) Erläutern Sie, dass sich DNA und Proteine mit ^{32}P und ^{35}S unterschiedlich markieren lassen.
c) Erklären Sie, dass im Überstand nach dem Zentrifugieren radioaktiver Schwefel gefunden wurde.
d) Begründen Sie, ob AVERYs Ergebnisse mit diesem Experiment bestätigt werden konnten.

113.1 Alfred Day HERSHEY (links) und Martha CHASE (rechts)

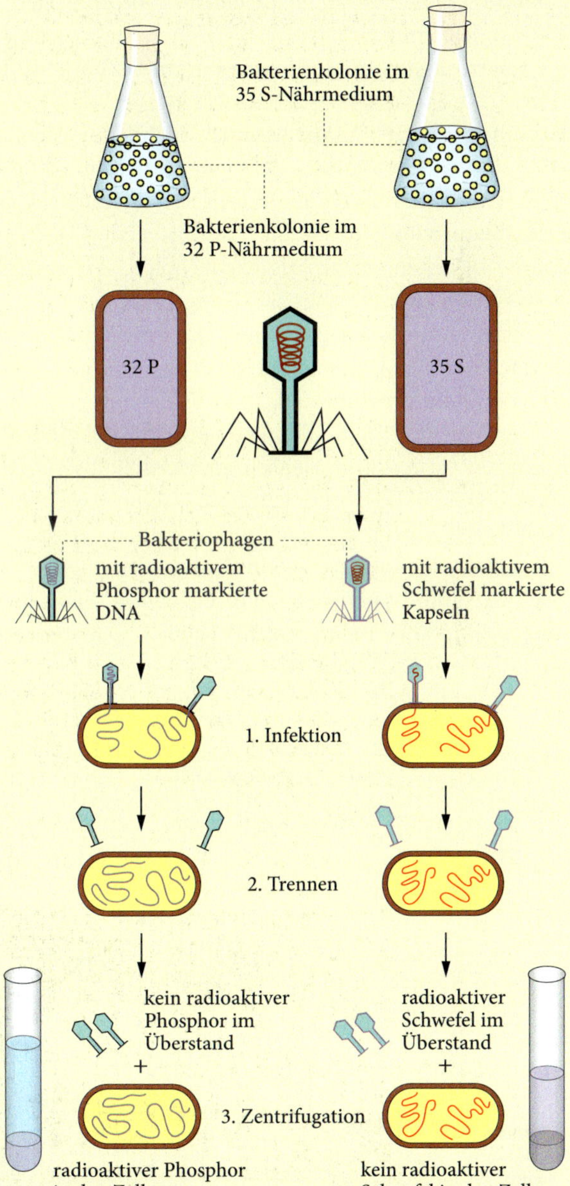

113.2 Experiment nach HERSHEY und CHASE

3 Molekularbiologie

3.1 PCR als Nachweismittel

Im Jahr 1922 wurde Colin Ross wegen Mordes an einem jungen Mädchen hingerichtet, obwohl er ein Alibi vorweisen konnte. 86 Jahre später bewiesen neue kriminaltechnische Untersuchungen, dass Ross zu Unrecht verurteilt wurde.
An einem Tatort finden sich meist biologische Spuren, wie Mundschleimhautzellen an einer Zigarette. Im Mordfall Ross wurden Haare, die man in seinem Haus fand, dem ermordeten Mädchen zugeordnet. Die DNA aus Wurzelzellen dieser Haare wurde 2008 analysiert. Ein Vergleich mit der DNA des Mädchens bewies, dass die Haare nicht vom Mordopfer stammen konnten.

Für eine solche DNA-Analyse muss nicht die gesamte DNA untersucht werden. Im nicht-codierenden Bereich, findet man **Loci** (lat. *locus,* Ort), an denen sich DNA-Sequenzen, die aus nur zwei bis sieben Basenpaaren bestehen, mehrmals wiederholen. An einem bestimmten Locus besteht die Wiederholungssequenz beispielsweise aus der Basenfolge AATG (Abb. 114.1). Solche Wiederholungseinheiten auf der DNA heißen **short tandem repeats** (engl., kurze Gespann-Wiederholungen), abgekürzt **STR.** Die Anzahl der Wiederholungen variiert von Mensch zu Mensch, zwischen verschiedenen Loci und kann sich sogar zwischen homologen Chromosomen unterscheiden. Deshalb nutzt man die STR zur Erkennung von Personen.
Die vor und hinter den STR liegenden Basensequenzen sind bei allen Menschen gleich. Daher können Primer konstruiert werden, die die STR genau einrahmen. Mittels PCR können diese DNA-Stücke dann vervielfältigt und anschließend durch Gel-Elektrophorese aufgetrennt werden. Mit diesen Ergebnissen lässt sich eine DNA-Probe typisieren.
Die Loci mit ihren typischen STR werden vererbt. Erhält zum Beispiel ein Kind von der Mutter ein Chromosom mit sieben Wiederholungen und vom Vater das homologe Chromosom mit neun Wiederholungen an dem entsprechenden Locus, so ergibt die PCR mit anschließender Gel-Elektrophorese zwei Signale mit der Typisierung 7 und 9 (7/9).
Dies nutzt man bei einem **Vaterschaftstest**, mit dem ein biologischer Vater ermittelt wird. Die Typisierung der Mutter ist bekannt, eines der beiden PCR-Signale des Kindes kann also der Mutter zugeordnet werden. Das zweite Signal muss demnach vom Vater stammen.

Die Wahrscheinlichkeit, dass die Typisierung bei zwei Personen zufällig gleich ist, ist relativ hoch. Deshalb lässt man die PCR von verschiedenen Loci gleichzeitig ablaufen. Man erhält so bei der Elektrophorese ein Bandenmuster, das wie ein Fingerabdruck nur zu einer Person passt. Das Muster wird deshalb als **genetischer Fingerabdruck** bezeichnet. Die Kombination von verschiedenen Loci führt rechnerisch dazu, dass ein genetischer Fingerabdruck theoretisch nur einmal in der Weltbevölkerung vorkommen kann.

1 Erläutern Sie mögliche Typisierungen für ein Geschwisterkind entsprechend Abb. 114.1.

2 Erklären Sie mögliche Ergebnisse einer Typisierung bei ein- und zweieiigen Zwillingen.

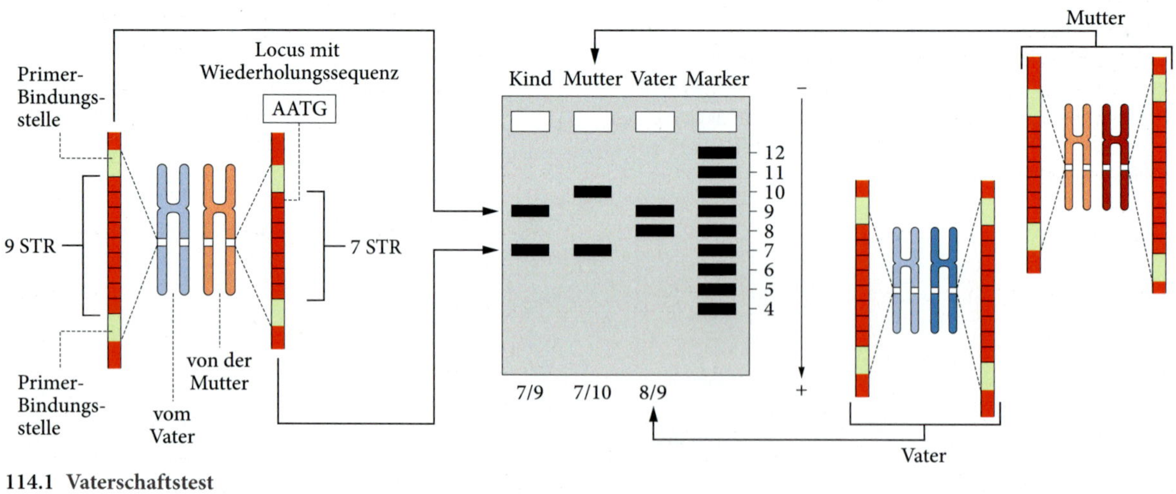

114.1 Vaterschaftstest

Nachweis gentechnisch veränderter Lebensmittel mittels PCR

Lebensmittel werden mittels PCR auf eine gentechnische Veränderung (GV) getestet. Nachgewiesen werden der häufig in gentechnischen Arbeiten als regulatorische Gensequenzen verwendete 35S-Promotor des Blumenkohl-Mosaik-Virus und der NOS-Terminator aus *Agrobakterium tumefaciens*.

Material: Für dieses Experiment existiert ein käufliches Kit. Beim Kauf dieses Kits kann ein Thermocycler ausgeliehen werden. Wichtige Verbrauchsmaterialien im Kit sind: InstaGene-Matrix zur DNA-Isolierung; Plant Master Mix (PMM) mit Nukleosid-Triphosphaten, der *Taq*-Polymerase und einem Primerpaar zum Nachweis einer Gensequenz im Fotosystem II; Master Mix GMM mit 2 Primerpaaren zum Nachweis des 35S-Promotors und des NOS-Terminators; DNA-Positiv-Kontrolle (+GVL); gentechnikfreie Haferflocken als Negativ-Kontrolle (–GVL); DNA-Marker (M, 200 µl); DNA-Ladepuffer (LD, 75 µl); DNA-Färbelösung (100 ml, 500 fach); Agarose; Elektrophoresepuffer (300 ml). Zusätzlich werden benötigt: Elektrophoresekammer mit Netzteil; Wasserbad bis 95 °C; Mikropipetten mit Spitzen; Zentrifuge für Tubes; Thermocycler; Wärmeschutzhandschuhe; Schutzbrille; Mikrowelle; verschiedene Lebensmittel (T), Tubes und Tubeständer

Durchführung:
DNA-Isolation aus Lebensmitteln

1. In einem Mörser werden jeweils 1 g der im Kit als Negativ-Kontrolle (–GVL) vorhandenen Haferflocken und des zu testenden Lebensmittels (T) in 10 ml $H_2O_{dest.}$ mittels Pistill homogenisiert.
2. Jeweils 25 µl des entstandenen Lebensmittelbreis werden in ein Tube pipettiert, mit 250 µl InstaGene-Matrix versetzt, durch Anschnippen vermischt und mit –GVL beziehungsweise T beschriftet.
3. Beide Tubes werden zur Denaturierung der Enzyme 5 Minuten bei 95 °C im Wasserbad inkubiert.
4. Nach einer 5minütigen Zentrifugation bei 13 000 Umdrehungen pro Minute, werden jeweils 50 µl des Überstandes in zwei neue, zuvor beschriftete Tubes (–GVL/T) überführt (Abb. 115.1).

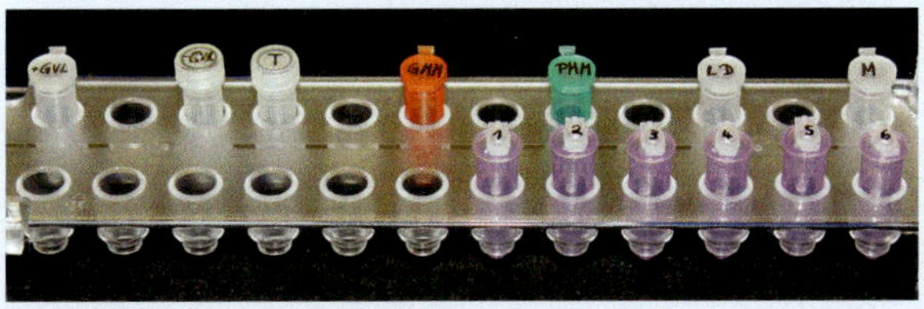

115.1 Tubes pro Arbeitsgruppe

Durchführung der PCR

5. Am Thermocycler wird folgendes Temperaturprogramm eingestellt:
   Beginn: 2 Minuten bei 94 °C
   Zyklus: 1 Minute Denaturierung bei 94 °C
   1 Minute Primeranlagerung bei 59 °C
   2 Minuten DNA-Neusynthese bei 72 °C
   Es werden 40 Zyklen durchgeführt.
   Ende: 10 Minuten bei 72 °C
6. Die PCR wird entsprechend folgender Tabelle angesetzt und mittels Thermocycler durchgeführt:

Nr.	Master Mix	DNA
1	10 µl PMM	10 µl –GVL (Negativ-Kontrolle)
2	10 µl GMM	10 µl –GVL (Negativ-Kontrolle)
3	10 µl PMM	10 µl Lebensmittel-Probe (T)
4	10 µl GMM	10 µl Lebensmittel-Probe (T)
5	10 µl PMM	10 µl +GVL (DNA-Positiv-Kontrolle)
6	10 µl GMM	10 µl +GVL (DNA-Positiv-Kontrolle)

Gel-Elektrophorese und Färbung der DNA

7. Die Gel-Elektrophorese und die sich anschließende Sichtbarmachung der DNA-Banden im Gel durch Färbung werden, wie auf Seite 128 beschrieben, mit einem 3-prozentigen Agarosegel durchgeführt.

Auswertung des Elektropherogramms

8. Die Auswertung des Experiments erfolgt durch den Vergleich der DNA-Bandenmuster im Gel mit den entsprechenden Kontrollen und dem DNA-Marker (Abb. 115.2).

Aufgaben:

a) Erläutern Sie die Schritte des Experiments.
b) Führen Sie das Praktikum durch.
c) Interpretieren Sie die Spuren des Ergebnisgels.

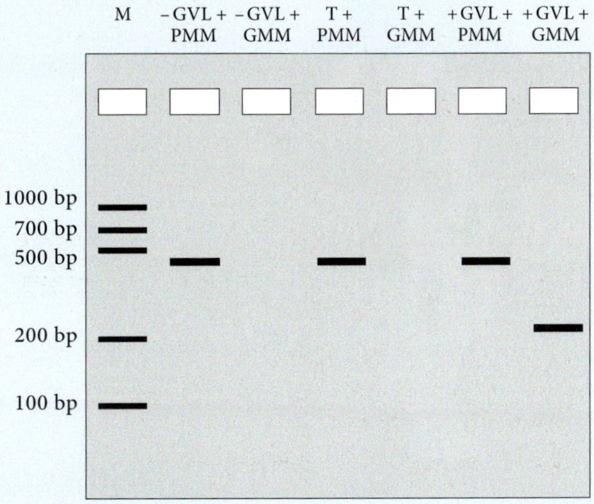

115.2 Ergebnisgel

3.2 Bioinformatik

Als Wissenschaftler 2005 ein Skelett eines *Tyrannosaurus rex* untersuchten (Abb. 116.1 A), machten sie eine überraschende Beobachtung. Erstmals wurden in Knochen Überbleibsel von Blutgefäßen entdeckt. Darin konnten durch entsprechende Analysen die Sequenzen einiger Proteinfragmente bestimmt werden, darunter auch folgende Teilsequenz: GLPGESGAVGPAGPPGSR.

Gibt man diese Sequenz bei bestimmten Analyseprogrammen in die Suchmaske ein, so suchen diese in Proteindatenbanken nach ähnlichen Sequenzen. Ein solches Programm ist BLAST, das **b**asic **l**ocal **a**lignment **s**earch **t**ool (engl., einfaches Suchprogramm für lokale Anordnungen). Man findet es beispielsweise auf der Internetplattform des National Center for Biotechnology Information, kurz NCBI. Das NCBI stellt im Internet die weltweit umfassendsten wissenschaftlichen Datenbanken sowie Analyseprogramme zur Verfügung. Die Datenbanken enthalten unter anderem mehr als 40 Millionen Proteinsequenzen aus einigen zehntausend Organismen.

Die Suche nach ähnlichen Proteinsequenzen führt BLAST folgendermaßen durch: Die eingegebene Sequenz wird in Abschnitte aus drei jeweils aufeinanderfolgenden Aminosäuren zerlegt. Mit diesen Dreiersequenzen werden dann ähnlich wie bei Internetsuchmaschinen die Proteindatenbanken durchsucht. Werden ähnliche Sequenzen gefunden, so prüft das Programm, ob auch die nachfolgenden Abschnitte dieser Sequenz den folgenden Teilen der Suchsequenz ähnlich sind.

Als Ergebnis liefert BLAST paarweise Gegenüberstellungen von Abschnitten der gesuchten Sequenz mit ähnlichen Sequenzabschnitten aus der Datenbank, was man als **lokales Alignment** bezeichnet (engl., Anordnung). Am Bildschirm gibt BLAST alle Ergebnisse in einer bestimmten Reihenfolge aus (Abb. 116.1 B). Oben wird zunächst angegeben, wie viele ähnliche Sequenzen BLAST finden konnte ①. So konnten zu der Suchsequenz des Tyrannosaurus mehr als 2000 ähnliche Sequenzabschnitte (engl. *hits*, Treffer) in der Datenbank gefunden werden. Darauf folgt eine farbige Übersicht der besten Suchergebnisse ②. Hier werden die gefundenen Sequenzen als farbige, horizontale Balken dargestellt. Dabei wird die Güte der Übereinstimmung farbig hinterlegt, wobei warme Farben für eine hohe und kalte Farben für eine geringere Übereinstimmung stehen. Daran schließt sich eine Tabelle an ③. In dieser sind für die gefundenen Sequenzen die Datenbanknummern, die Funktion sowie einige von BLAST ermittelte Parameter zusammengefasst. Dabei werden die gefundenen Sequenzen in der Reihenfolge ihrer Übereinstimmung mit der Suchsequenz geordnet. Für deren Bewertung sind zwei Parameter wesentlich, die **scores** (engl., Punktzahl) sowie der **E-value** (engl., *expectation value*, Erwartungswert). Je größer der score desto ähnlicher sind die beiden Sequenzen. Während sich Total score auf die Gesamtsequenz bezieht, wer-

A

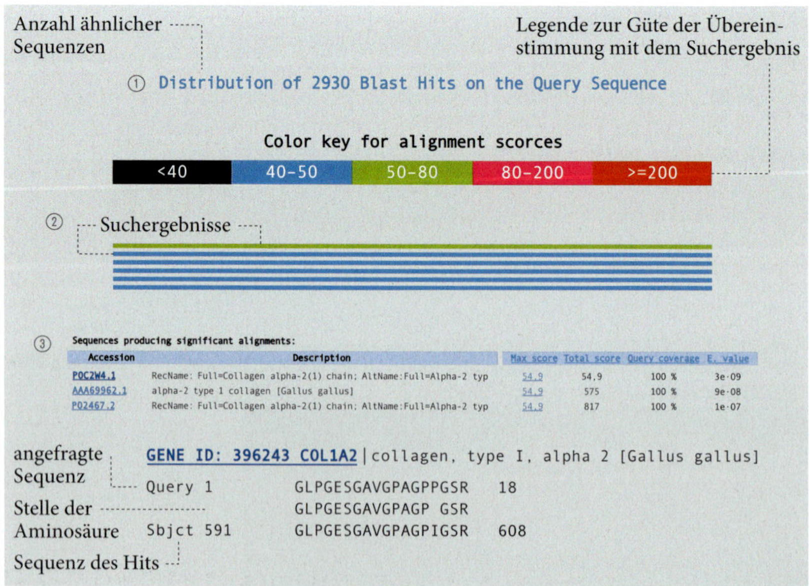

B

116.1 *Tyrannosaurus rex.* **A** Rekonstruktion; **B** BLAST-Ergebnis mit Teil einer Proteinsequenz den bei Max score nur die besten Bereiche berücksichtigt. Bei dem E-value handelt es sich um einen statistischen Wert. Er gibt an, wie groß die Wahrscheinlichkeit ist, in der Datenbank rein zufällig eine Sequenz mit gleicher Länge und gleichem score zu finden. Ein kleiner E-value bedeutet eine hohe Ähnlichkeit der untersuchten Sequenz mit einer Sequenz aus der Datenbank. Nach der Tabelle folgt eine Darstellung der besten lokalen Alignments ④.

Bei Eingabe der obigen Suchsequenz des *T. rex* ergeben sich die höchsten Übereinstimmungen mit Abschnitten aus Proteinen des α-2 Typ I Kollagens des Haushuhns *Gallus gallus*. Ähnliche Sequenzen beruhen auf einem gemeinsamen Ursprung. Diese Ursequenz wurde im Laufe der Evolution durch Mutationen der codierenden DNA (→ S. 38), insbesondere durch Punktmutationen, Deletionen und Insertionen, in unterschiedlicher Weise verändert. Das hatte jeweils Veränderungen der Proteinsequenz zur Folge. Daher liegt es nahe, dass es sich bei dem Fragment mit der Sequenz GLPGESGAVGPAGPIGSR ebenfalls um ein Teilstück eines α-2 Typ I Kollagens des *T. rex* handelt.

Programme wie BLAST stellen typische Anwendungen der **Bioinformatik** dar. Die Bioinformatik ist ein interdisziplinär arbeitender Wissenschaftszweig, bei dem Methoden der Informatik genutzt werden, um biologische Daten zu verwalten und zu analysieren. So lassen sich mithilfe der Bioinformatik auch evolutionäre Verwandtschaftsverhältnisse analysieren. Für die Einordnung des *T. rex* benötigt man weitere Teilsequenzen von α-2 Typ I Kollagen, wie sie beispielsweise in der BLAST-Tabelle angezeigt wurden. Aus einer Zusammenstellung dieser Proteine des *T. rex*, des Haushuhns und der Anolis-Echse können bioinformatische Programme einen Stammbaum dieser Proteine berechnen. Im ersten Schritt wird ein Alignment aller Sequenzen erstellt (Abb. 117.1 A). Dieses Alignment nennt man **globales Alignment,** da im Gegensatz zum lokalen Alignment des BLASTs alle Sequenzen gleichzeitig miteinander verglichen werden. Anhand dieses globalen Alignments erstellt das Programm eine Tabelle mit den Unterschieden zwischen den Sequenzen, die als Abstandsmatrix bezeichnet wird (Abb. 117.1 B). Unter der Annahme einer nahezu konstanten Mutationsrate spiegelt eine solche Abstandsmatrix auch evolutionäre Abstände wieder. Je geringer die Unterschiede sind, desto näher sind zwei Proteine und damit vermutlich auch zwei Arten miteinander verwandt. Im zweiten Schritt wird die Abstandsmatrix in einen Stammbaum umgesetzt. Hier finden sich die Sequenzunterschiede in den horizontalen Astlängen wieder (Abb. 117.1 C). Nach diesem Proteinstammbaum ist der *T. rex* mit dem Haushuhn näher verwandt als mit der Anolis-Echse. Diese Aussage wird auch durch vergleichbare Analysen mit anderen Proteinfragmenten des *T. rex* unterstützt.

1 Vergleichen Sie lokales und globales Alignment.

T-Rex	GLPGESGAVGPAGPPGSR
Gallus (Huhn)	GLPGESGAVGPAGPIGSR
Anolis-Echse	GAPGESGAVGPSGPIGNR
	* ********* ** ***

* identische Aminosäuren

A

Anzahl unterschiedlicher Aminosäuren		
	Gallus	Anolis-Echse
T-Rex	1	4
Gallus	–	3

B

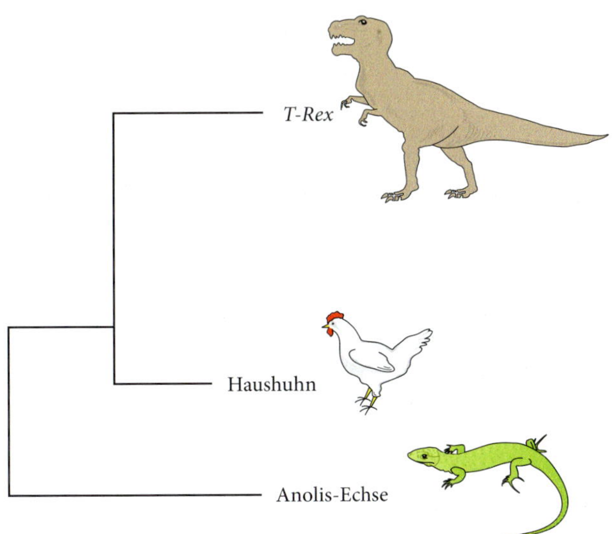

C

117.1 Analyse von evolutionären Beziehungen anhand von α-2 Typ I-Kollagenproteinen.
A Globales Alignment; **B** Abstandsmatrix; **C** Proteinstammbaum

3.3 Proteomik

118.1 Tagpfauenauge. **A** Raupe; **B** Schmetterling

Raupen und Schmetterlinge des Tagpfauenauges sind genetisch identisch, unterscheiden sich jedoch stark im Phänotyp (Abb. 118.1). Beide verfügen über ein identisches Genom, unterscheiden sich aber aufgrund einer unterschiedlichen Proteinausstattung in den einzelnen Zellen äußerlich deutlich voneinander. Die Gesamtheit aller Proteine der Zellen eines Organismus zu einem bestimmten Zeitpunkt bezeichnet man als dessen **Proteom.** Im Gegensatz zu dem Genom ist das Proteom jedoch laufend Veränderungen unterworfen: So können veränderte Umweltbedingungen sowie Alter und Differenzierungszustand die Proteinausstattung beeinflussen. Dies trifft für die Individualentwicklung von Organismen zu, ob Schmetterling oder Mensch. Auch ist das Proteom entsprechend der jeweiligen Funktion von Zelltyp zu Zelltyp verschieden. So verfügen Hautzellen über eine ganz andere Proteinausstattung als Herzmuskelzellen. Mit der systematischen Erforschung des Proteoms befasst sich die **Proteomik.** In einer einzigen menschlichen Zelle liegen bei etwa 19 000 Genen in der Regel über 100 000 unterschiedliche Proteine vor. Dies wird durch das alternative Spleißen und die posttranslationale Modifikation von Proteinen ermöglicht (→ S. 68–70). Von besonderem Interesse sind bei der Erforschung des menschlichen Proteoms krankhafte Veränderungen der Proteinausstattung von Zellen, wie man sie bei der Alzheimerkrankheit in Gehirnzellen oder bei Tumoren beobachten kann (→ S. 190). So unterscheidet sich die Proteinausstattung einer Tumorzelle deutlich von gesunden Zellen des umgebenden Gewebes. Durch eine vergleichende Proteomanalyse der jeweiligen Zellen kann dies analysiert werden (Abb. 118.2). Man verspricht sich dadurch Ansatzpunkte für Medikamente zu finden, die in der Therapie von Tumoren eingesetzt werden können.

Zunächst werden Zellen des Tumors sowie des gesunden Gewebes isoliert und daraus jeweils ein Zellextrakt hergestellt ①. Anschließend werden die Proteine der beiden Zellextrakte jeweils mit einem Fluoreszenzfarbstoff markiert, beispielsweise die Proteine der Tumorzellen rot und jene der gesunden Zellen grün ②. Nach dem Mischen der beiden Proben

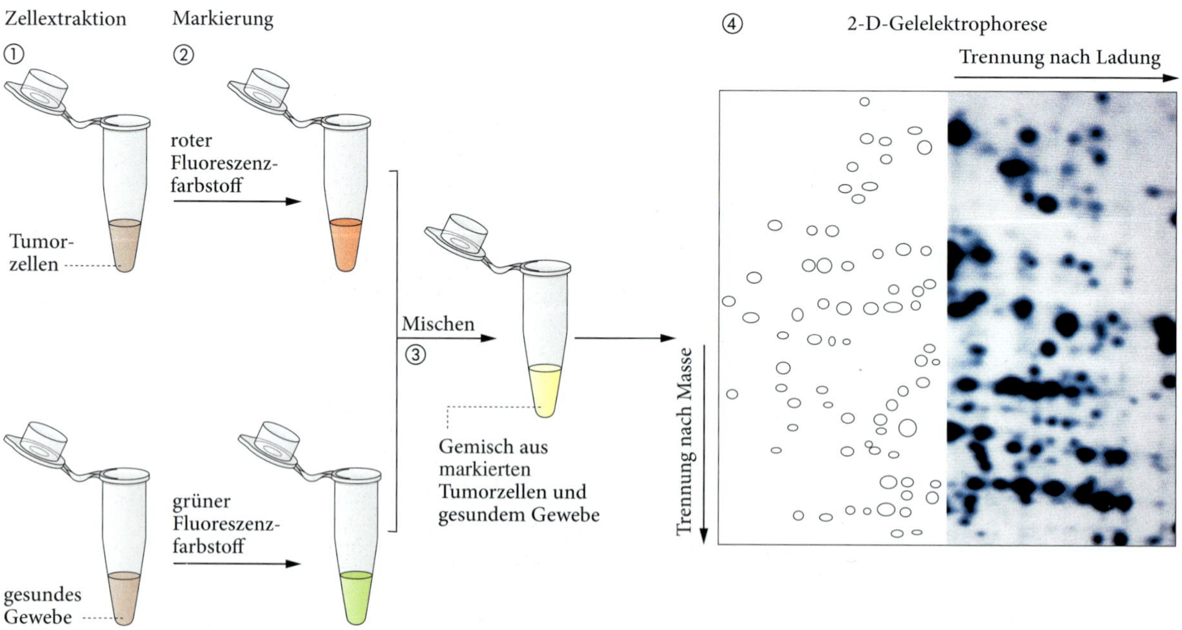

118.2 Proteomanalyse: Trennen und Identifizieren der Proteine

③ erfolgt das Trennen der Proteine mittels Gel-Elektrophorese in zwei Schritten ④. Zuerst werden die Proteine aufgrund ihrer Ladung und danach senkrecht dazu durch eine SDS-PAGE (→ S. 66) aufgetrennt. Daher bezeichnet man dieses Verfahren auch als **2-D-Gel-Elektrophorese.** An dieser Stelle könnte man die Proteine wie bei einer SDS-PAGE durch Färben mit Coomassie sichtbar machen. Das Anfärben mit den beiden Fluoreszenzfarbstoffen ermöglicht jedoch zusätzlich eine Zuordnung der Proteine bezüglich ihrer Herkunft. Dazu wird das Gel zweimal bei verschiedenen Wellenlängen mit einem Laser belichtet. Dabei wird zunächst der eine und anschließend der andere Fluoreszenzfarbstoff angeregt. Auf diese Weise erhält man zwei unregelmäßige Fleckenmuster, nämlich ein grünes und eine rotes ⑤, die jeweils einer 2-D-Gel-Elektrophorese einer normalen Zelle beziehungsweise einer Tumorzelle entsprechen. Dabei ergeben Proteine, die in höherer Konzentration vorkommen, auch intensivere Flecken. Proteine, die sowohl in gesunden als auch in Tumorzellen vorkommen, findet man an der gleichen Position auf beiden Gelen. Mithilfe einer Computersoftware werden die beiden Bilder der 2-D-Gel-Elektrophoresen überlagert und können nun miteinander verglichen werden. Dadurch werden solche Flecken identifiziert, die nur auf einem der beiden Gele zu finden sind. Sie erscheinen in der Überlagerung rot beziehungsweise grün, während alle anderen Flecken gelb sind ⑥. Danach gilt es herauszufinden, welche Proteine sich hinter den grünen und roten Flecken verbergen. Dazu werden diese Flecken ausgestanzt, daraus die Proteine isoliert und dann identifiziert. Schließlich kann jedem Fleck das entsprechende Protein zugeordnet werden. So können diejenigen Proteine herausgefunden werden, die speziell in den Tumorzellen vorkommen oder fehlen. Dies wäre nur durch Genomanalysen von Tumorzellen nicht möglich. Damit trägt die Proteomik zusätzlich zum Verständnis derartiger Tumore bei. Die so erzielten Erkenntnisse können Ansatzpunkte für die Entwicklung von geeigneten Medikamenten liefern. Dies könnten zum Beispiel Hemmstoffe gegen bestimmte Proteine der Tumorentstehung sein.

Allerdings kann mittels der 2-D-Gel-Elektrophorese immer nur ein Teil des Proteoms getrennt werden, da nicht alle Proteine durch die Elektrophorese erfasst werden. Deshalb ist es sinnvoll, zusätzlich vergleichende Analysen der Genome sowie der mRNA-Ausstattung mithilfe von DNA-Chips durchzuführen (→ S. 155). Durch Kombination dieser Verfahren erhält man ein umfassenderes Bild.

1 Erklären Sie, welche Vorteile sich durch die Fluoreszenzmarkierung der Proteine ergeben.

2 Nennen Sie weitere potentielle Anwendungen der Proteomik.

⑤ Analyse der Gele bei verschiedenen Wellenlängen

⑥ Auswertung

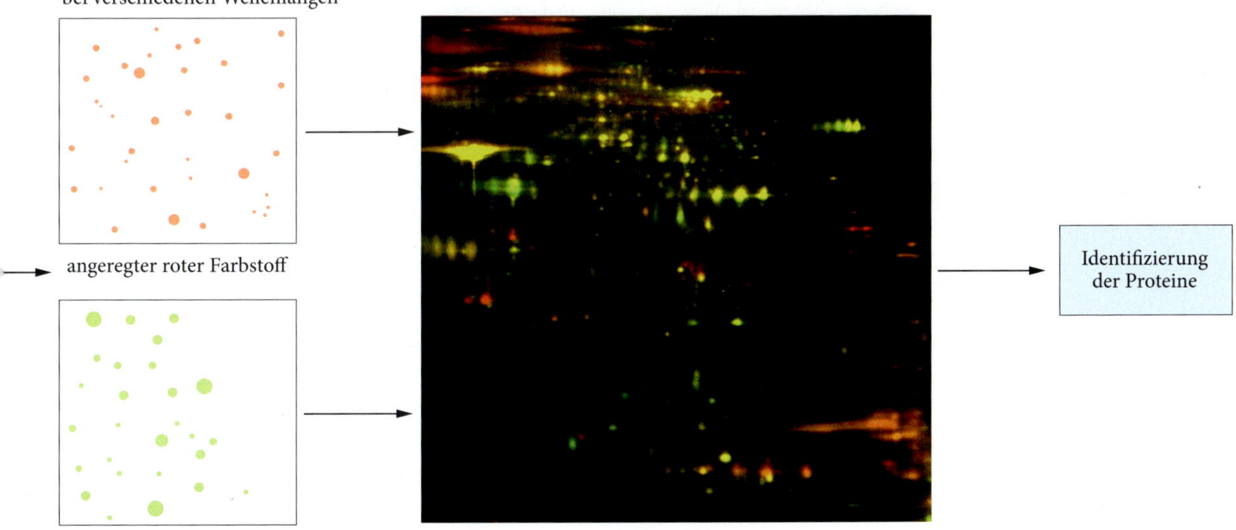

angeregter grüner Farbstoff

Überlagerung der Bilder

4 Gentechnik

4.1 Grundoperationen der DNA-Rekombination

1973 begann mit den Experimenten der Wissenschaftler COHEN und BOYER eine neue Ära in der Molekularbiologie, die Gentechnik. Ihnen gelang es erstmals DNA-Fragmente aus zwei unterschiedlichen Bakterienarten in-vitro neu zu kombinieren und diese in eine dritte Bakterienart einzubringen. Das Bakterium erhielt so neue Antibiotikaresistenzen.

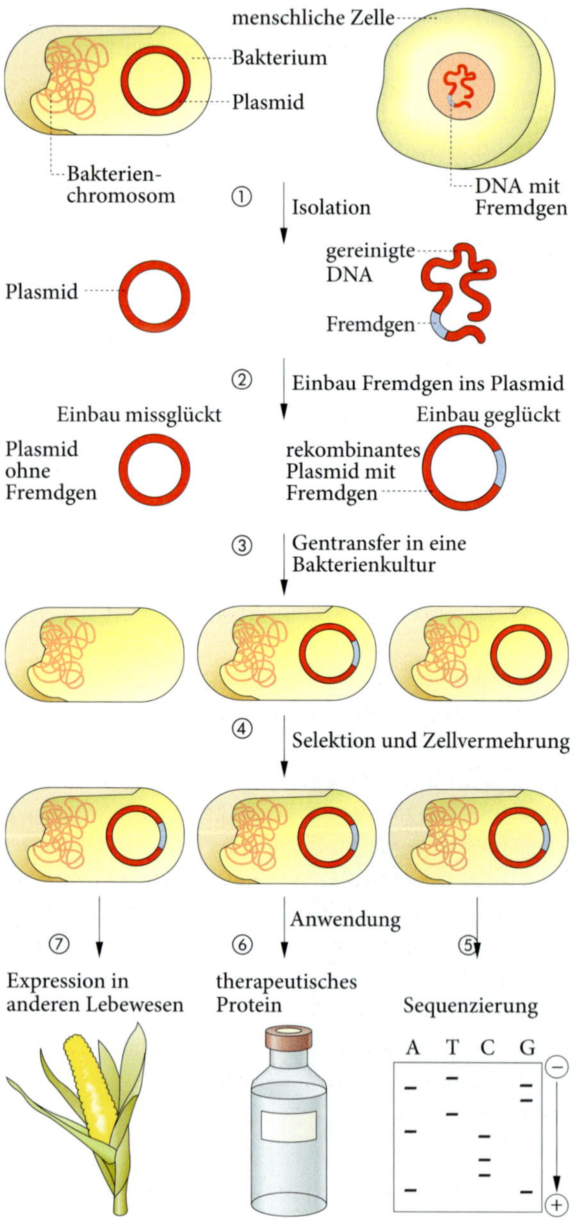

120.1 **Grundoperationen der Gentechnik**

Die Gentechnik hat in den vergangenen Jahrzehnten einen enormen Aufschwung genommen. Dies geht auf die Möglichkeit zurück, ein Gen für ein therapeutisches Protein isolieren zu können und es dann in einem anderen Organismus zur Expression zu bringen. Die codierten Genprodukte wie etwa Insulin, oder der Antikörper Avastin® zur Krebsbehandlung, können dabei in Fermentern in großen Mengen hergestellt werden. So liegt das wirtschaftliche Potenzial gentechnisch hergestellter Proteine in der Medizin weltweit jährlich bei mehreren hundert Milliarden Euro.

Folgende experimentelle Grundoperationen der Gentechnik sind dazu notwendig (Abb. 120.1):

- Die **Isolation** ① von DNA, etwa eines menschlichen Gens und eines bakteriellen Plasmids, das als „Gentaxi“ oder **Vektor** (lat. Träger) dient;
- die **Rekombination** ② von Vektor und isoliertem Gen über die Artgrenzen hinweg im Reagenzglas;
- die Übertragung der rekombinanten DNA, den **Gentransfer** ③ in Empfängerzellen, zum Beispiel in ein Bakterium;
- die **Selektion** und **Vermehrung** ④ der erfolgreich gentechnisch veränderten Zellen, die auch als transgene Zellen bezeichnet werden, auf antibiotikahaltigen Nährböden.

Mit dem Wachstum der transgenen Zellen zu einem Zellklon mit Millionen genetisch identischer Zellen werden automatisch auch Millionen Kopien des „Fremdgens“ produziert. Die Gentechnik wird angewendet, um Gene in-vivo zu vervielfältigen und damit in ausreichender Menge etwa für eine Sequenzierung ⑤ zur Verfügung zu stellen. Dies wird als **In-vivo-Genklonierung** bezeichnet.

Gene werden in-vivo kloniert, um sie einerseits in dem transgenen Zellklon zur **Expression** zu bringen. Aus dem Zellklon kann schließlich das gewünschte Genprodukt isoliert werden ⑥. Andererseits kann das Gen aus dem Zellklon isoliert werden, um es in einem anderen Lebewesen, etwa einem Eukaryoten, zur Expression zu bringen. Mit dem codierten Protein des Fremdgens erhält das Lebewesen eine gewünschte neue Eigenschaft. Auf diese Weise produziert etwa transgener Mais ⑦ selbst ein Protein als Fraßgift und wird dadurch resistent gegen den Maiszünsler, einem bedeutenden Maisschädling.

1 Beschreiben Sie Abbildung 120.1.

4.2 Restriktionsenzyme

Die Werkzeuge, die für die Grundoperationen der Gentechnik benötigt werden, hatten Wissenschaftler ursprünglich in der Natur beobachtet. Sie hatten etwa herausgefunden, dass sich Phagen in einigen Bakterien nicht vermehren können. Diese Bakterien verfügen als Verteidigungsmechanismus über Enzyme, die wie „Scheren" die Phagen-DNA zerschneiden und sich dadurch vor Virusinfektionen schützen. Diese Enzyme werden **Restriktionsenzyme** oder **Restriktionsendonukleasen** genannt.

Heute sind mehrere Hundert Restriktionsenzyme bekannt. Jedes dieser Enzyme schneidet die DNA innerhalb einer spezifischen, zumeist 4 bis 8 Basenpaare langen Erkennungssequenz, die auch als Restriktionsschnittstelle bezeichnet wird. Sie wird nach der Bakterienart benannt, aus der sie stammt. So wurde *Eco*RI als erstes Restriktionsenzym aus dem Stamm R des Bakteriums *Escherichia coli* isoliert. Restriktionsenzyme sind substratspezifisch, *Eco*RI schneidet DNA nur dort, wo die Basensequenz 5'-GAATTC-3' auftritt. Weil es vier Basen gibt und die Erkennungssequenz aus sechs Basen besteht, kommt diese Sequenz statistisch mit einer Häufigkeit von $1:4^6$, das heißt durchschnittlich einmal pro 4096 Basen vor. Entsprechend groß sind die DNA-Fragmente, die bei einem Restriktionsverdau entstehen. Dabei fällt auf, dass auch die komplementäre Sequenz in 5' → 3'-Richtung GAATTC lautet (Abb. 121.1). Es handelt sich also um ein Palindrom, ähnlich dem Wort „Rentner". Der Schnitt erfolgt wirkungsspezifisch in beiden Strängen versetzt zwischen den Basen G und A, sodass an den Schnittstellen jeweils ein kurzes Stück Einzelstrang-DNA übersteht. Diese beiden Einzelstrang-Enden sind komplementär zueinander und neigen daher dazu, sich über Wasserstoffbrücken wieder zusammenzulagern. Sie werden deshalb auch als klebrige Enden oder **sticky ends** bezeichnet. Die Verbindung wird wieder stabil, sobald die Schnitte im DNA-Rückgrat in beiden Strängen unter Ausbildung einer Phospho-Esterbindung wieder kovalent verknüpft sind. Dies wird durch Zugabe des Enzyms Ligase erreicht. Durch die Methylierung der Basen ihrer eigenen DNA verhindern die Bakterien, dass diese von ihren eigenen Restriktionsenzymen geschnitten wird (Abb. 121.2).

Andere Restriktionsenzyme vollziehen einen glatten Schnitt durch die DNA, wie dies etwa beim Enzym *Hae*III, welches aus *Haemophilus aegypticus* isoliert

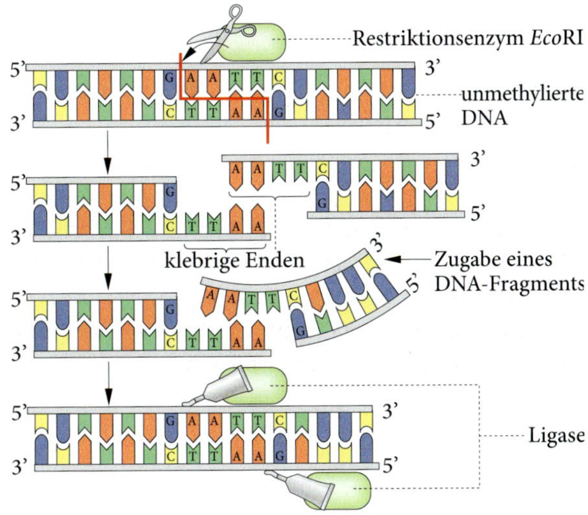

121.1 Wirkungsweise von *Eco*RI und Ligase

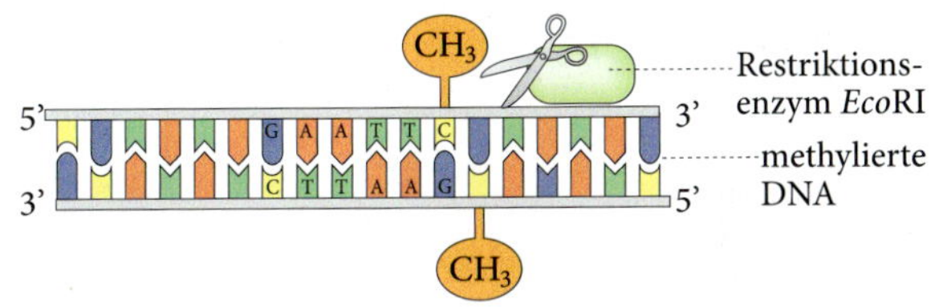

121.2 *Eco*RI kann methylierte DNA nicht schneiden

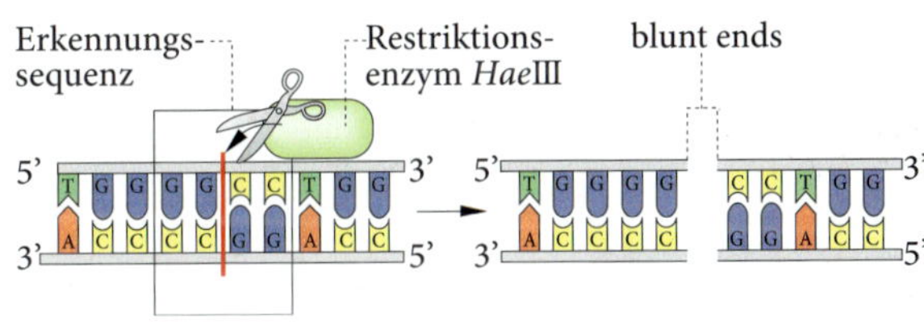

121.3 Erkennungssequenz und Wirkung von *Hae*III

wurde, der Fall ist. Die entstehenden Enden werden **blunt ends** (engl. *blunt,* stumpf) genannt (Abb. 121.3).

Mithilfe der Restriktionsenzyme und der DNA-Ligase gelingt es den Molekularbiologen in-vitro, DNA unterschiedlicher Herkunft kontrolliert in definierte Fragmente zu schneiden und neu zu kombinieren. So lässt sich etwa ein gewünschtes Gen, das mit dem gleichen Restriktionsenzym geschnitten wurde wie ein Plasmid, in dieses einbauen, da sich die klebrigen Enden paaren können. Mithilfe der DNA-Ligase entsteht daraus wieder ein kovalent verbundenes, ringförmiges rekombinantes Plasmid, ein **Vektor,** der das Fremdgen enthält.

1 Beschreiben Sie die Bedeutung von Restriktionsenzymen in der Natur und in der Gentechnik.

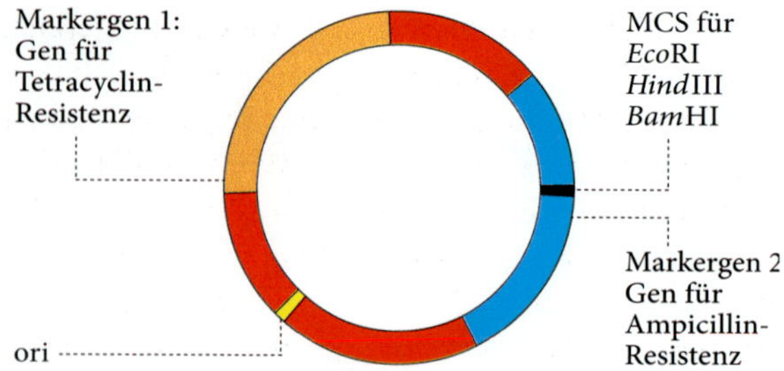

122.1 Elemente eines Plasmidvektors

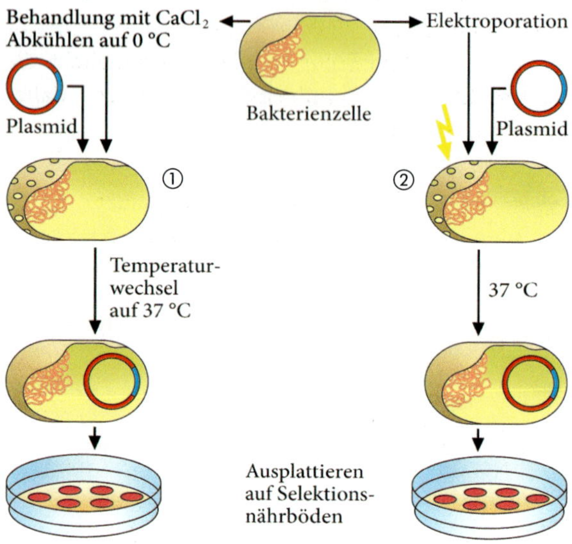

122.2 Transformation von Bakterien

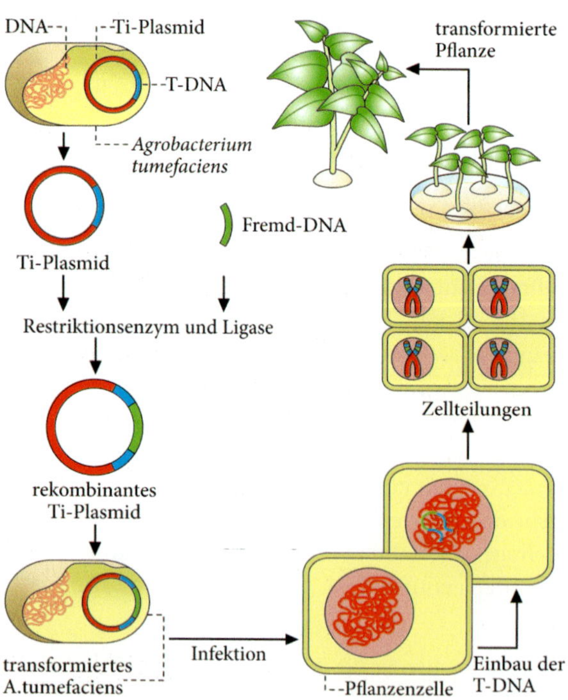

122.3 Transformation von Pflanzenzellen

4.3 Gentransfer und Selektion

Zur Vermehrung rekombinanter DNA muss diese in teilungsfähige Zellen gebracht werden. Für diesen Gentransfer kann als Vektor ein Plasmid verwendet werden. Dies wird als **Transformation** bezeichnet, wenn die Empfängerzelle ein Bakterium, eine Pilz- oder Pflanzenzelle ist. Diese kleinen ringförmigen DNA-Moleküle lassen sich gut aus Bakterien isolieren, rekombinieren und wieder in die Empfängerzellen transformieren. Plasmidvektoren enthalten folgende Elemente (Abb. 122.1):

- einen **Replikationsursprung ori** (engl. *origin of replication*), sie können sich so unabhängig vom Bakterienchromosom replizieren.
- **zwei Markergene,** die der Selektion dienen. Dies können Gene für Antibiotikaresistenzen sein, oder Gene, die für fluoreszierende Proteine codieren.
- die **multiple cloning site (MCS),** die innerhalb eines Markergens liegt. Sie besitzt jeweils nur eine Schnittstelle pro Restriktionsenzym, um das Plasmid damit gezielt aufschneiden zu können. Wird ein gewünschter DNA-Abschnitt in die MCS integriert, wird die Funktion des Markergens inaktiviert. Dadurch wird die Selektion möglich, da das Genprodukt des Markergens fehlt.

Damit Bakterien DNA aufnehmen können, werden sie **kompetent** gemacht, indem man die Zellmembran durchlässig macht (Abb. 122.2). Eine Möglichkeit ist die Behandlung mit einer **Calciumchlorid-Lösung** verbunden mit einem Temperaturwechsel ①. Über Mechanismen, die noch nicht genau bekannt sind, wird die DNA dann passiv aufgenommen. Bei der **Elektroporation** wird durch einen elektrischen Impuls die kurzzeitige Bildung von Poren in der Zellmembran bewirkt ②.

Bei zweikeimblättrigen Pflanzen wird die Transformation von Zellkulturen häufig mittels des Bakteriums *Agrobacterium tumefaciens* durchgeführt (Abb. 122.3). Normalerweise löst es bei Pflanzen nach einer Infektion ein ungeregeltes Wachstum, die Wurzelhalsgallen, aus. Auslöser der Krankheit ist das **Ti-Plasmid** (engl. *tumor inducing*, Tumor auslösend), das in die Zellen eingeschleust wird. Ein Teil des Plasmids, die T-DNA, wird in die chromosomale DNA integriert. Auf dem zur Transformation genutzten Plasmid wurden die Gene entfernt, die für die Tumorbildung verantwortlich sind. In die verbleibende T-DNA können Fremd-DNA und Markergene eingesetzt werden.

Der Einbau des Fremdgens in das Plasmid gelingt nicht vollständig. Vielmehr entsteht ein Plasmidgemisch. Es enthält neben dem gewünschten rekombinanten Plasmid etwa auch Plasmide ohne Fremd-DNA oder größere Plasmide, die durch Verknüpfung aus zwei oder mehr ursprünglichen Plasmiden entstanden sind (Abb. 123.1). Dieses Plasmidgemisch wird durch Transformation in eine Bakterienkultur eingeschleust. Auch die Transformation bleibt dem Zufall überlassen. Nur wenige der kompetent gemachten Bakterien nehmen ein Plasmid auf.

Die Bakterienzellen, die das gewünschte rekombinante Plasmid aufgenommen haben, werden selektiert. Dies wird durch die Verwendung eines Plasmidvektors ① möglich, das zwei Markergene aufweist. Dies sind zum Beispiel zwei Resistenzgene, etwa gegen die Antibiotika Tetracyclin und Ampicillin. Die entsprechenden Gene heißen *amp*^{R} und *tet*^{R}. Das Wirtsbakterium weist diese Resistenzen nicht auf und kann auf einem Nährboden, der diese Antibiotika enthält, nicht überleben.
Im Gen *amp*^{R} befindet sich die MCS mit der Schnittstelle für das verwendete Restriktionsenzym, etwa *Eco*RI. Im rekombinanten Plasmid wurde an dieser Stelle das Fremdgen einkloniert. Dadurch wurde das Gen *amp*^{R} auseinandergerissen ②. Als Folge kann das codierte Protein nicht mehr exprimiert werden und die Resistenz gegen Ampicillin geht verloren.

Nach dem Gentransfer kultiviert man im ersten Schritt der Selektion ③ die Bakterien auf einem Nährboden, der das Antibiotikum Tetracyclin enthält. Dabei gehen alle Bakterien zugrunde, die den Vektor nicht aufgenommen haben, während die transformierten Bakterien zu Kolonien heranwachsen können. Schließlich überträgt man in einem zweiten Schritt einen Teil der herangewachsenen Bakterienkolonien mithilfe eines sterilen Samtstempels ④ auf einen zweiten Nährboden mit Ampicillin. Dieses Verfahren wird **Replikaplattierung** genannt. Transformierte Bakterien mit dem rekombinanten Plasmid wachsen nicht, denn hier ist die Ampicillinresistenz durch den Einbau des Fremdgens in die MCS verloren gegangen. Die Replikaplattierung erzeugt eine genaue Kopie der Ursprungsplatte. Durch den Vergleich der Koloniemuster ⑤ der beiden Selektionsschritte können die Kolonien ausgewählt werden, die das rekombinante Plasmid enthalten.

So selektierte Bakterienkolonien werden schließlich in einem Nährmedium kultiviert ⑥. Es entsteht ein Zellklon. Unter günstigen Kulturbedingungen stehen bereits nach einem Tag mehrere Millionen Bakterien und damit auch mehrere Millionen Kopien des rekombinanten Plasmids zur Verfügung. Ein solches Plasmid, das Fremd-DNA in eine Zelle einschleust und sie dort zur Vermehrung bringt, wird **Klonierungsvektor** genannt.
Vektoren zur Herstellung bestimmter Proteine in den transgenen Zellen enthalten zusätzlich einen Promotor vor der Restriktionsschnittstelle. Er ermöglicht die Expression des Fremdgens. Sie heißen daher **Expressionsvektoren**.

1 Nennen Sie drei Vektoreigenschaften und erläutern Sie deren Bedeutung für die Genklonierung.

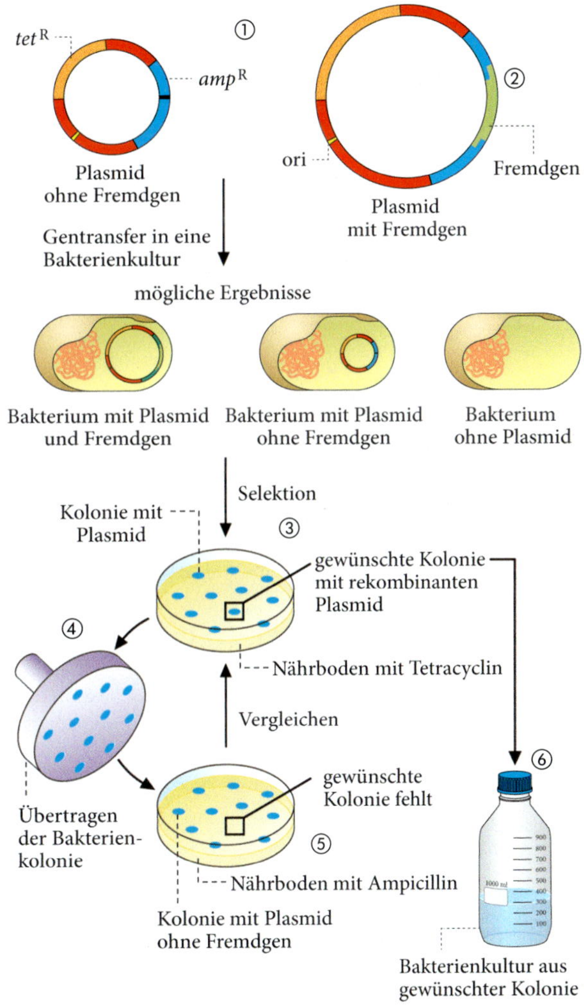

123.1 Prinzip der Selektion

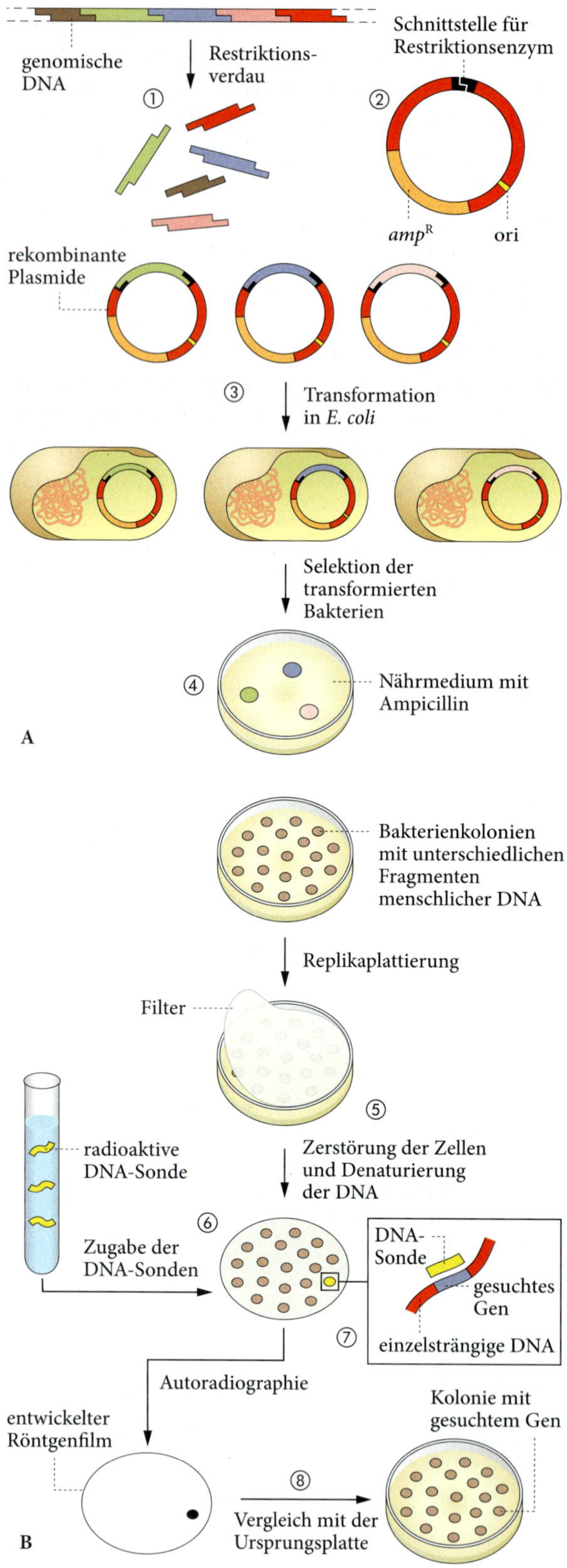

124.1 Gensuche. A Herstellen einer genomischen Bibliothek; B Gensuche mittels Gensonde

4.4 Gensuche

Das Protein Erythropoetin (Epo) steuert im menschlichen Körper die Bildung der Roten Blutzellen. Bei Blutarmut wird es als Medikament eingesetzt. Für dessen heute übliche gentechnische Herstellung wird das isolierte Gen benötigt. Dazu muss es aus den 19 000 Genen des menschlichen Genoms gefunden werden. Die Suche nach einem bestimmten Gen ist vergleichbar mit der Suche nach einem Buch in einer Bibliothek, in der es keinen Katalog für die vorhandenen Bücher gibt.

Ist ein Teil der gesuchten Gensequenz für die Synthese von Primern bekannt, können mittels PCR DNA-Fragmente von etwa 50 bis 4000 Bp Länge aus der Gesamt-DNA eines Lebewesens in-vitro vervielfältigt werden. Benötigt man jedoch größere DNA-Fragmente oder fehlt die Sequenzinformation für die Synthese von Primern, so müssen alternative Strategien verfolgt werden.

Ein Ansatz zur **Gensuche** ist die Anlage von **Genbibliotheken** (Abb. 124.1 A). Sie erlauben die Identifizierung unbekannter Gene. Dazu isoliert man die gesamte genomische DNA aus Zellen, einem Gewebe oder Organ eines Lebewesens und verdaut diese mit einem Restriktionsenzym ①. Dabei entstehen Millionen DNA-Fragmente, eines davon enthält das gewünschte Gen. Jedes dieser DNA-Fragmente wird jeweils in einen Vektor, beispielsweise ein Plasmid, eingebaut ②. Dieses wurde zuvor mit demselben Restriktionsenzym geschnitten, sodass die klebrigen Enden der DNA-Fragmente und des Plasmids zu einander passen. Die entstandenen rekombinanten Plasmide werden in *E. coli* transformiert ③. Nach Selektion der transformierten Bakterien auf einem ampicillinhaltigen Nährmedium, enthalten alle transformierten Bakterien zusammen die komplette DNA des Spenderlebewesens. Diese Bakterienkultur wird **genomische Bibliothek** ④ genannt. Mit der Bakterienvermehrung auf dem Nährboden werden automatisch auch die Plasmide mit vervielfältigt.

Nun liegt beispielsweise das gesamte menschliche Genom in Bakterien vor, aber man weiß noch nicht, welche Bakterienkolonie das gesuchte Gen enthält. Die Bakterienkolonie, die das gewünschte Gen trägt, findet man aus den Millionen Kolonien auf der Nährbodenplatte indem man das Gen mithilfe einer **Gensonde** sucht (Abb. 124.1 B). Eine Gensonde

ist ein kurzes, einzelsträngiges DNA-Stück, das zum gesuchten Gen komplementär ist. Zur Sichtbarmachung sind Gensonden häufig radioaktiv- oder fluoreszenzmarkiert. Diese Gensonde kann auf zwei unterschiedliche Weisen hergestellt werden: Ist zumindest ein Teil der Gensequenz des gesuchten Gens bekannt, kann die komplementäre Gensonde chemisch synthetisiert werden. Ist die Gensequenz nicht bekannt, geht man über das Genprodukt. Dazu sequenziert man von dem codierten Protein die ersten acht Aminosäuren. Mit dieser Information kann man unter Berücksichtigung des degenerierten genetischen Codes alle dafür möglichen DNA-Nukleotidsequenzen ermitteln und chemisch herstellen. In diesem Fall erhält man eine Vielzahl an Gensonden.
Nach einer Replikaplattierung der Bakterienkolonien etwa auf ein Filterpapier, werden die anhaftenden Bakterien zerstört und die dabei freigesetzte DNA denaturiert ⑤. Die Gensonde oder die Gensonden werden auf das Filterpapier mit der denaturierten und somit einzelsträngig gemachten Bakterien-DNA gegeben ⑥. Die passende Sonde hybridisiert mit dem gesuchten Gen ⑦. Über die radioaktive Markierung der Sonde und den entwickelten Röntgenfilm, **Autoradiographie** genannt, kann der Ort gefunden werden, wo die Hybridisierung stattfand. Dort befindet sich auf der Ursprungsplatte vor der Replikaplattierung die Kolonie mit dem gesuchten Gen ⑧. Aus diesem Bakterienklon wird dann die gesuchte DNA isoliert.

Ein Nachteil genomischer Bibliotheken ist, dass die rekombinanten Vektoren zu mehr als 98 Prozent nichtcodierende Sequenzen tragen. Dieses Problem wird durch die Herstellung einer sehr viel kleineren **cDNA-Bibliothek** umgangen (Abb. 125.1). Dafür wird die gesamte zelluläre mRNA extrahiert. Nach Anlagerung eines komplementären Oligo-dT-Primermoleküls ① an den Poly-A-Schwanz der mRNA-Moleküle (→ S. 72) wird jeweils mithilfe des Enzyms **Reverse Transkriptase** ② ein komplementärer DNA-Strang hergestellt. Dabei entsteht ein doppelsträngiges mRNA/DNA-Molekül. Danach wird der mRNA-Strang durch eine RNase enzymatisch abgebaut und durch einen DNA-Strang ersetzt ③. Auch dieser Strang wird durch die Reverse Transkriptase ④ hergestellt. Man erhält eine doppelsträngige cDNA (engl. *complementary* DNA).
Eine cDNA-Bibliothek entsteht durch den Einbau der verschiedenen cDNAs in Vektoren ⑤ und deren Transformation in Bakterien ⑥, wie bei den Genombibliotheken auch. Eine cDNA-Bibliothek enthält demnach DNA-Kopien, die aus mRNA-Molekülen hervorgingen, die zu einem bestimmten Zeitpunkt in einem bestimmten Gewebe aktiv waren. Dort sind jedoch auch nur die Gene zu finden, die zum Zeitpunkt der mRNA-Isolation gerade transkribiert wurden.
Die eigentliche Gensuche aus der cDNA-Bibliothek erfolgt auch hier wieder durch Aufbrechen der Bakterienzellen, Denaturierung der freigesetzten Plasmid-DNA und Absuchen auf den gewünschten Bakterienklon mithilfe einer Gensonde.
Da sich Zellen in ihren Expressionsmustern oft deutlich unterscheiden, sind cDNA-Bibliotheken spezifisch für eine Zellart, das Gewebe oder das Organ, aus denen die mRNA stammt. Aufgrund der geringeren Komplexizität von cDNA-Bibliotheken ist es erheblich leichter, den codierenden Bereich eines Gens aus einer cDNA-Bibliothek zu isolieren.

1 Stellen Sie die Verfahrensschritte der Gensuche, ausgehend vom Gesamt-Genom und dem isolierten Wunschprotein, dar.

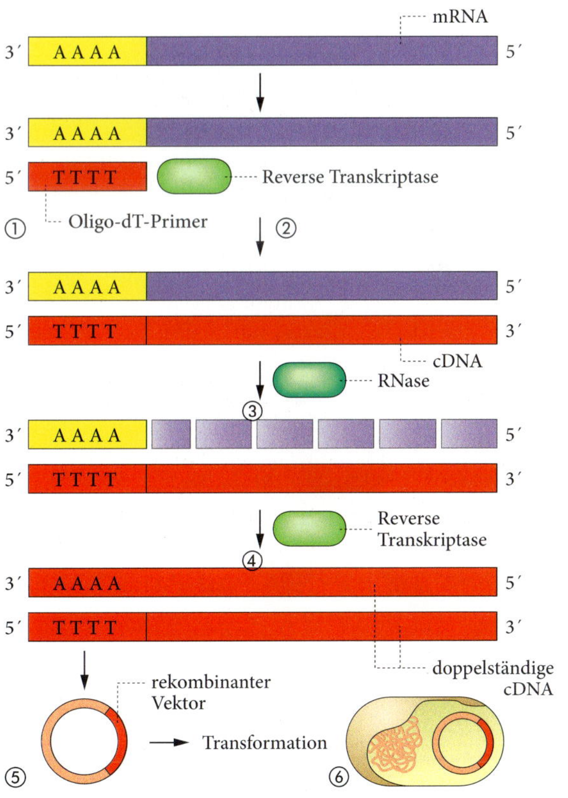

125.1 Herstellung einer cDNA-Bibliothek

4.5 Gentechnik in der Forschung

2006 wurden in London sechs zuvor gesunde Personen wegen akuten Organversagens auf die Intensivstation eingewiesen. Diese Personen hatten als Freiwillige im Rahmen einer klinischen Medikamentenerprobung ein neues Präparat gegen eine bestimmte Blutkrebserkrankung erhalten. Zuvor an gesunden Affen durchgeführte Versuche zeigten keine Nebenwirkungen. Die sechs Testpersonen erhielten zudem eine 500-fach geringere Medikamentendosis als die Versuchstiere. Trotzdem traten die massiven Nebenwirkungen auf.

126.1 Transgene Tiere. A fettleibige Maus; **B** normale Maus

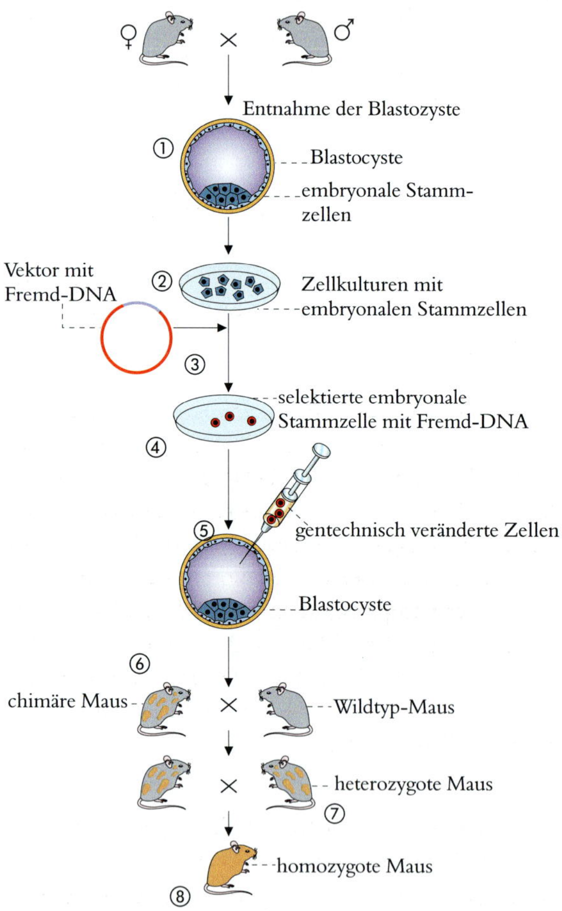

126.2 Blastocysteninjektion und Züchtung auf homozygote transgene Tiere

Heutzutage werden Versuchstiere mithilfe der Gentechnik gezielt verändert, um solche dramatischen Vorfälle weitgehend auszuschließen. Ziel dieser Veränderungen sind Tiere, die einem Patienten vergleichbare Krankheiten haben. Diese Tiere dienen als Modelle zur Erforschung und Behandlung von Krankheiten wie Krebs, Rheuma, Alzheimer oder genetisch bedingter Fettleibigkeit (Abb. 126.1).

Tiere mit gezielt veränderten Genen sind transgene Tiere. Sie werden oft durch eine **Blastocysteninjektion** hergestellt (Abb. 126.2): Einer trächtigen Maus wird fünf bis sechs Tage nach der Befruchtung die Blastocyste entnommen ①. Deren innere Zellmasse besteht aus embryonalen Stammzellen, aus denen sich der Fötus entwickelt. Diese Zellen werden aus der Blastocyste isoliert und in Zellkultur gehalten ②. Mittels **Transfektion**, einem Vorgang ähnlich der Transformation, wird in diese Zellen ein Vektor eingebracht ③. Er enthält die Fremd-DNA, die in der Maus eine beabsichtigte Krankheit auslösen soll. Einige embryonale Stammzellen nehmen den Vektor auf. Diese gentechnisch veränderten Zellen werden selektiert ④ und in eine andere Blastocyste injiziert ⑤, in der sich auch noch die ursprünglichen embryonalen Stammzellen befinden. Diese Blastocyste wird in eine weibliche Maus übertragen. Die aus der Blastocyste entstehende Maus besteht aus normalen Zellen, die auf die ursprünglichen Stammzellen zurückgehen, und aus gentechnisch veränderten Zellen, die auf die gentechnisch veränderten Stammzellen zurückgehen ⑥. Der Körper der neugeborenen Maus ist also mosaikartig aus zwei verschiedenen Erbguttypen aufgebaut. Solch ein Mischwesen heißt nach einem griechischen Fabelwesen **Chimäre**. In der Forschung werden jedoch keine Mischwesen, sondern homozygote Tiere benötigt. Diese entstehen durch Kreuzungen. Auch die Keimzellen des chimären Tieres können das veränderte Gen tragen. Durch Kreuzung des chimären Tieres mit einem Tier des Wildtyps können deshalb Nachkommen entstehen, die für das gewünschte Gen heterozygot sind ⑦. Nach der Kreuzung eines heterozygoten Weibchens mit einem heterozygoten Männchen sind 25 Prozent der Nachkommen homozygote, transgene Tiere ⑧.

Für die Erforschung der Nervenkrankheit amyotrophe Lateralsklerose (ALS) waren transgene Mäuse ein Meilenstein. Bei ihnen wurde das entsprechende Mausgen durch das ALS-auslösende menschliche Gen ersetzt.
Diese Nervenerkrankung ist unheilbar und verläuft fast immer tödlich. Bei ALS kommt es zu einer fortschreitenden und irreversiblen Schädigung der motorischen Nervenzellen, die für die Muskelbewegungen verantwortlich sind. Die Folge sind Muskelschwäche, Muskelschwund und Lähmungen. Die hauptsächliche Todesursache sind Lähmungen der Atemmuskulatur mit einhergehenden Lungenentzündungen.

Die Schädigung der Nervenzellen hat mehrere Ursachen. Eine davon ist ihre Zerstörung durch freie Sauerstoffradikale. Diese werden im Rahmen der Energiegewinnung in den Mitochondrien gebildet und in das Cytoplasma freigesetzt. In einem gesunden Organismus werden diese Sauerstoffradikale durch das Enzym Superoxid-Dismutase-1 (SOD1) zu Wasserstoffperoxid (H_2O_2) und Sauerstoff (O_2) abgebaut. Bei ALS-Patienten ist aufgrund einer Mutation im *sod*1-Gen das Enzym SOD1 defekt.

Den eindeutigen Beweis dieser oxidativen Nervenzellschädigung lieferten transgene Mäuse, denen das mutierte menschliche *sod*1-Gen übertragen worden war. Hierfür wurde die in Abb. 126.2 beschriebene Methode der Blastocysteninjektion angewendet. Der Vektor, der in die embryonalen Stammzellen durch Transfektion eingebracht wurde, enthielt das mutierte menschliche *sod*1-Gen.

Der für die Transfektion verwendete Vektor hat rechts und links zum mutierten *sod*1-Gen noch DNA-Sequenzen, die zu entsprechenden Regionen rechts und links des intakten *sod*1-Gens in den embryonalen Stammzellen homolog sind (Abb. 127.1). Wegen der Übereinstimmung der homologen Sequenzen lagert sich das mutierte *sod*1-Gen gezielt an das intakte *sod*1-Gen an. Durch einen crossing-over-ähnlichen Rekombinationsvorgang wird das mutierte *sod*1-Gen gegen das intakte *sod*1-Gen ausgetauscht. Deshalb heißt diese Methode **homologe Rekombination.**

Die auf diese Weise erhaltenen transgenen *sod*1-Mäuse entwickelten eine Nervenzellschädigung ähnlich der menschlichen ALS mit den typischen Symptomen wie Muskelschwund und Lähmungen (Abb. 127.2).

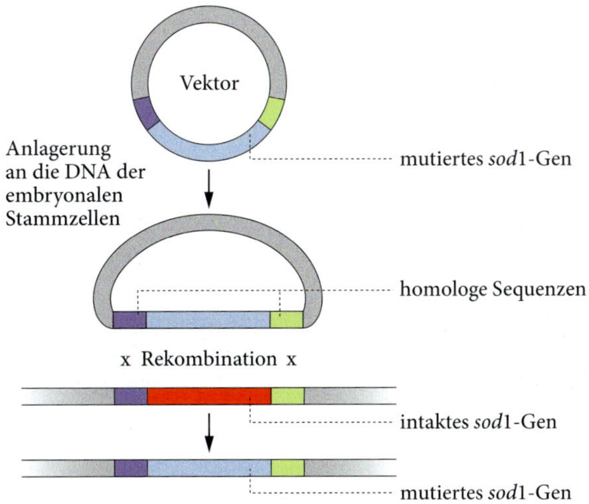

127.1 Genaustausch durch homologe Rekombination

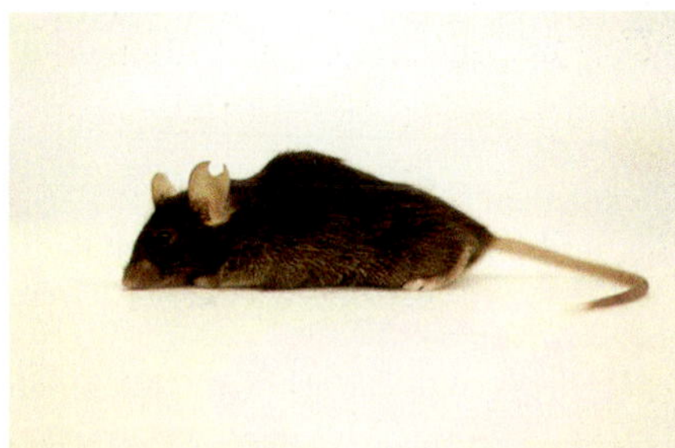

127.2 An ALS erkrankte transgene SOD1-Maus

Dieses transgene SOD1-Tiermodell eignet sich sowohl zur Erforschung der krankheitsauslösenden Vorgänge der ALS als auch zur Erprobung neuer Medikamente.

Werden bei Tieren Gene gezielt ausgeschaltet, heißen sie **Knockout-Tiere.** Solche Tiere haben einen veränderten Phänotyp, der eine Folge des ausgeschalteten Gens ist. So kann auf die Bedeutung dieses Gens und des dazugehörigen Proteins im kompletten Organismus geschlossen werden. Es können auch mehrere Gene gleichzeitig ausgeschaltet werden. Wegen ihrer Bedeutung als Krankheitsmodell gibt es weltweit mehrere tausend Knockout-Stämme von Mäusen, Ratten, Kaninchen, Schweinen, Fischen, Fadenwürmern und Taufliegen.

1 Erläutern Sie die Herstellung homozygoter transgener Tiere ausgehend von Chimären.

2 Vergleichen Sie tabellarisch die Vor- und Nachteile von transgenen Tieren zum Zweck der Erforschung von Krankheitsursachen.

Praktikum

DNA-Fingerabdruck

Das Praktikum kann als Modellexperiment für das klassische Verfahren zur Erstellung eines DNA-Fingerabdrucks mittels Restriktions-Fragment-Längen-Polymorphismus in der Forensik dienen.

Material: Alle Verbrauchsmaterialien, wie Eppendorf-Reaktionsgefäße (Tubes, 1,5 ml) (S. 128.1), Einmalpipetten mit Pipettenspitzen, Plasmid-DNA vom Tatort und 5 Tatverdächtigen, Restriktionsenzymmix mit *Eco*RI und *Pst*I (R 22), steriles Aqua dest. (2,5 ml), DNA-Marker (200 µl), DNA-Ladepuffer (75 µl), Färbeschale, Färbelösung (100 ml, 50-fach konzentriert), Tubeständer und Schwimmer sind in einem Versuchskasten erhältlich. Zusätzlich benötigt werden ein Wasserbad, Uhr, Elektrophoresekammer mit Spannungsquelle, Elektrophoresepuffer (300 ml), Waage, 0,24 g Agarose, Mikrowelle, Schutzbrille, Wärmeschutzhandschuhe, Folienstift, Erlenmeyerkolben (2 x 100 ml, 500 ml), Messzylinder (100 ml, 500 ml)

Durchführung:

Ansetzen der Chemikalien

1. Pipettieren Sie in die DNA-Vorratsgefäße vom Tatort (TO) und den fünf Tatverdächtigen (V1–V5) jeweils 200 µl steriles Aqua dest.
2. Entnehmen Sie jeweils 10 µl der gelösten DNA in ein Reaktionsgefäß und beschriften Sie diese entsprechend dem DNA-Vorratsgefäß.
3. Pipettieren Sie in das Enzymmix-Vorratsgefäß 1000 µl steriles Aqua dest. und durchmischen Sie den Ansatz.
4. Entnehmen Sie 10 µl DNA-Marker aus dem Vorratsgefäß in ein mit M beschriftetes Tube.

Restriktionsverdau

5. In die Tubes TO sowie V1–V5 werden jeweils 10 µl Enzymmix (E) hinzu pipettiert.
6. Der Restriktionsverdau erfolgt bei 37 Grad für mindestens 25 Minuten im Wasserbad.
7. Nicht verbrauchte DNA, Enzymmix und DNA-Marker (M) beim Lehrer abgeben.

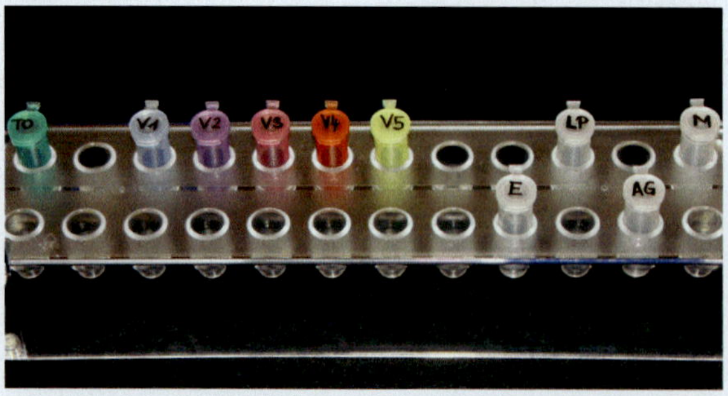

128.1 **Tubes pro Arbeitsgruppe**

Gel-Elektrophorese

8. Ein Gemisch aus 30 ml Elektrophoresepuffer und 0,24 g Agarose (AG) wird in der Mikrowelle aufgekocht, umgeschwenkt und erneut kurz erhitzt. (Vorsicht Siedeverzug: Schutzbrille und Wärmeschutzhandschuhe!)
9. Nach Abkühlen auf etwa 50 °C (Handrückentest) wird das Gel in die Elektrophoresekammer gegossen.
10. Ist das Gel erstarrt, wird mit 270 ml Elektrophoresepuffer überschichtet und der Kamm gezogen.
11. Nehmen Sie Ihre Tubes aus dem Wasserbad und pipettieren Sie in die Tubes TO, V1–V5 und M jeweils 10 µl DNA-Ladepuffer (LP) hinzu.
12. Dann werden jeweils 20 µl der Reaktionsansätze M, TO, V1–V5 in eine Geltasche pipettiert.
13. Nach Vorgabe des Lehrers wird die Spannung zur Elektrophorese eingestellt und die Elektrophorese gestartet.
14. Die Elektrophorese wird beendet, wenn der Farbmarker des DNA-Ladepuffers etwa drei Viertel der Gellänge erreicht hat.

Anfärben der DNA-Banden und Auswertung

15. Das Gel wird aus der Kammer entnommen, in die Färbeschale überführt und für 3 Minuten mit 100 ml Färbelösung übergossen.
16. Nach der Färbung wird überschüssiger Farbstoff durch mehrfaches Wässern des Gels entfernt.

Aufgabe:

a) Beschreiben Sie das Verfahren zur Erstellung eines genetischen Fingerabdrucks.
b) Ermitteln Sie anhand der Abbildung 128.2 den Täter.

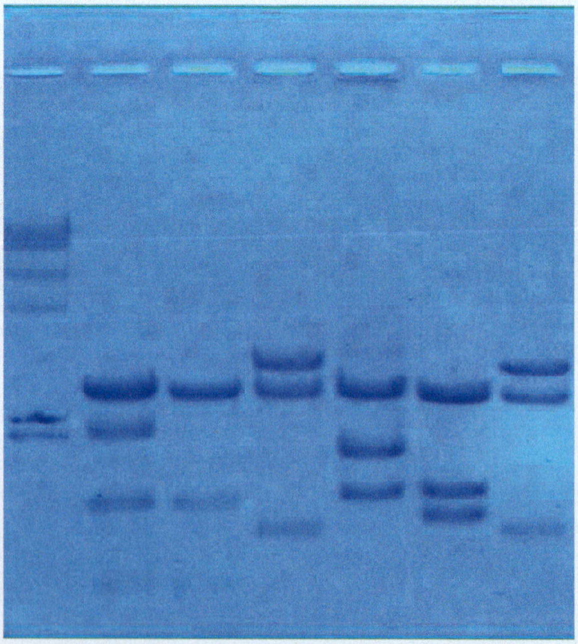

128.2 **Ergebnisgel**

Aufgaben

Gentechnische Herstellung von Somatotropin

1 Gensuche

Das menschliche Wachstumshormon Somatotropin gehört zu den wichtigsten gentechnisch hergestellten Hormonen. Es handelt sich um ein Peptidhormon. Zu dessen rekombinanter Herstellung wird Somatotropin-cDNA eingesetzt, die zunächst aus einer entsprechenden cDNA-Bibliothek isoliert werden muss. Folgende Verfahrensschritte sind dafür notwendig:

- Herstellen der cDNAs mithilfe der Reversen Transkriptase
- Teilsequenzieren der ersten 9 Aminosäuren des Proteins Somatotropin
- Isolieren der mRNA-Moleküle aus exprimierenden Zellen
- Screening der cDNA-Bibliothek zur Identifizierung des gesuchten Klons mit den Gensonden
- Chemische Synthese aller möglichen Gensonden
- Einbau der cDNAs in einen Vektor
- Ermitteln aller möglichen Nukleotidsequenzen des entsprechenden DNA-Abschnittes
- Amplifizieren des ermittelten DNA-Abschnittes
- Herstellen der cDNA-Bibliothek durch Transformation
- Durchführung einer Replikaplattierung

a) Stellen Sie die genannten Verfahrensschritte in einer sinnvollen Reihenfolge dar, um ausgehend vom isolierten Hormon Somatotropin die cDNA isolieren zu können.

b) Erläutern Sie die einzelnen Teilschritte.

2 Klonierungsstrategie

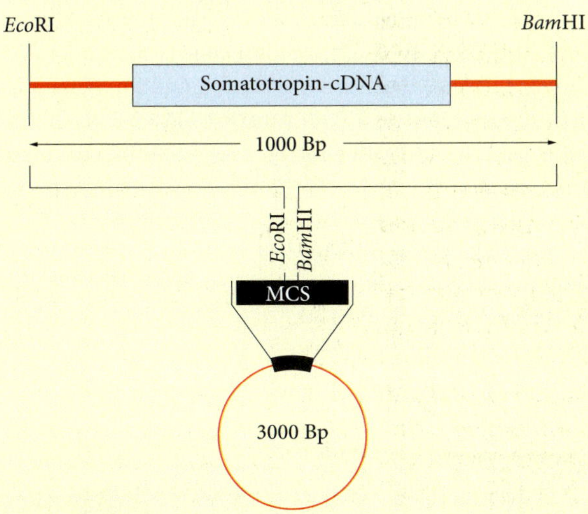

129.1 Klonierungsstrategie zum Einbau der Somatotropin-cDNA in einen Expressionsvektor

129.1 zeigt die Klonierungsstrategie zum Einbau der identifizierten Somatotropin-cDNA in einen Expressionsvektor zur rekombinanten Herstellung des Hormons.

a) Nennen Sie drei Elemente eines Expressionsvektors und beschreiben Sie deren Funktion.

b) Begründen Sie den Einfügungsort für die Somatotropin cDNA.

3 Restriktion und Gel-Elektrophorese

Aus drei Bakterienkolonien, die nach der Transformation mit dem Expressionsvektor (siehe 129.1) erhalten wurden, wurde die jeweilige Plasmid-DNA isoliert. Anschließend wurden diese Plasmide A, B und C jeweils durch zwei verschiedene Restriktionsansätze charakterisiert.

- Restriktionsansatz 1: mit *Eco*RI
- Restriktionsansatz 2: mit *Eco*RI und *Bam*HI (Doppelverdau)

Die durch Restriktionsverdau erhaltenen Fragmente wurden durch Gel-Elektrophorese voneinander getrennt. 129.2 zeigt das Ergebnis der Elektrophorese.

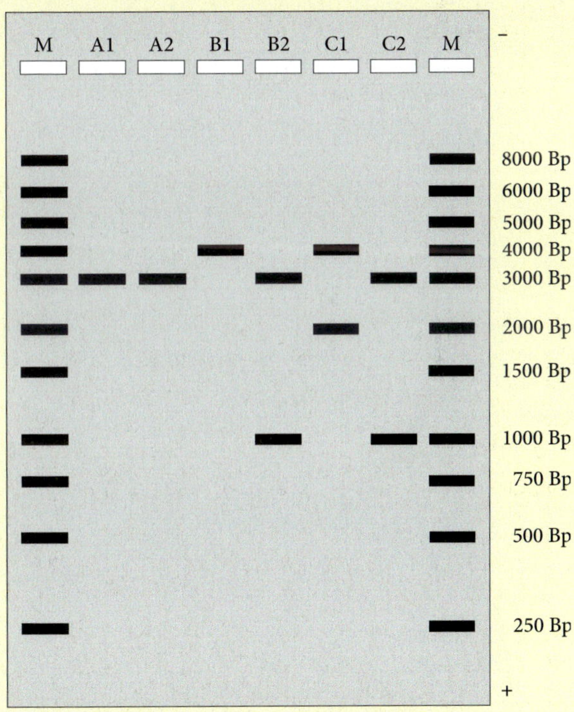

129.2 Elektropherogramm der verdauten Plasmide
Plasmide A, B und C: (M = DNA-Marker)
A1, B1 und C1: Restriktionsverdau mit *Eco*RI
A2, B2 und C2: Restriktionsverdau mit *Eco*RI und *Bam*HI

Leiten Sie aus den Abbildungen 129.1 und 129.2 den Aufbau der Plasmide A, B und C ab und erstellen Sie für das Plasmid C eine beschriftete Skizze.

5 Anwendungen der Biotechnik

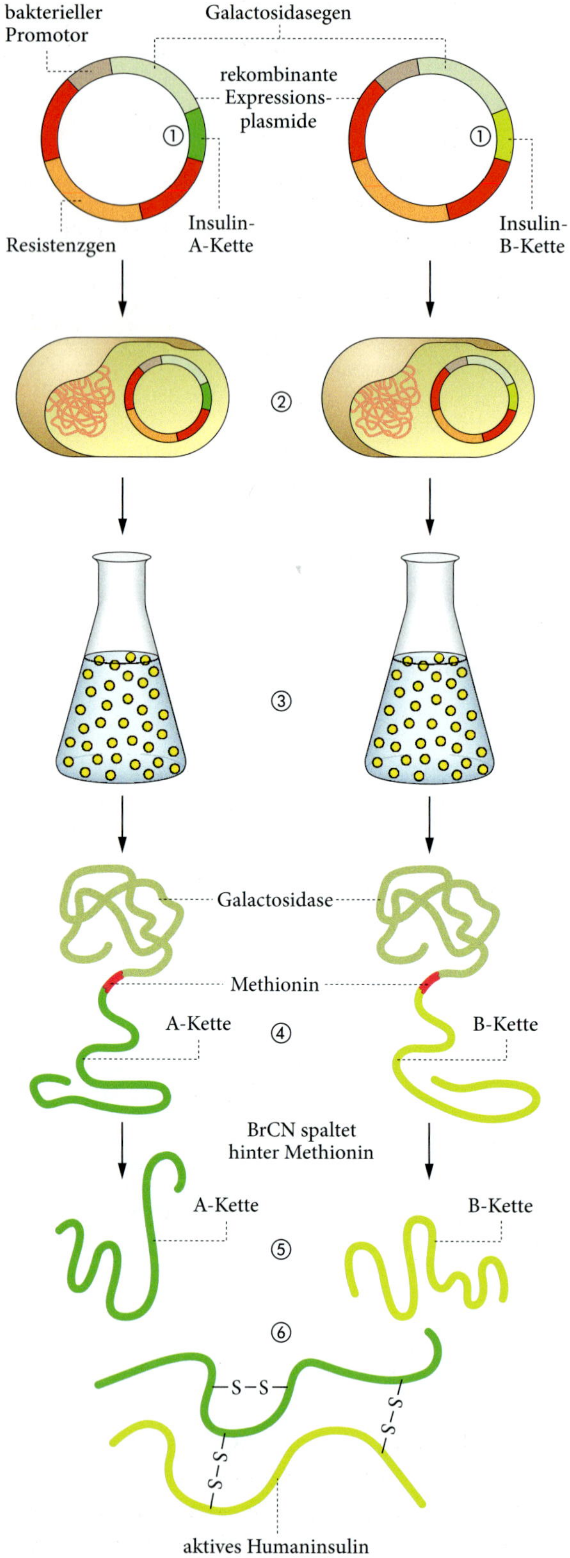

130.1 Gentechnische Herstellung von Human-Insulin

5.1 Produktion von Arzneimitteln

Insulin ist ein Peptidhormon der Bauchspeicheldrüse, das den Blutzuckerspiegel senkt. Insulinmangel führt zur Zuckerkrankheit **Diabetes.** Weltweit hängt das Überleben von etwa 40 Millionen Diabetikern von regelmäßigen Insulininjektionen ab. Der weltweite Jahresbedarf an Insulin beträgt etwa sechs Tonnen.

Vor 1982 wurde Insulin aus Schlachttieren wie Schweinen und Rindern gewonnen. Jedoch waren diese Insuline oft weniger wirksam und führten wegen einer leicht veränderten Aminosäurezusammensetzung bei den Diabetikern zu Allergie-ähnlichen Reaktionen. 1982 kam Humaninsulin als erstes gentechnisch hergestelltes Medikament auf den Markt. Das gentechnisch hergestellte Humaninsulin ist mit dem im Menschen vorkommenden Insulin komplett identisch. Mithilfe der Gentechnik können therapeutische Proteine in großen Mengen, kostengünstig und nebenwirkungsarm hergestellt werden.

Insulin ist ein kurzes Protein, das zur Faltung keine Chaperone benötigt. Es besteht aus den beiden Polypeptidketten A mit 21 Aminosäuren und B mit 30 Aminosäuren. Beide Ketten sind durch zwei Disulfidbrücken verbunden. Da die Primärstruktur des Insulins bekannt war, konnten die DNA-Sequenzen für beide Polypeptidketten chemisch synthetisiert werden. Diese wurden dann in je ein Expressionsplasmid unmittelbar hinter das Galactosidasegen eingebaut ① (Abb. 130.1). Der Einbau erfolgte direkt nach einem Triplett, das für die Aminosäure Methionin codiert. Der Promotor des Galactosidasegens ist durch Lactose aktivierbar. Die beiden rekombinanten Plasmide wurden getrennt in *E. coli* transformiert ②. Nach der Selektion der transformierten *E. coli* Stämme wurden diese getrennt kultiviert ③. Durch Zugabe von Lactose wurden die Gene aktiviert und ein Fusionsprotein bestehend aus der Galactosidase und je einer Insulinkette gebildet ④. Beide Fusionsproteine wurden gereinigt und mit Bromcyan (BrCN) behandelt, das Proteine hinter Methionin spaltet. Die jetzt freien A- und B-Ketten ⑤ wurden miteinander vermischt, wobei sich die Disulfidbrücken spontan ausbildeten und aktives Humaninsulin entstand ⑥. Durch die Massenkultivierung der rekombinanten *E. coli* Stämme können nun große Mengen an Insulin produziert werden.

Mithilfe der Gentechnik kann durch **Protein-Design** die therapeutische Wirkung eines Proteins verbessert, seine Wirkdauer im Körper verlängert und seine Stabilität erhöht werden. Dabei werden einzelne Aminosäuren oder ganze Proteinbereiche verändert. Dies geschieht durch gezielte Mutation in dem Gen, das für das Protein codiert. Diese Methode ist die **in-vitro-Mutagenese** und bedient sich einer PCR: Hierbei werden Primer mit einer gezielten Mutation benötigt. In dem hier dargestellten Beispiel wurde das Nukleotid mit der Base T gegen ein Nukleotid mit der Base G ausgetauscht (Abb. 131.1 A). Nach der Denaturierung der Plasmide ①, die das Fremdgen für das gewünschte Protein enthalten, lagert sich der mutierte Primer an die komplementäre Stelle auf dem Plasmid-Einzelstrang an ②. Die eine G-A Fehlpaarung stört die Hybridisierung nicht. Die DNA-Polymerase synthetisiert den Gegenstrang, der nun anstelle der Base T die Base G enthält ③. Eine zugegebene Ligase bildet einen neuen geschlossenen Plasmid-Doppelstrang aus ④. Mit ihm werden *E. coli* Zellen transformiert ⑤, die das Plasmid vielfach replizieren. Die Hälfte der Bakterienkolonien enthält das mutierte Plasmid mit der G-C Basenpaarung ⑥ und die andere Hälfte trägt das unveränderte Plasmid mit der T-A-Basenpaarung ⑦. Als Folge der neuen G-C Basenpaarung befindet sich nach der Expression des Fremdgens im Protein eine andere Aminosäure. Bei dem ersten gentechnisch veränderten Insulin Lantus® wurde am Ende der A-Kette die Aminosäure Asparagin durch Glycin ersetzt und am Ende der B-Kette noch zwei Mal die Aminosäure Asparaginsäure zusätzlich angeheftet (Abb. 131.1 B). Dadurch wirkt das Insulin länger im Körper.

Nicht immer eignen sich prokaryotische Zellen für die Protein-Produktion, da sie nicht zwischen Exons und Introns unterscheiden können. Dieser Nachteil kann durch den Einbau von cDNA in den Expressionsvektor behoben werden. Weiterhin führen Prokaryoten keine posttranslationale Modifikationen durch und können mit ihren Chaperonen komplexe Humanproteine nicht korrekt falten. Auch können Prokaryoten rekombinante Proteine nicht exportieren. Hierfür müssen eukaryotische Zellen von Pflanzen, Hefen oder tierische Zellen verwendet werden. Die am häufigsten eingesetzten Zellen sind CHO-Zellen (engl. *chinese hamster ovary)* aus den Eierstöcken des Chinesischen Hamsters. Diese Zellen zeigen ein unbegrenztes Wachstum und können in Fermentern mit etwa 15 000-Litern gezüchtet werden.

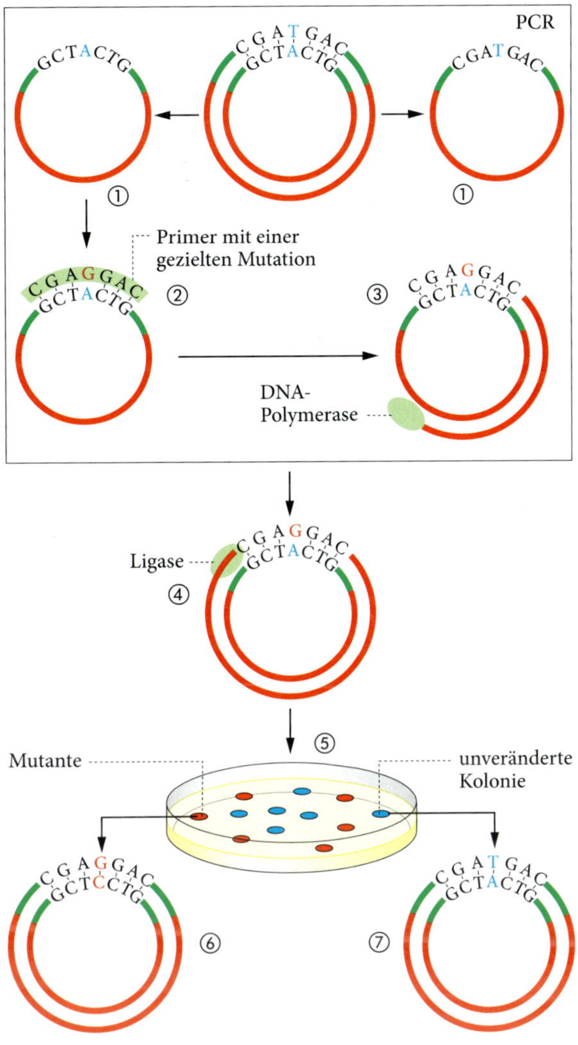

A

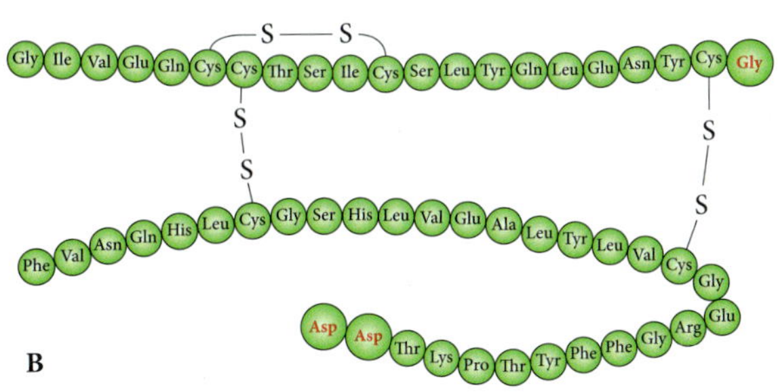

B

131.1 Protein-Design.
A In-vitro Mutagenese ; **B** Insulin Lantus®

1 Erstellen Sie ein Flussdiagramm für die Herstellung des rekombinanten Human-Insulins.

2 Entwerfen Sie den Primer für ein in-vitro Mutagenese Experiment, bei dem am Ende der Proteinkette eine zusätzliche Aminosäure angefügt werden soll.

5.2 Moderne Tierzucht ohne Gentechnik

Schon seit Tausenden von Jahren versucht der Mensch, Nutzpflanzen und Nutztiere durch selektive Züchtung zu verbessern. Dies geschah überwiegend nach dem Prinzip von Versuch und Irrtum. Heute werden in der Nutztierzucht verschiedene Reproduktionstechniken angewandt, um möglichst schnell und damit wirtschaftlich Nachkommen von züchterisch wertvollen Elterntieren zu erhalten. Das Spektrum der Methoden reicht von der künstlichen Besamung bis hin zum Klonen transgener Tiere.

Durch **künstliche Besamung** werden heute über 90 Prozent der Kühe und Hennen belegt. Die Samenspender werden gezielt nach ihren Eigenschaften ausgewählt. Ein Ejakulat eines Hochleistungsbullen kann man in bis zu 500 Portionen aufteilen und zur Lagerung einfrieren. Mit einem Katheder wird eine aufgetaute Spermaportion in eine brünstige Kuh übertragen. Hochleistungsbullen können daher Zehntausende Nachkommen haben. Dieses Verfahren führt zur genetischen Verarmung.
Eine Kuh bringt normalerweise jedes Jahr ein Kalb zur Welt. Um auch die Zahl der Kälber von wertvollen weiblichen Zuchttieren zu erhöhen, wird durch eine Hormonbehandlung zuerst ein mehrfacher Eisprung ausgelöst, eine **Superovulation.** Dann wird diese Kuh künstlich besamt. Die sich entwickelnden bis zu 25 Embryonen werden anschließend aus der Gebärmutter gespült und durch **Embryonentransfer** in Ammenkühe übertragen. Allerdings besteht bei der künstlichen Besamung und dem Embryonentransfer keine Garantie auf Merkmale wie etwa die besonders hohe Milchleistung des Eispendertieres, da bei der Befruchtung mit einem Spermium eines anderen Spendertieres das genetische Material durchmischt wurde.

Eine weitere Technik der Nutztierzucht ist das **Klonen.** Schafe und Rinder werden seit etwa 30 Jahren durch **Embryosplitting** geklont. Dabei wird ein isolierter mehrzelliger Embryo mikrochirurgisch in zwei oder vier gleich große Teile zerlegt, bevor er in die Gebärmutter eines Ammentieres überführt wird. Die Zellen sind zu diesem Zeitpunkt noch nicht auf eine bestimmte Funktion festgelegt und deshalb entwickeln sich die Teilembryonen nach Übertragung in Ammentiere zu vollständigen, erbgleichen Tieren.
Eine weitere Methode ist inzwischen das Klonen durch **Kerntransfer.** Dies wurde erstmals 1996 erfolgreich mit dem Klonschaf Dolly durchgeführt. Dem

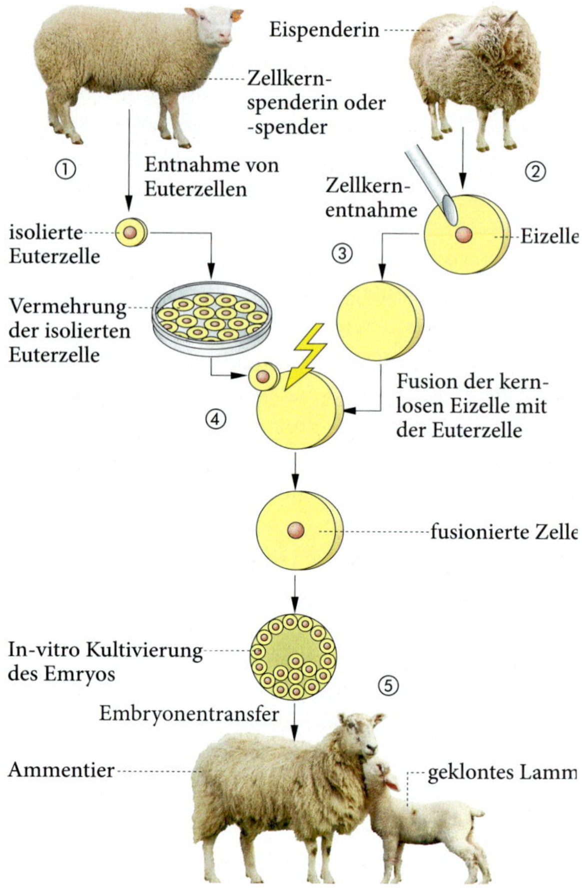

132.1 **Klonen durch Kerntransfer**

Spendertier ①, einem Hochleistungsschaf das geklont werden soll, werden Körperzellen entnommen und kultiviert. Einem Eispendertier ② spült man reife, unbefruchtete Eizellen aus dem Eileiter. Mit einer Mikropipette wird aus den Eizellen der Zellkern entfernt ③. Durch Stromstöße kann die kultivierte Körperzelle mit der entkernten Eizelle fusionieren ④. Das Besondere ist, dass hier keine sexuelle Fortpflanzung stattfand, sondern der diploide Zellkern aus einer Körperzelle, etwa Euterzellen, eines erwachsenen Tieres in die Eizelle übertragen wurde. Der heranreifende Embryo wird dann in ein Ammentier transferiert und von diesem ausgetragen ⑤. Ein wesentlicher Vorteil des Klonens durch Kerntransfer ist, dass damit die unerwünschte Neukombination des Erbguts bei der sexuellen Fortpflanzung ausgeschaltet wird. Auf diese Weise kann also ein mit dem Hochleistungstier genetisch identischer Nachkomme erhalten werden.

1 Vergleichen Sie die Methoden der modernen Tierzucht.

5.3 Moderne Tierzucht mit Gentechnik

Mithilfe der Gentechnik ist man nicht mehr nur darauf beschränkt, bereits vorhandene Merkmale von Nutztieren zu optimieren, sondern kann diesen ganz neue Eigenschaften verleihen. Ziele der gentechnischen Veränderung in der modernen Tierzucht sind die Steigerung des Wachstums, eine höhere Fleischqualität, Resistenzen gegen Stress und Krankheiten oder ein höherer Proteingehalt in der Milch.

Seit 2008 ist in Europa das erste Medikament zugelassen, das aus transgenen Ziegen stammt: das Blutplasmaprotein Antithrombin. Es hemmt die Blutgerinnung und schützt Menschen mit einem erblich bedingten Antithrombinmangel in Operationen vor Thrombosen. Das Antithrombin-Fremdgen wurde mit einem gewebespezifischen Promotor eines Gens mikroinjiziert, das nur in der Milchdrüse der Ziege exprimiert wird. Dadurch wird das Antithrombin nur in der Milchdrüse exprimiert. Aus der Milch wird das Medikament schließlich aufgereinigt. Früher wurde Antithrombin aus Spenderblut gewonnen. Eine transgene Ziege kann pro Jahr etwa 1 kg Antithrombin produzieren, soviel wie aus 90 000 Blutspenden gewonnen werden kann. Die Produktion von Medikamenten durch transgene Tiere nennt man **Gene-Pharming.**

Beim Gene-Pharming baut man Gene, die für pharmazeutisch wirksame Proteine codieren, in das Genom von Schafen, Ziegen, Kühen und Schweinen ein. Die transgenen Tiere erhält man dadurch, dass diese Gene in eine befruchtete Eizelle eingebracht werden. Ein günstiger Moment dafür ist, wenn die Eizelle in-vitro befruchtet wurde, aber väterlicher und mütterlicher Vorkern noch nicht miteinander verschmolzen sind. Der Gentransfer erfolgt zumeist durch Mikroinjektion in einen der beiden Vorkerne ①. Bei deren Verschmelzung kann das Fremdgen in das Genom der Zygote integriert werden ②. Der genaue Ort ist allerdings dem Zufall überlassen. Anschließend kultiviert man den Embryo weiter bis zum Morulastadium und überführt ihn dann in den Uterus eines Ammentieres ③. Dort kann er sich zu einem transgenen Tier entwickeln ④. Vor dem Embryonentransfer kann mit genanalytischen Methoden auf die züchterisch gewünschten Merkmale selektiert werden.

Die Erfolgsrate der Methode ist jedoch sehr gering. Nur höchstens ein Prozent der mikroinjizierten Zygoten entwickeln sich zu einem Tier, das auch das gewünschte Merkmal besitzt. Hinzu kommt, dass weniger als zehn Prozent dieser Merkmalsträger das Transgen in der Keimbahn tragen und damit auch vererben.

1 Beschreiben Sie das Gene Pharming zur Herstellung von Antithrombin in transgenen Ziegen.

2 Bewerten Sie die Chancen und Risiken von transgenen Tieren.

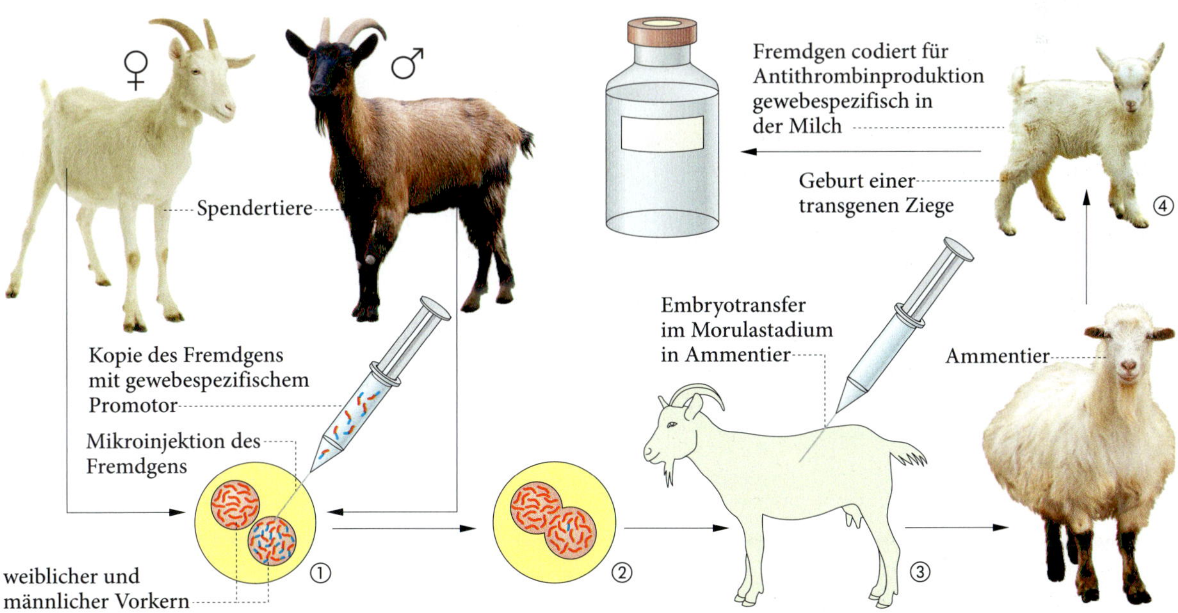

133.1 Erzeugung transgener Ziegen zur Antithrombinproduktion

134.1 Klonen von Pflanzen

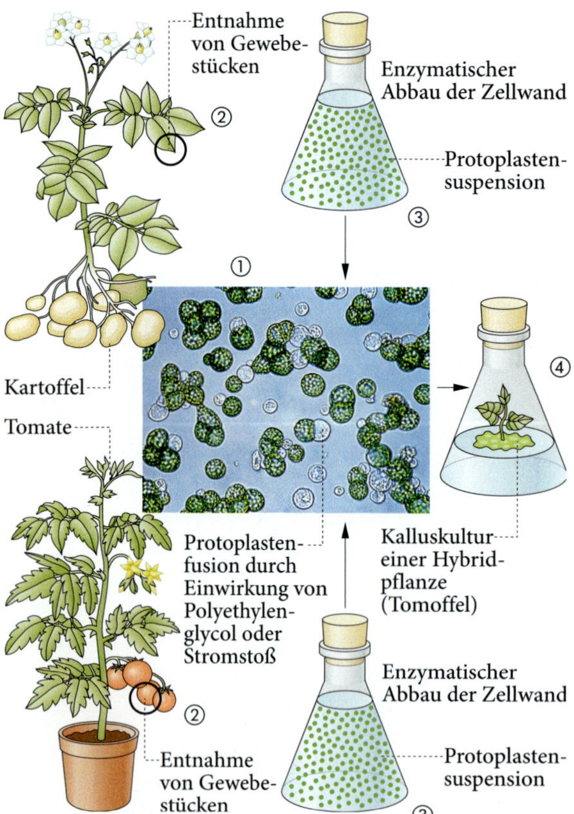

134.2 Protoplastenfusion

5.4 Moderne Techniken in der Pflanzenzucht

Seltene Orchideen lassen sich außerhalb ihres ursprünglichen Verbreitungsgebietes auf natürlichem Wege nur schwer vermehren, weil die entsprechenden Bestäuber fehlen. Deshalb klont man sie in einer Gewebe- oder Zellkultur (Abb. 134.1). Diese moderne Züchtungsmethode basiert auf der Fähigkeit von Pflanzen, aus Gewebe, Einzelzellen oder zellwandlosen Zellen, den Protoplasten, wieder vollständige Pflanzen zu regenerieren. Jede Pflanzenzelle ist deshalb totipotent (lat. *totus,* ganz; *posse,* können).

Damit ist es möglich, aus einer einzigen Pflanze Tausende genetisch identische Nachkommen zu erzeugen. Zunächst wird ein Gewebestück steril isoliert und auf einen Nähragar gebracht ①. Die Zellen ernähren sich darauf heterotroph. An der Schnittstelle entsteht durch Zellteilungen ein Wundgewebe aus undifferenzierten Zellen, der **Kallus** ②. Will man Kulturen aus isolierten Einzelzellen anlegen, wird das Kallusgewebe in ein flüssiges, steriles Nährmedium gebracht. Das Enzym Pektinase im Nährmedium dient zur Trennung des Kallus in Einzelzellen. Man erhält eine **Suspensionskultur** ③, in der sich jede Zelle zu einer vollständigen Pflanze regenerieren lässt. Dazu legt man zunächst eine Mikrokultur an ④. Aus den Einzelzellen entstehen dabei nach mehreren Zellteilungen Zellaggregate ⑤. Diese entwickeln sich auf einem Nähragar erneut zu einem Kallus ⑥. Die Zugabe der Pflanzenhormone Cytokinin und Auxin in den Nähragar induziert die Bildung der Pflanzenorgane ⑦. Es entstehen vollständige Pflanzen, die dann in Erde umgepflanzt werden und weiter wachsen können ⑧.

In einigen Fällen ist es auch möglich, zwei Protoplasten von verschiedenen Pflanzenarten, die normalerweise geschlechtlich nicht paarungsfähig wären, etwa durch einen Stromstoß zu fusionieren ① (Abb. 134.2). Verschmelzen bei der nächsten Mitose auch die Zellkerne, so entstehen Hybridprotoplasten, die zu vollständigen Hybridpflanzen kultiviert werden können. So gelang die Erzeugung der „Tomoffel“ aus Tomate und Kartoffel. Die Hoffnung „unten Pommes, oben Ketchup“ hat sich jedoch nicht erfüllt, weil sowohl Knollen als auch Früchte zu klein bleiben.

Bei der **Protoplastenkultur** wird Gewebe, zum Beispiel von einem Blatt, entnommen ② und zur Trennung der Zellen mit dem Enzym Pektinase behandelt. Die Zellwände werden mit Cellulase aufgelöst ③.

Diese Zellen sind nur noch von einer Zellmembran umgeben, können aber eine Zellwand regenerieren. Durch Zugabe geeigneter Pflanzenhormone kann jeder der Protoplasten zur Teilung angeregt werden, sodass ein Kallus ④ entsteht. Über die oben genannten Kulturverfahren entwickelt sich aus jedem Kallus eine vollständige Pflanze.

Während klassische Methoden der Pflanzenzüchtung, etwa über Fremdbestäubung, lediglich den Austausch von Genen zwischen Vertretern einer Pflanzengattung erlauben, besteht ein Vorteil der Herstellung **transgener Pflanzen** darin, dass man eine Pflanze mit einem Gen aus einer beliebigen Quelle transformieren kann. Also nicht nur mit Genen anderer Pflanzen, sondern auch mit Genen aus Tieren, Bakterien oder Viren. Ein weiterer Vorteil gegenüber der klassischen Züchtung ist, dass man so auch viel schneller Pflanzen mit den gewünschten Eigenschaften erhält. Die Fremdgene können etwa eine Resistenz gegenüber bestimmten Insekten bewirken oder den Vitamin- und Nährstoffgehalt erhöhen.

In Europa stammt die Hälfte der verarbeiteten Stärke aus Kartoffeln. In der Kartoffelstärke beträgt das Verhältnis von Amylose zu Amylopektin etwa 1 : 4. Beide Stärkeformen haben unterschiedliche Eigenschaften: Während Amylose geliert, besitzt Amylopektin Klebereigenschaften. Diese Eigenschaft des Amylopektins wird in vielen Produkten genutzt. Die chemische Trennung von Amylose und Amylopektin ist mit einem hohen Energieaufwand verbunden und damit unwirtschaftlich. Ziel der Wissenschaftler war es daher, eine transgene Kartoffel herzustellen, die das Enzym Stärkesynthetase, das für die Synthese der Amylose zuständig ist, nicht bildet.
Die **Amflora®-Kartoffel** ist nach dem Mais die zweite in Europa zugelassene transgene Nutzpflanze. Sie erhielt die Anbau-Zulassung im März 2010. Ihr Anbau ist ausschließlich als Rohstoff für die Stärkeindustrie im Non-Food-Bereich gedacht.
Dies wurde durch das Einschleusen einer Antisense-Fremd-DNA (engl. Gegensinn) in umgekehrter Richtung hinter dem Sense-Gen ins Genom der Kartoffel erreicht. Beide DNA-Abschnitte werden gemeinsam transkribiert. Die Antisense-mRNA ist zur Basenabfolge der pflanzeneigenen Sense-mRNA für die Stärkesynthetase komplementär. Die komplementären mRNA-Moleküle lagern sich zu einem Doppelstrang zusammen. Doppelsträngige RNAs werden nicht translatiert, sie werden vielmehr enzymatisch abgebaut. Die Expression des Sense-Gens wird damit stillgelegt. Als Ergebnis erhielt man mit der Amflora® eine transgene Kartoffel, die mehr als 98 Prozent Amylopektin herstellt.

Transgener Mais, sogenannter **Bt-Mais,** war eine der ersten transgenen Pflanzen, die im großen Stil als Nahrungspflanzen angebaut wurde. Ihm hat man das Bt-Gen aus dem Bakterium ***Bacillus thuringiensis*** ins Genom eingeschleust. Das Bt-Toxin, ein Protein, wurde bereits vorher als umweltschonendes Insektizid eingesetzt. Bt-Mais produziert nun selbst dieses Insektizid, ein Fraßgift, das ihn gegen den Maiszünsler resistent macht.
2011 erfolgte der Bt-Maisanbau in den USA auf einer Fläche von 31 Millionen Hektar. Dies entspricht dem 5-fachen der gesamten deutschen landwirtschaftlichen Flächen. In Deutschland wurde der Anbau von transgenem Mais 2009 hingegen verboten.

1 Recherchieren Sie eine Pro- und Kontra-Liste für den Anbau von Bt-Mais.

2 Vergleichen Sie die Herstellung transgener Pflanzen mit der klassischen Züchtung.

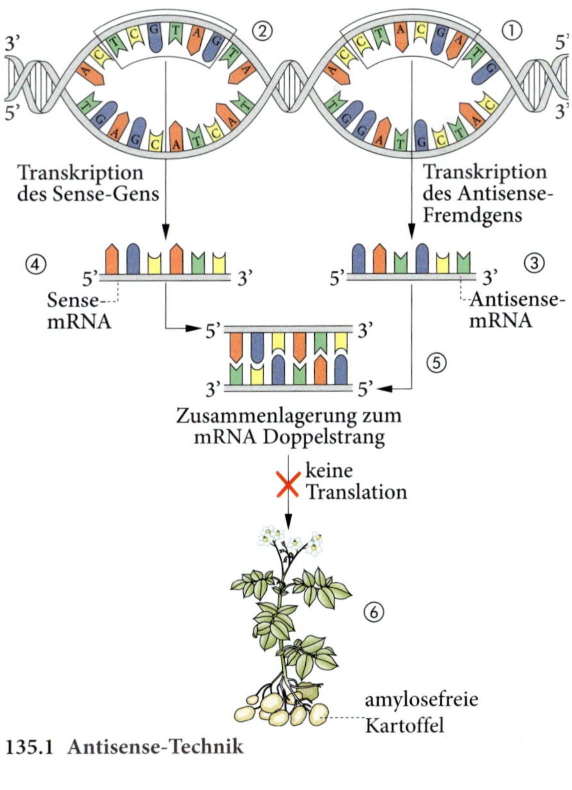

135.1 Antisense-Technik

5.5 Nahrungsmittel und Gentechnik

In der Europäischen Union (EU) ist die Zulassung und Kennzeichnung gentechnisch veränderter Nahrungsmittel in der Novel Food Verordnung geregelt. Die Sicherheitsanforderungen an solche Nahrungsmittel umfassen laut dieser Verordnung drei wesentliche Gesichtspunkte: Die Lebensmittel dürfen keine Gesundheitsgefahr für die Verbraucher darstellen, keine Irreführung bewirken und zu keinen Ernährungsmängeln führen, wenn sie andere Lebensmittel ersetzen sollen. Um dies zu gewährleisten, müssen derartige Nahrungsmittel ein Genehmigungsverfahren durchlaufen und gekennzeichnet sein.

Die Verordnung schreibt eine Kennzeichnung auf alle Nahrungsmittel und Zutaten vor, die aus gentechnisch veränderten Organismen hergestellt wurden – unabhängig davon, ob diese im Nahrungsmittel nachweisbar sind oder nicht. Von der Kennzeichnungspflicht ausgenommen sind Nahrungsmittel und Zutaten mit geringfügigen Beimischungen von gentechnisch veränderten Organismen (GVO)

- wenn der Anteil an der jeweiligen Menge nicht mehr als 0,9 Prozent beträgt,
- wenn der jeweilige Hersteller darlegen kann, dass es sich um zufällige, technisch unvermeidbare GVO-Beimischungen handelt,
- wenn es sich bei den Beimischungen um solche GVO handelt, die in der EU bereits zugelassen und damit als gesundheitlich sicher eingestuft sind.

Damit diese Vorschriften zur Gentechnik-Kennzeichnung auch befolgt werden, werden in der EU jedes Jahr mehrere tausend Nahrungsmittel auf gentechnische Veränderungen untersucht. Der Nachweis kann sowohl auf genetischer, als auch auf Proteinebene geführt werden. Auf genetischer Ebene untersucht man mittels Real-time-PCR (→ S. 54), ob Fremd-DNA vorhanden ist und welchen prozentualen Anteil sie hat. Die technisch mögliche Nachweisgrenze liegt derzeit bei etwa 0,05 Prozentanteilen an Fremd-DNA. Der Nachweis auf Proteinebene kann mittels immunologischem Test, einem ELISA (→ S. 185) erfolgen.

Auch wenn sich die Untersuchungsergebnisse je nach Untersuchungsjahr etwas unterscheiden, ist die Tendenz eindeutig: Obwohl in 15 bis 25 Prozent aller untersuchten Lebensmittel GV-Soja beziehungsweise in etwa 5 Prozent GV-Mais nachgewiesen wurde, liegt deren Gesamtanteil zumeist unter 0,9 Prozent und

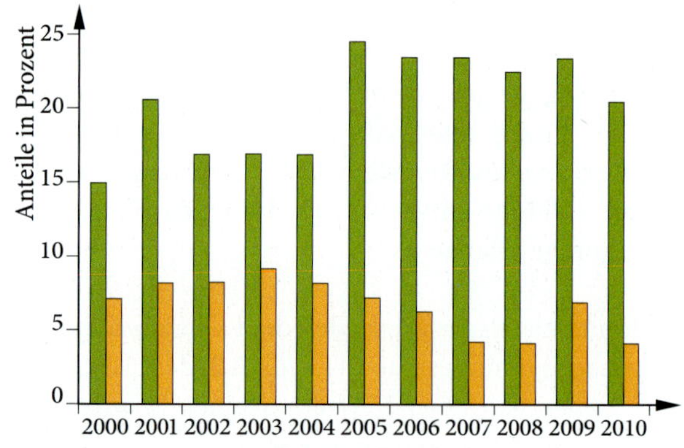

136.1 GV-Nahrungsmittel in der EU in Prozent

eine Kennzeichnungspflicht besteht nicht.

In den USA hingegen besteht keine Kennzeichnungspflicht. In den dortigen Lebensmittelregalen findet man zumeist nur GV-Nahrungsmittel.

Nahrungsmittel können in unterschiedlicher Weise aus gentechnisch veränderten Organismen hergestellt werden oder diese enthalten:

1. Das Nahrungsmittel selbst ist ein GVO oder ein Teil von diesem, wie etwa Soja, Mais oder Kartoffeln.
2. In vielen Milchprodukten und Getränken sind für deren biotechnologische Herstellung Mikroorganismen als Starterkulturen enthalten. Auch diese Mikroorganismen, etwa Milchsäurebakterien oder Bierhefen, können gentechnisch verändert worden sein.
3. Das Nahrungsmittel ist aus gentechnisch veränderten Organismen gewonnen worden und Teile davon lassen sich im Endprodukt nachweisen. Beispiele hierfür sind Cornflakes aus gentechnisch verändertem Mais (GVM) oder Fertiggerichte mit transgenem Soja (GVS).
4. Das Nahrungsmittel stammt von einem GVO, dieser ist aber nicht mehr im Produkt nachweisbar, wie etwa Speiseöl aus gentechnisch verändertem Raps oder Soja.
5. Das Nahrungsmittel wurde mit Zusatzstoffen wie Süßstoffen, Geschmacksverstärkern und Aromen hergestellt, die mithilfe gentechnisch veränderter Organismen, meist Bakterien und Hefen, gewonnen wurden, welche sich aber nicht im Zusatzstoff selbst befinden.

1 Beschreiben Sie die Sicherheitsanforderungen, die in der Novel Food Verordnung an GV-Nahrungsmittel gestellt werden.

Plasmidisolation

Der Bakterienstamm *E. coli* 3424 trägt das Plasmid pUC 18. Jede Zelle enthält mehr als 50 Kopien dieses Plasmides. PUC 18 ist als Sicherheitsplasmid nur auf *E. coli* beschränkt, kann also auf natürliche Weise nicht auf andere Bakterien oder gar höhere Organismen übertragen werden.
Die Vermehrung rekombinanter DNA in Bakterien zählt zur Gentechnik.

Material: *QIAprep-Kit*, Luria-BERTONI-(LB)-Medium (steril, 20 ml), *E. coli* 3424, Ampicillin (erst nach dem Autoklavieren zugeben, da hitzeempfindlich), Ethanol, Brutschrank (37 °C), Erlenmeyerkolben (250 ml), Impföse, Gasbrenner, 2 Tubes (2 ml) (Abb. 137.1), Mikropipette (1000 µl) mit Spitzen, Zentrifuge bis 13000 UpM (Umdrehungen pro Minute), Elektrophoresekammer mit Netzteil, Agarose (0,24 g), TAE-Puffer (Xi, 300 ml), Messzylinder (100 ml), Mikrowelle, Erlenmeyerkolben (250 ml), Mikropipette (100 µl) mit Spitzen, Schutzbrille und Wärmeschutzhandschuhe, Färbelösung, DNA-Ladepuffer, DNA-Marker (20 µl), Färbeschale, Spatel, Waage

Durchführung:
Plasmidisolation aus E. coli 3424

1. Der Bakterienstamm *E. coli* 3424 wird in 20 ml LB-Flüssigmedium mit einem Ampicillinzusatz von 20 µg/ml über Nacht bei 37 °C inkubiert.
2. Zu Puffer P1 des Kits wird die vorhandene Nuklease-Lösung pipettiert und vermischt.
3. Der Puffer PB wird mit 2 ml Ethanol versetzt.
4. Zum Sedimentieren der Bakterienzellen werden 1,8 ml der Übernachtkultur in ein Tube pipettiert und 2 Minuten bei 13000 UpM zentrifugiert. Der Überstand wird dekantiert und autoklaviert.
5. Danach werden die Zellen in 250 µl des Puffers P1 durch kräftiges Anschnippen des Tubes resuspendiert. RNA wird durch RNase abgebaut.
6. Es folgt das Aufbrechen der Bakterienzellen durch ein Detergens und die Denaturierung sämtlicher Nukleinsäuren und Proteine: Dafür werden 250 µl Puffer P2 hinzu pipettiert. Der Ansatz wird durch 8-maliges Umdrehen des Tubes vermischt und 5 Minuten bei Raumtemperatur inkubiert.
7. Die Zugabe von 350 µl Puffer N3 und das mehrmalige Umdrehen des Tubes führen zur Renaturierung der Plasmide, die wieder in Lösung gehen, während alle anderen Nukleinsäuren und Proteine ausgefällt bleiben.
8. Der Ansatz wird 9 Minuten bei 13000 UpM zentrifugiert.
9. Zur Bindung der Plasmide an die Säule wird der Überstand im Tube auf die Säule dekantiert.
10. Die Säule wird in einem neuen Tube eine Minute bei 13000 UpM zentrifugiert. Der Durchlauf wird autoklaviert.
11. Die in der Säule fixierten Plasmide werden durch zweimaliges Waschen gereinigt: Zunächst werden 500 µl Puffer PB aufgetragen, und die Säule wird bei 13000 UpM 1 Minute zentrifugiert. Der Durchlauf wird verworfen.
12. Beim 2. Waschen werden 750 µl Puffer PE aufgetragen, und die Säule wird bei 13000 UpM 1 Minute zentrifugiert. Der Durchlauf wird aufgehoben.
13. Die gereinigten Plasmide werden am Ende von der Säule eluiert (lat. herausgelöst): Dazu wird 100 µl Puffer EL aufgetragen, eine Minute gewartet und die Säule bei 13000 UpM eine Minute zentrifugiert. Der Durchlauf enthält die Plasmide.

Gel-Elektrophorese und Nachweis der Plasmide

14. Zur Probenvorbereitung für die Gel-Elektrophorese werden zu je 20 µl DNA-Marker, 20 µl Plasmid-Probe und 20 µl des Durchlaufs nach der PE-Puffer-Zugabe 5 µl DNA-Ladepuffer pipettiert.
15. Die drei Proben werden jeweils in eine Tasche eines 0,8%-igen Agarosegels pipettiert.

Die Herstellung des Gels, die Durchführung der Elektrophorese sowie die Färbung der Plasmid-DNA erfolgt wie auf Seite 128 beschrieben.

Aufgaben:

a) Führen Sie das Praktikum durch und bestimmen Sie die Größe des Plasmids anhand einer Eichkurve.
b) Erstellen Sie eine Tabelle, die die einzelnen Schritte der Plasmidisolation und deren Funktion aufzeigt.

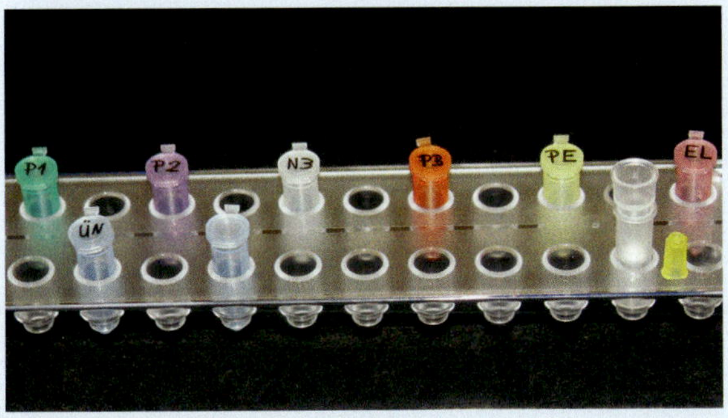

137.1 Tubes pro Arbeitsgruppe

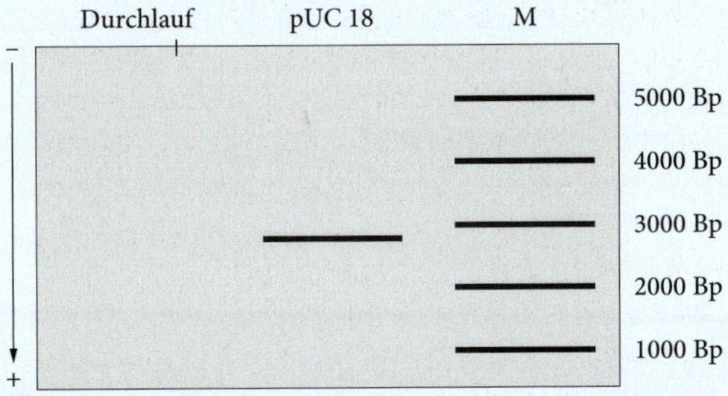

137.2 Ergebnisgel

6 Gentechnik in der Diskussion

6.1 Risiko und Risikowahrnehmung

Auch in unserer Gesellschaft ist es unumstritten, dass wir Risiken eingehen müssen, wenn wir für unser Wohlergehen sorgen wollen. Es wird aber sehr kontrovers diskutiert, welche Ziele unserem Wohlergehen dienen, und inwieweit wir damit verbundene Gefahren in Kauf nehmen sollten. Dies gilt besonders für die „grüne Gentechnik“ in der Landwirtschaft, weniger für die „rote Gentechnik“ in der Pharmazie und Medizin.

Der Begriff Risiko wird im Alltag synonym für „Gefahr“ oder „Wagnis“ gebraucht. Häufig versteht man in unserer Kultur unter Risiko (lat. *risicare*, Klippen umschiffen) nur die Möglichkeit, Schaden zu nehmen.

„Wei-ji“ ist die chinesische Bezeichnung für „Risiko“ und setzt sich zusammen aus den beiden Schriftzeichen für „Gefahr“ und „Chance“. In der chinesischen Sprache ergibt sich also der ambivalente Charakter des Risikos bereits aus dem Begriff, da dieser die beiden Aspekte Schaden und Gewinn enthält. Was wir Europäer uns demnach erst klarmachen müssen – zum Beispiel in Redewendungen wie „Wer wagt, gewinnt“ –, erschließt sich für Ostasiaten aus dem Begriff „wei-ji“.

Bei der **Risikoabschätzung** gentechnischer Methoden geht es um eine möglichst exakte Bestimmung der Eintrittswahrscheinlichkeit eines denkbaren Schadens sowie um eine Beschreibung des Schadenausmaßes.

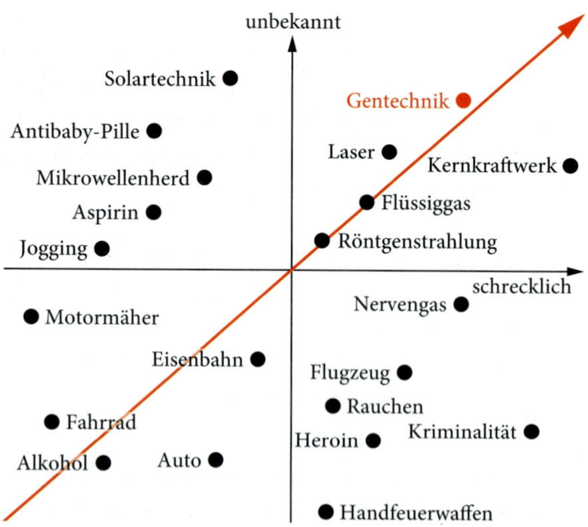

138.1 Risikowahrnehmung im Jahr 2001. Je weiter rechts und oben man eine Gefahrenquelle einordnet, desto risikoreicher erscheint diese.

Sie wird mathematisch ausgedrückt durch:

$$R = w \cdot A$$

Nach dieser Gleichung vermindert sich das Risiko (R), wenn man entweder die Eintrittswahrscheinlichkeit (w) verringert oder das Ausmaß eines Schadens (A) verkleinert. Diese Formel birgt Zündstoff: Kritiker der Gentechnik argumentieren, dass es in unserer Gesellschaft viel häufiger darum geht, die Eintrittswahrscheinlichkeit eines Schadens zu reduzieren als das Ausmaß einer möglichen Katastrophe. Die Behauptung, man habe die Unfallwahrscheinlichkeit von 0,0001 auf 0,00001 heruntergedrückt, bleibt schon deshalb mit einem Fragezeichen versehen, weil Wahrscheinlichkeiten keine Gewähr dafür bieten, dass nicht in allernächster Zeit das Unerwartete eintritt. Im Zusammenhang mit der Risikodiskussion um Kernkraftwerke wurde daher eine fehlerfreundliche Technik gefordert, die auch bei großen Fehlern nur begrenzten Schaden anrichtet.

Die Risikodiskussion der Gentechnik betrifft vor allem die unbeabsichtigte sowie die gezielte **Freisetzung** gentechnisch veränderter Organismen. Eine Veränderung der Keimbahn mit evolutionären Katastrophen ist die befürchtete Folge. Das Gentechnik-Gesetz soll dieses Risiko minimieren.

Gentechnische Gefahren lassen sich von Laien schon deshalb schwer einschätzen, weil das Denken in Wahrscheinlichkeiten und die Bedeutung möglicher Schäden nicht leicht zu verstehen sind. Häufig werden daher öffentliche Debatten auf der Basis der **Risikowahrnehmung** geführt. Eine Gefahrenquelle wirkt umso risikoreicher, je geringer die persönliche Kontrolle über sie ist, je unbekannter sie ist, je schrecklicher das Ausmaß eines Unfalles ist und je mehr Personen davon betroffen sind. So erscheint Autofahren in der Regel weniger risikoreich als Fliegen, obwohl das Gegenteil der Fall ist. Besonders die Unsichtbarkeit von Gefahren wie Strahlung, Giftigkeit, Verursachung von Krebs oder ansteckenden Krankheiten wirkt beängstigend.

1 Erläutern Sie die Abbildung 138.1 anhand vier selbst gewählter Gefahrenquellen.

6.2 Gentechnik und Ethik

In der Öffentlichkeit, Politik und Wissenschaft werden die Chancen und Risiken der Gentechnik kontrovers diskutiert. Von Befürwortern der Gentechnik wird unter anderem ins Feld geführt, die gentechnischen Methoden erlaubten lediglich, etwas zu tun, das in der Natur ohnehin seit eh und je abläuft – die Aufnahme freier DNA durch Zellen. Diese Argumentation wird in der Philosophie als **naturalistischer Fehlschluss** beschrieben. Natürliche Abläufe können demnach keinen Maßstab liefern oder als Entschuldigung dafür dienen, eigene Handlungsoptionen auszurichten. Außerdem darf nicht übersehen werden, dass mithilfe der Gentechnik Keimbahngrenzen überschritten werden können. Denn DNA verschiedener Organismen kann in Zellen eingeführt und dort exprimiert werden – ein Vorgang, der natürlicherweise nicht stattfindet. Aber auch Kritiker, unter anderem Greenpeace, wendeten im Gegenzug nicht nur sachliche Argumente an. Sie nutzten auch Unwissen und Befürchtungen der Bevölkerung, um mit emotionalen Mitteln Stimmung gegen Gentechnik zu machen.
Der Informationsmangel führte zu eklatanten Fehlvorstellungen über die Gentechnik. Noch 1997 wussten einer repräsentativen Studie des *Eurobarometers* zufolge nur 35 Prozent der Europäer, dass alle Tomaten „Gene enthalten“. Der gleiche Anteil der Befragten stimmte dem Satz zu, dass nur gentechnisch veränderte Tomaten Gene enthalten, konventionelle jedoch nicht. Der in den Medien verbreitete Begriff „Gen-Tomate“ hatte damit seine irreführende Wirkung gezeigt.

Die Frage „Was sollen, was dürfen wir tun?“ beschäftigte in jüngster Zeit Wissenschaftler und Politiker verschiedener Richtungen. Einzige Richtschnur für unser Handeln kann dabei nur die **Ethik** (gr. *ethos,* das Sittliche) sein, die unser Wertesystem wiederspiegelt. Aus unserer abendländischen Tradition sind zwei ethische Prinzipien bekannt, die **personalistische** und die **naturalistische Ethik.** Erstere spricht absolute Ver- und Gebote aus, zum Beispiel: Die Würde des Menschen ist unantastbar – auch Pflanzen und Tiere besitzen eine Würde. Sie gentechnisch zu verändern, müsse schon deshalb verboten werden. Die naturalistische Ethik orientiert sich am Nutzen für den Einzelnen und für die Gesellschaft: Gentechnik bei Pflanzen und Tieren müsse schon deshalb unternommen werden, weil man mithilfe bestimmter Produkte Krank-

139.1 Diskussion in der Gentechnik

heiten heilen und Ernährungsprobleme lösen kann. Mithilfe beider ethischer Prinzipien kann man zu Pro- oder Contra-Aussagen über die Gentechnik gelangen. Öffentliche Debatten, zum Beispiel im Fernsehen, wirken oft deshalb unbefriedigend, weil beide Argumentationsweisen auf unterschiedlichen Ebenen geführt werden und zu verschiedenen Resultaten führen können: Es gibt keine einfachen Lösungen.

1999 forderte der Philosoph Peter Sloterdijk einen **Codex der Anthropotechniken** (gr. *anthropos,* Mensch) zu formulieren, damit der Mensch seine künftigen Merkmale mithilfe der Gentechnik selbst beeinflussen könne. Diese heftig diskutierte Ansicht stieß unter anderem bei dem Molekularbiologen Jens Reich auf erheblichen Widerspruch, und zwar schon aus fachlicher Sicht: Es sei zwar vorhersagbar, dass es bei Gendefekten wie der Bluterkrankheit oder Mukoviszidose gentechnische Prothesen geben werde, nicht aber, dass durch gezieltes Engineering das Design des Menschen verändert werden könne.

Im Jahre 2001 wurde von der Bundesregierung der **nationale Ethikrat** gegründet, der diese in Fragen der Genforschung beraten soll. Ihm gehören 25 Vertreter aus Politik, Wirtschaft, Gesellschaft, Naturwissenschaft, Medizin und Theologie an.

1 Beschreiben Sie den Unterschied zwischen der personalistischen und der naturalistischen Position der Ethik.

Aufgaben

1 Vektordesign

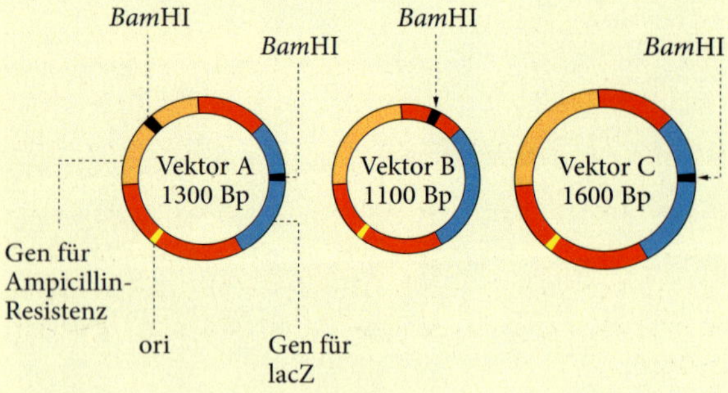

140.1 Plasmidvektoren A, B und C

5'·····A C T T C G G A T C C A A G G·····3'
3'·····T G A A G C C T A G G T T C C·····5'

140.2 DNA-Abschnitt mit der BamHI-Erkennungssequenz

Mithilfe der Gentechnik lassen sich menschliche Proteine, die zur Behandlung von Erkrankungen eingesetzt werden, in Bakterienzellen in großen Mengen herstellen. Als Gentaxis dienen häufig speziell designte Plasmidvektoren.
In Abbildung 140.1 sind drei unterschiedlich große Plasmidvektoren (A, B und C) dargestellt. Diese enthalten als Markergene das *lac*Z-Gen und das Resistenzgen gegen das Antibiotikum Ampicillin (*amp*^{R}). Ferner sind die Schnittstellen für das Restriktionsenzym *Bam*HI in die Vektoren eingezeichnet.
Das *lac*Z-Gen codiert für das Enzym β-Galactosidase. Dieses Enzym wandelt das farblose Substrat X-Gal in einen blauen Farbstoff um. Erhalten Bakterienzellen einen Vektor mit dem *lac*Z-Gen, bilden diese in Anwesenheit von X-Gal blaue Kolonien. Diese Selektionsmethode wird „Blau-Weiß-Selektion“ genannt.
Ein menschliches Gen mit der Länge von 850 bp soll mithilfe des Restriktionsenzyms *Bam*HI in einen Plasmidvektor eingebaut werden. Abbildung 140.2 zeigt einen DNA-Abschnitt mit der *Bam*HI-Erkennungssequenz.

a) Erläutern Sie die Bedeutung einer Antibiotika-Resistenz für ein Bakterium in der Natur.
b) Beschreiben Sie die Substrat- und Wirkungsspezifität eines Restriktionsenzyms.
c) Stellen Sie die entstehenden Fragmente mit ihren 5'- und 3'-Enden nach dem Restriktionsverdau mit *Bam*HI dar.
d) Erläutern Sie die Bedeutung der entstehenden Fragmentenden im Hinblick auf die Erfolgsaussichten der Genklonierung.
e) Berechnen Sie die statistische Häufigkeit für das Auftreten einer *Bam*HI-Erkennungsstelle in einem DNA-Molekül.
f) Erläutern Sie, welche Bedeutung das Ampicillin-Resistenzgen und das *lac*Z-Gen bei der Herstellung rekombinanter Bakterien haben.
g) Begründen Sie, welche der in Abbildung 140.1 dargestellten Plasmidvektoren sich für eine Genklonierung eignen beziehungsweise nicht eignen.

2 Gel-Elektrophorese

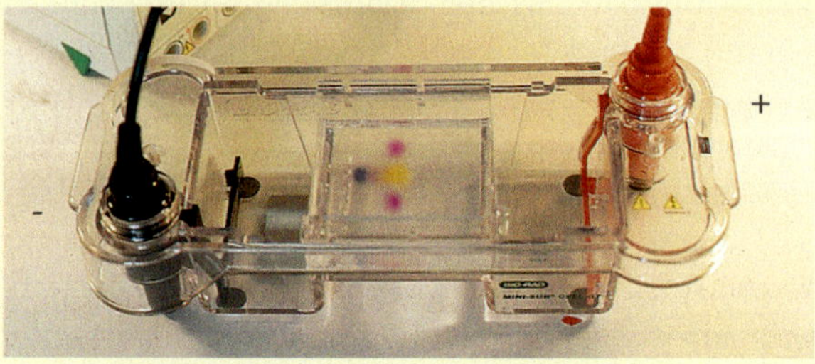

140.3 Elektrophoresekammer

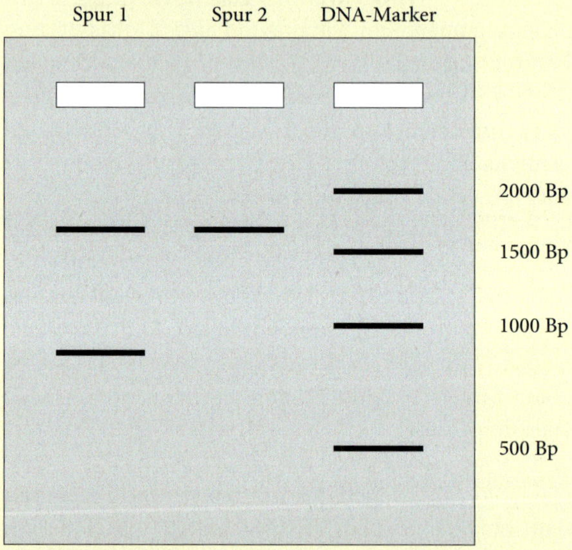

140.4 Elektropherogramm nach *Bam*HI-Verdau der Plasmidvektoren

Aus Übernachtkulturen von jeweils einer blauen und einer farblosen Bakterienkolonie werden die Vektoren isoliert, aufgereinigt und einem *Bam*HI-Verdau mit anschließender Gel-Elektrophorese unterzogen.
Die Abbildung 140.4 zeigt das zu erwartende Ergebnis nach dem Verdau und der Gel-Elektrophorese.

a) Erläutern Sie das Trennprinzip von DNA-Fragmenten durch die Gel-Elektrophorese.
b) Ordnen Sie die entstandenen DNA-Fragmente in Spur 1 und 2 den untersuchten blauen beziehungsweise farblosen Bakterien anhand des „Schnittmusters“ zu und ermitteln Sie die zu erwartenden DNA-Fragmentlängen der Verdauungsprodukte.

3 Amflora®-Kartoffel

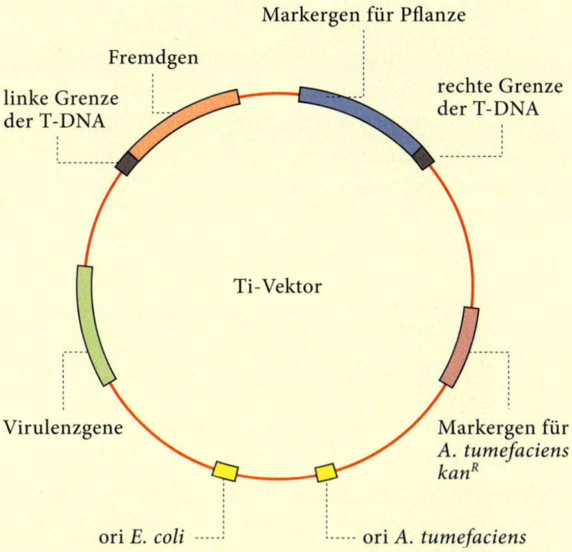

141.1 Ti-Vektor

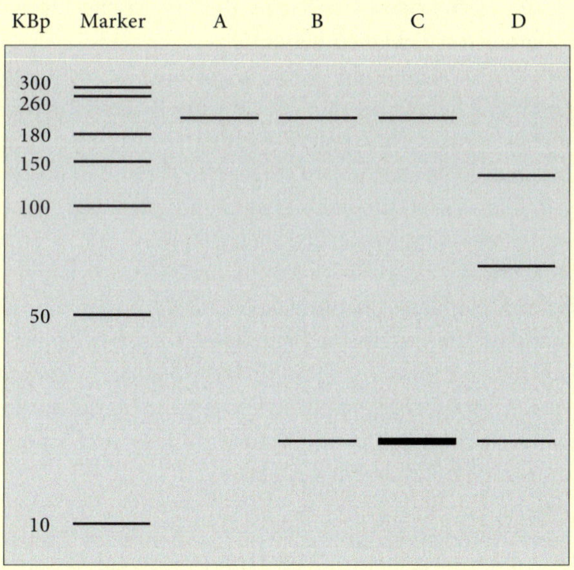

141.2 Elektropherogramm nach der Restriktion des Ti-Vektors

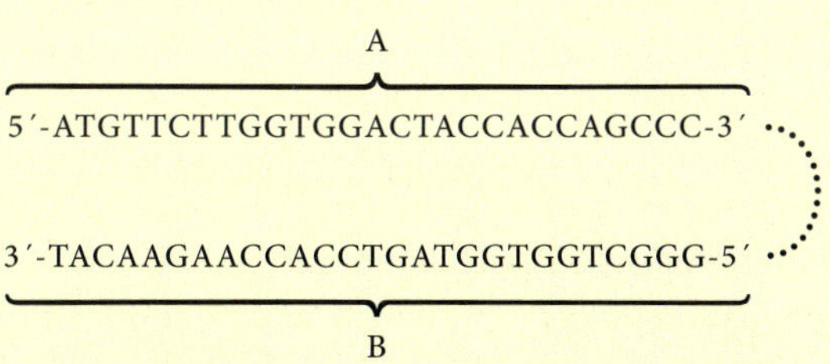

141.3 Sequenzausschnitte. A des Gens der Stärkesynthetase; **B** des Fremdgens

Bei der gentechnischen Herstellung der Amflora®-Kartoffel (→ S. 135) wurde das Fremdgen mitilfe des Ti-Vektors (Abb. 141.1) übertragen.
Zur Überprüfung der erfolgreichen Transformation wurde das Antibiotikum Kanamycin (kan) eingesetzt. Kanamycin ist ein Antibiotikum, das in der Medizin gegen Bakterien Verwendung findet, aber Nebenwirkungen verursacht.
Der Ti-Vektor wird in *A. tumefaciens* vermehrt. Vor der Transformation von *A. tumefaciens* wird der Ti-Vektor auf den erfolgreichen Einbau des Fremdgens hin überprüft. Abbildung 141.2 zeigt das Analyseergebnis von vier Versuchsansätzen.
Die Proben in den Ansätzen A bis C wurden mit dem Restriktionsenzym 1 (RE 1) geschnitten, mit dem das Fremdgen und der Vektor für die Ligation vorbereitet wurden.
In Spur D befindet sich derselbe Versuchsansatz wie in Spur B, dieser ist jedoch mit einem weiteren Restriktionsenyzm 2 (RE 2) verunreinigt.
Bei der Transformation entstehen Zellen, die das Plasmid lediglich aufnehmen und solche, die die Transfer-DNA in das Pflanzengenom integrieren. In den Tochterzellen lässt sich die erfolgreiche Integration der T-DNA in das Genom der Pflanzenzelle zum Beispiel mittels Restriktions-Fragment-Längen-Polymorphismus und einer Gensonde nachweisen.
In Abbildung 141.3 sind zwei Ausschnitte A und B aus dem Nicht-Matrizenstrang der Amflora®-Kartoffel dargestellt. Bei Ausschnitt A handelt es sich um einen Teil der Originalsequenz für das Amylose-synthetisierende Enzym Stärkesynthetase. Ausschnitt B stellt einen Ausschnitt des Fremdgens dar. Beide Sequenzen werden in der transgenen Amflora®-Kartoffel gleichzeitig exprimiert.

a) Erläutern Sie die Funktion der einzelnen Elemente des Ti-Vektors.
b) Erläutern Sie, wie die Selektion auf erfolgreich transformierte Kartoffelzellen experimentell durchgeführt wird.
c) Entwickeln Sie eine Hypothese gegen welche Zellstruktur Kanamycin wirkt und dadurch diese Nebenwirkungen hervorruft.
d) Interpretieren Sie die Bandenmuster der Spuren A bis C.
e) Leiten Sie aus dem Bandenmuster der Spur D die Anzahl und Lage der Schnittstelle(n) des Restriktionsenzyms 2 ab und erstellen Sie eine entsprechende Plasmidskizze.
f) Erläutern Sie die prinzipiellen Schritte dieses Nachweises und das zu erwartende Ergebnis.
g) Beschreiben Sie ein weiteres Verfahren, mit dem dieser Nachweis gelingt.
h) Erstellen Sie die mRNA-Sequenzen für die Sequenzausschnitte A und B.
i) Erklären Sie, warum in der transgenen Amflora®-Kartoffel die Amylosebildung unterbleibt.
j) Beschreiben Sie drei Vor- und Nachteile gentechnisch veränderter Nutzpflanzen.

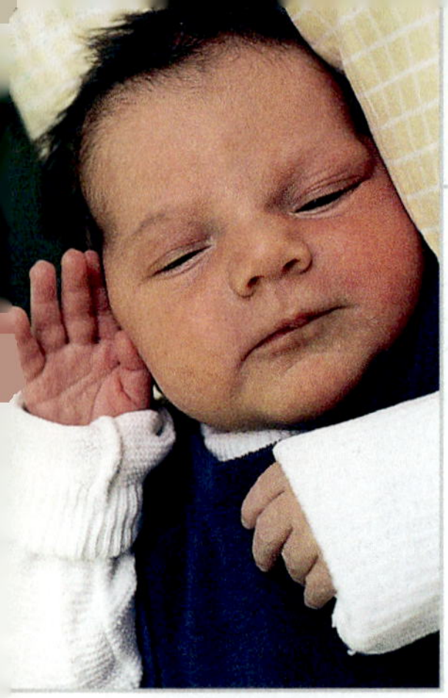

Humangenetik

Die Humangenetik ist ein Teilgebiet der Genetik und beschäftigt sich speziell mit dem Erbgut des Menschen und den Mechanismen der Genübertragung von einer Generation auf die nächste. Humangenetiker analysieren die Erbinformation des Menschen auf der Ebene der Nukleinsäuren, der Chromosomen, der Genprodukte und des Phänotyps. Neben den traditionellen Verfahren der Familienforschung, der Massenstatistik und der Zwillingsforschung kommen heute besonders cytologische und molekularbiologische Methoden in der Humangenetik zum Einsatz. Ein wichtiger Forschungsschwerpunkt besteht darin, genetische Besonderheiten und Krankheiten in Verbindung zu bringen.

1 Chromosomen und DNA des Menschen

1.1 Einteilung der Chromosomen

Menschliche Chromosomen beobachtete zum ersten Mal Oscar Hertwig 1875. Aber erst 1956 wurden von Tjio und Levan deren richtige Anzahl bestimmt: Eine menschliche Körperzelle enthält 46 Chromosomen. Davon sind zwei Geschlechtschromosomen, das **Gonosomen**-Paar. Die restlichen 44 Chromosomen sind die 22 **Autosomen**-Paare. Der Chromosomensatz ist damit diploid.

Für eine Chromosomenpräparation kann jede menschliche Zelle untersucht werden, die sich zur Mitose anregen lässt. Nach dem Fixieren und Anfärben des Metaphase-Stadiums werden die Chromosomen einer Zelle der Länge nach geordnet. Beim Erstellen dieses Karyogramms werden die Chromosomen so geordnet, dass alle Centromere auf einer Linie liegen und der kürzere Abschnitt eines jeden Chromosoms nach oben zeigt. Der kürzere Chromosomenabschnitt wird p-Arm, der längere q-Arm genannt (Abb. 142.1).

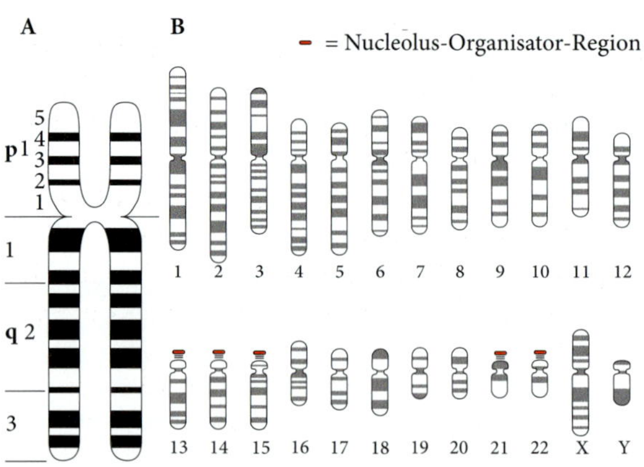

142.1 Chromosomen. A Chromosomenaufbau; **B** Größenvergleich und G-Bandenmuster

Sind die Chromosomen beispielsweise mit Giemsa-Lösung gefärbt, so können anhand der G-Banden – das sind Bereiche auf den Armen, die durch die Lösung angefärbt worden sind – weitere Chromosomenabschnitte unterschieden werden. Für den menschlichen Chromosomensatz sind rund 400 G-Banden bekannt. In diesen befinden sich Gene, die spezifische Eigenschaften von Zellen codieren.

Bei einer Variante der Giemsa-Färbung entsteht ein annähernd umgekehrtes Muster, die R-Banden (R = revers): Die vorher hellen Banden sind dunkel, die dunklen Banden sind hell gefärbt. In R-Banden liegen vor allem Gene, die nahezu in allen Zellen aktiv sind und Stoffwechselprozesse steuern.

Jedes Metaphase-Chromosom besteht aus zwei Chromatiden, die durch das Centromer zusammengehalten werden. Die Telomere an den beiden 3'-Enden eines Chromosoms schützen vor einem Angriff durch Nukleasen und verhindern zudem, dass zwei Chromosomen miteinander verkleben.

Fünf Autosomen eines Chromosomensatzes tragen am Ende des p-Armes die Nukleolus-Organisator-Region (NOR). Sie trägt die Gene für die ribosomale RNA. In der Interphase bilden die NORs den Nukleolus des Zellkerns. Größe, Bandenmuster und NORs erlauben die eindeutige Identifizierung jedes einzelnen Chromosoms eines menschlichen Chromosomensatzes. Heute setzt man Computerprogramme ein, die das mikroskopische Bild auswerten.

1 Beschreiben Sie die Bedeutung der Telomere und der NOR.

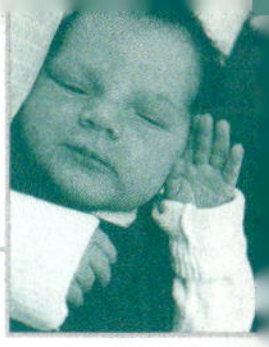

1.2 Die menschlichen Gonosomen

Durch intensives Training erlangen weibliche Athletinnen manchmal ein recht maskulines Aussehen. Vor großen Sportwettkämpfen wird daher in Zweifelsfällen das Geschlecht von Athletinnen anhand einer Chromosomenanalyse bestimmt. Denn das Geschlecht des Menschen wird durch die Geschlechtschromosomen, die Gonosomen, festgelegt. Menschen mit zwei X-Chromosomen sind weiblich, solche mit einem X- und einem Y-Chromosom sind männlich.

Das Y-Chromosom ist das kleinste Chromosom des Menschen (Abb. 143.1). Es enthält nur 78 für Proteine codierende Gene. Von besonderer Bedeutung ist das *sry*-Gen (engl. ***s**ex determining **r**egion on **Y***, geschlechtsbestimmende Region auf dem Y). Es codiert für den Transkriptionsfaktor TDF (engl. ***t**estis-**d**etermining **f**actor*, Hoden bestimmender Faktor). Er aktiviert im Embryo Gene für die Entwicklung des Hodens und legt damit das männliche Geschlecht fest.

Das wesentlich größere X-Chromosom enthält 1098 Gene für Proteine. Das X-Chromosom kommt bei Frauen doppelt so oft vor wie bei Männern. Deshalb müssten in weiblichen Zellen doppelt so viele X-Chromosomen codierte Proteine vorliegen wie in männlichen Zellen. Das ist jedoch nicht der Fall. Offensichtlich ist es wichtig, dass die Genprodukte des X-Chromosoms bei Männern und Frauen in gleichen Konzentrationen vorliegen. Die Gendosis muss also gleich sein. Die englische Genetikerin Mary F. LYON stellte deshalb die Hypothese auf, dass in den Zellen einer Frau immer ein X-Chromosom inaktiv ist. Diese LYON-Hypothese wurde bestätigt. Das weitgehend inaktive und stark aufspiralisierte X-Chromosom ist mikroskopisch als BARR-Körperchen am Rand des Zellkerns sichtbar (Abb. 143.2).

Die Inaktivierung geschieht in der embryonalen Zelle rein zufällig, mal wird das väterliche und mal das mütterliche X-Chromosom inaktiviert (Abb. 143.3). Das inaktive X-Chromosom ist jedoch nicht völlig stillgelegt. Etwa ein Viertel der Gene bleibt aktiv, einschließlich der Gene für die Proteinbiosynthese und den Inaktivierungsprozess. Daran sind epigenetische Reaktionen wie die Modifizierung von Histon-Proteinen und die Methylierung der DNA beteiligt.

Wahrscheinlich hatten das X- und Y-Chromosom vor etwa 350 Millionen Jahren ein gemeinsames Vorläuferchromosom. Die Ausbildung des X- und Y-Chromosoms wurde durch Mutationen bewirkt, die zur Entstehung von Genen, wie das *sry*-Gen, für die Entwicklung des männlichen Geschlechts führten. Diese Mutationen verursachten auch starke Unterschiede in der DNA-Sequenz, sodass eine Rekombination zwischen X- und Y-Chromosom und die Übertragung des *sry*-Gens auf das X-Chromosom verhindert wurde.

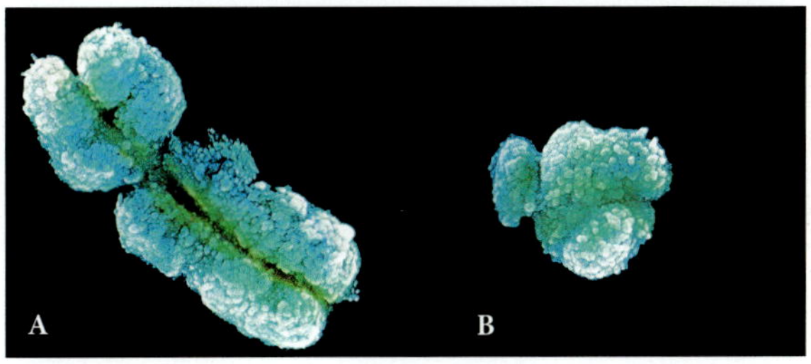

143.1 Gonosomen. A X-Chromosom; **B** Y-Chromosom

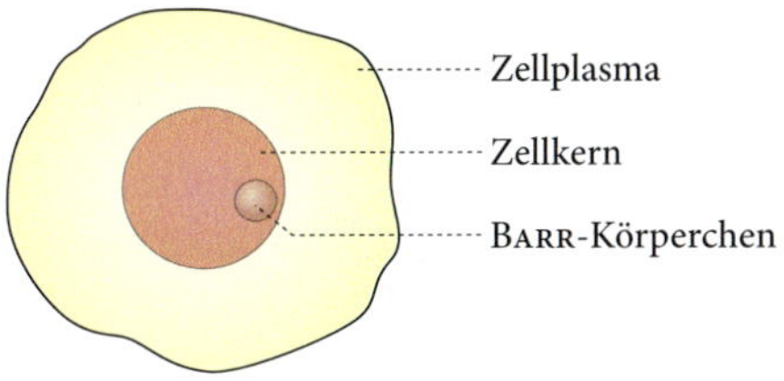

143.2 BARR-Körperchen am Rand des Zellkerns

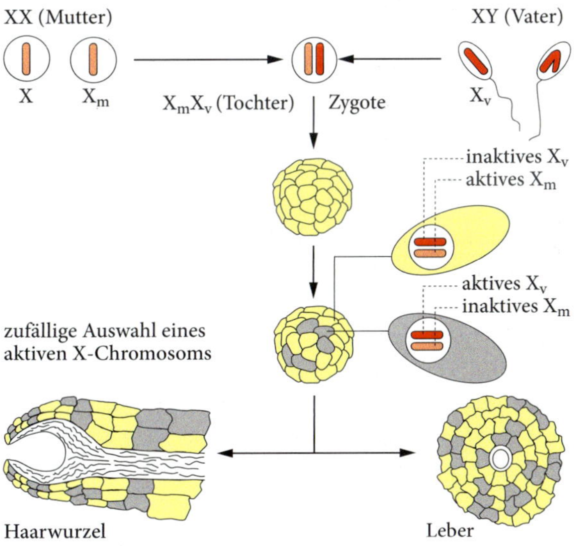

143.3 Zufällige Inaktivierung eines X-Chromosoms

1 Erläutern Sie, warum beim Menschen in den weiblichen Zellen ein X-Chromosom weitgehend inaktiviert wird.

2 Beschreiben Sie die epigenetischen Vorgänge, die zur Inaktivierung des X-Chromosoms führen.

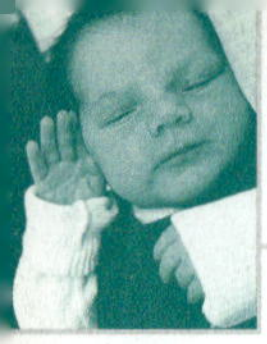

1.3 Nummerische Chromosomenanomalien

Normalerweise haben Männer 46 Chromosomen und den Karyotyp 46,XY. Bei einer Erkrankung, dem **Klinefelter-Syndrom,** haben die Männer überzählige X-Chromosomen und meist den Karyotyp 47,XXY oder 48,XXXY (Abb. 144.1). Die Betroffenen entwickeln ungewöhnlich lange Arme und Beine und besitzen aufgrund eines verkleinerten Hodens eine reduzierte Testosteronproduktion. Es werden keine funktionstüchtigen Spermien gebildet, sodass diese Männer unfruchtbar sind. Der Hormonmangel kann ab Beginn der Pubertät durch die Gabe von Hormonpräparaten ausgeglichen werden, die Männer bleiben jedoch unfruchtbar.

Der Zustand, bei dem Menschen zu viele oder zu wenige Chromosomen haben, heißt **nummerische Chromosomenanomalie.** Derartige Genommutationen sind aufgrund der veränderten Gendosis oft mit schweren Entwicklungsstörungen verbunden.

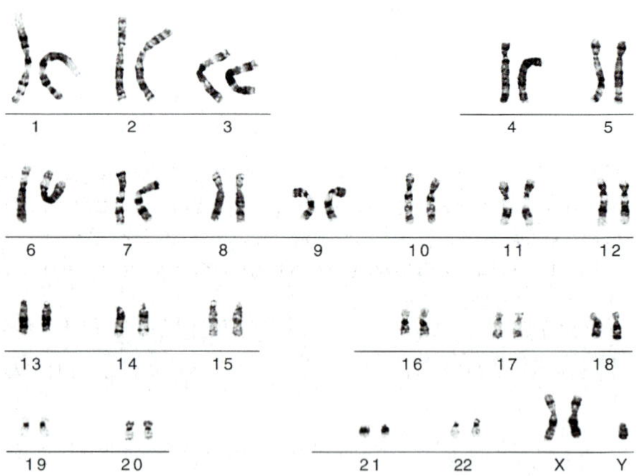

144.1 Karyogramm beim Klinefelter-Syndrom

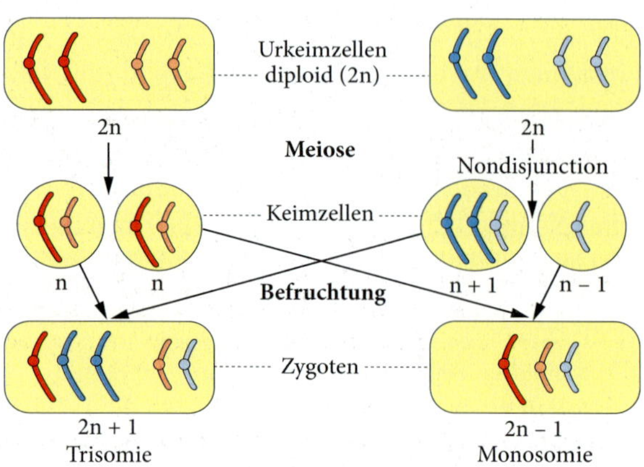

144.2 Nondisjunction führt zur Chromosomenanomalie

Fast alle nummerischen Chromosomenanomalien entstehen dadurch, dass sich während der Meiose homologe Chromosomen oder die Chromatiden nicht trennen. Dies wird als **Nondisjunction** (engl. Nichttrennen) bezeichnet. Als Folge entstehen beim Menschen Keimzellen mit 22 oder 24 Chromosomen. Verschmilzt bei der Befruchtung eine Geschlechtszelle mit einem überzähligen Chromosom mit einer normalen Geschlechtszelle, ist in der diploiden Zygote ein Chromosom dreifach vorhanden, was **Trisomie** genannt wird. Fehlt ein Chromosom, liegt eine **Monosomie** vor (Abb. 144.2). Nummerische Chromosomenanomalien sind kein seltenes Ereignis. Je nach dem Alter der Eltern weisen ein bis zehn Prozent der befruchteten Eizellen eine Chromosomenanomalie auf. Die Mehrzahl dieser Embryonen stirbt nach kurzer Zeit ab. Etwa 30 Prozent aller Fehlgeburten und 6 Prozent der Totgeburten sind auf nummerische Chromosomenanomalien zurückzuführen.

Eine nummerische Chromosomenanomalie beim Menschen ist die **Trisomie 21,** bei der das Chromosom 21 in den Körperzellen dreimal vorkommt. Das dazugehörige Krankheitsbild ist das **Down-Syndrom.** In Deutschland liegt die Wahrscheinlichkeit für das Auftreten des Down-Syndroms bei etwa 1 : 650. Die Wahrscheinlichkeit, ein Kind mit Trisomie 21 zu bekommen, steigt vorwiegend mit dem Alter der Mutter: Im Alter von 25 Jahren liegt die Wahrscheinlichkeit bei weniger als 1 : 1000, im Alter von 35 Jahren bei 1 : 300 und im Alter von 40 Jahren bei 1 : 100. Mit dem aktuell zunehmenden Geburtsalter von Müttern nimmt die Häufigkeit für das Auftreten einer Trisomie 21 stetig zu, bedingt durch die besonderen Umstände bei der Reifung der Eizellen. Schon im Fötus sind alle Ureizellen in die Meiose eingetreten, unterbrechen sie aber nach wenigen Stadien und bleiben in der Prophase I stehen. Erst wenn die Eizellen in Follikeln heranreifen, wird die Meiose fortgeführt und die viele Jahre gepaarten Chromosomen trennen sich wieder. Je länger die Chromosomenpaarung bestanden hat, desto größer ist die Wahrscheinlichkeit für ein Nondisjunction.

Das Down-Syndrom ist durch Minderwuchs, kurzen Schädel mit abgeflachtem Hinterkopf und schmale Lidspalten gekennzeichnet. Herz, Darm, Lunge und Schilddrüse sind ebenfalls oft fehlgebildet. Das Immunsystem ist geschwächt. Betroffene haben einen verminderten Intelligenzquotienten.

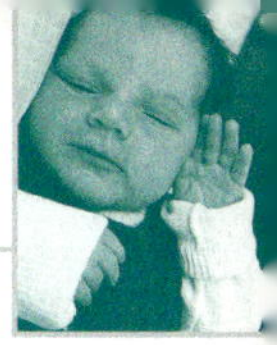

Neben der Trisomie 21 sind beim Menschen noch weitere Trisomien bekannt (Abb. 145.1). Die meisten von ihnen verursachen schwerwiegende körperliche Entwicklungsstörungen und sind entweder letal oder mit einer kurzen Lebenserwartung verbunden. Hierzu zählen unter anderem die Trisomie 13, die zum PÄTAU-Syndrom führt, und die Trisomie 18, das EDWARDS-Syndrom. Daneben gibt es noch Trisomien, bei denen nur kurze Bruchstücke eines Chromosoms zusätzlich vorkommen.

Bei einem von 300 Neugeborenen tritt eine Chromosomenanomalie der Gonosomen auf. Bei Frauen mit der X0-Monosomie fehlt ein zweites X-Chromosom oder Teile desselben. Die Betroffenen haben 45 Chromosomen und den Karyotyp 45,X0 (Abb. 145.2). In 60 Prozent der Fälle liegt der Chromosomendefekt in allen Körperzellen vor, in 40 Prozent der Fälle nur in einem Teil der Körperzellen. Dieser Zustand, bei dem in einem Individuum Zellen mit unterschiedlichen Genotypen vorkommen, wird Mosaik genannt. Menschen mit X0-Monosomie sind phänotypisch weiblich. Neben anderen Symptomen werden keine funktionstüchtigen Eierstöcke und keine sekundären Geschlechtsmerkmale ausgebildet. Dieses Krankheitsbild heißt nach seinem Entdecker **TURNER-Syndrom.** Manche Symptome können durch die Gabe von Wachstumshormonen und Geschlechtshormonen wie Östrogenen therapiert werden. TURNER-Frauen bleiben aber unfruchtbar. Das TURNER-Syndrom ist das einzige Beispiel für eine Unterzahl an Chromosomen, bei der die betroffene Person lebensfähig ist.

Bei anderen Formen mit nummerischer Chromosomenanomalie können Gonosomen zuviel vorhanden sein (Abb. 145.2). Bei Poly-X-Frauen können drei bis acht X-Chromosomen vorhanden sein. Die Wahrscheinlichkeit liegt bei 1:1000. Frauen mit dem Poly-X-Syndrom sind grundsätzlich lebensfähig, zeigen jedoch körperliche und geistige Beeinträchtigungen und eine eingeschränkte Fruchtbarkeit.

Bei einer weiteren Chromosomenanomalie der Gonosomen, die nur Männer betrifft, kommt ein zusätzliches Y-Chromosom vor. Die Betroffenen werden als **Diplo-Y-Männer** bezeichnet. Die Wahrscheinlichkeit hierfür liegt bei 1:850 bis 1:2000 der männlichen Neugeborenen. Einige Symptome dieser Erkrankung kommen häufiger vor, sind jedoch nicht zwingend vorhanden, wie beispielsweise eine überdurchschnittliche Körpergröße, leicht vergrößerte Proportionen im Gesichtsbereich und Herzfehler. Die Lebenserwartung ist leicht herabgesetzt. Früher wurde behauptet, dass Diplo-Y-Männer eine verminderte Intelligenz hätten, aggressiver seien und häufiger zu kriminellen Handlungen neigten. Das ist jedoch nicht der Fall.

	Trisomie 13	**Trisomie 18**	**Trisomie 21**
Krankheit	PÄTAU-Syndrom	EDWARDS-Syndrom	DOWN-Syndrom
Häufigkeit	1:10 000	1:7000	1:650
Lebenserwartung	wenige Monate	wenige Monate	mehr als 50 Jahre
Symptome	Missbildungen an inneren Organen und Gehirn, Taubheit, Sechsfingrigkeit	Missbildungen an Herz, Ohren, Fingern und Füßen	kurzer Schädel, flache Nase, schmale Lidspalten, Herzfehler

145.1 Trisomien beim Menschen

<table>
<tr><td>Geschlechtszellen</td><td>(ohne Gonosom)</td><td>X</td><td>XX</td><td>XXX</td></tr>
<tr><td>X</td><td>X0
TURNER-Syndrom: unterdurchschnittliche Körpergröße, durchschnittlicher IQ, unfruchtbar</td><td>XX
normale Frau</td><td colspan="2">XXX | XXXX
Poly-X-Frauen: verminderter IQ, eingeschränkte Fruchtbarkeit</td></tr>
<tr><td>Y</td><td>0Y
nicht lebensfähig</td><td>XY
normaler Mann</td><td colspan="2">XXY | XXXY
KLINEFELTER-Männer: überdurchschnittliche Körpergröße, lange Gliedmaßen, durchschnittlicher IQ, unfruchtbar</td></tr>
<tr><td>YY</td><td>0YY
nicht lebensfähig</td><td colspan="3">XYY | XXYY | XXXYY
Diplo-Y-Männer: überdurchschnittliche Körpergröße, durchschnittlicher IQ, fruchtbar</td></tr>
</table>

145.2 Nummerische Anomalien der Gonosomen

1 Beschreiben Sie die Entstehung des Nondisjunction und die resultierenden Chromosomenverteilungen anhand der Abb. 144.2.

2 Ermitteln Sie die möglichen Karyotypen, die bei den Kindern eines Paares auftreten können, bei dem die Frau einen normalen Karyotyp und der Mann einen 47,XYY Karyotyp hat.

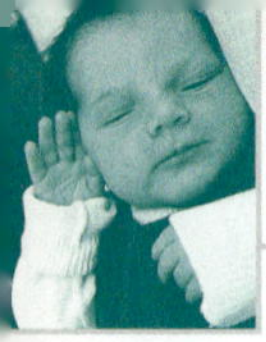

Exkurs

Mein Leben mit TURNER

Eigentlich bin ich ganz normal.

Ich bin eine junge Frau im Alter von 20 Jahren, studiere Biologie, habe einen Führerschein, Freunde, genieße das Leben, die Arbeit und den Urlaub.

Doch mit 18, noch am Gymnasium, erfuhr ich, dass ich vom TURNER-Syndrom betroffen bin. Allerdings: Wirklich überraschend traf mich damals die Diagnose nicht mehr.

Meine Kindheit und Jugendzeit war schön und verlief wie die der meisten anderen Kinder auch. Erst im Nachhinein wurde mir klar, was damals unbestimmt, undeutlich, wie ein unsortiertes Puzzle vor mir lag.

Da waren zum Beispiel die häufigen Ohrenschmerzen. Ich konnte nie tauchen, und auch beim Fliegen fiel mir auf, dass ich praktisch keinen Druckausgleich im Innenohr machen kann. Da war auch eine Skoliose (Wirbelsäulenverkrümmung). Außerdem hatte ich größere Mühe, mich räumlich zurechtzufinden. Meine Mathematikschwierigkeiten – na ja, die hatten auch andere. Was mich vielleicht am meisten gestört hat, war, dass ich immer kleiner war und jünger wirkte als andere in meinem Alter. Ich wurde deswegen auch gehänselt. Vielleicht auch aus diesem Grund wurde in mir der Wunsch immer stärker, andere von meinen Fähigkeiten zu überzeugen. Obwohl ich „äußerlich“ scheinbar weniger weit entwickelt schien als meine Klassenkameraden, beschäftigte ich mich „innerlich“ mit Büchern, bevorzugte besonders Sachliteratur und löcherte Erwachsene mit Fragen.

In meiner Jugendzeit wurde es immer schwieriger für mich, mit ansehen zu müssen, wie aus meinen Freundinnen allmählich Frauen wurden und ich noch immer wie ein Kind wirkte. Ein Arzt beruhigte mich: Es gäbe eben neben großen auch kleinere Menschen. Ich störte mich an meinem Aussehen und meiner Tollpatschigkeit. Ich machte mir Gedanken, warum ich immer noch nicht meine Tage bekam. Weitere Arztbesuche schob ich jetzt auf, auch weil ich Angst vor Spritzen hatte. In der Oberstufe wurden dann sehr bald meine „körperlichen Unzulänglichkeiten“ immer unwichtiger. Es ging ja um den Kopf, und besonders um das, was drin ist. Die Unterschiede wurden immer geringer, auch körperlich holte ich allmählich auf. Inzwischen hatte ich mit 1,65 Metern sogar eine normale Körpergröße erreicht. Ich lernte wie die anderen,

ging auf Partys wie die anderen und plante mit ihnen die Abivorbereitungen. Ich wurde 18, und endlich beschloss ich, zum Arzt zu gehen und mich einmal gründlich untersuchen zu lassen.

Etliche Blutuntersuchungen später kam der Anruf, dass ich vom TURNER-Syndrom betroffen bin. Im medizinischen Bericht liest sich das so: „Die Chromosomenanalyse ergab ein Mosaik aus zwei Zelllinien. 17 Zellen wiesen neben einem normalen Geschlechtschromosom ein X-Chromosom mit einem stark verkürzten q-Arm auf. Weiteren 13 Zellen fehlte das zweite X-Chromosom. Klinisch wäre der Befund mit einem TURNER-Syndrom vereinbar.“

Noch am selben Tag nahm ich per Internet Kontakt mit der deutschen Ullrich-TURNER-Vereinigung auf. Ich lernte seitdem viele Betroffene kennen, einige von ihnen nenne ich heute meine Freundinnen. Ich tausche mit anderen meine Erfahrungen aus und wir versuchen, betroffenen Frauen und Müttern zu helfen, die Probleme mit der Diagnose oder einem größeren Ausmaß der Krankheit haben.

Mein Leben? Meine Zukunft? Der Sinn des Lebens ist das Leben selber – so heißt es in einem nicht unbekannten SPIELBERG-Werk. Wahrscheinlich kann ich keine eigenen Kinder bekommen. Daher habe ich etwas Angst davor, mich einmal in jemanden zu verlieben, der sehr gerne eigene Kinder haben möchte. Aber manchmal kommt es anders als man denkt.

Der Umgang mit Trisomie 21 – früher und heute

Wie wichtig die Integration Behinderter in unsere Gesellschaft ist, zeigt der von Trisomie 21 betroffene Schauspieler und Künstler Bobby BREDERLOW. Er ist mit dem TV-Film „Liebe und weitere Katastrophen" bekannt geworden. Trisomie 21 kommt vermutlich seit Menschengedenken als genetische Mutation vor. Man nimmt an, schon in dreitausend Jahre alten Darstellungen der Olmec-Kultur aus den Gesichtszügen bestimmter Figuren diese Erkrankung ableiten zu können. Der Fund eines angelsächsischen Kinderschädels aus dem siebten Jahrhundert stützt ebenfalls die Annahme, dass diese Anomalie keine aktuelle Erscheinung ist. Das Syndrom wurde erstmals 1866 von dem englischen Arzt John Langdon DOWN (1828–1896) als eigenständiges, von anderen Erkrankungen mit geistiger Behinderung abgrenzbares Syndrom beschrieben. DOWN schrieb: „Das Haar ist nicht so schwarz wie bei echten Mongolen, sondern eher bräunlich, glatt und schütter. Das Gesicht ist flach und breit, die Augen stehen schräg und die Nase ist klein". Wegen des etwas asiatischen Aussehens durch eine besondere Hautfalte am inneren Augenwinkel prägte er den Begriff „Mongolismus" und nannte das Syndrom „mongoloide Idiotie". DOWN, auf dem Stand der Wissenschaft seiner Zeit und beeinflusst durch DARWINS Evolutionstheorie, meinte, dass das Syndrom die Rückkehr in einen primitiven „Rassen"-Typ darstellte. Bezeichnungen wie „mongoloid" sollten schon allein wegen des Fehlers dieser Annahme vermieden werden.
Man darf nicht verschweigen, dass die damalige Fehlvorstellung die Gesellschaft im Umgang mit den betroffenen Menschen über lange Zeit geprägt hat. Der Ansatz, Begleiterscheinungen dieser Erkrankung konsequent zu therapieren und die Erkrankten als Teil unserer Gesellschaft zu akzeptieren, wurde nach DOWN fast hundert Jahre lang nicht ausreichend verfolgt.

Erst im Jahr 1959 erkannte der Franzose Jérome LEJEUNE, dass bei betroffenen Kindern in jeder Zelle 47 Chromosomen statt 46 vorhanden sind, weil das Chromosom 21 dreimal vertreten ist. Neben den bereits erwähnten körperlichen Merkmalen waren längst auch weitere bekannt: Betroffene besitzen kleine Ohren und breite Hände mit kurzen Fingern.
Besonders Babys leiden unter Muskelschwäche. Sie wachsen langsamer und erreichen eine Körpergröße, die unterhalb des Durchschnittes liegt. Häufig treten verschiedenartige Herzfehler auf. Die Sprachentwicklung, aber auch die motorische Entwicklung der Betroffenen ist verzögert.

147.1 Bobby BREDERLOW

Die intellektuellen Fähigkeiten sind vermindert, wobei der Grad allerdings sehr variabel ist – nicht selten sind Kinder in bestimmten Bereichen, zum Beispiel künstlerisch, besonders begabt. Nur weniger als zehn Prozent der Betroffenen sind geistig stark behindert.

Menschen mit DOWN-Syndrom werden heute im Durchschnitt doppelt so alt wie noch vor 25 Jahren. Ihre mittlere Lebenserwartung stieg in dieser Zeit von 25 auf 50 Jahre. Die bessere Behandlung einiger Missbildungen, beispielsweise am Herzen, die früher nicht selten schon im Kindesalter zum Tod führten, ist ein Grund für diese erfreuliche Entwicklung. Wichtig sind aber ganz offensichtlich auch die besseren Lebensumstände wie frühzeitige Förderung, Krankengymnastik, liebevolle Behandlung in der Familie und Akzeptanz in der Gesellschaft.

Kinder mit Trisomie 21 haben bereits in einigen Schulsystemen einen Realschulabschluss erlangt. Spezielle Computer-Software für DOWN-Kinder, an der zum Teil auch Betroffene mitgearbeitet haben, ist inzwischen verfügbar. So geben Betroffene auch ein Magazin heraus, das unter anderem im Internet unter dem Titel „Ohrenkuss" verfügbar ist.

1 Vergleichen Sie die gesellschaftliche Akzeptanz Betroffener mit DOWN-Syndrom früher und heute.

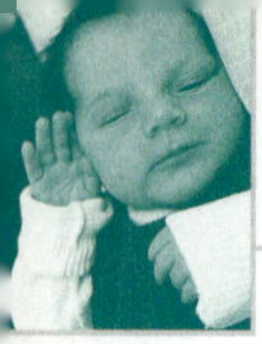

1.4 Strukturelle Chromosomen-anomalien

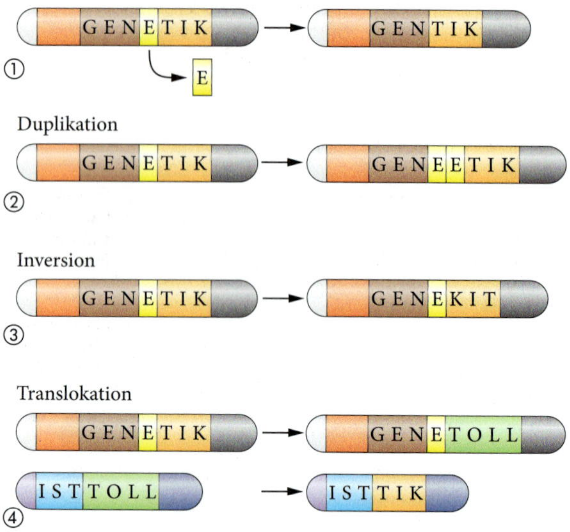

148.1 Strukturelle Chromosomenanomalien

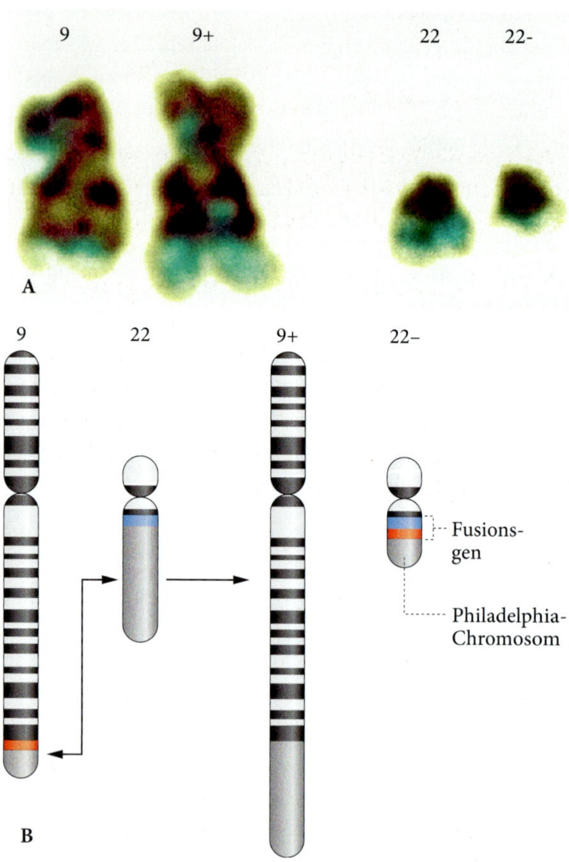

148.2 Philadelphia Chromosom.
A Karyogramm (Ausschnitt); **B** schematische Darstellung

Etwa eines von 50 000 Neugeborenen zeigt Lautäußerungen, die an Katzenschreie erinnern. Dieses Katzenschreisyndrom wird durch Fehlbildungen am Kehlkopf verursacht und geht einher mit schweren Entwicklungsstörungen. Die Ursache dafür liegt im kurzen Arm des Chromosoms 5, in dem ein Abschnitt durch eine **Deletion** ① verloren gegangen ist. Solche Veränderungen, die die grundsätzliche Struktur eines Chromosoms betreffen, werden als **strukturelle Chromosomenanomalien** bezeichnet (Abb. 148.1). Dabei können nicht nur DNA-Abschnitte verloren gehen, sondern auch in einer **Duplikation** ② (lat. *duplicare,* verdoppeln) verdoppelt werden.
Eine weitere strukturelle Veränderung der Chromosomen liegt vor, wenn ein DNA-Abschnitt um 180° gedreht wird, also eine **Inversion** ③ (lat. *invertare,* umdrehen) stattgefunden hat. Hierauf sind etwa 20 Prozent aller Bluter-Erkrankungen zurückzuführen.

Eine meist im Erwachsenenalter auftretende Form von Leukämie ist auf eine Mutation der Chromosomen 9 und 22 zurückzuführen. Während der Blutzellenbildung wird bei einer Zellteilung ein Stück vom Chromosom 9 gegen ein Stück vom Chromosom 22 ausgetauscht. Dies wird als **Translokation** (lat. *locus,* Ort) bezeichnet. In der Folge ist das veränderte Chromosom 22 kürzer als das homologe Chromosom, das veränderte Chromosom 9 jedoch länger als das entsprechende. Es liegt eine **reziproke Translokation** (lat. *reciprocus,* wechselseitig) vor ④. Das so veränderte Chromosom 22 wird, nach dem Ort seiner Entdeckung, Philadelphia-Chromosom genannt.
Das Philadelphia-Chromosom ist insofern eine Besonderheit, als dass durch die Translokation ein Fusionsgen entsteht, das für ein funktionsfähiges Protein kodiert (Abb. 148.2). Dieses hat in der Zelle eine wachstumsstimulierende Wirkung. In der Folge findet ein unkontrolliertes Zellwachstum statt, es entsteht Leukämie. Diese Form der Leukämie wird nicht vererbt, sondern kann im Laufe des Lebens durch den Kontakt mit Mutagenen (→ S. 77) erworben werden.

Im Fall des Philadelphia-Chromosoms liegt eine balancierte Chromosomenanomalie vor, da die Menge der Erbinformation insgesamt gleich geblieben ist. Ändert sich dagegen die Menge der Erbinformation beispielsweise durch eine einzelne Duplikation oder Deletion, liegt eine nicht-balancierte Chromosomenanomalie vor.

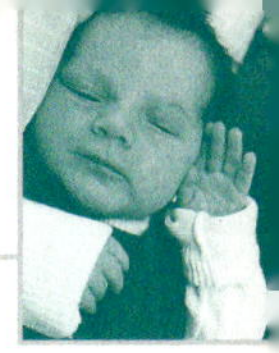

Eine spezielle Form der strukturellen Chromosomenanomalie konnte erstmals bei Zellen beobachtet werden, die in bestimmten Nährmedien kultiviert wurden. Es zeigte sich, dass bei einigen X-Chromosomen eine Einschnürung in einem bestimmten Bereich zu sehen war. An genau dieser Stelle bricht das betroffene Chromosom häufig bei Präparationen. Es heißt daher auch fragiles X-Chromosom (lat. *fragilis*, brüchig) (Abb. 149.1).
Ursache des Phänomens ist eine bestimmte Promotorregion des X-Chromosoms, bei der das Basentriplett CGG statt bis 40mal über 200mal wiederholt ist. Dies zieht eine Methylierung der Promotorregion nach sich, die eine Expression des nachfolgenden Gens verhindert. Die Funktion des nun nicht mehr produzierten Proteins wird gerade erforscht. Die Methylierung der Promotorregion verursacht in diesem Bereich eine Auflockerung der DNA, die zu dem Bild des fragilen X-Chromosoms führt.
Diese Chromosomenanomalie führt bei Männern häufig zu einer geistigen Behinderung während Frauen meist gesund bleiben, da Frauen noch ein intaktes X-Chromosom besitzen können. Es zeigt sich allerdings, dass während der weiblichen Keimzellenbildung die Anzahl der Wiederholungen ansteigt, was je nach Anzahl der Wiederholungen zu einem schwereren oder leichteren Krankheitsbild führt. Der genaue Mechanismus ist bislang aber nicht geklärt. Diese Form der Chromosomenanomalie heißt **expanding triplett repeat.**

Deletionen können unterschiedliche Krankheitsbilder zur Folge haben, je nachdem ob sie das väterliche oder das mütterliche Chromosom betreffen (Abb. 149.2).
Von manchen Genen ist entweder nur das maternale oder das paternale Gen aktiv, während das andere „still gelegt" ist ①. Dieser Mechanismus der geschlechtsabhängigen Inaktivierung von Genen, das **genomic imprinting** ist auf epigenetische Modifikationen zurückzuführen. Diese werden während der Meiose gelöscht und anschließend wieder frisch gesetzt, sodass je nach Ausprägung das väterliche oder mütterliche Gen aktiv ist.
Ist zum Beispiel das väterliche Chromosom 15 in einem bestimmten Bereich von einer Deletion betroffen, so fehlt hier das aktive Gen, während das Äquivalent auf dem mütterlichen Chromosom zwar vorhanden, aber durch Methylierung inaktiv ist ②. Somit fehlt ein Genprodukt. Die Folge davon ist das

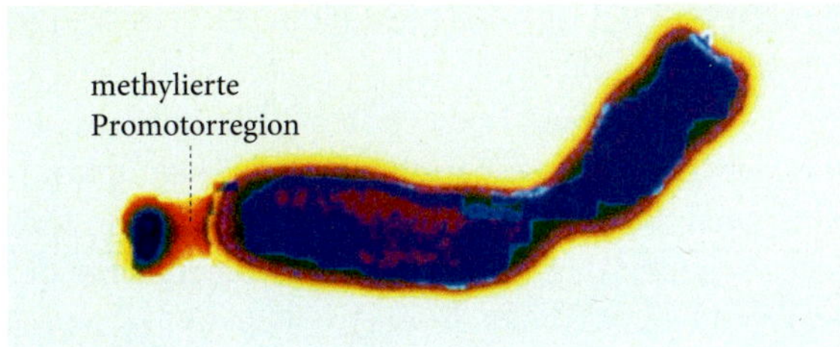

149.1 Fragiles X-Chromosom

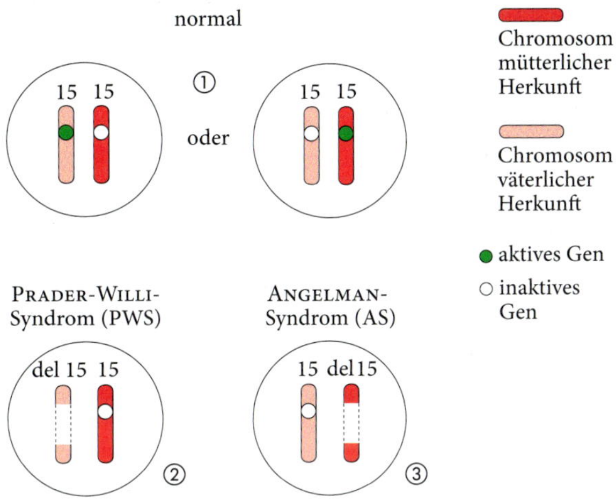

149.2 Genomic imprinting beim PRADER-WILLI- und ANGELMAN-Syndrom

PRADER-WILLI-Syndrom. Betroffene Kinder sind fettleibig und leiden an Muskelschwäche. Darüber hinaus treten kognitive Einschränkungen auf.

Betrifft die Deletion an der gleichen Stelle im Chromosom 15 im umgekehrten Fall das mütterliche Chromosom und ist das väterliche Gen still gelegt, so leidet das Kind am **ANGELMAN-Syndrom** ③. Charakteristisch für das ANGELMAN-Syndrom sind eine starke Verzögerung der körperlichen und geistigen Entwicklung sowie das Ausbleiben der Sprache.

1 Entscheiden Sie für die Beispiele in Abb. 148.1 jeweils, ob es sich um eine balancierte oder eine nicht balancierte Chromosomenanomalie handelt.

2 Begründen Sie, warum balancierte Chromosomenanomalien häufig keine negativen Auswirkungen besitzen.

3 Begründen Sie am Beispiel des fragilen X-Chromosoms, dass ein expanding triplett repeat eine strukturelle Chromosomenanomalie darstellt.

4 Beschreiben Sie die Entstehung des PRADER-WILLI- und des ANGELMAN-Syndroms.

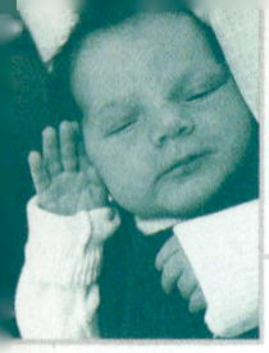

2 Vererbung von Bluteigenschaften

Als im 19. Jahrhundert die ersten Bluttransfusionen von Mensch zu Mensch erfolgten, traten häufig Komplikationen wie Fieber, Blutdruckabfall oder ein tödlicher Schock auf. Die Ursache dafür untersuchte der Arzt Karl LANDSTEINER. Er beobachtete 1901, dass das Blut zweier Menschen oft sichtbar verklumpte, wenn man es vermischte. Für genauere Untersuchungen trennte LANDSTEINER das Blut in Blutzellen und Blutserum auf. Er stellte fest, dass für die Verklumpung, die Agglutination, immer zwei Bestandteile nötig waren, die Erythrocyten und das Blutserum. Durch umfangreiche Untersuchungen ermittelte LANDSTEINER die vier Blutgruppen A, B, AB und 0. Diese bilden das **AB0-Blutgruppensystem.**

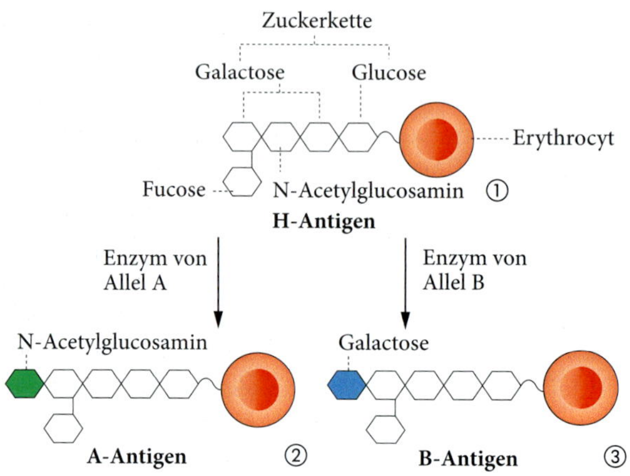

150.1 Zuckerketten der Blutgruppenantigene

Die Agglutination beruht auf einer Reaktion zwischen Antigenen auf Erythrocyten und gelösten Antikörpern im Serum. Die Antigene sind verschiedene Zuckerketten, die an Lipide oder Proteine auf der Außenseite der Zellmembran der Erythrocyten gebunden sind (Abb. 150.1). Das AB0-System besitzt die drei Blutgruppenantigene A, B und H. Deren Bildung wird von den drei Allelen *A*, *B* und *0* bestimmt, die auf demselben Locus des Chromosoms 9 liegen. Das AB0-System beruht also auf mehreren Allelen eines Gens und ist ein Beispiel für **multiple Allelie.**

Alle Menschen besitzen die Enzyme zur Synthese des Antigens H ①. Es ist die Vorstufe für die Antigene A und B. Bei der Blutgruppe A codiert das Allel *A* für ein Enzym, das den Zucker N-Acetylglucosamin auf das H-Antigen überträgt und daraus das A-Antigen macht ②. Bei der Blutgruppe B codiert das Allel *B* für ein anderes Enzym, das den Zucker Galactose an das H-Antigen anfügt, so entsteht das B-Antigen ③. Das Allel der Blutgruppe 0 ist stumm, sodass kein Enzym gebildet wird. Folglich tragen die Erythrocyten der Blutgruppe 0 das unveränderte H-Antigen. Bei der Blutgruppe AB sind beide Enzyme aktiv, sodass gleichermaßen die Antigene A und B gebildet werden. Die gleichwertige Ausprägung zweier verschiedener Allele nebeneinander nennt man **Kodominanz.**

Genotyp	Blutgruppe	Antikörper im Serum
AA oder *A0*	A	Anti-B-Antikörper
BB oder *B0*	B	Anti-A-Antikörper
AB	AB	keine Antikörper
00	0	Anti-A-und Anti B-Antikörper

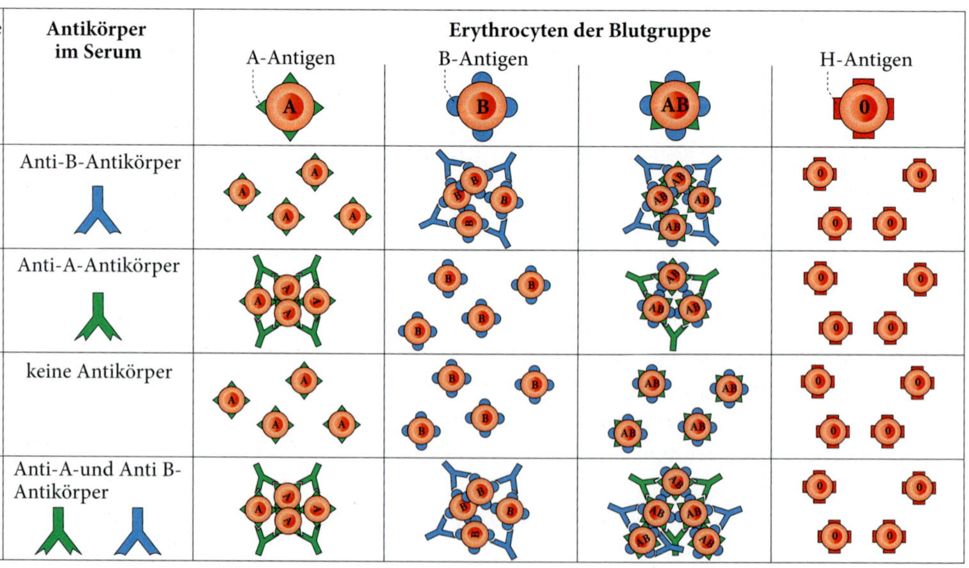

150.2 Genotyp, Phänotyp und Agglutination beim AB0-Blutgruppensystem

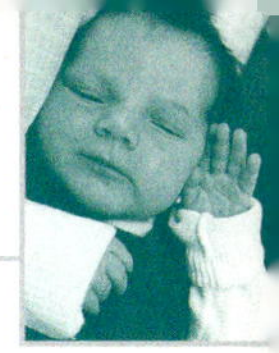

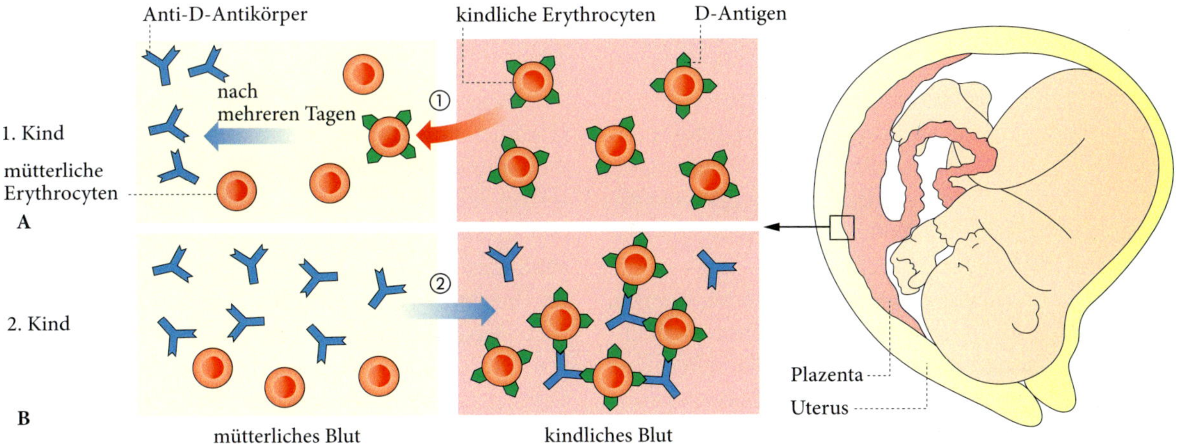

151.1 Rhesus-Unverträglichkeit. A erste Schwangerschaft; **B** zweite Schwangerschaft

Personen der Blutgruppe A haben im Serum Anti-B-Antikörper gegen die Blutgruppe B und Personen der Blutgruppe B haben Anti-A-Antikörper (Abb. 150.2). Personen der Blutgruppe 0 haben Anti-A- und Anti-B-Antikörper und Personen der Blutgruppe AB haben keine Antikörper.

Die Allele für die Blutgruppe A und B sind dominant gegenüber dem Allel der Blutgruppe 0. Das Allel der Blutgruppe 0 ist entsprechend rezessiv. Jeder Mensch besitzt zwei Allele des AB0-Systems. So ergeben sich für die Blutgruppe A die möglichen Genotypen *AA* oder *A0,* für Blutgruppe B die Genotypen *BB* oder *B0,* für Blutgruppe AB die Genotypen *AB* und für Blutgruppe 0 der Genotyp *00* (Abb. 150.2). Während sich die Blutgruppen A und B aus zwei verschiedenen Genotypen ausbilden können, gibt es für Blutgruppe AB und 0 nur je einen Genotyp. Der Genotyp eines Kindes bildet sich aus je einem Allel der Mutter und einem Allel des Vaters.

1940 entdeckte LANDSTEINER zuerst bei Rhesusaffen eine weitere Blutgruppeneigenschaft, den **Rhesusfaktor.** Er ist ein Protein-Antigen auf den Erythrocyten und kommt auch beim Menschen vor. Etwa 85 Prozent der europäischen Bevölkerung sind Rhesus-positiv (Rh^+) und tragen auf den Erythrocyten dieses D-Antigen. Sie haben die Genotypen *DD* oder *Dd,* da der Rhesusfaktor dominant vererbt wird. Rhesus-negative (Rh^-) Personen haben den Genotyp *dd.* Ihr Blut enthält normalerweise keine Antikörper gegen das D-Antigen. Jedoch bildet das Immunsystem einer Rh^--Person durch den Erhalt von Rh^+-Blut die Anti-D-Antikörper.

Von besonderer Bedeutung ist der Rhesusfaktor bei der Schwangerschaft, wenn die Mutter Rh^- *(dd)* und der Vater Rh^+ *(DD* oder *Dd)* ist. In 75 Prozent der Fälle ist das Kind dann Rh^+ *(Dd).* Diese Situation ist bei etwa jeder zehnten Schwangerschaft gegeben. Während des Geburtsvorganges können durch schadhafte Stellen in der Plazenta kindliche Erythrocyten mit dem D-Antigen in den mütterlichen Kreislauf gelangen ① (Abb. 151.1). Dort bewirken sie nach mehreren Tagen die Bildung von Anti-D-Antikörpern, die dem Neugeborenen nicht mehr schaden können. Jedoch können bei einer erneuten Schwangerschaft mit einem Rh^+-Kind diese bereits vorliegenden Anti-D-Antikörper aus dem mütterlichen Blut über die Plazenta in den Embryo gelangen und die Erythrocyten des Kindes verklumpen ②. Die Folgen im betroffenen Neugeborenen sind Blutarmut und ein Sauerstoffmangel, der zu Hirnschäden und sogar zum Tod führen kann. Diese Schädigungen werden dadurch verhindert, dass betroffene Mütter gleich nach der Geburt des ersten Kindes eine Injektion von Anti-D-Antikörpern erhalten. Diese binden an die D-Antigene auf den kindlichen Erythrocyten in der Mutter. Daraufhin zerstört das mütterliche Immunsystem die kindlichen Erythrocyten. Das mütterliche Immunsystem kann dann keine Anti-D-Antikörper bilden. Wegen dieser Bedeutung wird bei einer Blutgruppenbestimmung routinemäßig auch der Rhesusfaktor bestimmt.

1 Erläutern Sie die immunologischen Reaktionen in einer Person der Blutgruppe 0, wenn sie eine Blutkonserve der Blutgruppe A bekommt.

2 Erläutern Sie die multiple Allelie am Beispiel des AB0-Blutgruppensystems.

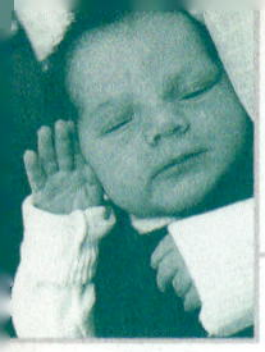

3 Erblich bedingte Krankheiten

3.1 Autosomal-dominante Erbgänge

Beim Menschen sind bis heute etwa 1000 autosomal-dominant vererbte Krankheiten bekannt. Bei Betroffenen führt bereits ein defektes Allel zur Erkrankung, auch wenn das entsprechende Allel auf dem homologen Chromosom intakt ist.

Ein Beispiel für eine autosomal dominant vererbte Krankheit ist das MARFAN-Syndrom. Es tritt unabhängig vom Geschlecht mit einer Häufigkeit von ca. 1:10 000 auf. Bei etwa 25 Prozent der Betroffenen wird das MARFAN-Syndrom als Spontanmutation verursacht. Das Krankheitsbild ist unter anderem durch die „Spinnenfingrigkeit", Veränderungen am Augapfel, des Skeletts sowie des Herz-Kreislauf-Systems gekennzeichnet. Die Ursache ist ein mutiertes Allel auf dem Chromosom 15, das für ein defektes Fibrillin codiert. Fibrillin bildet einen Teil der Mikrofibrillen, die das Grundgerüst für das Bindegewebe bilden. Bei Heterozygoten wird funktionsfähiges und defektes Fibrillin eingebaut. Dies bewirkt eine höhere Elastizität der Bindegewebsfasern als bei Gesunden. Die Auswirkungen der Veränderungen im Bindegewebe werden deshalb auch in verschiedenen Organsystemen deutlich, zum Beispiel in einem deformierten Augapfel und Herzklappenfehlern (Abb. 152.1 A). Ist ein Gen für die Ausbildung mehrerer Merkmale verantwortlich, spricht man von **Polyphänie.**

Beim MARFAN-Syndrom kann die phänotypische Ausprägung des dominanten Allels innerhalb einer Familie stark unterschiedlich sein. Das mutierte Allel unterliegt einer variablen Genexpression. Bei den Erkrankten können daher die verschiedenen Organe individuell unterschiedlich stark betroffen sein: Mal werden leichtere, mal schwerere Krankheitssymptome beobachtet, mal ist das Auge, mal das Skelett stärker verändert.

Im Gegensatz zu vielen anderen autosomal dominant vererbten Krankheiten prägt sich beim MARFAN-Syndrom die Erkrankung bei jedem Träger des dominanten Allels aus und es werden keine Generationen übersprungen. Dies bezeichnet man als vollständige **Penetranz** (lat. *penetrare,* durchdringen).

Charakteristisch für einen monogen bedingten, autosomal-dominanten Erbgang ist Folgendes (152.1 B):

- Beide Geschlechter sind gleich betroffen.
- Betroffene haben – wenn keine Spontanmutation stattgefunden hat – mindestens ein erkranktes Elternteil.
- Betroffene sind entweder homozygot oder heterozygot, das heißt beide Allele oder nur ein Allel ist mutiert.

1 Benennen Sie die Genotypen im Stammbaum 152.1 B.

2 Erklären Sie das Zustandekommen des Genotyps der Personen III-5 und III-6.

3 Begründen Sie, warum Person III-1 bereits im Alter von 11 Jahren verstorben ist.

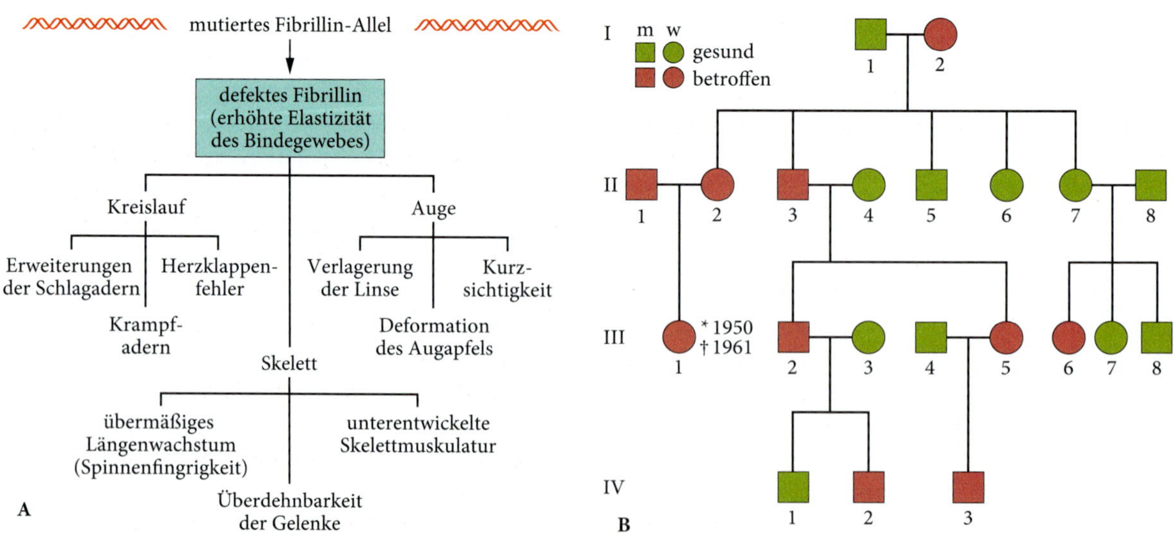

152.1 Autosomal-dominanter Erbgang. A Polyphänie beim MARFAN-Syndrom; **B** Stammbaum

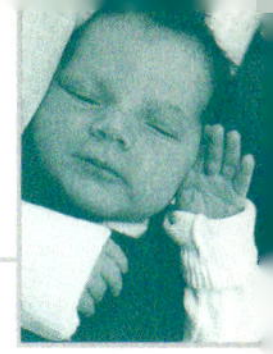

3.2 Autosomal-rezessive Erbgänge

Autosomal-rezessive Erbleiden reichen von eher harmlosen wie Albinismus bis hin zu akut lebensbedrohlichen wie etwa der Mukoviszidose. In der Regel handelt es sich um Stoffwechseldefekte, die auf dem Ausfall eines Enzyms beruhen. Heterozygote Genträger haben nur etwa 50 Prozent der normalen Enzymaktivität, was meist zur Aufrechterhaltung der normalen Lebensfunktionen ausreicht. Diese übertragen die Krankheit. Deshalb werden sie als **Konduktoren** (lat. *conducere,* mitführen) bezeichnet.

Charakteristisch für einen monogen bedingten, autosomal-rezessiven Erbgang ist Folgendes (153.1A):

- Beide Geschlechter sind gleich betroffen.
- Auch phänotypisch gesunde Eltern können betroffene Nachkommen haben.
- Erkrankte sind stets homozygot, das heißt, beide Allele dieses Gens sind defekt.

Die Mukoviszidose ist in Europa die häufigste erbbedingte Erkrankung, die durch einen rezessiv vererbten Gendefekt verursacht wird. Eine unter 25 Personen trägt ein Allel für die Erkrankung und ist damit Überträger des Erbleidens. Die Zahl der Betroffenen beträgt in Deutschland etwa 8000.

Die Krankheit geht mit einer Störung des Wasser- und Salzhaushaltes einher. Zäher Schleim verstopft die Ausführgänge von Drüsen, die allmählich daran zugrunde gehen. Betroffen sind vor allem die Schleimhäute der Bronchien und die Bauchspeicheldrüse. Der sich festsetzende Schleim bildet in der Lunge einen idealen Nährboden für Krankheitserreger, und es kommt zu chronischen Infektionen. Fehlendes Bauchspeicheldrüsensekret im Dünndarm verursacht schwere Verdauungsstörungen.

Die Erkrankung zeigt sich meist schon im frühen Kindesalter und wird mit dem Alter zunehmend schwerwiegender. Obwohl die Erkrankung noch immer unheilbar ist, konnte die durchschnittliche Lebenserwartung der Patienten durch eine spezielle Diät, Schleimverflüssiger und tägliche Antibiotikagaben zur Infektionsprophylaxe von 15 auf 40 Jahre gesteigert werden. Einzelne Betroffene können jedoch auch wesentlich älter werden. Laut medizinischer Statistik sterben 80 Prozent der Betroffenen an den Folgen von Lungenkomplikationen.

1989 wurde der Genort gefunden, an dem das bei der Mukoviszidose veränderte Protein codiert wird. Er liegt auf Chromosom 7. Das intakte Allel codiert ein

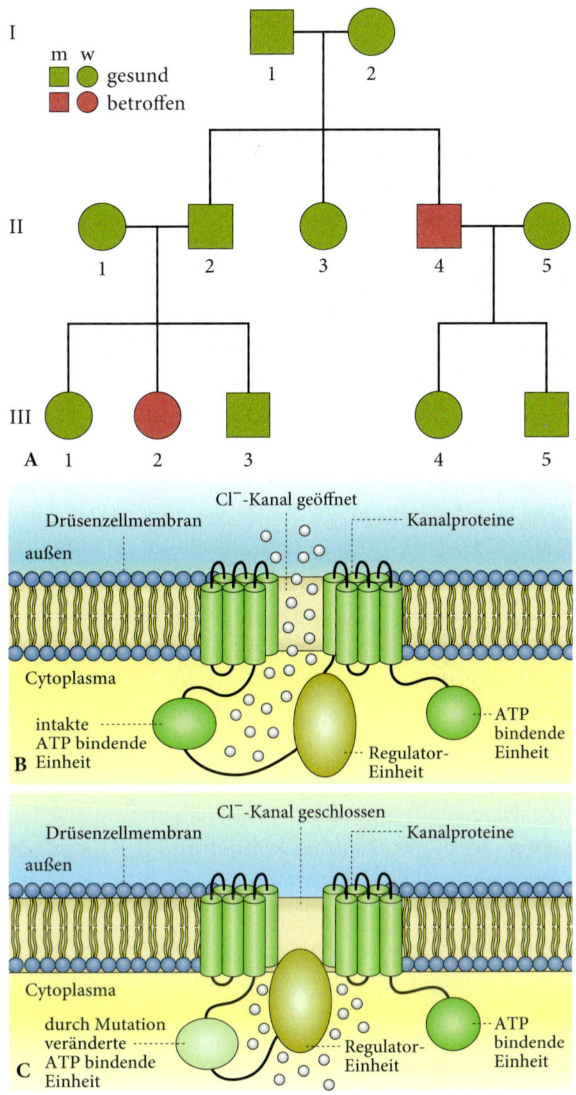

153.1 Mukoviszidose. **A** autosomal-rezessiver Erbgang; **B** Defekt eines Ionenkanals; **C** intakter Ionen-Kanal

Protein, das einen durch ATP regulierbaren Chlorid-Ionenkanal in der Drüsenzellmembran bildet. Bei etwa 70 Prozent aller Betroffenen fehlen im mutierten Allel drei Nukleotide im Exon 10. Dies führt zu einem Verlust eines Phenylalanin-Bausteins in einer der beiden ATP-bindenden Einheiten des Kanals. Eine defekte Regulierung des Chlorid-Ionentransports ist die Folge. Chlorid-Ionen können nicht mehr zusammen mit dem Drüsensekret aus der Zelle transportiert werden. Fehlen Chlorid-Ionen im Drüsensekret, bindet dieses zu wenig Wasser und wird zähflüssig.

1 Leiten Sie die Geno- und Phänotypen im Stammbaum 153.1 ab.

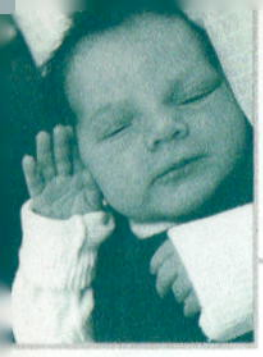

3.3 X-chromosomale Vererbung

In den europäischen Königshäusern ist eine Häufung der Bluterkrankheit, der Hämophilie, zu finden. Die Krankheit ist auf einen Gendefekt zurückzuführen, der vererbbar ist. Aus Familienstammbäumen wird deutlich, dass fast nur Männer von der Krankheit betroffen sind. Der erste Bluter in der königlichen Familie war Leopold, der Sohn Königin Victorias (1819–1901) von England. Das defekte Allel für die Bluterkrankheit entstand vermutlich durch eine Spontanmutation in einer Keimbahnzelle von Victorias Mutter oder Vater, wodurch Victoria zur Überträgerin wurde. Durch die Heirat ihrer Töchter Alice und Beatrice wurde das Hämophilie-Allel in mehrere europäische Königshäuser weitergegeben (Abb. 154.1). Der Brauch, politische Allianzen durch königliche Heiraten zu festigen, hatte fatale Folgen, da die betroffenen früh verstarben.

An der Blutgerinnung sind mehrere Gene beteiligt. So ist zum Beispiel bei der häufigsten Form der Bluterkrankheit, der Hämophilie A, das X-chromosomale Gen für den Gerinnungsfaktor VIII defekt. Dadurch ist deren Blutgerinnung stark verlangsamt. Die heutige Therapie besteht darin, prophylaktisch oder bei Bedarf den fehlenden oder defekten Faktor intravenös zu verabreichen. Dadurch können die Patienten ein relativ normales Leben führen.

Heterozygote Frauen sind nicht bluterkrank, da durch das intakte Allel noch genügend Gerinnungsfaktor vorhanden ist. Daraus schließt man auf eine X-chromosomale, rezessive Vererbung.

Im männlichen Geschlecht kommt das rezessive Hämophilie-Allel jedoch voll zur Wirkung, da ein entsprechendes Allel auf dem Y-Chromosom fehlt. Da hier im diploiden Chromosomensatz ein Allel nur einmal vorhanden ist, liegt ein **hemizygoter** Zustand vor. Frauen können nur erkranken, wenn der Vater erkrankt und die Mutter Konduktorin ist.

Die Gene der meisten gonosomal vererbten Krankheiten liegen auf dem X-Chromosom, da das Y-Chromosom nur wenige Allele trägt. Für einen X-chromosomal-rezessiven Erbgang lassen sich folgende Kennzeichen ableiten:

- Betroffen sind fast ausschließlich Männer.
- Betroffene Männer haben normalerweise gesunde Eltern.
- Ein betroffener Mann erbt das Allel immer von seiner Mutter.
- Ein Betroffener hat mit einer homozygoten, gesunden Frau nur gesunde Nachkommen. Alle Töchter sind jedoch Konduktorinnen.

In sehr seltenen Fällen, wie etwa bei der angeborenen Rachitis, wird ein Merkmal X-chromosomal-dominant vererbt (Abb. 154.2). Für diesen Erbgang gelten folgende Merkmale:

- Frauen sind häufiger betroffen als Männer.
- Alle Söhne betroffener Männer und gesunder Frauen sind merkmalsfrei, während bei allen Töchtern das Merkmal auftritt.

1 Geben Sie die Genotypen der Familienmitglieder in den Stammbäumen 154.1 und 154.2 an.

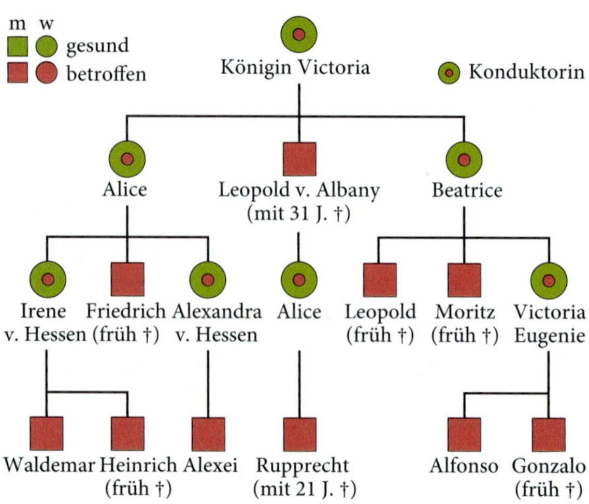

154.1 X-chromosomale rezessive Vererbung

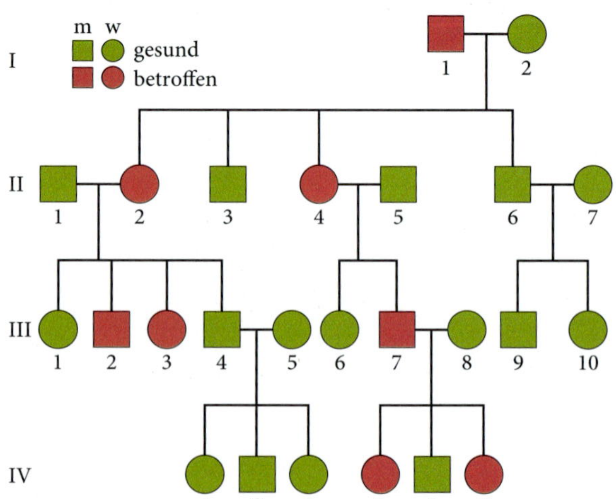

154.2 X-chromosomale dominante Vererbung

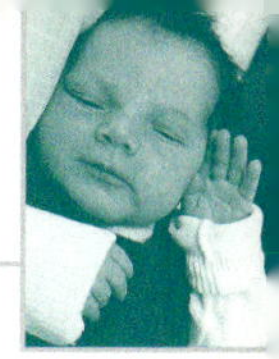

3.4 Genchips

Eine besonders innovative Anwendung der Molekularbiologie ist die Gendiagnose mittels **Genchips.** Mit ihrer Hilfe können in der medizinischen Diagnostik bereits pränatal monogene Erbkrankheiten wie Mukoviszidose oder Chorea HUNTINGTON erkannt werden. Sie werden auch als DNA-Chips oder DNA-Microarrays bezeichnet. Diese sich rasch entwickelnde Technologie der Gendiagnose könnte die Basis für die Entwicklung einer individualisierten Therapie bei genetisch bedingten Krankheiten wie etwa Krebs darstellen. So können Tumorzellen einer bestimmten Krebsart eine spezifische Mutation oder mRNA enthalten, die sie von gesunden Zellen unterscheiden.

Genchips werden auf kleinen Glasplatten hergestellt. Die etwa 1 cm^2 große Oberfläche der Glasplatte ist in Tausende Felder eingeteilt. Jedes Feld ist etwa nur halb so breit wie ein menschliches Haar. An der Oberfläche jedes dieser Felder werden Millionen Kopien einer DNA-Sonde mit spezifischer Sequenz angeheftet. Diese sind einzelsträngig und besitzen eine Länge von etwa 20 Nukleotiden. Sie dienen als „Köder" für das „molekulare Angeln" nach komplementären DNA-Fragmenten. In einem Computer sind Ort und Sequenz des jeweiligen Feldes abgespeichert. Genchips werden in Zukunft zehn Millionen und mehr Felder besitzen. Diese können zum Test von Hunderten oder Tausenden von Genen in einer einzigen Untersuchung eingesetzt werden (Abb. 155.1).

Um einen Gentest mit einem Genchip durchzuführen, wird die DNA einer Testperson isoliert. Ausgewählte Gene werden durch PCR (→ S. 115) vervielfältigt ①. Die PCR-Produkte werden mit einem Fluoreszenzfarbstoff markiert, in zwei Einzelstränge denaturiert und auf einen Genchip gegeben ②. PCR-Fragmente mit einer Nukleotidsequenz, die genau komplementär zur Sondensequenz sind, werden gebunden. Es bildet sich ein kurzer Doppelstrang. Die „geangelten" DNA-Fragmente bleiben daher auf einem genau definierten Feld des Chips „kleben". DNA-Fragmente, die nicht perfekt mit der Sondensequenz hybridisieren, werden abgewaschen ③. Dann wird der Genchip mit einem Laser gescannt. Dadurch entstehen Felder, die durch die Hybridisierung fluoreszieren. Es bildet sich also auf dem Genchip ein Fluoreszenz-Punktmuster, das von einem Computer erfasst und ausgewertet wird ④.

Da bekannt ist, welche Nukleotidsequenz die Sonden in jedem Feld auf dem Chip besitzen, kann ermittelt werden, welche zwei Allele einer Testperson in der Probe enthalten waren. Es leuchtet ein Signal in dem Feld des Genchips auf, das die dazu komplementäre DNA als Sonde trägt. Auf diese Weise werden auch mutierte Allele ermittelt.

Die Anwendung dieser Technologie wirft jedoch auch ethische Probleme auf: Wie kann verhindert werden, dass Informationen, die mit solchen Gentests gewonnen werden, von Dritten, etwa Versicherungen oder Arbeitgebern, für ihre Zwecke missbraucht werden?

1 Beschreiben Sie das in der Abbildung 155.1 dargestellte Gendiagnose-Verfahren und erläutern Sie das entstandene Fluoreszenzmuster.

2 Diskutieren Sie, ob Menschen überhaupt auf Krankheiten wie etwa Chorea HUNTINGTON, für die es keine wirkungsvolle Behandlung gibt, getestet werden sollen.

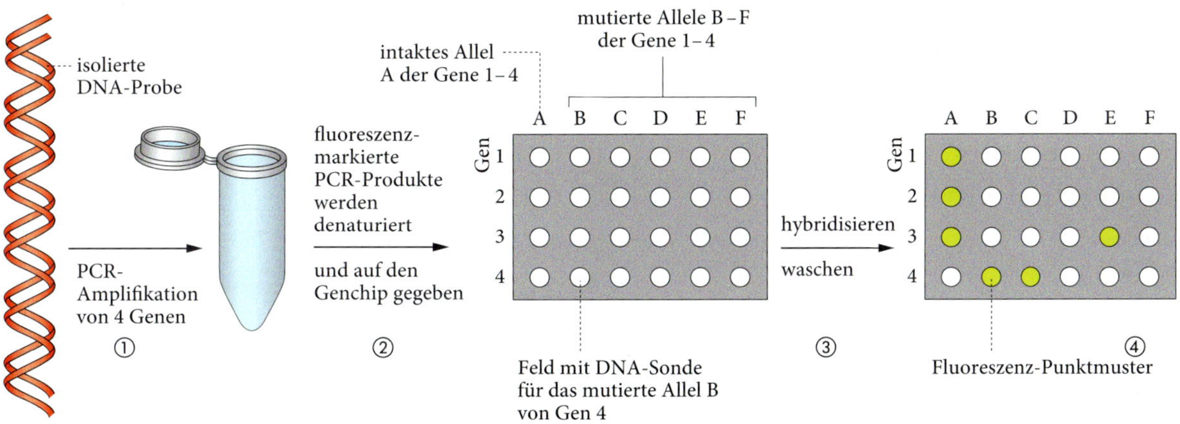

155.1 Gendiagnose mittels Genchip auf jeweils fünf mutierte Allele B–F und das intakte Allel A von vier Genen

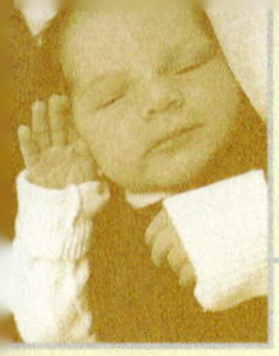

Aufgaben

1 Gentest auf Chorea HUNTINGTON

Eines der bekanntesten Beispiele für autosomal dominant vererbte Krankheiten ist die Chorea HUNTINGTON (gr. *choreia*, Tanz), der erbliche Veitstanz. Dies ist eine degenerative Nervenerkrankung, bei der es zu fortschreitenden Bewegungsstörungen, zu psychischen Störungen, Demenz bis hin zum Tode kommt. Die ersten Symptome treten auf, wenn der Patient 35 bis 40 Jahre alt ist und eventuell bereits eigene Kinder hat.

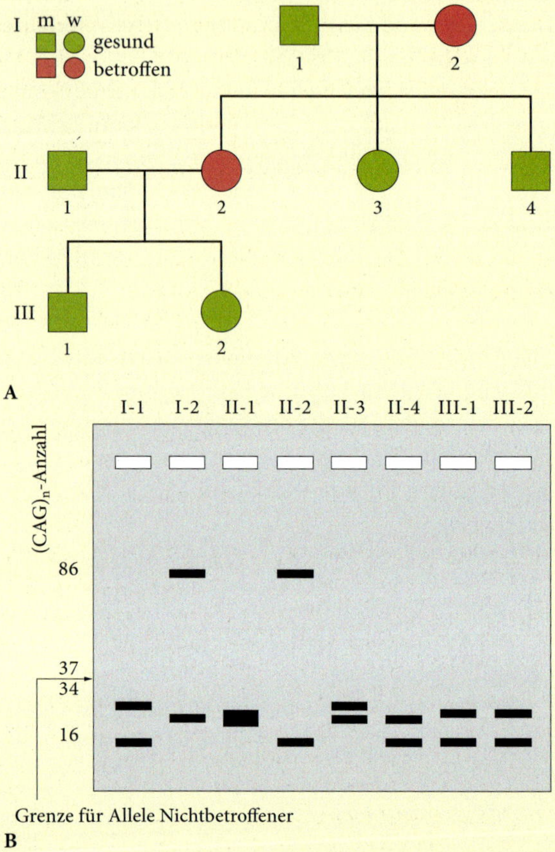

156.1 Direkter Gentest mittels PCR. A Stammbaum über drei Generationen; B Elektropherogramm der $(CAG)_n$-Anzahl

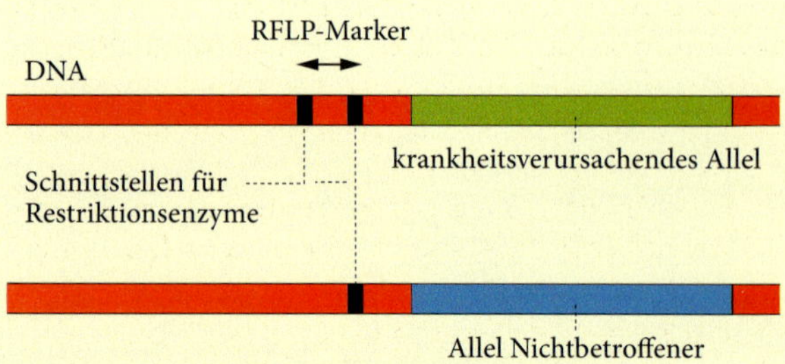

156.2 Indirekter Gentest durch RFLP-Analyse

Ausgelöst wird diese Krankheit durch ein verändertes Protein, das Huntingtin. Seit 1993 steht ein **direkter Gentest** für das Chorea-HUNTINGTON-Allel zur Verfügung, das das Protein Huntingtin codiert.
Der Test beruht auf einer PCR-Analyse der CAG-Wiederholungseinheiten des betroffenen Gens. Nach PCR-Amplifikation lassen sich die erhaltenen DNA-Fragmente gelelektrophoretisch auftrennen und die Zahl der CAG-Tripletts kann bestimmt werden. Bei Nichtbetroffenen kommt in beiden Allelen des Chorea-HUNTINGTON-Gens das Triplett CAG nur neun bis 35 mal hintereinander vor. Bei Betroffenen ist diese Zahl auf 36 bis 250 erhöht. Das aus dem Triplett CAG im DNA-Nicht-Matrizenstrang resultierende Codon der mRNA CAG codiert für die Aminosäure Glutamin. Bei der Proteinbiosynthese wird also bei Betroffenen mehr als die übliche Anzahl an aneinandergereihten Glutamin-Resten eingebaut.
Das so verlängerte Huntingtin verklumpt und zerstört die Nervenzellen. Allgemein gilt: Je höher die Zahl der Wiederholungseinheiten, desto schlimmer sind die Krankheitssymptome, und desto früher setzt die Krankheit ein.
Für die Durchführung der PCR benötigt man Primer. Sie müssen den Genbereich umschließen, in dem die CAG-Tripletts vorkommen. Für deren Synthese muss ein Genabschnitt von etwa 20 Nukleotiden stromaufwärts und stromabwärts dieser Wiederholungseinheiten bekannt sein. Dazu musste das Chorea-HUNTINGTON-Gen zuerst lokalisiert und schließlich sequenziert werden. Wie gelang dies?

1983 hat man auf dem kurzen Arm des Chromosoms 4 einen DNA-Marker entdeckt, der gemeinsam mit der Chorea HUNTINGTON vererbt wird. Es handelt sich um einen Restriktions-Fragment-Längen-Polymorphismus (RFLP) in nächster Nachbarschaft zum gesuchten Gen, der 10 Jahre als **indirekter Gentest** diente: Hat ein Familienmitglied eine Version des RFLP-Markers mit zwei Restriktionsschnittstellen anstelle von einer geerbt, so besitzt er mit hoher Wahrscheinlichkeit auch das krankheitsverursachende Allel. Dieses wurde sequenziert, wobei man die charakteristischen CAG-Wiederholungen fand. Zu deren angrenzenden Sequenzen wurden komplementäre Primer für den direkten Gentest synthetisiert.

a) Diskutieren Sie, warum das späte Auftreten von Chorea HUNTINGTON für die Kinder der Betroffenen ebenfalls einen schweren Schicksalsschlag darstellt.
b) Leiten Sie aus dem Stammbaum 156.1 A alle möglichen Genotypen der Familienmitglieder ab.
c) Leiten Sie die mithilfe des Elektropherogramms 156.1 B die Genotypen der Familienmitglieder ab.
d) Vergleichen Sie das Verfahren eines direkten und indirekten Gentests.

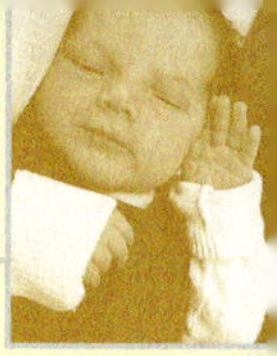

2 Humangenomprojekt

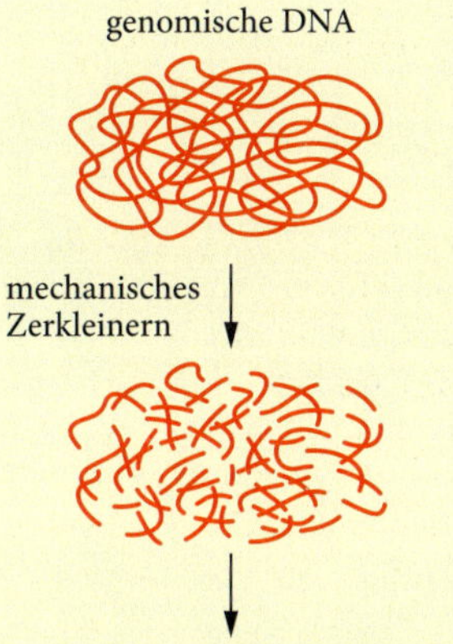

Fragmente (schematisch):

CTGAGATTXXXXXXTACGCGCA
ATGCTGAGXXXXXXCGTTACGC
TTTCCCGTXXXXXXXAATTTTGG
ACGCGCAAXXXXXGCGGCCA
CCCGTTACXXXXXATTTTGGCG
GTTACGCGXXXXXTTGGCGGCC

157.1 Schrotschusssequenzierung

157.2 Begründete Angst vor der Genforschung?

Im Jahre 1990 wurde das bis dahin größte Forschungsprojekt der Biologie, das **Humangenomprojekt,** gegründet. Dazu schlossen sich weltweit Wissenschaftler zu der Humanen Genome Organisation, kurz HUGO, zusammen. Die Ziele von HUGO waren, bis 2005 das Genom des Menschen durch Sequenzierung der gesamten DNA zu bestimmen und alle Gene zu identifizieren. Insgesamt beteiligten sich an diesem mit öffentlichen Mitteln geförderten Projekt mehr als 1000 Wissenschaftler in mehr als 40 Ländern. 1998 bekam HUGO Konkurrenz durch die amerikanische Firma Celera unter Leitung von Craig VENTER. Der Wettstreit um die Erstentschlüsselung eskalierte und wurde erst durch das Eingreifen des amerikanischen Präsidenten CLINTON entschärft. Dieser erklärte 2001 sowohl HUGO als auch Celera hätten gleichzeitig das gesamte humane Genom sequenziert.

Der Erfolg von Celera beruhte unter anderem auch auf der Verwendung eines neuen Verfahrens zur Genom-Sequenzierung. Bei diesem Verfahren wird isolierte DNA durch eine schmale Kanüle gepresst, wobei mechanische Scherkräfte sie wahllos in viele kleine Bruchstücke zerkleinern. Daher bezeichnet man es auch als **Schrotschuss-Verfahren** (engl. *shotgun*). Es entsteht eine Vielzahl von Bruchstücken mit einer Länge von jeweils zirka 2000 Basenpaaren. Bei diesem Verfahren liegt das gesamte Genom in vielfachen Kopien vor, die jeweils zufällig in unterschiedliche Bruchstücke geteilt wurden. An deren Enden können nun jeweils etwa 500 Basen sequenziert werden. Nachdem eine Vielzahl derart kurzer Teilabschnitte sequenziert wurde, können diese Teilabschnitte aufgrund von Überlappungen zu immer größeren Abschnitten zusammengesetzt werden. Für das humane Genom ergaben sich so mehr als 25 Millionen Teilstücke. Ein Puzzle eines derartigen Ausmaßes kann nur mittels bioinformatischer Methoden und einem sehr leistungsfähigem Rechner zusammengesetzt werden.

Dem humanen Genomprojekt folgten weitere Projekte, darunter das 1000 Genomprojekt, mit dem Ziel 1000 Genome von Menschen aus verschiedenen Regionen der Erde zu analysieren.

Einen ungewöhnlichen Weg verfolgt das **Island-Genom-Projekt.** Eine Firma hat sich mit Zustimmung des isländischen Parlamentes den Zugriff auf die Erbinformationen der gesamten isländischen Bevölkerung gesichert. Das 270 000 Einwohner zählende Inselvolk ist für genetische Analysen besonders interessant. Es wurde im 9. Jahrhundert von nur wenigen Wikingern gegründet. Eine Vermischung mit anderen Völkern gab es aufgrund der geographischen Isolierung kaum und für alle Isländer liegen seit der Besiedlung Familienstammbäume vor. Man verspricht sich von den Analysen, genetischen Ursachen für Stoffwechselkrankheiten, Erkrankungen des Herz-Kreislauf-Systems und der Psyche auf die Spur zu kommen. Im Gegenzug sollen die Isländer Gentests und Medikamente, die im Zusammenhang mit dem Genomprojekt entwickelt werden, kostenlos erhalten. Unter den Bürgern Islands ist das Projekt durchaus umstritten, wie es etwa in dem Krimi „Nordermoor“ von Arnaldur INDRIDASON thematisiert wird.

a) Werten Sie Abb. 157.1 aus. Geben Sie dabei die Sequenz an.
b) Diskutieren Sie mögliche Probleme bei dem Schrotschuss-Verfahren und geben Sie potenzielle Lösungsmöglichkeiten an.
c) Interpretieren Sie die Karrikatur in Abb. 157.2.
d) Erklären Sie die Bedeutung des 1000 Genomprojektes.
e) Bewerten Sie das Island-Genom-Projekt.

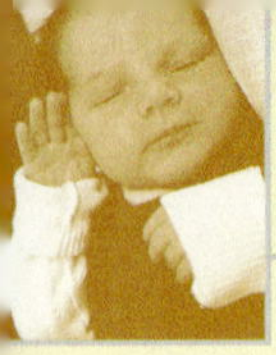

Aufgaben

3 Genetische Analysen: Nondisjunction

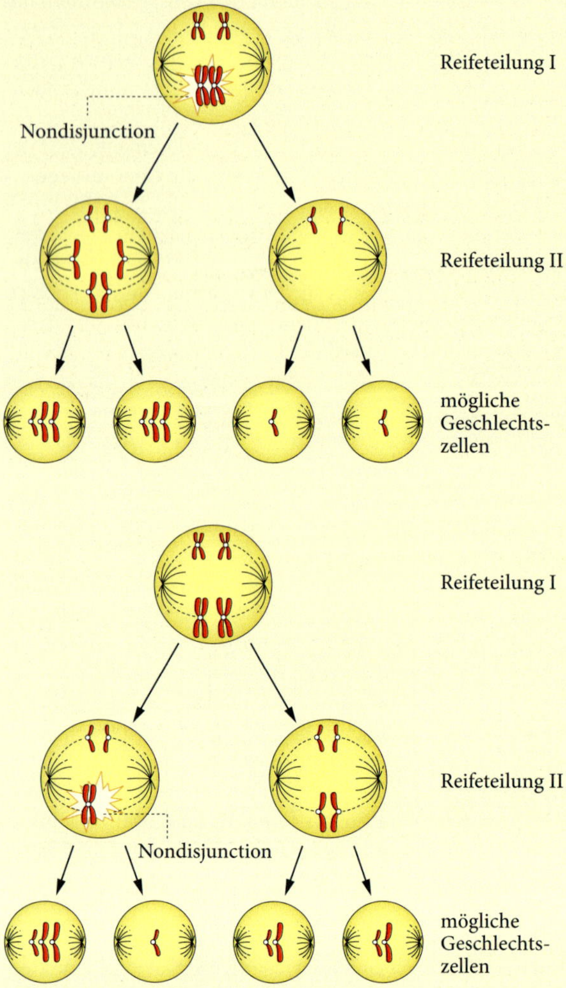

158.1 Nondisjunction in der Meiose

Fehlverteilungen der Chromosomen in der Meiose kommen relativ häufig vor. In Abbildung 158.1 ist dargestellt, wie es zu einer Nondisjunction in der Meiose kommen kann.

a) Geben Sie die Chromosomenzahl der jeweiligen Geschlechtszellen 1 bis 8 an.
b) Erklären Sie mithilfe der oben stehenden Abbildung die Folgen einer Nondisjunction.
c) Erklären Sie das Zustandekommen einer Trisomie 18, des TURNER-Syndroms sowie des KLINEFELTER-Syndroms. Geben Sie dabei gegebenenfalls auch mehrere Möglichkeiten an.
d) Erstellen Sie eine Hypothese, warum es keine Fälle von Neugeborenen mit einer Monosomie oder Trisomie 1 bis 15 gibt.
e) Skizzieren Sie das Vorgehen bei einem Gentest sowie ein potenzielles Ergebnis, mit dem man ein TURNER-Syndrom nachweisen könnte.

4 Genetische Analysen: FisH

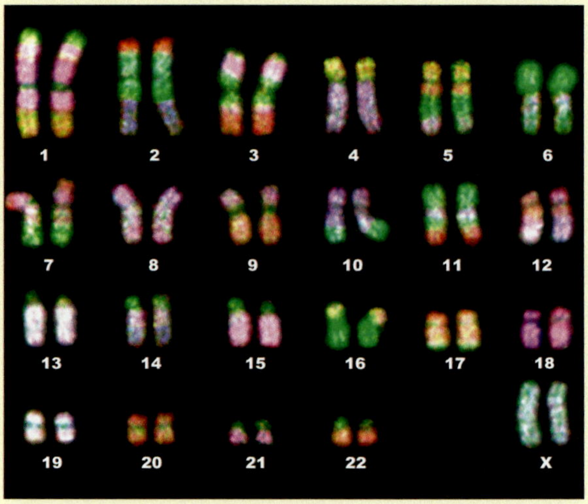

158.2 Mittels FisH-Methode gefärbtes Karyogramm einer Frau

Mit der Fluoreszenz-in-situ-Hybridisierung, kurz FisH, kann man auf einem Chromosom bestimmte Sequenzen sichtbar machen und damit nachweisen.
Dazu müssen Chromosomen zunächst auf einem Objektträger so präpariert werden, dass sie einzeln liegen (lat. *in situ*, in der richtigen Lage). Anschließend wird die DNA durch Hitze denaturiert und liegt dann einzelsträngig vor. Nun wird eine Gensonde hinzugefügt. Dabei handelt es sich um ein synthetisch hergestelltes, einzelsträngiges DNA-Molekül, das zu einem ausgewählten Sequenzabschnitt eines Chromosoms komplementär ist und mit einem Fluoreszenzfarbstoff gekoppelt ist. Hybridisiert eine derart markierte Gensonde mit dem dazu komplementären Chromosomenabschnitt, so kann man die entsprechenden Stellen auf dem Chromosom im Fluoreszenzmikroskop anhand ihrer Farbe erkennen.
In einem Präparat können gleichzeitig eine Reihe verschiedener Gensonden eingesetzt werden. Diese können mit dem gleichen oder zum Hervorheben von Strukturen andersfarbigen Fluoreszenzfarbstoffen markiert sein. Auf diese Weise können Chromosomen unterschieden werden (Abb. 158.2).
Die FisH-Methode findet in der Humangenetik beispielsweise Anwendung, wenn der Verdacht auf eine Deletion von Chromosomenabschnitten besteht. So beruht das Katzenschreisyndrom auf einer Deletion des kurzen Arms des Chromosoms 5.

a) Erstellen Sie ein Fließdiagramm zum Vorgehen bei einer FisH.
b) Erklären Sie, wie man mithilfe von nur fünf Fluoreszenzfarbstoffen die Chromosomen des Menschen in dem obigen Karyogramm unterscheiden kann.
c) Skizzieren Sie, wie man das Katzenschreisyndrom mittels FisH nachweisen könnte.

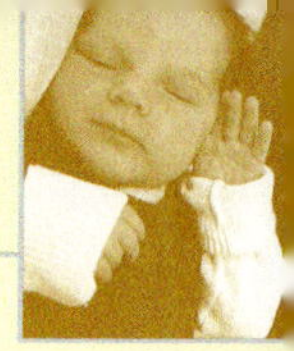

5 Erstellen eines Familienstammbaums

In einer Familienchronik wird ein Erbleiden wie folgt vererbt: Mein Vater (1) hat dasselbe Erbleiden wie ich, meine Mutter (2) und eine meine Schwestern (6) hingegen nicht. Meine andere Schwester (7) sowie deren Mann (8) waren ebenfalls krank. Die letztgenannte Schwester (7) hatte einen Sohn (11), der von dem Erbleiden betroffen war, aber sie hatte eine Tochter (12), die gesund war. Ich (5) habe einen Sohn (9) und eine Tochter (10), die beide, wie meine Frau (4) gesund sind. Meiner Mutter Bruder (3) war ebenfalls krank, obwohl meine Mutter (2) wie schon erwähnt, gesund war.

a) Stellen Sie die genannte Familienchronik in einem Phänotypenstammbaum dar.
b) Erklären Sie anhand des Familienstammbaumes, wie das Erbleiden vererbt werden kann und geben Sie alle möglichen Genotypen der erwähnten Personen an.
c) „Meine Tochter (10) möchte einen gesunden Mann heiraten und Kinder bekommen."
Begründen Sie anhand eines Erbschemas, mit welcher Wahrscheinlichkeit aus dieser Ehe gesunde Kinder zur Welt kommen werden.

6 Vererbung eines Defekts im Reparatursystem

Der folgende Stammbaum zeigt das Auftreten eines erblichen Defekts im Reparatursystem der DNA beim Menschen.

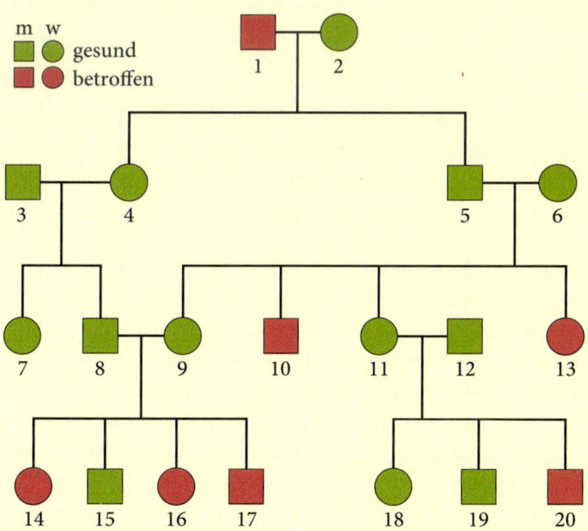

159.1 Familienstammbaum

a) Leiten Sie aus dem Stammbaum 159.1 den Vererbungsmodus ab und geben Sie die möglichen Genotypen der Personen 1, 2, 4, 8, 15 und 17 an.
b) Zeigen Sie anhand des Stammbaumes, weshalb es aus genetischer Sicht nicht ratsam ist, wenn verwandte Paare Kinder bekommen.

7 Vererbung der DUCHENNE-Muskeldystrophie

Die DUCHENNE-Muskeldystrophie (DMD) ist eine Erkrankung des muskulären Bewegungsapparates mit Muskelschwäche und Muskelschwund als Symptomen. Ursache ist bei ca. 60 % der Erkrankten eine Deletion, bei 6 % eine Duplikation von Abschnitten im Gen des Muskelproteins Dystrophin.

Von den Personen des Stammbaums in Abbildung 159.2 (I-1 bis III-4) wurde jeweils genomische DNA isoliert und mit einem bestimmten Restriktionsenzym geschnitten. Die DNA-Fragmente wurden durch Gel-Elektrophorese aufgetrennt, dann denaturiert und auf ein Trägermaterial übertragen und dort fixiert. Für den Nachweis der Dystrophin-Allele wurde eine markierte Dystrophin-Gensonde eingesetzt. Die DNA-Fragmente der Allele 1 und 2 lassen sich als einzelne Banden nachweisen (Abb. 159.3).

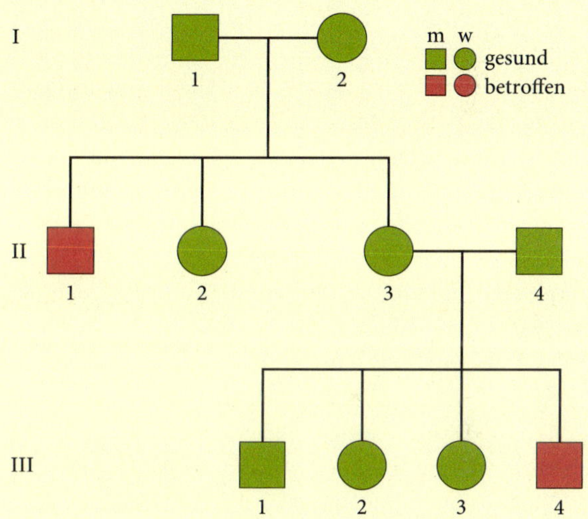

159.2 Stammbaum einer Familie mit DMD

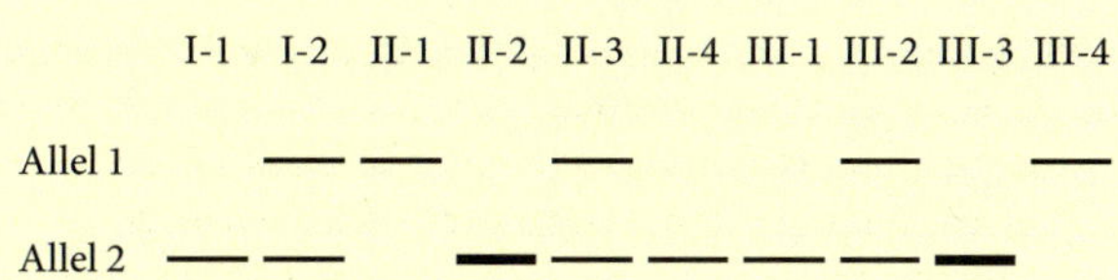

159.3 Autoradiogramm zum Nachweis der Dystrophin-Allele 1 und 2

a) Leiten Sie aus 159.2 die möglichen Vererbungsmodi der DMD-Krankheit ab und geben Sie alle möglichen Genotypen der Personen I-1, I-2, II-1, II-3 und III-3 an.
b) Leiten Sie den tatsächlichen Vererbungsmodus der Erkrankung aus Abbildung 159.3 ab.
c) Identifizieren Sie die molekularbiologische Ursache der Erkrankung mithilfe der Abbildung 159.3.

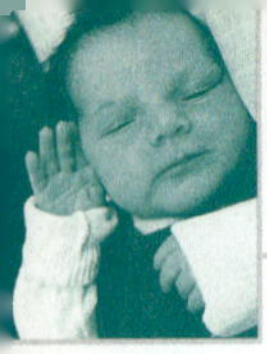

4 Genetische Beratung

4.1 Entwicklung des Menschen

Die Eizelle des Menschen hat einen Durchmesser von 0,1 mm und besitzt kaum Reservestoffe. Die Zygote wird während ihrer Entwicklung deshalb von außen versorgt. Eine Gruppe der Säugetiere, zu der auch der Mensch gehört, war in der Evolution unter anderem deshalb erfolgreich, weil sich die Entwicklung der Zygote geschützt im Körper der Mutter vollzieht. Sie erfolgt in der Gebärmutter, dem **Uterus.** Die Versorgung der weiteren Entwicklungsstadien wird über den Mutterkuchen gewährleistet, die **Plazenta**. Entsprechend heißt diese Gruppe der Säuger Plazentatiere.

In den Eierstöcken der Frau reifen jeden Monat Follikel über Zwischenstufen bis zum GRAAFschen Follikel heran ① (Abb. 160.1). Während des Eisprungs wird die erste Reifeteilung der Meiose beendet ②. In diesem Stadium verharrt die Eizelle, bis sie im Eileiter besamt wird ③. Dadurch wird die zweite Reifeteilung initiiert, auf die dann die Verschmelzung der beiden Kerne folgt ④. Nach dieser Befruchtung folgen die ersten mitotischen Furchungsteilungen ⑤. Durch Flimmerhärchen in den Eileitern wird der sich weiter teilende Keim oder **Embryo** (gr., Leibesfrucht) zur Gebärmutter transportiert. Dort kommt er im Morulastadium an ⑥. In der Gebärmutter entwickelt sich ein spezielles Stadium der Säugetiere, die **Blastocyste** ⑦ (gr. *blastos,* Keim; lat. *cystis,* Blase).
Blastocysten sind zweigeteilt. Außen liegt der einschichtige **Trophoblast** (gr. *trophos,* Nahrung), der in die Uterusschleimhaut einwächst (Abb. 160.2 A).

Die Oberfläche des Trophoblasten wird durch zahlreiche Fortsätze vergrößert, die Zotten. Diese werden von mütterlichem Blut umspült. Dadurch erfolgt der Stoffaustausch, der die Versorgung des Embryos sichert. Später sind die Zotten auf den Bereich um die Nabelschnur reduziert und bilden dort zusammen mit der Gebärmutterschleimhaut die Plazenta.

Dem Trophoblasten liegt innen am animalen Pol der Blastocyste der **Embryoblast** an, aus dem sich der Embryo entwickelt (Abb. 160.2 A). Etwa am achten Tag der Entwicklung entsteht zwischen Tropho- und Embryoblast die Amnionhöhle. Aus der Blastocystenhöhle bildet sich der Dottersack. Am 14. Tag der Entwicklung ist der Embryo etwa 1 Millimeter groß und besteht aus Ektoderm und Entoderm. Die Einnistung ist nun abgeschlossen.
Zwischen 14. und 19. Tag vollzieht sich die Gastrulation, durch die das Mesoderm als drittes Keimblatt entsteht. Aus dem embryonalen Darm entsteht die Allantois. Sie trägt mit ihren Blutgefäßen zur Durchblutung der Plazenta bei.

Bis zur zehnten Schwangerschaftswoche sind beim Embryo die wesentlichen Organe und Organsysteme angelegt. Die weitere Entwicklung ist vor allem durch Wachstum und Ausreifung gekennzeichnet. Der Embryo heißt von nun an **Fetus** (lat. Leibesfrucht). Nach neun Monaten ist dessen Entwicklung abgeschlossen (Abb. 160.2 B).

1 Beschreiben Sie die Entwicklung einer Eizelle vom Eisprung bis zur Einnistung.

2 Erläutern Sie die Unterschiede zwischen Embryo und Fetus.

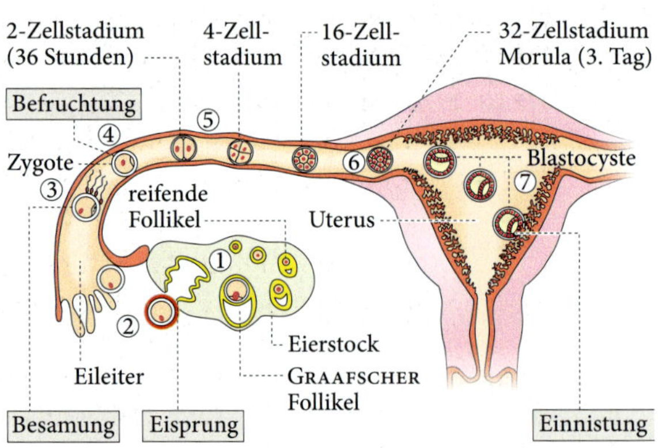

160.1 Vom Eisprung zur Einnistung

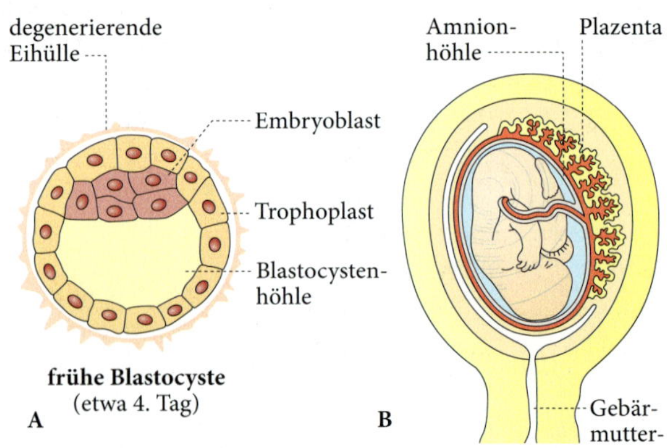

160.2 Menschliche Entwicklung.
A Blastocyste; **B** nach neun Monaten

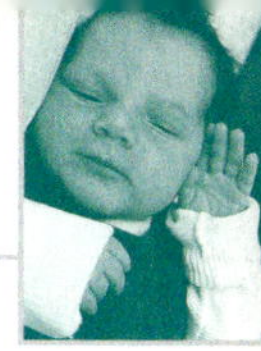

Exkurs

Medikamente und Drogen in der Schwangerschaft

In den späten 1950er und beginnenden 1960er Jahren wurden in Deutschland vermehrt Kinder mit verkürzten und deformierten Gliedmaßen geboren. Bald wurde der Wirkstoff Thalidomid im Schlafmittel Contergan als Ursache dieser Missbildungen und somit als teratogen (gr. keimschädigend) identifiziert. Etwa 4000 Kinder sind in Deutschland von Contergan-verursachten Missbildungen betroffen. Viele von ihnen haben gelernt, durch den Einsatz ihrer Füße fehlende Arme und Hände auszugleichen. Dies führte mit zunehmendem Alter wegen Überbelastung jedoch häufig zu Schmerzen und Deformationen, sodass viele Betroffene sich jetzt in ärztlicher Behandlung befinden. Selbstverständlich war Contergan zuvor getestet worden und hatte im Tierversuch keine Nebenwirkungen gezeigt. Weiterhin traten die Schädigungen bei Menschen nur dann auf, wenn Thalidomid in einem sehr frühen Stadium der Schwangerschaft eingenommen wurde. Dann reichten jedoch kleine Wirkstoffmengen über einen kurzen Zeitraum.

Dieses bedauernswerte Unglück half, die menschliche Entwicklung besser zu verstehen: Durch Verknüpfung der aufgetretenen Missbildungen mit dem Einnahmezeitpunkt des Thalidomids war erstmals eine zeitliche Zuordnung der jeweiligen Festlegungsphasen des Embryos möglich (Abb. 161.1). Weiterführende Experimente ergaben, dass die sensiblen Phasen von Tieren, in denen Missbildungen entstehen, oft nicht mit denen des Menschen übereinstimmen. Deshalb dürfen Ergebnisse aus Tierversuchen nur bedingt auf Menschen übertragen werden.

Neben Medikamenten können auch Drogen die Plazenta passieren. Alkoholkonsum während der Schwangerschaft ist die häufigste vermeidbare Ursache für körperliche und geistige Fehlentwicklungen von Kindern. Jedes Jahr werden Tausende von Kindern mit Fetalen-Alkohol-Spektrum-Störungen (FASD) geboren. Unter diesem Titel werden alle alkoholbedingten Entwicklungsstörungen zusammengefasst.

Wenn eine Schwangere in sensiblen Phasen der Embryonalentwicklung Alkohol konsumiert, können Ethanol und sein Abbauprodukt Acetaldehyd embryonale Zellteilungen sowie das Zellwachstum hemmen. Von der vierten bis zur sechsten Woche ist davon die Gesichtsentwicklung des Embryos betroffen, beispielsweise mit einer dünneren Oberlippe und einem kürzeren Nasenrücken. Zu einem späteren Zeitpunkt wird die Gehirnentwicklung gestört: Es kommt zur **Mikrocephalie** (gr. *kephalos*, Kopf) mit Fehlfunktionen des Zentralnervensystems und verminderter Intelligenz. In Deutschland zeigen etwa ein Prozent aller Neugeborenen FASD.

Auch Zigarettenkonsum beeinflusst die Embryonalentwicklung. Raucherinnen haben ein deutlich erhöhtes Risiko von Fehl- und Totgeburten. Raucher haben deutlich mehr Kohlenmonoxid im Blut. Dies führt zu einer verminderten Sauerstoffversorgung des Fetus. Nikotin führt zu einer leichten Kontraktion des Uterus und damit zu einer Mangeldurchblutung der Plazenta. Dadurch vergrößert sich das Defizit in der Sauerstoffversorgung des Fetus weiter. Daraus folgt beispielsweise ein deutlich niedrigeres Geburtsgewicht. Außerdem ist auch das Risiko einer Frühgeburt deutlich erhöht.

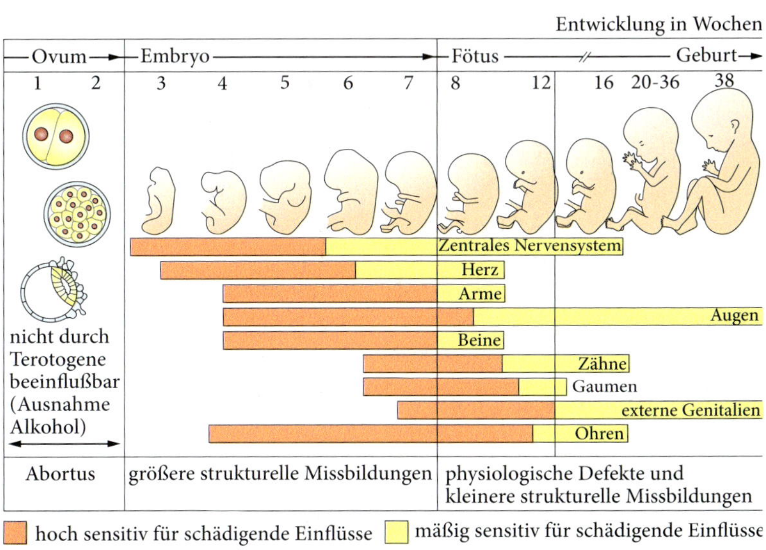

161.1 Entwicklungsphasen des Embryo

1 Beurteilen Sie den Einsatz von Tierexperimenten zur Überprüfung der Wirksamkeit von Medikamenten am Beispiel des Thalidomids.

2 Erläutern Sie die Bedeutung von Missbildungen für die Aufklärung sensibler Phasen in der Embryonalentwicklung.

3 Bewerten Sie Alkohol- und Nikotinkonsum während einer Schwangerschaft.

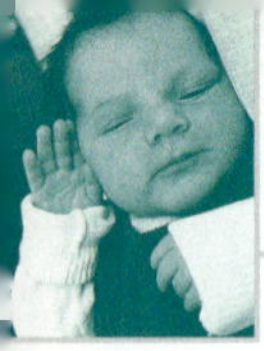

4.2 Diagnostik und Risikoabschätzung

Etwa zwei Prozent aller Lebendgeborenen in den Industrienationen leiden an einer genetisch bedingten Fehlbildung oder Behinderung. Daher haben werdende Eltern zunehmend den Wunsch, über genetische Risiken ihres Nachwuchses aufgeklärt zu werden, wenn zum Beispiel:

- in deren Verwandtschaft Erbkrankheiten auftreten oder sie selbst eine Erbkrankheit haben;
- gesunde Eltern bereits ein Kind mit einer Erbkrankheit haben;
- die Partner entfernt miteinander verwandt sind;
- die Frauen vor oder während einer Schwangerschaft therapeutisch bestrahlt wurden, mutagene Medikamente oder Suchtmittel, wie beispielsweise Alkohol oder Nikotin, eingenommen haben;
- die Mütter zu Beginn der Schwangerschaft eine Virusinfektion, wie etwa Röteln, durchlitten haben;
- die Frauen älter als 35 Jahre sind oder die Paare zusammen älter als 75 Jahre sind;
- die Frauen schon eine ungeklärte Fehlgeburt hatten.

Diese Aufgabe übernehmen genetische Beratungsstellen. Dafür ausgebildete Fachärzte schätzen das Risiko ein, ein Kind mit einer genetisch bedingten Erkrankung zu bekommen. Bereits vor dem Eintritt einer Schwangerschaft kann anhand eines Familienstammbaumes der Erbgang einer Erkrankung ermittelt und eine Risikoabschätzung vorgenommen werden. Diese Beratung ist grundsätzlich freiwillig und die letztliche Entscheidung bezüglich des Kinderwunsches liegt ausschließlich bei den Eltern.

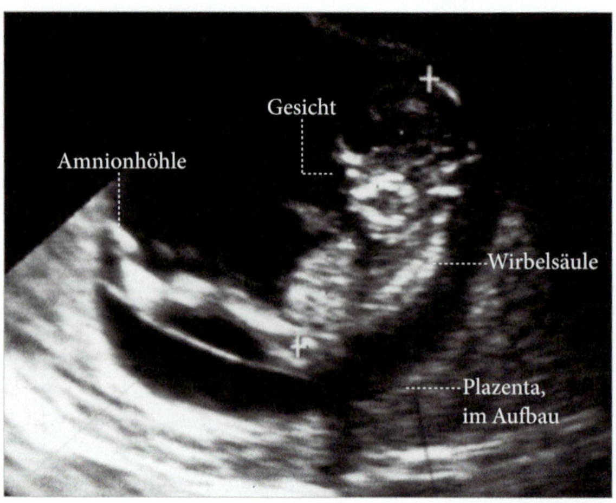

162.1 Fetus im Ultraschall in der 11. Schwangerschaftswoche

Die genetische Beratung soll den Eltern helfen, in ihrer Familienplanung zu einer Entscheidung zu kommen, die mit ihren ethischen und religiösen Wertevorstellungen vereinbar ist. Dabei werden verschiedene Methoden herangezogen, um zu einer möglichst exakten Diagnose zu gelangen: Zunächst werden die Befunde der Ratsuchenden und ihrer Angehörigen erhoben und daraus ein Familienstammbaum erstellt. Ist in einer Familie das Auftreten einer erblich bedingten Krankheit nachgewiesen, so kann aufgrund des Stammbaumes das Risiko eines erneuten Auftretens berechnet werden. Liegt ein autosomal-rezessiver Erbgang vor, beträgt es zum Beispiel für Geschwister von Kranken 25 Prozent. Bei der Anwendung der MENDELschen Regeln muss jedoch eines bedacht werden: Der Zufall hat kein Gedächtnis. Die Zygotenbildung ist jedesmal ein unabhängiges Ereignis, und ihr Genotyp ist unbeeinflusst vom Genotyp älterer Geschwister.

Eine wesentliche Rolle in der genetischen Beratung spielt heute die **pränatale Diagnostik** (lat. *prä,* vor; *natus,* Geburt). Ihr Ziel ist die Erkennung genetisch bedingter Krankheiten und Fehlbildungen sowie von Chromosomenanomalien beim Fetus. Es werden **invasive** (lat. *invadere,* eindringen) und **nicht-invasive Methoden** unterschieden:
Eine wichtige nicht invasive Methode ist die **Ultraschalluntersuchung** (Abb. 162.1). Sie ist ein Teil der Vorsorgeuntersuchungen bei Schwangeren und wird routinemäßig in der frühen, mittleren und späten Schwangerschaftsphase durchgeführt. Ultraschallwellen sind nicht hörbare Schallwellen. Sie werden von Geweben unterschiedlich reflektiert und machen so Strukturgrenzen auf einem Bildschirm sichtbar. Durch Ultraschalluntersuchungen können das Wachstum und bei richtiger Lage des Fetus das Geschlecht, sowie mögliche Fehlbildungen des Fetus kontrolliert werden. Dieses Verfahren birgt kein bekanntes Risiko für den Fetus oder die Mutter.

Ab der 14. Schwangerschaftswoche lässt sich im Blut der Mutter das fetale **Alpha-Fetoprotein** nachweisen. Eine erhöhte Konzentration dieses Stoffes deutet auf ein verstärktes Risiko für eine schwere Wirbelsäulenerkrankung beim Fetus hin, der *Spina Bifida,* bei der in schweren Fällen das Rückenmark offenliegt. Das geringe Risiko dieser Untersuchung für Mutter und Kind geht mit der oftmals schwierigen Interpretation der Testergebnisse einher.

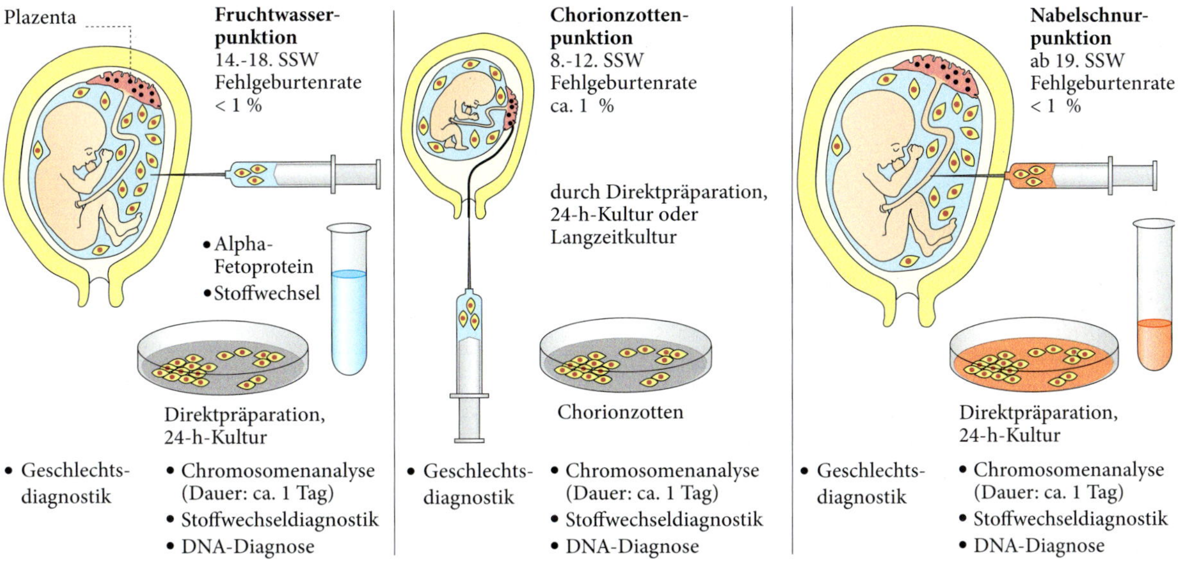

163.1 Invasive pränatale Diagnostik im Vergleich (SSW = Schwangerschaftswoche)

Weitaus aussagekräftiger sind die invasiven Methoden der pränatalen Diagnostik. Dabei werden fetale Zellen entnommen. Seit etwa 1960 wendet man zur Gewinnung solcher Zellen die **Fruchtwasserpunktion** oder Amniozentese an. Diese Methode wird zwischen der 14. und 18. Schwangerschaftswoche angewendet, da erst dann genügend Fruchtwasser vorhanden ist. Durch die Bauchdecke und Gebärmutter hindurch werden unter Ultraschallkontrolle und örtlicher Betäubung mit einer Kanüle aus der Fruchtblase etwa zwanzig Milliliter Fruchtwasser entnommen. Durch biochemische Untersuchungen des Fruchtwassers lassen sich Stoffwechselerkrankungen des Fetus, wie zum Beispiel die Mukoviszidose, diagnostizieren. Im Fruchtwasser sind auch immer abgestoßene lebende fetale Zellen enthalten. Mit ihnen können bestimmte enzymatische Tests, Chromosomenanalysen und Gentests durchgeführt werden. Nach Durchführung einer FisH-Untersuchung (→ S. 158) oder Real-Time PCR (→ S. 54)liegt das Diagnoseergebnis, etwa auf Trisomie 21 oder eines Gentests auf Chorea-HUNTINGTON, binnen 24 Stunden vor.

Eine neuere Technik ist die **Chorionzottenpunktion**. Dabei wird unter Ultraschallkontrolle fetales Gewebe durch die Scheide von der Plazenta abgesaugt. Weil die Zellen der Chorionzotten sich schnell vermehren, befinden sich genügend von ihnen im Mitosestadium. Damit kann unmittelbar eine Chromosomenanalyse in Form eines Karyogramms durchgeführt werden. Ein Ergebnis liegt ebenfalls binnen weniger Stunden vor. Als Vorteil gegenüber der Amniozentese kann sie bereits in der achten Schwangerschaftswoche durchgeführt werden. Als Nachteil erweist sich die etwas höhere Fehlgeburtenrate.

Unklare Ergebnisse der geschilderten Methoden der pränatalen Diagnose oder eine Infektion des Fetus können durch eine **Nabelschnurpunktion** abgeklärt werden. Ab der 19. Schwangerschaftswoche ist die Nabelschnur dick genug, um fetales Blut für eine Untersuchung entnehmen zu können. Das ist aber sehr spät für den Fall eines Schwangerschaftsabbruchs.

Inzwischen wurde eine Methode entwickelt, fetale Zellen aus dem Blut der Mutter zu isolieren und nach Kulturnahme zu untersuchen. Auch pränatale Operationen etwa bei Kindern mit *Spina Bifida* oder einem Herzfehler sind bereits möglich.

Zu einer genetischen Beratung gehört auch, die Ratsuchenden über die Risiken der invasiven pränatalen Diagnostik aufzuklären. Infektionen der Mutter oder Verletzungen des Fetus sind möglich und sie können eine Fehlgeburt auslösen. Man wird also nur dann zu einer invasiven Methode der pränatalen Diagnostik greifen, wenn deutliche Hinweise auf ein erhöhtes Risiko für eine Erkrankung des Fetus vorliegen. Wird eine schwerwiegende Schädigung festgestellt, so liegt es im alleinigen Ermessen der Eltern, einem gesetzlich zulässigen Schwangerschaftsabbruch zuzustimmen.

1 Vergleichen Sie die Methoden der invasiven pränatalen Diagnostik.

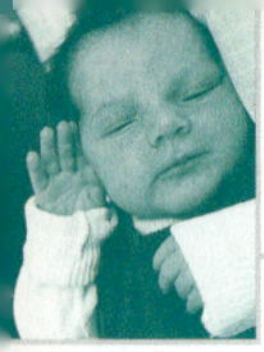

Exkurs

Gendiagnose – Bedeutung für die Betroffenen

Krebs ist eine komplexe Krankheit mit bislang über 250 bekannten genetischen Ursachen. Ob ein Medikament gut oder weniger gut wirkt, hängt in vielen Fällen davon ab, welche genetischen Varianten bei einem Patienten vorliegen. Viele der heutigen Krebsmedikamente haben noch Nebenwirkungen. Um Krebs effektiver behandeln zu können, müssten die Medikamente auf das Genom der Patienten abgestimmt sein. Ein Verfahren zur **Gendiagnose** etwa mittels Genchip (→ S. 155), kann über die individuellen genetischen Ursachen einer Krebserkrankung Aufschluss geben. Ein Patient erhält dann die für ihn geeignete Dosierung eines gezielt wirkenden Medikaments und damit die Aussicht auf einen höheren Therapieerfolg. Gendiagnose-Verfahren verzahnt mit gezielt wirkenden Medikamenten führen so zu einer zunehmend **personalisierten Medizin.** Erste Medikamente, wie etwa der Antikörper Herzeptin®, der auf molekularer Ebene zielgenau bestimmte Brustkrebszellen ausschaltet, sind bereits erhältlich.

Jede neue Technik bringt Chancen mit sich, birgt meist aber auch Risiken. So können auch zukünftige Erkrankungsrisiken, etwa genetische Dispositionen für Krebs, erkannt werden. Die Gendiagnostik zur Identifizierung von Krebs auslösenden Genen erlaubt eine frühzeitige Risikoabschätzung für Personen, in deren Familien gehäuft bestimmte Krebsarten auftreten. Die Aussagekraft von genetischen Dispositionen ist allerdings begrenzt. Selbst wenn eine Disposition für Brustkrebs gefunden wird, heißt das noch lange nicht, dass Betroffene sich vorsorglich die Brüste entfernen lassen sollten. Manche Frauen mit den entsprechenden „Risikogenen" erkranken nie an Brustkrebs. Wird andererseits keines dieser Risikogene gefunden, ist die Getestete noch lange nicht vor der Krankheit gefeit.

Mittels Gendiagnose können bereits pränatal monogene Erbkrankheiten wie Mukoviszidose (→ S. 153) oder Chorea HUNTINGTON (→ S. 156) diagnostiziert werden. Der Mukoviszidose liegen mehr als 1500 verschiedene Mutationen im Gen zugrunde. Für die häufigste Mutation, die etwa 70 Prozent der Erkrankungen verursacht, existiert ein Gentest. Ein pränataler negativer Befund schließt daher seltenere Mutationen im Mukoviszidose-Gen nicht aus und damit auch nicht das Auftreten der Krankheit.

Entscheidend bei einer Untersuchung auf schwere erbliche Erkrankungen, vor allem, wenn sie vor dem Auftreten erster Symptome gemacht wird, ist eine ausführliche Beratung in einer humangenetischen Beratungsstelle. Findet diese nicht statt, werden Ratsuchende durch die Tests oft zu Unrecht in Panik versetzt, enorme psychologische Probleme können auftreten. Ein Beispiel ist der Nachweis eines Allels der dominant vererbten und mit Sicherheit zum Tode führenden Chorea HUNTINGTON. Die Krankheit kann durch den Gentest diagnostiziert werden. Dies führt bei den Ratsuchenden zu einem Dilemma: Einerseits kann die quälende Unsicherheit unerträglich sein, andererseits hilft ein positiver Befund auch nicht weiter, weil die Krankheit nicht heilbar ist. Zudem gibt der Gentest Aufschluss über das Erkrankungsrisiko von Eltern und Geschwistern. Extreme Gewissensnöte bei der Frage, ob dies ein Betroffener seinen Eltern mitteilen sollte, können auftreten. Aber auch dieser Gentest liefert keine Aussage über den Erkrankungszeitpunkt sowie Verlauf und Schwere der Erkrankung. Nach entsprechenden Vorgesprächen an einer Beratungsstelle machen nur noch etwa vierzig Prozent der Ratsuchenden den Gentest.

1 Erläutern sie, welche Bedeutung eine Gendiagnose für Heterozygote bei rezessiv vererbten Krankheiten wie der Mukoviszidose hat.

2 Diskutieren Sie Missbrauchsmöglichkeiten der Gendiagnose anhand des Cartoons.

3 Erläutern Sie, inwiefern die Gendiagnose mit dem Recht auf Nichtwissen in Konflikt kommen kann.

164.1 Informationen für alle?

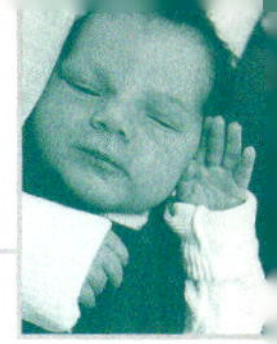

Exkurs

Abtreibung – ja oder nein?

1974 wurde in Deutschland der alte § 218, der Abtreibungen unter Strafe stellte, novelliert und durch die Fristenlösung ersetzt. Diese ließ einen Schwangerschaftsabbruch während der ersten drei Monate grundsätzlich straflos. Diese Fristenregelung wurde 1975 für verfassungswidrig erklärt und von der Indikationsregelung (lat. *indicare,* anzeigen) abgelöst. Nun sollte ein Schwangerschaftsabbruch innerhalb bestimmter Fristen straffrei bleiben, wenn medizinische, kriminologische (Schwangerschaft durch Gewaltanwendung oder -androhung) oder soziale Gründe vorliegen. 1995 wurde die Indikationsregelung nochmals überarbeitet. Seither gilt, dass der Schwangerschaftsabbruch nicht als Tötungsdelikt verfolgt wird, wenn

- Gefahr für das Leben der Mutter besteht (ohne Frist);
- das Kind mit mindestens 50 Prozent Wahrscheinlichkeit eine nicht heilbare, schwerwiegende Schädigung aufweist (bis 22. Woche);
- sexueller Missbrauch vorliegt (bis 12. Woche);
- sich die Schwangere zur Abtreibung entschließt und bei einer staatlich anerkannten Stelle eine entsprechende Beratung nachweisen kann (bis 12. Woche).

Seit 2000 ist die Zahl der Abtreibungen in Deutschland leicht rückläufig (Abb. 165.1). Neue Untersuchungsmethoden erlauben immer genauere Aussagen zu eventuellen Behinderungen von Embryonen. Dadurch wird die Entscheidung für einen möglichen Schwangerschaftsabbruch vielfach aber eher schwieriger als einfacher.
In den 1960er Jahren wurde die „Anti-Baby-Pille" eingeführt. Man nahm damals an, dass die Zahl der ungewollten Schwangerschaften durch die einfachere Verhütung deutlich zurückgehen würde. Trotzdem gab es weiterhin ungewollte Schwangerschaften.

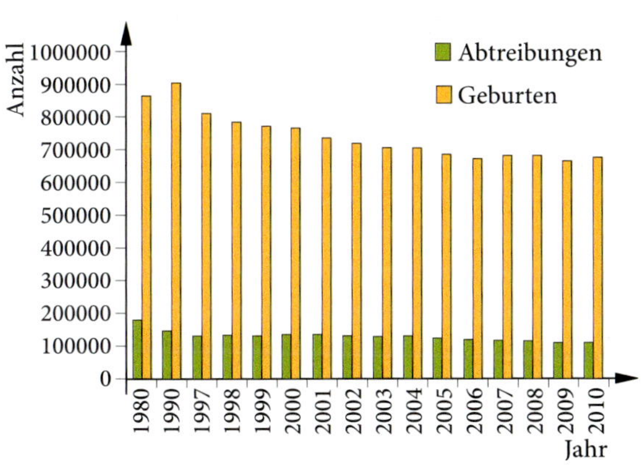

165.1 Abtreibungen und Geburten in Deutschland

1980 veröffentlichte der Österreicher Georg DANZER das Lied „Deppert's Kind". Der Originaltext wurde ins Hochdeutsch übertragen:

Jetzt bist Du schon fünf Jahre alt
und redest immer noch kein einziges gescheites Wort
Du liegst im Bett und starrst an die Decke
und es geht Dir weder schlecht noch gut
manchmal schaust Du mich so komisch an
dass ich mir so gar nicht helfen kann
Deppert's Kind
Deppert's Kind

Ich frag mich immer wieder, was so vorgeht
hinter Deiner kleinen Stirn
und ob da nicht eine Art von Weisheit drinsteckt
die wir alle nicht kapieren
die meisten sagen halt, Du bist blöd
so einfach mache ich mir das nicht
Deppert's Kind
Deppert's Kind

Herrgott, warum hast Du mich gestraft
Herrgott, warum hast Du mich gestraft

Jetzt gibt's da Leute, die sagen, einem solchen
armen Kind sollte man eine Spritze geben
doch alles, was auf der Welt ist, hat einen Sinn
und deshalb auch ein Recht zum Leben
Ich geb Dich niemals von mir fort
Ich lass nicht zu, dass Dir wer was tut
Deppert's Kind
Deppert's Kind

1 Werten Sie die Abbildung aus.

2 Beschreiben Sie den Standpunkt Georg DANZERS zum Thema „behindertes Kind".

3 Leiten Sie daraus einen Standpunkt zum Thema Abtreibung ab.

4 Bewerten Sie folgende Aussage: In einem reichen Land wie Deutschland sollte es eine Indikation aufgrund einer sozialen Notlage gar nicht geben.

5 „Ungewollte Schwangerschaften, ausgenommen aufgrund sexuellen Missbrauchs, kann es beim heutigen Aufklärungsstand gar nicht mehr geben." – „Ein Schwangerschaftsabbruch kann keine weitere Verhütungsmethode sein".
Diskutieren Sie diese Thesen im Kurs.

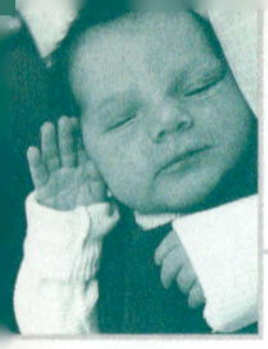

4.3 Gentherapie beim Menschen

Ashanti DeSilva litt seit ihrer Geburt im Jahre 1986 immer wieder unter sehr hohem Fieber, häufigem Erbrechen und konnte keine Nahrung bei sich behalten. Da sich ihr Gesundheitszustand ständig verschlechterte, wandten sich die Eltern immer wieder an verschiedene Ärzte, aber ohne Erfolg. Im ersten Lebensjahr, nach einer routinemäßigen Schutzimpfung, starb DeSilva sogar beinahe. Im zweiten Lebensjahr wurde endlich erkannt, dass sie unter einer Mutation des Chromosoms 20 leidet, woraus der Mangel des Enzyms Adenosin-Desaminase resultiert. Dieses Enzym baut normalerweise im Körper Adenosin ab. Eine zu geringe Konzentration dieses Enzyms führt zu einer Anreicherung von Adenosin im Körper, die die Zerstörung verschiedener Zellen des Immunsystems nach sich ziehen kann. Dieser Enzymmangel führte bei ihr dazu, dass ihre Leukozyten keinerlei Aktivität aufwiesen, das heißt das Immunsystem konnte seiner Aufgabe nicht nachkommen. Dieses Krankheitsbild wird ADA-SCID genannt (engl. *severe combined immune* **d***eficiency*). Sie bekam nun täglich schmerzhafte Injektionen des intaktem Enzyms, das aus Rindern gewonnen wurde.

Wegen der Nebenwirkungen ist diese Maßnahme zeitlich begrenzt. Deshalb war DeSilva im Alter von dreieinhalb Jahren schließlich die erste Patientin, bei der eine Gentherapie durchgeführt wurde. Der Mediziner French Anderson entnahm ihr mit seinem Team Lymphocyten, kultivierte diese und infizierte sie *ex vivo*, also außerhalb des Körpers, mit **Retroviren,** die das intakte Gen für das fehlende Enzym enthielten. Er entschied sich für Retroviren als Vektor, da diese Viren ihr Erbmaterial in das Erbgut der Wirtszelle einbauen. Somit waren mehrere Kopien des gewünschten Gens nach erfolgreichem Transfer an verschiedenen Stellen der Lymphocyten-DNA integriert. Am 14. September 1990 injizierte Anderson nun etwa eine Milliarde gentechnisch veränderter Leukozyten. Die Behandlung zeigte Erfolge, muss allerdings in regelmäßigen Abständen wiederholt werden, da die injizierten Lymphocyten, wie die eigenen Körperzellen auch, nach einiger Zeit absterben. Durch die regelmäßigen Injektionen kann DeSilva seitdem ein normales Leben führen.

Im Jahre 1999 gelang es Alain Fischer und seinem Forscherteam in Paris, Kinder, die an einer anderen Form von SCID leiden, mittels einer gentherapeutischen Methode zu behandeln. Bei dieser Gentherapie entnahm das Team um Alain Fischer Stammzellen aus dem Knochenmark der Patienten und infizierte diese ebenfalls mit Retroviren, die das intakte Gen enthielten. Sie wurden kultiviert und schließlich wieder injiziert. Insgesamt stellt diese Methode eine Weiterentwicklung der Gentherapie dar, da nun Knochenmarkstammzellen, aus denen sich Lymphocyten bilden, gentherapeutisch verändert wurden. Die

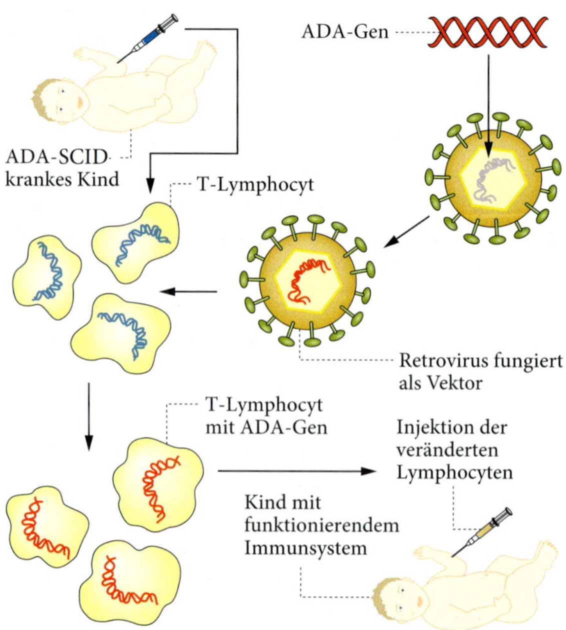

166.1 Gentherapieverfahren bei Ashanti DeSilva

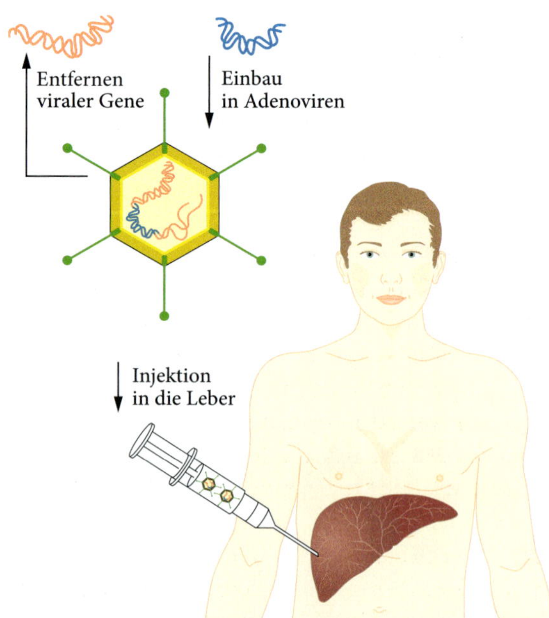

166.2 Gentherapieverfahren bei Jesse Gelsinger

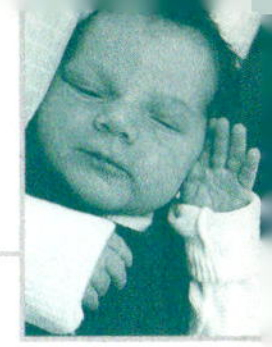

Kinder mussten sich daher nur einer Injektion mit veränderten Zellen unterziehen und schienen danach geheilt.
Seit 2002 sind allerdings mehrere der von Alain FISCHER behandelten Kinder an Leukämie erkrankt, die sich als Nebenwirkung der Gentherapie herausstellte. Die Ursache hierfür liegt im Einsatz der Retroviren. Der Einbau des therapeutischen Gens durch Retroviren an verschiedene Stellen des Wirtsgenoms ist nicht steuerbar. Dies kann immer dann gefährlich werden, wenn Kopien des therapeutischen Gens wichtige Steuerungsgene stören und so Krebs auslösen können. Aufgrund dieser Problematik wurden 2002 in Deutschland alle Versuche mit Retroviren eingestellt.

Hier wird ein zentrales Problem für eine erfolgreiche Gentherapie deutlich. Nach wie vor suchen Forscher nach einem geeigneten Vektor, der die Ziel-DNA ohne Nebenwirkungen gerichtet in-vivo, also im Körper, an den Wirkort transportieren kann.
Weitere sinnvolle Kandidaten für einen solchen Vektor schienen die **Adenoviren,** die sich leicht in die Leber oder die Atemwege schleusen lassen. Da sie im Gegensatz zu den Retroviren das Erbmaterial nicht in das Wirtsgenom einbauen, können die oben geschilderten Nebenwirkungen nicht auftreten.
So wurde 1999 Jesse GELSINGER mit gentechnisch verändert Adenoviren behandelt. Bei ihm trat eine durch eine individuelle Mutation ausgelöste Störung im Proteinabbau auf, welche unbehandelt zu einer tödlichen Vergiftung durch Ammoniak führt. Allerdings konnte er sehr gut medikamentös behandelt werden. Er stellte sich freiwillig für einen gentherapeutischen Behandlungsversuch zur Verfügung. Entgegen des genehmigten Protokolls wurde eine sehr hohe Dosis an Schnupfenviren verabreicht, die direkt in die Leber injiziert wurden.
Bei Jesse GELSINGER wurde dadurch eine Nebenwirkung der Gentherapie mit Adenoviren, eine starke Immunreaktion ausgelöst, die schließlich zum Versagen einiger Organe führte. Vier Tage nach diesem Experiment verstarb der damals 18-jährige als erster Mensch an den immunologischen Folgen einer Gentherapie, weil wichtige immunologische Tests versäumt wurden.
Nach diesen Fehlschlägen werden weiterhin neue geeignete Vektoren gesucht. Eine Möglichkeit bilden adeno-assoziierte Viren, die ebenfalls viele verschiedene Zelltypen infizieren können, aber keine Immunantwort induzieren. Diese Viren bauen ebenfalls das Erbmaterial in das Genom der Wirtszelle ein.
Mittlerweile werden auch nicht-virale Vektoren auf ihre Tauglichkeit bezüglich einer Anwendung im gentherapeutischen Bereich hin untersucht. So wird beispielsweise mit künstlich hergestellten **Liposomen** experimentiert. Die therapeutischen Gene werden hier mit einer Lipidhülle umgeben, die in den Körper eingeführt werden. Ferner könnten durch sogenannte **„Nanoballs"** therapeutische Gene mit einer Proteinhülle durch die Kernporen in den Zellkern geschleust werden. Keine dieser Methoden konnte sich bis jetzt klinisch durchsetzen.

§5 Künstliche Veränderung menschlicher Keimbahnzellen

(1) Wer die Erbinformation einer menschlichen Keimbahnzelle künstlich verändert, wird mit Freiheitsstrafe bis zu fünf Jahren oder mit Geldstrafe bestraft.
(2) Ebenso wird bestraft, wer eine menschliche Keimzelle mit künstlich veränderter Erbinformation zur Befruchtung verwendet.
(3) Der Versuch ist strafbar.
(4) Absatz 1 findet keine Anwendung auf
1. eine künstliche Veränderung der Erbinformation einer außerhalb des Körpers befindlichen Keimzelle, wenn ausgeschlossen ist, dass diese zur Befruchtung verwendet wird.
2. eine künstliche Veränderung der Erbinformation einer sonstigen körpereigenen Keimbahnzelle, die einer toten Leibesfrucht, einem Menschen oder einem Verstorbenen entnommen worden ist, wenn ausgeschlossen ist, dass
   a) diese auf einen Embryo, Fetus oder Menschen übertragen wird oder
   b) aus ihr eine Keimzelle entsteht, sowie ...

167.1 Auszug aus dem Embryonenschutzgesetz (2012)

Neben der gentherapeutischen Veränderung von Körperzellen, der **somatischen Gentherapie,** könnten auch die Zellen der Keimbahn verändert werden. Dies wird dementsprechend als **Keimbahntherapie** bezeichnet. Da hierbei allerdings nicht einzelne Individuen, sondern ganze Erblinien künstlich verändert werden, ist diese Methode ethisch sehr umstritten und in Deutschland gesetzlich verboten (Abb. 167.1).

1 Vergleichen Sie tabellarisch die Möglichkeiten der Gentherapie am Beispiel von Ashanti DESILVA und Jesse GELSINGER.

2 *„Warum sollte man mit großem Zeitaufwand jeden einzelnen behandeln, wenn mit den Keimzellen gleich alle Nachkommen geheilt werden können?"*
Bewerten Sie diese Meinung zur Keimbahntherapie.

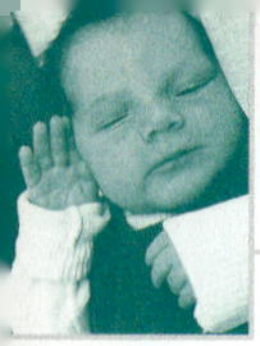

4.4 Reproduktionstechnik beim Menschen

Etwa jedes siebte Paar in Deutschland ist trotz regelmäßigen ungeschützten Geschlechtsverkehrs ungewollt kinderlos. Es liegt dann im medizinischen Sinne eine **Sterilität** (lat. *sterilis*, unfruchtbar) vor.
Dies ist häufig eine große psychische Belastung für beide Partner. So kann die nicht erfüllte Erwartung der vermeintlich „natürlichsten Sache der Welt“ bei den Beteiligten starken emotionalen Stress hervorrufen. Dieser beeinflusst wiederum die hormonelle Funktion des Körpers, wodurch das Eintreten einer Schwangerschaft erschwert werden kann. Nicht nur dieser Erwartungsdruck, sondern auch der alltägliche Stress kann eine Schwangerschaft verhindern. Aus diesem Teufelskreis können sich die Paare nicht immer ohne Hilfe befreien.

Zusätzlich wird die Erfüllung des Kinderwunsches dadurch erschwert, dass Frauen immer später ihr erstes Kind bekommen. So stieg deren Durchschnittsalter bei der Geburt des ersten Kindes in den letzten zwanzig Jahren von 26 auf 30 Jahre an. Dieser Trend ist deswegen problematisch, da für Schwangerschaften ab einem Geburtsalter von 35 Jahren die Wahrscheinlichkeit für Fehlgeburten steigt.

Neben diesen Ursachen gibt es zahlreiche organische Gründe für Kinderlosigkeit, die sowohl beim Mann als auch bei der Frau liegen können. Dann bietet die Reproduktionsmedizin verschiedene Möglichkeiten, eine Schwangerschaft zu initiieren.

Beim Mann kann die Zeugungsfähigkeit beispielsweise durch eine falsche Zusammensetzung der Spermienflüssigkeit sowie durch zu wenige oder stark deformierte Spermien beeinträchtigt sein. Ursachen dafür können in Umweltgiften, im Fructosemangel in der Spermienflüssigkeit oder zu engen Hosen liegen. Dies kann dazu führen, dass die Durchblutung der Hoden gestört wird.
Liegt lediglich ein Fructosemangel in der Spermienflüssigkeit vor, so kann das durch Masturbation gewonnene Ejakulat mit Fructose angereichert werden, um eine normale Beweglichkeit der Spermien zu erreichen.

In anderen Fällen wird das Ejakulat zunächst zentrifugiert, um die Spermien zu isolieren. Anschließend können die geeigneten Spermien mithilfe verschiedener Methoden, beispielsweise einer Säulenchromatographie, von den ungeeigneten getrennt werden. Um die Wahrscheinlichkeit einer Befruchtung zu erhöhen, werden die so gewonnenen Spermien in die Gebärmutter eingeführt, dies wird als **Insemination** bezeichnet.

Entsprechend wird durch die Gabe verschiedener Hormone die Eizellenreifung der Frau so gesteuert, dass die Insemination auf dem Höhepunkt der Empfängnisbereitschaft vorgenommen werden kann. Das Einbringen der Spermien des Partners heißt homologe Insemination. Werden jedoch die Spermien eines fremden Spenders verwendet, so spricht man von einer heterologen Insemination.

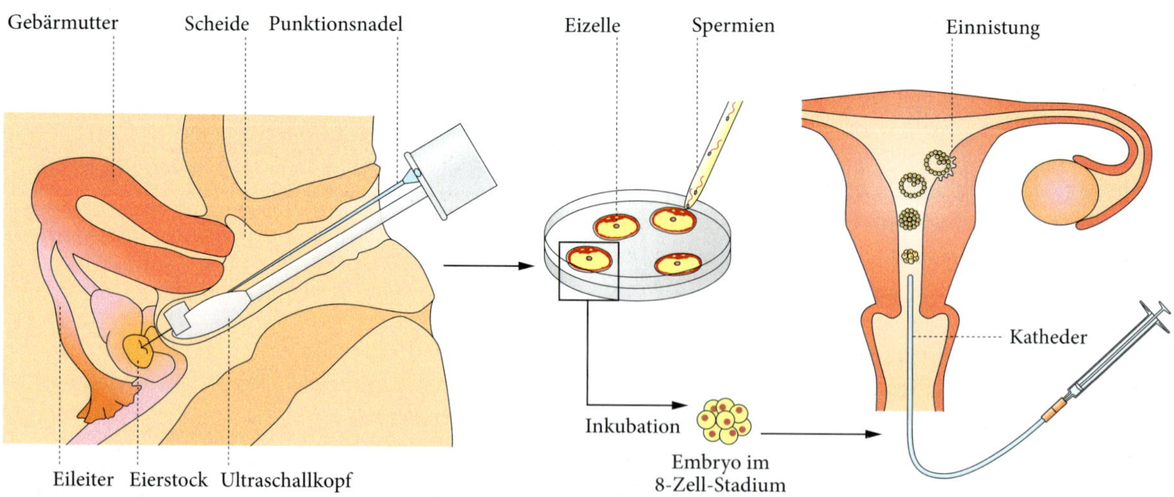

Eizellenentnahme **In-vitro-Fertilisation** **Embryonentransfer**

168.1 Verfahren der In-vitro-Fertilisation

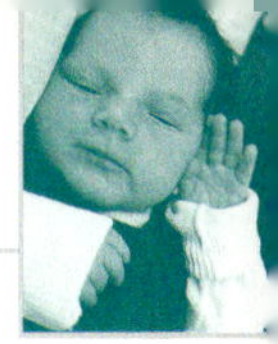

Die organischen Ursachen für eine Sterilität bei der Frau können beispielsweise eine fehlende Eireifung oder defekte Eileiter sein. In diesen Fällen kann eine „künstliche Befruchtung", eine **In-vitro-Fertilisation,** kurz **IVF,** durchgeführt werden. Erstmals wurde 1978 in England ein Kind, das mit IVF gezeugt wurde, geboren: Louise Joy Brown. Für seine Technik der künstlichen Befruchtung erhielt Robert Edwards 2010 den Nobelpreis für Medizin.

Für eine IVF benötigen Reproduktionsmediziner zunächst mehrere Eizellen, um die Erfolgsaussichten zu verbessern. Dazu nehmen Frauen verschiedene Hormone ein, durch die mehrere Eizellen während eines Zyklus heranreifen und zum Eisprung veranlasst werden. Dies wird als Superovulation bezeichnet. Die Entnahme der Eizellen erfolgt unter Ultraschallkontrolle mit einer Punktionsnadel aus dem Eierstock. Danach werden einige Eizellen mit aufbereiteten Spermien in einer Petrischale zusammen gebracht, um eine Besamung der Eizellen herbeizuführen. Nach etwa 16 bis 20 Stunden werden nun Eizellen mit zwei noch nicht miteinander verschmolzenen Vorkernen gesucht. Während der anschließenden Kultivierung der ausgewählten Zellen wird die Befruchtung abgeschlossen und es entsteht schließlich ein 8-Zellstadium, das über einen Katheter in die Gebärmutter gespült wird. Man nennt dies Embryonentransfer.

In Deutschland dürfen nach dem Embryonenschutzgesetz nicht mehr als drei Zellen im Vorkernstadium ausgewählt und anschließend eingespült werden. Auf diese Weise soll eine Schwangerschaft mit mehr als drei Kindern verhindert werden. Die übrigen Zellen im Vorkernstadium werden in flüssigem Stickstoff tiefgefroren, damit sie gegebenenfalls für eine weitere IVF zur Verfügung stehen.

Mittlerweile kann sogar ein einzelnes Spermium direkt in das Cytoplasma der Eizelle injiziert werden. Dieses Verfahren heißt **Intracytoplasmatische Spermieninjektion,** kurz **ICSI.** Die auf diese Weise befruchteten Eizellen werden ebenfalls kultiviert und anschließend per Embryonentransfer in die Gebärmutter gespült.
Wenn die Möglichkeit besteht, Eizellen außerhalb des Körpers zu befruchten, liegt es nahe, die entstandenen Embryonen vor dem Transfer in die Gebärmutter auf ihre Gesundheit zu untersuchen. Dies wird **Präimplantationsdiagnostik** genannt, kurz **PID.** Hierbei werden dem Embryo im 8- bzw. 16-Zellstadium 1 bis 2 Zellen entnommen. Diese Zellen werden zur genetischen Untersuchung von Chromosomenanomalien oder Erbkrankheiten herangezogen. Nach Abschluss dieser Untersuchungen erfolgt der Transfer der ausgewählten Embryonen in die Gebärmutter. Derzeit ist die PID in Deutschland erlaubt, wenn spezifische medizinische Indikationen bezüglich einer Erbkrankheit bei den Eltern vorliegen.
Die verschiedenen Möglichkeiten der Reproduktionstechnik können den Eindruck vermitteln, dass mittlerweile jeder Kinderwunsch erfüllbar sei. Die Realität zeigt aber, dass beispielsweise nur etwa 20 Prozent aller durchgeführten IVF und ICSI im Jahre 2007 erfolgreich verliefen. An diesen Zahlen wird deutlich, dass viele Paare sich diesen Verfahren mehrfach unterwerfen müssen, um die Wahrscheinlichkeit einer Schwangerschaft zu erhöhen. Dabei wird die Frau immer älter und die Wahrscheinlichkeit der Geburt eines Wunschkindes sinkt (Abb. 169.1).
Ferner entstehen gesundheitliche Risiken durch die Hormoneinnahmen der Frau. Diese können zu Cysten im Eierstock, Fehlgeburten oder Schwangerschaften außerhalb der Gebärmutter führen.
Da in Deutschland die biologische Mutter auch die genetische sein muss, ist hierzulande eine Eizellenspende oder eine Leihmutterschaft nicht erlaubt.

1 Erläutern Sie Gründe, warum Frauen hierzulande immer später schwanger werden.

2 Stellen Sie die Möglichkeiten der Reproduktionsmedizin hierzulande in einer Tabelle dar.

3 Bewerten Sie das Verbot der Leihmutterschaft und Eizellenspende in Deutschland.

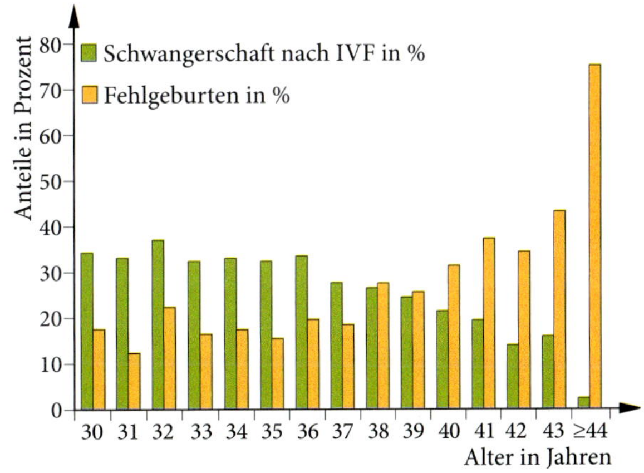

169.1 Erfolg einer IVF bezüglich des Alters der Frau (2011)

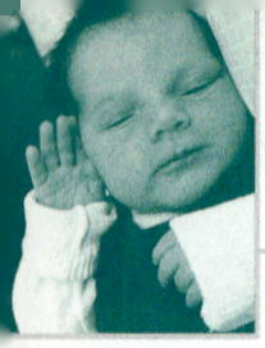

5 Stammzellenforschung

Heutzutage besteht die Möglichkeit Nabelschnurblut für Krebspatienten zu spenden oder kostenintensiv zum späteren Eigenbedarf zu konservieren. Das besondere medizinische Interesse liegt in den darin enthaltenen **Stammzellen.**

Dabei handelt es sich um besondere Zellen mit dem Potenzial, sich durch Teilungen in verschiedene Zelltypen differenzieren zu können. Die erste Stammzelle in der menschlichen Entwicklung ist die befruchtete Eizelle, aus der sich ein vollständiger Organismus differenziert. Sie wird als **totipotent** (lat. *totos,* ganz) bezeichnet. Im Verlauf der Embryonalentwicklung haben die Zellen jedoch ihre Totipotenz nach spätestens drei Zellteilungen eingebüßt. Sie können sich zwar immer noch in verschiedene Zelltypen, aber nicht mehr in einen gesamten Organismus differenzieren. Sie sind **pluripotent** (lat. *plures,* mehr). Aufgrund der Herkunft aus der Blastocyste heißen sie auch embryonale Stammzellen.

Insgesamt sind Stammzellen nicht nur zu Beginn der Entwicklung vorhanden, sondern auch im erwachsenen Organismus. So differenzieren Hautstammzellen in alle Zelltypen der Haut, wie wir nach jeder Hautverletzung erfahren können. Diese **adulten** Stammzellen heißen **multipotent** (lat. *multus,* viel).

Die Konservierung des Nabelschnurblutes wird nun in der Hoffnung vorgenommen, die enthaltenen Blutstammzellen seien nicht nur multipotent, sondern auch noch pluripotent. Nach bisherigem Kenntnisstand scheint eine Spende für Krebspatienten sinnvoll, für einen späteren Eigenbedarf jedoch nicht.

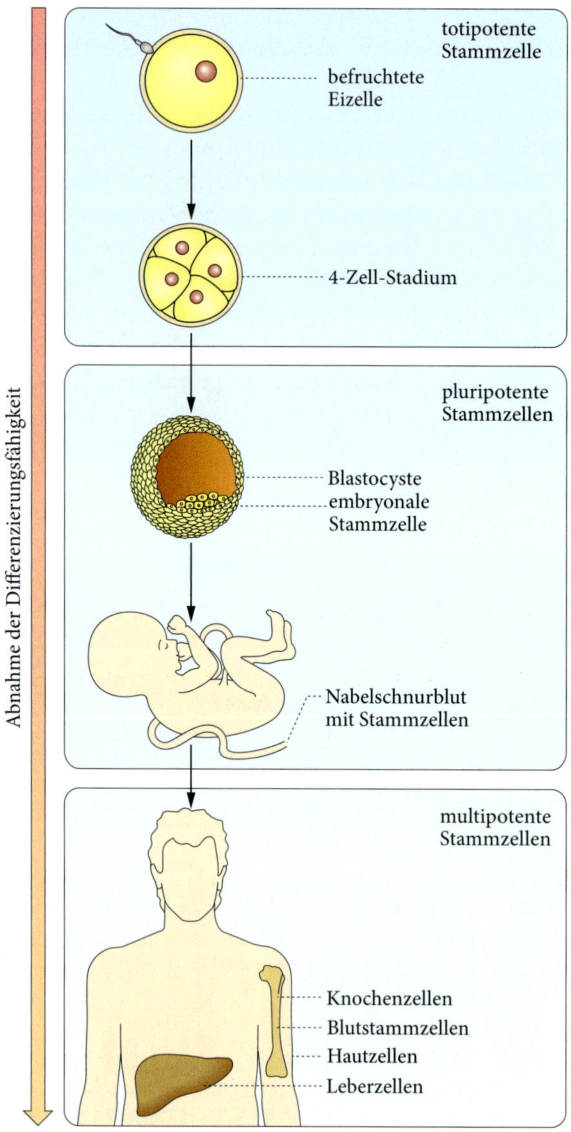

170.1 Stammzelltypen

Ihr Differenzierungspotential macht die Stammzellen für die medizinische Forschung interessant. Fernziel könnte die Züchtung verschiedener Körperzellen in-vitro sein, um geschädigte Gewebe zu ersetzen oder um als Modell zur Erforschung von Krankheiten zu dienen.

Die Verwendung von Stammzellen aus Blastocysten, die nach einer erfolgreichen IVF nicht mehr benötigt wurden, ist allerdings ethisch sehr umstritten, da der Embryo bei der Stammzellgewinnung abstirbt.

Auf der Suche nach Alternativen ohne diese ethische Problematik wird auch mit adulten Stammzellen experimentiert. Eine recht moderne Methode setzt im Erbgut der einzelnen Zellen an. Sowohl die befruchtete Eizelle als auch eine Hautzelle besitzen das gleiche genetische Material, es sind lediglich verschiedene Gene aktiv. Es liegt also nahe, nach Genen zu suchen, die in embryonalen Stammzellen aktiv sind und in differenzierten Zellen nicht mehr. Durch „Einschalten" oder Einschleusen der entsprechende Gene könnten so ausdifferenzierte Gewebezellen zu multipotenten oder pluripotenten Stammzellen **reprogrammiert** werden.

1 Erläutern Sie den Begriff der Stammzelle.

2 Erläutern Sie die Vor- und Nachteile bei der Verwendung von Nabelschnurblut.

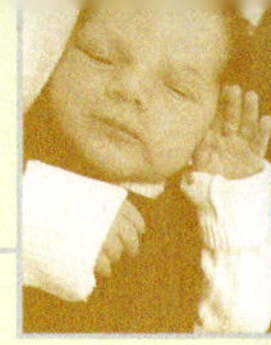

1 Kommen die „Designer-Babys"?

Im Mittelmeerraum ist eine Erbkrankheit besonders verbreitet, die β-Thalassämie. Bei den Betroffenen ist eine verminderte Zahl an funktionsfähigen Erythrocyten feststellbar, die weniger Sauerstoff binden.

Die β-Thalassämie beruht auf einer Mutation auf Chromosom 11, wodurch die β-Untereinheit des Hämoglobins nicht korrekt gebildet wird. Liegt dieser Defekt nur auf einem Chromosom vor, sind fast keine Beeinträchtigungen feststellbar, man spricht von Thalassaemia minor. Wurde der Defekt von beiden Elternteilen vererbt, so spricht man von Thalassaemia major. Wird die Krankheit nicht behandelt, so sterben die Betroffenen bereits im Kindesalter.

Bisher müssen zur Behandlung lebenslang Bluttransfusionen und zusätzliche Medikamente gegeben werden. Es kann auch eine Therapie mit adulten Stammzellen aus dem Knochenmark eines geeigneten Spenders erfolgen.

Ebenfalls ist eine Therapie mit Stammzellen aus Nabelschnurblut denkbar, wenn sie sich für den jeweiligen Patienten eignen. Ein entsprechender Spender kann mithilfe der PID selektiert werden. Dieses Verfahren ist mittlerweile in einigen europäischen Ländern möglich, beispielsweise in Großbritannien und Spanien.

Im Januar 2011 wurde auch in Frankreich das erste aus diesem Grund selektierte Baby geboren, Umut-Talha (*türk.* Hoffnung). Die Eltern haben bereits zwei ältere Kinder, die beide an β-Thalassämie leiden. Sie entschlossen sich, mithilfe der PID ein weiteres Kind zu bekommen, das gesund ist und sich als Spender für mindestens eines der kranken Geschwister eignet.

a) Beschreiben Sie die einzelnen Schritte, die zur Geburt von Umut-Talha geführt haben.
b) Stellen Sie Hypothesen auf, wie eine Stammzellentherapie in diesem konkreten Fall aussehen kann.
c) Bewerten Sie die Zielsetzung der Eltern beziehungsweise der Ärzte bei der Zeugung von Umut-Talha.

2 Schöne neue Welt?

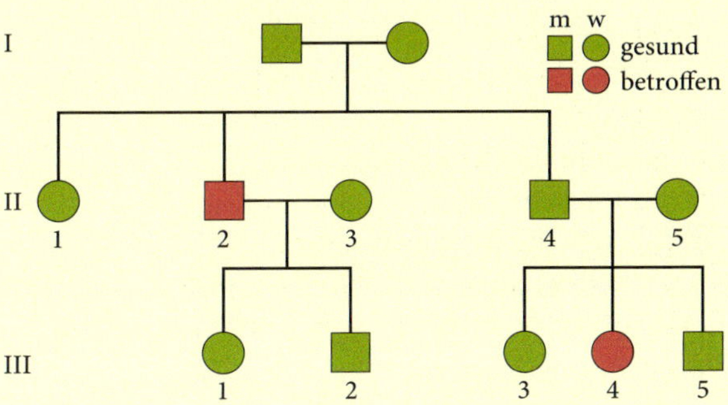

171.1 Stammbaum

Auf Zypern ist jeder siebte Bewohner Anlageträger für β-Thalassämie. Daher sind jedem Zyprioten der schwere Krankheitsverlauf sowie die Folgen bekannt.

Zur Prävention und um die Kosten des Gesundheitssystems durch die zahlreichen Bluttransfusionen zu senken, müssen alle Paare, die heiraten wollen, eine genetische Untersuchung durchführen lassen. Nur mit einem Zertifikat, das belegt, dass ein Gentest durchgeführt wurde, dürfen die Paare heiraten. Die Paare werden im Falle einer Risikoschwangerschaft nicht zur Pränataldiagnostik oder Abtreibung gezwungen, wollen aber meist sowieso kein Kind, das an dieser Bluterkrankung leidet.

a) Leiten Sie aus dem Stammbaum 171.1 ab, welcher Erbgang vorliegt und geben Sie die Genotypen aller Personen an.
b) Berechnen Sie die Wahrscheinlichkeit, mit der ein Paar ein an β-Thalassämie erkranktes Kind bekommt, wenn beide Elternteile Überträger für β-Thalassämie sind.
c) Nehmen Sie zu diesem „Pflicht-Screening" begründet Stellung.

3 Gibt es ein Recht auf Kinder?

171.2 Sarah Jessica Parker

Fall 1: Im Jahre 2009 hat eine Leihmutter Zwillinge für die Schauspielerin Sarah Jessica Parker (zu diesem Zeitpunkt 44 Jahre alt) geboren. Sie hat bereits einen sechsjährigen Sohn, bekam seitdem aber keine eigenen Kinder mehr.

Fall 2: Der 63-jährige Sänger Elton John ist am 25.12.2010 zusammen mit seinem Lebenspartner David Furnish (48 Jahre) Vater geworden. Der Sohn wurde von einer Leihmutter geboren. Die beiden verraten allerdings nicht, wer der biologische Vater ist.

Fall 3: Die 61-jährige Kristin Casey hat im Februar 2011 ihren genetischen Enkel Finnean geboren. Sie hatte sich als Leihmutter für ihre eigene Tochter zur Verfügung gestellt, die keine Kinder bekommen kann.

a) Beschreiben Sie die reproduktionsmedizinischen Verfahren, die in den Fällen eins bis drei wahrscheinlich angewendet wurden.
b) Bewerten Sie diese drei Fälle aus ethischer Sicht.
c) Nehmen Sie persönlich begründet Stellung zu den einzelnen Fällen.

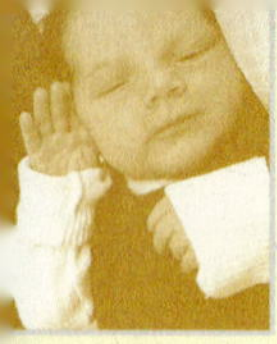

Aufgaben

4 Therapeutisches Klonen

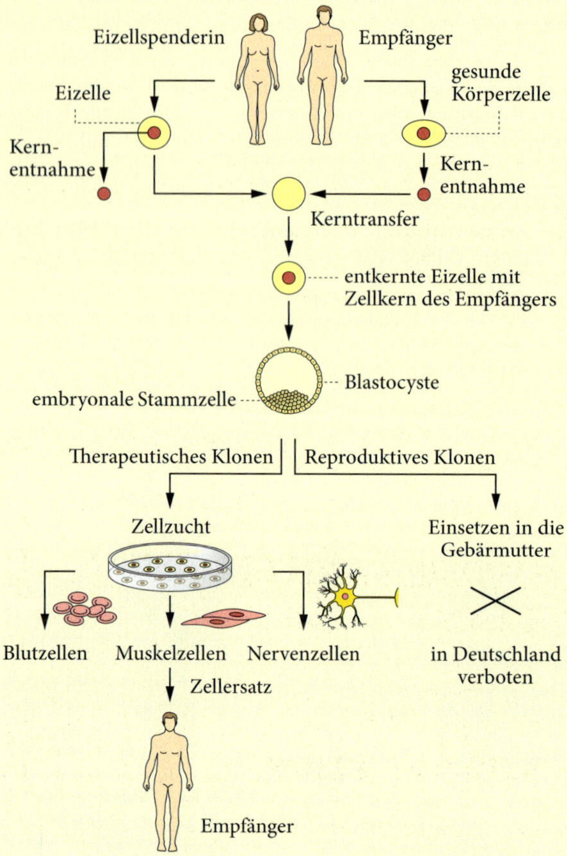

172.1 Therapeutisches Klonen

Mithilfe des therapeutischen Klonens soll Gewebe entstehen, das genetisch nahezu mit dem des Patienten übereinstimmt und deshalb vom Immunsystem nicht abgestoßen wird. Ein Zellkern aus einer gesunden Zelle eines Patienten wird dabei in eine zuvor entkernte Eizelle eingebracht. Diese teilt sich mehrfach und reift in-vitro zur Blastocyste heran. Anstatt diese – wie beim reproduktiven Klonen – in die Gebärmutter einzupflanzen, um damit ein genetisch fast identisches Lebewesen entstehen zu lassen, werden ihr die Stammzellen entnommen. Diese werden kultiviert. Das deutsche Embryonenschutzgesetz verbietet jedoch die Forschung an Embryonen und das Klonen generell, unter anderem weil dabei Embryonen zerstört werden.

a) Beschreiben Sie die Abbildung 172.1.
b) Vergleichen Sie das therapeutische Klonen mit dem Verfahren der Reprogrammierung.
c) Sollte das therapeutische Klonen tatsächlich im medizinischen Bereich zum Einsatz kommen, ist eine Verknüpfung mit gentherapeutischen Ansätzen denkbar. Beschreiben Sie einen möglichen Therapieansatz, der das therapeutische Klonen mit gentherapeutischen Ansätzen verbindet.

4 Li-Fraumeni-Syndrom

A 5'-···AAA GAA GTA GAT TTA TCT GCT CTT ···3'

B 5'-···AAA GAA GAT GAT TTA TCT GCT CTT ···3'

172.2 Ausschnitt (Position 241 – 264) aus dem 3. Exon des p53-Gens (Nicht-Matrizenstrang). A nicht mutierte Sequenz B Sequenz mit Mutation in Position 248/249

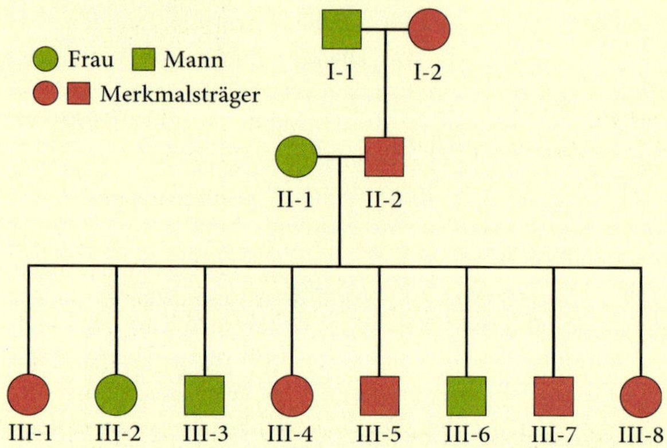

172.3 Familienstammbaum des Li-Fraumeni-Syndroms

Betroffene des Li-Fraumeni-Syndroms haben ein erhöhtes Tumorrisiko. Ursachen sind meist verschiedene Punktmutationen im 3. Exon des Gens p53 auf Chromosom 17.

a) Benennen Sie den Typ der bei Sequenz 172.2 B aufgetretenen Mutation und beschreiben Sie die Auswirkungen auf die Tertiärstruktur des Proteins.
b) Erläutern Sie die Voraussetzung für die Vererbung von Mutationen.
c) Informieren Sie sich über die Bedeutung des p53-Gens im Zusammenhang mit einer Krebserkrankung.
d) Bei einer genetischen Beratung eines Familienmitglieds wird darauf hingewiesen, dass diese Mutationen nicht zwangsläufig zu einer Krebserkrankung führen müssen. Erklären Sie diese Aussage anhand von zwei Aspekten.
e) Abbildung 172.2 zeigt einen Ausschnitt aus einem Stammbaum einer Familie, bei der das Li-Fraumeni-Syndrom aufgetreten ist. Erläutern Sie, welcher Vererbungsmodus dem Li-Fraumeni-Syndrom zugrunde liegt und geben Sie die möglichen Genotypen der Personen III-2, III-4, III-6 und III-8 an.
f) Das Kind eines Paares dieser Familie leidet an einer auf das Li-Fraumeni-Syndrom zurückzuführenden Krebserkrankung. Im Zusammenhang mit einem weiteren Kinderwunsch entscheidet sich das Paar, sich diesen nur erfüllen zu wollen, wenn durch eine Präimplantationsdiagnostik (PID) ausgeschlossen wird, dass ihr Kind von dieser Krankheit betroffen ist. Stellen Sie die Verfahrensschritte der In-vitro-Fertilisation mit nachfolgender PID in einem Fließdiagramm dar.
g) Nehmen Sie begründet Stellung zu der Entscheidung des Paares.

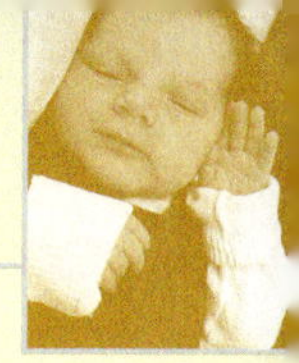

Humangenetik am Beispiel der Sichelzellanämie

A 1 atggtgcatc tgactcctga ggagaagtct gccgttactg ccctgtgggg caaggtgaac 61 ··········

B 1 atggtgcatc tgactcctgt ggagaagtct gccgttactg ccctgtgggg caaggtgaac 61 ··········

173.1 Ausschnitte des Hämoglobingens. **A** intaktes Gen; **B** mutiertes Sichelzellhämoglobingen (Quelle: NCBI)

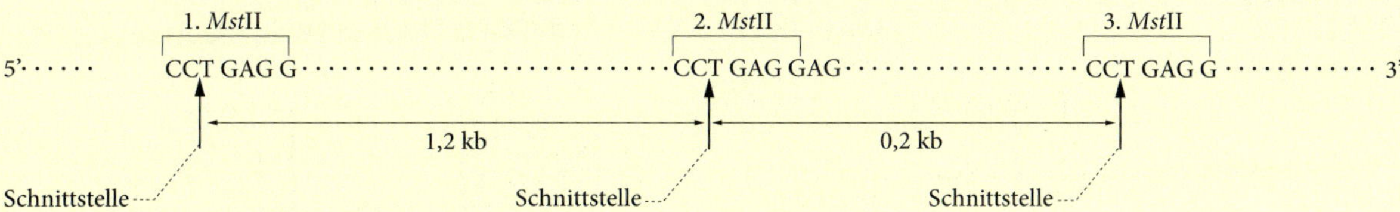

173.2 ***Mst*II-Schnittstellen im intakten Globingen**

1 Krankheitsbild

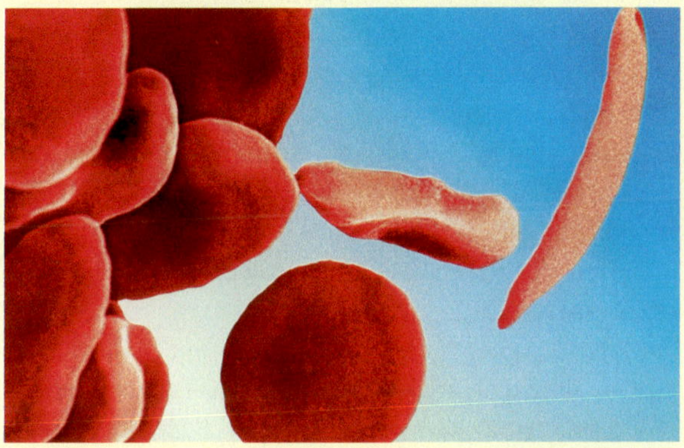

173.3 Phänotypische Ausbildung der Sichelzellanämie

Bei der Sichelzellanämie nehmen die roten Blutzellen sichelförmige Gestalt an, wodurch ihr Sauerstoffbindevermögen vermindert ist. Homozygote Träger des mutierten Gens sterben meist schon sehr jung, da die sichelartigen Blutzellen die Blutgefäße verstopfen. Heterozygote leiden „nur" unter geringerer Leistungsfähigkeit.

a) Erläutern Sie das phänotypische Krankheitsbild heterozygoter Patienten aus genetischer Sicht.

2 Ursachen

Abbildung 173.1 zeigt jeweils Ausschnitte aus dem Nichtmatrizenstrang des intakten Hämoglobingens (A) und des mutierten Sichelzellhämoglobingens (B).

a) Geben Sie jeweils die mRNA-Sequenz der rot markierten DNA-Sequenz an und skizzieren Sie die dazugehörigen tRNA-Moleküle mit Anticodon und entsprechender Aminosäure.

b) Betroffene Personen weisen im markierten Bereich des Globingens (173.1) eine Mutation auf.
Erläutern Sie die Auswirkung dieser Mutation für das Globinprotein. Gehen Sie bei Ihrer Argumentation auf die Kräfte zwischen den Aminosäureresten ein.

3 Nachweis der Mutation

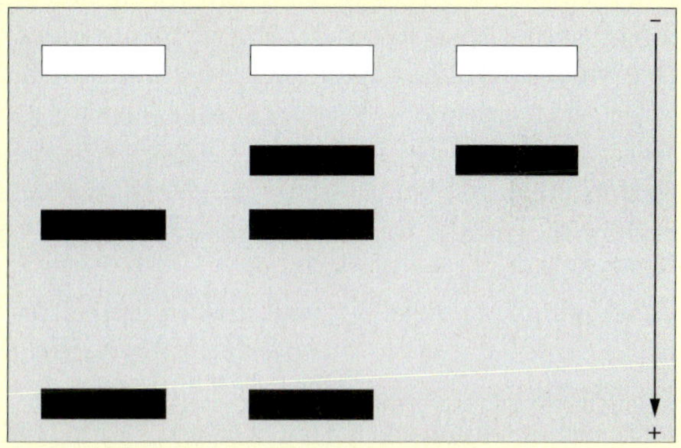

173.4 Elektropherogramm der Personen 1–3

Die Mutation kann schon im Embryonalstadium mittels Restriktions-Fragment-Längen-Polymorphismus (RFLP) diagnostiziert werden. Dabei wird die DNA durch die Restriktionsendonuklease *Mst*II verdaut. In Abbildung 173.2 sind die drei Schnittstellen von *Mst*II im Globingen dargestellt. 173.4 zeigt das Elektropherogramm einer nicht von der Mutation betroffenen Person (1), einer diesbezüglich heterozygoten Person (2) und einer homozygot betroffenen Person (3), deren DNA jeweils mit der Restriktionsendonuklease *Mst*II verdaut und mittels Gel-Elektrophorese getrennt wurde.

a) Ordnen Sie die Genotypen der Personen 1–3 den drei Spuren des Elektropherogramms begründet zu.

4 Genetische Beratung

Bei einem Paar wurde bei beiden Partnern festgestellt, dass sie heterozygote Anlagenträger für die Sichelzellanämie sind. Bei einer genetischen Beratung wird das Paar darüber aufgeklärt, mit welcher Wahrscheinlichkeit ein krankes Kind geboren wird.

a) Begründen Sie mit welcher Wahrscheinlichkeit bei diesem Paar ein krankes Kind und ein Überträger zu erwarten sind.

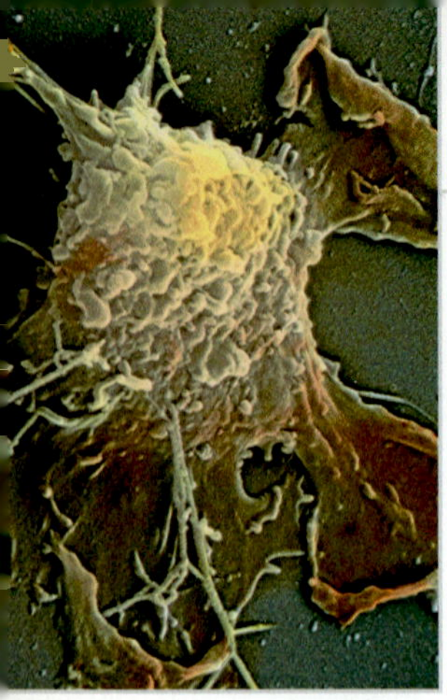

Immunbiologie

Alle Lebewesen werden ständig durch meistens krankheitserregende Fremdstoffe bedroht. Dazu zählen von außen eingedrungene Stoffe wie Viren, Bakterien, Pilze, Parasiten und Fremdproteine, aber auch körpereigene, krankheitserregende Zellen, wie virusinfizierte Zellen oder Krebszellen. Abwehrsysteme sollen diese Fremdstoffe gezielt unschädlich machen. Die Wissenschaft, die sich mit den Vorgängen, Zellen und Molekülen der Abwehrsysteme beschäftigt, nennt sich Immunbiologie. Aktuelle Themen der Immunbiologie sind Impfungen, Allergien, Transplantationen, Autoimmunkrankheiten und Infektionskrankheiten wie AIDS.

1 Organisation und Aufgaben der Abwehrsysteme

Während Sie die nächsten 15 Zeilen lesen, sind in Ihrem Körper etwa 20 neue Krebszellen entstanden, eine Milliarde Zellen abgestorben und Tausende an Viren gebildet worden. Sie werden jedoch dank eines vielseitigen, effektiven und ständig aktiven Abwehrsystems nur selten krank. Stoffe, die solche Abwehrreaktionen auslösen, werden **Antigene** genannt.

Das Abwehrsystem der Wirbeltiere ist in drei Verteidigungslinien unterteilt: die **passive, unspezifische** und **spezifische Abwehr** (Abb. 174.1). Die passive Abwehr, die das Eindringen von Erregern verhindern soll, basiert unter anderem auf der Barrierewirkung der Haut. Zu der zweiten Linie, der unspezifischen Abwehr gehören **Fresszellen,** die freie Viren und Bakterien aufnehmen, und die **natürlichen Killerzellen,** die Virus-infizierte Zellen zerstören.

Die dritte Linie, die **spezifische Immunabwehr,** besteht aus zwei speziellen Abwehrzellen, den **T-Lymphocyten,** die in der **T**hymusdrüse reifen, und den **B-Lymphocyten,** die im Knochenmark (engl. *bone marrow)* reifen. Nach der Aufnahme des Erregers präsentiert die Fresszelle auf ihrer Oberfläche die Erregerantigene ① den Helfer-**T**-Zellen, die daraufhin **B**-Zellen aktivieren ②. Diese entwickeln sich zu Plasmazellen und bilden Antikörper ③, die an Erreger binden. Bei dieser Reaktion entstehen große Komplexe aus Erregern und Antikörpern ④, die von Fresszellen aufgenommen werden. Helfer-T-Zellen aktivieren noch **Killer-T-Zellen,** die virusinfizierte Zellen zerstören ⑤. Einige aktivierte B-Zellen werden zu **immunologischen Gedächtniszellen,** die eine jahrelange Immunität gegen Erreger garantieren.

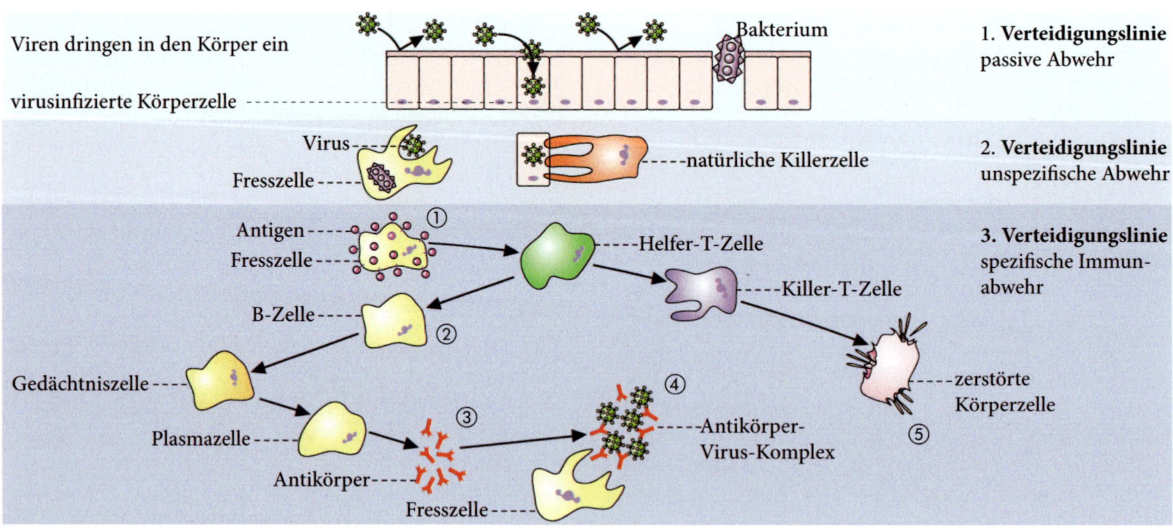

174.1 Die drei Verteidigungslinien des Körpers

Die Abwehrzellen gehören zu den Blutzellen. Sie entstammen einem gemeinsamen Typ an Ursprungszelle, den **blutbildenden Stammzellen,** auch **Knochenmarkstammzellen** genannt. Sie sind im Mark von Rippen, Wirbeln, Brustbein oder Hüfte zu finden. Die Blutzellen, die in Blut und Lymphe zirkulieren, unterteilen sich in die **Erythrocyten** und die **Leukocyten.** Zu ihnen gehören die Granulocyten, Monocyten und Lymphocyten. Granulocyten und Monocyten sind Fresszellen. Auf der Suche nach Fremdmaterial können Monocyten aus der Blutbahn durch die Gefäßwand in Körpergewebe einwandern. Dort heißen sie Makrophagen.

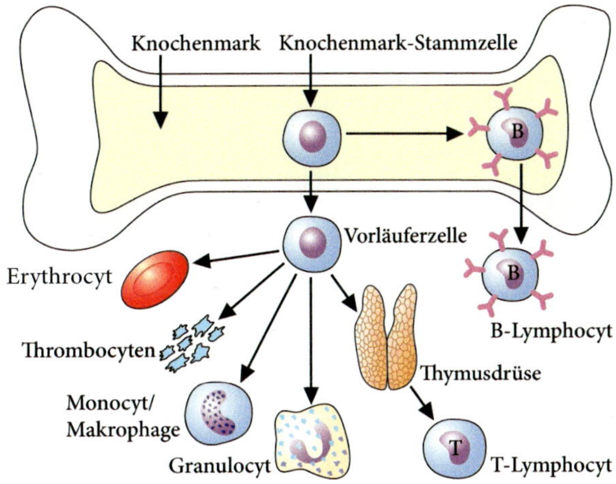

175.1 Die Knochenmarkstammzelle ist die Vorläuferzelle aller Blutzellen

Bakterien, die bei einer Verletzung in den Körper eindringen, werden zusätzlich durch eine **Entzündungsreaktion** bekämpft, die zur unspezifischen Abwehr zählt (Abb. 175.2). Das verletzte Gewebe setzt Signalstoffe frei ①, die eine Erweiterung umliegender Blutgefäße bewirken. Das verletzte Gewebe wird dadurch verstärkt mit Blut und Abwehrzellen versorgt. Dies führt zu typischen Entzündungssymptomen wie Rötung, Erwärmung und Schwellung. Weiterhin werden durch die Signalstoffe Fresszellen angelockt, die die Gefäßwand durchqueren, gezielt zur Verletzungsstelle wandern und abgestorbene Zellen und Bakterien fressen ②. Granulocyten sterben beim Fressvorgang größtenteils ab und setzen Enzyme und Radikale frei, die im näheren Umkreis weitere Bakterien abtöten ③. Dabei werden auch umliegendes Bindegewebe, kleinere Blutgefäße und Nervenzellen zerstört, was zu lokalen Schmerzen und einer Verstärkung der Entzündungssymptome führt. Bei der anschließenden Wundheilung werden geschädigte Körperzellen ersetzt. Eiter, der bei Entzündungen oftmals auftritt, besteht aus abgestorbenen Granulocyten, toten Körperzellen, Bakterien und Lymphflüssigkeit.

1 Beschreiben Sie die immunologischen Vorgänge in den drei Verteidigungslinien und nennen Sie die genaue Funktion der Abwehrzellen.

2 Erläutern Sie den Vorgang einer Enzündungsreaktion.

3 Recherchieren Sie noch mindestens vier weitere Prinzipien der passiven Abwehr, wie zum Beispiel der saure pH der Haut.

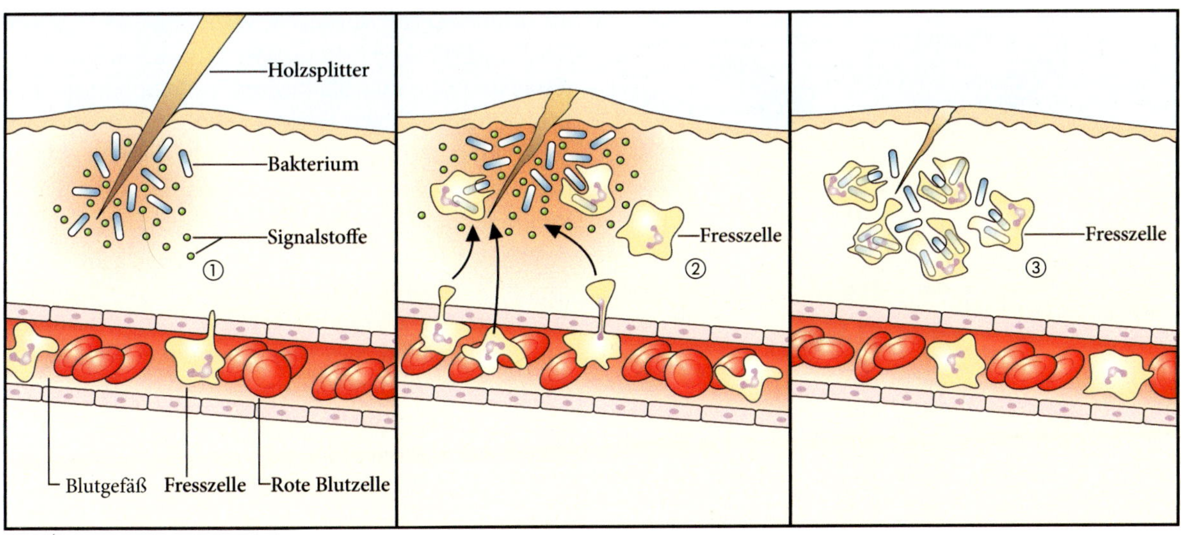

175.2 Die Entzündungsreaktion

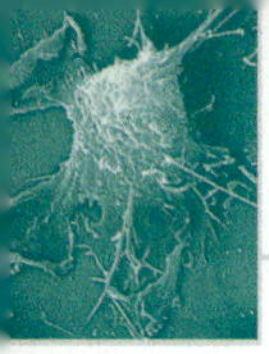

2 Humorale Immunantwort – Bildung von Antikörpern

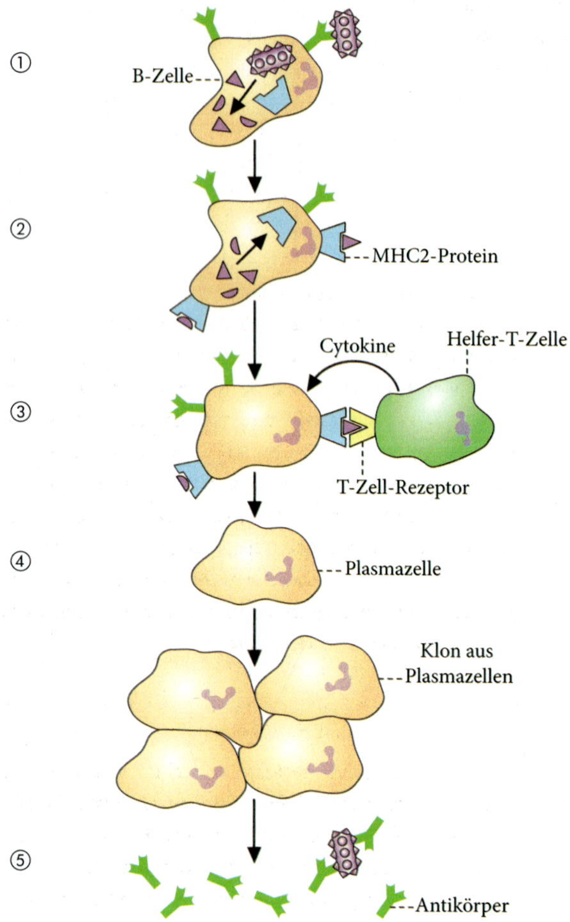

176.1 Die humorale Immunantwort

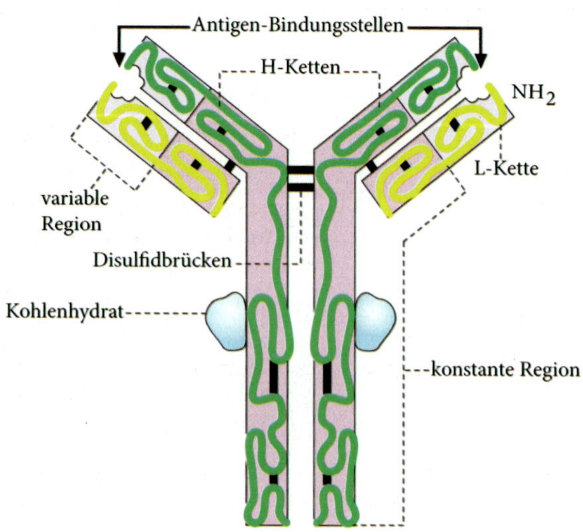

176.2 Struktur des IgG-Antikörpers

Die spezifische Immunantwort unterteilt sich in die **humorale** und **zelluläre Immunantwort.** Die humorale Immunantwort (lat. *(h)umor,* Saft) basiert auf Antikörpern, die als lösliche Proteine im Blut, Lymphe, Gehirn-Rückenmarks-Flüssigkeit und Gewebe vorkommen. Antikörper werden durch aktivierte B-Zellen, die **Plasmazellen,** gebildet. B-Zellen tragen auf ihrer Oberfläche fest verankerte Antikörper, die nach dem Schlüssel-Schloss-Prinzip das passende Antigen, meistens ein Protein, binden ① (Abb. 176.1). Die B-Zelle nimmt den Antigen-Antikörper-Komplex durch Endocytose in ihr Cytoplasma auf und zerlegt das Antigen enzymatisch in Bruchstücke aus maximal 25 Aminosäuren. Die Antigenfragmente werden von MHC2-Proteinen (engl. *major histocompatibility complex,* Haupthistokompatibilitätskomplex) in der B-Zelle gebunden, auf die Zelloberfläche transportiert und dort präsentiert ②. Nachdem die Helfer-T-Zellen das Antigenfragment mit ihren T-Zell-Rezeptoren erkannt haben, werden sie aktiviert und geben Signalproteine, die **Cytokine,** ab ③. Sie werden von den B-Zellen gebunden, die nun auch aktiviert werden und zu **Plasmazellen** reifen ④. Durch mehrfache Zellteilung entsteht ein Klon aus Plasmazellen, die **Antikörper** abgeben ⑤. Sie reagieren gezielt nur mit dem Antigen, das ursprünglich an die B-Zelle angedockt hatte. Beim Menschen gibt es fünf **Antikörperklassen,** die **Isotypen,** die aus einer oder mehreren Antikörpereinheiten bestehen (Abb. 177.2). Eine Antikörpereinheit wird aus je zwei identischen L-Ketten (engl. *light,* leicht) und H-Ketten (engl. *heavy,* schwer) gebildet, die durch Disulfidbrücken verbunden sind (Abb. 176.2). Jede H- und L-Kette unterteilt sich in eine konstante und eine variable Region. Jeder Antikörper besitzt in den variablen Regionen von zwei zueinander gehörenden H- und L-Ketten eine einzigartige Aminosäuresequenz mit einer definierten räumlichen Struktur, die **Antigenbindungsstelle.** Das Antigen passt hier wie ein Schlüssel in ein Schloss hinein. Die aus etwa 30 Aminosäuren bestehende Antigenbindungsstelle ist viel zu klein, um ein Antigen komplett binden zu können. Sie reagiert nur mit einem kleinen Antigenbereich, dem **Epitop,** das etwa acht Aminosäuren umfasst (Abb. 177.1).

An der Bindung des Antigens sind vier Kräfte beteiligt, VAN-DER-WAALS-Kräfte, Wasserstoffbrücken, Ionenbindung und hydrophobe Wechselwirkung. Die konstante Region zeigt bei allen Antikörpern eine

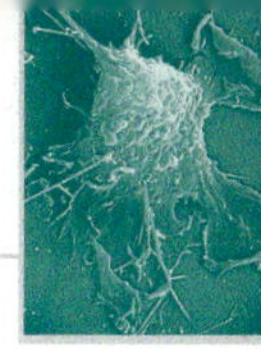

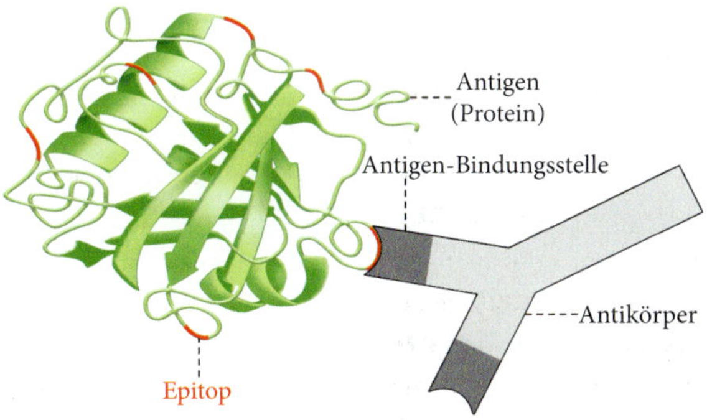

177.1 Ein Antikörper bindet an ein Epitop

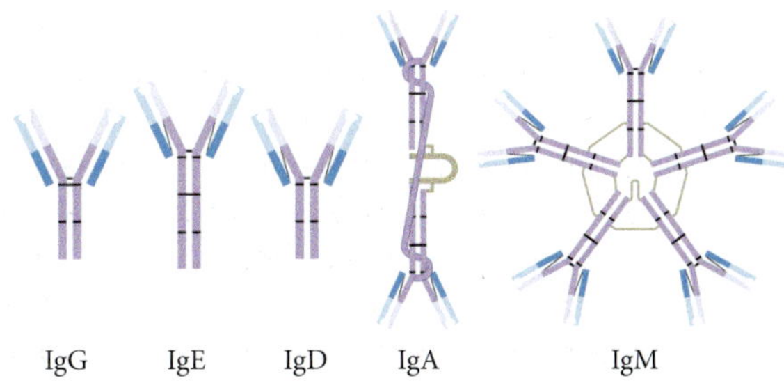

177.2 Die fünf menschlichen Antikörperklassen

konstante Aminosäuresequenz und aktiviert Immunreaktionen, die das gebundene Antigen vernichten. Jeder Isotyp hat eine bestimmte Funktion: **IgG** (Immunglobulin G) bindet Antigene im Blut, in der Lymphe und im Gewebe und wird durch die Plazenta transportiert. **IgE** ist an der Bekämpfung von Parasiten beteiligt. **IgD** befindet sich auf B-Zellen und bindet Antigene für die B-Zell-Aktivierung. Das **Sekret-IgA** besteht aus zwei Antikörpereinheiten, bekämpft Erreger auf Schleimhäuten und in Körpersekreten und befindet sich auch in der Muttermilch. **IgM** bekämpft Erreger in Blut und Lymphe und besteht aus fünf Antikörpereinheiten (Abb. 177.2).

Wenn das Immunsystem zum ersten Mal mit einem Antigen Kontakt hat, läuft eine **primäre Immunantwort** ab (Abb. 177.3). Dabei wird zuerst IgM und verzögert IgG gebildet. IgM bindet mit seinen zehn Antigenbindungstellen gleichzeitig mehrere Erreger und bekämpft sie dadurch optimal. Das kleinere IgG dringt im Gegensatz zum IgM auch ins Gewebe ein und bindet dort noch restliche Erreger. Am Ende der primären Immunantwort entstehen immunologische Gedächtniszellen, die eine jahrelange Immunität gegen Infektionen garantieren und die bei einem erneuten Kontakt mit dem gleichen Antigen eine **sekundäre Immunantwort** durchführen. Dabei werden bereits nach wenigen Stunden große Mengen an IgG und IgM gebildet, die den Erreger äußerst schnell und effektiv bekämpfen.

Antikörper führen vier Immunreaktionen durch (Abb. 178.1): Bei der **Neutralisation** bindet der Antikörper an Bakterien oder Viren. Dadurch können Bakterien nicht mehr an Körpergewebe anhaften und Viren nicht mehr an Wirtszellen andocken. Da ein Antikörper mindestens zwei identische Antigenbindungsstellen hat, kann er Viren, Bakterien und Pilzzellen miteinander verbinden. Diese Reaktion nennt man Verklumpung oder **Agglutination.** Lösliche Proteine, etwa Bakteriengifte, werden durch die gleiche Vernetzungsreaktion als große, unlösliche Antigen-Antikörper-Komplexe ausgefällt. Diese Reaktion heißt **Präzipitation.** Die bei der Neutralisation, Agglutination und Präzipitation entstehenden Antigen-

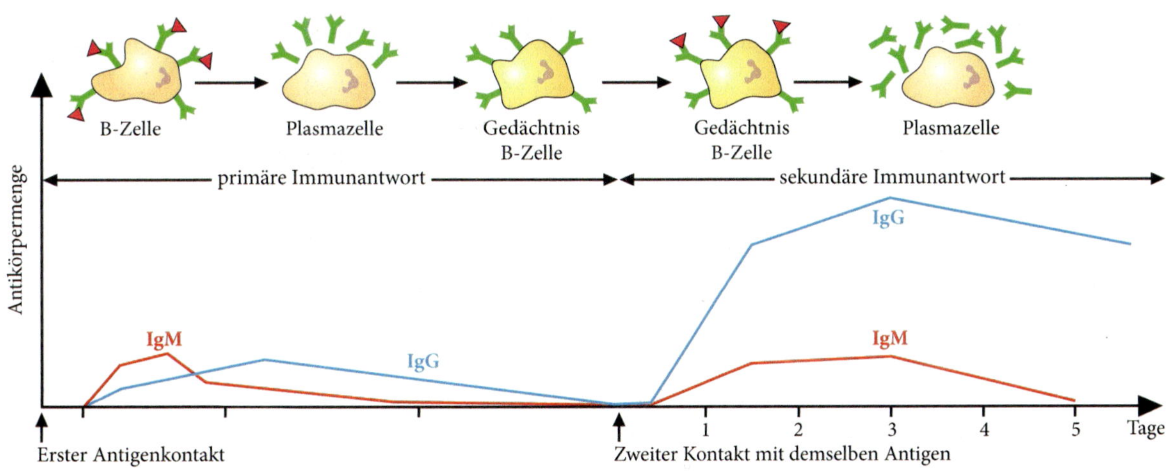

177.3 Primäre und sekundäre Immunantwort

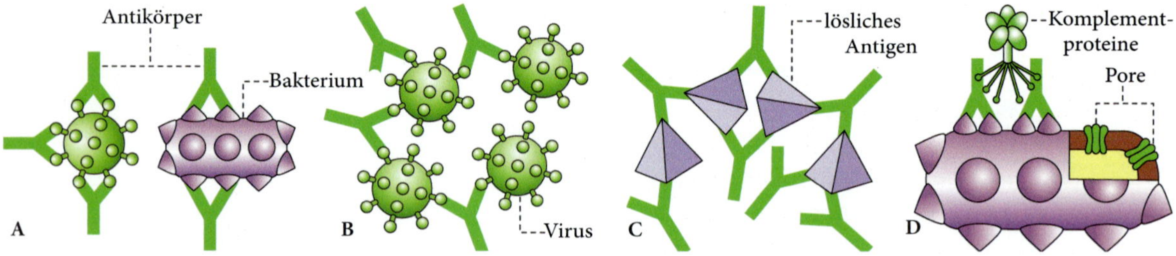

178.1 Antikörper-Reaktionen. **A** Neutralisation; **B** Agglutination; **C** Präzipitation; **D** Komplementaktivierung

Antikörper-Komplexe werden von Fresszellen des Immunsystems aufgenommen und abgebaut. Antigene, die mit Antikörpern bedeckt sind, erhöhen die Fressaktivität der Phagocyten. Das nennt man **Opsonierung** (gr. *opson*, Würze). Als vierte Reaktion aktivieren Antikörper das **Komplementsystem** (Ergänzungssystem), das aus neun Proteinen besteht, die im Blut zirkulieren. Das erste Protein lagert sich an zellgebundene Antikörper der Klassen IgG und IgM an und bewirkt die Aktivierung der restlichen acht Proteine. Der aktivierte Proteinkomplex stanzt Poren in die Membran der Zielzelle und zerstört sie (Abb. 178.1).

Das Immunsystem kann etwa 10^{12} verschiedene Antikörper herstellen. Wie ist das möglich? Auf der DNA der Stammzelle wird eine L-Kette durch 200 V-Exone, vier J-Exone und ein Exon für die konstante Region codiert (Abb. 178.2). V steht für variabel, J für joining (engl. verbindend). Bei der B-Zell-Reifung wird durch die VJ-Rekombination zufällig ein V- mit einem J-Exon verbunden, die beide für die V-Region der L-Kette codieren. So werden 800 verschiedene VJ-Kombinationen bzw. variable Regionen erzeugt. Beim Spleißen der Prä-mRNA wird der Bereich zwischen VJ und dem konstanten Exon entfernt. Auf der reifen mRNA liegen VJC nebeneinander und werden in die L-Kette translatiert. Bei der H-Kette gibt es 200 V-Exone, 30 D-Exone (**D**iversität), 6 J-Exone und die konstanten Exone der fünf Isotypen. Die zufällige Kombination aller VDJ-Exone ergibt 36 000 variable Regionen. Beim Spleißen wird ein konstantes Exon an die VDJ-Sequenzen angefügt. Unterschiedliche Isotypen entstehen durch alternatives Spleißen. Durch die VD(J)-Rekombination und die Verbindung einer H-Kette mit einer L-Kette ergeben sich etwa 60 Mio. unterschiedliche Antigenbindungstellen. Durch weitere Mechanismen wie die somatische Mutation, ungenaue DJ-Verknüpfung und das Einfügen von Nukleotiden ist die Bildung von 10^{12} unterschiedlicher Antikörper möglich.

1 Erläutern Sie den Konzentrationsverlauf von IgM und IgG in Abb. 177.3 und beziehen Sie die Basiskonzepte Information und Kommunikation mit ein.

2 Vergleichen Sie Agglutination, Präzipitation und Neutralisation.

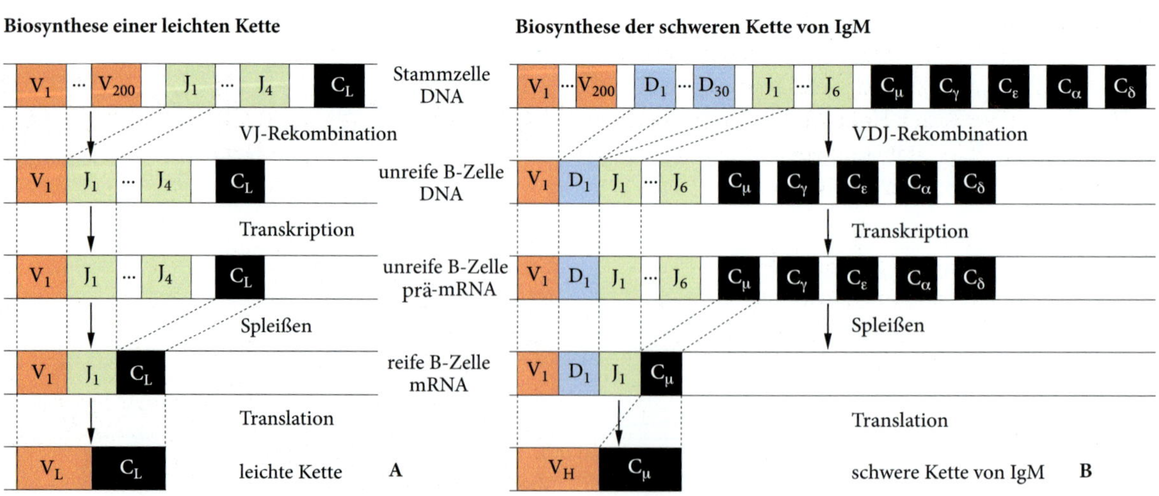

178.2 Biosynthese eines Antikörpers: **A** leichte Kette; **B** schwere Kette

3 Die zelluläre Immunantwort

Die zelluläre Immunantwort wird von **Killer-T-Zellen** durchgeführt, die körpereigene virusinfizierte Zellen oder Krebszellen zerstören. Killer-T-Zellen sind primär im Ruhezustand und werden durch ein passendes Virusprotein oder Tumorprotein und unter Mitwirkung der Helfer-T-Zellen aktiviert: Die virusinfizierte Zelle oder Tumorzelle zerlegt mit zelleigenen Enzymen die Virus- oder Tumorproteine in Fragmente aus acht bis neun Aminosäuren ① (Abb. 179.1). Die Antigenbruchstücke vereinigen sich im Cytoplasma mit sogenannten **MHC1 Proteinen** und werden zusammen mit diesen auf die Zellmembran transportiert ②. Hier wird das Antigenfragment den ruhenden Killer-T-Zellen präsentiert. Diese erkennen die Antigenfragmente mithilfe der zellständigen T-Zell-Rezeptoren ③. Dieser Präsentiervorgang ist lebensnotwendig, da er die Körperzelle dazu befähigt, dem Immunsystem zu signalisieren, dass sie krank ist. Die Killer-T-Zellen werden durch diesen Antigenkontakt und die Mitwirkung der Helfer-T-Zellen aktiviert. Dies geschieht durch lösliche Aktivierungsproteine, **Cytokine** genannt, die Helfer-T-Zellen abgeben ④. Zuletzt lösen die Killer-T-Zellen in den kranken Körperzellen den programmierten Zelltod, die **Apoptose,** aus ⑤.

Bei der Zellzerstörung geben die Killer-T-Zellen Proteine ab, die **Perforine,** die die Zellmembran der kranken Körperzelle perforieren. Dann dringen andere Enzyme, die **Granzyme,** die ebenfalls von den Killer-T-Zellen abgegeben werden, durch die Poren in die betroffene Körperzelle ein und starten die Apoptose. Der gesamte Vorgang, vom Andocken der Killer-T-Zelle an die Zielzelle bis zu deren Zerstörung, dauert etwa drei Stunden. Ein kleiner Teil der aktivierten Killer-T-Zellen entwickelt sich zu Gedächtniszellen, die bei einem erneuten Kontakt mit dem gleichen Antigen eine beschleunigte und verstärkte Zerstörung von kranken Körperzellen bewirken.

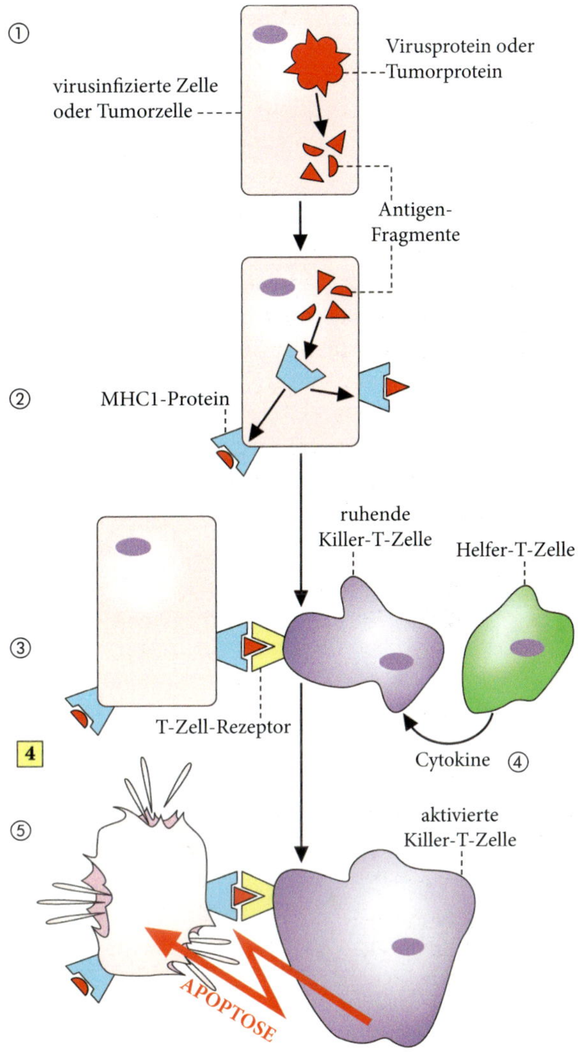

179.1 Die zelluläre Immunantwort

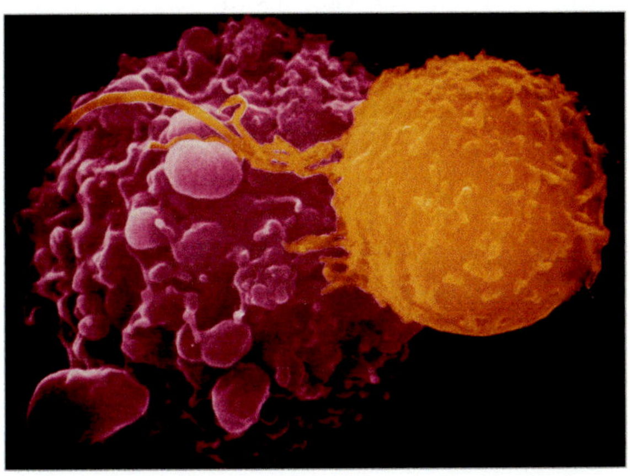

179.2 Killer-T-Zelle (orange) zerstört Tumorzelle (violett)

1 Beschreiben Sie die vier wesentlichen Schritte bei der Zerstörung von Zellen durch Killer-T-Zellen.

2 Nennen Sie die unterschiedlichen Zelltypen, die von Killer-T-Zellen zerstört werden.

3 Begründen Sie, warum Killer-T-Zellen keine Bakterien abtöten können.

4 Erläutern Sie den Begriff „Apoptose".

4 Monoklonale Antikörper

Antikörper zeigen die herausragende Eigenschaft, spezifisch an ein Antigen zu binden, sodass sie gerade in der Medizin für die gezielte Bekämpfung von Giftstoffen, Erregern oder Krebszellen eingesetzt werden. Die erste erfolgreiche Antikörpertherapie gelang 1891 dem deutschen Arzt Emil von BEHRING. Er heilte Kinder, die an Diphtherie erkrankt waren, mit antikörperhaltigem Serum aus dem Blut von Schafen. Die Tiere waren zuvor mit Diphtherie-Bakterien immunisiert worden. 1901 wurde von BEHRING mit dem ersten Nobelpreis für Medizin ausgezeichnet.

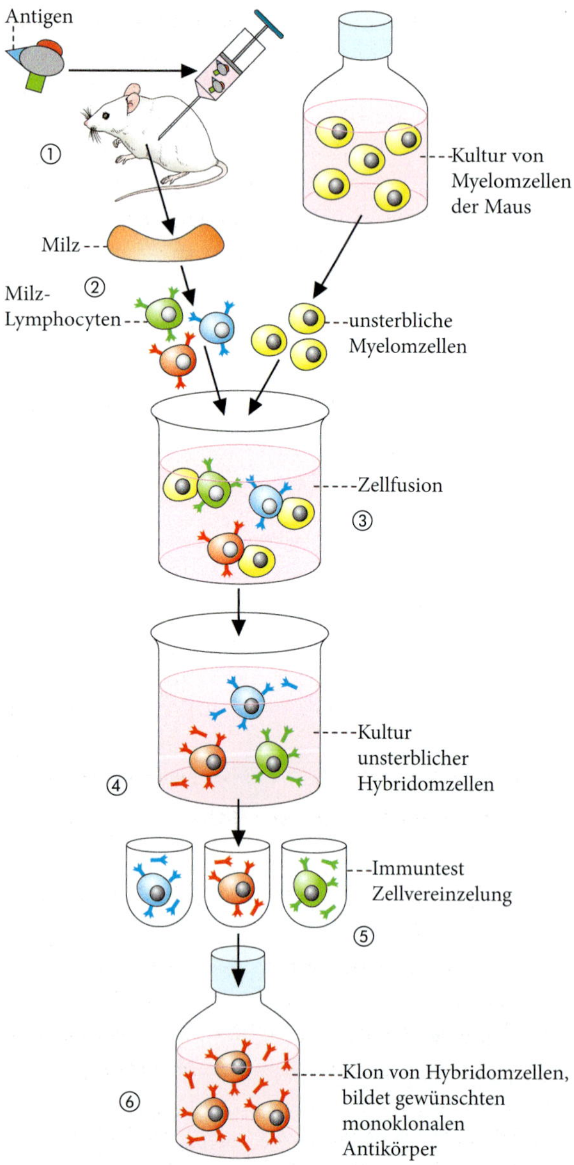

180.1 Herstellung monoklonaler Antikörper

Antikörper aus dem Serum immunisierter Tiere können innerhalb weniger Wochen kostengünstig hergestellt werden. Das Serum enthält jedoch eine Mischung aus unterschiedlichen Antikörperklassen und Antikörpern gegen die verschiedenen Epitope eines Antigens sowie schwankende Antikörpermengen. Durch Immunisierung erhaltene Antikörper heißen **polyklonale Antikörper (PAKs).** 1975 gelang den beiden Wissenschaftlern Georges KÖHLER und Cesar MILSTEIN die Herstellung von präzise definierten Antikörpern, die nur ein Epitop erkennen, nur einer Immunglobulinklasse angehören und in-vitro gewonnen werden können. Sie heißen **monoklonale Antikörper (MAKs).** Beide Forscher erhielten 1984 den Medizin-Nobelpreis für die MAK-Herstellung.

Zuerst werden Mäuse mit einem bestimmten Antigen immunisiert ① (Abb. 180.1) Aus ihrer Milz werden die antikörperbildenden Lymphocyten isoliert ②. Diese sterben aber nach wenigen Tagen ab und bilden nur geringe Antikörpermengen. Für die kontinuierliche Gewinnung von Antikörpern müssen die Lymphocyten jedoch jahrelang leben. Die Überführung von sterblichen in langlebige Lymphocyten gelingt durch die Fusion der Lymphocyten mit krebsartigen B-Zellen aus Mäusen, den **Myelomzellen** (gr. *myelos,* Mark, Krebszellen aus dem Knochenmark), die sich permanent teilen ③. Als Folge der Fusion entstehen Hybridzellen, die **Hybridomzellen,** die anhaltend Antikörper bilden, sich jahrzehntelang teilen und in-vitro massenkultiviert werden können ④.

Die Myelomzellen bilden als krebsartige B-Zellen jedoch selber Antikörper, was die Gewinnung reiner MAKs enorm erschwert. Die Hybridomzelle enthält die Antikörpergene der Milzlymphocyten und der Myelomzellen, sodass sich nach der Translation der Antikörpergene die vier leichten und vier schweren Antikörperketten in der Hybridomzelle beliebig kombinieren können, was zu unerwünschten Mischantikörpern führt. Das Problem wird dadurch gelöst, dass für die MAK-Herstellung speziell mutierte Myelomzellen verwendet werden, deren Antikörpergene ausgeschaltet wurden.

Aus der Vielzahl der Hybridomzellen werden nur diejenigen ausgewählt und weiter bearbeitet, deren Antikörper in Immuntests eine positive Reaktion zeigen und mit dem Antigen reagieren, das für die Immunisierung der Maus verwendet wurde. Nach den Immuntests erfolgt eine Zellvereinzelung beziehungsweise Zellklonierung, die zu homogenen Zellklonen führt, von denen jeder einen anderen monoklonalen Antikörper gegen das Antigen bildet ⑤. Mit abschließenden Immuntests werden diejenigen Hybridome identifiziert und ausgewählt, die MAKs gegen bestimmte Epitope des Antigens bilden ⑥.

Hybridomzellen können bis zu 15 Jahre in flüssigem Stickstoff bei –196 °C konserviert werden. Dadurch wird garantiert, dass MAKs mit gleichbleibender Qualität über einen langen Zeitraum produziert werden können. Die Massenproduktion von MAKs erfolgt durch Kultivierung der Hybridomzellen in **Zellfermentern** mit einem Volumen bis 20 000 Litern und einer Ausbeute von bis zu 18 kg Antikörpern innerhalb von vier Wochen.

Monoklonale Antikörper werden in der Grundlagenforschung, klinischen Diagnostik und Therapie eingesetzt. Der weltweite Standardtest für die Diagnostik ist der **ELISA** (engl. *enzyme-linked immunosorbent assay*, Enzym-gekoppelter Immunosorbent Test), mit dem Hormone, Gerinnungsfaktoren, Antikörper und weitere Substanzen in Blut, Urin oder Gehirn-Rückenmarks-Flüssigkeit bestimmt werden. Aus den Testwerten kann ein Arzt Informationen über den Gesundheitszustand einer Person ableiten. In 2011 betrug der weltweite Umsatz mit MAK-basierten diagnostischen ELISAs 31 Milliarden US-Dollar.

Derzeit sind 34 MAKs für die Therapie von beispielsweise Krebs-, Entzündungs- und Autoimmunerkrankungen sowie Virusinfektionen und Allergien zugelassen. Diese therapeutischen MAKs sind jedoch Maus-Antikörper, die für das menschliche Immunsystem ein Fremdprotein darstellen, sodass der mit Maus-MAKs behandelte Patient Antikörper und Gedächtniszellen gegen das fremde Maus-Protein bildet. Nach mehrmaliger MAK-Injektion befinden sich im Patienten mit der Zeit große Mengen an Anti-MAK-Antikörpern. Sie verursachen im Blut eine massive MAK-Anti-MAK-Reaktion, die von schweren allergieähnlichen Symptomen bis hin zum tödlichen allergischen Schock führt. Diese Nebenwirkung heißt folglich **Serumkrankheit.** Eine Dauertherapie mit MAKs ist also nur dann möglich, wenn zuvor der Fremdprotein-Charakter der Maus-MAKs gezielt reduziert wurde.

Dies gelingt mit **chimären** MAKs (Abb. 181.1). Bei ihnen werden die variablen Regionen der leichten und schweren Ketten des Maus-MAKs auf einen menschlichen Antikörper übertragen, dem zuvor die entsprechenden Regionen entfernt wurden. Der resultierende chimäre MAK besteht zu 70 Prozent aus menschlichen und zu 30 Prozent aus Maus-Proteinanteilen. Die Fremdartigkeit des Maus-MAKs für das menschliche Immunsystem wurde zwar um 70 Prozent reduziert, jedoch treten nach mehrfacher Injektion von chimären MAKs immer noch deutliche Immunreaktionen gegen die Maus-Anteile auf. Besser eignen sich daher **humanisierte** MAKs (Abb. 181.1). Bei ihnen werden aus den Maus-MAKs nur die hypervariablen Regionen, die die Antigenbindungsstelle eines Antikörpers repräsentieren, in humane Antikörper überführt. Humanisierte MAKs haben zu etwa 97 Prozent menschlichen und nur noch zu 3 Prozent Maus-Charakter. Die Immunreaktion gegen diese geringen Maus-Anteile ist daher so schwach, dass Patienten mit humanisierten MAKs sehr oft behandelt werden können, ohne dass lebensbedrohliche Immunreaktionen auftreten.

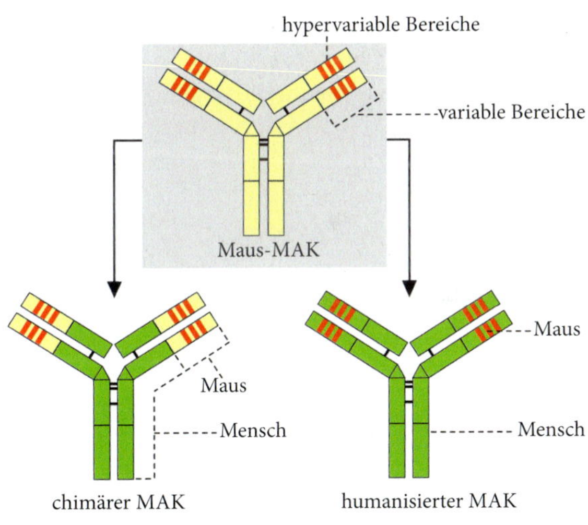

181.1 Chimäre und humanisierte MAKs

1 Erklären Sie tabellarisch die Unterschiede zwischen PAKs und MAKs.

2 Erstellen Sie ein beschriftetes Fließschema der Herstellung von MAKs.

3 Begründen Sie die Notwendigkeit für die Verwendung speziell mutierter Myelomzellen bei der Herstellung von MAKs.

4 Erläutern Sie mögliche immunologische Probleme bei der Dauertherapie mit Maus-MAKs.

5 Organtransplantation

Seit etwa 70 Jahren werden Transplantationen wissenschaftlich erforscht. Es begann mit Hauttransplantationen bei Mäusen. Bei Transplantationen innerhalb von Mausinzuchtstämmen traten keine Abstoßungsreaktion auf, wohl aber bei Transplantationen zwischen genetisch nicht identischen Tieren. Diese Tatsache hat für Transplantationen beim Menschen weitreichende Konsequenzen. Der Amerikaner George SNELL erhielt für diese grundlegenden Arbeiten 1980 den Nobelpreis.

Seit der ersten erfolgreichen Transplantation einer Niere beim Menschen im Jahr 1954 wurden weltweit mehr als 1,5 Millionen Transplantationen durchgeführt. Etwa 15 verschiedene Organe oder Körperteile können derzeit transplantiert werden. In Deutschland werden zwar pro Jahr etwa 5000 Organtransplantationen durchgeführt, aber 12 000 Patienten stehen auf der Warteliste. Jeden Tag sterben in Deutschland drei Personen, weil kein passendes Organ zur Verfügung stand. Insgesamt werden zu wenig Organe gespendet. 81 Prozent aller Europäer befürworten Organspenden, zwölf Prozent haben einen Organspendeausweis, jedoch nur ein Prozent lehnt die Organspende grundsätzlich ab.

Der Ablauf einer Transplantation ist durch das Transplantationsgesetz reglementiert. Wichtige Schritte sind:

- Todesfeststellung beim Spender;
- Gesundheits-Check des Spenders zur Feststellung von Kriterien, die eine Transplantation verbieten: Infektionen mit HIV, Blutvergiftung mit multiresistenten Keimen, therapieresistente Infektion mit Viren oder Pilzen oder nicht behandelbare Tumore;
- Bestimmung der Blutgruppe und Gewebemerkmale des Spenders und Übermittlung der Daten an das niederländische Eurotransplant in Leiden, das den passenden Empfänger per Computer aussucht und Transplantationszentrum und Empfänger benachrichtigt;
- Entnahme, Konservierung und Transport des Organs;
- Transplantation.

Der Hirntod des potentiellen Spenders muss gemäß den Richtlinien der Bundesärztekammer von zwei unabhängigen Ärzteteams nach vorgeschriebenen Methoden festgestellt werden. Eindeutige Beweise einer irreversiblen Hirnschädigung sind tiefes Koma, Atemstillstand und Verlust von Reflexen wie Hornhaut- oder Hustenreflex sowie eine unzureichende Durchblutung des Gehirns. Nicht mehr mit Blut versorgte Gehirnzellen sterben innerhalb weniger Minuten unwiederbringlich ab. Durch bildgebende Verfahren lassen sich die Blutgefäße nach Injektion eines Kontrastmittels darstellen (Abb. 182.1). Liegt der Hirntod vor, fehlen auch lebenswichtige Körperfunktionen. Der Spender muss künstlich beatmet und sein Kreislauf mit Medikamenten unterstützt werden, um eine ständige Blutversorgung der Organe zu gewährleisten.

Am häufigsten werden Organe von Verstorbenen transplantiert. Die Lebendspende erfolgt wesentlich

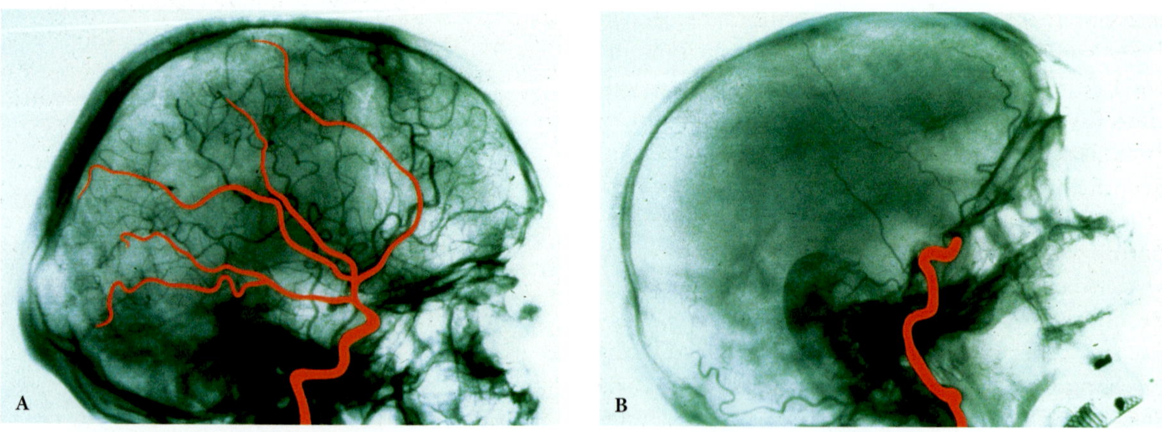

182.1 Darstellung der Blutgefäße im Gehirn mit Kontrastmittel. **A** gesundes Gehirn, **B** totes Gehirn

seltener und ist gesetzlich genau geregelt. Sie ist nur unter Verwandten ersten oder zweiten Grades, Ehegatten, Lebenspartnern, Verlobten oder Personen, die dem Spender in persönlicher Verbundenheit nahe stehen, möglich. 20 Prozent der Nieren- und 5 Prozent der Leberspenden sind in Deutschland Lebendspenden. Für die Transplantation der Leber, die nicht paarweise vorkommt, wird dem Lebendspender nur ein Teil der Leber entnommen, der im Empfänger zu einem funktionsfähigen Organ heranwächst.

Hierzulande werden pro Jahr knapp 3000, weltweit etwa 65 000 Nieren transplantiert. Gründe für eine Nierentransplantation sind chronisches Nierenversagen als Folge von Zuckerkrankheit, Bluthochdruck, Infektionen oder jahrelangem Medikamentenmissbrauch. Eine Spenderniere wird in das Becken eingesetzt, die Blutgefäße verbunden und der Harnleiter an die Blase angeschlossen (Abb. 183.1). Diese Operationstechnik hat den Vorteil, dass die kranken Nieren nicht entfernt werden müssen und die transplantierte Niere für einen Tastbefund gut zugänglich ist.

Das Hauptproblem der Organtransplantation ist die Abstoßungsreaktion, die durch Gewebeverträglichkeitsproteine ausgelöst wird, die generell MHC-Antigene und speziell beim Menschen **HLA-Antigene** (engl. ***h**uman **l**eucocyte **a**ntigen*) heißen. Es sind Glycoproteine, die auf Körperzellen vorkommen. Der dazugehörige HLA-Genkomplex enthält elf Gene für den Gewebetyp. Von jedem Gen gibt es hundert bis tausend unterschiedliche Proteinvarianten. Wegen dieser enormen Proteinvielfalt hat jede Person einen individuellen HLA-Typ, abgesehen von eineiigen Zwillingen. Folglich kommt es bei Organtransplantationen immer zu Abstoßungsreaktionen.

Die Bestimmung der HLA-Antigene, die **HLA-Typisierung,** erfolgt bei Spender und Empfänger vor der Transplantation mit molekularbiologischen Methoden wie PCR, Agarose-Gelelektrophorese, Sondenhybridisierung oder DNA-Sequenzierung. Die Typisierungsdaten werden an Eurotransplant übermittelt.

Zur Unterdrückung der Abstoßungsreaktion muss ein organtransplantierter Patient ein Leben lang **immunsuppressive Medikamente** einnehmen. Dazu zählen Azathioprin, das die Vermehrung von Blutzellen hemmt, Cortison, das Immunzellen unterdrückt, Cyclosporin A und Tacrolimus, die die Aktivierung von Immunzellen hemmen, und monoklonale Antikörper, die Killer-T-Zellen hemmen oder zerstören. Nach jahrzehntelanger Einnahme dieser Medikamente treten massive Nebenwirkungen wie Leber-, Nieren-, Nerven- und Skelettschäden sowie Zucker- und Fettstoffwechselstörungen auf.

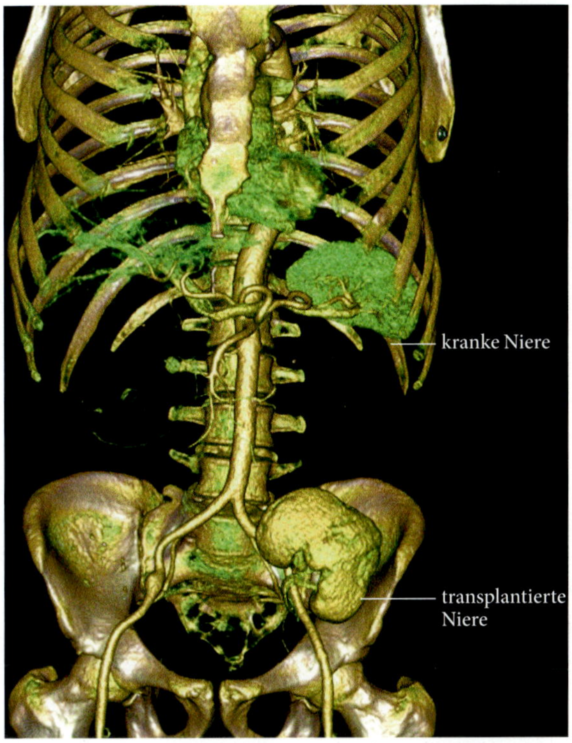

183.1 Nierentransplantation (3D-Computertomografie)

Die Fünfjahresüberlebensrate beträgt derzeit bei der Transplantation der Niere 85 Prozent, der Leber 80 Prozent, des Herzens 75 Prozent, der Bauchspeicheldrüse 65 Prozent und der Lunge 45 Prozent. Gründe dafür, dass diese Rate nicht bei 100 Prozent liegt, sind zu starke oder chronische Abstoßungsreaktionen, Infektionen, Nebenwirkungen der Medikamente und lebensbedrohliche Infektionen als Folge der starken Immunschwächung.

1 Diskutieren Sie verschiedene Gründe für den großen Organmangel.

2 Diskutieren Sie die gesetzlichen Vorschriften der Lebend- und Totspende.

3 Erläutern Sie die immunologischen Komplikationen nach der Organtransplantation und mögliche Therapien.

6 Impfungen

In fernen Ländern gibt es oft lebensbedrohliche Infektionskrankheiten wie Gelbfieber, Typhus oder Cholera. Touristen, die dorthin reisen, sollten sich gegen diese Infektionskrankheiten impfen lassen. Die verabreichten **Impfstoffe,** die Vakzine, veranlassen das Immunsystem zur Bildung von spezifischen Gedächtniszellen. Infiziert sich der Reisende im Zielland mit einem entsprechenden Krankheitserreger, aktiviert dieser die Gedächtniszellen, die daraufhin spezifische Antikörper bilden. Diese bekämpfen den Erreger, ohne dass der Reisende ernsthaft erkrankt.

Impfungen, die das Immunsystem aktivieren und zur Bildung von Gedächtniszellen anregen, führen zur **aktiven Immunisierung** (Abb. 184.1). Die Gedächtniszellen überdauern in Lymphknoten und garantieren die **Immunität** gegen einen Erreger. Gedächtniszellen sterben jedoch innerhalb weniger Jahre ab, sodass die meisten Impfungen regelmäßig aufgefrischt werden müssen.

Es gibt drei verschiedene Typen an Impfstoffen: **Lebendimpfstoffe** enthalten abgeschwächte, vermehrungsfähige Erreger, die jahrelang in der geimpften Person verbleiben, sodass ständig Gedächtniszellen nachgebildet werden. Das Immunsystem verhindert die unkontrollierte Vermehrung der Erreger. Immungeschwächte Personen dürfen keine Lebendimpfstoffe erhalten.
Totimpfstoffe enthalten abgetötete Erreger, Erregerextrakte oder Erregerproteine. Gedächtniszellen werden jedoch nur beim Erstkontakt bei der Impfung gebildet, da der Impfstoff vom Immunsystem als fremd erkannt und vernichtet wird.

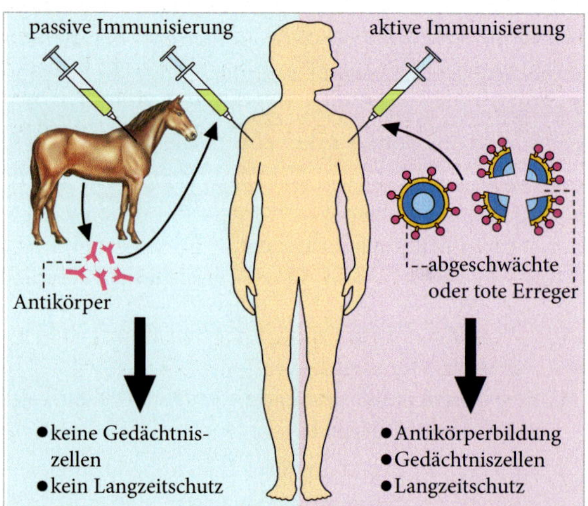

184.1 Aktive und passive Immunisierung

Tetanus und Diphtherie werden durch Giftstoffe, die Toxine, der zugehörigen Bakterien ausgelöst. Impfstoffe gegen Tetanus und Diphtherie enthalten diese Toxine, die für eine Immunisierung aber inaktiviert werden müssen. Auch solche **Toxoide** bewirken als Proteine die Bildung von Gedächtniszellen.

Durch umfangreiche Impfprogramme konnten einige Infektionskrankheiten wie Kinderlähmung oder Pocken weltweit erfolgreich eingedämmt oder ausgerottet werden. Bis zum 14. Monat sollten Kinder gegen Diphtherie, Tetanus, Keuchhusten, Röteln, Masern, Mumps, Windpocken und Pneumokokken geimpft sein. Jeder sollte einen Impfpass besitzen, in dem die erhaltenen Impfungen vermerkt sind und die Auffrischung der Impfung errechnet werden kann. Zwar treten bei Schutzimpfungen manchmal leichte Nebenwirkungen auf, jedoch überwiegen die positiven Effekte für den Geimpften und die Allgemeinheit bei weitem.

Bei einer weiteren Form der Impfung werden fertige Antikörper injiziert. Sie stammen aus der Blutflüssigkeit, dem Antiserum, immunisierter Tiere oder Menschen. Diese Impfung wird in lebensbedrohlichen Situationen gegeben, etwa nach Schlangenbissen oder Lebensmittelvergiftungen. Die injizierten Antikörper binden und neutralisieren die Giftstoffe innerhalb von Minuten. Diese Antikörper werden jedoch innerhalb weniger Wochen bis Monate im Körper abgebaut, es besteht dann kein Immunschutz mehr. Es werden auch keine Gedächtniszellen gebildet. Deshalb heißt diese Form der Impfung **passive Immunisierung.**

1 Vergleichen Sie tabellarisch die aktive und passive Immunisierung.

2 Viele Impfungen müssen aufgefrischt werden. Erläutern Sie den immunologischen Grund.

3 Bei der passiven Immunisierung werden Antikörper aus Menschen oder Tieren verabreicht. Begründen Sie, warum Antikörper von Tieren bereits nach zwei bis vier Wochen, die vom Menschen erst nach drei Monaten im Geimpften nicht mehr nachweisbar sind.

ELISA-Test

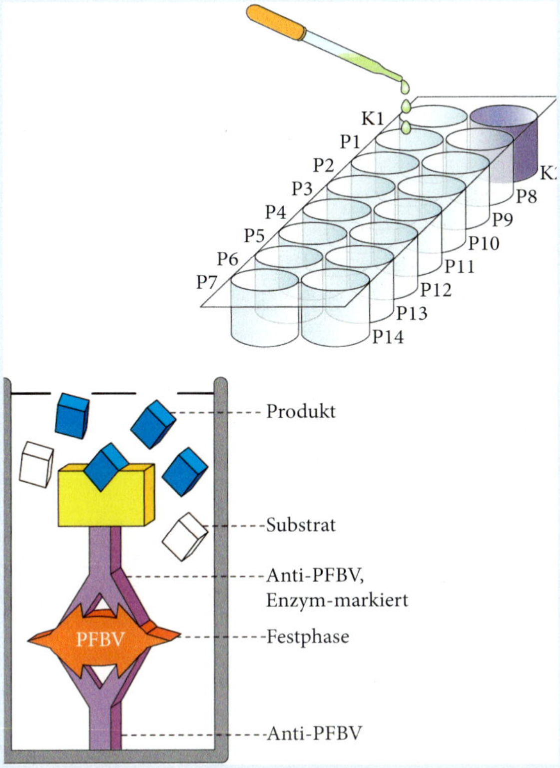

185.1 ELISA zum Nachweis von PFBV

Sachinformation: Im Praktikum soll mit einem Sandwich-ELISA das Pelargonium Flower Break Virus (PFBV) nachgewiesen werden. Dieses verändert bei Geranien, die zur Familie der Pelargonien gehören, die Blütenfarbe. Etwa 25 Prozent unserer Pelargonien sind mit PFBV infiziert.
Der Test läuft in drei wesentlichen Schritten ab (Abb. 185.1):

1. Anti-PFBV-Antikörper, die an der Festphase (Plastikstreifen mit 16 Vertiefungen) anhaften, binden die Viren aus den Blattextrakten.
2. Enzymmarkierte Anti-PFBV Antikörper (das Konjugat) binden an die zuvor gebundenen Viren.
3. Die Enzyme setzen ein farbloses Substrat in ein blaues Produkt um. Virusinfizierte Proben sind entsprechend blau, nichtinfizierte Proben farblos.

Material: Ein handelsüblicher Testkit enthält: 1 Plastikstreifen (Festphase) mit 16 Vertiefungen in zwei Reihen, 14 Extraktionsbeutel, 14 Faltenfilter, 50 ml Probenpuffer (gelb, gebrauchsfertig), 14 graduierte Einwegpipetten, je eine beschriftete Pipette für den Probenpuffer, 1 Gefäß mit 2,5 ml Konjugat (rot, gebrauchsfertig), 1 Gefäß mit 2,5 ml Substrat (farblos, gebrauchsfertig). Die Reagenzien müssen bei etwa +4 °C aufbewahrt werden. Vor Testbeginn müssen die Reagenzien Raumtemperatur erreicht haben.
Nicht im Kit enthalten sind: Blätter von Geranien, Schere, Pistill, 14 Trichter, 14 Reagenzgläser, 1 Reagenzglasständer

Durchführung:
1. *Beschriftungen:* 14 Extraktionsbeutel werden mit P1 bis P14 beschriftet, ebenso 14 graduierte Einwegpipetten (Probenpipetten) und 14 Reagenzgläser.
2. *Probenextraktion:* 14 ca. 10 cm^2 große Blattstücke werden in je einen Extraktionsbeutel gelegt. Nach Zugabe von je 3 ml Probenpuffer werden die Beutel verschlossen. Die Blattstücke werden mit einem Pistill auf der Tischplatte im Beutel zerrieben und dabei extrahiert.
3. *Filtration der Proben:* Die Beutel werden geöffnet, die Extrakte mit je 1 Probenpipette in je 1 Faltenfilter übergeführt und die 14 Filtrate in je einem Reagenzglas gesammelt. Die Filtrate sind die Proben.
4. *Inkubation der Proben:* Je 3 Tropfen der Filtrate werden mit den zugehörigen Probenpipetten in die Vertiefungen P1 bis P14 der Festphase gegeben. Die Vertiefungen K1 und K2 sind werkseitig präpariert und bleiben leer. Die Festphase wird für 10 Minuten inkubiert.
5. *Waschen:* Die Festphase wird aus der Halterung genommen und die Flüssigkeit ausgeschleudert. Die komplette Festphase wird 3 Mal für ca. 5 Sekunden mit kaltem Leitungswasser gespült. Zum Schluss wird sie entleert, das Restwasser ausgeschleudert, auf Saugpapier ausgeklopft und wieder in die Halterung eingesetzt.
6. *Konjugatzugabe:* Mit der Konjugat-Pipette werden je 3 Tropfen des roten Konjugats in alle 16 Vertiefungen gegeben. Die Festphase wird für 10 Minuten inkubiert.
7. *Waschen:* Wie unter 5. beschrieben.
8. *Inkubation mit Substrat:* Mit der Substrat-Pipette werden je 3 Tropfen des Substrats in alle 16 Vertiefungen gegeben. Die Festphase wird für 10 Minuten inkubiert. Das Substrat ist lichtempfindlich, deshalb ist direktes Sonnenlicht zu vermeiden.
9. *Auswertung:* Es wurde richtig gearbeitet, wenn die Kontrolle K2 eine intensive Blaufärbung zeigt und die Kontrolle K1 farblos bleibt. Eine deutlich blau gefärbte Probe bedeutet, dass das Blatt virusinfiziert war. Proben, die nicht stärker als die negative Kontrolle K1 gefärbt sind, deuten auf keine Virusinfektion hin.

Aufgaben:
a) Begründen Sie, warum Antigene mit nur einem Epitop mit einem Sandwich-ELISA nicht nachgewiesen werden können.
b) Entwickeln Sie eine begründete Hypothese, wie die werkseitige Präparation von K1 und K2 aussieht.
c) Begünden Sie die Bedeutung von K1 und K2 für das Experiment.

7 Allergien und Autoimmunkrankheiten

Im Frühjahr leidet etwa jeder vierte Bundesbürger an Heuschnupfen: Die Nase läuft, die Augen tränen und die Schleimhäute schwellen an. Verursacht wird diese Reaktion durch Pollen, deshalb heißt Heuschnupfen auch **Pollenallergie.** Diese wird durch **IgE-Antikörper** ausgelöst, die von Pollen-aktivierten B-Zellen gebildet werden ① (Abb. 186.1). Die IgE binden an IgE-Rezeptoren auf **Mastzellen,** die in allen Körpergeweben vorkommen, so auch in den betroffenen Schleimhäuten ②. Die Mastzellen enthalten Vesikel, die mit Gewebshormonen wie **Histamin** gefüllt sind. Durch die Reaktion der Pollen mit den Rezeptor gebundenen IgE wird Histamin aus den Vesikeln freigesetzt ③. Es aktiviert umliegende Schleimhaut-, Nerven- und Muskelzellen, was sich in allergischen Symptomen wie erhöhte Sekretproduktion, Juckreiz und Asthma äußert ④.

Die allergischen Reaktionen werden unter anderem mit Medikamenten behandelt, die entweder das Andocken von Histamin an Rezeptoren (A) oder seine Freisetzung blockieren (B). Als Therapie werden auch monoklonale Antikörper gegeben, die IgE-Antikörper (C) und IgE-bildende B-Zellen hemmen (D). Bei der **Desensibilisierung,** einer Immuntherapie, wird das Allergen als Injektion, Tablette oder Tropfen in festgelegten Mengen über drei Jahre verabreicht. Dadurch werden IgG-Antikörper gebildet, die das Allergen abfangen bevor es an Mastzellen binden kann. Im normalen Fall, wenn keine Allergie vorliegt, dienen IgE und Mastzellen der Zerstörung von Parasiten. Allergien sind fehlgeleitete Immunreaktionen.

Jeder fünfte Deutsche leidet an einer weiteren Fehlfunktion des Immunsystems, einer **Autoimmunkrankheit.** Dabei attackiert das Immunsystem irrtümlicherweise den eigenen Körper. Dies führt zur Schädigung von Geweben und Organen. Beim Menschen gibt es etwa 80 verschiedene Autoimmunkrankheiten. Am häufigsten sind Schilddrüsenentzündung, Schuppenflechte, rheumatoide Arthritis und Diabetes Typ 1. Autoimmunkrankheiten werden durch genetische, hormonelle oder psychische Einflüsse sowie Virusinfektionen ausgelöst. An der Zerstörungsreaktion sind Antikörper, die **Autoantikörper,** und Lymphocyten beteiligt.
Mehrere biologische Mechanismen verhindern, dass das Immunsystem den eigenen Körper angreift.

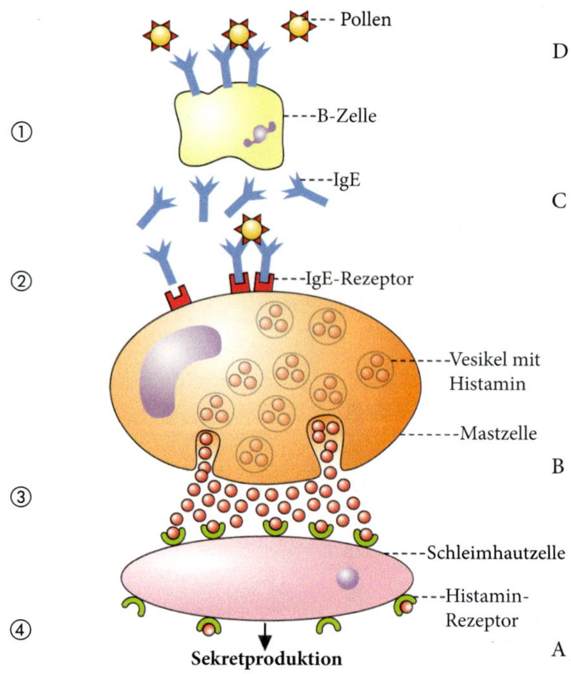

186.1 Entstehung und Therapie der Pollenallergie

Dieses Phänomen ist die **Selbsttoleranz.** B- und T-Zellen, die den eigenen Körper attackieren, heißen **autoreaktive** Zellen. Sie werden bei jedem Menschen in großer Zahl während der Lymphocytenreifung aus den Knochenmarkstammzellen gebildet. Autoreaktive T-Zellen werden im Thymus eliminiert. So dürfen nur die T-Zellen den Thymus verlassen, die an die MHC-Moleküle auf Thymuszellen locker binden. Bei zu starker Bindung würden sie im Körper Autoimmunreaktionen verursachen. Versagt diese Selektion im Thymus, werden autoreaktive T-Zellen durch eine zweite Instanz, den **regulatorischen T-Zellen** (Tregs), inaktiviert.
Autoreaktive B-Zellen werden im Knochenmark aussortiert. Bei Autoimmunkrankheiten sind diese Mechanismen der Selbsttoleranz gestört. Autoimmunkrankheiten werden mit immunsuppressiven Medikamenten behandelt, die die Teilungsfähigkeit oder Aktivierung von Immunzellen hemmen.

1 Beschreiben Sie die Entstehung der allergischen Symptome.

2 Erläutern Sie die verschiedenen Mechanismen der Selbsttoleranz.

Exkurs

Diabetes – Immunologische Aspekte

187.1 Drill

In einem Tierpark wurden Drills beobachtet, die den Urin eines ihrer Artgenossen tranken, was sie normalerweise nicht tun. Der Urin musste also gut schmecken. Untersuchungen ergaben, dass das Tier an der Zuckerkrankheit litt, dem **Diabetes mellitus** (gr. *diabeitein,* hindurchfließen; lat. *mellitus,* honigsüß). Bei **Diabetes** ist der Blutzuckerspiegel krankhaft erhöht, überschüssiger Zucker wird im Urin ausgeschieden. Folglich schmeckte der Urin des Affen süßlich.

Der Blutzuckergehalt wird durch **Insulin** reguliert, das von den β-Zellen der LANGERHANSschen Inseln in der Bauchspeicheldrüse gebildet wird. Der Blutzuckerspiegel wird dadurch gesenkt, dass Insulin den Transport von Glucose aus dem Blut in Körperzellen fördert (Abb. 187.2), den Zuckerabbau aktiviert, den Zucker-, Fett- und Proteinaufbau steigert und den Protein- und Fettabbau hemmt. Als Folge der erhöhten Blutzuckerkonzentration treten übermäßiger Durst, häufiges Wasserlassen, trockene Haut, Gewichtsabnahme und Müdigkeit auf.

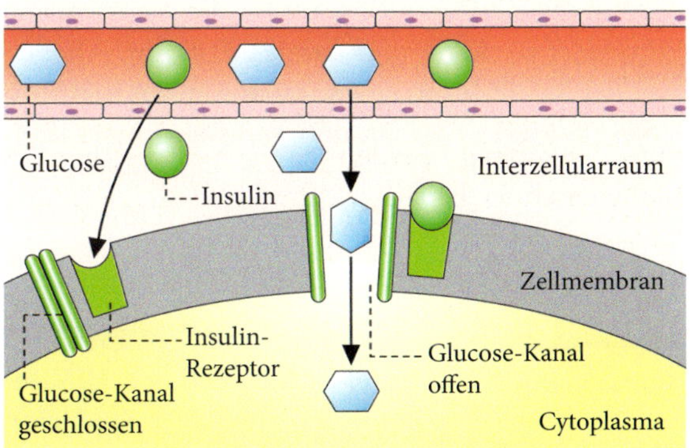

187.2 Insulin öffnet den Glukosekanal

Die β-Zellen können durch Autoantikörper und Entzündungsreaktionen geschädigt werden. Die Folge ist **Diabetes Typ 1,** eine Autoimmunkrankheit, an der in Deutschland etwa 350 000 Personen leiden. Die Krankheit tritt ein, wenn etwa 90 Prozent der β-Zellen zerstört sind. Diabetes Typ 1 entsteht oft nach Infektion mit Mumps-, Masern- oder Rötelnviren. Vermutlich sind sich bestimmte Virus- und β-Zellproteine so ähnlich, dass die gegen die Viren gerichteten Antikörper auch die β-Zellen attackieren.

Neben dem immunologisch ausgelösten Diabetes Typ 1 gibt es noch **Diabetes Typ 2,** an dem in Deutschland etwa acht Millionen Menschen leiden. Bei ihm werden die Inselzellen durch Übergewicht und falsche Ernährung überbelastet und geschädigt. Folgeerkrankungen beider Diabetesformen sind Nierenversagen, Sehstörungen, Nervenleiden, Herzinfarkt und Schlaganfall.

Diabetes Typ 1 wird durch die tägliche Injektion von Insulin behandelt. Bis in die 1980er Jahre wurde Insulin aus den Bauchspeicheldrüsen von Rindern und Schweinen extrahiert. Diese Insuline haben jedoch eine etwas andere Aminosäurezusammensetzung als Humaninsulin. Beim Rinderinsulin sind drei Aminosäuren, beim Schweineinsulin nur eine Aminosäure in einer Sequenz von 51 Aminosäuren anders. Selbst diese geringen Unterschiede werden vom menschlichen Immunsystem erkannt, sodass Diabetiker Antikörper gegen die tierischen Insuline bilden. Als Folge treten allergieähnliche Reaktionen auf, die sich mit zunehmender Insulingabe verstärken. Deshalb können Rinderinsulin und Schweineinsulin jeweils nur für maximal zehn Jahre gegeben werden. So betrug die Lebenserwartung ab Beginn der Insulinbehandlung etwa 20 Jahre. Seit 1982 ist **gentechnisch hergestelltes Humaninsulin** verfügbar, das dem natürlichen Humaninsulin völlig identisch ist und keine Immunreaktionen auslöst. Davon werden jährlich weltweit etwa sechs Tonnen produziert.

1 Beschreiben Sie die biochemischen Vorgänge, die durch Insulin gesteuert werden.

2 Vergleichen Sie die wesentlichen Ursachen der Entstehung von Diabetes Typ 1 und Typ 2.

3 Erklären Sie die möglichen immunologischen Gründe für die Entstehung von Diabetes Typ 1.

4 Diskutieren Sie die Ursachen für die stetige Zunahme von Diabetes Typ 2.

8 AIDS – eine Immunschwächekrankheit

1981 trat in den USA eine rätselhafte, bis dahin unbekannte Krankheit mit seltenen Lungen- und Krebserkrankungen auf. Charakteristisch war ein ausgeprägter Mangel an Helfer-T-Zellen, der eine massive Immunschwäche zur Folge hatte. So starb ein hoher Prozentsatz der Erkrankten an Infektionen mit verschiedenen Erregern. 1982 erhielt die Krankheit die Bezeichnung **AIDS** (engl. *a*cquired *i*mmuno*d*eficien-cy *s*yndrome, erworbenes Immunschwächesyndrom). Zwei Jahre später wurde als Verursacher ein Virus identifiziert, **HIV-1** (engl. *h*uman *i*mmunodeficiency *v*irus 1, das menschliche Immundefektvirus 1) (Abb. 188.1).

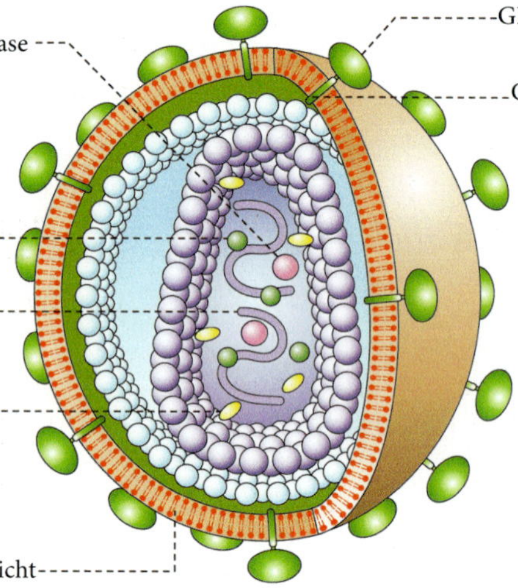

188.1 Aufbau von HIV-1

HIV-1 stammt vom Affen-Virus SIV (engl. *s*imian *i*mmunodeficiency *v*irus) ab, das seit etwa 30 000 Jahren bei mehr als 30 Affenarten vorkommt. Nur bei einigen von ihnen kann SIV eine AIDS-ähnliche Krankheit verursachen. Vor etwa 100 Jahren wurde SIV in Afrika vom Affen auf den Menschen übertragen. Die Überschreitung der Artengrenze führte zu einer verstärkten Aggressivität des Virus. Durch den weltweiten Tourismus wurde HIV-1 schnell verbreitet. Global sind geschätzt 34 Million Menschen mit HIV-1 infiziert. Das Hauptverbreitungsgebiet ist Afrika. Täglich stecken sich 7000 Personen neu an, 5000 sterben an AIDS.

HIV-1 wird durch virushaltige Körperflüssigkeiten wie Blut, Sperma, Scheidensekret oder Muttermilch übertragen. Bei der Infektion binden die viralen Proteine GP120 und GP41 an die dazugehörigen Rezeptorproteine auf der Wirtszelle, das CD4-Protein und einen Korezeptor. CD4 kommt in hoher Dichte auf Helfer-T-Zellen und Makrophagen und in geringer Dichte auf Nerven- und Epithelzellen vor. So werden hauptsächlich Helfer-T-Zellen und Makrophagen infiziert. Bei der Infektion werden das virale RNA-Genom und die drei viralen Enzyme Reverse Transkriptase (RT), Integrase und Protease in die Wirtszellen mit dem CD4-Rezeptor eingeschleust. Dort wird die einzelsträngige Virus-RNA von der RT zuerst in einzelsträngige und dann in doppelsträngige DNA umgeschrieben, ein Vorgang, der für **Retroviren** typisch ist. Die Integrase baut die Virus-DNA in die zelluläre DNA ein. Dadurch kann das Virus versteckt bis zu acht Jahren überdauern und wird bei jeder Zellteilung an die Tochterzellen weiter gegeben. So wird das Virus im Körper verbreitet, ohne als freie Viruspartikel in Erscheinung zu treten und vom Immunsystem angreifbar zu sein.

Für die Virusvermehrung wird das Virusgenom wieder aktiviert und die virale DNA in RNA transkribiert. Diese stellt einerseits das neue Virus-Genom dar und wird andererseits noch in die verschiedenen Virusproteine translatiert. Einige von ihnen liegen zunächst als unreife Vorläuferproteine vor, die durch die virale Protease in funktionelle Proteine gespalten werden. Die einzelnen Viruskomponenten formieren sich in der Zelle zu neuen Viren, die sich durch Knospung von der Zellmembran abschnüren.

Die meisten Helfer-T-Zellen werden durch HIV innerhalb von mehreren Jahren zerstört, in denen der Infizierte jedoch noch beschwerdefrei ist. Sinkt ihre Zahl unter einen kritischen Wert, liegt eine massive Immunschwächung und damit AIDS vor. Als Folge treten schwere Infektionen mit ansonsten harmlosen Viren, Bakterien, Pilzen und Parasiten sowie Krebserkrankungen des Lymphsystems und Bindegewebes auf. An diesen Erkrankungen sterben schließlich die AIDS-Patienten.

HIV wird durch infizierte Makrophagen ins Gehirn transportiert, sodass bei 60 Prozent der HIV-Infizierten Nervenerkrankungen, ein gestörtes Gedächtnis und psychische Störungen auftreten. Diese Symptome werden durch Giftstoffe, die Neurotoxine, verursacht, die von HIV-infizierten hirnspezifischen Makrophagen, den Mikroglia, gebildet werden.

AIDS kann man bisher nicht heilen. Es gibt jedoch mehr als 20 Medikamente, mit denen die Lebensqualität erhöht und die Überlebenszeit um mehrere Jahre verlängert werden kann. Die Medikamente haben vier Angriffspunkte (Abb. 189.1): Blockade der Virusanheftung an die Wirtszelle und Hemmung der Fusion von Virus- und Zellmembran ①, Hemmung der Reversen Transkriptase ②, Integrase ③ und Protease ④. Die Medikamente hemmen jeweils die Enzyme. RT-Inhibitoren sind entweder veränderte Nukleotide, die von der RT in die DNA eingebaut werden und die weitere Synthese der viralen DNA stoppen, oder Hemmstoffe der enzymatischen Aktivität.

Die aktuelle Standardtherapie kombiniert mehrere Medikamente mit unterschiedlichen Wirkungsweisen. Diese Therapieform heißt **HAART** (**h**och **a**ktive **anti**retrovirale **T**herapie). Mit ihr kann die Menge an Viren so weit reduziert werden, dass sie im Blut nicht mehr nachweisbar ist. Trotzdem ist der Patient nicht frei von Viren, da HIV-1 mehrere Überlebensstrategien hat: Es infiziert Makrophagen, die im Gegensatz zu Helfer-T-Zellen nicht absterben und ständig neue Viren produzieren. Es verbleibt in ruhenden T-Gedächtniszellen, sodass Medikamente wie die RT-Hemmstoffe, die die Virusvermehrung nur in teilungsaktiven Zellen hemmen, unwirksam sind. Das Virus überdauert in Körperregionen, zu denen Medikamente kaum gelangen, wie das zentrale Nervensystem, die Wände des Magen-Darmtraktes oder Geschlechtsorgane. Diese Regionen sind zum Schutz wichtiger Körperfunktionen besonders abgeschirmt, sogar gegen den Zutritt des Immunsystems. Da HAART nicht alle Viren beseitigen kann, muss diese aus heutiger Sicht lebenslang angewandt werden.

Das Hauptproblem der Entwicklung eines Impfstoffes ist die hohe Mutationsrate von HIV-1. Sie beruht auf dem Einbau nicht komplementärer Basen beim Umschreiben der RNA in DNA durch die RT. So wird die Aminosäurezusammensetzung von Enzymen und anderen Virusproteinen ständig verändert. Die Folge sind medikamentenresistente Enzyme und abgewandelte Oberflächenantigene. Es gibt mehrere zehntausend unterschiedliche Virus-Varianten.

1 Erklären Sie die Funktion der drei Enzyme, die HIV-1 bei der Infektion in die Wirtszelle einschleust.

2 Erläutern Sie die vier unterschiedlichen Wirkprinzipien der Medikamente gegen AIDS.

3 Erklären Sie, wie HIV-1 trotz Therapie im Körper überdauern kann.

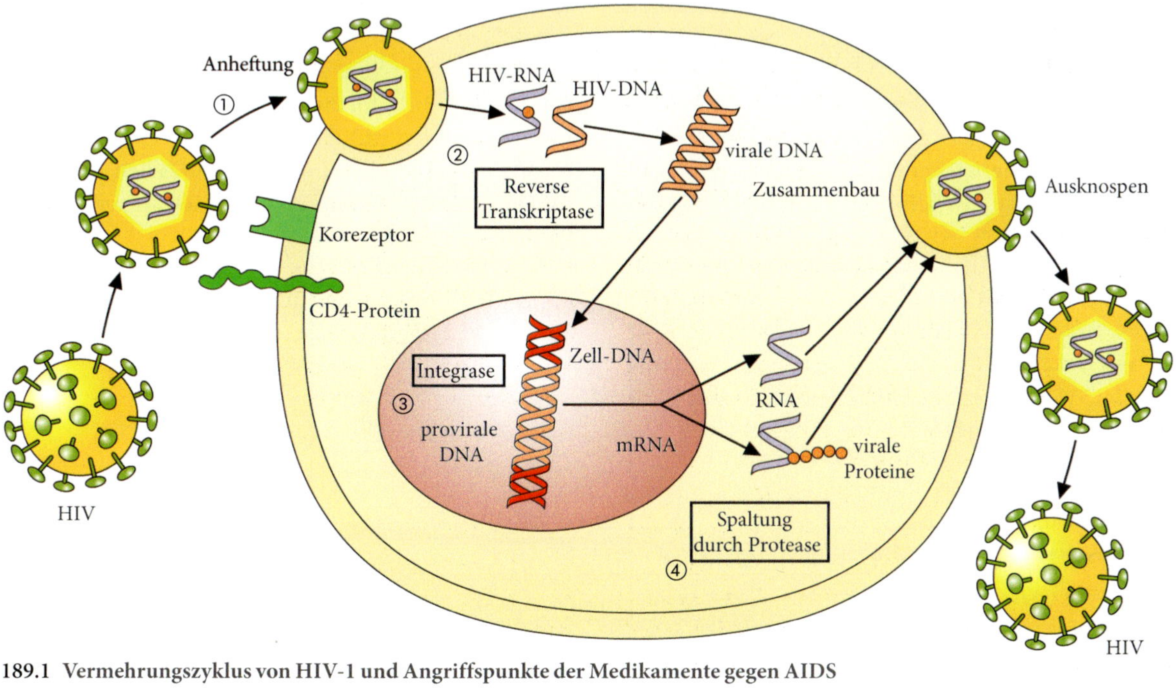

189.1 Vermehrungszyklus von HIV-1 und Angriffspunkte der Medikamente gegen AIDS

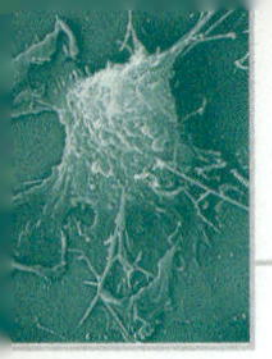

9 Krebs

„Krebs wird durch Viren verursacht", „Krebs ist eine Infektionskrankheit", „Impfung schützt gegen Krebs". Solche Schlagzeilen konnte man im Oktober 2008 auf den Titelseiten vieler Tageszeitungen lesen. Anlass war der Nobelpreis für den deutschen Krebsforscher Harald ZUR HAUSEN, der hauptsächlich über die Entstehung und Vorbeugung von **Gebärmutterhalskrebs** forscht.

Man nimmt an, dass etwa jede vierte Krebserkrankung durch Viren verursacht wird. Da auch krebsauslösende Viren von Mensch zu Mensch übertragen werden, kann der dazugehörige Krebstyp als eine Infektionskrankheit angesehen werden. Am besten erforscht ist hierbei das **humane Papillomvirus** (HPV). Es gibt etwa 200 HPV-Typen. HPV-16 und HPV-18 gelten als Hauptverursacher von mehr als 70 Prozent der Fälle von Gebärmutterhalskrebs. Er ist die vierthäufigste Krebsform bei Frauen, an der in Deutschland jährlich etwa 11 000 Frauen neu erkranken.

Bei Männern kann HPV ein Penis-Karzinom verursachen, etwa 1000 Fälle treten pro Jahr in Deutschland auf. HPV wird durch Geschlechtsverkehr übertragen. Es dringt durch kleinste Verletzungen zu tiefer liegenden Schleimhautzellen und infiziert sie. (Abb. 190.1). Dabei wird die ringförmige, doppelsträngige HPV-DNA in die Zellen übertragen, die daraufhin neue Viren bilden. Ein intaktes Immunsystem kann HPV effektiv bekämpfen. Etwa 70 Prozent der Infizierten haben zwei Jahre nach der Infektion die Viren weitgehend eliminiert. Bei etwa einem Prozent der Infizierten entwickelt sich nach zehn bis 30 Jahren Gebärmutterhalskrebs.

Faktoren, die zusätzlich zu HPV die Krebsentstehung noch begünstigen, sind Rauchen, weitere genitale Infektionen mit Bakterien und Viren, häufiger Partnerwechsel und eine Immunschwächung. Einige dieser Risiken können durch Kondome vermieden werden.

2006 wurde der erste HPV-Impfstoff zur Vorbeugung zugelassen. Das Robert-Koch-Institut empfiehlt die HPV-Impfung für Mädchen zwischen 12 und 17 Jahren. Die Kosten übernehmen die Krankenkassen. Derzeit gibt es zwei Totimpfstoffe, Cervarix® und Gardasil®. Sie enthalten DNA-freie und nur noch aus Hüllproteinen bestehende Viruspartikel. Sie sind wegen des Fehlens der DNA nicht mehr vermehrungsfähig, ihre Proteine aktivieren jedoch Immunzellen und bewirken die Bildung von Gedächtniszellen. Die Immunisierung besteht aus drei Impfungen und der Immunschutz hält für mindestens fünf Jahre an. Ein bereits bestehender Gebärmutterhalskrebs kann durch die Impfung nicht behandelt werden.

Für die Krebsentstehung muss die HPV-DNA in die zelluläre DNA eingebaut sein (Abb. 190.1). Das von der HPV-DNA codierte Protein E6 verhindert die Apoptose (→ S. 179) der HPV-infizierten Zellen. So entsteht eine Ansammlung von sich ständig teilenden, infizierten Zellen. Gebärmutterhalskrebs ist wie alle Krebsarten ein **bösartiger Tumor** (lat. *tumor*, Anschwellung).
Typisch für bösartige Tumore ist, dass sie in umliegendes Gewebe hineinwuchern, eine Dedifferenzierung von Zellen mit einhergehenden Organschäden zeigen, aus potentiell unsterblichen Zellen bestehen, und oft Sekundärtumoren, die **Metastasen,** bilden (Abb. 191.1).

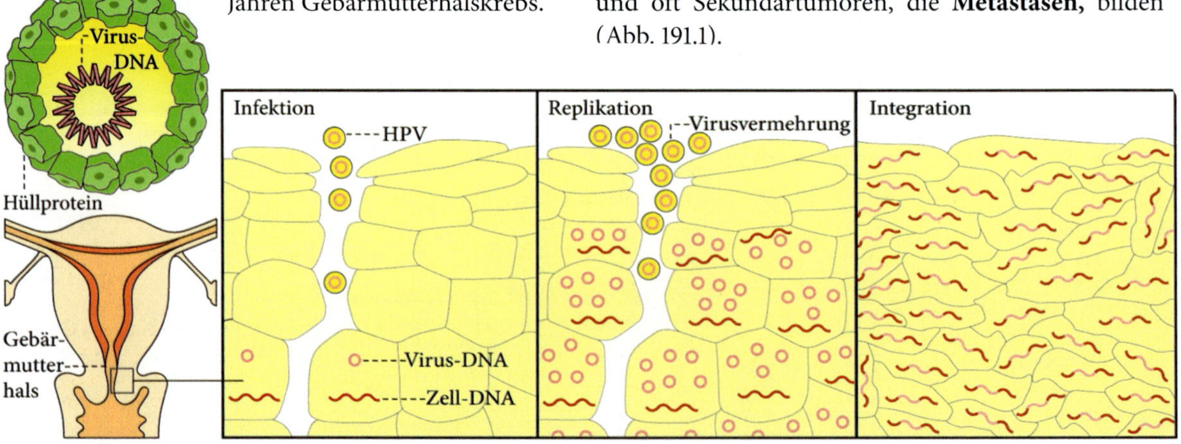

190.1 Infektion mit dem humanen Papillomvirus (HPV)

Hierbei können Krebszellen, die sich von dem anfänglichen Tumor, dem Primärtumor, abgelöst haben, über Blut- und Lymphgefäße verteilt werden und überall im Körper solche Metastasen bilden. Die Todesursachen gehen bei Krebs zu 90 Prozent von den Metastasen aus, die Organfunktionen zerstören, Nerven schädigen, Organhohlräume verschließen und Blut- und Lymphgefäße blockieren.

Daneben gibt es auch **gutartige Tumore.** Sie sind lokal begrenzt, wachsen nicht in Gewebe hinein, verdrängen umliegendes Gewebe ohne es zu zerstören und bilden keine Metastasen (Abb. 191.1).

Es gibt mehr als 300 verschiedene Krebstypen. Jede Körperzelle kann prinzipiell zu einer Krebszelle werden. Krebs ist in Deutschland die zweithäufigste Todesursache. Die jährliche Zahl an Neuerkrankungen liegt bei etwa 450 000, die jährlichen Todesfälle bei 220 000 Personen. Weltweit stirbt alle vier Sekunden eine Person an Krebs.

Eine der Hauptursachen für Krebserkrankungen der Lunge, des Rachens, der Mundhöhle, der Speiseröhre, des Kehlkopfes und des Magens ist das Rauchen. Im Zigarettenrauch sind mindestens 40 krebserregende Stoffe enthalten, von denen viele die DNA schädigen. Weitere Krebsursachen sind Alkoholmissbrauch, Übergewicht, falsche Ernährung, chronische Immunschwäche, genetische Veranlagung und Mutationen, die mit steigendem Alter zunehmen. Die Erkrankungszahlen werden aufgrund einer krebsfördernden Lebensweise, die solche Risikofaktoren beinhaltet, weltweit weiter ansteigen.

Bei Krebs liegt immer eine Fehlregulation von Zell-Steuerungsmechanismen vor. Aktivierende und hemmende Mechanismen, die sich in einem gesunden Organismus die Waage halten, sind bei Krebs aus dem Gleichgewicht geraten. Dazu zählen als Gegenspieler tumorauslösende und tumorhemmende Gene sowie wachstumsaktivierende und wachstumshemmende Gene. 500 der 19 000 im Menschen vorkommenden Gene sind wachstumsregulierende Gene. Weitere Gegenspieler sind Mutationen und DNA-Reparatur sowie die Bildung von Krebszellen und deren Zerstörung durch Immunreaktionen. Bei jedem Menschen entstehen pro Tag mehrere Hunderte an Krebszellen und pro Tag ereignen sich pro Körperzelle 30 000 Mutationen. Ein gesunder Organismus kann mithilfe eines intakten Immunsytems, intakten DNA-Reparatursystemen und intakten Steuerungsmechanismen alle diese Krebszellen erfolgreich blockieren oder zerstören.

An der Krebsentstehung sind zwei große Genfamilien beteiligt, die defekten **Protoonkogene** und die defekten **Tumorsuppressorgene.** Protoonkogene und Tumorsuppressorgene kommen in jeder normalen Zelle vor. Protoonkogene steuern Wachstum, Teilung und Differenzierung von Zellen. Sind die Protoonkogene durch Mutationen, Viruseinfluss oder Fehlsteuerung entartet, dann sind Wachstum, Teilung und Differenzierung von Zellen außer Kontrolle geraten. Die Folge ist oft eine Krebserkrankung. Defekte Protoonkogene heißen **Onkogene** (gr. *oncos,* Schwellung). Tumorsuppressorgene unterdrücken Krebs. Von zentraler Bedeutung ist das *p53*-Tumorsuppressorgen. Es wird durch DNA-Schäden aktiviert und codiert für

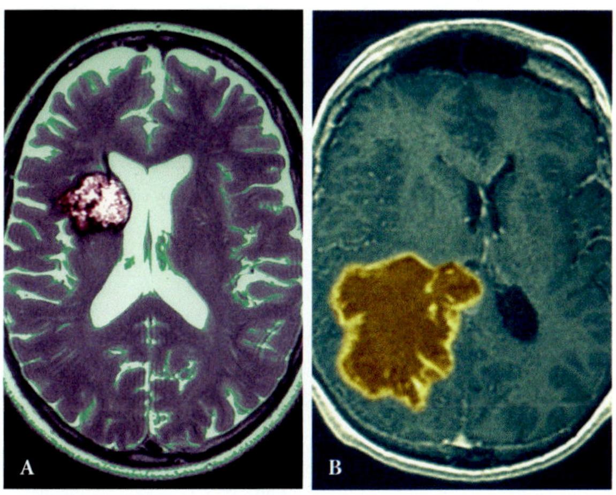

191.1 Hirntumor. A gutartig; **B** bösartig

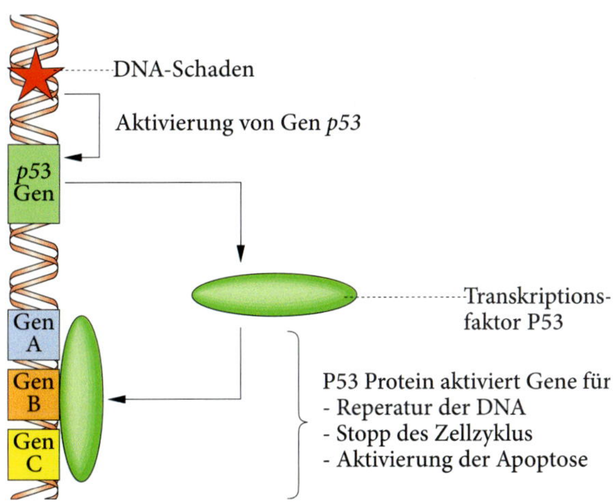

191.2 Der Transkriptionsfaktor P53

das Protein P53, einen Transkriptionsfaktor, der verschiedene Gene anschalten kann (Abb. 191.2). Liegen kleine DNA-Schäden vor, aktiviert P53 Gene für DNA-Reparaturenzyme. Liegt ein großer und irreparabler DNA-Schaden vor, könnten Steuerungsmechanismen defekt sein und die betroffene Zelle zur Krebszelle entarten. Dem wirkt P53 entgegen und aktiviert Gene, die den Zellzyklus anhalten und die Apoptose dieser Zelle einleiten. Ist das *p53*-Tumorsuppressorgen defekt, was bei 60 Prozent aller menschlichen Krebsformen der Fall ist, tritt keine Apoptose mehr ein, sodass entartete Zellen nicht mehr absterben und Krebs entsteht.

Für die Therapie von Krebs werden seit vielen Jahrzehnten drei Standardbehandlungen eingesetzt: Die operative Entfernung der Tumore, die Strahlentherapie und die Chemotherapie. Alle drei Behandlungen dienen der effektiven Bekämpfung und Beseitigung der Tumorzellen. Die Strahlentherapie mit Gamma- oder Röntgenstrahlung verursacht in Krebszellen schwere DNA-Schäden und die Bildung freier Radikale, die den Zellstoffwechsel hemmen. Die bei der Chemotherapie gegebenen Medikamente, die **Zytostatika** (gr. *cytos,* Zelle, gr. *statis,* Stillstand), wirken auf die DNA, RNA und zellulären Signalmoleküle. Dadurch werden Zellwachstum und Zellteilung gehemmt.

Krebs ist heutzutage in mindestens der Hälfte aller Fälle heilbar oder kann in eine medikamentös beherrschbare, chronische Erkrankung überführt werden. Dies ist auf die großen Fortschritte in der Operationstechnik, die Entwicklung von präziseren Bestrahlungsgeräten, die Anwendung neuer Strahlentypen und die Entwicklung von nebenwirkungsarmen Medikamenten zurückzuführen.

Parallel zu den Fortschritten in der Therapie wurde auch die Krebsdiagnostik entscheidend verbessert. Dazu zählen die Immundiagnostik, Gendiagnostik und bildgebende Verfahren zur Darstellung von Krebs im Patienten. Mit diesen Methoden kann Krebs früher erkannt werden und die molekularen und zellulären Veränderungen in den Krebszellen können individuell bestimmt werden. Dies resultiert in einer möglichst frühzeitigen und auf die Tumorsituation des Patienten zugeschnittenen Therapie.

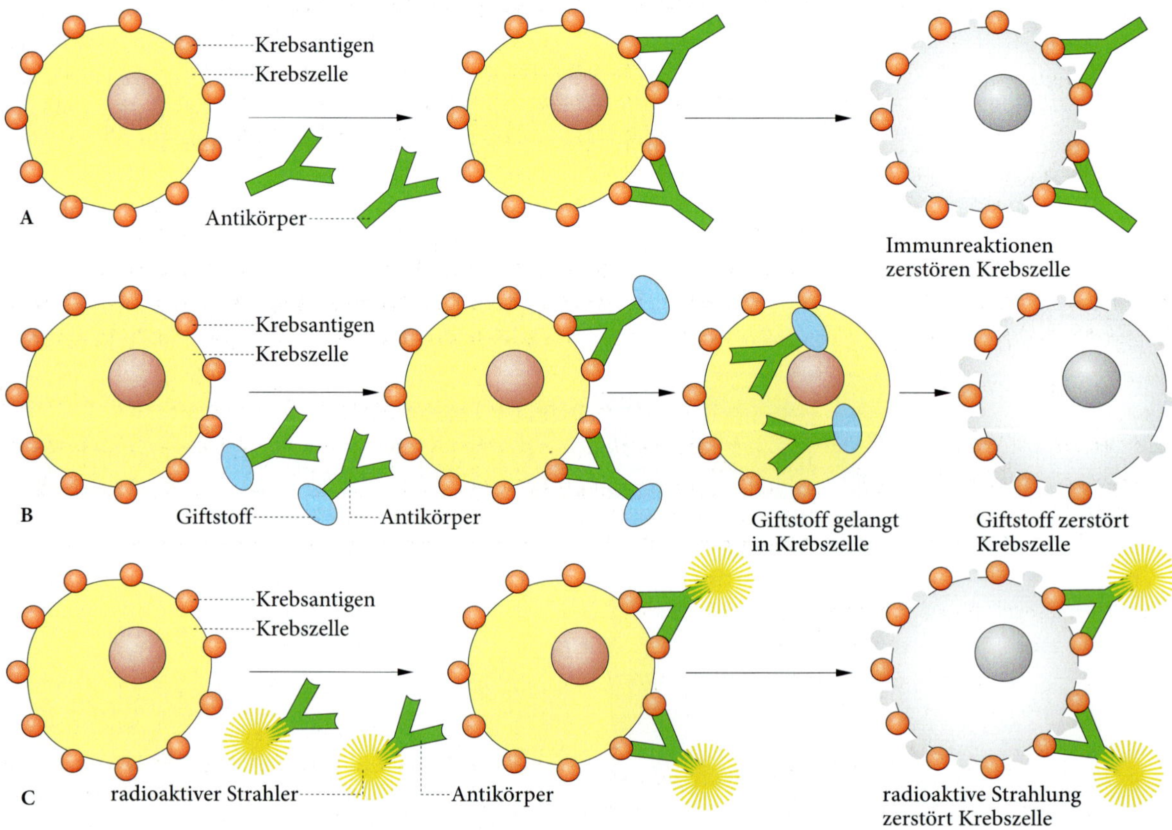

192.1 Zerstörung von Krebszellen durch Antikörper. A Immunreaktion; **B** Giftstoffe; **C** Strahlung

Diese modernste Therapieform heißt **personalisierte Medizin,** mit der Medikamente eingespart und Nebenwirkungen minimiert werden können. So ist bei 25 Prozent der Brustkrebsfälle der wachstumsaktivierende Rezeptor HER2 auf der Krebszelle zehn- bis 100-mal häufiger vorhanden als auf gesunden Brustzellen. Die übrigen 75 Prozent der Brustkrebsfälle haben andere Ursachen. Bevor eine Brustkrebspatientin mit dem Anti-HER2-Antikörper Herceptin® therapiert wird, muss zuerst mit zellulären und molekularen Tests bestimmt werden, ob HER2 vermehrt vorliegt. Wenn ja, dann ist eine Herceptin®-Therapie sinnvoll und hilfreich.

Eine vierte Therapieform, die **Immuntherapie,** kam in den 1980er Jahren hinzu. Sie basiert auf der Gabe von gentechnisch erzeugten **Cytokinen** und **Antikörpern.** Cytokine sind Signalproteine des Körpers, die das Wachstum und die Differenzierung von Zellen regulieren. Mehr als 30 Cytokine aktivieren die Reifung und Aktivierung von Immunzellen. Gerade solche Cytokine können das Immunsystem des Krebspatienten im Kampf gegen Krebs unterstützen. Seit 1986 werden verschiedene Krebstypen wie Blut-, Haut- und Nierenkrebs mit bestimmten Cytokinen, den **Interferonen,** behandelt (Abb. 193.1).
Einen enormen Fortschritt in der Krebstherapie brachten monoklonale Antikörper. Wegen der selektiven Bindung an ein bestimmtes Krebsantigen können Antikörper Krebszellen sehr gezielt finden. Krebsantigene sind Proteine, die auf gesunden Zellen wie auch den Krebszellen vorkommen, jedoch auf Krebszellen bis zu 200-mal häufiger als auf gesunden Zellen. So reagiert das Immunsystem statistisch gesehen fast ausschließlich gegen Krebszellen, in geringem Maße aber auch gegen gesunde Zellen.

Zurzeit sind 14 Antikörper für die Behandlung von 16 verschiedenen Krebstypen zugelassen. Diese Antikörper wirken auf unterschiedliche Weisen (Abb. 192.1):
1. Einige Antikörper binden an Krebsantigene auf den Krebszellen und aktivieren anschließend Immunreaktionen wie das Komplementsystem und die Makrophagen, die Tumorzellen zerstören.
2. An eine andere Form von Antikörpern können bakterielle oder pflanzliche Giftstoffe gekoppelt werden. Nach der Injektion binden die Antikörper an die Krebsantigene und werden von den Krebszellen durch Endocytose in das Cytoplasma aufgenommen. Dort üben die Giftstoffe ihre toxische Wirkung aus, indem sie zentrale Funktionen der Zelle, wie etwa die Proteinbiosynthese hemmen (Abb. 192.1 B).
3. Antikörper können auch mit radioaktiven Isotopen beladen werden. Nach der Injektion binden die Antikörper an die Krebsantigene und zerstören die Krebszellen von außen durch die radioaktive Strahlung (Abb. 192.1 C).

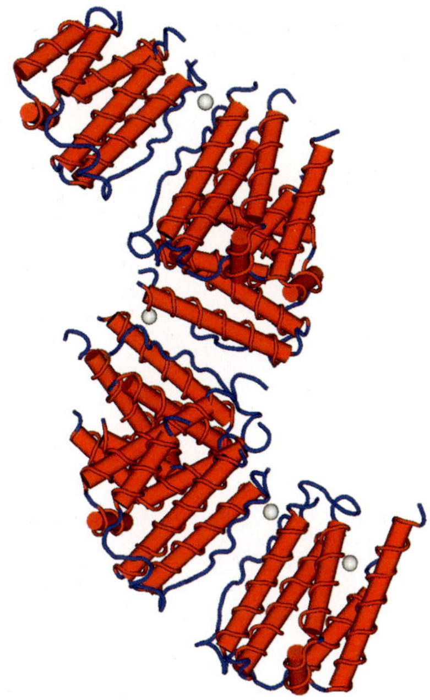

193.1 Interferon

Eine neue Strategie verfolgt man mit dem Antikörper Avastin®. Er inaktiviert einen Wachstumsfaktor der Blutgefäßbildung. Dies hat zwei Auswirkungen: Zum einen wird die Bildung neuer Blutgefäße unterdrückt, die die ständig neu entstehenden Krebszellen mit Blut versorgen. Zum anderen verkümmern vorhandene Blutgefäße, die Krebszellen mit Sauerstoff und Nährstoffen versorgen. Letztlich sterben die Krebszellen mangels Blutversorgung ab.

1 Beschreiben Sie die einzelnen Phasen der Entstehung des Gebärmutterhalskrebses.

2 Beschreiben Sie tabellarisch die Unterschiede zwischen gutartigen und bösartigen Tumoren.

3 Erläutern Sie die Funktion von Protoonkogenen, Onkogenen und Tumorsuppressorgenen sowie deren Beteiligung an der Krebsentstehung.

4 Vergleichen Sie die Krebs zerstörende Wirkungsweise der drei Standardmethoden der Krebstherapie.

Aufgaben

1 Impfungen zum Allgemeinwohl

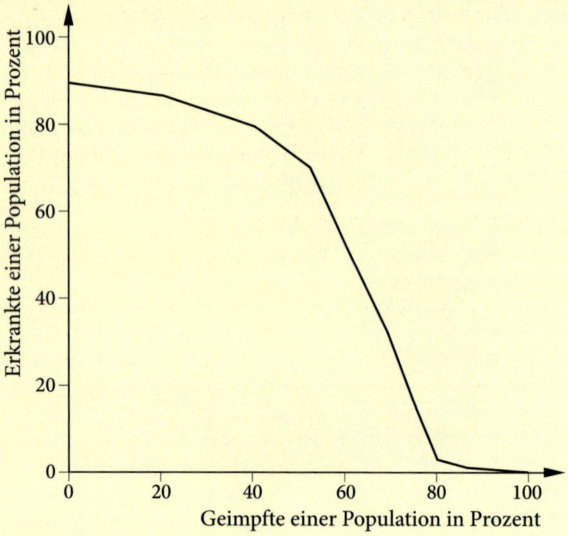

194.1 Impfungen schützen

Viele Deutsche sind impfmüde, da schwere Infektionserkrankungen als solche nicht mehr wahrgenommen werden und Impfungen auch Nebenwirkungen zeigen können.

a) Beschreiben Sie das Diagramm.
b) Erklären Sie die Konsequenzen für eine Einzelperson, wenn sie sich nicht impfen lassen will.
c) Ermitteln Sie anhand der Grafik, wie hoch der Prozentsatz an Geimpften gegen beispielsweise Keuchhusten in einer Population ungefähr sein sollte, damit sich ein Krankheitserreger in der Population nicht mehr ausbreiten kann.
d) Diskutieren Sie die Folgen für eine Population, in der primär ein hoher Prozentsatz an Geimpften vorliegt, aber sich viele Personen in Zukunft nicht mehr impfen lassen wollen.

2 Überlebensrate von transplantierten Organen

Transplantiertes Organ	Organüberlebensrate nach einem Jahr	Organüberlebensrate nach fünf Jahren
Niere	94 % 84 %	83 % (Lebendspende) 70 % (Totspende)
Herz	78 %	68 %
Bauchspeicheldrüse	74 %	63 %
Lunge	72 %	51 %
Leber	70 %	60 %

194.2 Transplantationserfolge

a) Erläutern Sie, warum in der Transplantationsmedizin zwischen Organüberlebensrate und Überlebensrate des Patienten unterschieden wird.
b) Beschreiben Sie die Tabelle.
c) Nennen Sie Organe, die sich für eine Lebendspende eignen. Begründen Sie Ihre Entscheidung.
d) Diskutieren Sie Gründe dafür, warum die Organe im Verlauf der Zeit zunehmend abgestoßen werden.
e) Erstellen Sie eine Hypothese, warum manche Organe stärker und manche schwächer abgestoßen werden.
f) Diskutieren Sie Ursachen, warum ein Organ, wenn es von einer lebenden Person gespendet wurde, eine längere Überlebenszeit zeigt, als wenn es von einer verstorbenen Person gespendet wurde (Totspende).

3 Ausbruch der Immunschwäche AIDS

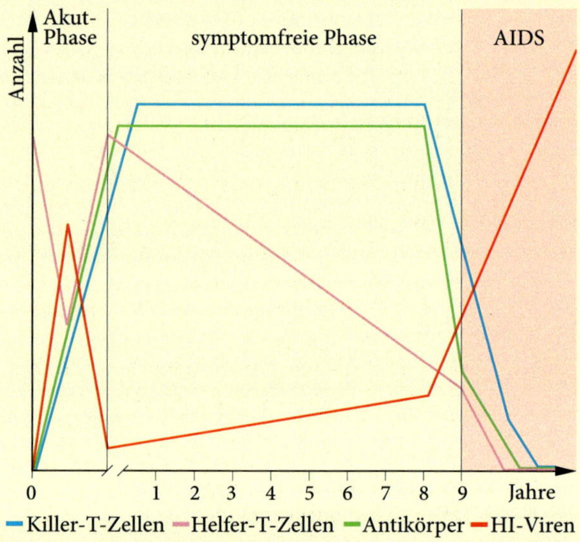

194.3 Verlauf einer HIV-Infektion

a) Beschreiben Sie anhand von Abb. 194.3 den Verlauf von HIV, den Helfer-T-Zellen, den Killer-T-Zellen und den Antikörpern in jeder Phase.
b) Erklären Sie den Kurvenverlauf am Ende der Akutphase, die nur wenige Wochen dauert.
c) Entwickeln Sie eine Hypothese, warum das Immunsystem gegen Ende der symptomfreien Phase zusammenbricht, so dass eine massive Immunschwäche entsteht und sich HIV ungehemmt vermehren kann.
d) Erklären Sie, warum bei der Verwendung von monoklonalen Antikörpern der HIV-ELISA negativ ausfallen kann, obwohl eine HIV-Infektion vorliegt.
e) Entwickeln Sie eine Hypothese, warum die Zahl der Helfer-T-Zellen während der symptomfreien Phase über viele Jahre hinweg stetig abnimmt, obwohl diese aus dem Knochenmark und über die Reifung in Thymus ausreichend nachgebildet werden sollten.

4 Direkter Sandwich-ELISA

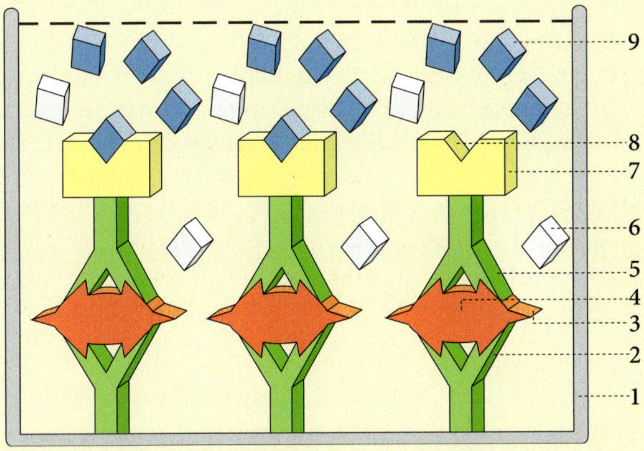

195.1 Aufbau eines direkten Sandwich-ELISA

Bei einer Virusinfektion, beispielsweise mit HIV, bilden die infizierten Zellen ständig neue Virusproteine, aus denen in der Zelle neue Viren zusammengesetzt werden, die dann freigesetzt werden. Lysieren virusinfizierte Zellen oder werden sie vom Immunsystem zerstört, gelangen diese Virusproteine ins Blut und können dann mit einem ELISA nachgewiesen werden.

a) Benennen Sie die Komponenten 1 bis 9 eines ELISA zum Nachweis von Virusproteinen im Serum.
b) Erstellen Sie ein Fließschema der Durchführung dieses ELISA.
c) Nennen Sie die Strukturen, bei denen bei diesem ELISA das Schlüssel-Schloss-Prinzip zu finden ist.
d) Beim HIV-ELISA werden monoklonale Antikörper verwendet. Diskutieren Sie die Probleme, die bei der Durchführung des ELISA entstehen können, wenn HIV seine Antigene permanent verändert.

5 Indirekter Sandwich-ELISA

195.2 Aufbau eines indirekten Sandwich-ELISA

a) Nennen Sie den wesentlichen Unterschied zwischen dem direkten und indirekten Sandwich-ELISA.
b) Erklären Sie, warum der indirekte Sandwich-ELISA empfindlicher ist.
c) Die Enzyme werden durch eine chemische Koppelungsreaktion mit den Antikörpern verbunden. Hierbei können Antikörper und Enzyme in Gegenwart eines Vernetzungsreagenz in beliebiger Weise miteinander reagieren. Diskutieren Sie die Probleme für die Enzyme und die Antikörper bei diesem Verfahren.

6 Schwangerschaftstests

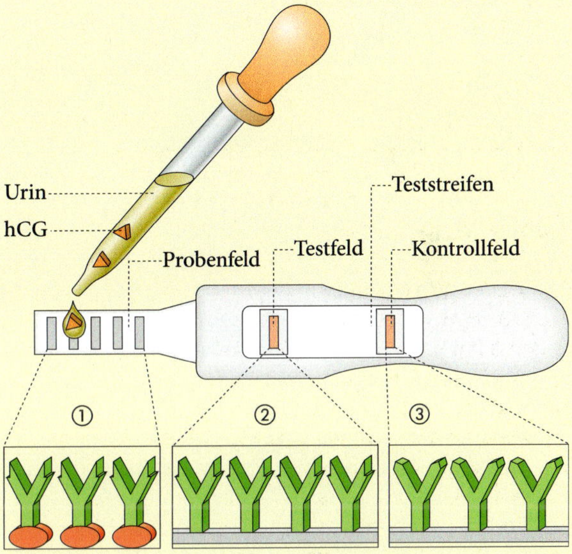

195.3 Prinzip eines Schwangerschaftstestes

Ein Schwangerschaftstest basiert auf dem Nachweis des Hormons humanes Choriongonadotropin (hCG), das ab dem 14. Tag nach der Befruchtung im Urin auftritt. Der Urin wird auf dem Probenfeld aufgetragen. Es enthält freie farbstoffmarkierte Anti-hCG-Antikörper ①. Im Testfeld befinden sich an die Festphase fixierte Anti-hCG-Antikörper ② und im Kontrollfeld an die Festphase fixierte Antikörper gegen die Anti-hCG-Antikörper ③.

a) Beschreiben Sie das Prinzip des Schwangerschaftstests.
b) Skizzieren Sie das Ergebnis im Test- und Kontrollfeld, wenn eine Schwangerschaft vorliegt beziehungsweise wenn keine vorliegt.
c) Fertigen Sie eine schematische Skizze an, in der die immunologischen Reaktionen im Probenfeld, im Testfeld und im Kontrollfeld zu sehen sind.
d) Erläutern Sie die Bedeutung des Kontrollfeldes.
e) Beim Schwangerschaftstest liegt im Probenfeld ein Überschuss an Farbstoff-markierten Antikörpern vor. Erklären Sie den Grund dafür.
f) Vergleichen Sie den direkten Sandwich-ELISA mit dem Schwangerschaftstest.

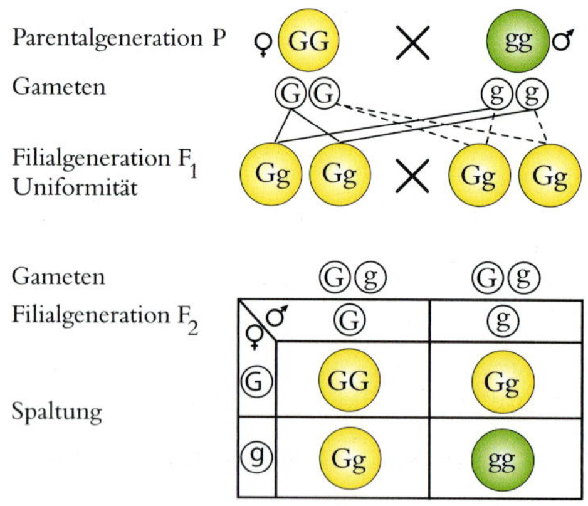

196.1 Basiskonzept Reproduktion

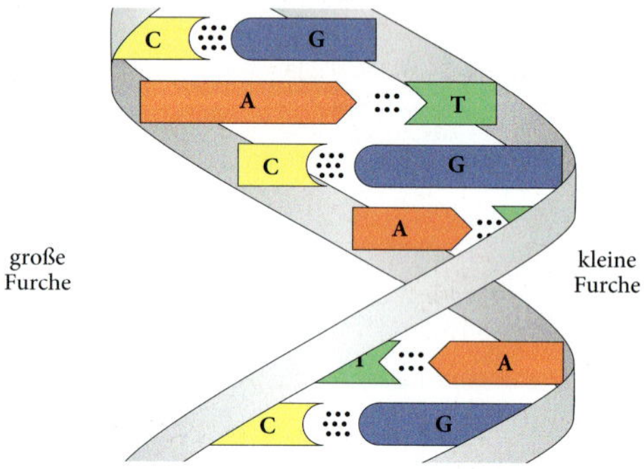

196.2 Basiskonzept Struktur und Funktion

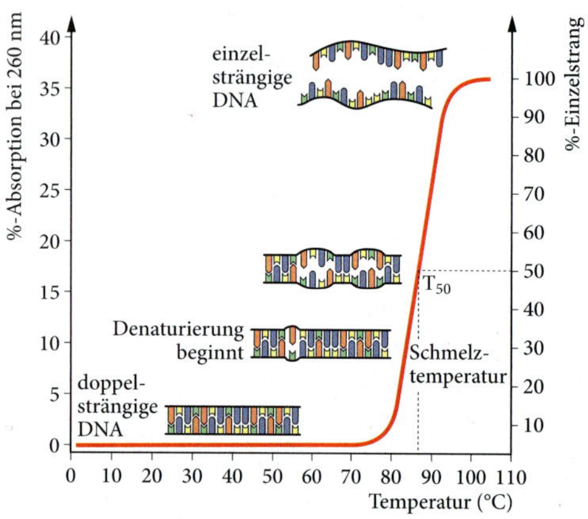

196.3 Geschichte und Verwandtschaft

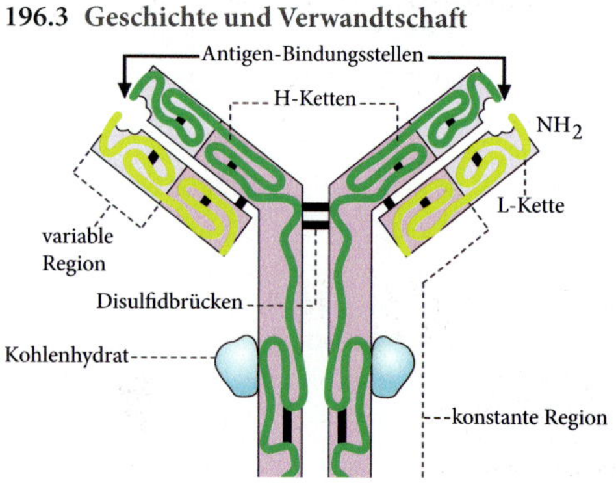

196.4 Basiskonzept Variabilität und Angepasstheit

Basiskonzepte

In der Vielfalt der biologischen Phänomene verbergen sich gemeinsame **Basiskonzepte** der Biologie. Diese Basiskonzepte erleichtern Zugang und Strukturierungen der biologischen Themenbereiche. Die Basiskonzepte sind miteinander vernetzt, so wie auch die Themenbereiche der Biologie vernetzt sind.

Basiskonzept Reproduktion: Lebewesen pflanzen sich fort. Die Reproduktion beruht auf der Weitergabe von Erbinformationen, die durch die MENDELschen Regeln (Abb. 196.1) festgelegt wird (→ S. 43 ff.). Auf mikroskopischer Ebene findet sich das Basiskonzept beispielsweise in den Kernteilungen während Mitose und Meiose (→ S. 11 ff.), auf molekularbiologischer Ebene in der identischen Replikation der DNA (→ S. 51) oder der Vermehrung von Viren (→ S. 110 ff.).

Basiskonzept Struktur und Funktion: Lebewesen und Lebensvorgänge sind an Strukturen gebunden, die wesentliche Funktionen bestimmen. Zum Beispiel wird die Replikation der DNA durch komplementäre Basenpaarungen (Abb. 196.2) erst ermöglicht (→ S. 46), die auch bei Transkription (→ S. 68) und Translation (→ S. 70 f.) von entscheidender Bedeutung sind. Auch die Funktionalität von Eiweißen wird durch ihre räumliche Struktur festgelegt (→ S. 62).

Basiskonzept Geschichte und Verwandtschaft: Die Vielfalt der biologischen Phänomene ist das Ergebnis evolutionärer Prozesse aus gemeinsamen Ursprüngen. Der Aufbau der DNA ist ebenso universell wie der genetische Code. Das ermöglicht beispielsweise transgene Bakterien, die menschliches Insulin herstellen (→ S. 130). Komplementäre Basenpaarungen sind Grundlage der DNA-DNA-Hybridisierung zur Verwandtschaftsbestimmung (Abb. 196.3) (→ S. 48). Zusammen mit der DNA-Sequenzanalyse (S. 56 ff.) ermöglicht sie Aussagen zu systematischen und evolutionären Verwandtschaftsverhältnissen.

Basiskonzept Variabilität und Angepasstheit: Lebewesen sind an ihre Umwelt angepasst. Dies wird durch Mutationen der DNA möglich (→ S. 76 f.). Sie sind die Grundlage der genetischen Variabilität, die sich in verschiedenen Phänotypen zeigt. Rekombinationen mit nicht mutierten Erbanlagen erhöhen die Vielfalt. Eine entsprechende Vielfalt an Antikörpern (Abb. 196.4) (→ S. 176 ff.) sichert Wirbeltieren die Angepasstheit an Krankheitserreger und Parasiten.

Basiskonzept Information und Kommunikation: Lebewesen nehmen Informationen auf, speichern und verarbeiten sie und kommunizieren. Auf molekularer Ebene geschieht dies beispielsweise bei der Proteinbiosynthese (Abb. 197.1) (→ S. 72 f.). In der Basenabfolge der DNA ist die Aminosäuresequenz eines zugehörigen Proteins codiert. Auch bei der Immunabwehr kommunizieren die beteiligten Zellen über Signalstoffe wie Cytokine oder Histamine (→ S. 179).

Basiskonzept Steuerung und Regelung: Lebewesen reagieren auf Veränderungen und halten bestimmte Zustände durch Regulation. Prokaryoten reagieren bei der Genregulation (→ S. 80 ff.) durch Enzyminduktion und Endproduktrepression auf die Konzentrationsänderung bestimmter Stoffe. Unspezifische und spezifische Transkriptionsfaktoren steuern die Transkription einzelner DNA-Abschnitte bei Eukaryoten (→ S. 83 ff.), sodass nicht immer die gesamte genetische Information abgelesen wird. Zusätzliche Möglichkeiten der epigenetischen Genregulation bestehen beispielsweise über die Methylierung der DNA oder der Histone oder den Kondensationsgrad (Abb. 197.2) der DNA (→ S. 90 f.).

Basiskonzept Stoff und Energieumwandlung: Lebewesen sind offene Systeme mit Energie- und Stoffumwandlung. Dies zeigt wiederum die Realisierung der genetischen Information: Die Transkription des codogenen DNA-Strangs in eine mRNA (Abb. 197.3) (→ S. 68) und deren Translation in eine Aminosäuresequenz (→ S. 70 f.) sind energieintensive Prozesse. Denn sowohl die Verknüpfung der angelagerten Nucleotide zur mRNA als auch die Beladung der tRNA mit Aminosäuren erfolgt enzymatisch unter ATP-Verbrauch.

Basiskonzept Kompartimentierung: Lebende Systeme sind in abgegrenzte Reaktionsräume gegliedert. Der Zellkern eukaryotischer Zellen ist durch eine Membran vom Cytoplasma abgegrenzt. So werden im Gegensatz zu Prokaryoten Transkription und Translation räumlich und zeitlich voneinander getrennt. Zwischen beiden Vorgängen liegt bei Eukaryoten das Processing (→ S. 72), das die Variations-möglichkeit der entstehenden Proteine erhöht. Entwicklungs-Kontrollgene (Abb. 197.4) (→ S. 86 f.) legen die Segmente und deren Abfolge im Insektenkörper fest. Bei Störungen dieser Gene entstehen Mutanten mit doppelten und oder fehlenden Körpersegmenten.

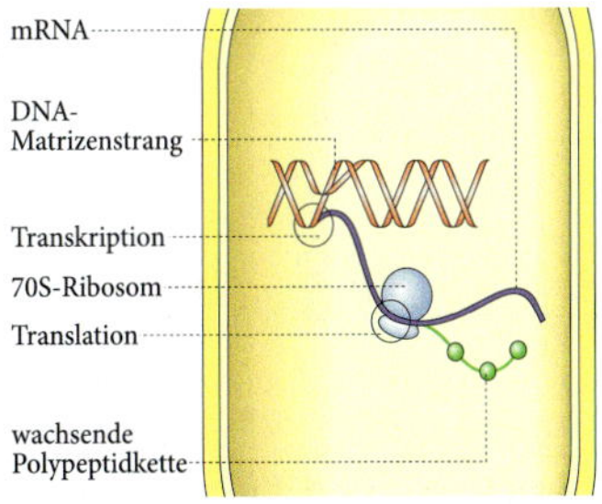

197.1 Basiskonzept Information und kommunikation

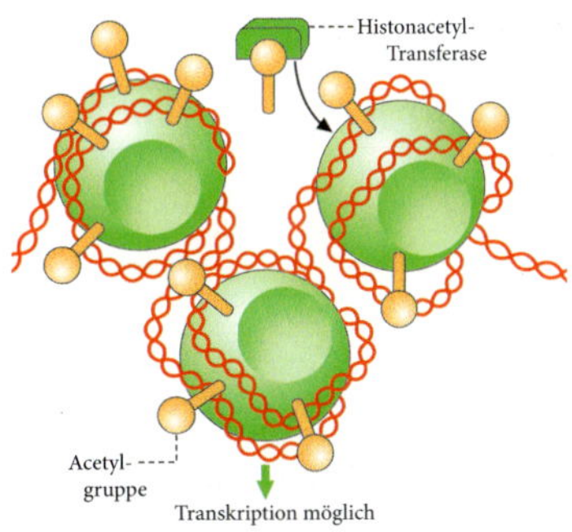

197.2 Basiskonzept Steuerung und Regelung

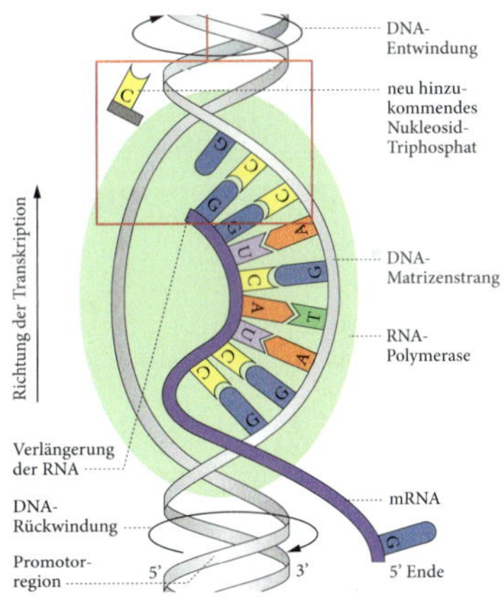

197.3 Basiskonzept Energieumwandlung

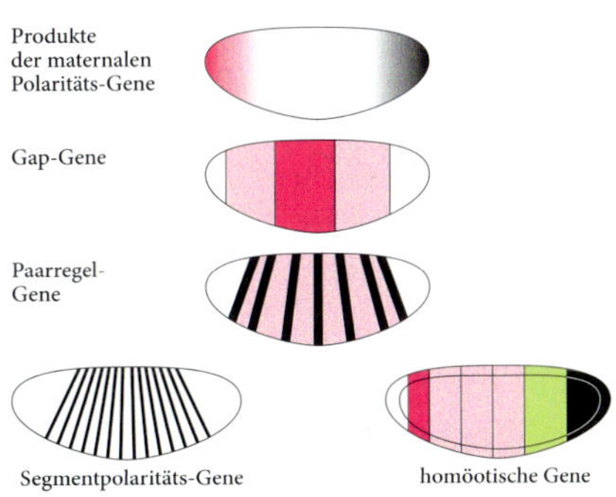

197.4 Basiskonzept Kompartimentierung

Glossar

A

AB0-System: die Blutgruppen A, B, AB und 0

additive Polygenie: Auswirkungen mehrerer → Gene addieren sich bei Ausbildung eines → Merkmals

AIDS (engl. *acquired immunodeficiency syndrome*): erworbene Immunschwäche, wird durch → HIV verursacht

aktive Immunisierung: Impfstoffe bewirken die Bildung von → Gedächtniszellen

Allel: verschiedene Zustandsformen eines → Gens

Amniozentese: Entnahme von Fruchtwasser zur → pränatalen Diagnostik

Anticodon: das Nukleotidtriplett in einem → tRNA-Molekül, das zu einem Codon in der → mRNA komplementär ist

Antigen: eine immunaktivierende Substanz, meistens ein Protein

Antikörper: lösliche Blutproteine, die → Antigene spezifisch binden

antisense-RNA: → RNA, die → komplementär zu einem bestimmten RNA-Stück ist und durch Anlagerung dessen → Translation verhindert

Archäen, Archaebakterien: eigenständige Gruppe der → Prokaryoten, lebt meist an extremen Standorten

Art: systematische Kategorie; Individuen, die unter natürlichen Lebensbedingungen fruchtbare Nachkommen zeugen

Autoradiografie: Nachweis radioaktiv markierter Stoffe durch Schwärzung eines Röntgenfilms

Autosom: Nicht-Geschlechtschromosom

B

Bakterien, Eubakterien: Gruppe der → Prokaryoten; Zellwände sind aus → Murein aufgebaut

Bakteriophagen: → Viren

BARR-Körper: inaktiviertes → X-Chromosom der Frau

Basensequenz: Reihenfolge der Basen in → Nucleinsäuren

Bastard: → Hybride

Befruchtung: Verschmelzen der beiden → haploiden → Gametenkerne zu einer → diploiden → Zygote

Blastocyste: frühes Embryonalstadium der Säugetiere aus Embryo- und Trophoblast

Blut bildende Stammzelle: Vorläuferzelle aller Blutzellen

Bioinformatik: interdisziplinärer Wissenschaftszweig, der Methoden der Informatik nutzt, um biologische Daten zu verwalten und zu analysieren

Bp, Basenpaare: Maß für die Länge von → DNA-Molekülen

C

cDNA, complementary/copy DNA: wird mithilfe des Enzyms → Reverse Transcriptase hergestellt; ist → komplementär zu einem bestimmten Abschnitt einer → mRNA

Centromer: verbindet die beiden → Chromatiden eines → Zwei-Chromatiden-Chromosoms

Chiasma: lichtmikroskopisch sichtbare Überkreuzung zweier homologer → Chromatiden

Chorionzottenbiopsie: Entnahme von Plazentagewebe zur → pränatalen Diagnostik

Chromatid: der eine von zwei identischen Teilen, aus denen die zu Beginn der → Mitose vorliegenden → Chromosomen bestehen

Chromosom: fädiger Komplex aus → DNA und → Histonen

Chromosomenanomalie: → nummerische, → strukturelle

Codon: RNA-Nucleotidtriplett, das eine Aminosäure oder ein Stoppsignal codiert

Crossing-over: enzymatischer Austausch entsprechender Abschnitte homologer → Chromatiden während der → Meiose

Cytokine: Signalproteine, die von Zellen gebildet werden und die Aktivität anderer Zellen regulieren

D

Deletion: Segmentverlust bei einem → Chromosom

Denaturierung: 1) bei → Nucleinsäuren die Trennung der Wasserstoffbrücken zwischen den Basen; 2) bei Proteinen die Zerstörung der Raumstruktur

Diabetes: Zuckerkrankheit, Unterscheidung in Typ 1 und 2

dihybrider Erbgang: → Parentalgeneration unterscheidet sich in zwei betrachteten → Merkmalen

diploid: zweifacher Chromosomensatz

DNA, Desoxyribonucleinsäure: Makromolekül aus vier verschiedenen → Nucleotiden mit den Basen Adenin, Guanin, Cytosin, Thymin und dem Zucker Desoxyribose

DNA-Bibliothek: Sammlung von → Phagen oder → Bakterien, die Fragmente eines → Genoms eines Organismus enthält

DNA-Polymerase: Enzym, das die an einen → DNA-Einzelstrang komplementär angelagerten → Nucleotide verknüpft

dominant: ist ein Allel, wenn es bei → heterozygotem Vorliegen den → Phänotyp bestimmt

Doppelhelix: natürliche Form der → DNA in der Zelle, bestehend aus zwei Polynucleotiden, die durch Basenpaarung zusammengehalten werden

Down-Syndrom: Krankheitsbild, bei denen das → Autosom 21 dreimal vorhanden ist (Trisomie 21)

E

Ein-Chromatid-Chromosom: der eine Teil eines → Zwei-Chromatiden-Chromosoms nach seiner Aufspaltung in der Anaphase der → Mitose

Elektrophorese: Trennung von Molekülen im elektrischen Feld aufgrund von Ladung, Größe und Gestalt

Embryo: Bezeichnung für die menschliche Frucht von der Einnistung bis zur Anlage aller wesentlichen Organe

Enhancer: → eukaryotische Regulationssequenz, die die Transkriptionsgeschwindigkeit eines → Gens erhöht

Enzym: Biokatalysator

Epigenetik: Teilgebiet der Genetik, das sich mit erblichen Veränderungen in der Genomregulation beschäftigt, die nicht auf eine Änderung der DNA-Sequenz zurückzuführen sind

Eukaryot: Organismus, dessen Zellen durch Membranen kompartimentiert sind; besitzt einen Zellkern, der von einer Doppelmembran umgeben ist und → DNA enthält

Exon: Teil eines gestückelten → Gens, der exprimiert wird

F

Fermentation: enzymatische Stoffumwandlung unter Mitwirkung von Mikroorganismen

Fetus: Bezeichnung für menschliche Frucht nach der Anlage der Organe bis zur Geburt

F-Faktor, Fertilitätsfaktor: meist auf einem → Plasmid; versetzt → Bakterien in die Lage, bei der → Konjugation → Gene zu übertragen

Filialgeneration: Nachkommengeneration einer Kreuzung

Fluoreszenzsequenzierung: Modernere Methode zur → Sequenzierung der DNA

G

Gamet: Geschlechtszelle, Keimzelle

Gedächtniszelle: merkt sich eine bestimmte → Antigenstruktur

2-D-Gelelektrophorese: zweidimensionale → Elektrophorese von → Proteinen nach Ladung und Masse

Gen: 1) in der klassischen Genetik der Abschnitt eines → Chromosoms, der ein → Merkmal bestimmt;
2) in der Molekulargenetik Kombination von → DNA-Abschnitten, die zusammen die Information für ein Polypeptid oder → RNA-Molekül codieren

genetische Kartierung: Zuordnung eines → Gens (→ Allels) zu einem → Chromosom

genetischer Fingerabdruck: DNA-Typisierung mithilfe spezifischer Sequenzen

Genexpression: durch → Transkription und → Translation wird die biologische Information eines → Gens umgesetzt

Genkopplung: auf einem → Chromosom liegende → Gene (→ Allele) werden gemeinsam vererbt

Genom: Gesamtheit aller → Allele einer Zelle

Genotyp: Gesamtheit aller → Allele eines Individuums, bei Kreuzungen oft → Allele bestimmter → Gene

Genpool: Gesamtheit aller → Allele einer → Population

Gensonde: kurzer, markierter → DNA- oder → RNA-Einzelstrang zum Aufspüren bestimmter DNA-Abschnitte, zu denen er → komplementär ist

Gentechnik: Teilgebiet der → Biotechnik, gezielte Veränderung und Neukombination von → Genen

Gentransfer: Einschleusen von → RNA oder → DNA in Zellen

Gonosom: → Chromosom, das für die Geschlechtsdifferenzierung verantwortlich ist

GVO: gentechnisch veränderter Organismus

H

haploid: einfacher → Chromosomensatz

hemizygot: → Allele, die bei → diploiden Individuen nur einmal vorhanden sind

Heterosis: → Bastarde übertreffen ihre Eltern an Vitalität

heterozygot, mischerbig: bei → diploiden Lebewesen zwei verschiedene → Allele zu einem → Gen

Hfr-Zelle: → Bakterienzelle, die den → F-Faktor in das Bakterienchromosom eingebaut hat

Histon: basisches Protein, Bestandteil von → Nucleosomen

HIV (engl. ***human immunodeficiency virus***): Humanes Immundefekt-Virus, Erreger von → Aids

homozygot, reinerbig: bei → diploiden Lebewesen zwei identische → Allele zu einem → Gen

Humangenomprojekt: Internationales Forschungsprojekt zur Sequenzierung des → Genoms des Menschen

humorale Immunantwort: erfolgt durch → Antikörper

Hybride: Organismus, der für ein bestimmtes Gen heterozygot ist

Hybridisierung, molekulare: Paarung von → komplementären → Nucleinsäuresequenzen

I

Induktion: Vorgang, durch den sich die → Expression eines → Gens aufgrund eines molekularen Signals erhöht

Insertion: Einbau einer → Nucleotidsequenz in die → DNA

In-situ-Hybridisierung: Nachweis bestimmter → Basensequenzen auf einem → Chromosom durch → Gensonden

interchromosomale Rekombination: zufällige Durchmischung und Neuverteilung von kompletten väterlichen und mütterlichen → Chromosomen in der → Meiose

intrachromosomale Rekombination: Umverteilung von → Allelen durch → Crossing-over

intracytoplasmatische Spermieninjektion (ICSI): Injektion einer Spermienzelle in das Zellplasma der Eizelle

Intron: Teil eines gestückelten → Gens, der → transkribiert, aber nicht → translatiert wird

Inversion: Drehung eines Segmentes in einem → Chromosom um 180°

in-vitro: außerhalb eines Lebewesens

In-vitro-Fertilisation (IVF): Befruchtung außerhalb des Körpers

in-vivo: in einem Lebewesen

K

Karyogramm: Anordnung der angefärbten Metaphase- → Chromosomen nach Größe und Bänderung

Keim: menschliche Frucht von → Befruchtung bis zur Einnistung

Keimbahn: Zellenfolge, die von der befruchteten Eizelle über die Urkeimzelle zu neuen → Gameten (Keimzellen) führt

Klon: erbgleiche Individuen oder Zellen

knock-out: gezieltes Inaktivieren von → Genen

kompetente Zelle: Zelle, die so behandelt wurde, dass sie → DNA aufnehmen kann

komplementär: bezeichnet die Basen Adenin und Thymin/Uracil bzw. Guanin und Cytosin, die sich paaren können

Konjugation: einseitig gerichteter → Gentransfer von einer spendenden in eine empfangende → Bakterienzelle

L

Leukocyten: Weiße Blutkörperchen; Lymphocyten, Monocyten und Granulocyten

Ligase: Enzym, das → DNA-Fragmente miteinander verbindet

LYON-Hypothese: Inaktivierung eines → X-Chromosoms bei der Frau (→ BARR-Körper)

M

Mangelmutante: Organismus, der durch Mutation die Fähigkeit verloren hat, wesentliche Zellbausteine zu synthetisieren

Matrizenstrang: das Polynucleotid eines → Gens, das bei der → Transkription als Vorlage für die → mRNA-Synthese fungiert

Meiose: Bildung von → haploiden Ei- bzw. Spermienzellen (→ Gameten) aus → diploiden Zellen durch die → Reifeteilung 1 und 2

Merkmal: in der klassischen Genetik genetisch bestimmtes, äußerlich sichtbares Kennzeichen

MHC (engl. ***major histocompatibility complex***): Genkomplex, der → MHC-Proteine codiert

MHC-Protein: präsentiert → Antigenfragmente, bestimmt Gewebeverträglichkeit

Mikroinjektion: Einschleusen neuer → DNA durch Injektion in den Zellkern

Minimalmedium: → Nährmedium für Organismen, das nur zum Leben notwendige Substanzen enthält

Mitose: Kernteilung, bestehend aus Prophase, Metaphase, Anaphase, Telophase; bildet genetisch identische Kerne

Modifikation: umweltbedingte Veränderung des → Phänotyps innerhalb der → Reaktionsnorm

monogene Vererbung: die Ausprägung eines → Merkmals beruht auf einem → Gen

monohybrider Erbgang: → Parentalgeneration unterscheidet sich in einem betrachteten → Merkmal

Monosomie: → nummerische Chromosomenanomalie, bei der ein bestimmtes Chromsom nur einfach vorhanden ist

Morula: frühes Embryonalstadium vielzelliger Tiere

mRNA, messenger-RNA, Boten-RNA: Transkript eines proteincodierenden → Gens

mRNA-Prozessierung: Vorgänge im Zellkern, die von der prä-mRNA zur reifen → mRNA führen

Multipotenz: Fähigkeit einer Zelle, einige unterschiedliche Zelltypen eines Organismus zu bilden

Murein: Molekül aus Polysacchariden und Peptiden, Zellwandbestandteil der → Bakterien

Mutagenese: Erzeugung gezielter → Mutationen → in-vitro

Mutation: Veränderung der genetischen Information. Somatische Mutationen betreffen nur das Individuum selbst, generative die Nachkommen

N

Nondisjunction: Nichttrennen homologer → Chromosomen während der → Meiose

Nucleinsäuren: → DNA, → RNA

Nucleosid: aus einer Stickstoffbase und einer Pentose aufgebauter Baustein eines → Nucleotids

Nucleosom: kugelige Grundeinheit des Chromatins; → Histonkugel, die von etwa zwei → DNA-Windungen umfasst wird

Nucleotid: Baustein der → Nucleinsäuren, bestehend aus einer Pentose, die kovalent an eine Stickstoffbase und eine Phosphatgruppe gebunden ist

nummerische Chromosomenanomalie: Überzahl oder Unterzahl von → Chromosomen, → Monosomie, → Trisomie

O

Okazaki-Fragment: kurzes, → RNA-gestartetes → DNA-Stück, das bei der diskontinuierlichen → Replikation entsteht

Onkogen: in → Viren vorkommendes oder zum normalen → Genom gehörendes → Gen, das an der Auslösung von Krebs beteiligt ist

Operator: → DNA-Sequenz am Beginn eines → Operons, die ein Regulatorprotein binden kann

Operon: häufige genetische Funktionseinheit bei → Bakterien und → Phagen, bestehend aus einer Kontrollregion und mehreren benachbarten → Strukturgenen

P

Parentalgeneration: Elterngeneration einer Kreuzung

passive Immunisierung: Injektion von → Antikörpern

PCR (engl. *Polymerase Chain Reaction*): Methode zur schnellen Vervielfältigung bestimmter → DNA-Abschnitte

Phagen: → Viren, die → Bakterien befallen

Phänotyp: Gesamtheit aller sichtbaren äußerlichen → Merkmale, bei Kreuzungen oft nur bestimmte → Merkmale

Pilus, Sexpilus: Plasmabrücke, die bei der → Konjugation zwischen einer Spender- und einer Empfängerzelle von → Bakterien ausgebildet wird

Plasmazelle: aktivierte B-Zelle, die → Antikörper bildet

Plasmid: ringförmiges → DNA-Molekül, das unabhängig vom → Chromosom ist

Plazenta: Mutterkuchen, bei vielen Säugetieren Verbindungsorgan zwischen → Embryo und Mutter zum Stoff- und Gasaustausch

Pluripotenz: Fähigkeit einer Zelle, alle Zelltypen eines Organismus zu bilden, jedoch keinen kompletten Organismus

polygene Vererbung: Zusammenwirken verschiedener → Gene zur Ausbildung eines → Merkmals

Polymorphismus: Auftreten verschiedener → Phänotypen zu einem → Merkmal, beruht auf verschiedenen → Allelen eines → Gens

Polyphänie: Mitwirkung eines → Gens an der Ausprägung mehrerer → Merkmale

Polyploidisierung: Vervielfältigung von → Chromosomensätzen durch Nichttrennung von → 2-Chromatiden-Chromosomen während der → Meiose

Präimplantationsdiagnostik (PID): Diagnostik an einem in-vitro befindlichen → Embryo vor seinem Transfer in den mütterlichen Organismus

pränatale Diagnostik: invasive und nicht-invasive Diagnoseverfahren am → Fetus im Uterus

Primer: kurzes → RNA-Stück, das sich an ein einzelsträngiges DNA-Stück anlagert und den Startpunkt für eine → Replikation bildet; bei der → PCR kurzes DNA-Stück

Prokaryot: → Archäen und → Bakterien, deren → DNA als ringförmiges → Chromosom frei im Cytoplasma vorliegt

Promotor: DNA-Regulationsregion am 5′-Ende eines → Gens, enthält Bindungsstelle für → RNA-Polymerase

Protein: biologisch aktive Form einer Polypeptidkette

Protein-Design: gezielte Veränderung eines Proteinmoleküls

Proteom: Gesamtheit aller → Proteine eines Organismus zu einem bestimmten Zeitpunkt

Protoplast: Pflanzenzelle, der enzymatisch die Zellwand entfernt wurde

Q, R

Rasse: Teilpopulationen einer Nutztier- → Art, die in einzelnen → Merkmalen übereinstimmen

Real-Time PCR: Weiterentwicklung der → PCR, die ein direktes Verfolgen der PCR ermöglicht

Regulatorgen: → Gen, dessen Produkt die Aktivität anderer → Gene beeinflusst

Reifeteilung 1: erste Teilung der → Meiose, Halbierung des → diploiden Chromosomensatzes

Reifeteilung 2: zweite, mitotische Teilung der → Meiose

rekombinante DNA: aus verschiedenen Fragmenten neu kombinierte → DNA

Rekombinantenregel: MENDELsche Regel, beschreibt die Vererbung bei → dihybridem Erbgang

Replikation: identische Verdoppelung der → DNA

Repressor: Protein, das an eine spezifische → DNA-Sequenz bindet und so die → Transkription eines → Genbereiches verhindert

Restriktionsenzym: Enzym, das die → DNA an einer bestimmten → Basensequenz schneidet

Retrovirus: → Virus, dessen → RNA in → DNA zurückübersetzt werden muss

Reverse Transcriptase: Enzym von → Retroviren, mit dem die → RNA in → DNA umgeschrieben wird

rezessiv: → Allel, das bei → heterozygotem Vorliegen im → Phänotyp nicht zu erkennen ist

R-Faktor, Resistenzfaktor: erlaubt es → Bakterien, einem → Antibiotikum zu widerstehen

RFLP, Restriktionsfragment-Längenpolymorphismus: Beim Schneiden des Genoms verschiedener Individuen mit einem → Restriktionsenzym entstehen jeweils → DNA-Fragmente verschiedener Länge, da in den Bereichen der Erkennungssequenzen Mutationen vorliegen

Rhesusfaktor: → Antigen auf der Oberfläche der Roten Blutkörperchen

RNA, Ribonucleinsäure: einzelsträngiges Makromolekül aus vier verschiedenen Ribonucleotiden, die die Basen Adenin, Guanin, Cytosin und Uracil sowie den Zucker Ribose enthalten
RNA-Interferenz: Auswirkungen von → RNA-Molekülen auf die → Genexpression

RNA-Polymerase: Enzym, das eine → RNA-Kopie von einem DNA-→ Matrizenstrang synthetisieren kann

Rückkreuzung: Überprüfung auf → Heterozygotie durch Kreuzung mit → homozygot → rezessivem → Genotyp

S

Selektion: in der Gentechnik Auslese eines → Klons, der die gewünschte → rekombinante DNA enthält

Sequenzierung: Ermittlung der Basenabfolge in der → DNA

somatische Zellen: Zellen des Körpers, die keine Geschlechtszellen sind

SOUTHERN-Blot-Verfahren: Abdruckverfahren, um ein → DNA-Bandenmuster auf eine Folie zu übertragen; Nachweis mit markierten DNA-Sonden

Spaltungsregel: MENDELsche Regel, beschreibt Aufspaltung der uniformen → Filialgeneration bei Kreuzung mit sich selbst
Spleißen: Entfernung von → Introns aus der prä-mRNA

Stammbaumanalyse: Rückschlüsse von Beobachtungen des → Phänotyps über mehrere Generationen auf den → Genotyp

Stammzelle: undifferenzierte Zelle mit der Fähigkeit zu unterschiedlicher Differenzierung

strukturelle Chromosomenanomalie: → Deletion, Duplikation, → Inversion, → Translokation

Strukturgen: → Gen für ein → RNA-Molekül oder ein Protein, das kein Regulatorprotein ist

T

TATA-Box: Nucleotidsequenz im prokaryotischen → Promotor

Telomere: Enden eines → Chromosoms

Tetrade: die vier → Chromatiden von zwei gepaarten → Chromosomen während der Metaphase I der → Meiose

Ti-Plasmid: → Plasmid von *Agrobacterium tumefaciens,* das für den → Gentransfer in Pflanzen verwendet wird

Totipotenz: Fähigkeit embryonaler Zellen zur Bildung eines ganzen vielzelligen Organismus

Transduktion: DNA-Transfer von einer Bakterienzelle auf eine andere durch Phagen

Transfektion: 1) → Prokaryoten: spezieller Fall einer → Transformation, bei Aufnahme freier → Phagen-DNA sterben die transformierten Zellen ab und bilden → Plaques im Bakterienrasen. 2) → Eukaryoten: Einbringen genetischen Materials in Säugetierzellen

Transformation: 1) Aufnahme freier → DNA in eine Zelle

transgener Organismus: Organismus, der fremde → Gene in den Zellen enthält

Transkription: Synthese einer → RNA-Kopie eines → Gens

Transkriptionsfaktor: Protein, das an der Regulation eines → eukaryotischen → Gens beteiligt ist

Translation: Synthese eines Polypeptids am Ribosom

Translokation: Verschmelzung der Teile zweier nicht homologer → Chromosomen

Triplett: besteht aus drei → Nucleotiden und codiert eine Aminosäure

Trisomie: → nummerische Chromosomenanomalie, bei der ein bestimmtes → Chromosom dreifach vorhanden ist

tRNA, transfer-RNA: → RNA-Molekül, das als Vermittler zwischen → Nucleinsäure- und Proteinsprache fungiert

Tumor-Suppressor-Gen: wachstumsregulierende → Gene, deren Genprodukte die Tumorentstehung hemmen

TURNER-Syndrom: Krankheitsbild, bei dem Frauen ein → X-Chromosom pro Zelle fehlt

U

Uniformitätsregel: MENDELsche Regel, beschreibt Auftreten einer uniformen → Filialgeneration bei Kreuzung homozygoter Eltern

V

Vakzin: Impfstoff

Variabilität: Unterschiede zwischen Eltern und Nachkommen oder zwischen den Individuen einer → Population

Vektor: → Plasmid oder → Virus zum Einbringen von → RNA oder → DNA in Zellen

Virus: Partikel aus einer Proteinhülle und → DNA oder → RNA, jedoch ohne eigenen Stoffwechsel, das Zellen infizieren kann

X, Y, Z

X-, Y-Chromosom: → Gonosom

zelluläre Immunantwort: wird von T-Zellen durchgeführt

Züchtung: Verbesserung oder Erhaltung genetisch fixierter → Merkmale domestizierter Lebewesen

Zwei-Chromatiden-Chromosom: das in der Prophase der → Mitose vorliegende, aus zwei identischen → Chromatiden bestehende → Chromosom

Zygote: Verschmelzungsprodukt einer Ei- und einer Spermienzelle bei der → Befruchtung

Register

A

ABO-Blutgruppensystem 150
Abbruch-Nukleosid-Triphosphat 55
Abstandsmatrix 117
Absterbephase 97
Abstoßungsreaktion 182, 183
Adenoviren 167
Adsorption 110
Agglutination 150, 177
Agutimuster 33
AIDS 109, 188
Albinismus 153
Albino 38
Allantois 160
Allel 22
Allopolyploidie 39
Alpha-Fetoprotein 162
ALS 127
Altern 79
alternatives Spleißen 73
Amflora®-Kartoffel 135
Aminosäure 69
Aminosäureanheftungsstelle 70
Amnionhöhle 160
Amniozentese 163
Anaphase 11
ANGELMAN-Syndrom 149
animaler Pol 18
Anlaufphase 97
Antenna-Pedia-Komplex 87
Antikörper
- Anti-A 151
- Anti-B 151
Antibiotika 104, 109
Anticodon 70 f.
Antigen 174
Antigen-Antikörper-Komplex 176
Antigenbindungsstelle 176
Antikörper 176, 180
Antikörperklasse 176
Antikörpertherapie 180
antiparallel 47
Antisense-mRNA 92, 135
Apoptose 179
Äquatorialplatte 11
Archäen 98
A-Stelle 70
Ausläufer 16
Auslesezüchtung 40
äußere Befruchtung 18
Autoimmunkrankheit 186
Autopolyploidie 39
Autoradiogramm 52
Autoradiographie 55, 125
autoreaktive Zelle 186
autosomal-dominanter Erbgang 152
autosomal-rezessiver Erbgang 153
Autosomen 8, 142
AVERY, Oswald 44

B

Bakterien 51, 98
Bakterienchromosom 98
Bakterienwachstum 104
Bakteriophagen 109
balancierte Chromosomenanomalie 148
BARR-Körperchen 143
Base 45
Basenanaloga 77
Basenpaarung 46
Basiskonzept 16
- Fortpflanzung 16
- Reproduktion 24
BEADLE, George 60
Bicoid 86
Bioinformatik 117
Biotechnik 96, 97
Biotransformation 97
Birkenspanner 38
bithorax 86
Bithorax-Komplex 87
BLAST 116
Blastocoel 18
Blastocyste 160
Blastomere 18
Blastocysteninjektion 126
Blastula 18
blunt-ends 121
Blutarmut 61
blutbildende Stammzelle 175
Blutgruppe 150
- 0 151
- A 151
- AB 151
- B 151
Blutserum 150
Blutzuckerspiegel 130
B-Lymphocyt 174
Bromcyan 130
Bromuracil 77
Brutknospen 16
Brutzwiebeln 16
Bt-Mais 135
B-Zelle 174

C

Calciumchlorid-Lösung 122
cAMP 82
Capsid 109
cap-Struktur 73
cDNA 125
cDNA-Bibliothek 125
Centromer 8
Centrosomen 11
Chaperon 130
chemoautotroph 98
Chiasma 13, 31
Chimäre 126
chimärer MAK 181
Chorda dorsalis 19
Chorea-HUNTINGTON 155
Chorionzottenpunktion 163
CHO-Zelle 131
Chromatide 8, 142
Chromatin 9, 48, 49
Chromosom 8
Chromosomenanomalie
- nummerische 144
- strukturelle 148
Chromosomenkarte 8
Chromosomenmutation 39
Chromosomenpräparation 142
Chromosomensatz 142
Chromosomen-Territorien 83
Chromosomentheorie der Vererbung 25
chromosome painting 83
Cluster 87
codogener Strang 68
Codon 69
Coomassie 66
CRICK, Francis 46
crossing-over 13, 31
Cytokine 176
Cytokinese 9, 11

D

D-Antigen 151
Deletion 76, 148
Demethylase 90
Denaturierung 53, 54
Desensibilisierung 186
Desoxyribose 45
Diabetes 130
Dichtegradienten-Zentrifugation 50
dihybrider Erbgang 23, 30
diploid 8
Diplo-Y-Mann 145
dispersive Verdopplung 50
DNA 45, 48
DNA-Analyse 114
DNA-Chips 155
DNA-Doppelhelix 46, 48
DNA-Ligase 51, 121
DNA-Methyltransferase 90
DNA-Microarray 155
DNA-Reparaturmechanismus 78
DNA-Verdopplung 50
Domäne 98
dominant 23
Doppelhelix-Modell 46
Doppelstrang 46
DOWN-Syndrom 144
Drosophila melanogaster 28

E

E. coli 52, 68, 80, 82, 106
*Eco*RI 121
EDWARDS-Syndrom 145
Ein-Chromatid-Chromosomen 11, 50
Ein-Gen-ein-Enzym-Hypothese 61
Ein-Gen-ein-Polypeptid-Hypothese 61, 67
Eizelle 13, 17, 160, 170
Ektoderm 18, 160
Elektrode 66
Elektrophorese 66
Elektroporation 122
ELISA 181
Elterngeneration 22
Embryo 160
Embryoblast 160
Embryonenschutzgesetz 169
Embryonentransfer 132, 169
Embryosplitting 132
Empfängerzelle 106
Endonuklease 78
Endoplasmatisches Retikulum 9
Endproduktrepression 81
Enhancer 84
Entoderm 18, 160
Entwicklung des Menschen 12
Entwicklungsbiologie 18
Entwicklungskontrollgen 86
Entzündungsreaktion 175
Epigenetik 91
Epitop 176
Erbinformation 44, 45
Erythrocyt 61, 150, 175
E-Stelle 70
Ethik 139
- konventionelle 139
- naturalistische 139
Euchromatin 91
Eukaryoten 9, 98
E-value 116, 117
Excision 78
Excisionsreparatur 78
Exon 72
expanding triplett repeat 149
exponenzielles Wachstum 97

Expression 120
Expressionsvektor 123
extranukleäre Vererbung 26
extrazellulär 97

F

Fadenwurm 79, 92
Familienstammbaum 154
Fermentation 97
Fermenter 97
Fertilitätsfaktor 106
Fetus 160
F-Faktor 106
Fibrillin 152
Filialgeneration 22
- F1 22
- F2 22
fließende Modifikation 37
Fluoreszenzintensität 54
Fluoreszenzsequenzierung 56
Folgestrang 51
Follikel 160
Fortpflanzung
- geschlechtliche 12, 17
- ungeschlechtliche 16
- vegetative 16
Fotoreaktivierung 78
F-Pilus 106
Freisetzung 110
Fresszelle 174
Fruchtwasserpunktion 163
Fünfjahresüberlebensrate 183
Furchung 18
Furchungsteilung 160
F^+-Zelle 106
F^--Zelle 106

G

G0-Phase 9
G1-Phase 9
G2-Phase 9
Gap-Gen 86
Gastrula 18
G-Bande 142
Gebärmutterhalskrebs 190
Gedächtniszelle 179
Gelée Royale 90
Gel-Elektrophorese 66
2-D-Gel-Elektrophorese 119
Gen 22, 61
Genbibliothek 124
Genchip 155
Gendiagnose 155
Gene Pharming 133
generative Fortpflanzung 17
generative Mutation 38
genetische Beratung 162
genetischer Code 69
genetischer Fingerabdruck 114
Genexpression 67
Genkarte 31
Genmutation 38, 76
Genom 118, 188
genomic imprinting 149
genomische Bibliothek 124
Genommutation 39, 144
Genotyp 23, 36, 90
Genregulation 82, 93
- negative 82
- positive 82
Gensonde 124
Gensuche 124
Gentechnik 96, 120
Gentechnik-Gesetz 138
Gentechnik
- grüne 96
- rote 96
- weiße 96
gentechnisch veränderter Organismus (GVO) 136
Gentherapie 166
Gentransfer 120, 122
Gerinnungsfaktor 154
Geschlechtschromosomen 8
Geschlechtszelle 17, 26
Gewebeverträglichkeitsprotein 183
Gleichspannungsfeld 66
globales Alignment 117
Glucose-Effekt 82
Gonosomen 8, 142, 143
GRAAFscher Follikel 17, 160
Granulocyt 175
Granzyme 179
Grauer Halbmond 19
Grippevirus 111

H

HAART 189
*Hae*III 121
Häm-Gruppe 61
Hämoglobin 61
Hämophilie 154
haploid 8
Helfer-T-Zelle 174, 176, 179
Helicase 51
hemizygot 29, 154
Heterochromatin 83, 91
Heterosis-Effekt 41
heterozygot 23
Histamin 186
Histonacetyl-Transferase 91
Histon-Deacetylase 91
Histon 46, 48
Histonmodifikation 91
HIV-1 109, 188
H-Kette 176
HLA-Antigen 183
HLA-Typisierung 183
Hom-Gen 87
homolog 8
homologe Rekombination 127
Homöobox 87
Homöodomäne 87
homöotisches Gen 87
homozygot 23
horizontaler Gentransfer 106
Hormon 85
Hox-Gen 87
Hüllprotein 110
humanes Papillomvirus (HPV) 190
Humaninsulin 96
humanisierter MAK 181
humorale Immunantwort 176
Hybridisierung 53, 54
Hybrid-Molekül 72
Hybridomzelle 180
Hybridpflanze 134

I, J

IgA 177
IgD 177
IgE 177, 186
IgG 177
IgM 177
Immunabwehr
- passiv 174
- spezifisch 174
- unspezifisch 174
Immunisierung 184
- aktiv 184
- passiv 184
Immunität 184
immunologische Gedächtniszelle 174, 177
Immuntherapie 193
Impfstoff 184
Incision 78
Induktion 80
Infektion 110
Infektionskrankheit 184
Initiator-Region 84
Injektion 110
Insemination 168
- heterologe 168
- homologe 168
Insertion 76
Insulin 130
Integrase 188
interchromosomale Rekombination 13
interkalierende Substanz 77
intermediärer Erbgang 24
Interphase 9, 48
intrachromosomale Rekombination 13
Intracytoplasmatische Spermieninjektion (ICSI) 169
intrazellulär 97
Intron 72
Inversion 148
In-vitro-Fertilisation (IVF) 169
In-vitro-Mutagenese 131
In-vivo-Genklonierung 120
Isolation 120
Isolator-Region 84, 85
Isotopen-Markierung 50
Isotyp 176
J-Exon 178

K

Kallus 134
Karyogramm 8, 12, 142
Karyotyp 144
Katzenschreisyndrom 148
Keimbahntherapie 167
Keimblatt 18
Keimzelle 12
Kernkörperchen 9
Kernmembran 9
Kernpore 9
Kerntransfer 132
Kettenabbruchmethode 55
Killer-T-Zelle 174, 179
Kinetochor 11
klebriges Ende 121
KLINEFELTER-Syndrom 144
Klon 16
Klonen 132
Klonierungsvektor 123
Knochenmarkstammzelle 175
Knockout-Tier 127
Kodominanz 150
Kombinationszüchtung 40
kompetent 122
komplementär 47
Komplementsystem 178
Kondensation 11
Kondensationsgrad 91
Konduktor 153
Konjugation 106
konservative Verdopplung 50
konstante Region 176
Kopplungsgruppe 30
Krankheitserreger 98
künstliche Besamung 132

L

lac-Gen 82
lac-Operon 81, 82

Lambda 110
Längenstandard 66
Latenzphase 110
Laufstrecke 66
Lebendimpfstoff 184
LEDERBERG, Joshua 106
Leihmutterschaft 169
Leitstrang 51
Letalfaktor 32
- dominanter 32, 33
- rezessiver 32
Leukocyt 175
Leukoplasten 26
Ligase 121
Liposomen 167
L-Kette 176
Locus 114
lokales Alignment 116
Lymphocyt 175
LYON-Hypothese 143
Lyseloch 111
Lysozym 110

M

Makrophage 175
Mangelmutante 60, 106
MARFAN-Syndrom 152
Markergen 122, 123
Mastzelle 186
maternales Gen 86
Matrizenstrang 68
Mediator 84
Mehrfachresistenz 104
Meiose 12, 17
MENDEL, Gregor Johann 22
MENDELsche Regeln 23
- 1. Mendelsche Regel 24
- 2. Mendelsche Regel 24
- 3. Mendelsche Regel 24
MESELSON, Matthew 50
Mesoderm 18, 160
messenger Ribonukleinsäure 67
Metaphase 11
Metaphase-Chromosom 11, 49, 142
Metastasen 190
Methylierung 85, 90, 91
Methylierungsmuster 90, 91
MHC-1-Protein 179
MHC2-Protein 176
Mikroorganismus 96, 98
miRNA 92
Missense-Mutation 76
Mitose 9, 11
Modellorganismus 92
Modifikation 36, 37
Monocyt 175
monohybrider Erbgang 23
monoklonaler Antikörper (MAK) 180
Monosomie 144
MORGAN, Thomas Hunt 28
Morula 18
Mosaik 145
Mosaikgen 72
mRNA 67, 68, 69, 72, 73
- Prozessierung 73
- Reifung 73
- Triplett 69
mtDNA 79
Mukoviszidose 153, 155
MULLIS, Kary 53
multiple Allelie 150
multiple cloning site (MCS) 122, 123
Murein 104
Mutagen 77
- chemisches 77
- physikalisches 77
Mutation 29, 38, 76, 78
Myelomzelle 180

N

Nabelschnurpunktion 163
nationaler Ethikrat 139
naturalistischer Fehlschluss 139
natürliche Killerzelle 174
NCBI 116
Neuralrohr 19
Neurula 19
neutrale Mutation 76
Neutralisation 177
nicht-balancierte Chromosomenanomalie 148
Nondisjunction 144, 158
Nonsense-Mutation 77
Novel Food Verordnung 136
Nukleolus 9
Nukleolus-Organisator-Region 142
Nukleus 9
Nukleinsäure 44, 45
Nukleosid-Triphosphat 51
Nukleosom 48, 91
Nukleotid 45
NÜSSLEIN-VOLHARD, Christiane 86

O

OKAZAKI-Fragment 51
Oligo-dT-Primermolekül 125
Onkogen 191
Operator 81
Operon 81
Operonmodell 82
Opsonierung 178
ori 122
Origin 51, 52

P, Q

p53-Tumorsuppressorgen 192
Paarregel-Gen 87
Panaschierung 26
Parentalgeneration 22
p-Arm 142
PÄTAU-Syndrom 145
Penicillin 104
Pentose 45
Peptidbindung 71
Peptidyltransferase 71
Perforine 179
Perlschnur-DNA 48
personalisierte Medizin 193
Phagen 109, 111
Phagen-DNA 110
Phänotyp 23, 36, 90
Philadelphia-Chromosom 148
Plaque 111
Plasmabrücke 106
Plasmazelle 174, 176
Plasmid 98, 106
Plazenta 160
pluripotent 170
Pluteuslarve 18
Polkörperchen 13
Pollenallergie 186
Poly-A-Schwanz 73
polyklonaler Antikörper (PAK) 180
Polymerase-Chain-Reaction (PCR) 53 f.
Polymerisierung 53, 54
Polypeptid 67, 69
Polyphänie 152
Polyploidisierung 39
Polysom 68
Poly-X-Syndrom 145
Postreplikations-Reparatur 78
posttranslationale Modifikation 74
PRADER-WILLI-Syndrom 149
Präimplantationsdiagnostik (PID) 169
prä-mRNA 72
pränatale Diagnostik 162
Präzipitation 177
primäre Immunantwort 177
Primase 51
Primer 51
Produktionsphase 110
Prokaryoten 9, 72, 98, 104, 106
Promotor 68, 80, 84
Prophase 11
Protease 188
Protein 44, 48, 66
Proteinausstattung 118
Proteinbiosynthese 69
Protein-Design 131
Proteinmuster 70
Proteinstammbaum 117
Proteom 118
Proteomanalyse 118
Proteomik 118, 119
Protoonkogen 191
Protoplast 134
Protoplastenkultur 134
P-Stelle 70
Punktmutation 76
q-Arm 142

R

Radikal 79
Radikal-Theorie 79
Rastermutation 77
R-Bande 142
Reaktionsnorm 36, 37
Real-Time-PCR 54
Reduktionsteilung 13
regulatorische T-Zelle 186
Reifeteilung 12
Reifungsphase 110
reinerbig 22
reinrassig 22
Rekombinantenregel 24
rekombinantes Plasmid 121
Rekombination 111, 112, 120
Replikaplattierung 123
Replikation 50, 52
Replikationsblase 51, 52
Replikationsgabel 51, 52
Replikationsursprung 51, 122
Repressorprotein 80, 81, 82
Reprogrammierung 170
Resistenz 106
Resistenzfaktor 104
Restriktionsendonukleasen 121
Restriktionsenzym 121
Restriktionsschnittstelle 121
Restriktionsverdau 121
Retroviren 67, 109, 166, 188
Reverse Transkriptase 67, 106, 125, 188
rezessiv 23
reziproke Kreuzung 29
reziproke Translokation 148
Rhesusfaktor 151
- negative 151
- positiv 151
Ribonukleinsäure 45
Ribose 67
Ribosom 73

ribosomale RNA 68
Ribosomenerkennungsstelle 70
RISC-Proteinkomplex 92
Risikoabschätzung 138
Risikowahrnehmung 138
RNA 45, 188
RNA-Interferenz 92, 93
RNA-Polymerase 51, 68, 84
RNA-Viren 67, 109
Rote Blutzelle 175
rRNA 70, 73

S

SANGER, Frederic 55
Schlüssel-Schloss-Prinzip 64
Schwanzfaden 110
Schwesterchromatide 48
SCID 166
scores 116
SDS-PAGE 66
Segmentierungs-Gen 87
Segmentpolaritäts-Gen 87
Sekret-IgA 177
sekundäre Immunantwort 177
Selbsttoleranz 186
Selektion 39, 120, 123
semikonservative Replikation 50, 52
sense-RNA 92
Sequenzierung 55
Serumkrankheit 181
short tandem repeats (STR) 114
Sichelzellanämie 61
Silencer 84
siRNA 92, 93
somatische Gentherapie 167
somatische Mutation 38
Spaltungsregel 24
Spenderzelle 106
Spermatogenese 17
Spermienentwicklung 13
Spermienzellen 13, 17
spezifische Immunantwort 176
S-Phase 9, 11
Spindelapparat 11
Spindelfaser 11
Spleißen 72
Spleißosom 72
Spontanmutation 76
STAHL, Franklin 50
Stammbaum 117
Stammzellen 170
- adulte 170
- embryonale 170
Startcodon 70
Startsignal 68
stationäre Phase 97
Sterilität 168
Steroidhormon 85
Steroidrezeptor 85
sticky ends 121
Stoffwechselprodukt
- primär 97
- sekundär 97
Stoppcodon 71
Stoppsignal 68, 69
Strukturgen 80, 82
stumme Mutation 76
Substitution 76
substratspezifisch 64
Substratinduktion 81
Superovulation 132, 169
Suspensionskultur 134
SYBR Green 54
Synthesephase 48

T

T2-Phage 111
Tabakmosaikkrankheit 109
Tabakmosaikvirus 109
Taq-Polymerase 53
TATA-Box 84
TATUM, Edward 60, 106
Taufliege 8, 28
T-DNA 122
Teilungsphase 9
Telomer 79, 142
Telomer-Hypothese 79
Telophase 11
temperent 110
Tertiärfollikel 17
Tetrade 12
Thermocycler 53, 54
Thymin-Dimer 77
Tiermast 104
Ti-Plasmid 122
T-Lymphocyt 174
Tomoffel 134
Totimpfstoff 184
totipotent 134, 170
Toxoid 184
T-Phagen 110
Trägermaterial 66
Transduktion
- allgemeine 112
- spezielle 112
Transfektion 126
transfer-RNA 68
Transformation 44, 122
transgen 96
transgene Pflanze 135
transgener Mais 120
transgene Tiere 126
Transkription 67, 68, 72
Transkriptionsfaktor 84
- allgemeiner 84
- spezifischer 84
Translation 67, 70, 71, 72, 92
Translokation 148
Transplantation 182
Transplantationsgesetz 182
Trennverfahren 66
trihybrider Erbgang 30
Trisomie 144
- 13 145
- 18 145
- 21 144
Triticale 40
tRNA 70
tRNA-Synthetase 70
Trophoblast 160
trp-Operon 81
Tumor 190
- bösartiger 190
- gutartiger 191
Tumorsuppressorgen 191
TURNER-Syndrom 145
Typisierung 114

U

Ultraschalluntersuchung 162
umschlagende Modifikation 37
Uniformitätsregel 24
uniparentale Vererbung 26
unvollständiger Dominanz 24
Uracil 45, 67
Urdarm 19
Uterus 160

V

Vakzin 184
variable Region 176
Vaterschaftstest 114
vegetativer Pol 18
Vektor 120, 121
Vermehrung 120
Vermehrungszyklus
- lysogen 110
- lytisch 110
V-Exon 178
Virus 67, 109, 111
vollständige Penetranz 152

W

Wachstumskurve 97
Wasserstoffbrücke 46
WATSON, James 46
Weiße Blutzelle 175
Weizenzüchtung 40
wirkungsspezifisch 64
Wirtsspezifität 109
Wirtszelle 109
Wunderblume 26

X, Y, Z

X0-Monosomie 145
X-Chromosom 8, 143
X-chromosomale Vererbung 29, 30
X-chromosomal-rezessiver Erbgang 154
Y-Chromosom 8, 143
Zellfermenter 181
Zellkern 9
Zellklon 120
Zellteilung 9
zelluläre Immunantwort 176, 179
Zellzyklus 9
Züchtung 132
Zwei-Chromatiden-Chromosom 11
Zygote 160
zygotisches Gen 86

Hinweise zum sicheren Experimentieren

Den Praktikumversuchen ist in diesem Buch eine Sicherheitsleiste vorangestellt, die in Symbolfeldern Hinweise zu den Gefahren und zur Entsorgung gibt.

Die Gefahrensymbole geben Hinweise auf die Gefahren beim Umgang mit den betreffenden Stoffen. Folgende Gefahrensymbole werden verwendet:

Stoffe, die explodieren können.

Stoffe, die sich an der Luft von alleine / durch kurzzeitige Einwirkung einer Zündquelle / beim Erwärmen selbst entzünden können.

Stoffe, die einen Brand oder eine Explosion verursachen oder verstärken.

Komprimierte Gase, die unter Druck stehen. Vor direkter Sonneneinstrahlung schützen.

Stoffe, die das Hautgewebe an der betroffenen Stelle innerhalb weniger Minuten vollständig zerstören können oder bei Kontakt mit den Augen Schäden verursachen.

Stoffe, die auf der Haut nach mehrstündiger Einwirkung deutliche Entzündungen hervorrufen können.

Stoffe, die beim Verschlucken oder Einatmen oder bei Aufnahme durch die Haut schwere Gesundheitsschäden oder gar den Tod / beim Verschlucken oder Einatmen oder bei Aufnahme durch die Haut schwere Gesundheitsschäden / beim Verschlucken oder Einatmen oder bei Aufnahme durch die Haut beschränkte Gesundheitsschäden hervorrufen können.

Stoffe, die beim Verschlucken oder Einatmen oder bei Aufnahme durch die Haut chronische Gesundheitsschäden hervorrufen können.

Stoffe, die beim Verschlucken oder Einatmen oder bei Aufnahme durch die Haut krebsauslösend sind.

Stoffe, die bei Aufnahme Unwohlsein oder leichte Beschwerden bewirken können.

Stoffe, die beim Einatmen allergische Reaktionen bewirken können.

Stoffe, die auf der Haut allergische Reaktionen bewirken können.

Stoffe, die selbst oder in Form ihrer Umwandlungsprodukte geeignet sind, sofort oder später Gefahren für die Umwelt herbeizuführen.

Die nächsten Felder geben Hinweise zur sicheren Handhabung der jeweiligen Stoffe.

Schutzbrille tragen

Versuch unter dem Abzug oder in einer geschlossenen Apparatur durchführen

Schutzhandschuhe tragen

Anschließend folgen Hinweise zur sicheren und umweltschonenden Entsorgung.

Entsorgung. Das für die Praktikumsversuche empfohlene Entsorgungssystem basiert auf den Sicherheitsempfehlungen der Kultusministerkonferenz. Es gelten folgende Prinzipien:

- Vermeiden: Das Entstehen unnötiger Abfälle oder unnötig großer Mengen an Abfällen ist zu vermeiden. Dazu ist eine sorgfältige Planung der experimentellen Arbeit in Hinblick auf Art und Menge der verwendeten Stoffe notwendig.
- Umwandeln: Nicht vermeidbare gefährliche Abfallstoffe werden in weniger gefährliche Stoffe umgewandelt: Säuren und Laugen werden neutralisiert. Lösliche Stoffe werden zu schwer löslichen Stoffen umgesetzt.
- Sammeln: Abfälle, die an Ort und Stelle nicht in ungefährliche Produkte umgewandelt werden können, werden gesammelt, um sie später einer geordneten Entsorgung zuzuführen. Durch das Sammeln in getrennten Behältern werden Wiederaufbereitung oder endgültige Entsorgung erleichtert.
- Autoklavieren: Abfälle, die angereicherte Kulturen von Mikroorganismen enthalten, müssen unter Dampfdruckbedingungen, wie sie in einem Schnellkochtopf erreicht werden, abgetötet werden. Danach werden sie dem Hausmüll zugeführt.

Entsorgungssystem: Beim Sammeln von Abfallstoffen ist ein möglichst einfaches System anzuwenden.
Chemikalische Abfälle werden in vier unterschiedlichen Sammelgefäßen getrennt. Der Behälter B1 dient dem Sammeln und der anschließenden Entsorgung durch den Sammlungsleiter, bei den Behältern B2, B3 und B4 erfolgt die endgültige Entsorgung durch ein zugelassenes Entsorgungsunternehmen. Abfallbehälter sind mit den Gefahrensymbolen und den Gefahrenbezeichnungen zu kennzeichnen.
Biologische Abfälle, also Kulturen von Mikroorganismen, werden in hitzebeständigen Abfallbeuteln, zum Beispiel in Bratenbeuteln, nur kurze Zeit gesammelt.

B1 Im **Behälter B1** werden saure und alkalische Lösungen gesammelt. Der Inhalt dieses Behälters wird neutralisiert, bevor er ganz gefüllt ist. Der neutralisierte Inhalt wird anschließend der Kanalisation zugeführt. Abfälle, die giftige Stoffe enthalten, etwa saure Chromat-Lösungen, dürfen nicht in diesen Behälter gegeben werden.

B2 Im **Behälter B2** werden giftige anorganische Stoffe wie Schwermetallsalze, Chromate oder Fluoride gesammelt.

B3 Im **Behälter B3** werden halogenfreie organische Verbindungen gesammelt. Kleinere Mengen wasserlöslicher organischer Verbindungen wie Aceton oder Ethanol werden in den Ausguss gegeben.

B4 Im **Behälter B4** werden halogenhaltige organische Verbindungen gesammelt.

A In einem **Autoklaven** oder Dampfdrucktopf, zum Beispiel einem Schnellkochtopf, werden hitzebeständige Beutel gegeben, die Kulturen von Mikroorganismen enthalten. Diese werden 30 Minuten bei 120 °C erhitzt. Danach werden die Beutel dem Hausmüll zugeführt.